安阳历史廉吏·第一卷

北宋名相韩琦

龙 文◎著

人民日报出版社

北京

图书在版编目（CIP）数据

安阳历史廉吏 . 1, 北宋名相韩琦 / 龙文著 . -- 北京：
人民日报出版社 , 2021.3
ISBN 978-7-5115-6951-6

Ⅰ . ①安… Ⅱ . ①龙… Ⅲ . ①韩琦（1008-1075） —
生平事迹 Ⅳ . ① K827

中国版本图书馆 CIP 数据核字 (2021) 第 044031 号

书　　名：**安阳历史廉吏·1：北宋名相韩琦**
　　　　　ANYANG LISHI LIANLI · 1: BEISONG MINGXIANG HANQI
作　　者：龙　文

出 版 人：刘华新
责任编辑：张炜煜　白新月
特约编辑：郭旭东　符海朝　郭胜强　王志轩　金　黎　陈　科
装帧设计：阮全勇

出版发行：人民日报出版社
社　　址：北京金台西路 2 号
邮政编码：100733
发行热线：（010）65369509 65369512 65363531 65363528
邮购热线：（010）65369530 65363527
编辑热线：（010）65369509 65369533
网　　址：www.peopledailypress.com
经　　销：新华书店
印　　刷：三河华润印刷有限公司
法律顾问：北京科宇律师事务所 010-83622312

开　　本：710mm×1000mm　　1/16
字　　数：615 千字
印　　张：46.5
版　　次：2021 年 3 月第 1 版
印　　次：2021 年 3 月第 1 次印刷

书　　号：ISBN 978-7-5115-6951-6
定　　价：168.00 元（全三册）

卷首语

历史是最好的教科书。习近平总书记指出："我国今天的国家治理体系，是在我国历史传承、文化传统、经济社会发展的基础上长期发展、渐进改进、内生性演化的结果。"世界四大古老文明中，唯有中华文明延续至今，并保持着强大的生命力和创造力，其根本是源于中华民族对上下五千年优秀传统文化的继承和发扬。"国而忘家，公而忘私""儒法并用""德刑相辅"等古代先贤的为政思想也随着传统文化的长河浸入国人心田，成为历朝历代治国理政的重要理念。党的十八大以来，党中央立足从优秀传统文化中汲取滋养，用好优秀廉政历史文化这把破解全面从严治党向纵深发展的金钥匙，着力"不敢腐、不能腐、不想腐"一体推进，取得了明显成效。

河南省安阳市作为国家级历史文化名城，在三千多年的历史文化长河中，孕育了丰富灿烂的优秀廉政历史文化，涌现出诸多廉吏贤能。近年来，安阳市的作家立足本地深厚的廉政历史文化底蕴，深入发掘当地广大党员干部耳熟能详的北宋名相韩琦、明代大儒崔铣和仁义宰相郭朴等古代廉吏

的优秀品质，创作出《安阳历史廉吏》，营造出浓郁的倡廉颂廉氛围，在传承中国历史传统文化、弘扬优秀历史廉政文化、构筑广大党员干部反腐的思想防线等方面带了个好头。

以史为鉴，可以知兴替；以人为鉴，可以明得失。全国各级党组织有责任组织文化工作者，深入挖掘富有地域特色的优秀传统文化和廉政文化，创造性地与全民文明素质提升、文明城市建设、企事业单位干部职工培训和地方文化旅游有机结合，传递文明声音，做好廉政文章，建好政治生态。同时，也希望广大读者积极汲取中华民族漫长奋斗历程中积累的文化养分，用好传统文化，讲好中国故事。尤其是广大党员干部，在全面从严治党的新形势下，更要认真研习、见贤思齐，筑牢防线，用中华民族优秀历史廉政文化滋养初心，在践行文化自信的道路上凝聚力量，为实现中华民族伟大复兴的中国梦不懈奋斗！

中共中央党校教授、博士生导师　李宏伟

2020 年 10 月 18 日

目 录 CONTENTS

第一章

年少游学

安阳历史廉吏

第一卷

一

　　大中祥符元年（1008 年）七月初二，天刚破晓，福建泉州知府韩国华带着一干僚佐、衙役，急匆匆地从城外赶回府衙。

　　七月正是东南沿海的台风季节，连续几天的暴风雨在泉州的城郭、乡野任意肆虐，一排排大树连根拔起，砸毁房舍无数；湖水坑塘决溢，淹没了稻田和村舍。韩国华在府衙实在坐不住，冒雨到州属各县巡查灾情。昨天半夜，暴风雨刚刚停息下来，他就连夜赶回泉州府衙，心里实在放心不下将要临产的二夫人，况且，一大堆公事也等着他去处理。韩国华虽然年仅五十二岁，但由于宦途奔波，州事烦冗，已然满头华发，清癯的面庞上纹路鲜明，一双眼睛却炯炯有神。

　　泉州府隶属福建路，地处福建的东南部，北承福州，南接厦门，东望台湾宝岛，是一个天然海港。北宋初年，泉州湾港帆樯林立，百舸争流，中外商贾云集于此，是宋朝海外贸易的重要州府，也是唐宋时期"海上丝绸之路"的重要港口，被海内外誉为"梯航万国"的东方第一大港。

　　泉州是赋税大州，因韩国华多年在主管朝廷赋税的三司任职，去年，被整天苦于财赋拮据的宋真宗委派此地。大夫人罗氏身体不好，与大儿子韩球、二儿子韩瑄、三儿子韩琚、四儿子韩琬留在京城，二夫人胡氏带着自己年仅七岁的儿子韩璆跟着赴任，照顾韩国华的生活起居。现在，胡氏又怀胎十月，孩子应该就在这几天出生。

黎明时分，韩国华带着众人进入泉州北城门朝天门，穿街过巷，不远处就是府衙的大门。此时，府衙大门外正围着一群人。

不好，一大早就围着这么多人，一定是出了什么事情。韩国华心头一凛，不自觉加快了脚步。

看到知府大人回来，喧哗的人群一下子静了下来，自然分开形成一条通道。韩国华这才看清，原来，两个门吏拦着一个和尚吵嚷着。

韩国华停住脚步，把脸一沉，对着两个门吏低声喝道："公堂门前推搡喧哗，成何体统？"

门吏听到声音，回头一看是知府韩大人回来，赶忙跑过来跪到地上，回禀道："韩大人，今天一大早，这个和尚就往府衙大堂里闯，嚷嚷着要见大人，拦都拦不住。"

韩国华转头望去，只见一个矮胖的和尚，穿着一件怪异的深色直裰，污迹斑斑，已经看不出是什么颜色。手里托着一个玉钵，倒是晶莹剔透，干干净净，却怎么看都不像是化斋之用。

韩国华双手合十，问道："请问大师法号？"

胖和尚缓缓转过身来，翻着一双怪眼，上下打量韩国华。见韩国华虽然一身绯色五品官服泥水斑驳，疲惫不堪，但身材魁伟，一脸美须髯，更显得气宇轩昂，官威赫赫，不由得暗自喝彩。

"哦，你就是闻名遐迩的知府韩大人？"

"不敢，有话请讲。"

"我本无根莲花，偷听宝座禅语。化作浮萍云游，暂栖开元寺中。"和尚念念有词，口宣佛号，一副怪异的面目顿时化成慈眉善目。"老衲法号玉痴，云游此地，挂单在城西开元寺。昨夜雷雨骤息，天空澄明。无月之夜，正好夜观天象，老衲看到北斗七星的第四颗天权星比往昔更大更亮。子时三刻，天权星突然爆裂，落下一团火，化成一块稚圭（小玉），坠入大人府衙的后宅。老衲推算夫人即将临产，又闻知韩大人官声清廉，爱民如子，特来告知。世间有奇儿，毋失护视。阿弥陀佛……"

韩国华心里暗想，二夫人胡氏从小在四川跟着父亲胡觉读书，尤爱研读佛经，能口诵佛经十数卷。闲暇之时，也经常到寺院烧香礼佛。前几天，自己还陪着夫人到开元寺祈福，保佑孩子平安降生。也许是那时候被这个和尚撞见，今天到这里胡诌一番，夸大其词，来讨一些布施谢银。

想到这里，韩国华虽然不信和尚的言辞，但还是转身对跟随自己的府吏说："赶紧去后宅，到夫人处取些银两来。"

府吏一溜烟进了府衙。韩国华虽无意请和尚进府，但又不愿怠慢他，就准备再寒暄几句。等回身之后，却再也看不到和尚踪迹。韩国华摇摇头，吩咐衙役驱散人群，赶紧回府看望二夫人。

后宅在府衙后面，无非是几间简陋的屋舍，隐在宽敞高大、肃穆威严的官衙后面。十几棵翠竹，几株老树，一条蜿蜒的石板小路，倒也曲径通幽。

进入屋内，韩国华看见二夫人胡氏斜倚在卧榻之上，满脸惊惧之色。丫鬟翠娘坐在二夫人身边，一边轻摇着罗扇，一边还在低声劝慰着。看见官人老爷回来，胡氏连忙坐起，理了理散乱的云鬟，热切地望着丈夫，眼里既惊又喜。

看到二夫人神色有异，韩国华吩咐丫鬟翠娘扶她躺下，满脸歉意地说道："唉，这几天忙于公务，让夫人在家担惊受怕了。"他一面说，一面把手放到胡氏隆起的肚子上。"出生也该在这几天吧。我正是担心你一个人在家，所以雨停后连夜赶回来，幸好及时。刚才看你一脸恐惧之色，我还怕有什么意外呢！"

胡氏听后，心里一热，眼里泪水涟涟，但脸上神色已经平和了许多。"这几日盼着老爷早归，家里倒也平安。只是黎明时分做了一个梦，甚是吓人，到现在还惊魂未定呢！"

"什么梦如此吓人？"

"梦中我独自一人在夜里行走，天空突降一团火，落入我的怀中，烧着了罗襦，这才从梦中惊醒，原来是南柯一梦。孩子这几天也该生了，不会对孩子有什么不好吧？前几日到开元寺降香回来后，我每天念经为孩子祈福，唯恐有所闪失。"说着，泪水又不自觉地淌了下来。

韩国华急忙掏出绢帕，一面怜惜地为胡氏拭去泪滴，一面温声说道："夫人不必惊慌，说不定还是吉兆呢！"随即把府衙门外遇到怪异和尚的经过，仔仔细细讲述了一遍。他把胡氏的双手握在自己的手中，笑着说："和尚大法师口中之天火，与夫人梦中之火，来自天权星。夫人熟读诗书，自然知道天权星，也叫文曲星，主科甲，说不定应了这个孩儿将来金榜题名，是韩家的一块宝玉呢！"一番话，直说得胡氏破涕为笑。

见二夫人喜笑颜开，韩国华站起来，收起脸上笑容，正色说道："夫人夜来乏眠，且将息一会儿。我到公堂处理一下这几天积压下的案牍公文。"

胡氏也知道，天气转好，港湾里无数即将出海的货船，都等着丈夫签批通关文书。她望着疲惫不堪、眼窝塌陷的丈夫，不无爱怜地说道："老爷刚回来，总得歇息一下。把身体累垮了，我们母子可靠谁呢？！"没等胡氏说完，韩国华已经走到院子里了。

韩国华刚坐到公案前，就见丫鬟翠娘急匆匆跑来，边跑边喊："老爷，夫人不好了，说不定快要生了。"

"什么不好了？！"韩国华喝道，"快去请稳婆来，我这就去后宅，你路上小心些。"

孩子顺利降生，母子平安，而且天遂人愿，在自己五十多岁又得弄璋之喜。这是自己的第六个孩子。韩家虽然累世官宦，但几代一直人丁不旺，而且大都英年早逝。自己就是从小父母双亡，是两个哥哥把自己抚养成人的。小时候，他每次见到别人家孩子享受父母的宠爱，就一个人躲在一旁默然流泪。

韩国华老来得子，掩不住内心的喜悦。夫人胡氏也是欢天喜地，这是她的第二个孩子，自己四十多岁添子，也是提心吊胆，她的眼睛一刻也离不了怀中的孩子。七岁的韩璩踮着脚尖，好奇地用小手在襁褓里孩子的脸上画来画去，吓得胡氏连忙唤丫鬟翠娘把韩璩领出去。

韩国华与二夫人胡氏商量，取个名字。胡氏说道："老爷饱读诗书，还是你给咱家的小宝玉取名选字吧。"

"是，是，是咱家的小宝玉。孩子得自奇梦，是一块美玉，就叫琦，将来入学可以取字稚圭。大法师和尚也说琦儿是文曲星降下的稚圭嘛！"

"还是赶紧写封书信，托人捎信给京师的罗姐姐，让姐姐给孩子的名字参谋一下，这也是咱家的一件大喜事嘛！"

"这就写，这就写嘛！哈哈哈……"平时总是一脸严肃的韩国华，笑得如霜雪的须发乱颤。

二

韩府位于京都汴京内城的一条普通的小巷里。来京城办差、顺便替知府韩国华送家信的差人，费了九牛二虎之力，千打听，万询问，才找到这座不起眼的韩府。

说是韩府，倒不如称为韩宅。一座普普通通的宅院，门洞低矮，黑黢黢的木门，一望便知是年久未漆，早已失去了光泽。堂堂太常少卿、泉州知府的府邸，却不是自己想象中的深宅大院，高楼朱门。

狐疑再三，差人叩门，听到门里有人应答。门开处，一个胡须花白的老家人出来，问明是泉州老爷打发来的信差，连忙迎进门内，然后向堂屋高声喊道："老夫人，老爷差人送信来了。"

"快请进屋内答话。"一个妇人的声音回道。

差人进入堂屋，张眼望去，只见一张八仙桌旁的太师椅上，端坐着一位五十多岁的妇人，虽然一身布衣钗裙，却难掩一身高贵气质和威严神态。

老家人站在一旁说道："这是我家夫人。"

差人连忙躬身施礼，回道："我是韩大人差来京城的押解官，带来大人一封家书。"说着，从背囊里掏出一筒书简。

妇人展开书信，不禁面露喜色，对老家人说："老爷安好。胡妹子又添了一个小子，取名琦儿，而且，与伯玉的孩子还是同庚，这真是咱韩家双喜临门呢。"

原来，这个妇人就是韩国华的大夫人罗氏。伯玉是韩国华的长子韩球的字，娶妻陈氏，住在京师照顾罗氏。刚好这一年，小夫妻二人生下了韩公彦，也是韩家的长门长孙。

罗氏出身显族，祖籍魏州贵乡（河北大名）。先祖是晚唐和五代时期的节度使，爷爷罗绍威更是官至检校太尉、守侍中，晋封邺王。父亲罗延吉在当朝为谏议大夫，是朝中的四品大员。当年，韩国华二十一岁金榜题名，高中甲科第九名，年少及第，功名前途不可限量，而且韩国华身材魁伟，相貌堂堂，自然是豪门大族、朝廷显贵选择佳婿的对象。谏议大夫罗延吉与韩国华的父亲韩构同朝为官，关系深厚。韩构任康州知府期间，为官正直，为人宽厚，颇有政声。罗延吉也是看中韩家世代宦学知名，家学渊源，门风极好，才把女儿许配给韩国华。罗氏对父亲选的佳婿颇为满意，婚后相夫教子，四个孩子一个个勤学苦读，她只是担心丈夫韩国华在官场正直敢言，经常得罪权贵，要不是真宗皇帝对丈夫知根知底，恩宠有加，还不知道他已经多少次被排挤贬官了。前年，丈夫已经五十多岁了，还一股子火暴脾气，因为寇准罢相而仗义执言，再一次触怒显贵，皇帝也是为了保护他，才把他从朝廷外放，调到千里之外的泉州任职。自己身体不好，不能跟着去。幸好有二夫人胡氏，才不至于让他身边没有人照顾。

想起这个比自己小十岁、亲如姐妹的胡氏，她才是一个苦命人。胡家原籍四川，也是世代读书做官的人家。胡氏的父亲胡觉，在蜀国做官。蜀主孟昶作乱被平定后，胡觉带着一家人跟随前主子被解送到京师，不久染病去世。小小的胡氏跟着母亲流离失所，罗夫人看着可怜，把她收为自己的丫鬟。十几年前，自己得了一场大病，多亏胡氏照顾，虽然活过来了，但一直离不了汤药，留下了病根，为此，她才劝丈夫把胡氏收为二夫人。这次丈夫外任，宦途奔波，无人照顾，正好由胡妹子长年在外照顾丈夫的生活起居。

自从丈夫从朝廷外放州府，家里就靠大儿子韩球主持家事，现在娶了家室，又添了子嗣，自然忙不过来，连学业也耽搁了下来。二子韩瑄、三子韩琚，在自己的督导下，读书作论，一心扑在功名上。四子韩琉还未成年，也入书馆读书。丈夫的俸禄虽然不少，除在泉州生活所需，胡氏把大部分都寄了回来，自己又把这些银两大多寄回了相州老家，因为丈夫的两个哥哥早年去世，留下的孤儿寡母需要接济。丈夫在未成年时父母先后亡故，全靠两个兄长把他拉扯成人，供他读书，她知道自己的丈夫心里对两个哥哥的情义。丈夫一生清廉自守，又要周济相州老家的亲人，便在京城租住一套小小宅院，生活过得也很拮据，所以她总是布衣钗裙，节衣缩食。

当时，外放的官员三年就要回京述职，她希望丈夫三年后回京，一家人团聚，不再过这种天各一方的生活。她却不知道，一个个灾难正悄悄降临这个家庭。

三

时光荏苒，到了大中祥符三年（1010年）年底，韩国华在泉州三年任期已满。真宗皇帝也看他年纪大了，让他回京述职，想把他留在朝堂任职。

第二年春天，韩国华带着胡氏和韩璩、韩琦两个孩子乘舟北上。一家人走到建州（福建北部武夷山一带）时，韩国华病倒在驿舍，行程被耽搁了下来。

这时候，夫人罗氏从京城差人捎来家书，说大儿子韩球突发疾病过世。这一年，韩球才三十四岁。也许是老年丧子，对病中的韩国华打击太大，他的病情一天天加重。胡氏愁得坐在病榻前，泪水涟涟，手足无措，眼看着丈夫一副高大健壮的身子变成了一摊骨头架子。

看着二夫人愁眉不展，韩国华艰难地举起一双枯槁大手，抓住胡氏的双手，声音颤抖地说："苦了夫人，我看来很难起来了。"

"老爷言重了，您要有个三长两短，我与璩儿、琦儿可怎么活啊？！"

"我要有个好歹，你就带着两个孩子去京城投奔夫人罗氏。罗氏跟着我三十多年，面冷心热，古道热肠，又与你姐妹一般，今后的苦日子，你们就相依为命，任是如何艰难，也要把孩子拉扯成人啊！"

韩国华喘息着说完，闭上眼睛，却只见满脸泪水纵横。胡氏再也禁不住哽咽，放声大哭。哭声传出窗外，乌云密布的天空仿佛被哭声撕开一道口子，一场大雨如决堤之水倾盆而下。

哭声也传遍山野，知府韩国华死于建州的消息在泉州的官场民间传开。府衙里的吏卒和城里的士绅，港湾里的客商和船户，闾巷里的商户和百姓，三五成群，自发从泉州赶来，祭奠这位仅仅认识三年，又一辈子刻进他们心里的知府大人。当他们帮忙料理完韩国华的后事，看着孤儿寡母三人就要扶柩北去，不禁跪倒一片，为这位清廉爱民的好官送别。

胡氏一手拉着十岁的韩璩，一手拉着三岁的韩琦，跪倒在大路中央，面向送行的人众叩拜。一辆牛车拉着韩国华的灵柩，缓缓向北而去。

开封城韩府里，夫人罗氏和二夫人胡氏相对而坐，脸上的泪迹未干。家里连遭不幸，丈夫韩国华和长子韩球相继而亡，外倒擎天柱，内折理家人，两位夫人不得不担起韩家的重担。

罗氏与胡氏商量，韩璩与韩琚都长大成人，正是读书交游、准备科举的时候，韩玩也十五岁了，正在学馆读书，家里再拮据，为了孩子们的前程着想，一家人还得滞留京师。

"我身子不好，家里的事情，还得靠妹妹你多操持。"罗氏望着胡氏说道。

"姐姐不必客气，洗衣煮饭，缝缝补补，我还是做得来的，但大事还得您拿主意！"胡氏回道。

"现在没有了朝廷俸禄，一大家子不能坐吃山空。我娘家陪送给我许昌许田县的那几百亩地，我看就让璩儿去打理，每年也能有些个进项，贴补家用。如今，他大哥亡故，自应该多担当些，我劝一劝他，把读书考功名的事情放一放。"

胡氏一听，有些急了。"姐姐，这个真的使不得。"她知道，罗姐姐正是知道韩璩性情谨慎，为人厚道，孝顺母亲，最听罗姐姐的话。但让孩子放弃学业经营家道，会耽误他一辈子的前程。

"就这样定了。"罗氏的语气不容置疑。

"璩儿已经十岁了，琦儿和公彦也四岁了，学馆费用高，就让琚儿给琦儿、公彦开蒙，给璩儿讲解经书要义，反正他丁忧的三年在家守制，不能参加科场呢。"

"一切由姐姐做主吧！"

罗氏与胡氏都想不到，韩瑄在许田县打理田庄时，一次，正遇到洧河突发大水，冲毁了河上的石桥，不幸溺水而死，时年二十七岁。

韩琦一天天长大，读书十分刻苦，只是性格内向，有时一天不动地方。遇到公彦在旁边捣乱，他总是像一个小大人一样，每次都把这个同岁的侄儿训斥得哇哇大哭。胡氏脾气火暴，就把韩琦拉到一边，摁到板凳上揍上一顿。罗氏总是跑过来护持年幼的韩琦，把韩琦领到自己的屋里，几天不让韩琦回去。

在罗氏和胡氏的心里，韩琦和公彦都是幼年丧父，她们要把全部的生命化作慈爱，温暖两个孩子幼小而孤苦的童年。

四

天禧二年（1018年）十一月末的一天清晨，东京开封城御街一座馆驿里，韩琚早早起来，穿戴整齐，走出了大门。

天空阴郁，没有一丝风，却寒冷异常。他紧走几步，又停了下来，重新整了整身上的官服，转身朝皇城宣德门走去。今天，他外任河南府永宁县令三年期满，回京述职，这也是他第二次进宫朝见皇帝。

上次进宫还是大中祥符八年（1015年）的春天，二十四岁的他在父亲韩国华去世满三年之后，第一次参加春闱，殿试高中二甲，传胪唱名时朝见了宋真宗。这一榜的同年进士中，有范仲淹、明镐、庞藉、张升、滕宗琼等，几个人经常诗文唱和，成为志同道合的同年好友。

韩琚三年任满后，按说一个小小县令，自有吏部考察，根据优劣予以升降即可。但永宁县为西京洛阳的京畿大邑，据传又是河图洛书中洛书的出世之地，自然有许多皇亲国戚和高官显贵的庄园私田。那些管理庄园私田的家人仗势欺人，横行霸道，扰乱集市，历任县令畏之如虎。韩琚在任期间，不畏权贵，凡遇欺压百姓、巧取豪夺者，一经查实，严刑峻法，从此，一县肃然。当时，河南府知府王嗣宗，是宋太祖开宝八年（975 年）的乙亥科状元。他性情刚强，为官正直，无所畏惮，很得宋真宗的信任，曾官居枢密副使。他一生很少赞许人，却对韩琚大加赞赏，多次上表向宋真宗推荐他，这也是宋真宗破格召见韩琚的原因。

当韩琚走出宣德门时，天上开始飘起雪花。走到御街上时，已是漫天鹅毛大雪，纷纷扬扬，街道两旁的馆舍楼阁，一片银装素裹。

此时，韩琚的心里仍是怦怦直跳，没有平静下来。宋真宗对自己在任时的作为了如指掌，如数家珍。他那么和蔼可亲，威严而又慈爱，让自己有一种像见到自己的父亲一样恍惚的感觉。最后，宋真宗还嘘寒问暖，对自己勉励有加，当面传诏，擢升自己为河北路军事重镇遂州广信军（河北徐水）通判。这个官职品第不高，但责任重大，比一般的州府通判权力更大。

他收了收心神，才想起自己回京后，按例先进宫朝见皇帝，家人还不知自己已经回京。他加快脚步，披着一身白雪，急匆匆地向韩府方向走去。

此时的韩府，已经乱成一锅粥了。自入秋以来，韩琚的生母罗氏身体一天不如一天，到后来汤水不进，人也瘦成了一把骨头。二夫人胡氏每天端汤喂药，细心侍候，延请了许多名医诊治，却不见起色。

胡氏年轻的时候，跟着父亲也学过一些医道，清楚罗夫人大限临近，也只能尽人事、听天命了。她命苦，罗姐姐命更苦。短短几年，丈夫、长子、次子相继去世，命运一次次无情地折磨罗氏病弱的身子，她早已身心憔悴，油尽灯枯。

当韩琚走近家门时，看到白雪皑皑的门楼下，张着素灯，挂着白布，贴着白纸，心头一震，扑通跪倒在雪地里。他还是来晚了一步，再也听不到娘的呼唤，再也没有一双温暖的手抚摸自己结满风霜的脸颊。

胡氏闻讯，命韩琚的夫人李氏带着老管家，出府将韩琚搀扶进来。跪到灵堂前，祭奠已毕，韩琚进屋拜见胡氏，只见胡氏清减了许多，一脸悲戚，覆满头顶的白发，已经稀疏得挽不成发髻。可以想象得到，这几年，这个家也真难为两位老人了。

多年来，母亲罗氏对几个弟兄的学业和为人处世管教得非常严厉，但从胡母身上得到更多的是关怀和慈爱。韩琚见到胡氏，如同见到亲娘，眼泪不自觉地流了下来，声音哽咽。

胡氏一脸平静。"琚儿，不知道你这几日回京，你娘却没有等到你。现在，家里几个弟兄你年岁最长，自不必做什么儿女之态。人生有命，大丧之礼，你看着主持吧。"

"是。"

"你父亲已有封诰，你母亲出身名门，大丧之后，自应向礼部拜表求封，你也按制丁忧吧。"

"是。"

皇帝的恩诏很快下来，封罗夫人为仁寿郡夫人。韩琚按制丁忧，待服除后归阙候补官职。

丁忧三年，是韩琚一生中最惬意的时光。他把全部精力，放到小弟弟韩琦的身上。此时的韩琦也快十岁了，也许是从小丧父，几年来经历了家里连续的变故，养成了沉默寡言的个性。他很少与同岁的大侄子韩公彦一起玩耍，每天正襟危坐，埋头读书，赋诗作文，所做的文章诗词，义理往往超出了他的年纪。

韩琚知道，小韩琦不仅是一块读书的好料，而且可以看出他胸有大志，自己对他多一些耳提面命，说不定将来能成为朝廷的栋梁。

韩琦对三兄也有一种天生的亲近，他更佩服哥哥的文章，没事就拿着几年前韩琚写的《鸿雁来宾赋》反复研读，心里想着自己哪一天也可以写出这样的文章。他听母亲胡氏讲过，大中祥符年间，韩琚因为父亲恩荫在饶州任职潘阳尉，但他依旧刻苦学习，一心想通过科举走入仕途。在北宋，没有功名的官员参加进士考试，需要当地郡守的举荐。当时饶州郡守江嗣宗听说韩琚是韩国华的儿子，就有意想看一看韩琚的家学功底。江嗣宗把韩琚单独召进府内，以《鸿雁来宾赋》为题，命他作一篇赋文。韩琚在郡守面前，镇定自若，谦恭有礼，思索片刻，一气呵成。江嗣宗看后，大加赞赏，立即行公文举荐。从此，江左一带的读书人经常把他的《鸿雁来宾赋》书写在屏风上，称呼韩琚为韩鸿雁。

在家守孝，三年的时光一晃而过。韩琚脱去丧服，换上官服，入朝候旨。不几日，被任命为光禄寺丞、通判赵州。

胡氏见韩琚外任，京都开封房价实在太贵，就商量着带着两个儿子和侄子韩公彦，一家人回相州老家居住。

五

韩琚赴任时，决定把韩琦带在身边，让他跟着自己，既可以减轻家里的负担，又可以通过游学让韩琦见识当地的风土人情，增长见闻，为他将来入仕多一些历练。

韩琦从十三岁跟着哥哥韩琚开始了自己随兄游学的人生奇遇。每到一处，韩琚就在府衙附近寻一处安静的房子，让韩琦闭门苦读。韩琦在家中孜孜不倦地苦读诗书，白昼青灯，风雨无怠。韩琚公务繁忙时，经常把同僚、文友的信札交给韩琦，让他代替自己回复。韩琦文笔清丽，辞章隽美，义理清晰，对答合宜，甚至经常有新奇之意，令他击节赞赏。读书之余，韩琦独自外出，遍访当地人文古迹、风土人情，察古阅今，增长见识。

北宋年间，赵县属河北西路，临近宋辽边境，战略地位突出。自古燕赵多慷慨悲歌之士，山川形胜，名胜古迹星罗棋布。在赵州，韩琦驻足赵州桥上，抚摸着石栏上风雨斑驳的痕迹，望着滚滚东流的洨河水，心中感慨万千。一条大船顺流而下，中年船夫嗓音粗豪，唱道："赵州石桥鲁班爷爷修，玉石栏杆圣人留。张果老骑驴桥上走，柴王爷推车轧了一道沟……"

廉颇墓前，韩琦流连忘返，他望着地广人稀的乡野，秋风瑟瑟下，宋辽多年拉锯战留下满目疮痍，更添悲凉萧杀。北宋朝廷软弱无能，朝中大臣贪生怕死，助长了契丹蛮族大胆妄为，时常劫掠边境，致使民不聊生，流离失所。如果朝中有廉颇一样的名将，岂能让丑虏侵扰边境，为所欲为。他多么渴望自己能像父亲当年一样，出使高丽，巡察朔边，为国家建功边陲。

但他看到的是，多数地方官吏不懂得居安思危，一味贪图享乐，贪污成风，盘剥百姓，吏治腐败。更有的官吏热衷修建豪华官衙府邸，摆酒宴客，招揽歌伎，在自己营造的歌舞升平里醉生梦死，把朝廷理政筑边的诏令置诸脑后。

他随哥哥韩琚视察边防武备，看到的情况更是触目惊心。驻地禁军纪律松弛，喝酒闹事，打架斗殴，时有发生。他们仗恃隶属朝廷，不服地方管理，欺压百姓，一片乌烟瘴气；军械库里，武器生锈，弓弦断裂，尘埃狼藉；城池堡垒，残垣断壁，年久失修。

在赵州的三年里，韩琦把自己的所见所闻和自己对朝廷边疆防御的缺失、地方政务的弊端，与哥哥韩琚进行交流。韩琚觉得弟弟所言颇有见地，就亲自拟题，让韩琦作成策论。策论是议论当前政治问题、向朝廷献策的文章，宋代为选拔一些通经致用的人才，把策论作为科举考试的重要内容。

韩琦的几篇策论，既有自己亲自考察的依据和思考，也吸收了哥哥的真知灼见，可以说切中时弊，见解独到。韩琚后来将这些策论内容进行整理，写成奏折上报朝廷，受到朝中执政大臣的重视。

六

棣州古有"鲁北首邑"之称，也是武圣孙武的故里。在棣州无棣县境内，有一处古城遗址，相传是汉代大将韩信自燕伐齐时所筑，当地人称之为"汉垒"。

韩琦从小就对叱咤疆场、百战百胜的同姓先辈韩信倾慕至极。三兄韩琚转任棣州通判后，韩琦就迫不及待地到古汉垒处游历凭吊。

时值深秋，山川层林尽染，仿佛血染大地。残阳西下，彤云布天，云天与山川同色，更显得悲壮雄浑。古迹已经荒废，韩信一生戎马倥偬，所建立的赫赫功业如曾经巍峨壮观的城池，被无边的荒草掩埋。如今，北方蛮夷窥视边塞，狼心南向，警报频传。在这荒芜的万里边塞，何时能再出现像韩信一样的大将，再筑边城，阻挡契丹的铁蹄？想到此处，一介书生的韩琦也不由得壮怀激烈，仰天歌吟："秋原北望郁峥嵘，古垒犹传大将名……"

"有气魄！"一声苍老的低赞声，打断了正在吟诵的韩琦。他转头寻视，只见一个白发老者策杖立于残垣断壁处，一个童子随侍一旁。

韩琦见老者仙风道骨，好像也是游历吊古之人，随即上前拱手唱喏，连拜两次。

老者见小书生如此礼重，回了半礼，问道："小学士好俊才，可是扰了你的诗兴？"

"不敢！不知道老人家在此游历，倒是打扰您的游兴了。"

老者连连摆手，笑问："小学士来自何处，看着不是本地人氏呢。"

"我姓韩，相州人氏。因哥哥韩琚现任棣州通判，我是随兄游学此地。"

"可是韩信后人？"

"不敢高攀。"韩琦老实答道，"我家数代世居相州，不敢与古贤韩信攀扯亲缘。"

"相州人，你可是韩国华大人的子嗣？"

"正是家父。老人家认识家父？"

"哈哈，我有幸与韩大人有一面之缘。"老者一把拉住韩琦的衣袖，面带慈祥，两眼不住上下端详，一边看，一边说："颇有乃父之风，颇肖乃父之姿啊！"

韩琦被老者突如其来的亲热举动弄得不知所措，问道："老人家贵姓，仙乡何处？"

"我姓孙，是武圣孙武的后裔，祖籍棣州，家住城里武圣祠旁边。与你父亲韩大人的机缘，说来话长，你与我一道回家慢慢道来。"

韩琦听说白发老者是父亲的故友，也正想听听父亲当年的故事，便欣然与老者一起回城。

老者姓孙，名安，字平之。孙氏世居棣州城，守着祖宗留下来的家业，兼顾看护修缮武圣祠。唐末之乱，中原大地遭受北方蛮族侵扰，孙家后辈不忘祖宗遗训，习武演阵，报效朝廷，也出过几个将军。孙安长大成人后，屡见契丹扰境，残害边民，出于义愤投军报国，在河北路真定府一带驻防，任保州都巡检副使。

宋真宗咸平年间，辽国准备向宋朝边境发动进攻。狡猾的契丹人为了麻痹宋朝官兵，主动向宋朝提出讲和的请求。消息传到都城东京后，朝廷君臣不知所措，因为契丹这一举动太不寻常，不得不让人怀疑。为了弄清事实真相，摸清真假，宋真宗派韩国华以巡察河朔地区的军事防务为名，深入宋辽边境地区进行实地考察和了解。到了宋辽边界保州（河北保定），韩国华准备化装成客商，过境查看敌情。驻守保州的缘边都巡检使杨延昭担心韩大人安危，一再请求派一队禁军着便衣随同保护。韩国华担心人多会引起契丹人的注意，拒绝了这一请求。副使孙安为韩国华的举动所感动，向杨延昭请求，自己独自一人随同韩大人暗中保护，得到韩国华和杨延昭两人的同意。

这个杨延昭就是金刀令公杨业的长子，自幼随父亲习学武略。雍熙年间，宋太宗北伐契丹，杨业率军攻应、朔等州，杨延昭为先锋，时年二十九岁，战朔州城下，流矢穿臂，战斗愈勇，终于攻下朔州。后来，因主帅潘美、监军王侁妒忌，逼杨业以小股禁军阻击大队辽军，在陈家峪口陷入辽军重围。杨业派遣杨延昭突围求援，潘、王二人却置杨业于不顾，先行遁去。杨业被俘，绝食三日而死。朝廷褒奖杨业忠义，除追赠杨业为太尉、大同军节度使，还将杨延昭自供奉官升崇仪副使，一直在宋辽边境镇守边防。

韩国华与孙安两人装扮成客商进入契丹，一路过州进寨，见到辽国城寨内不仅加强了防守，而且增添了重兵，粮草车辆也不断从四面八方向边境地区聚集。他们仔细分析路上看到的和听到的情况，确认契丹请和一事有诈，马上返回上报朝廷。宋真宗得到韩国华的紧急报告后，很快采取应对措施，一面调兵遣将加强边境防御，关闭边境关卡，制定相应的迎敌战略；一面派遣使者揭穿辽国的阴谋诡计。辽国见诡计被戳穿，不得不取消了这次偷袭计划，从而避免了一场大战的爆发，更是为宋朝挽回了一次重大的军事损失。

身为武将的孙安，一路上对文官出身的韩国华的机智和胆略佩服有加，更被他为国家不畏生死的精神所折服。一面之缘后，两人虽少有交往，但孙安一直把韩国华当作自己生死过命的朋友。

后来，孙安调任高阳关都部署傅潜手下任职，他对朝廷派驻的宦官监军狂妄自大、盲目干预禁军军事部署不满，又看到都部署傅潜唯唯诺诺，一味迎合，无所作为，很是气愤，经常与他们发生矛盾。为此，孙安时常受到监军和都部署傅潜的打击和排挤。孙安一气之下，辞官回家，每天研读《孙子兵法》，结合宋辽边关的军事形势和自己从军的思考，著书立说，过起了隐居生活。

孙安见到老朋友的儿子，又看到韩琦文思敏捷，胸怀大志，高兴异常，连命摆酒，派家童持书邀韩琚，他要与两个侄子秉烛畅谈。

从此，韩琦与哥哥韩琚经常到孙府拜望老人，请教治军之策。孙安看韩琦虽然年仅弱冠，但心思缜密，见解独到，颇有儒将之风，就将自己对《孙子兵法》的见解和体悟一一讲授，连自己所写的《兵法要略》也倾囊相授。

光阴荏苒，韩琚任满回京述职，韩琦不得不与孙安殷殷话别，随兄一起离开了棣州。

这次，韩琚转任虔州通判。虔州地处岭南烟瘴之地，韩琚不愿弟弟跟着自己受苦，再说韩琦已经十九岁了，学业有成，于是，命韩琦回乡考取功名。韩琦无奈，依依不舍地告别哥哥，回到老家相州，与分别多年的母亲团聚。

第二章

高科入仕

一

天圣五年（1027年）三月，春和景明，柳裁新叶，桃李绽蕾，蜂蝶翩翩，使得平日里庄严肃穆的大宋皇城一派生机盎然，祥和瑞丽。这一天，崇政殿外挤满了已经经过殿试策对的举子，他们在五更天就进入皇城，在殿外默默等候，连大气也不敢出。看得出他们比前几天第一次在皇帝面前策对时还要紧张，因为他们在等待皇帝上殿开始传胪唱名。

宋仁宗自十三岁登基，因年幼由刘太后垂帘听政，权处军国重事，他也只是按例朝见大臣，然后入迩英阁由太子太师讲授治国之道。直到这一年，十八岁的宋仁宗才第一次以皇帝的身份殿试进士，遴选自己的天子门生。

这次科举，韩琦与一母同胞的哥哥韩璩一起参加，也一起入殿策对。此时，他们站在人群里，焦急地等待着即将到来的崭新命运。

比弟弟大七岁的韩璩也是第一次入京参加殿试，虽然他比韩琦早几年参加州府的发解试，但由于母亲胡氏身体不好，只得在家照顾，所以早早就结婚生子了。这几年，弟弟一直随三兄韩琚游学，照顾母亲的责任就全部落在自己的身上，一直没有成行。这次，弟弟韩琦在州试中一举夺魁，再加上母亲身体状况有所好转，兄弟两人才打点行装，入京会考。

看着韩琦一副镇定自若的样子，韩璩偷偷抹了一把脸上的汗水，心里有些惭愧。这个小弟弟，还真有些气度，文才又好，一定可以高中，成为传说中的一门双进士。正在胡思乱想的时候，大殿里传来响动，士子们也骚动起来，随即静了下来。

只见主持传胪唱名的知制诰、翰林大学士、礼部侍郎宋绶趋步走出大殿，手捧圣旨，高声宣唱："奉天承运，皇帝制曰：天圣五年春，策试天下贡士王尧臣等一百九十七名。第一甲赐进士及第，第二甲赐进士出身，第三甲赐同进士出身。第一甲第一名王尧臣，第一甲第二名韩琦，第一甲第三名赵概……"

前三名名字宣唱话音未落，只见太阳喷薄而出，霞光万道，把东方天际的薄云照得五彩斑斓，像五彩云霞托起一轮红日，不由得令人啧啧称奇。人群喧哗，宋绶停止唱名，往天空一看，也吃惊不小，闻听身后有人低语道："方始唱名，天现祥云，此乃国家昌盛之兆啊！"宋绶心中一动，忙命人进殿奏报，恭贺皇帝得四海之才，天降祥瑞，国运绵长。

宋仁宗龙颜大悦，降恩增加这次科举的名额，登进士第三百七十七人，比天圣二年（1024年）榜二百零七人多了一百七十人。按照民间说法，韩琦为榜眼。状元王尧臣，字伯庸，应天府虞城县人。探花赵概，字叔平，应天府虞城县人。韩璩为这次同榜进士，还有文彦博、吴育、包拯、元绛和后来成为韩琦妻兄的崔勉。

不过数日，皇帝颁旨，一甲前三名同授将作监丞，韩琦任淄州通判，王尧臣任湖州通判，赵概任海州通判，成为地方军州的副长官。韩璩也被授予安化军节度推官。

韩琦与哥哥韩璩一起回到相州，自然是观者人山人海，拜访者门庭若市。父子四进士真是人人称羡，兄弟一榜双题名，更是名动相州城。

韩琦也迎来自己人生的另一件大喜事。同榜进士崔勉登门相贺，并带来一封家书。家书是崔勉的父亲、相州知州崔立写给韩琦母亲的。

崔立，字本之，祖籍河南府鄢陵，为世代官宦之家。咸平年间，崔立进士及第，任果州（四川南充）团练推官，历任大名、临清知县。崔立严守清廉俭约，每到一地任官期满，只带走随身衣物和书籍。负责考察官吏的转运使张宗逊感叹道："古代所说的廉吏，恐怕不过如此。"皇上两次赐诏书褒扬嘉奖他，晋升兵部职方司员外郎、棣州知州，再升兵部职方司郎中，出任相州知州。韩琦回到相州后，与五兄韩璩一起参加了秋闱，兄弟二人双双高中，一时轰动古城。崔勉回家后对韩琦赞叹不已，崔立亲自调阅韩琦的考卷。读后方知，韩琦年纪虽小，但文宗汉唐，见识高远，心知此子虽然因父丧家道中落，但此后必为朝廷栋梁，决定亲自拜章荐送兄弟二人参加第二年京城的春闱。

胡氏打开书信，原来崔大人是向自己的小儿子提亲。胡氏知道，崔家是唐代崔、卢、李、郑四大家族之一，为衣冠甲族，四大姓历来互为婚姻，其他家族都是求之不得。本朝以来，崔家世为官宦，诗书传家，门风谨严，女儿自然也是知书达理，持家有道。想到自己的丈夫早早去世，崔大人几年来对韩家照顾有加，有恩有情。现在，自己的两个孩子又与崔公子是同榜进士，真可谓亲上加亲，有何不愿意之理？

胡氏见崔勉俊朗英武，一表人才，高兴得一把拉住他，嘘寒问暖，询问崔老大人和老夫人身体近况，顺便探问他妹妹的一些情况。崔勉告诉胡氏，这个妹妹从小跟着母亲持家，针线女红样样巧致，尤其爱读书作文，精于书法，连做哥哥的都自叹不如。

韩琦兄弟两人很快就要走马上任，按崔老大人提议，一切从简，赴任之前完婚。但胡氏还是按照婚俗，交换庚帖，准备聘礼，然后门结灯彩，大摆宴席，崔勉与韩璩两个新进士亲自任送亲迎亲的傧相，为韩琦与崔氏举行婚礼。三兄韩琚也赶来贺喜，府县官吏更是比肩继踵，也来攀附未来的朝中新贵，一时间门庭若市。

韩琦一月之内，榜眼郎又当新郎，第二次跨马游街，相州城内万人空巷，罢市观礼，比过年还热闹。

婚礼刚过，就到了兄弟二人赴任之期。两兄弟同时外出做官，自然不能把母亲一人留在家中。胡氏年纪大了，身体一直不好，韩琦常年随韩琚游学，是韩璩夫妻二人长期奉养。韩琦与哥哥商量，侄子公彦也到了开蒙就学的时候，需要照料，况且海州毗邻大海，老人可能水土不服。自己多年没有与母亲在一起生活，淄州为齐鲁大州，饮食相近，又有妻子崔氏闲来无事，正好照料，说话解闷。胡氏疼爱幺儿，也想在有生之年抱得幺孙，自然乐得随韩琦夫妻同往。公彦留在相州，打理家中的田产。

二

五月的初夏，万木葱荣，一望无际的麦田上燕雀翔舞，鸟语呢喃。通往山东淄州的官道上，韩琦骑着一匹枣红大马，身后是一辆轿车，里面坐着自己的母亲胡氏和刚过门不久的妻子崔氏。

古邑淄州，历史悠久，夏商时期先后出现爽鸠氏、季氏、逢伯陵、薄菇等古国，春秋战国时期是齐国的国都，汉时为齐王韩信的都城。淄州地方富庶，人口稠密，但齐地自古民风彪悍，豁达豪爽，鄙陋轻义，与位于泰山之阳出圣人的鲁国重礼尚节迥然不同。

韩琦到任之后，就深入到所辖淄川县、长山县、邹平县、高苑县等属地巡察，访民情，究风俗，问年景，看刑狱，所到之处，他最关心的是百姓生活和农业水利之事。但最让他感到痛心的是，州学拥挤狭窄，年久失修，士子们的学习和住宿条件很差。各地县学更是破败不堪，年久失修，有的甚至设在破庙里。

韩琦回来后，将自己的所见所闻向知州王子融进行了汇报，提出对淄州的州县官学进行修建，大力倡办地方官学，兴礼崇义，通过教化以对齐地民风实行移风易俗。

王子融，字熙仲，京东东路益都府（山东青州）人，祥符年间进士及第，是当朝宰相王曾的弟弟。王知府对这个朝中榜眼新贵的务实干练作为和颇有远见的想法很是赞赏，请韩琦草拟出具体的条款，两人一起向朝廷上表请示。从此之后，淄州在朝廷的支持和韩琦的一再推动下，不仅扩建了州学，各县官学也得到修缮，面貌焕然一新，士子们交口称赞这个新来的通判。

齐地自古多匪患，民间尚武任侠，时有邻里争斗，治安案件堆积如山。韩琦整天在官衙阅看案卷，思考着如何教化民众。此时，差役进来递上一个拜帖，说："韩大人，有一个年轻文士在大门外等候求见。"

韩琦展帖一看，上面署名张唐卿。他对这个名字已有耳闻，听说是当地一个少年才俊，连忙站起来，说道："有请！"

随着差役进来的年轻人，俊朗清秀，儒雅有礼，虽然衣衫破旧，但难掩一股英飒之气，韩琦不由得暗声喝彩。

张唐卿躬身唱喏："后学拜见韩大人。"

韩琦问道："不知张公子何事见教？"

"韩大人金榜一甲题名，以榜眼闻名天下。得知大人淄州任职，后学仰慕，特来拜望，以沐渴念。"说着，递上一函自己的文稿。

"好说，请稍坐饮茶。"

韩琦看后，对张唐卿的诗文甚是嘉许，其中，一篇《孝义天齐嬷嬷幢》，文辞清丽，像一股清泉流淌，颇得唐代柳宗元文法。

淄州淄川县古称般阳县，县城东南方有山，叫五松山，山后有岭，叫天齐岭，岭上有一石幢，是当地人祭祀天齐奶奶的地方。文章描写当地的古迹，以神灵宣扬孝义，这不正是教化百姓的好办法吗？

韩琦没有夸赞张唐卿，只是勉励一番，还指出诗文中一些谬误之处。当看到张唐卿愈加谦恭有礼，他决定要对这个小弟弟多加提携，心生一个主意。

送走张唐卿后，韩琦研墨铺纸，执笔在手，一口气背出这篇文章，命人刻成碑文，树立在天齐岭的石幢前。当地百姓听说韩榜眼亲自书碑，一时观者如堵。

韩琦的字颇得颜法，骨力遒劲，雄浑凛然，很多文士把碑文拓下来珍藏。后来，民间传说韩琦是天上的文曲星下凡，有了韩大人的字，文曲星会保佑孩子将来金榜题名。每到夜晚，就有老百姓偷偷去把碑文拓下来，像灵符一样压到男孩子的枕头下面。

孝义的故事在民间流传，年仅十七岁的张唐卿之文名也从此大盛。十年后，也就是宋仁宗景祐元年（1034年），张唐卿考取第一甲第一名，成为真正的状元郎。此是后话，也成就了韩琦与张唐卿之间的一段佳话。

三年的时光转瞬即逝，韩琦的孝义教化取得了明显成效，淄州民风大变。

三年里，母亲胡氏的身体时好时坏，多亏了妻子崔氏在床前照顾，端汤喂药，一个人忙前忙后，让韩琦得以全身心办差。

胡氏一生劳苦，养育孩子，周济亲人，操劳过度。她与韩琦一起生活的三年，是她最幸福的时光。她多么希望韩琦与儿媳生一个小孙子，但韩琦每天一心扑在公事上，三五天不回一次家。想到韩琦为朝廷办差，自古忠孝不能两全，也只能摇头叹息。

三年任期到了，韩琦拜别知府王子融大人和一干僚属。知府王大人虽然不舍，但他知道韩琦这样高中一甲的进士都会在三年任满后调回京城，任职馆阁，成为朝堂中枢要员，只得带领府中官吏置酒话别，长亭相送。

回京的路上，胡氏偶感风寒，竟然一病不起，韩琦只得把母亲和妻子送回相州老家。

韩琦遍请名医为母亲诊治，亲自为母亲杵药煎汤，妻子崔氏殷勤服侍，昼夜无怠，但是总不见起色。进入五月，韩母的病情渐渐加重，已是奄奄一息。

在母亲弥留之际，韩琦跪在床前，不由得泪如雨下。胡氏一脸慈祥，望着这个从小失去父亲，十几岁就跟着哥哥四处闯荡，很少享受过父母之爱的小儿子，不由得心生愧疚。想起韩琦平时少言寡语，从不嬉闹，只知道读书识字，最后在弟兄六人中最有出息，长大成为朝中栋梁之材，她备感欣慰。丈夫在天之灵，也会高兴，自己也可以安心地去另一个世界与丈夫相会了。

胡氏颤巍巍地伸手拉住韩琦夫妻二人的手，断断续续地说道："好儿子，好儿媳，我一生跟随你父亲。他为人正直，官声清廉，爱民如子，有口皆碑。你们兄弟是朝中臣子，先做人，再做官。我不求你们做多大的官，但一定要像你父亲一样，做忠臣、诤臣、廉臣，为朝廷争光，为祖宗争脸。"

"儿子记住了！"韩琦流着泪回道。

"还有，你们兄弟六人虽然异母，但一脉血缘，我那苦命的老姐姐对你们宠爱有加，恩情难断。"说到此处，胡氏眼角的泪水顺着苍老的皱纹流淌而下，声音哽咽。

歇了好一会儿，胡氏声音低微，像是费了很大的气力才吐出来："你们弟兄要相亲相爱，相互扶持，尤其要照顾好你那几个没了父亲的侄子、侄女，让我与你父亲……"

韩琦抱住母亲的身体，可是再也不能唤醒她老人家。哭声四起，老人已经安详地合上双眼，一只手还紧紧抓着韩琦的手，像要把没有说出来的话全部传给自己的儿子。

天圣八年（1030年）五月九日，胡夫人终因年老体病，灯油耗尽，撒手人世，享年六十三岁。

同样任满回京述职的韩璩得到母亲去世的消息，匆忙赶回相州，与弟弟韩琦一起办理丧事。韩公彦自父亲韩球去世后，跟着胡氏回到相州，承担起经营老家田产的重任。这次，他成了韩家这场丧事的主事大管家。相州当地官员念及韩国华老大人的旧情，纷纷前来吊唁。韩母的丧事虽然简朴，倒也风风光光。丧礼之后，韩琦与韩璩一起上表报请解官，留在相州为母亲丁忧守制。

古制丁忧守制三年，其实是二十七个月。明道元年（1032 年）冬天，韩琦与五兄韩璩丁忧期满。不久，接到朝廷诏命，起复韩璩为舒州团练，晋升韩琦为太子中允，回京候缺补任。

动身前，韩琦接到在濠州任通判的三兄韩琚书信，得知三兄也刚好任满，已经动身前往京城述职。他赶忙收拾行装，与妻子一起启程赴京。

三

正值隆冬时节，东京的天空雪花飞舞，一场瑞雪把皇宫的亭台楼阁装扮得银装素裹，分外妖娆。脱掉丧服的韩琦目睹这一切，一下子让他又想到自己的母亲，想起了去世的父亲和嫡母，恍如隔世，京城开封繁华依旧，而人事已非，不由得感慨不已。

韩琦丁忧期间，同榜状元王尧臣已经从湖州通判回京任职，授著作佐郎，在集贤院当值。探花赵概授集贤校理，任开封府的推官。此时，王尧臣、赵概与已经回到京城的韩琚聚在一起，在御街酒楼摆宴为韩琦接风洗尘。

三个同年如今都回京任职，自是把酒言欢，说不尽的思念之苦，对韩琦服阕回京，将来一起供职大展宏图，言语中更是充满期待。

韩琚坐在一旁，望着三个高科进士意气风发的样子，只是默默饮酒，言语不多。韩琦知道，这几年，三兄从一个傲视官场的才子变成了一个沉稳务实的官吏，官场的斗争和仕途的磨难，使得这个比自己大十几岁的哥哥华发早生。

酒阑宴罢，韩琦兄弟两人送走王尧臣和赵概，一起回到客栈，秉烛夜谈。

"这次回京，怎么没有与韩璩同行？"韩琚问道。

"五兄已经接到任命札子，起复为舒州团练判官，不用回京，直接赴任。"韩琦一面说，一面从书袋里抽出一封书函，递给韩琚，"临行时，五兄托我捎给你的书信，问候哥哥。"

"家里的一切都安顿好了吗？"

"家里有公彦侄子打理，一切都好。"

"只是苦了这孩子，父亲早逝，相州老家的事务羁绊，连学业都耽搁了，如今也没有个出身。他为这个家付出得太多了！"韩琚叹息道。

"哥哥，这次回京，听说朝中很多大人举荐你，可有什么消息？"

其实，韩琦知道，哥哥这几年宦途坎坷，从天圣元年（1023 年）到现在，十年间一直在通判这个职位上转来转去。其间，虽然在天圣四年（1026年）因赵州任上政绩卓著，皇帝赐绯衣银鱼以示奖励，后又有老宰相张知白一再推荐，但朝政被垂帘听政的刘太后把持，庸官当权，屡举不获。

"哥哥，听说太后有意让皇帝亲政，正是任用贤能之际，这次你可以大有作为啦！"

韩琚望着韩琦，目光平静而深邃，语气平缓地说道："朝中可不像你想象的那么简单，太后临朝已经十年，任用亲信。权相吕夷简把持朝政，堵塞言路。天圣七年（1029 年），秘阁校理范仲淹奏请太后还政，被贬出朝。宋仁宗有心回护他，把他放到陈州任通判。现在，太后圣体不豫，虽然朝臣纷纷请求皇帝亲政，但刘太后仍改年号为明道。天圣是母子二人执政，明道不正是日月同辉之意？！"

韩琦听后，不禁点头。

韩琚接着说道："你们这次应该赶上一个好机会。皇帝虽然还没有真正亲政，但你们是他继位后第一次殿试钦点的进士，真正的天子门生。听说今年皇帝正准备举行翰林学士院的策试，这种情况下，都是皇帝亲自主持，从进士高科和朝中大臣举荐的贤能之士中进行遴选，自古朝中宰相和宰执大臣多出自馆阁之职。但无论如何，为国尽忠，是每个臣子的本分，不可以太看重官职升降。宦途沉浮，只要踏实做事，在朝堂，在地方，都要有定力。在这方面，你从小就表现卓异，我这几年也颇有体悟。你初入朝堂，现在皇帝还未亲政，人心未稳，新旧势力仍会钩心斗角，几番搏杀，不会一帆风顺。你不能操之过急，失去本分，为权力名誉蒙蔽，要做一个有定力，有毅力，有担当的能臣、诤臣，方不负皇上的知遇之恩，不负天下百姓的冀盼之情。"

韩琦点点头，哥哥见事之深，肺腑之言，一句句撞击着他的心灵。从小跟着哥哥，他从哥哥身上学会了如何做事，学会了如何做人，更明白了为官之道。在这个亦师亦友的兄长身上，他仿佛看到了父亲的影子。其实，三岁失去父亲，韩琦从哥哥身上无时无刻不感受到温暖有力的父爱。

不过数日，诏命传出，升任韩琚为太常博士，任黄州知府，韩琦也被任命为太常丞。太常寺掌管朝廷宗庙礼乐，与大理寺、光禄寺、太仆寺、鸿胪寺并称五寺。太常丞为佐官，正六品。

韩琦约王尧臣、赵概等人，一起为哥哥饯行，十里长亭相送，执手含泪话别。

不久，翰林学士院举行策试，韩琦顺利入职馆阁，授直集贤院。北宋沿袭唐制，置昭文馆、史馆、集贤院三馆和秘阁、龙图阁等阁，分掌图书经籍和编修国史等事务，通称馆阁。馆阁为朝廷储才之地，在馆阁任职者，不任吏责，以阅读、校雠皇家图书为事，以备皇帝顾问。

馆阁清职，韩琦与王、赵两人时常相聚，转眼到了来年。进入三月，垂帘听政十一年的刘太后病重，宋仁宗大赦天下，为太后祈福。二十九日，刘太后驾崩于宝慈殿。

此时，宋仁宗才得知自己的生母不是刘太后，而是李宸妃。李宸妃原来只是刘太后的一名侍女，被宋真宗宠幸后，生下一子。一直没有诞下皇嗣的刘太后把孩子抱进后宫，作为皇储养育，而把李宸妃打入冷宫，将真相隐瞒下来。宋真宗知道众王爷对帝位虎视眈眈，也就默认了刘太后的所为。宋真宗去世后，刘太后凭借自己在后宫的地位，扶持十三岁的宋仁宗即位，自己垂帘听政，十年来，没有人敢冒着杀头的危险来挑明这个真相。明道元年（1032 年），李宸妃去世，刘太后听从宰相吕夷简的建议，瞒着宋仁宗以皇后之礼下葬李宸妃。此事被后代演绎成"狸猫换太子"的传奇故事。

宋仁宗得知这一切，奉刘太后为章献太后，奉李宸妃为章懿太后，葬于宋真宗的永定陵，一场后宫惨变得以平安度过。

宋仁宗正式亲政，此时的北宋王朝面临官僚膨胀、冗官冗兵冗费的局面，北辽、西夏边患危机频发。他首先罢黜刘太后所任用的宰相吕夷简、枢密使张耆、枢密副使夏竦、参知政事陈尧佐、晏殊等人，重新提拔当年被贬的老宰相张士逊、李迪为宰相，擢用翰林学士王随为参知政事，三司使李谘为枢密副使，步军副都指挥使王德用签书枢密院事、御史中丞蔡齐为三司使，组成了新的领导班子。同时，任用范讽权御史中丞，孙祖德为知谏院。这次，被贬到陈州的范仲淹也被重新召回朝廷，进入谏院任右司谏。

这场朝中的重大人事变动，却莫名其妙地波及韩琦。明道二年（1033年）六月的一天，韩琦接到诏命，改任监左藏库。

左藏库，就是宋廷的国库之一，以其在左方，故称左藏，主要负责收支诸州贡赋，掌钱帛、杂丝、天下赋调之收受，供给百官及军兵俸禄赐予。

王尧臣和赵概听到消息，大吃一惊，担心韩琦对这次任职有意见，赶来劝慰。其实，韩琦对这次到左藏库也颇感意外，还听到很多风言风语。但朝廷已经下达了任命，多说无益。他正在收拾自己的行李，见两位好友来访，就一起到御街酒楼相聚。

王尧臣问："韩兄，任职的吏部札子收到了吗？"

"是的，我已经交接，正在收拾自己的东西呢。"

赵概接着说道："我听说这次任命，朝中大臣意见不一，争论很大。"

王尧臣说："自我朝立国以来，馆阁清要之职都是皇上储备英才，将来都要出任显职。现在，你却被派到左藏库任职，实为浪费人才，也是我们进士高科的耻辱。"

韩琦打断两人的谈论，说道："两位仁兄的心意我也知道，任人之事，责在机枢，我们不应该妄加评论，更不能对此讥议。适宜与否，责任在上；做好做坏，责任在我。如果连监左藏库也做不好，不正印证他们没有错吗？我看，还是不要争论对错，先做好职内之事，才是正途呢！"

其实，这次对韩琦的任命，是宋仁宗亲政后，新旧势力的一次交锋，韩琦成为牺牲品。宋仁宗也担心韩琦卷入这次斗争，但见韩琦坦然就任，对这个与自己年龄相仿的韩琦有如此气度颇感意外，因此也对他多了一分喜爱和关注。

四

一大早，左藏库的大门口聚集起一群人。他们都是左藏库的众僚属，听说新的监库今天莅任，按照惯例，由副监库带领，要为韩琦举行一个热闹的欢迎仪式。

韩琦一向低调，赶紧请副监库刘大人将欢迎会安排成一次见面会，按单唱名，一一熟悉而已。韩琦发现，一个名叫冯春的没有到场。询问刘副监库，得知这个人负责各地贡赋的监称，是宫廷派来的内臣，平时不在左藏库值班，只是有贡赋入库时才来监称。

遣散众人后，韩琦让刘副监库带着自己到左藏库各处巡视。他吃惊地发现，库房廊庑上，到处堆放着盛放贡银、丝绵、匹帛的箱笼，以及茶纲、盐纲、花石纲等宝货，甚至有的风吹日晒、雨淋霜打，狼藉不堪。韩琦问道："这些贡赋、宝货为什么都堆放库外，任此暴晒雨淋呢？"

刘副监库赶紧回道："这些贡赋正在办理入库手续，等待入库。"

"等待入库，这些贡赋明明可以看出在这里不是三天五天了。"韩琦脸色一沉，喝问，"要等到什么时候，多长时间？"

"不是下官和库中吏属们失责，实在是监称内臣冯春久不到职，请过多次，言说宫里差事繁忙，总有一个月未来库中监称，无法入库。"

内臣监称是朝中旧制，天下各地贡赋和货纲运至，必等监称内臣审验之后方才受纳。内臣吏属皇宫，自觉高人一等，不受库监节制，反倒颐指气使，处处刁难，左藏库里的官吏都憋着一肚子火。

见韩琦不言语，刘副监库反向韩琦大倒苦水。"韩大人，我们受气倒没什么，只是这些货物宝贝风吹日晒，一旦损毁，他不承担责任，我们还得受责罚。您不知道，最苦的还是那些押送贡赋和货纲的州县衙役和军校，交接不了货物，拿不到回执凭证，只能在京城苦等，更担心损毁不能按期交割，无法回去交差呢！"

韩琦不由得面沉如水，转身走了。刘副监库在库里供职多年，看韩琦二十五六岁的样子，也有意把这个难题抛给新库监，试试他的能耐。

几天来，韩琦不动声色，让属吏汇报各自分管库舍的情况，听取财货收支和库内管理的弊端和改进建议。他把收集到的问题进行整理，分为两大类：一类是通过制度修订完善和强化内部管理能解决的，提出方案，整饬施行；另一类是涉及体制问题，需要上报三司，甚至呈报皇帝圣裁的，他亲自拜表上呈。

韩琦任前，皇宫内需要支领金银和绢帛，都是宫中内臣按照圣旨到库中传谕领取，没有任何印信凭据，谁也不敢核准，也就无法下账。这样，不可避免会有多领、冒领之事。鉴于左藏库出纳混乱的情况，韩琦上疏宋仁宗恢复天禧年间的旧制，设立专置传宣合同司，规定官物凭合同支领。他在奏折中说："天禧中，尝专置传宣合同一司，关防甚严，官物非得合同凭由不可给。后相习为弊，废而不行。愿复如旧制，以杜奸伪。"

宋仁宗见韩琦言之有理，言之有据，下诏三司施行。紧接着，他再次上疏，以失职之罪弹劾内臣冯春。宋仁宗再次降旨，对冯春予以罢免。

这两件事在左藏库引起了不小的震动，大家对韩琦雷厉风行的举措和务实的作风，赞赏不已，更为他大刀阔斧纠弊除害，欢欣鼓舞。短短时间里，左藏库人人尽责，职事井然，面貌焕然一新。

七月，江淮地区发生灾荒，宋仁宗任命范仲淹为安抚使，前去救灾安民。范仲淹到江淮地区后，见灾情严重，饥民饿殍遍野，赶紧开仓赈济贫民。同时向宋仁宗上疏，请求豁免当年赋税，并将受灾地区人民所食乌昧草（野燕麦）进呈皇宫，以劝谏皇帝节俭养民。到了第二年，虽然夏秋两熟，但大灾刚过，府库乏粮，谷价很高，当年江淮地区的赋税六百万石漕米如何也不能如数缴纳。

韩琦得知情况，再一次上疏，请求朝廷对遭逢大灾之后的州郡，应根据实际情况予以蠲免，以便休养生息，发展生产。同时，他还提出：戒奢侈，崇节俭；裁减冗兵，减少官吏人数；节省财政开支，省掉一些不必要的土木工程；实行通商，便利百姓；严格吏人升迁等。宋仁宗采纳了他的建议。

范仲淹得知这一消息，对韩琦很是感激，并在韩琦建议的基础上，上疏奏陈八事，直言阙政，受到宋仁宗的重视。在宋仁宗的眼里，韩琦这个年轻的库监，绝不是池中之物，而是胸怀天下，敢言直谏，与范仲淹一样的能臣、诤臣。

景祐元年（1034 年）九月，天气晴朗，秋高气爽，韩琦站在左藏库的大院内，欣赏着小池塘里的莲花。几尾金麟小鱼在莲叶下结对穿行，悠闲自在。

去年入冬以后，不见一丝霜雪，气温一直居高不下。天干物燥，府库防火设施破旧，急需整修。韩琦仔细巡察后，发现院内数百口大缸储水有限，一旦发生火灾，只是杯水车薪，解决不了大问题。他苦苦思索几天，也没有想到什么好的办法。

一日，他见几个老吏坐在库房墙根晒太阳，就走过去与他们闲谈。他们平时见韩琦不苟言笑，做事严谨，都有些怕他。但见今天韩库监难得与大家席地而坐，话就比平时多了一些。

韩琦把自己的疑惑告诉大家，请大家集思广益。一个最年长的老库吏慢悠悠地说："我看左藏库前院和后院空地不小，可以挖两个池塘，然后在库与库之间，以水渠连接，形成水系。池塘内平时储水以备不时之需，还可以种莲养鱼，让韩大人吟风弄月呢。"一句话，把韩琦都说乐了。

今年夏季的赋税收讫，忙乱了很多时日，难得清静悠闲。韩琦想起今年新植的莲荷，就来到池塘边，观荷赏莲。只见清波微澜，荷叶田田，小荷尖尖，莲花粲然，满目青翠，秋风入怀，不由得神清气爽，一扫连日疲倦。文人心中都有半亩花田，来收藏诗词佳句。韩琦也不例外，看着昔日杂乱的仓库之地，变成清幽的红莲池水，顿觉一片诗情画意，遂脱口吟道："游鳞惊触绿荷香……"

"韩大人。"韩琦循声望去，见刘副库监急匆匆赶来。"快，快，快回去接旨！"

"慢慢说，怎么回事？"

"宣旨大人已经到了，让您接旨呢！"原来，韩琦被擢任为开封府推官，赐五品服，即日赴任。

五

　　开封府位居京师之内，为北宋首府。开封府城内，各种利益集团间杂其中，彼此关系错综复杂，因此，历任府尹不是皇亲国戚，就是能员干臣。而府中僚属，不仅需要处理与上司、吏民的关系，更要同高官权贵交涉，尤其在处理政务时，常受各种因素制约，因此，无过人的才智和学识，难以胜任。

　　京畿重地，宋朝历代皇帝对开封府官吏的选任都极为重视，总是亲自遴选。开封府知府不常置，一般只设权知府事，只有亲王或太子任职时才能称知开封府事，其他官员到任开封府，只能称权知开封府事或权发遣开封府事，虽然也是实际意义上的开封府知府，但明显为暂代之意。开封府除最高长官开封府知府外，下设左、右二厅，每厅置判官和推官各一员，是知府的主要辅佐官员。推、判官分别掌管生事（狱诉、刑罚之类）和熟事（户籍、赋税等）。

　　这次开封府人事调整，宋仁宗首先起用了当朝名臣王博文。王博文，字仲明，曹州济阴人。他进士及第后，曾任开封府判官，因守正仁恕、办事公道，政绩卓著，累次加官，五年前以龙图阁待制权知开封府。这次，他再一次以龙图阁学士权知开封府。可见，韩琦这次的任命，也是宋仁宗精挑细选、深思熟虑后确定的，更是带有特殊使命的。

　　唐宋时期，中国的大都会从坊市制演变为街市制。坊是指城里的居民住宅区，市是指城市的商业区。宋代以前，商业区一般都是由官府指定位置，主要用于货物集散和商品交易，四周有围墙，与居民区严格分开。到了北宋年间，随着社会经济繁荣，商业发达，官民住宅临街设店，形成了更加开放的街市制。

街市制首先是从北宋首都东京开始的。至道元年（995年）十一月，宋太宗以旧坊名多涉俚俗之言，诏张洎改撰京城内外坊名八十余，分定布列，划定街区，标明各坊区域，拆除坊间围墙。同时，拓宽街道，允许人户临街修盖凉棚、起阁楼，实际上就是允许临街设店，面街而居，人户沿街贸易，形成了坊市合一、开放式的商业城市。

在这个演变的背后，是官府的禁街与百姓的侵街，是官与民争夺城市空间的一幕幕大戏。总的来说，北宋官府对街市管理的禁街条令已经大为宽松，街鼓制度和宵禁制度也都被废除，临街不得开门的禁令已经废止，街道两旁店铺林立，不再有固定的市场，街旁、桥上、巷内，都可以经商和交易，夜市、早市接踵，夜市才撤，早市又开。正如在北宋开封府生活了二十多年的孟元老所撰《东京梦华录》中的描述："其阔略大量，天下无之也。以其人烟浩穰，添十数万众不加多，减之不觉少。所谓花阵酒池，香山乐海。别有幽坊小巷，燕馆歌楼，举之万数，不欲繁碎。"

自北宋立国，伴随着东京都城的日益繁荣和快速膨胀，"侵街"的现象也日益加剧。与唐朝长安的宽阔街道相比，北宋开封的街道狭促了许多。按规定，主要街道大约宽三十米，道路两旁还有排水沟和绿化树木。街道两边林立的店铺，因招徕顾客和商业经营的需求，常常将经营范围向道路中间延伸，加上市民、游人如织，道路的拥堵可想而知，给城市的管理和居民的生活带来很多问题：交通拥堵，给出行带来不便；临街店铺侵占街道，也侵占了排水沟、绿化带，造成城市生态环境的恶化；违章建筑多为木构材料，容易引发火灾，开封城多次发生大火，临街店铺往往一烧就连成片，损失惨重；侵街的违章建筑不易管理，人员混杂，导致治安案件数量增加。

面对着日益加剧的"侵街"现象，宋仁宗不得已再次起用有能臣之誉的王博文，并为他配备年轻有为的韩琦做副手，开始了北宋立国以来规模最大的城市"拆迁"。

自古"拆迁"难，不仅涉及民生，更触及权贵豪右的利益。韩琦莅任后，就查阅了大量的资料和图籍，对历代治理"侵街"的得失进行了总结。隋朝开皇年间，隋文帝命汴州刺史令狐熙治理"侵街"。令狐熙禁游食，抑工商，民有向街开门者杜之，却招致一片怨谤之语。太平兴国五年（980年），八作使段仁海在京城自家门前修筑了一道垣墙，侵占景阳门街。宋太宗大怒，令毁之，并施以杖刑，将他贬官。咸平五年（1002年），因京城衢巷狭隘，宋真宗诏令提点京城仓谢德权负责拆迁拓宽。他接受命令后先拆权贵的房屋，招致群议纷纷，连宋真宗都顶不住了，下诏叫停。谢德权坚决不从，说："我已经接受命令，不能中途停止。现在干扰事务的都是权贵豪强，他们只不过舍不得出租房屋的租金罢了，没有其他什么事情，臣死不敢奉诏。"宋真宗没办法，只能从之，并下决心支持谢德权将权贵的侵街邸舍一概拆除。

韩琦认真分析，提出分别酌情的处理办法：对贵族、官吏、商人非法侵街的行为，强行拆撤；关系到基本民生则谨慎对待，以劝导为主。这一提议得到府尹王博文的支持。韩琦在拆除权贵的侵街邸舍旁，竖立表木，置籍立表，作为道路红线。百姓见权贵的侵街邸舍已经拆除，纷纷按照表木界线自行退出，一个多月就顺利完成了这一艰巨的任务。

然而，韩琦与权贵豪右的较量才刚刚开始。由于推官主要负责司法方面的事情，而开封府是京城所在地，不仅案件纷繁，案牍堆积如山，而且案情复杂，多有权贵豪门牵连其中，人情勾连，制造出许多冤案错案。

韩琦亲自勘阅案牍，认真推究复审，遇到刑名不当、判决不公、存疑未清，甚至冤假错案，都一一决断曲直，每天都到深夜。众僚属跟着韩琦审理案件，辨析案情，每次都熬到深夜。私下里，他们都打趣道："这真是过韩家关啊！"

府尹王博文听说后，感叹道："这个年轻人不简单，不仅勤于理政，而且敢作敢为，能为百姓利益不计个人得失，可谓宰相之才，是大宋之福啊！"从此，府尹王博文在政务上非常器重韩琦，多次拜表向朝廷举荐贤良。

景祐二年（1035年）十二月，一场大雪铺天盖地，积雪盈尺。开封府衙内，官吏们大都躲在屋子里烤火御寒，唯独韩琦仍端坐在厅堂上批阅案牍。一阵寒风夹着雪花卷进来，韩琦不由得打了一个寒战，抬头一看，进来的是府尹大人王博文。

"老府尹，何事劳您的大驾，快进屋烤烤火。"

王博文摸了一把胡须上的雪花，掸了掸身上的官服，笑道："好大的一场雪啊！"

"瑞雪兆丰年，一尺雪一尺粮，明年一定是个好年景呢！"韩琦一面说，一面把王博文让到屋里，"老府尹，有事传唤一声就是了。"

王博文伸手止住韩琦，笑道："你整天忙于案牍，不敢打扰，再不来看你，就不是想见就能见到了。"

"此话怎讲？"

"刚才得到宫里的消息，宣旨官很快就到了，恭喜韩大人荣升！"

韩琦闻声站起，说道："韩琦到任刚刚一年有余，有何建树，老大人说笑了。"

"这一年我都看在眼里，喜在心上。你这么年轻，就懂得公忠体国，勤于政事，内有为民之心，外无荣辱之忧。当今皇帝亲政不久，卧薪尝胆，励精图治，正需要你这样的贤良之臣，望勉之，勉之！"

韩琦两眼望着王博文，两行热泪夺眶而出。他知道，府尹老大人得知自己要调任，提前来嘱咐勉励自己，自己一年里的作为，无不靠老大人鼎力支持。他不知道这次调任，是老大人的暗中提携，更不知道三年后，王大人任同知枢密院事、吏部尚书，一直不遗余力地举荐他。

圣旨到时，韩琦才知道，自己因政绩卓著，被授予太常博士，调任三司任度支判官。

北宋时三司总领全国财赋，是仅次于中书、枢密院的重要机构，分盐铁、户部、度支三司。度支主要分管全国财赋的统计与支调。

韩琦深知度支判官职位不高，但权大，责任更大。三司负责聚集天才财物之任，而为朝廷理财，不仅要靠律法，更要靠理财的官吏。法律不完善，就需要修订完善；官吏不良，就会有法不依，守法不严，更不用说发现问题，提出修订完善法律。自古聚敛天下赋税，多有国家与民争利，致使国家刻薄百姓，导致民不聊生，引发动乱，倾覆朝廷。因此，绝不能只顾聚敛财富，用政绩邀宠，获得自己的名利，而是要辅佐皇帝确定更合理的理财方略。度国用，薄赋税，才是最大的政绩。他多次上疏，建言献策，受到宋仁宗的重视。

在三司仅仅八个月，一道诏书，韩琦被推到了真正的政治中心，是急流旋涡，是风口浪尖，他的命运与大宋王朝紧紧地连在一起。

六

景祐三年（1036 年），韩琦被调入谏院，就任右司谏。

自秦以来，历代皆有谏官之置，左右散骑常侍、左右谏议大夫为传统的谏官。唐中后期，谏官制度日趋完善，出现了谏官的专门机构，谏院归属门下省。天圣年间，刘太后诏令谏院从门下省析出，成为一个独立的机构，置员左右谏议大夫、左右司谏、左右正言六人，与御史台合称台谏。御史与谏官并重，真正将谏官制度纳入国家监察体系，形成北宋时期空前绝后的政治制度。谏官不仅可以议论时政，规谏君主，弹劾包括宰相在内的文武百官，甚至有"风闻言事"的特权。谁控制一两名谏官，谁就可以进退百僚，变易时局，所以，宋仁宗对谏官的选拔极为重视，亲自遴选。

此时，范仲淹也被召回京，授天章阁待制、判国子监。范仲淹刚回到京城，正赶上宋仁宗以没有子嗣为由废掉郭皇后，并得到宰相吕夷简的暗中支持。范仲淹连续上疏，甚至以绝食进行死谏。宋仁宗接受宰相吕夷简的建议，由范仲淹出任开封府知府，调离朝廷。

谁知一波未平一波又起。范仲淹在开封府精心绘制了一幅《百官图》呈献宋仁宗，上疏弹劾宰相吕夷简专权徇私，选拔官员多出其私门。吕夷简当着宋仁宗的面，指责范仲淹越职言事，离间君臣。宋仁宗再一次将范仲淹贬官知饶州。秘书丞余靖、太子中允尹洙、馆阁校勘欧阳修三人为范仲淹鸣不平，皆被贬出京城。吕夷简还向宋仁宗请求，在朝堂前立一块"朋党榜"，把范仲淹等人的名字写上，引以为鉴，这是景祐年间的吕范"朋党之争"。

二十五岁的韩琦亲眼看到已经四十八岁的范仲淹因谏诤多次被贬，深感这个右司谏责任重大，也体悟到宋仁宗将自己放到这个位置的用意。

刘太后垂帘听政时的权臣与宋仁宗亲政后的新贵，势必有一场政治博弈。朝中的权臣把持朝政十余年，纲纪混乱，人事壅塞，上下勾连，牵一发而动全身。要想打破这一局面，虽然不是一日之功，但必须起用一批像范仲淹、韩琦这样的干臣、诤臣，滴水穿石，汇聚清流。

宋仁宗亲政之初对朝中两府大臣频繁变动，尤其对宰相吕夷简的一再起复和罢相，既有对党争的打压，也有对新旧势力难以驾驭的无奈。

景祐四年（1037年）四月，吕夷简与王曾因不合时常廷争，双双被免去宰相职务，宋仁宗擢用知枢密院事王随、户部侍郎、知郑州陈尧佐为宰相，同知枢密院事韩亿、翰林学士承旨石中立为参知政事，这是有宋以来年龄最大的内阁。

这年六月，杭州遭遇暴风，江潮高出江岸六尺，冲毁大堤千余丈，受灾百姓波及十数个县。八月，越州（浙江绍兴）发生水灾，淹没民居无数。十二月，河东忻州、代州、并州发生大地震，民舍倒塌，仅忻州就有死亡百姓一万九千七百四十二人，伤五千六百五十五人，压死牲畜五万余口。面对持续不断的天灾异象，平庸的朝廷内阁宰臣束手无策，唯有请求宋仁宗大赦天下，修葺寺庙，在宫内大建道场祈福禳灾，分遣内侍到名山大川焚香祈祷。

朝中有一批年轻有为的官员，因志同道合，经常找韩琦谈诗论文，议论朝政，抒发忧国忧民的情怀和建功立业的抱负。宝元元年（1038年）的一天，他们不约而同地聚到谏院，针对近期国家发生的一系列重大事件和朝廷软弱无能、无所作为，议论纷纷，义愤填膺。

大理评事苏舜卿操着一口浓重的四川口音，言辞犀利地说道："去年河东地区发生大地震，余震连绵不断，毁坏房舍无数，人员伤亡数以万计。今年正月，山西麟、府二州及陕西大雨冰雹，百年不遇。如此连遭天灾，必是对朝廷纲纪堕败，政化缺失的警示。宰执置若罔闻，仍专注佛事，沉迷祈禳，于国何益？！"

直史馆苏绅按捺不住，站起身道："朝野都知道王随与陈尧佐是吕夷简一手举荐上来的人，他们专权弄国，排斥异己，嫉贤妒能，竞进之徒，趋走权门，经营捷径，恩命未出于皇上，而请托已行于下。"

校书郎张方平接话道："去年，元昊一面颁布西夏文字，定礼乐，一面在州郡设立官府，招募军队，叛宋迹象已经显现。我曾上疏宰执抓紧精选将士，秣马厉兵，修筑城池，以备不时之需，却泥牛入海。今年，听说元昊亲自去五台山供佛，我看供佛是假，窥探是真。朝廷再不备战，任是兵不知将，将不知兵，关隘失修，军纪松懈，只怕后果不堪啊！"

直史馆叶清臣道："众位激言愤语，也只能逞口舌之快。坐以待变，不若群起上奏，抨击时政，要求朝廷改弦更张。"

同知礼院宋祁道："我以为，上疏言事，臣职所在。敢谏，善谏，效果不一。言事有因，我看还是以灾异屡见，请皇帝下诏求直言，方为妥善。"他顿一顿，望着韩琦："韩贤弟，不知有何高见？"

韩琦坐在一旁，一直仔细倾听。见大家望向自己，正色说道："我赞成大家的意见，尤其是宋祁兄的敢谏、善谏之论。大宋立国以来，抑武崇文，与文人共治天下，将不领军，兵备松懈，同时，我朝开科取士，至今数量倍增，再加上太后垂帘十余年，内降和荫补官员过滥，造成冗官冗政，沉疴难解，不改弦更张，必致疲兵弱国。现朝中执政大臣多太后时选任，占据中枢，结党营私，因循守旧，排斥异己，王曾大人和范仲淹等正直之臣不容于朝，势同水火，兴朋党之论，打压异己，这是保守派与新政派之间的一次旷日持久的较量。"

这一番振聋发聩的高论，听得大家心里怦怦直跳。

韩琦清了清嗓子，接着说："我也有敢谏、善谏之策：所谓敢谏，就是大家群起谏言，不畏名利和得失，为国为民，为大宋江山社稷，任何时候都不能畏缩。我们不结党，也不怕被污朋党。所谓善谏，先由宋祁兄以灾异屡现，上言下诏求直言。大家再集中上疏，指陈朝政缺失，形成定论。我作为谏院的司谏，直指四相德能低下，专权误国，败毁朝政，排挤贤良，失民心，遭天怒，力议罢之，进贤良正直之臣，献除旧布新之策。我早就已经起草好了奏疏，请大家共议。"

韩琦说着，从书案上拿起一函奏本，递给大家。众人围拢一起观看，只见上面写道：首相王随平庸无能，心胸狭窄，只会任人唯亲，一遇国家大事，或佛道祈禳，或装病告假，简直就是一个贪禄窃位的病宰相；次相陈尧佐老迈昏聩，私心颇重，欺上瞒下，违法乱纪；参知政事韩亿为儿子跑官要官不说，还让兄弟两人换来换去，把朝廷官职视为私物，毫无忌惮，影响极坏；参知政事石中立本以文章见长，也是以此得到提拔，处宰辅之位不能在谋划国家大政方针上有所建树，反倒因善说笑话为天下所熟知。

大家看得心惊肉跳，为他鞭辟入里、一语中的的言辞和敢作敢为的精神所折服，更希望朝中多一些像王曾、范仲淹那样的贤良之臣。

这道奏本送到宋仁宗手里，他看了又看，犹豫不决。毕竟四个宰相位高权重，而且互为奥援，牵一发而动全身。

韩琦也知道仅仅一道奏本收效甚微，毫不气馁，半年之内，再上十余道奏本，进一步揭发四人的过失。

韩琦大声疾呼：如果皇帝认为罢免宰相事关重大而犹豫不决，难道是想任由几个庸臣断送祖宗八十年太平的基业。我一个小小的司谏，犹能不畏权贵挺身而出，冒着生命危险，一再上疏，所希望的是您这样一位有尧舜之德的皇帝，不因为奸佞当道而堵塞言路，黜退贤良，从而开千秋基业，致万世太平。

为了坚定宋仁宗的决心，韩琦破釜沉舟，决定以性命为代价。他请求道：如果陛下担心臣在攻讦朝中宰相，怀疑列举的事实，那么请求陛下将臣的奏疏明示中书，在朝堂之上召集百官会议，辩其是非。如果臣言不谬，则请求陛下公正办理。若陛下以为各位宰相前件行事，于朝政无损、国体无害，只是臣发于狂妄，则治臣诛戮贬窜之罪。希望陛下勤政答天，申明赏罚，判其邪正，以塞群议。

韩琦无私无畏的精神，持之以恒、锲而不舍的韧性，终于促使宋仁宗痛下决心，将王随、陈尧佐、韩亿、石中立四人同日罢相。

这一震动朝野的事件，使得韩琦一鸣惊人，成为深孚众望的朝廷柱石之臣，也确立了他在宋仁宗心目中的地位。宋仁宗拔擢韩琦为起居舍人、知谏院。但韩琦知道，修明政治，进擢贤良，绝非一日之功，要想办法祛除大宋朝"冗官冗兵冗费"之沉疴积弊，他身上的担子更重了。

这一年，二十岁的司马光进士甲科及第。这位出生于陕州夏县（今山西夏县）的世家子弟，虽然远在华州任判官之职，但因早年恩荫授官，加上饱读诗书，素有大志，一直关注着朝中发生的一切，对韩琦的作为钦敬有加。

这里，更值得一提的是比韩琦大一岁的欧阳修。欧阳修，字永叔，吉州永丰（江西省吉安市）人。欧阳修的科举之路可谓坎坷，天圣二年（1024年）和天圣五年（1027年）两次参加科举都意外落榜。天圣八年（1030年），欧阳修位列二甲进士及第，授任将仕郎、试秘书省校书郎，充任西京（洛阳）留守推官。金榜题名的同时，他也迎来了洞房花烛，被恩师胥偃招为女婿。景祐元年（1034年），二十八岁的欧阳修回京做了馆阁校勘，虽与从开封府推官转任度支判官的韩琦同朝为官，但二人交往不深。不久，因受范仲淹"朋党"的牵连，被贬夷陵（湖北宜昌）县令。欧阳修心目中的韩琦与范仲淹一样都是正人君子，可谓道通气类，因此也关注这次政局的变化，更为韩琦的壮举暗暗叫好。

范仲淹从饶州转任润州（江苏镇江），他道经江西彭泽，拜谒狄仁杰祠，重撰狄梁公碑。至京口，与时任江宁府（江苏南京）通判的同榜进士藤宗谅（字子京）一起凭吊甘露寺李德裕奠堂，游北固楼。他们谈起这次朝堂的变动，对韩琦的作为啧啧称赞。"希文兄，你知道这个韩琦是谁吗？"滕宗谅明知故问道。

"这几年我被贬外任，只知道韩琦是一个后学才俊嘛，与我倒对脾气，但没有更多的交游呢！"范仲淹言语中带着一丝赞许，也有一丝相见恨晚的遗憾。

"他是咱们的同年韩琚的弟弟。"

"哦！确是颇得乃兄风采，大宋朝需要这样的肝胆谏言之辈，以后有机会可要多加亲近呢！"

殊不知因了这句话，两个人竟然真的在西北战场上成为威震西夏的"韩范"。这年十月，元昊称帝叛宋，建国号大夏，正式拉开宋夏战争的序幕。

七

暮春三月，残红零落，天气一天比一天暖，已经有了夏天的气息。自从元昊于宝元元年（1038 年）公开宣布建立西夏王国，尤其在今年正月里，又派人进入宋境到五台山拜佛，借以窥视河东路军事布防，西夏叛宋的迹象越来越明显，陕边局势日益吃紧，每天都有大量的边关奏报像雪片一样传回，使得满朝文武慌乱而紧张。朝堂之上，君臣连夜奏对，每一天都到深夜子时，压抑的气氛和长时间的疲劳，使人早已忘了此时的东京像往常一样花团锦簇，烟柳氤氲，正是人们出游和宴饮的好时光。

韩琦自从担任起居舍人，每天侍奉在宋仁宗左右，负责记录皇帝日常行动和国家大事，自然忙得不可开交。进入四月，韩琦才请假回家，从忙乱的政务中抽出身来，与夫人崔氏团聚。与韩琦同岁的夫人崔氏，多年不育，可正好在这个节骨眼上有喜了，而且妊娠反应很厉害。三十岁的高龄产妇，又是第一胎，崔氏既高兴，又紧张，身边没有一个人照顾，害怕有个什么闪失，只得托人捎信进宫，告知韩琦。

韩琦请了几天假，回到家看见妻子一切安好，这才放心。崔氏虽然出身高门大族，但没有娇贵之气，贤惠质朴善持家，一手好针线；文雅恬静女文士，一笔好书札。初次怀孕，糊里糊涂几个月，要不是反应这么厉害，还不知道自己已经有喜了呢！

难得清闲，韩琦坐在书房里整理自己任右司谏三年多来的谏稿，每一稿都附有大量的公府奏报和自己收集来的数据，作为谏稿的依据，高高的一大摞，足有一百多札。现在，韩琦虽然还挂着知谏院的职衔，但毕竟是兼职，不用到谏院理事。因此，韩琦想将这些堆积如山的谏稿和资料清理出来，付之一炬。

崔氏看着自己的丈夫满头大汗，自己有孕在身，也帮不上什么忙，怜爱地说："刚回来，也不歇息一下，弄得灰头土脸，快擦把脸吧！"说着，递过来一条热气腾腾的布巾。

"家里憋仄，这里说是个书房，也是出入寝卧的厅堂，堆着这么多东西，将来咱们的孩子出生了，连个玩耍的地方也没有。这不，我清理出来，一把火烧了，省得你整天劳神归整，扫个地也不方便。"

崔氏说道："这可是你多年的心血呢，你舍得烧掉？！"

"留下来又有什么用呢？想起当年老宰相王曾大人，教我如何做好一个谏官，既要敢谏，更要善谏，陈事戒偏激以沽名钓誉，言政有辅弼以全皇帝纳谏美德。我真是受益良多啊！"

"可是那个沂公老大人？那可是望重朝堂，有天下第一正人的美称啊！"崔氏对王曾也有所耳闻。

"我刚入谏院不久，一次在中书府遇见老宰相，他专门留下我，鼓励我说：每见你的谏章有理有据，力主于事有补，只宜如此。既不要像高若讷那样总是危言耸听，四处树敌；也不要像范仲淹那样犯颜直谏，沽名钓誉，这些于国事何益？谏言指阙，献策补正，这才是谏官的职责。这些话，至今言犹在耳。"

"其实，你也是得遇明君，才让你有所施展。现在我有孕在身，行走不方便，没事的时候帮你整理一下，拣出立意好，皇帝也满意，于朝政大有裨益的谏稿，编辑成书可好？"

"夫人这话颇有见地嘛！"韩琦满意地望着妻子，"当今皇上英明神武，虚心纳谏的美德超过了唐太宗，值得后世效法。如果将这些本应焚毁的谏稿流传后代，既可以让人们看到作为一名谏官应该如何善谏，又可以让人们明白作为一代帝王应该如何纳谏。"

“那你就给这本谏稿起个书名吧。”崔氏笑着说道。

“我看就定为《谏垣存稿》，夫人选稿的主旨定为谏章主于理性，而以至诚之心为之。”

“哈哈哈……”窗外传来一声大笑，把韩琦夫妻二人吓了一跳。

韩琦站起来，推门往外一看，不知什么时候院子里站着两个人，原来是韩琦的同年好友吴育夫妻二人。

“春卿兄伉俪来访，怎么像春风入户一样悄然无声呢？”韩琦高兴地打趣道。

“快把姐姐迎进来，怎么像个憨老一样堵着个门！”崔氏说罢，一把拉住吴夫人的手，不住地嘘寒问暖。

吴育是福建蒲城人，比韩琦年长四岁，是同年进士，而且都高居一甲。后来，吴育又参加了制策考试，这是由皇帝亲自主持的一种高级人才的考试，只有进士高中后才有资格参加。吴育这次策试入三等，是自宋以来第一个最高的，因此，入翰林院任职。最近，仁宗皇帝又擢升他为翰林学士。两人闲暇时经常一起饮酒游乐，同年里关系最好。得知韩夫人快有含璋弄瓦之喜，韩琦告假在家，就带着夫人前来探望。

“窗外听韩兄夫妻高论，且有道德文章问世，再加上韩夫人也有了璋瓦之喜，双喜临门啊！”吴育躬身唱喏。

“春卿兄晋升翰林学士，同喜同喜！”韩琦也学着吴育的样子，唱了一个喏。两个平时不苟言笑的人，在私下里像小孩子一样闹腾，引得两位夫人咯咯笑个不止。

开封城南熏门里，有一座武成王庙，供奉的是兴周灭殷的姜太公吕尚，当地人叫太公庙。唐代以来，孔子被奉为文宣王，吕尚被奉为武成王。宋太祖就将国子监和太学建在太公庙对面，将供奉孔子的文宣王庙设在国子监里，刚好凑成文武圣人的一组格局。

崔氏有孕在身，行动不便，由吴夫人陪着在家里说话，韩琦和吴育两人趁着春天还未过去，一起来到国子监的太学府，准备登临仰慕已久的广文阁。

站在高阁之上，看着汴河一带岸柳烟水，好似图画；御街琼楼玉宇，仿佛仙境。两个人被京阙之盛所感染，诗兴大发。韩琦吟道："层阁郁嵯峨，登临逸意和。雨馀春物动，天阔夕阳多。棋布金杯第，环通璧沼波。泥中足车骑，应笑翟公罗。"

"稚圭贤弟好诗才，只是如此大好河山，锦绣繁华里面却隐含着巨大隐忧，满朝文武却依旧醉生梦死，不知华厦将倾啊！"吴育仰天长叹道。

"想一想真宗朝澶渊兵祸刚过去三十多年，如今契丹仍虎视眈眈，现在西羌祸端又现。元昊去年立夏王国，占据夏、银、绥、静、宥等十余州，以黄河和贺兰山作为天然屏障，拥兵五十余万，陈兵横山，边将竟然毫无作为。尤其令人忧虑的是，朝堂宰执大臣却以为西夏不堪一击，派去镇守边陲的都是从没有经过战阵的文臣，一面下令悬赏斩杀元昊，关闭边关集市，一面派人与西夏和解，如此军国大事，真是处置失度，应对乖张，必将激起战端啊！"韩琦诗意顿失，忧心忡忡道。

"前几日，我向中书和枢密院进策，提出坚壁清野，顿挫李元昊的锐气，然后根据情势的发展再采取对策，宰执们竟然把我的奏折压了下来，还污我神经错乱。"吴育愤愤地说。

"枢密院的军事大权在陈执中、章得象手里，可惜军界老臣王德用刚刚致仕，要不事情也不至于此。时势不可逆转，我辈当奋发，即便是一介书生，有机会也要投笔从戎，奔赴疆场，马革裹尸，建立一番轰轰烈烈的事业！"

远处天际与山峦之间，怒云翻卷，势压城阙，凉风飒飒，卷起衣袂，与胸臆间的豪气相互激荡。两人不顾大雨将至，依旧立在高阁之上，极目远眺，好像看到了西方遥远的边陲。

八

崔氏终于临产，母子平安，韩琦忙前忙后，心里高兴，也就把许多不愉快抛得一干二净。三十岁得此麟儿，取名忠彦，字师朴，寄寓忠君报国，为人质朴，夫妻二人悉心呵护。

眼看着进入八月，夏去秋来，中书府里许多重大事情急需决定。鄜延路钤辖司向朝廷报告：三月，元昊偷偷派使臣向辽国契丹进贡称臣，不久就将自己叔父、亲宋派的嵬名山遇诛杀，同时在边境地区制造事端，想方设法挑起纷争。

其实，最让宋仁宗担心的是，西夏与辽国暗中勾结，必将使宋朝两面受敌。自澶渊之盟后，宋辽两国表面上维持着交好的邦交关系，而且每年春节和皇帝、太后寿诞之时，两国都要派遣使节贺节、贺寿。这次，为了摸清真相，宋仁宗安排中书府和枢密院特意挑选使臣，肩负此次使命。也许是任务艰巨，而且中间极有可能突发变数，这次出使挑战性极大，需要冒着生命危险，许多人视为畏途。看到这种情况，韩琦勇于效命，主动接受了这次出使任务。

宋仁宗激赏韩琦敢于担当，传诏擢韩琦为昭文馆直学士，暂任太常卿，充当北朝正旦国信使。正旦国信使是宋辽结盟之后双方互派使节向对方皇太后、皇帝贺节的使臣，通过一介之使，显示二君之心，进而达成对等交往、和平共处之协议，尤其宋朝突出强调贺正旦（正月初一）之意，以淡化大宋朝澶渊之盟后的屈辱心理。

将随韩琦一起出使的副使叫高继嵩，此前在陕西边境任泾州知府，是宋夏边境智勇双全的著名将领。高氏是河西高姓大族，世代为边关武将，镇守河东路、陕西路。韩琦初见高继嵩，两人从皇宫出来，决定在一起谈谈，相互加深了解。

"高兄原来在边关任职，怎么调任左藏库使？"韩琦带着好奇问道。

"韩大人有所不知，我一个边关武将，现在成为一个管国库的，难受死了！"高继嵩粗豪惯了，与韩琦文绉绉地说话，好像身上戴着一副枷锁，手都无处安放。"年初，我还在泾州任职。西夏叛宋，这些羌人却诡计多端，他们有意在边境到处遗落书函和财物，书函写明边关守将的名字，内容无非是私下串通、投敌叛国之事，其用意无非是离间我们。我牵涉其中，受到范雍大人的猜疑，但也没有证据，我浑身是嘴也说不清，朝廷就将我调回了京城。"

"范雍大人倒是一个正人君子，只是久在朝中，为人迂阔，又初涉边任，也是难怪。国家遽遭边警，却派遣不懂边务军事的文臣，自是难堪此任。但我与范大人有旧，你确实不愿在京为官，我上疏皇帝为你辩诬，与范大人处居中调停，还你一个边关名将！"

高继嵩兴奋地站了起来，双手抱拳，深施一礼，说道："韩大人，士为知己者死，希望让我跟随您使辽后重回疆场，我意已足！"

"使辽得到明春才能回来，但边关紧急，你还是做好准备，随时赴任。我这就入宫面圣，事不宜迟！"

不几日，枢密院将高继嵩调回原任，中书府任命西染院副使兼合门通事舍人王从益为北朝正旦国信副使，候期出京。

北国风光，千里冰雪皑皑路，万里寒风瑟瑟天。刚进入腊月，韩琦与王从益一行就到达边关重镇雄州城。

雄州南接河间城，西临白洋淀，东连霸州，北望辽国南京析津府（现首都北京），既是宋朝与辽国之间军事外交的重要通道，也是两国开展贸易的和市榷场。韩琦这次出使，从京城陈桥门出发，途经陈桥、长垣、澶州、大名、河间，到达雄州，过拒马河，出边境进入辽国的涿州城、析津府，过紫濛（内蒙古赤峰），到达上京临潢府（内蒙古赤峰巴林左旗）。

这次出使无疑是成功的，此后宋夏多年交战，辽国在前期一直作壁上观，减轻了宋朝北部边境的压力。而且，韩琦因此次出使，再次擢升为知制诰、知审刑院，赐三品服。

从临潢府回国路上，韩琦有意与陪同的辽臣在素有京北锁钥之称的虎北口（北京密云县古北口）盘桓，偷偷查看辽国沿路重镇的军事部署情况。他发现辽国如果要对中原作战，必须每年冬季将内蒙古高原地区的兵马在此集结，然后南下，入虎北口，在南京析津府周围待命，这也是他流连虎北口的原因。他为宋朝失去如此天险感慨不已，写下了"东西层山献入嵯峨，关口才容数骑过。天意本将南北限，即今天意又如何"的诗句。他一路览新城，宿燕京，过白沟，悠游宴乐，尽兴而回。进入宋朝边界，韩琦才敛衽疾行，回京交任。

九

宝元二年（1039年）八月，韩琦与三司盐铁副使蒋堂带着一队车马，过西安入汉中，直奔四川。自古入川道路难行，过马鸣阁，韩琦一行人不得不弃车就马，顺着栈道晓行夜宿，匆匆赶往剑阁。

自春天以来，四川西部地区滴雨未落，旱情肆虐，夏季颗粒无收，一群群饥民外出逃荒。四川本是天府之国，历来是天然粮仓。但由于去年位于北部的党项羌首领元昊宣布叛宋，建立西夏王国，并多次侵入边境大肆抢掠，大宋朝与西夏之间的战争已经不可避免。朝廷为了备战，将天然粮仓四川的利、益、夔、梓四州大部分粮食征用为军粮，送往前线，一时用于救急的常平仓空空如也，突遇大灾，才造成饥民大增。

消息传到京师，正在为宋夏边境战事焦头烂额的宋仁宗，听到四川一带因大灾而时局不稳，急忙召集宰执大臣议事。

此时，宋夏边界陈兵数十万，战事一触即发，以宰相张士逊、吕夷简、程琳为主的老臣与以知审刑院韩琦、直集贤院富弼、右正言吴育为主的少壮派在守、战二策上争执不下，令宋仁宗拿不定主意。在这个关键时期，西北已经战事凶险，西南再不能出现问题，大家倒是意见一致。最后决定，出内库银四万两，易粟赈四川的饥民。

但在确定主持救灾的体量安抚使的人选上，宋仁宗犹豫不决。

韩琦进言："四川自太祖剪灭后蜀以来，因灾荒饥馑引发民乱达七次之多，救灾重在安抚，必须是稳健持重、敢于决断之臣才能胜任，臣举荐越州知州范仲淹。"

大家一听，都吃了一惊。与韩琦同年的好友吴育心里不禁为他捏了一把冷汗。

韩琦举荐的正是因朋党之争被贬官的人，此事又与宰相吕夷简有关，况且吕夷简就站在朝堂上。宋仁宗心里咯噔一下，也不禁望了吕夷简一眼。

吕夷简从初识韩琦就非常喜欢他，从心里非常佩服这个年轻人为人正派、敢说敢干，一直欲收入门下。他也知道韩琦在宋仁宗的心目中颇有地位，不想为此事再起争端，只是低头默然无语。

宋仁宗犹豫再三，还是不置可否。

韩琦见状，也觉察到宋仁宗的难处，再次站出来说："救灾如救火，事不宜迟，我愿意担任此职。"

"好，就由韩卿担此重任！"宋仁宗惊喜异常。

"是啊，此事非韩大人莫属！"大家同声附和道。

很快，颁出朝旨，命韩琦任受灾最重的益州、利州两路体量安抚使，起用与韩琦一起出使辽国的宫廷织染西染院副使王从益为副使。另委任三司盐铁副使蒋堂为灾情较轻的梓州、夔州两路体量安抚使，左藏库副使夏元正为副使，即日出京赴任。

韩琦与蒋堂到了利州府（四川广元），才得知益州不仅灾情非常严重，而且有大量灾民已经涌往剑门关，欲过关出川逃荒。益州知府张逸控制不住，移文利州知府王仲宝，请求派兵把守剑门关，阻止流民出关。

韩琦觉察到情形危急，顾不得在利州歇息，急忙与蒋堂拜别，让蒋堂转路赴梓州，自己带着知府王仲宝匆匆赶往剑门关。

王仲宝看出韩琦脸色凝重，不知道问题出在哪里，也不敢多问，只得催马紧跟。赶到剑门关一看，王仲宝也着实吓了一跳。只见剑门关前挤满了饥民，一个军官正气得暴跳如雷，指挥军士进行驱赶，饥民群情激愤，与守关的禁军发生对峙。

韩琦急忙登上关楼，高喊道："大家少安毋躁，我是朝廷派来赈灾的安抚使。皇帝得知川西大灾，寝食难安，特地拨出四万两库银购买了救灾粮，现在正日夜兼程运来，帮助大家度过饥荒。希望大家能安下心来，明天与我一起回乡，不再去流落他乡。有我在，一定会想办法帮大家度过饥荒。"

"不要听他的，四万两库银的粮食，还不够几百万川民喝稀粥呢！"饥民中有人大声喊道。

很多人随声附和，一片吵嚷声中夹杂着咒骂。甚至有的人鼓噪道："没有粮食，还不让人逃荒，分明是这些官员为了保住官帽，不顾我们的死活。大家齐心协力冲出关去，出关才能活命啊！"

"等一等！大家等我说完，一定开关放人。"韩琦一声断喝，镇住了涌来的人群，"我既然身负皇命来赈灾，就一定会想方设法救民于水火。大家信得过我，明天随我回乡，信不过我，现在就开关放人。但允许我安排军士现在埋锅造饭，先让大家吃口饱饭，给出关的人准备一些干粮，说什么也不能饿死在路上啊！"

听韩琦话语真诚，大家都平静了许多，只是低声议论纷纷。

很快，炊烟升起，不一会儿，粥香四溢，人群才真正安静下来，默默地看着这位年轻的钦差大人忙前忙后。韩琦站在临时搭建的粥棚前，亲自为饥民分粥，不时地低声安抚大家，嘘寒问暖。

饭后，天色已晚。韩琦命人搭建数百个临时帐篷，劝导大家进去安息，挤一挤驱除秋夜里的寒意，等天明后再决定去留。这个夜里，韩琦召集知府王仲宝和随行的僚属商议，分头到灾民中间进行劝导，大家都是一夜未眠。

第二天，韩琦亲自站在关楼，命令开关，送执意逃难的灾民出关。大部分灾民见皇帝派了一位好官来赈灾，都主动留下来，与韩琦回川西故乡。

当一夜未合眼的韩琦带着灾民启程赶往益州，利州知府王仲宝望着远去的人群，心里仍然怦怦直跳。是啊！不是韩大人果断处决，定会酿成民变。他更佩服韩琦遇事不仅有远见，而且处事镇定自若，既有战场上的大将风度，又有朝堂上的宰相气度，电光石火之间，真是稳若泰山。

十

远在益州府（四川成都）的知府张逸已经接到消息，得知韩琦开关放人，并很快就将带着回乡的灾民来到益州。张逸，字大隐，宋真宗朝的进士，曾以兵部郎中知开封府。此时，他已经是枢密直学士，而且是地方大员，因此，对年仅三十岁的韩琦挟天子之威私自开关放人颇有微词，正与转运使明镐一起议论此事。

门吏进来禀报："张大人，钦差韩大人已到府门。"

张逸转脸喝道："没看见我与明大人正商量救灾事宜，你请韩大人少候，我与明大人随后就到。"

明镐觉察到端倪，笑着说："韩大人是带着皇上旨意来赈灾安抚，还是快出府迎接吧！"话音未落，就看见韩琦已经进了府门，大踏步来到大堂之上。

张逸一愣，有点不知所措。

明镐趋步上前，一把拉住韩琦的手，哈哈大笑着说："稚圭老弟，我与张大人正要到府门外迎接大驾，怎么倒破门而入呢？"

韩琦笑着回道："知道两位老大人正为灾情日夜操劳，韩琦不敢因负皇命搅扰公干，如有失礼之处，还望海涵。"

张逸见韩琦诚心实意，也不是有意让人难堪，就转嗔为喜，笑脸相迎。"韩大人一路鞍马劳顿，先歇息一下，晚上我与明大人一起为你洗尘。"

"救灾如救火，还是一切免了，先听一听救灾进展情况如何？"韩琦连忙摆手道。

等韩琦与明镐坐下，张逸说道："川西大旱，府库的粮食都被调往陕西前线，没有可以赈灾的粮食，我与明大人正一筹莫展呢。正好皇上派韩大人来赈灾，安抚百姓，正所谓久旱逢甘霖啊！"

"现在元昊立国叛宋，侵扰边地，战端已起，朝廷在西北用兵四十万，耗费巨大，实在拿不出多少赈灾粮食。这次皇上还是硬从皇宫的内库里挤出四万两银子，但也只是杯水车薪，还需要州府各位大人多想办法啊！"

"我与明大人也正是知道大灾重在安民，益州自古是天府之国，朝廷的粮仓，有老百姓在，就有赋税，所以我传书川西各关隘，严禁流民外出。韩大人却开关放人，不知是不是奉了皇上的密旨？"张逸望着韩琦，话里带着机锋。

韩琦闻听一愣，但还是忍着气回道："这次出京，皇上一再交代，救灾重在安民，但陕西兵祸将起，邻近的川西不能饿死人，饿死人必会引起民变。蜀地民风剽悍，自大宋立国以来，多次民变都是因大灾之下饿殍遍野，匪人乘机妖言惑众。淳化四年（993年），王小波、李顺就是借着大灾聚益州变民攻城略地，为害数年。至道三年（997年）和咸平三年（1000年），益州变民迭起，无不震动朝野。安民不在堵，在导，既要想方设法赈灾安民，把局势稳定下来，又不能阻止流民外出逃荒就食，任流民聚在一处，以防激起民变，如此才能确保朝廷一心一意在陕边用兵，这才是大局啊！"

见张逸局促不安，明镐忙道："韩大人见事深远。张大人，既然韩大人来主持益州安抚，我看还是听听他的意见，大家参酌一下，尽快确定赈灾安民之策吧！"

张逸连忙点头，说："好，好！"

韩琦见二人都望着自己，才不由自主地端起茶盏，喝了一口茶，润了一下早已干渴沙哑的喉咙，缓声说道："张大人久牧川西，自然知道川民难治，况在如此局势下突然遭遇大灾，也是变起仓促。现在，大量流民外出，无非是想活命，如此，真正把灾民稳在当地，我倒有几策，供大人们参酌。第一策，还是尽快广设粥棚，先将府库剩余的粮食全部拿出来，倾其所有，赈灾安民，等朝廷的赈灾粮食到来时再作统筹；第二策，在流民中大量招募军士，一人充军的粮饷，就可使数口之家活命，也可为朝廷募得前线所用的军士，这样做也有旧例可援。"

明镐高兴地一拍张逸的手，说："好办法，这样流民中没有了青壮年，仅有老幼，也不怕他们聚众造反了！"张逸瞪了他一眼，明镐也觉察自己言语有误，赶紧噤声不语。

"第三策，要鼓励富户捐粮，打击奸商屯粮，抬高物价；第四策，整顿吏治，凡将救灾粮食中饱私囊者，严惩不贷；第五策，下令四周关隘开关放人，任流民外出逃荒，防止流民聚集；第六策，严查妖言惑众、蛊惑民心者，稽查盗抢匪人，安定民心；第七策，各州县官吏除赈灾者，一律带领民众整修水利，开渠引水，工费由府县拿粮食抵偿；第八策，我与两位大人一起联名上奏朝廷减免川西赋税，取消一切苛捐杂税，节用养民。不知两位大人还有何高见？"

张逸听罢，兴奋地站起身来，向着韩琦拜了四拜，躬身唱喏道："韩大人思虑周详，这八策可救川民于水火，我代数百万四川父老乡亲感谢大人了！"

韩琦赶紧上前搀住张逸，笑着说："张大人，我们这就升堂理事吧！"

明镐拦住两人，说："两位大人，你们看，这已经夜深人静，韩大人又鞍马劳顿，还是歇息一晚再说吧。"

"一夜长着呢，有时间休息，况且事不宜迟，怎能睡得着呢？"

益州府救灾安民的榜文连夜张贴出来，赈灾的粥棚一大早就炊烟升起，粥香四溢，吸引来大量的百姓，人心逐渐安定下来。

转运使明镐负责招募军士，韩琦与知府张逸一道视察完设立的粥棚后，就分头到成都府各豪族富户劝捐粮食。

成都府的胡姓是当地的豪族，历代多仕宦。韩琦听母亲说，自己的外祖父就是出身这个大家族，在后蜀末代皇帝孟昶时入朝为官。后蜀灭国时，孟昶被解往京都开封，外祖父就是随往的大臣，这才使得韩琦母亲胡氏得以进入韩家为婢女侍奉父亲。

当胡姓家族得知安抚使韩大人就是胡氏之子，顿时喜出望外，纷纷慷慨解囊，带头捐输，几乎倾其所有，响应者甚众，很快聚集起十六万两银子的粮食，竟然是朝廷赈灾粮食的四倍之多，解决了赈灾的燃眉之急。局势安定下来，但救灾善后工作仍在有条不紊地进行。

夜深人静，益州府的大堂上仍然灯火通明，进出的人络绎不绝。副使王从益急匆匆地从外面进来，直奔韩琦临时办公的厅堂，只见韩大人伏在案几上睡着了。他止住脚步，想退出去。

韩琦抬起头，看见王从益，揉揉眼，招呼道："快过来，情况怎么样？"

"我刚从陵州（四川眉山仁寿县）回来，就直接到大人这里。事情已经查明：知府楚应机伙同属吏克扣救灾物资，中饱私囊，而且平时也有贪赃枉法、收受贿赂的劣迹。只是……"

"只是什么，有话讲明！"韩琦猛地站起来，又缓缓坐了下来，笑着说："王大人，一路辛苦，坐下来慢慢说。"

"楚应机贪赃枉法、收受贿赂之事，转运使明镐大人在救灾前早已查明，一直压着，不知其中有何干碍？"

"事有缓急，随机处置。既然楚应机有克扣救灾粮款，严惩不贷，不必考虑有何干碍！至于说其贪贿之事，与人犯一并解送京师讯查。你将此事知会明镐大人一下，我相信转运使自有本章上奏。"

王从益佩服韩琦的处事风格，既分得清事情与人情，又从不拖泥带水，干爽利索，决断在举手之间，不见其深谋远虑，却又滴水不漏。想起两人使辽之时，与契丹陪使在高谈阔论、酒觞交错之间，就把谈判的事情协商下来，还丝毫不影响吟诗的兴致，真可谓纵横捭阖，颇有宰相气度。回到馆驿，却又沉默寡言，端坐不动，可想而知，很多事情都是深思熟虑，妙算在先。

楚应机被韩琦羁押后，明镐深知自己因私偏袒，韩琦却光明正大知会自己，其实也是警醒自己。属僚撺掇明镐抢先向朝廷汇报，明镐说："韩大人如此待我，我不会为了减轻自己的过失而欺骗朝廷！"事后，朝廷为此事将明镐贬官，到陕西前线任职，再一次与韩琦共同抗击西夏。

几个月来，韩琦大刀阔斧，逐贪残不职的官吏、罢免冗役共七百六十人，使得川西一百九十万饥民度过了这一年的大灾荒。

第三章

韩范守边

安阳历史廉吏

第一卷

一

时值腊月，延州城外一派边塞风光，寒风呼号，雪山峥嵘，古延水犹如一条自西北向东南蜿蜒盘曲的僵蛇，在昏暗的日光下闪着惨淡的微光。

城上吊斗叮当，军士们围在一起，抱着长枪，蜷缩在城碟女墙之下。时不时，伸出脑袋，向城外张望。

西城门外，一条宽阔的官道连接着西方远山。山脚下，几个黑点越来越大，越来越近，原来是一支十几人的马队。

"快看，是马队。"寂静的城头一下子伸出十几个脑袋，向远处张望。

"看清楚，是不是西夏人？"一个军官模样的军士大声吆喝道。

"是西夏人，快去报告府帅范大人！"几个士兵大声嚷嚷着，声音里透着恐惧。

去年，西夏宣布立国，宋朝不仅断绝了两国的外交，关闭了榷场和市，还悬赏擒杀元昊。元昊借机挑起事端，多次扬言大举进攻宋朝。传言西夏组建了一支十万人的精锐部队，号称"擒生军"。也就在上个月，这支军队先后突袭了保安军（陕西志丹县）和承平寨（陕西子洲南），抓住的俘虏都割耳剁手，惨无人道，令人谈之色变。

马队来到城下，向城上高喊："宋朝的官军听着，我们是大夏国的使节，带着大夏国主嵬名兀卒（元昊的名字）的国书，请通报范雍大人。"

范雍在州府大堂接见了西夏使节。西夏使节的首领躬身行礼，双手将国书递上，说道："我是夏国的使臣贺真。以前，国主嵬名兀卒受群臣蒙蔽，未蒙大宋国皇帝应允，妄自立国。且两国边境的大酋长以私之利，不受国主约束，多次出兵骚扰贵国边境，致使两国失和。国主窹寐惶恐，欲意改过自新，重新归顺大宋，特遣我带来国书，拜见范雍大人。望范雍大人从中斡旋，务使两国重修旧好。"

范雍见贺真言辞谦卑，不像前几次的来使傲慢无礼，心想自己到任一年多来呕心沥血，与西夏兵戈交锋，还是取得了一定成效，迫使西夏屈服。如果真能使得两国修好，不致再燃战火，无端使两国百姓罹遭生灵涂炭，也不辜负皇帝派自己镇边的期望。

范雍，字伯纯，远祖世居太原，后迁居河南府（河南洛阳）。宋真宗咸平初年进士，他为官以敢言、恤民著称，因在渭州（甘肃平凉）治理水患有功，被授予枢密副使。宋宝元二年（1039年）二月，替代郭劝出知延州，兼任振武军节度使。

范雍到延州后，改变过去郭劝力求不生是非、谨小慎微的做法，开始在边境遭遇战中采取主动进攻的姿态。二月，招降了原属西夏白豹寨（陕西吴起县白豹镇）指挥使裴永昌及其部族。三月，西夏方面试图用离间计陷害宋金明寨都监李士彬和环州知州高继嵩，被识破，计策失败。八月，范雍暗中指使丰州一个蕃人部落藏才族主动进攻元昊，虽然藏才部的进攻失败，但给元昊也带来了不少的麻烦。十月，又诱降环州（甘肃省环县）的西夏部族啰哩归宋。十一月，元昊派军队进攻保安军（陕西省志丹县），被宋军击退。同月，西夏军围攻承平寨（陕西省子洲南），宋方守军一千多人成功突围。十一月底，宋军从环庆路（甘肃省庆阳一带）出兵，攻破西夏的后桥寨（甘肃华池县桥河一带）。在范雍上任后的边境冲突中，宋军主动出击，屡占先机，西夏则屡屡吃亏。

这次贺真入延州城，言称西夏国主元昊有意改过自新，重新归顺朝廷，请范雍从中斡旋。范雍信以为真，亲书表章派人加急送往京城开封。此时，他到任整整一年紧张备战的心也松懈下来，准备迎接新年的到来。

二

康定元年（1040年）大年初一，元昊亲率大军进入大宋国境，一次围攻延州的战役已经悄然打响。

远在延州城的范雍，虽然万万没有想到，一向诡诈的元昊派来言和的使者只是为了麻痹自己，但他还是在节前召集部将，安排节日期间的巡防。他自己亲自坐镇延州城，留下数百军士守城，令鄜延副都部署石元孙带领五千士兵，出城巡查各寨堡，以防夏军趁机偷袭。

正月初二这一天，元昊分派一支劲旅，突袭延州的第一道防线塞门寨（陕西安塞县）。塞门寨也叫土门，位于延州城西北八十多公里，因寨堡较小，在元昊的优势兵力攻击下，守将高延德被俘。

塞门失守的消息传到延州，范雍一面命令第二道防线金明寨都巡检使李士彬严守城池，一面传令屯守庆州（甘肃庆阳）的副都部署刘平和保安军（陕西省志丹县保安镇）北部碎金谷驻防的鄜延路驻泊都监黄德和率所部，迅速与在保安军巡防的石元孙会合，北上收复塞门寨。

范雍没有准确的情报，他将塞门寨之失判断为一次常规的边境小冲突。他调集了刘平、石元孙、黄德和三部总共一万人的兵马，其中有郭遵等勇将，兵力应该没有问题。

刘平接到命令，当即率所部三千人出发，正月十八日到达保安军，与石、黄部会合后，立即向塞门寨出发。行军途中得到消息，西夏军队又攻破了金明寨，守将李士彬被俘。

消息传回延州城，范雍大吃一惊。金明寨的失守，使延州城失去了前沿要塞，直接暴露在西夏大军面前。此时，城内只有几百名士兵，城防形势空前严峻。范雍急忙派出亲兵，命令刘平、石元孙、黄德和三部火速回援延州。同时，他亲披甲胄登上城头巡视。站在延州城头，已看得见元昊大军的营寨和旌旗。

包围延州城的，却是元昊所布的疑兵。此时，元昊的主力部队已经越过金明寨，正埋伏在金明寨与延州城之间的三川口一带。

接到回防延州的命令，刘平和石元孙带领骑兵先行，一路疾驰，黄德和殿后。正月二十三日上午，当到达距离延州城五里地的三川口五龙川时，刘平所部遭遇了元昊的主力兵团的伏击。宋军列阵迎战，顽强抵抗，打退多次进攻，斩杀敌军二千多人。混战之中，刘平身体多处负伤，血流遍体，仍坚持战斗。

日暮时分，夏军再次用骑兵劲旅冲击宋阵，宋军一时抵挡不住，稍稍退却。远居后阵的黄德和见前军退却，带领部下转身奔逃，前军心怯，跟着溃散。刘平见状，马上派自己的儿子刘宜孙追上黄德和，拉住他的马缰苦劝："万望将军勒兵回击，并力击贼，不可再跑。"黄德和不听，纵马驰奔而去。刘平无奈，急忙令军校斩杀数人，止住慌乱，组织起一千多士兵继续战斗。大将郭遵知道此战必死，独自一人率先出击，手持大椠横冲直撞，直至战死。宋军终因寡不敌众，陷入重重包围。夜间，元昊派人招降刘平，被刘平斩杀。黎明时，西夏军发起总攻，宋军绝大部分战死，刘平、石元孙皆为西夏军生俘。站在延州城头的范雍和几百名守城的士兵只能眼睁睁地看着这惨烈的一幕。

在歼灭刘平、石元孙部后，元昊集合大军合围延州。此时天降大雪，雪厚数尺，夏军无法攻城。大雪连绵不止，元昊并不知道城中兵力部署，担心补给不济，被迫撤围。

黄德和逃到鄜州（陕西富县），待元昊撤围后，带兵回延州。范雍不准他入城，命令他回鄜州听候发落。黄德和恐惧万分，借着自己是太监的身份，恶人先告状，向宋仁宗上疏，状告范雍陷害他。同时，用金带贿赂刘平的亲随，一起诬告刘平等人投降西夏。宋仁宗听信黄德和一面之词，派兵包围了刘平一家，将其家属逮捕下狱。

三川口之败，一万名将士阵亡，朝野震恐。尤其朝廷逮捕了刘平的家人，更使得驻守在鄜延一带的边关将士人心浮动，在延州城待罪的范雍更是惶恐不安。

三

春节刚过，益州首府成都的百姓们就开始在街道两旁的商铺楼阁上张挂起花灯，准备迎接正月十五日的元宵灯节。

知府张逸早在几天前就张贴布告，谕告百姓，大灾刚过，州府不再举办元宵灯会，以示禁奢之意。

四川百姓经过灾荒之后，感激朝廷赈灾抚恤，更感念安抚使韩琦和知府张逸两位大人的活命之恩，自发在城内张灯结彩，搭建彩楼，准备热闹一番，同时，举办各种社火表演，祈求新年风调雨顺。

看到民间百姓节日里兴高采烈，热闹非凡，知府张逸在元宵节这一天，亲自邀请韩琦一起到大慈寺和文殊院降香，游春赏灯，然后在州府官衙后花园设下宴席，共度佳节。

酒过三巡，张逸站起身，举杯说道："稚圭贤弟，自去年八月来川西赈灾，真是宵衣旰食，寤寐忧劳，眼见得面容也清减许多。趁此佳节，我代川西数百万百姓敬一杯薄酒，况且半年来我也没有略尽地主之谊，聊表愧意吧！"

韩琦连忙站起来，举杯道："大隐（张逸的字）龙图谬奖了，韩琦身负皇命，自然不敢懈怠。川西大灾，老大人主持一切，我只是襄赞谋划，侥幸不负皇恩罢了。"

"贤弟不必过谦，且请坐！"张逸望着韩琦，眼里满是嘉许，"现在灾情已过，又趁此良辰，一定多饮几杯。另外，我还有个不情之请，请老弟在四川多盘桓几日，以慰渴慕！"

"多谢老大人挽留。大隐龙图是朝中重臣，且先后多次任职四川，政声卓著，皇上自是放心。现在，国中多事，陕西刚刚罹遭兵戈，三川口一战一万多名将士惨遭屠戮，朝野震恐。自古道，君辱臣死，民忧官辱，韩琦不敢在此优游宴乐，正准备向大人辞行，川西事务自当劳烦大人了。"

"稚圭老弟忠君爱民，勇效国难。我虽然年近花甲，也不甘落后于贤弟。川西大灾刚过，民生凋敝，百业待兴，老弟在朝中随侍皇帝，希望多为川西百姓进献良言！"

"韩琦定当不负老大人和川西百姓的重托！"韩琦与张逸两人一饮而尽，执手话别。令韩琦始料不及的是，两人别后不久，张逸就一病不起，死于成都知府任上。"遥看山水有云处，便是人心无事乡。"张逸的这两句诗，也许正是对他一生四次入川最好的注解。

离开四川十数日，到了陕西地界，韩琦看到沿路各州县聚集着大量的难民，拖儿带女，露宿街头。韩琦下马，派亲兵询问究竟，得知是来自横山一带的边民。因朝廷在三川口战败后，西夏军又连续侵扰鄜延、环庆一带，致使民不聊生，不得不离家逃难。

这一天，韩琦一行来到永兴军治所京兆府（陕西西安）。韩琦让随行人员先到驿站安置，他要入城拜见知永兴军的杜衍。

杜衍，字世昌，越州山阴（浙江绍兴）人，大中祥符元年（1008 年）进士，历仕州郡，以善辨冤狱而闻名。他先后知平遥、乾州、凤翔府，以太常博士提点河东路刑狱，升任尚书祠部员外郎，巡视潞州时澄清许多冤案，宋仁宗特地召他为御史中丞，兼任吏部流内铨主管。元昊叛宋后，他被调任知并州（山西太原），因太原为战略要地，特加封龙图阁学士。宝元二年（1039 年），升任刑部侍郎、知永兴军。

韩琦专门前来拜访杜衍，也是因为杜衍先后在并州和永兴军任职，两地都是大宋与西夏边境交战的大后方，他有机会路过这里，正好可以多了解一些边防形势，再加上自己一路上的所见所闻，有利于自己对宋夏双方军事形势的对比分析。

杜衍站在帅府前，亲自迎接韩琦。"韩大人一路鞍马劳顿，快请！"

"杜龙图军务繁忙，多有打扰。"韩琦仰慕杜衍的为人和官声，赶紧施礼。

"军务确实繁忙，韩大人远道来访，我也好歇息一下嘛！"杜衍拉住韩琦的手，上下打量这位名闻朝野天不怕地不怕的谏官。"我听说你是大中祥符元年出生的，我正是那一年进士及第，看到你这一辈青年才俊，我不服老也不行啊！哈哈哈……"

"杜龙图德高望重，还望老大人多加提携！"

"提携不敢当。韩大人身负皇命，赈灾归来，朝廷定当重用。今日来访，可是带有皇上的密旨？"

"杜龙图坐镇永兴军，正当朝廷用兵西夏，特来讨教，不致皇帝问及边关，竟无言以对。"

"韩大人留心国事，敢不效命。"杜衍暗暗佩服韩琦年纪轻轻，竟如此心思缜密，时时处处留心边关事务。"永兴军是鄜延、泾原、秦凤三路的大后方，我这几日正忙于调发前往边塞的兵卒和粮草，对宋夏边界的情况和前线战事知之甚详，一定知无不言。"

四

　　韩琦拜别了杜衍，快马加鞭回到京师，没有顾得上回家歇息，就从驿馆直接入宫销差，同时向宋仁宗汇报自己在陕西了解到的边境军事防御情况。

　　此时，崇德殿里聚集着中书和枢密院的众位宰执大臣，宋仁宗因三川口战败一事，大发雷霆。

　　"自宝元元年，元昊叛我大宋，且屡次扰我边境。而政事堂众卿却各执一词，莫衷一是，竟然至今确定不下攻守方略。枢密院更是对宋夏军事形势判断失误，战备松弛，情报失准，措置失度，用人失当，三川口一万多名将士血染疆场，天朝蒙羞，丑虏嚣张，两府宰执都难辞其咎。"宋仁宗用手指着战战兢兢的首相张士逊，厉声问道："张相，你说呢？"

　　张士逊吓得扑通跪倒在地，颤声回道："皇上，老臣昏庸，罪在不赦。但军旅之事，枢密院当任其咎！"

　　知枢密院事王鬷、陈执中，同知枢密院事张观赶紧跪在张士逊身后，无言以对，只顾得磕头请罪。

　　"自古君忧臣辱，君辱臣死。你们四人回家待罪吧！"宋仁宗看着四人灰溜溜退出大殿，转身对韩琦说道："韩爱卿，你刚从川西回来，一路鞍马劳顿，本该回家歇息。尤其你安抚益州有功，朕自有恩赏。但边关形势紧急，你劳累一下，先把一路上看到的陕边战事情况向大家介绍一下吧。"

　　韩琦回道："臣身负皇命，布施朝廷恩德，侥幸不辱使命，不敢言功。现在国遭兵难，靡费财力，更不敢邀赏。这次回京途中，我察看边塞，尽知西疆防务弊端。臣献上御边十策，恳请皇上御览。"韩琦边说，边从衣袖里抽出一册奏疏。

宋仁宗看过，脸色稍霁，对两府大臣说道："韩爱卿公忠体国，勤劳国事，身负安抚川西重任，还不忘宋夏边事，这才是我朝弼辅干臣。现在，元昊大军扰边，攻城略地，我大宋朝疆土千里，百姓亿兆，岂容丑虏横行。诚如韩爱卿所言，陕西军政必得干臣骁将，驱寇定边。现范雍坐罪，哪位爱卿可愿赴任镇边？"

见众人不言，韩琦挺身出班，大声回道："臣素昧兵机，未经边任。然前几日路过西陲，察地形，过堡寨，日与边将评遣时局。自古道，口说不如亲逢，耳闻不如目见。管穴所得，粗得一二。臣窃以为元昊包藏逆志，积有数年，朝廷待之不疑，养成凶奸，今兵马雄盛，直扰延州，破寨逼城，号称大军三十万，臣度其约有十万之众。然我朝在陕西宋夏边境驻军实有三十万，分布鄜延、环庆、泾原各路，东西一千余里，散于城寨。延州、庆州、渭州之大城守兵不过一万，寨堡戍卒不过数百上千，互不统属，难以调度。如果夏兵举十万之众击之，自守尚难，何以胜敌。朝廷须置陕西安抚司，总理全境军政，敌攻一城，数城救之。臣自愿率一支兵马，攻之必救，捣其守虚，据横山之险要，以攻为守，必能屈其志。"

宋仁宗闻言称善，嘉许道："韩爱卿其言快哉，其志壮哉！"

"皇上，愿保举范仲淹大人与我共赴国难！"

宋仁宗初闻韩琦愿意效命疆场，大喜过望。但听到韩琦保举范仲淹，此人因数次劾奏老宰相吕夷简，牵涉朋党之争，被贬官越州。此时，吕夷简刚刚晋位首辅，就站在朝堂之上，多有不便。

见宋仁宗沉吟，韩琦亢声说道："国难当前，臣只知道为陛下分忧，不避朋党嫌疑。范仲淹是我朝正臣，素以国事为念，敢言直谏，宁失于理，不失其忠，岂能以朋党之疑，抑其报国之衷。臣愿以身家性命保举。若我二人事涉朋比为奸，贻误国事，当治我灭门之罪！"

宋仁宗为韩琦慷慨之词所动，站起身，面向满朝文武高声言道："我自亲政以来，以仁德与众大臣共治天下，但岂容异类猖獗。诏令户部尚书夏竦为宣徽南院使兼陕西四路经略安抚招讨等使，判永兴军，主理陕西全境军政；擢枢密直学士韩琦、龙图阁直学士范仲淹并为陕西经略安抚副使，分掌泾原路、鄜延路边防事务。移文范仲淹交割越州事务，不必回朝觐见，径赴边任。只是劳烦韩爱卿，鞍马未歇，又赴西疆了。"

这次枢密院也作了重大调整，三司使晏殊、知河南府宋绶并知枢密院事，驸马都尉王贻永同知枢密院事。同时，召知永兴军杜衍回京，权知开封府。

韩琦回到家里，见夫人崔氏挺着大肚子，正带着刚刚学步的儿子倚门待归，眼泪不自主扑簌簌流了下来。

见丈夫作女儿态，崔氏满是诧异，不知缘故。韩琦抱起儿子忠彦，亲昵一番，只是不知道与夫人崔氏从何说起，难以启齿。

崔氏知道，这几年韩琦出使辽国，安抚四川，很少在家，眼见得丈夫人高马大的身形消瘦，一脸风尘，面色黢黑。现在，朝廷处于多事之秋，丈夫身为皇帝身边的近臣，自该勤劳国事，为君分忧。自己持家教子，帮不上丈夫一点忙，不添乱就心安理得了。见丈夫如此，知道他又要离家远行，一个人进屋默默为丈夫收拾行装。

夫人有孕在身，而且还要照顾年幼的儿子，将来生育怎么办？无奈，自己从征在外，将生死置之度外，只有将夫人、儿子送回相州老家。

五

康定元年（1040 年），三月的陕右山野，春寒料峭，坡坎下面的残雪还没有消融，像一片片被人遗弃的脏污白布，蜷缩在背阴下。

由于西夏军的骚扰抢掠，百姓早已外出逃难，村寨不闻鸡鸣狗吠，人烟稀少。驻兵的寨堡栅门紧闭，巡逻的军士三三两两聚在一起，在寨墙下晒太阳。

韩琦自上任后，每天带着亲兵巡查泾原路的边塞城池和每一个寨堡。让他想不到的是，寨墙大都年久失修，兵器库里战备物资缺乏，武器锈迹斑斑。更令他担心的是，因三川口大败，兵士人心惶惶，士气低落，再加上粮草、薪饷供给不上，整天吵吵嚷嚷，骂骂咧咧，怨声载道。尤其，庆州的许多将领一见到新来的韩大帅，纷纷为刘平鸣冤叫屈，揭发鄜延路驻泊都监黄德和临阵逃跑，嫁祸刘平。

面对这一切，韩琦才意识到，此次走马上任，困难比想象的要大得多，也多得多。军心不稳，是带兵的大忌，他不禁坐在军帐里，陷入沉思。

晚上的山风怒号凄厉，像远远近近的孤魂野鬼呜呜哭泣，他们血染疆场，为国捐躯，但至今家人不仅得不到抚恤，还使得父母妻子身陷囹圄。这风中的哭声，怎不令边关将士寒心，令每一个有节气的人义愤填膺。韩琦不由得站起身来，研墨铺纸，他要上奏宋仁宗，亲自为刘平辩诬。

"当时，总管刘平自庆州往援延州，遇贼交战，以疲兵数千，敌贼十万余众，昼夜力战，黄德和率众先遁，致使士气大挫，终为所累。听闻刘平就擒，犹詈贼不已，忠勇无愧于古人。现在朝廷为黄德和污言所惑，阵亡的将领得不到封赏，伤亡的家属得不到抚恤，镇守边疆的军队岂不解体乎？愿陛下遣使军前，辨明是非，使得有功得赏，有过得罚，以安军心。"

宋仁宗接到韩琦奏疏，才对黄德和的一面之词产生怀疑，随即颁旨，命殿中侍御史文彦博到河中府坐镇调查。文彦博召待罪延州的范雍到官问讯，得以真相大白。

文彦博既得实情，拟奏折上报宋仁宗。宋仁宗大怒，诏令文彦博腰斩黄德和于河中府，枭其首送至延州城，悬于北城门之上，祭奠战殁英烈亡灵。同时，下诏赠刘平为忠武军节度使兼侍中，石元孙为忠正军节度使兼太傅，赐刘平及石元孙绢五百匹，钱五百贯，布五百匹。郭遵等人以战殁并赠官。随后，命朝廷出左藏库、内藏库缗钱各十万，抚慰战殁将士家属。

范仲淹交办完越州事务，就快马加鞭赶往陕西前线。他专门绕道滑州（河南滑县）拜访欧阳修。四年前，范仲淹因劾奏宰相吕夷简被贬官，欧阳修等人替范仲淹辩护，被吕夷简以朋党之名贬出京城。欧阳修先到夷陵（湖北宜昌）任县令，后转任滑州任武成军节度判官。

滑州为北宋京畿路一个黄河边上的小州府，仅辖白马、胙城、韦城三县。滑州州府和武成军治所都在白马县。

见故人来访，欧阳修置酒相待。看着已经五十二岁的范仲淹，仕途上的艰辛蹉跎使得他早已霜染鬓发，但一腔忠心报国的热忱却不减当年。

"范龙图开府边陲，一展宏图，可喜可贺！"

"永叔贤弟，正当国难，能效命疆场，谈不上可喜。我一生视富贵如浮云，况出生入死，更不必可贺。但此生可以投笔从戎，执旄边陲，素我愿矣。且行前与贤弟对酒当歌，更是人生一大快事。且浮一大白，为我壮行，可否？！"

见范仲淹越说越激动，满脸放光，瘦削的身体里鼓荡着一股凛然之气，欧阳修也不禁被感染，站起身来，动情地吟道："尊前拟把归期说，欲语春容先惨咽。人生自是有情痴，此恨不关风与月。离歌且莫翻新阕，一曲能教肠寸结。直须看尽洛城花，始共春风容易别。"

当年，欧阳修登进士第后到洛阳任西京留守推官，与钱惟演、苏舜卿等诗酒唱和，遂以文章名天下。范仲淹从河中府调任陈州时，路过洛阳，欧阳修置酒相待，两人相互倾慕对方文章，相谈道同契合，结下深厚友谊。这首诗，正是当时欧阳修为范仲淹所作的送别诗，今日吟来，别有一番滋味。

范仲淹端起酒杯一饮而尽，说道："永叔贤弟，此次我赴任陕西经略安抚副使，想与贤弟一同前往，掌书记一职非你莫属。"

欧阳修闻言一愣，沉吟片刻，回道："建功边疆，也属我愿。然老母在堂，自古道，父母在，不远游。"欧阳修知道范仲淹中进士后，不管到何处任官，总是把母亲接到身边奉养，直到病故，因此说出这句婉拒的话。

范仲淹还是不甘心。"永叔贤弟，我明白你的意思，无非担心我再次授人树立朋党的话柄。我佩服你的文学才识，更信赖你正直敢言君子之风。我们忧国事，尚道义，引为同道，从来对事不对人。何谓朋党？我心底无私，这次邀你同赴边任，完全是为了国家着想，没有一点私心呀！"

见范仲淹仍固执己见，欧阳修说道："我素喜文字，徒有虚名，及第之后，因在西京幕府闲职，偶尔为之，现在政务烦冗，已经很少为之。至于参决军谋，料敌制胜，我更无法胜任希文兄的举荐。如掌书记一职，主理军书奏记，一定有比我更胜任的。"

话说到这一步，而且是再次拒绝，范仲淹岂能听不明白。欧阳修一再拒绝，就是不想再授别人以朋党的口实，他与范仲淹可以同退，不求同进。

范仲淹深感为朝廷做事，真是太难了，不禁长叹一声，执手话别，一路西行而去。

六

此时，枢密院的任命札子已经到了陕西前线：范仲淹任陕西安抚副使，兼知延州，负责鄜延路一带的防务；韩琦任陕西安抚副使，负责环泾原路一带的防务；夏竦任陕西安抚使，兼知永兴军，坐镇京兆府（陕西西安），作为前线的总指挥。

北宋与西夏在边界争夺，可分为东、中、西三段：东段为府麟地区，以丰州、府州、麟州西边州界为疆界；中段为横山山脉，西夏建国后，越过横山山脉，攻陷了延安府西北的金明寨、西南的栲栳寨和庆州西北的白豹城，占领横山南麓大片地区；西段为渭州、泾州、原州地区和与西夏接壤的镇戎军，西夏占据着边界线北部厉河谷、天都山、马衔山地区，而镇戎军、德顺军、渭州、秦州、泾原、兰州、熙州、河洲、湟州、西宁州、古渭州实际由北宋控制。为此，宋朝在宋夏边境置鄜延路和泾原路两大军事区，与西夏对垒。鄜延路辖延州、鄜州、庆州、环州、保安军、绥德军，治所延州城；泾原路辖泾州、原州、渭州、仪州、德顺军、镇戎军，治所渭州城。

泾原路与西夏国都兴庆府（银川）和旧都西平府（灵州）遥遥相对，而渭州又是通往京兆府的战略要道，更是连接西京（洛阳）、东京（开封）的生命线。韩琦召集转运使明镐、环庆副都部署任福、镇戎军巡检使杨保吉、泾州驻泊都监王珪和陕西经略判官尹洙商议军事防务。

明镐与韩琦在四川赈灾时一起共事，因陵州知州楚应机贪贿案处理不及时受牵连，贬官转任陕西前线，正好与韩琦再次相聚。韩琦笑着说："明大人是故人，来此任转运使已有年余，自当知道目前边寨守备弊端，今后整修城寨，接济粮草，汰换甲马兵械，还要多有仰仗。"

"韩帅明示军令，自当效命。现在城寨年久失修，寨堡简陋，且分布较远，失于联络互援，甲杖兵械朽坏，必不能拒敌自守。修城垣，增寨堡，添守备，通敌警，更兵械，实粮秣，确为当务之急。"

"明大人一语中的，六务齐备，必可壮我军威。"韩琦这几天也在反复筹划这六务。

镇戎军巡检使杨保吉站出来说道："镇戎军地处边界，是边防门户，也是最先发现敌情。兵警一现，则谍马四出，但救兵未至，寨堡已破。闻羌人已飞鸽传书，可见需另设其法。"

"汉唐时期，边塞即有烽燧狼烟传信之法，久已废之。今可责令各城寨限期修竣城池，度远近增设寨堡，设烽燧，一遇警情，以烟为号，众皆来救，比之谍马传信，耗时少，也不易被敌军截获。"尹洙素喜兵法，知之甚多。

"飞鸽之法，非一时可为。烽燧之法，可谓实用。"韩琦点头称许。见任福几次欲言又止，脸憋得通红，遂笑着问道："任老将军久任边陲，可有什么良谋？"

"多年来，边军将官治兵，历来按官制分配兵力，部署可统率一万，钤辖五千，都监三千。一旦遇有敌情，官小先战。若敌大军来犯，而又不知敌军兵力，贸然应战，而又次序敌之，此取败之源。愿拣选数位将官，每人将兵三千，日则亲自操训，一遇敌情，少可轮流出战，众即合军击之，方为制胜之道。"

"任将军言之有理。我即拜表朝廷，更制令行。"韩琦顿了顿，向着东京开封的方向拜了三拜，正色高声说道："当今圣上委韩琦重任，陛辞之日，言及三川之败，实我大宋之辱，嘱我勉励将士，收复疆土，斩敌于国门之外，绝不容丑虏猖獗！方今军心甫定，各位将军以六务为先，固城池，练军士，谋兵机。俟时机一到，大军齐出，击敌制胜，以雪国耻。军令如山，令出势必齐心协力，令禁虽有功也斩！"众人诺诺，各自领命而去。

时值九月，正是秋高马肥时节。韩琦放心不下，正准备带着尹洙到各处巡视，督促修城练兵，提醒各部加强防备。忽然，镇戎军信使送来战报：西夏军突然越过边界，攻破三川寨。

三川寨位于镇戎军西三十五里，因其位居捺龙川、天麻川、武延川之中，是镇戎军的重要门户。元昊大军围攻三川寨，守将都巡检使杨保吉战死，随后连陷周边刘蟠堡和乾沟、乾福、赵福三寨，逼近镇戎军城。泾原驻泊都监王珪得知消息，率军三千从瓦亭赶来救援，在狮子堡与西夏军遭遇，被团团围住。王珪见状，大喊一声："这里是死生之地，大家不可不舍命杀敌！"率众杀入敌军，铁鞭到处，血肉横飞，身中三箭，仍然奋力杀敌，犹如天神。敌军被王珪的气势所夺，阵势大乱。王珪率军退入镇戎军城，派人突围前往渭州向韩琦报告战况。

元昊进攻延州因遭遇大雪无功而返，延州为此加强了戒备。这次出击，西夏军调整了方向，从都城兴庆府出天都山（海原县南华山、西华山一带）南下，兵锋直指泾原路镇戎军。

韩琦接到战报，迅速调兵遣将解镇戎军之围，同时令庆州副总管任福率兵攻打西夏战略重镇白豹城，牵制元昊兵力。

白豹城位于宋夏交界的一个小镇。西夏占领后，将白豹城修建成一座军城，城寨修筑在白豹川与其支流交汇处北侧半山腰，依山而建，城池坚固，地势险要。白豹城北邻西夏叶市，东接夏境内的后桥诸堡及金汤城，是西夏深入宋境建立的重要军事基地，控制着东进鄜延、南下庆州的交通要冲。西夏在白豹城设置太尉衙署，总理军政事务，委派团练级将领镇守。

任福接到韩琦的紧急命令后，即与其子任怀亮从庆州城赴华池县凤川寨，召集邻近各寨堡将领，部署攻打白豹城。第一路由驻华池县城东的庆州东路都巡检任政、华池寨主胡永锡出击位于白豹城西北的党项羌骨咩族，牵制驻金汤城夏兵。第二路由怀安镇都监刘政、监押张立领兵至西谷寨与寨主赵福会兵一起，共击邻近边塞党项诸族，牵制白豹城西路夏军兵力。第三路为主力，由任福亲自担任白豹城的主攻任务。同时，命凤川寨监押刘世卿领广勇、神虎二军会合于华池县城，协同作战。任福率大军出发，对外严密封锁消息，令各城门非随军人员，不得放任何人出城。

深秋的夜晚，秋风徐徐，凉气袭人。任福率七千余人沿白豹川东进，夜行七十余里，准时到达白豹城下，将白豹城重重包围，任福立即下令攻城。

正值交更时分，天色阴沉，白豹城上四角敌楼灯光昏残，守城哨兵裹衣抱胸依城垛而睡，只有一小队巡逻士兵拖着疲惫的脚步游动，城内一片

北宋名相韩琦

寂静。

宋军一声炮响，城内夏军才从酣梦中惊醒。宋军从四面攻城，武英率部攻打南门，率先登上城墙，夏军抵挡不住，南门被武英占领。打开城门，宋军蜂拥入城，镇守白豹城的夏军首领尚未披挂停当即被擒。夏兵失去主帅，群龙无首，未作抵抗，争相逃命，守城夏军除少数乘乱逃脱外，大部分做了俘虏。

围攻镇戎军的元昊接到白豹城失守的急报后，知道后方空虚，担心宋军趁机进攻国都兴庆府，急忙下令撤围回军，命令一支精骑驰援白豹城。

任福得知夏军袭来，即率诸军撤出白豹城，在打扮岭下设下埋伏，击溃来敌，余兵仓皇逃回。任福这才从容押着战俘，带着缴获的战利品，返回渭州韩琦大营交令。

白豹城得胜的消息，犹如整个阴郁的秋天突然云开雾散，金色的阳光下遍野鲜花盛开，一如边疆军士和百姓喜悦的脸颊。

八百里加急战报也风驰电掣地送进了千里之遥的都城东京，宋仁宗亲御崇政殿，召集两府宰执大臣共贺这场来之不易的胜利。

见众臣纷纷致贺，宋仁宗连忙止住，说道："今年春秋两季，元昊先后围攻延州、镇戎军。延州之败，我万余大军战殁，仅靠天降大雪解围。而镇戎军之围，韩爱卿运筹帷幄，出击白豹城，施围魏救赵之计，使得丑虏无功而返。可见，守之皆败，攻之有功。三年来，两府众大臣于攻、守两策各执一词，至今仍无定论。如今之计，守之务求拒敌于国门之外，攻之务求建功立业拓我疆土，望早定方略，以解前方将士攻守观望之困！"

自宝元元年（1038 年），元昊僭称夏国皇帝，朝中大臣就分成了两派，主战派扬言出兵，效仿当年宋太宗取北汉之策，以五路大军讨伐元昊，一举平定西羌；主和派力言本朝久无战事，禁军战力已经大不如太宗朝，兵端一起，耗费国资，百姓罹难，应以招纳为上。争论时日，元昊初以小股军队寇边试探，见宋廷瞻前顾后，边疆守御漏洞百出，遂大军迫境，攻城略地，屡战屡胜。此时，朝臣多主和，军将皆畏战，只有年轻的宋仁宗不甘以万里疆土、亿兆军民，而屈服于边陲羌狄，一次次责令朝臣拿出御敌方略。

听宋仁宗再议攻、守二策，宰相吕夷简心里明白，宋仁宗倾向攻策，随即颇有深意地望着一众大臣，高声说道："延州之败后，夏竦主持陕西军务，韩琦、范仲淹经略筹划，增寨堡，修城池，起楼橹，置烽燧，选良将，操兵士，边防益固，战力益强。虽有延州、三川寨之败，更有白豹城之胜，元昊大军徒劳而返，不为无功。今韩琦一路而可建功，若聚泾原、鄜延兵马，两路齐出，左右夹击，必可一鼓荡平羌狄。"

兵部尚书宋绶闻言反驳道："元昊数度侵扰边境，连战皆胜，兵马正盛。今若偶有小胜，就穷追巢穴，馈粮千里，轻人命以快一朝之意，不是良策。不如继续修筑城寨，增设烽燧，控扼要害，方为制御之全策。"

枢密使晏殊接话道："朝廷一旦大举进攻西夏，以久不习战阵的军队，与兵锋正锐的夏军交锋，而且深入贼地，这是兵家所忌，师出必败！还是遣使纳和，才是上谋。"

知谏院富弼亢声问道："贼兵未有大的败绩，只是一次小的挫败，怎么肯和议？"

宋仁宗见众臣争论激烈，莫衷一是，望着新任的枢密副使杜衍，问道："杜爱卿久任永兴军，可有高论？"

杜衍回道："臣也以为，现在兵与将尚未习练，还是以持重守御为重，大军不可轻举，遽用攻策，非万全之计。"

宋仁宗止住众人，说道："众位爱卿所言攻、守之策，各有所持，难有定论。此等军国大事，既然难以决之于庙堂，还是询之边陲诸将。今命参知政事晁宗悫持朕的手诏，至永兴军，招夏竦、韩琦、范仲淹共议边事，度宋夏之势，取攻、守之一策，以资共议。"

晁宗悫受诏，快马加鞭取道永兴军。

七

范仲淹自到延州之后，一面安抚军心，一面调整布防，加强守御，以防元昊大军再次进犯。他起用了一批年轻有为的将领，其中就有后来赫赫有名的狄青。狄青世代为农，因元昊叛宋，应召入伍，投入抗击西夏的战斗。由于宋军经常打败仗，士兵普遍产生了畏惧西夏军队的情绪，士气低落。狄青每次作战都身先士卒，披散头发，戴着铜面具，手持利刃冲入敌阵，所向披靡，从而大大鼓舞了士气。范仲淹对狄青礼遇有加，送给他一部《春秋左传》，告诫他说："将领若不知天下古今之事，顶多只是匹夫之勇。"狄青开始读书，对于秦、汉王朝以来的军事理论十分熟悉，从此在军队将领群中逐渐崛起。

元昊从延州撤围后，依旧占据着攻下的塞门寨。范仲淹命鄜延路副都总管葛怀敏率军夺回塞门寨，并招募当地少数民族族众充当弓箭手，拨付土地使其据守。同时，令延州都监周美率军修复被西夏军攻破的金明寨。金明寨是阻挡夏军入侵延州的门户，战略地位极其重要。西夏军得知消息，急派军队前来争夺。周美率军三千抵御，在途中设下疑兵，夏军以为宋朝援兵，立即下令撤退。周美经过十余次战斗，击败金明寨周边西夏羌人部落，焚毁羌人部族聚居点二十余个，将丢失的寨堡全部收复。鄜州判官种世衡审时度势，率军赶赴延州东北二百里外的宽州，筑垒营墙，建起一座青涧城。范仲淹命令种世衡在青涧城（陕西榆林清涧县）开垦营田二千顷，招募商贾，使得青涧城驻军粮秣得到自足，青涧城成为"右可固延安之势，左可致河东之粟，北可图银州、夏州之旧"。种世衡还经常到当地羌族各部族慰劳部族酋长，赠送食物服饰，一起饮酒，于是羌族各部落都愿意归顺他。一次，无定河（陕西北部黄河支流）边的西夏军侵犯边境，种世衡率领归顺的羌族部落军讨伐，斩杀敌军数百人。西夏将领们纷纷互相告诫："延州不再像以前那么容易对付了，小范老子（范仲淹）腹中自有数万甲兵，不比大范老子（范雍）可欺也！"

晁宗悫抵达永兴军后，立即召集陕西各路将领，就西北防务和对西夏军事战略攻守二策进行讨论。

夏竦问道："晁相此次巡边，可带有皇上的密旨？"

晁宗悫回道："夏帅，此次前来确实带有皇上的手诏。我这就宣诏：陕边诸将自朝廷用兵西羌以来，咸与效命，审度山川，增设寨堡；招募士兵，教阅诸军武艺。现军心甫定，武备渐成，然时至今日，仍专务持重不前，任由羌虏扰边。今来朝廷相度，若只务守御，不仅虚延岁月，又兼耗费靡大。至如今岁，夏军数度扰边，烧荡寨堡民户，安然往来，毫无畏惧忌惮，鲜见我持重保边之军出奇制胜，痛行掩杀，只任由丑虏入境掳掠，陷兵失城，示敌于弱，朝廷蒙羞。如此，守御未验，攻讨未期，终用何术，息此劳疲？卿等既膺重任，休戚所同，当须礼认朝廷宿兵日久，防虑非一，速尽经画，早谋平定。仍具进兵时月，密切奏闻。钦此！"

宋仁宗的手诏语气严厉，句句诛心，只听得夏竦满脸流汗，脸色难看。诸将也一个个低下头，羞愧难当。

韩琦站出来，大声说道："元昊乘天下久不用兵，窥视西陲，以游兵困我劲旅，用甘言惑我守臣，连犯延州、镇戎军。刘平、石元孙聚一路之兵拒之，才及九千而已；三川寨杨保吉等分兵捍御，不满五千人。我以不满万余军士敌十万之众，此取败之由。比及援军后至，敌已捷归。自古道，君忧臣辱，君辱臣死。今唯聚兵一路，选骁将锐卒，乘其兵骄，伺其守馁，直捣敌巢，方可毕功于一役！"众将听罢，士气大增，纷纷请求出战。

范仲淹止住大家的喧哗，也高声说道："众将少安毋躁！今皇帝遣使问御戎之策，绝非快一朝之意。我大军如果穷追巢穴，馈粮千里，轻入敌境，实在是胜负难料。自古中原之兵与夷狄对战，可以智胜，不可以力斗。如果拿宋军与夏军相比较，驰骋山丘，出入溪涧，行军比不上；山野交战，且驰且射，战斗力比不上；长途跋涉，人困马乏，部队比不上。为今之计，不如严守边城，使持久可守；增设寨堡，使无虚可乘；远布谍骑，控扼要害。我以为取守御之策，未可轻举。"

"范大帅所言，不无道理，但绝非取胜之道。今皇帝忧虑，我大军三十余万，散之百城千寨，元昊举十万之众，彼势常专，我力常散，击我无备，足令我疲于奔命，今失一城，后陷数寨，国用日削，士气日丧，贼志乘此则有吞陕右之心！"韩琦言之咄咄。

范仲淹也不甘示弱，回道："当年，宋太宗亲自率精兵良将，大举西讨，犹未建功。现在承平日久，中原无宿将精兵，一旦兴深入之谋，击难治之虏，国之安危实未可知。我坚持守策，如果贼寇边城，则不兴大战，坚壁清野，备关中战，敌酋岂敢深入。二三年间，彼自困弱，这才是上策啊！"

韩琦不以为然，质问道："元昊占据数州之地，号称精兵十万，我以为不过四五万，余皆老弱妇女，举族而行。今我屯三十万重兵，只守界壕，不敢与敌，中夏之弱，自古未有！"

几句话，只噎得范仲淹花白胡须都撅起来了，一甩袍袖，向帅府门外而去。韩琦见状，一把拉住范仲淹的衣袖，说道："韩琦言重了，范大帅且容商议。"

夏竦本来也是持守议，得知皇帝倾向攻策，语含责问，一直不言语。见一老一壮两个副帅各持一端，相互争执，乐得坐山观虎斗。看到两人僵持不下，赶紧出来打圆场，说道："两位大帅秉持忠心，尽职国事，都无私念。尤其二帅来陕治军年余，城坚寨固，兵精粮足，颇见成效，我辈自当有所作为，我自然也持攻策。然军国大事，岂由边帅参定。攻守之策，兹事体大，系于安危，自当决之于圣上。今由韩帅谋划攻策，范帅谋划守策，以二策赴阙求对进呈，乞赐裁择。"

不几日，二策详划已定。夏竦委韩琦、尹洙兼程进京，请求朝议圣裁。宋仁宗召见韩琦，庭对群臣，方由宋仁宗钦定攻策，交付枢密院详划部署。

八

庆历元年（1041年）正月初，韩琦从京城回到永兴军，带回了由鄜延、泾原两路进讨的诏命。夏竦在大帅府向韩琦、范仲淹宣布诏命，鄜延路、泾原路各有范仲淹、韩琦整军备战，于正月末分两路起兵进讨。

范仲淹回到延州，坐在大帅府郁郁寡欢，一个人独对青灯，夜不能寐。想到自己二十七岁入仕，素以天下为己任，秉持为政清廉，体恤民情，刚直不阿，力主改革，屡遭奸佞诬谤，三次被贬，至今已碌碌五十有二。这次，受韩琦举荐任边，本想投笔从戎，有志建功，不想当此国难，力有未逮。韩琦所言攻策，不谓无理，但风险过大，一旦有失，后果不堪设想。自己所持守策，也非万全，而且未见大效，但总还算稳妥。但皇上与韩琦都是三十多岁，年轻气盛，所虑未深，瞻前有余，顾后不足，而自己又无法左右形势，左右难为。他看见案前自己去年秋天作的一首词，不禁轻轻吟哦："塞下秋来风景异，衡阳雁去无留意。四面边声连角起，千嶂里，长烟落日孤城闭。浊酒一杯家万里，燕然未勒归无计。羌管悠悠霜满地，人不寐，将军白发征夫泪。"两行眼泪顺着脸颊流下来，月色如霜，映照得两鬓华发更加苍白。

第二天一大早，范仲淹就伏案疾书，他要上疏，陈述自己的意见。"闻圣上裁决攻策，两路进讨，臣窃计未可轻举。时方正月，正值塞外雨雪大寒，如果此时起兵，暴露僵仆，兵马粮草动逾万计，入山川险阻之地，使贼乘之，所伤必重。臣意自当谨守，以观其变，未可轻兵深入。愿朝廷敦天地包容之量，存鄜延一路，勒兵严备，且容臣示之以恩义，或可招纳，息此战端。"刚写到这里，亲兵进来报告，言泾原路经略判官尹洙在厅外候见。

范仲淹急忙起身把尹洙迎进大堂，见他风尘仆仆从泾原路赶来，问道："尹大人有何见教？"

尹洙与范仲淹不仅同朝为官，而且志同道合，视之为师长，尊崇有加，被吕夷简诬为范仲淹的朋党，与欧阳修同时遭贬。见到范仲淹，也不客气，开门见山地说道："范大帅，下官受韩琦大人所托，来与大人约定出兵日期。"

范仲淹闻言，拿起案上的奏章，递给尹洙。

尹洙看罢，知道范仲淹必会坚持守策，用话激道："韩大帅说过，大凡用兵须将胜负置之度外。您也是过于谨慎了！"

范仲淹双目一瞪，责问道："大军一发，万命皆悬，竟可犹置之度外吗？"

尹洙磨了半天，也没有说服范仲淹，看来此次只有无功而返。走出帅府大门，尹洙想起韩大帅来时的嘱托，不禁慨叹道："范公如此，真不知该如何禀报韩公啊！"

尹洙还报韩琦，韩琦无奈。没有鄜延一路的声援，自己一路孤军深入，胜负难料，只有上疏宋仁宗，延迟出兵。他写道："累准诏问，促令进兵。然鄜延路范仲淹意在招纳，更不出兵。假使朝廷强使之进，终是本非己谋，将佐闻之，必无锐志。今已二月将半，渐有暑气，必难进兵。臣近过邠、干、泾、渭诸州，所至人户，不胜科敛，乞行减免。兵祸靡费，以至于此，臣恐一二年间，经费益蹙，每虑至此，臣难尽言。望陛下知群言异议，以沮师期，且令诸路置办军需，训整军马，俟及初秋，若范仲淹招纳未见其效，则别命臣等以观贼隙，伺机讨击，请求圣上断在不疑。"

韩琦写罢，不禁望天长叹。关山悠远，一轮落日将霞光肆意泼洒，血红遍野，悲壮的山河一点点被夜色吞没。

九

庆历元年（1041年）正月的兴庆府外，一片银装素裹，寒风萧瑟，丝毫没有春天到来的痕迹。但城外的校马场内，人声鼎沸，战马嘶吼，号角呜呜，彩旗猎猎，无数的军帐围列在一顶巨大的中军大帐四周。

大帐内，元昊坐在中间的虎皮座上，默默低头看着面前的几案上摊开的一张地图。两旁，分坐着两排文武官员。武官依次是成逋、克成赏、都卧、者多如定、多多马窦、惟吉等人；文官依次是嵬名守全、张陟、张绛、杨廓、徐敏宗、张文显等，除嵬名守全外，是清一色的汉人。而且，刚刚投靠西夏的两个汉人张元、吴昊也在其中，参与了这次进攻宋境的谋划。

张元、吴昊为宋朝华州人，两人一起读书，数次科考均不得志。这两个久试不第的读书人，自恃胸中文韬武略，本来想投靠宋朝边境献计献策立功名，一直不受重视，气愤之余，二人就联袂叛逃，亡入西夏。两人到达兴庆府（宁夏银川）后，天天在一家酒馆痛饮欢歌，又在雪白的粉壁上用笔墨大书"张元、吴昊来此饮酒"，被西夏官兵发现，连夜抓起，直接押往元昊处。元昊亲自审问，怒问二人怎敢犯我名讳。张、吴二人毫不畏惧，回道："你连自己姓什么都不在乎，何必在乎名呢！"

唐朝年间，元昊祖先作为党项族首领，被唐王朝赐姓"李"。宋朝建立后，元昊的祖父被宋太祖赐姓"赵"。此话正戳中元昊痛处，他知道此二人来者不凡，于是亲自解开绳索，好言相谢。张、吴二人就把自己带来的情报和进攻北宋的计谋和盘托出，元昊大喜，将二人收入帐下，作为此次侵宋的重要谋士。

元昊抬起头，望了一眼坐在文官最后的张元、吴昊，说道："张、吴二位谋臣向我进献制宋方略：取陕右之地，据关辅形胜，东向而争，更结好契丹，令其时窥河北，使中国一身二疾，势必难支，我志可得。前时，我大军围延州，攻三川寨，都无功而返。此次，我意取渭州，长驱直入，进击关中地区，东阻潼关，隔绝两川贡赋，则长安就在我的掌中。哈哈哈……"

"哈哈哈……"众文武也跟着大笑。

笑声未毕，元昊站起身来，指着张、吴二人道："你们给大家说一说宋朝三位边帅的情报吧。"

张元看了一眼吴昊，站起来走到大帐中央，侃侃而谈。"宋庭在陕西执掌帅印的三人都是文职官员，均无治军战阵的阅历。正帅夏竦为资政殿学士，以文学起家，识古文，学奇字，究建筑，治政务，也算是一位极富才干的能吏，但此人善逢迎，多变化，一味揣摩圣意，很受宋仁宗重视，被擢为边帅。但他意在朝堂为相，数请解边帅入中书，数年之间，无所作为，每次言论边事，但列众人之言，毫无主见。已闻有谏官、御史交章劾奏其畏懦不肯尽力，且常置侍婢于中军帐下，几致军变。枢密直学士韩琦、龙图阁学士范仲淹虽然都是宋廷颇有声望的大臣。但韩琦刚过而立之年，忠勇有余，持重不足。范仲淹素有直言敢谏之名，可是图好虚名，耿直执拗，致使多面树敌，朝中两府执政大臣对他多有掣肘，难以成事。自三人主持陕西军务以来，夏竦不求有功，但求无过，将边境之事尽付于韩、范二人。而韩、范性格不同，为人迥异，在攻、守之策多不苟同，甚至发生争执。夏竦油滑其中，坐山观虎斗。闻言，宋廷令鄜延、泾原两路进犯夏境，而范仲淹坚称持守，乞存鄜延一路，意在招纳，令攻策不能施行。若遣人至范仲淹处许以言和，稳住鄜延一路。我大军兵入泾原，直取渭州，自可迫临京兆，震动关中。我与吴昊已将行军路线画成图册，进献吾主。"

"好！此计得果，必对你们加官晋爵。"元昊说着，随手从几案上拿起一只羊腿，递向张元，"朕先赏尔等羊腿一只，美酒三大碗，外加宋廷宫人各五人。"

原来，宋仁宗为了节省庞大的皇宫开支，自亲政以来，多次遣散宫女。仅宝元二年（1039 年）四月，就一次遣散宫女多达二百零七人。元昊闻讯，遣人用重金招诱宋朝宫女，秘密解来西夏，以便向她们打听宋朝宫廷内部情况，朝中大臣的兴趣爱好和私交，甚至连宋仁宗宫闱私密之事也不放过，来获取有用的情报。

两人闻听夏主奖赏自己宋朝宫女，惊喜异常，双双跪到元昊面前，山呼万岁。

元昊止住他们，对众臣说道："众官听旨：自我大夏立国，宋廷褫官爵，夺岁俸，闭榷场，诱族帐。今我大夏国欲倾全国之兵，举十万之众，兵分五路，以贺真部为疑兵，进逼怀远城（宁夏西吉），迷惑三川寨和镇戎军加强防守，然后沿贺兰山南下。我率大军出天都山，在两国边境折姜会举行阅兵，依次沿瓦亭川南下。各路大军务必于二月十五日前，会兵好水川，进击渭州。"

西夏立国三年来，元昊多次袭扰宋朝边境，尤其围延州，攻三川寨，都取得了胜利，但也遭到宋军的顽强抵抗，付出了惨痛代价。正所谓杀敌一千，自伤八百。何况，西夏地广人稀，为了这次出兵，元昊下令全国实行二丁抽一，强壮者编入擒生军，老幼病弱者负责运送粮草。就这样，还不得不以一部分女兵凑数，号称"麻魁"，承担战争期间的后勤杂役。

按照吴昊的建议，元昊派遣宋朝俘将原塞门寨主高延德，手持元昊的亲笔信，到延州与范仲淹约谈议和之事。范仲淹在保安军帅府接见了高延德和随行的西夏将领，却没有见到元昊写给朝廷的议和表章，将信将疑，不敢奏报朝廷。但又不愿意失去这次机会，就亲自回信元昊，晓谕朝廷议和诚意，敦促元昊尽快遣使议和。随后，派监押官韩周带着自己的亲笔信，与高延德一行返回西夏，顺便打探元昊议和的真实意图。

此时，韩琦正在渭州，与新任知州、枢密直学士王沿讨论城防军务。年初，韩琦就得到谍讯，元昊可能寇犯渭州。渭州地处通往关中要地，历来是兵家必争之地。王沿在并州太原府时，治军严明，政务卓著，这次调任也是为了加强应对西夏的军事压力。两人正在议论间，韩琦亲兵进来报告，范大帅送来消息，称元昊遣人至延州城请求议和。韩琦闻言，霍然站起身，大声说道："无约请和，一定是诈降！元昊必已起大兵，拜托王大人敛兵自守，拒敌于城外。我急赴泾州，部署镇戎军防务。我也会请夏竦大帅起永兴军增援。如此，三路拒敌，永兴、镇戎两军包抄，必可破敌。"

韩琦于二月十日赶到镇戎军，得知元昊二月初在边境折姜会大举阅兵，准备进犯渭州。

折姜会距环州永和寨一百二十里，本属宋界。元昊叛宋后，出兵占据，辟为榷场（征收专卖税的交易场所），形成对宋朝边民进行贸易的和市。自从宋朝禁止宋夏两国贸易后，这个榷场荒废至今，却成了元昊这次阅兵之地。

韩琦紧急召集众将，研究部署这次作战计划。此时，探马来报，一支西夏军队已经越过边界，直逼怀远城。

韩琦指着面前的地图，对诸将说："此次元昊举十万大军入寇，会盟折姜会。现接获谍报，将进犯渭州。取道渭州，有三条路可走：第一条沿葫芦河南下，过镇戎军，沿六盘山东麓，直逼渭州；第二条取道三川寨，过怀远城、张义堡，顺六盘山西麓，直达渭州；第三条过得胜寨、羊牧隆城，东折好水川，可奔渭州。去年，元昊围镇戎军遇挫，就目前之形势，这次进兵可能选择第二条、第三条路，而这两条路都在六盘山西侧。我已经谕告渭州知州王沿大人整军备战，现谕令沿路各城寨加强戒备，坚壁清野，固守拒敌，无令不得出战，违令者斩。"

环庆副部署任福听到只是部署守御，雄赳赳出列高声说道："韩帅向来持议攻策，怎么一遇战阵，徒令守计？任福虽年逾六十，愿效廉颇，领军出战，杀虏驱寇。"众将闻听，也纷纷请求出战。

韩琦制止道："任老将军请战，我自有谋划。去年，我已经招募健卒一万八千人，现已整军待发。元昊大军十万，兵锋正锐，然敌众我寡，不易正面迎敌，当避其锋锐，坚壁清野，固守城寨，而以奇军出其后，截粮道，击疲兵，扰后方，俟其师老而归，据险设伏，可奏大功。众将听令：副部署任福将军任主帅，都监桑怿为先锋，钤辖朱观、都监武英、都监王珪众位将领为副将，参军耿傅督运粮草。军令如山，违令者斩。"

众将应诺，各自准备出发。韩琦留下任福，面授机宜道："任老将军，此次出兵，不比白豹城之战长远奔袭，击敌无备。今元昊有备而来，谋划已久，志在必得，不可与之对阵。你率军自怀远城趋得胜寨（宁夏西吉县硝河），迁回羊牧隆城（宁夏西吉县将台堡），潜行其后。此地我军各寨堡相距仅四十里左右，路程短，路况熟，粮草供应便利。你们只要按令行事，元昊大军必无功而返，你们再见机立功，切不可恋战，更不要被敌人所困，就是大功一件。切不可贪功冒进，戒之，戒之！"

出兵之日，韩琦亲自送出城外，一再告诫任福："切记持重，慎之！"

任福勒马抱拳，回首说道："韩大帅，任福定不负所托，效命疆场！"说罢，一甩马鞭，怒马嘶吼一声，消失在崇山峻岭之中。

十

路上，任福接到情报，一支数千人的西夏军队突然出现在宋军要塞怀远城附近。他想也没想，与先锋桑怿率轻骑数千挥兵急进，过三川寨，翻越六盘山，径直赶赴怀远城解围。钤辖朱观、都监武英率余部紧随其后。

这支西夏军队并没有围困怀远城，而是绕城而过，沿六盘山西麓南下，朝张义堡方向而去。任福到达怀远城，见城池安然无恙。按照原来的计划，他应该继续向西南方向，朝得胜寨和羊牧隆城进发，潜行以待元昊大军通过，在西夏军后方牵制敌军，使其不敢轻举妄动。

此时，探马来报：西夏军在东南方四十里张义堡受到守寨将领常鼎、刘肃的截击，战斗正在激烈进行。任福没等后面尚未跟上的朱观、武英所部，领兵南下，直奔张义堡。朱观、武英见状，只有紧随其后。

赶到张义堡，见夏兵正与守寨将领常鼎、刘肃激战，任福立即率部投入战斗。任福一马当先，如入无人之境，奋力搏杀，援军如虎添翼，一阵猛攻，斩敌首数百级。夏军猝不及防，两面受敌，很快阵形大乱，四处溃逃。溃逃的夏军分为两股，一股沿着笼洛川（宁夏隆德县什字路河）西逃，另一股溃向南方渭州方向的笼干城（宁夏隆德）。

任福顾不上多想，急忙把部队分作两路，令随后赶到的朱观率部追击逃入笼洛川谷的敌军，自己率军向南追击。朱观急忙拦住去路，从身上掏出一封书简，递给任福，说道："任将军，这是韩大帅派快马送来的书信。"

怀远城离镇戎军只有六十里。坐镇镇戎军的韩琦很快接到消息，得知任福私自改变计划，改道张义堡，急忙书信一封，派快马追来。在接近张义堡的时候，探马把书信转交给朱观。

任福接过，略一视之，揣进怀里，哈哈笑道："韩大帅也太小心了，一味令我小心持重，不得冒进。今我军杀敌正酣，建此大功后，再赴羊牧隆城。我已经接获谍报，就近数十里没有发现敌人的援军。众将依令行事，努力杀敌啊！"说罢，挥军径去。

一路上，夏军遗弃了无数的羊、马、驼等辎重。任福谕令不得下马收取，一路紧追不舍。

这支夏军先一直南下，到笼干城北后突然转头钻入好水川，向西奔逃。夏军知道，好水川是元昊大军的聚集之地，此时已是正月二十三日，离西夏大军会合之日只有两天，先头部队可能很快抵达。不明就里的任福率部尾随，也放心大胆地进入好水川。

笼洛川和好水川是两条横贯东西的山谷，六盘山上的雪水泉流顺河谷西下，在羊牧隆城附近汇入瓦亭川，因此，这两条河谷，也是从张义堡、笼干城通往羊牧隆城的道路。

已经赶到得胜寨的元昊得知消息，急令部队加快行军速度，力争提前进入笼洛川和好水川。得胜寨离羊牧隆城仅有三十五里，而羊牧隆城距笼干城却有六十里之遥，任福不知自己从好水川口向原定的羊牧隆城追击敌人是个致命的错误，因为好水川正是西夏军主力集结地点。

夜幕降临，任福命令部队在好水川口扎下营盘，朱观、武英部驻扎在相距五里的笼洛川里，王珪、赵津部也在相距不远的姚家川。任福传令加强戒备，相互援应，待明日一早继续追击西逃的西夏残军，并向原定的羊牧隆城会合。

第二日，任福率军搜索敌军，却丝毫没有发现夏军的影子。当走到距离羊牧隆城不到五里的地方时，士兵们发现路边有数十只泥盒子，不知是什么东西。任福命令打开观看，盒盖一开，数百只信鸽腾空而起，在宋军头顶上来回盘旋。

任福正疑惑间，只见元昊大军迅速从四面八方杀来，把任福带来的八千人马围在中间。西夏派出铁鹞重骑冲击宋军，任福未及布阵，就被冲击得七零八落。很快，两军就短兵相接，先锋官桑怿带领骑兵队迎头冲上，战斗非常激烈，呈现胶着状态持续四个小时。任福见宋军渐渐支持不住，带兵向一个山头退去，欲据守制高点，继续对抗。此刻，山头突然竖起一面信号旗，西夏伏兵居高临下杀了过来，宋军再遭突然一击，很多人纷纷坠崖，死伤惨重，桑怿、刘肃战死。宋军一名军官看到败局已定，想掩护任福撤出战斗。任福从容地说道:"吾为大将,兵败,以死报国尔!"挥动铁锏,再次杀入敌军,一根长枪刺穿了他的喉咙……

残酷的战斗仍在继续,武英所部在姚家川展开激战,王珪、赵律赶来援助。

王珪号称"王铁鞭",曾经带领三千骑兵击败数倍西夏军,亲手斩杀两名敌酋,宋仁宗御赐金牌,可以先斩后奏。这次出兵前,他对家人说:"此番作战凶多吉少,我杀西夏人太多,他们不会放过你们,你们赶快离开吧!"王珪安顿好家人,从容出征。

他在阵前,远远看见任福的战旗还没有倒下,以为任福还没有战死,急忙指挥士兵杀向重围,由于兵少,始终没能撼动夏军的阵脚。手下有些士兵犹豫不前,他挥剑将其斩首,然后扑通跪倒在地,面对京城的方向数拜,大喊道:"非臣负国,臣力不能也,独有死尔!"说完策马杀入敌阵,一条铁鞭打得弯折,虎口尽裂,杀敌数百,战马三次中箭,三次换马,最后只能步战,犹杀敌数十,锐不可当。突然,一支敌箭射中了王珪的眼睛,其翻身倒地,壮烈殉国。

朱观、武英部也被夏军重重围困,将士不畏生死,苦苦作战,就连文士出身的参军耿傅也加入战斗。双方激战八个多小时,宋军补给不足,弓箭殆尽。夏军仍不断增兵,宋军兵阵被攻破。朱观、武英见大势已去,劝耿傅逃走。耿傅装作没听见,继续战斗。武英说道:"君文吏,无军责,奈何与英俱死?!"耿傅愈加向前,直至战死。武英拼命杀敌,身负重伤,与从瓦亭寨赶来救援的都监赵律一起壮烈殉国。朱观带着残兵退向一段废弃的城堡,用强弩射击,阻挡敌人的攻势。将近夜晚,夏竦派来的秦凤路军马事王仲宝带领援兵及时赶到,救出朱观,向镇戎军方向撤出战场。

好水川大战,随着浓重的夜色落下最为悲壮的帷幕。

好水川之役,宋军阵亡近六千人,一批优秀的军官战死,但是西夏也损失惨重。《续资治通鉴》记载:"然诸将力战,至死不肯退,夏兵虽胜,杀伤亦相当。故攻刘璠堡不克，还屯天都山，令游骑剽掠仪、秦二州属户。"

十一

　　韩琦接到好水川战败的消息，亲自带领守城士兵将宋军残部接回城中。城外途中，当地招募的阵亡将士父母妻子跪于马前，手持死者遗下的衣物，焚烧纸钱，招魂哭喊："你们都是跟随韩大帅出征的，现在韩大帅回来了，你们的魂灵能跟着回来吗？"哀号之声震天动地。

　　韩琦不胜悲伤，掩面而泣，驻马踌躇，许久不能前行。

　　元昊举十万大军，图谋一举攻破渭州，打开进军关中的通道，却被羁縻于好水川。镇戎军、渭州和夏竦派遣永兴军的援军陆续赶到，而且西夏另一路人马在刘璠堡受到宋军顽强阻击，元昊见计谋已败，随即命令还军天都山。

　　此时，在延州城的范仲淹也接到好水川战败的消息。他派去跟随高延德与元昊议和的监押官韩周迟迟没有消息。韩周到西夏后，就发现元昊正起大军攻宋，但为时已晚，被夏军扣留四十多日，直到元昊返回兴庆府，才将韩周放回。

　　韩周回到延州，带回元昊一封厚厚的回信。信中，元昊措辞傲慢，语多羞辱宋朝君臣，粗鄙不堪入目。范仲淹非常气愤，当着西夏使者的面将书信焚毁，随后选录了其中还可入目的文字上报朝廷。

　　宋仁宗召集宰执大臣共同商议。宰相吕夷简对范仲淹所为不以为然，说道："人臣无外交，范仲淹先前擅自与元昊通信，今得其书又焚而不奏，别人焉敢如此！"

参知政事宋庠说道："范仲淹与元昊私通书信，有违国度，焚书灭迹，罪实难逭，依律当斩。"

枢密副使杜衍见状，为范仲淹辩解："范仲淹的本意是想要为朝廷招降元昊，虽有不妥，但情有可恕。将在外，凡事不能全由朝廷控制，况两国交兵，使者、书信往来也属正常的事情，不当深罪。应当先听一听范仲淹对此事的辩解。"

接到朝廷的谕令，范仲淹上疏辩称："先前与元昊通书，意在诱谕其归顺。任福军败，元昊来书悖慢，臣以为，朝廷如见书而不能讨，则辱在朝廷。故而我当着夏使之面焚毁来书，以使悖慢之词不得见于朝廷。"

宋仁宗征询宰相吕夷简意见。吕夷简说："还是杜衍说得对，只能薄惩罢了。"

宋仁宗听从吕夷简的建议，将范仲淹从户部郎中贬为户部员外郎，调任知耀州（陕西铜川），任命天章阁待制、判大理寺庞藉为龙图阁直学士、知延州。同时，诏令内藏库拨款一百万贯，抚恤好水川阵亡将士的家属，追赠任福为武胜军节度使兼侍中，王珪为金州观察使，赵律为密州观察使，武英为邢州观察使，桑怿为解州防御使，刘肃为丹州刺史，耿傅为右谏议大夫，并录其用子弟入官。

韩琦一连几天闭门不出，独坐帅府。好水川之战，任福私违节度，贪功冒进，致使六千将士血染疆场，但任福与众将官一个个忠勇杀敌，不畏生死，节高义烈，为国捐躯，自己又怎么能把致败的责任推到他们身上，唯有深深自责，更辜负了皇上对自己寄予的厚望。他提起笔，一直无法落笔，连自劾之词都无从说起。踌躇再三，写道："臣馨所领将士以御敌，独居孤垒之中，日夜谋划，而臣御将无能，不依臣指纵，一味贪功求胜，以致败亡，上挫国威，臣愿就显戮！"

宋仁宗接到韩琦的奏章，看了半天，也是半天无言。他深知这寥寥数语，隐藏着韩琦的万语千言。没有连篇累牍的解释，也没有长篇大论的塞责，但他清楚，朝议摇摆不定，自己一再督战，边帅互不协同，致使韩琦一路军马抵挡元昊倾国大军，焉有不败之理。韩琦忠勇体国，勤勉有加，有功不邀，有过不委，有危不让，这样的忠臣良将不可多得，怎可以一败而黜之。

此时，夏竦也上奏言称从任福身上搜到韩琦的书信，致败之罪不在韩琦。知制诰王尧臣、太子中允欧阳修等一批朝中大臣也极力替韩琦辩护。宋仁宗亲自写手诏，抚慰韩琦。不过数日，朝廷还是免去韩琦起居舍人的官衔，降为右司谏，调任知秦州（甘肃天水）。

知谏院张方平见韩琦、范仲淹被贬官，气愤不过，秉笔劾奏夏竦。他写道："羌贼叛命，王师致讨，分命重臣为之统帅，故授夏竦陕西招讨使，四路军政，实节制之。朝廷设此司，所以使臂指相用，首尾相应，主众谋于独断，通诸路为一家，助为声援。然夏竦禀命招讨司，勇者不能施其力，智者不能专其谋，而又爱恶相攻，异同相戾，人无从适，致使空国事边，于兹三岁，师惟不出，出则丧败，寇惟不来，来必得志。皆谓前后丧师，非贼能败我，我自取之。请夺夏竦之帅印，还之一郡，遂其自全之计。"

宋仁宗下诏免去夏竦西北统帅职务，调任判河中府（山西介休），任并州知府郑戬知永兴军，不再兼任陕西安抚使。紧接着，对西北战区进行了大的调整，将陕西路分为秦凤、泾原、环庆、鄜延四路，由韩琦任秦凤路安抚使，兼知秦州，王沿任泾原路安抚使，兼知渭州，范仲淹任环庆路安抚使，兼知庆州，庞藉任鄜延路安抚使，兼知延州。同时，任命知制诰王尧臣为陕西体量安抚使，到陕西进行巡视，督办各路军政事务。

王尧臣在陕西走访各地，深入了解秦凤、泾原、环庆、鄜延各路的屯兵情况以及当地的山川形势。陕西四路禁军总兵力三十万余，鄜延路六万八千，环庆路五万，泾原路七万，秦凤路二万七千，另外，还有厢军和临时招募的土兵近十万人。西夏聚兵入寇，大部分宋军只能把守城寨，每路真正能投入战斗的只有万人，往往只能以一战十。他上疏宋仁宗，请求将韩琦从偏远的秦凤路调回战略重地泾原路，同时兼管秦凤路，进行重点布防。宋仁宗犹豫不决，此事暂时搁置下来。

庆历二年（1042年）秋，元昊再次派遣十万大军，兵分两路，一路从刘璠堡（宁夏隆德）出击，另一路从彭阳城（宁夏固原东南部）出发，钳击镇戎军（宁夏固原），再次进攻渭州，打开进入关中的通道。泾原路经略安抚招讨使王沿获知夏军来攻，命副使葛怀敏率军自渭州（甘肃平凉）至瓦亭寨（宁夏隆德东北）阻击。王沿命葛怀敏背城为营，示弱诱敌，设伏奇袭，攻其不备。葛怀敏进抵瓦亭寨，集兵万余，违令北进，命诸将分兵四路趋定川寨。九月二十一日，元昊乘势挥军抵新壕，向宋军进逼。葛怀敏与诸将退守定川寨。夏军毁新壕版桥，断宋军粮道和归路，又断定川寨水源，饥渴宋军。二十二日黎明，葛怀敏率军突围，被夏军围困，四面夹击。葛怀敏与部将曹英、李知和、赵珣、王保、王文、刘贺等十六位将领战死，宋军九千四百余人阵亡。

得知元昊大军入侵泾原，韩琦令秦凤路副都总管许怀德率领十二营军马前来救援，范仲淹也派庆州六千兵马赶往镇戎军截击夏军，断其归路。元昊得知消息，未敢继续深入宋境，率夏军大掠而还。

定川寨大败，宋仁宗下令免去渭州知府王沿的职务，由正在驻守庆州的范仲淹代替，主持泾原路军政事务，同时将跟随范仲淹的鄜延路都监狄青调到泾原路任都监，派左藏库副使景泰任泾原路钤辖兼知镇戎军，让正在陕西各路巡视安抚的王尧臣赴泾原路安抚战后事宜。

范仲淹见元昊屡犯泾原，上疏宋仁宗道："泾原地重，恐臣不足当此路。愿与韩琦共同经略泾原，并驻泾州，琦兼秦凤、臣兼环庆。泾原有警，臣与韩琦合秦凤、环庆之兵，掎角而进；若秦凤、环庆有警，亦可率泾原之师为援。臣当与韩琦练兵选将，渐复横山，以断贼臂，不数年间，可期平定。"

宋仁宗采用其言，复置陕西路安抚经略招讨使，以范仲淹、韩琦、庞藉分领之。范仲淹与韩琦开府泾州，文彦博驻守秦州，滕宗谅驻守庆州，张亢驻守渭州。

十二

自从韩琦与范仲淹入陕分别主持鄜延路和泾原路的军务，直到三年后的今天，两人才第一次真正坐到一起，携手共同处理军政事务。王尧臣的到来，令韩琦更是非常高兴。当年的同榜状元榜眼，这次又在御夏前线走到一起。

泾原帅府内，范仲淹与韩琦、王尧臣一起，召开第一次军事会议，狄青、景泰等众将分列两旁。

在韩琦的眼里，比自己年长近二十岁的范仲淹，虽然年仅五十三岁，但出身贫苦，又一生耿介，屡遭贬官，历经磨难，白发早已过半，面容清癯，高大的身形尤显得瘦削，但今天却精神矍铄，连说话的声音也更加洪亮铿锵。

"我与韩大帅投笔从戎，练兵治边，然屡与贼兵交锋，陷兵失将，岂能塞责于元昊狡诈。痛定思痛，究其原因，无外有三：攻守之策未定，将士徘徊观望，此其一；将帅不协，号令不严，多有违节，贪功冒进，致于丧师，此其二；诸路失援，各守疆界，贼聚众攻我一路，以一当十，岂不支绌，此其三。今皇上诏令我与韩大帅并驻泾州，一同经略泾原，合秦凤、环庆之兵，抵元昊之兵于境外，伺机进击夏境，还我河山，灭除丑虏。诸将有何良策，众议择行。"

一身戎装的狄青站出来，高声说道："孙子兵法有言：夫将者，国之辅也！辅周则国必强，辅隙则国必弱。当前急务，在于荐选将才。一个好的将领，要练甲兵，明号令，严军纪，厚赏罚。要借鉴庆州的成法，将州兵分隶六将，由将领亲自操练，使得将兵一体；还要裁汰老弱禁军，招募当地土兵，提升战斗力。同时，要爱抚士卒，厚赏抚恤，使将士勇于效命疆场。"

王尧臣说道："泾原路直通天都山，离元昊贼巢最近，我境内山川平易，易攻难守，是夏兵攻宋必经之路。四路之中，泾原最为急要，须增添兵力二万屯渭州，以备出战，为镇戎军之援；以万人屯泾州，扼控要道，为泾、渭声势，如此可杜贼深入之患。而原州界内诸羌、蕃各部，朝廷虽令招抚，但多属反复，每贼至，将所赐物色旋送贼处，且为之向导，宜以诏书犒赏诸羌，阅其人马，共立条约，助贼则斩，护寨则赏，为贼向导则质其首领，必使诸羌受命悦服，方可为我所用。范帅属下种世衡抚驭蕃羌之法，就很值得借鉴。"

韩琦对王尧臣的分析听得入迷，连声说道："伯庸兄高见，请继续讲！"

王尧臣向韩琦点了点头，接着说道："其次，环庆路多高山大川，素为险隘之地，夏兵从来未从此地入寇。现在环、庆二州所管兵才两万，若夏贼入寇，难以敌之，急需益兵两万，屯近边城寨，来则合力以战，居则分头以守，足以制敌。秦州远在西南，去贼界甚远，彼若深入为寇，则虑泾原之兵断其归路。今秦州所管兵马共二万七千，分屯诸城寨外，正兵不及万，倘用御悍，亦未必是全胜之师，必须益兵万人，以扼东西之来路，方可无虞。延州自围困以来，西至保安军、东至白草寨四百余里，北至边界南至金明寨百余里，无居人，唯东路近里有延川等数千户。贼兵如果不是为了占领延州，一定不会出大军以图小利，如果偏师而来，本州兵马已有六万，分置六将，足以御悍，不须添兵。"

韩琦说道："目前来看，三路需添兵六万人。我看，不必再让朝廷派禁军，不足之数，宜从陕西之民，三丁选一组成土兵。他们熟悉地理，也无不服水土之虞，况护佑家园，只要加强训练，不弱于正军。我朝在淳化、咸平年间，已有先例，若处置得宜，亦不至于惊扰百姓。我将上疏朝廷，请求皇上颁发诏书告谕，且令平贼后仍将土兵放归农田。另外，六盘山下的笼干城，是山外四寨之首，又是夏贼入寇之路，应在此处建军屯兵，成立德顺军。"

范仲淹接着说："我在延州之时，种世衡修青涧城，阻敌要冲，韩帅修永平、承平诸寨，诏还流亡，对防御西夏起到很大作用。今庆州西北马铺寨，当后桥川口，深入西夏腹地，宜筑大顺城。我已经秘密派遣犬子范纯祐引兵据此，不日可成。"

韩琦暗暗佩服范仲淹行事果决，且有远谋。

这次军事会议，韩琦与范仲淹一改两人各持攻、守之策，初步形成了以守为主，兼之进讨的固守进攻之策。两人主张将深入到宋境界内的城寨派兵攻取，留兵固守，使宋朝疆界连成一片，相互应援，以便更好地固守。同时，实行军屯，令招募的土兵既守边寨，又置营田，按照定数缴纳粮食以补军用，留下来的部分归屯田军户，既为朝廷减轻了军粮转运之费，也减少了驻守禁军的数量，同时带动当地的经济繁荣。韩琦与范仲淹的横山攻略实施，更是促使宋夏战争形势发生重大转折，以致成为两国之间相互博弈的"命运分界线"。

横山位于陕西省北部，横跨银州、宥州、夏州，是西夏进攻宋朝的最前沿基地。横山地区不但山势纵横，而且水源丰富，无定、大理、吐延、白马等河流纵横交错，使得横山成为除灵州、凉州、肃州之外，西夏最肥庶之地，畜牧业和农业十分发达，是西夏进攻宋朝最主要的就粮区。横山东部的茶山、遴芦山是西夏盐铁的主要产地。世居横山地区的横山羌，是西夏兵员的重要来源，其勇悍善战，冠绝西夏。自宋真宗将横山连同灵夏二州"并授德明"之后，西夏党项人才真正拥有了立国的根基。可以说，没有横山就没有西夏国。横山对于西夏而言，其重要性就如同幽云十六州对于辽国一般，进可攻，退可守，同时还是重要的农业、经济基地。

而失去横山的宋朝，在战略上也极度被动，鄜、延、环、庆、泾、原、秦、陇等州县时刻处于西夏军的威胁之下，由于机动性差不利于救援，宋朝只能分兵驻守。如此，又给了西夏军逐个击破的机会，三川口、好水川、定川寨这三场宋军的败仗，无一不是被元昊利用机动性优势以多围寡而导致的。而在进攻上，宋军的被动更为明显。失去横山这个天然的前线补给基地之后，宋军进攻西夏时只能靠民夫负粮穿越七百里瀚海进行补给，一旦后勤接济不上，便只能不战自退。

韩琦与范仲淹制定了一个完整的横山攻略：逐步夺取横山地区，切断西夏的右臂；同时击垮青唐羌诸部，完成对西夏的侧翼包围。横山攻略经过宋军艰苦奋斗多年，直至宋徽宗时才得以完成。

韩琦与范仲淹收复横山的具体计划，在两人写给宋仁宗的奏章上说得很清楚："臣等请于鄜延、环庆、泾原路各选将佐三人，使臣一二十人，步兵一万，骑兵三千以为三军，训以新定阵法，佚其精勇，然后观贼之隙，使三军互掠于横山，降者纳质厚赏，各令安土；拒者并兵急击，必破其族。假若鄜延一军先出，贼必大举来应，我则退守边寨，或据险要，勿与之战，不越旬日，彼自困弊，势将溃归，则我复出环庆之军，彼必再点兵而来，即又有泾原之师乘间而入，使贼拼命不暇，部落挟怨，我则兵势自振。如宥、绥二州，金汤、白豹、析章等寨，皆可就而城之。其山界蕃部去元昊且远，救援不及，又我以坚城守之，以精兵临之，彼即乐其土，复逼以威，必须归附，以图自安，二三年间，山界可以尽取，此春秋时吴用三师破楚之策。元昊若失横山之势，可谓断其右臂矣！"其要点就是：选练兵将，分鄜延、环庆、泾原三路相互配合，伺机而击；恩威并济，招纳横山部众；据险修寨、逐步蚕食，使其领土日渐缩小，最后必纳款求和。

横山攻略最后由于元昊的纳贡称臣而未能实现，但其"浅攻进筑，步步为营，逐步蚕食"的战法已经成为宋朝夺取横山战略的主要蓝本，直接影响了宋朝后来几次对于横山的攻伐和灭夏方略。正因如此，韩琦与范仲淹在西北边疆名重一时，人心归服，朝廷倚为长城，天下人称为"韩范"。边塞百姓传诵着一支歌谣："军中有一韩，西夏闻之心骨寒；军中有一范，西夏闻之惊破胆。"

第四章

庆历新政

一

庆历二年（1042 年）正月的北辽都城上京（内蒙古巴林左旗南），大雪纷飞，山川皑皑，但宫殿内却炉火熊熊，温暖如春。

年仅二十五岁的辽兴宗耶律宗真一脸红光，在大殿中央来回踱步，满朝大臣都是一脸茫然地望着这位令人捉摸不透的皇帝，这次朝会一开始就让人感到紧张、压抑。

耶律宗真契丹名只骨，字夷不堇，是辽圣宗耶律隆绪的长子，母亲是辽圣宗的嫔妃萧耨斤。

耶律宗真十五岁时，父亲辽圣宗去世，随即即位。萧耨斤自封太后，临朝听政，不仅把持朝政，甚至把耶律宗真的一举一动都置于自己控制之下，使得母子两人的关系变得异常紧张。耶律宗真十八岁时，萧耨斤担心将来耶律宗真亲政后，自己的权力会有所剥夺，于是就与北院枢密使萧孝先兄弟合谋，企图废掉耶律宗真，另立小儿子耶律重元。耶律重元将此事告知哥哥，耶律宗真得知消息后不甘被废，暗中策划先发制人，找借口扣押了萧孝先，逼他招供废立阴谋，接着带着两百亲兵包围了行宫，直闯萧耨斤的卧帐，杀死她身边的数十名内侍，然后将她软禁起来，并下旨废萧耨斥为庶人。

亲政后的耶律宗真野心勃勃，与西夏暗通往来，并将自己的姐姐兴平公主嫁给元昊，鼓动元昊立国叛宋，欲从中牟利。今天，他召集文武官员，正为商讨军国大事。

耶律宗真停下脚步，两眼扫视一遍文武大臣，说道："我自亲政以来，国富民强，自当开疆拓土，建立不世之功。圣宗时，兵发宋境，一路过关斩将，直抵澶州，因太皇太后仁心慈惠，遂有辽宋澶渊之盟。今日，夏主元昊归附我国，宋朝皇帝不与我国相商，与西夏兵戈相向，败毁盟约，且接连失败。我欲兴大军南征，收复被宋廷长期占据的关南（河北省高阳县以北）十县，众文武有何良策？"

此言一出，满朝文武才明白了皇帝的用意，顿时议论纷纷。

南院枢密使萧惠说道："皇上英明，宋人西征有年，师老民疲，若陛下亲率六军南下，其胜必矣。"

皇太弟耶律重元、东京留守萧孝友一起站出来，高喊："愿听号令，为伐宋先锋！"

北院枢密使萧孝穆止住众人喧哗，缓缓走到大殿中央，沉声说道："昔太祖（耶律阿保机）南征，终以无功。太宗（耶律德光）率军南下灭后唐，扶持后晋，可是后来石重贵（后晋皇帝）背叛我们，于是大军再次南下汴京，而刚刚撤军回国，中原王朝又再次反攻，从此连兵二十余年，仅得和好。今国家虽比以前富足，但善于征战的将领们都先后去世，且宋人没有违背两国间的盟约，无故伐之，其屈在我，况胜败未可预料。愿陛下熟察！"

这次朝会不欢而散。耶律宗真也犹豫起来，于是前往已经致仕的老宰相张俭的府第，询问对南征的看法。

张俭，字仲宝，宛平（北京宛平县）人，出身辽国官宦世家，于辽圣宗统和十四年（996年）参加科举名列第一，历任顺州从事、范阳令、云州幕官。他生性正直诚谨，不喜虚夸矫饰，深得上官、同僚的敬重。辽圣宗到云中一带游猎，按照契丹的旧例，皇上经过之处，当地的地方长官应该有所献贡。当地的节度使奏称："臣辖区内没有什么特产，只有幕僚张俭，为一代之宝物，希望能将他献上。"张俭从此受到辽圣宗青睐，历任监察御史、同知枢密院事、南院枢密使，号称明智干练。辽圣宗去世前，拜张俭为左丞相，封韩王，将太子耶律宗真托孤于他。

张俭思考良久，说道："现在宋朝为西夏屡败，绝不愿两面受敌，正是收回关南十县的最好时机，但不宜出兵伐宋，贸然毁坏两国盟约。此事只需派使节前往宋朝进行交涉就可以了，何必劳累陛下亲征呢！"

耶律宗真闻听大喜，说道："老丞相高见！"

张俭进一步谋划道："欲取其地，必先屈其理。西夏归附我国，宋朝无约而伐夏，其罪一；宋辽有澶渊之盟，宋廷无故在两国边境疏浚水泽，增益兵戍，其罪二；关南十县，宋立国前即为我所有，至今不还，其罪三。三罪既立，兴兵问罪可也，况遣使问之？！"

耶律宗真赞道："此所谓不战而胜。我方大兵压境，以屈其气，定可建功！"

二

北辽二十万大军压境，声言欲取关南十县。随后，宋朝边境真定府雄州守将接到辽国宣徽南院使萧特默、翰林学士刘六符作为使节来宋朝兴师问罪的国书，立即用快马六百里加急传到汴京开封。

宋仁宗急忙召见两府大臣议事，起用老将王德用为检校司空、判定州，兼河北东路、河北西路、河东路三路都部署；任命枢密副使杜衍宣抚河东

（山西与陕西北部，治并州）。同时，诏命大名府为北京，令真定府（河北正定）、定州（河北定州）、天雄军（河北大名）、澶州（河南濮阳）各备兵马刍粮及器甲，河北诸州军尽快修缮城池，阅习兵马，征召民众强劲者，编为义勇军，以备守葺城池。

两国边境战云密布，辽使将至，在选任接伴使时，群臣皆害怕被选中，无人应命。接伴使不仅负责接待辽国使者，进行谈判，还肩负使辽的重任。

宰相吕夷简进言："臣保举右正言富弼。"

宋仁宗问道："富弼只是中书门下的一名言官，官职低微，可否为使？"

吕夷简回道："可授弼礼部员外郎、枢密直学士。"

宋仁宗随即在便殿召见富弼，问道："吕相举荐你为接伴使，你意下如何？"

富弼叩头道："主忧臣辱，臣不敢爱其死。"

宋仁宗十分感动，轻声抚慰道："两国交战在即，事关朝廷安危，也事关使者生死，满朝大臣竟无人赴命。你能为国请命，颇慰我心。我将任命御史中丞贾昌朝为馆伴使，你与贾中丞一同接待辽使，共同参酌。至于你出使辽国，特擢升你为礼部员外郎、枢密直学士。"

富弼回道："国家有急，唯命是从，臣职也。今之未行，岂能因之升迁，臣唯固辞不受！"

宋仁宗无奈，仅授富弼为知制诰、枢密直学士。富弼随即率领一行人出汴京，直达雄州（河北雄县），等待辽使入境。

辽使入境后，富弼亲自到驿馆慰劳，见辽使萧特默端坐在坐榻上，倨傲无礼。富弼强忍怒火，躬身施礼。萧特默一动不动，淡淡说道："我有足疾，不能回拜。"

富弼厉声说道："吾尝使北，病卧车中，闻命辄拜。今宋使至而君不起，此何礼也？"萧特默闻言，无奈让人扶着回礼。

萧特默等辽使抵达汴京后，递上辽主书信，言称：关南十县，早在石晋之时割让大辽，后为柴荣掠回，招致天怒人怨，以致后周数年覆亡。贵国建立之初，就与我国继为善邻，边境上长期平安无事。可是宋太宗在灭北汉取得并、汾之后，以无名之师直抵燕蓟，遂致两国弥年有戍境之劳，且宋廷背弃盟约的行为一直不断。近来，宋廷多次派军队往讨西夏，数年无功。元昊早就归附我国，即便罪不容诛，也宜事先知会。去年，贵国派使者前来通报宋夏战事，我国不计前嫌，还派专使前往调解，做到了仁至义尽。但贵国却无故在宋辽双方边境上大肆修筑军事设施，增加边防军队。贵国的行为，导致我们双方互不信任。如果贵国真的想表示世代友好，那么，就把晋阳之地以及关南十县归还，方可依旧约为兄弟之国。

辽书指责宋太宗赵光义当年北伐为无名之师，一时之间朝中大臣都不知道如何答复。翰林学士王拱辰请求单独面见宋仁宗，说道："河东之役，本就是朝廷讨伐叛逆，而辽军却乘机进犯石岭关（山西阳曲），准备随时援救北汉。太宗皇帝对辽朝背信弃义的行为感到愤怒，于是在消灭刘继元（北汉末代皇帝）之后，下令北征，怎么能够说没有正当的理由！"

王拱辰，原名王拱寿，字君贶，开封府咸平（河南通许县）人。天圣八年（1030年），十七岁的王拱寿举进士第一，状元及第，深得宋仁宗赏识，赐名王拱辰，授通判怀州，后入集贤院，历监铁判官，修起居注、知制诰。庆历元年（1041年）为翰林学士、知审官院。

宋仁宗闻言大喜，说道："如果不是贤卿熟悉历史掌故，实在是不知如何回答。你就负责草拟对辽主的复书吧！现在群臣厌战，而西方用兵屡屡不利，幸亏韩范用命，战事胶着，北方哪堪再兴战端。只是有一条，祖宗基业，岂能送与他人之手。唯有让富弼使辽，以岁币锦帛满足辽人贪欲吧。"

富弼领命，带着国书，随萧特默、刘六符一同出使辽国。富弼到辽国京都临潢府（内蒙古赤峰巴林右旗），耶律宗真却很长时间没有接见他，而是命刘六符为馆伴使，将富弼安置在馆驿等候。

一日，刘六符前来拜见富弼。两人见面，互道寒暄，却有意不提两国之事。富弼也只与刘六符谈宋辽掌故，辞章之学。良久，刘六符实在按捺不住，问道："吾皇坚持宋朝割地，怎么办呢？"

富弼不紧不慢地回道："这一定是辽主志在败盟，只不过假此为名。我们唯有横戈相待罢了。"

"宋朝一意孤行，此事如何谈下去？"刘六符反问道。

"辽朝无故要求割地，我朝没有立即采取军事行动，反而派遣我前来商榷，怎么能说我们一意孤行？请你转告辽主，我来贵国多日，却得不到接见，这可是贵国希望友好的做法？我带着宋朝的国书，受皇帝托付前来商量解决争端的办法，而贵国只是无理要求割地，且坚执此议，到底谁一意孤行？如果辽主不打算接见我，我现在就返回宋朝，即使两国交兵，我四十万大军陈兵河朔，孰胜孰败，犹未可知！"

刘六符无言以对，回报辽主。

第二日，辽主耶律宗真在正殿接见富弼。富弼参拜已毕，问道："两朝结盟好已经四十年，今日突然提出割地，究竟是为何？"

耶律宗真说："近来宋朝无故违约，在雁门（山西代县）增加兵力，又在两国边境疏浚池塘，修缮城防，招募军队，此意何为？我朝大臣们纷纷请求南征，朕为了维持两国友好关系，所以派遣使节索取关南（河北高阳县以北）地区的十个县，如果被拒绝，再出兵也不迟。"

富弼回道："陛下指责我国在雁门增加兵力，那完全是为了防备西夏。而两国边境上的池塘（即著名的白洋淀'塘泊防线'），早在咸平年间就有的，那时候我们两国尚未签订和平协议。由于地势低洼，池塘淤塞，经常水患泛滥，所以不得不进行疏浚。况且我国边境上的城池大多年久失修，现在只是简单维修。所谓招募的军队，只不过例行的补充缺额，并不是陛下所说的违约。"

耶律宗真连连摆手，说道："这些情况，暂且不说了。可是关南十县，为祖宗故地，我必取之！"

富弼亢声回道："当年，后晋高祖石敬瑭把幽云十六州割让给契丹，后来后周世宗柴荣收回关南十县，皆前朝之事。今我朝立国近九十年，如果非要收回久远之前各自的领土，你辽朝疆土原属于中原王朝藩属，难道你们愿意归还吗？"

耶律宗真半天无言，许久才缓声说道："西夏归附我国，元昊又娶我国公主，宋朝伐之，不先告我，这是为什么？"

富弼不卑不亢，缓缓答道："贵国以前讨伐高丽（朝鲜）、黑水（女真部落），难道也向我国通报过吗？况且元昊与贵国通姻，我朝并不知情。我来的时候，我国皇帝委托我问一下陛下：元昊辜负我国对他的厚恩，屡次侵犯我国边境，我国才不得不出兵讨伐，致使陛下对此有所不满。前朝，我国与贵国结为兄弟之国，现在我国讨伐元昊，则伤害兄弟之国之间的感情，但是不讨伐元昊，我国子民就会被他杀戮，此情此理，不知道换作陛下你该怎么处理呢？"

见耶律宗真沉默不语，富弼接着说道："贵国大臣劝陛下出兵，无非是为自己攫取财物打算，并不是为陛下打算。"

耶律宗真吃惊地问："这是为何？"

"一旦两国开战，则陛下要承担很大的赋税，即使侥幸取胜，所得之财都流入诸臣之家，而战争的损失，却由陛下承担，这到底是谁得谁失呢？所以说，辽宋通好，陛下才是最大的获益者。当年，后晋高祖皇帝石敬瑭背叛后唐，用幽云十六州换取贵国的支持夺得帝位，后晋末帝石重贵昏庸无能，导致天怨人怒而失国。那时，中原藩镇割据，上下离判，辽国才能取得胜利。可是现在宋朝疆土万里，雄兵百万计，辽国南征，能保必胜吗？在这种胜负难料的情况下发动战争，战争中的损失，是损失贵国大臣们的利益，还是损失陛下的利益？假如两国之间继续维持和平关系，每年我国的岁币实际上都归陛下一人所有，贵国大臣得不到一丝一毫！"

耶律宗真转身与大臣们用契丹语交谈很久，对富弼说道："宋朝若想和好，必增岁币锦帛，贵使且与六符再行商议。"

富弼还报宋仁宗。宋仁宗大喜，令富弼草答辽人书并誓书：若辽人能令夏国向宋朝称臣，则岁增金帛二十万，否则只增十万。

富弼再次出使辽国。耶律宗真接见富弼，说道："宋朝增加岁币条款可行，只是需要在誓书上加一'献'字。"

富弼答道："献字是下奉上之辞，宋辽既为兄弟之国，我国皇帝年长，岂有兄献于弟的道理？"

耶律宗真说道："宋朝答应增加岁币，是畏惧我国，一个'献'字有什么可惜呢？"

富弼答道："我朝皇帝不愿两国百姓生灵涂炭，所以才化干戈为玉帛，并不是惧怕贵国。现在陛下这么说，那就是真正想弃绝旧好，用我朝一定不会答应的条件相要挟罢了。"

耶律宗真不甘心："那么，改为'纳'字如何？"

富弼决然回道："亦不可！"

耶律宗真见富弼态度坚决，无法使他屈服，于是说道："既然你如此执着，那么我只好派人和贵国皇帝直接谈判了。"随即，派遣耶律仁先、刘六符与富弼一道赴宋，来议"献""纳"二字。

富弼刚刚进入边境，走到雄州，接到皇帝诏书："任命富弼为接伴使，有什么紧急情况必须让朝廷在第一时间内知道。"

富弼马上上奏："辽王朝坚持在誓约文件上写上'献'或'纳'二字，我以死拒绝，他们的态度已经开始软化，朝廷千万不要答应他们的这个要求。"

辽使耶律仁先、刘六符进入汴京，晋见宋仁宗，商讨誓约文件争议问题，双方争论不休。最后，宋仁宗采纳宰相晏殊的建议，同意使用"纳"字，时为庆历二年（1042 年）九月。

富弼是晏殊的女婿，得知这一消息，郁愤难安。此时，和议叙功，授富弼翰林学士。富弼对宋仁宗说："澶渊之盟，我朝每年送给辽岁币三十万，今新增岁币二十万，实在不是臣的本意。我也清楚朝廷正在对付西夏，暂时抽不出力量和辽朝对抗，所以才会这样做，怎么敢认为是自己的功劳而接受朝廷的赏赐呢！愿陛下益修武备，勿忘国耻啊！"

三

庆历三年（1043 年）秋天，西夏国内大旱，鼠灾肆虐，一夜之间，田野里黄鼠数万只，将稼禾啮食殆尽，国人大饥。这一年的冬天仿佛格外漫长，也格外寒冷。时至年关，西夏都城兴庆府（宁夏银川）的大街小巷依旧冷冷清清，百业凋敝，往常热闹的店铺、榷场都是关门闭户，没有一丝临近节日的喜庆气氛。

西夏王宫内，一向气盛傲慢的元昊面色阴沉，躺在坐榻上一动不动，两眼呆呆地望着宫殿的屋顶。两旁的大臣也都垂头丧气，默默地不说话。坏消息实在太多了，而且一个接着一个。

按照元昊的设想，有辽国的暗中支持，加上父亲和自己十几年的战备积累，还有野利旺荣和张元、吴昊等一班幕僚的谋划，一定可以通过战争逼使宋朝承认自己的皇帝地位，并从宋夏战争中获取巨大利益。但天不如人愿，虽然延州之战、好水川之战、定川寨之战都取得了胜利，但自己也损失惨重，得地不能据，军民死亡疮痍过半。尤其韩琦、范仲淹坐镇泾原路之后，坚壁清野，招抚诸羌，修竣城池，构筑寨堡，募集土兵，不仅使已经占据的城寨得而复失，而且每次战争都徒劳无功，损兵折将，甚至连财物、人奴也劫掠不到。尤其入冬以来，两次入寇，接连败绩。十月，元昊出兵平凉，到达潘原，围攻彭阳城。韩琦命知原州景泰率精骑五千从间道赴援，在彭阳城西依山列阵。刚一交战，西夏兵撤退，诸将请求追击。景泰勒兵勿追，却纵兵搜山，俘获西夏伏兵数千。元昊见计谋被识破，又损兵折将，只得败归。十一月，元昊再次出兵延州塞门，范仲淹命塞门守将周美迎敌。此时，延州塞门及河东丰州已经筑成清水寨、佛堂寨、黑水寨诸堡，连成一道坚固防线。周美引兵在马蹄川列阵迎敌，暗中派遣三百骑分左、右翼，张旗帜为疑兵。元昊见势，恐遭埋伏，下令退兵。周美乘势掩杀，士气大振，夏兵势颓，败不能止，只得退回西夏。现在，宋朝关闭了和市榷场，当地盛产的青盐卖不出去，所需的中原货物运不进来，每年宋朝的例赏也被取缔，弄得国内货物短缺，市贸凋敝，兵源短缺，国家财用不济，牧户牛羊只有低价卖给契丹，使得民间饮无茶，一匹绢仅值八九千钱，一户户都是孤儿寡母，一家家怨声载道。西夏国内流传一首《十不如》的歌谣，讽刺元昊穷兵黩武，招致天怒人怨。

野利旺荣站起来，打破大殿里的寂静。"各位大臣这样沉默不语也不是办法。现在，宋辽媾和，诸羌离散，城内无市，野外无丁，这仗实在是打不下去了。现在辽主逼迫吾主与宋廷休兵和好，辽使就在驿馆等候回书，违辽必失和，是战是和，还望早下决断。"

元昊闻言，腾地站起来，怒视群臣，一跺脚，又气呼呼地坐下来。张元、吴昊两人如坐针毡，直吓得汗流浃背，低头不言。

野利旺荣知道，元昊一生桀骜不驯，胸怀大志，哪里肯低头服输，委身乞和。辽人唯利是图，反复无常，他忍不下这口气；宋夏大小数十战，双方伤亡无数，但三次大战皆胜，却都无功而返，他也低不下这个头。其实，野利旺荣知道，元昊与辽国兴平公主婚后不睦，自己将妹妹野利氏送进宫里，纳为元昊宠妃，致使辽兴平公主抑郁而死。辽国这次逼和，也有报复之意。

此时，宫门使进来禀报，教练使李文贵从宋朝延州回来，请求觐见。

元昊望了野利旺荣一眼，忙道："快请进殿。"

定川寨之战前，野利旺荣献计元昊，遣教练使李文贵前去延州诈降，被鄜延路都总管、延州知府庞籍识破，扣留至今。

数日前，宋仁宗手谕庞籍招抚元昊："现在辽使已经进入西夏，谕令元昊罢战。如果元昊能够称臣，即使要求僭号，如果只是称呼单于、可汗，是可以接受的。"

庞籍于是召见被扣押的李文贵，劝说道："你们的先主以及今主元昊继位初年，一直都奉事我大宋王朝。后来，元昊无故妄加大名，立国叛宋，屡次扰边，连年战争，彼此军民死伤无数，都是你们这些下臣为元昊设谋邀功的缘故。夏兵犯我大宋边境，一开始屡屡得胜，主要是我国承平日久，边防松懈，战备缺乏，军民不习战，指挥不协调。现在，城寨已经加固，粮草已经充足，边界军民正在加紧训练，你们难道还能再战无不胜吗？我国富有四海，粮草无数，兵源充足，即使有几次战场失利，未至大损。但夏国每次都是举国来战，偶有一败，则社稷可忧。你回去告诉元昊，诚能悔过称臣，朝廷对待他，礼数必优于前。"

李文贵一听，自己有望回到西夏，连忙叩头回道："这正是吾主日夜所希望的。庞龙图如果能促成此事，彼此休兵，我们两人都会得到赏赐！以前，我就曾多次劝说吾主，请求以小国事大国之礼进行两国和议。"

庞籍说道："两国和议之事，不是我作为边帅所能决定的。元昊如果遣使奉表而来，才敢奏报朝廷。"

李文贵将前后情况一一向元昊奏明。野利旺荣说道："宋朝君臣厌战，又因屡败，急于议和，方有李文贵之还。吾主力持增岁币、开榷场、售青盐诸款，方可以小国之礼事之。如此，既可塞辽人之口，又可罢战事之疲。等到休养民生，富国强军，寻隙再战，定可遂吾主大志。"

元昊思虑良久，说道："事已至此，不能与辽、宋同时树敌，就依野利旺荣大将军之议。诏令六宅使、伊州刺史贺从勖、教练使李文贵为国信使，出使宋国，择日启程吧！"

四

贺从勖与李文贵进入宋境，直抵延州。庞藉得知夏使入城，急忙将二人迎进帅府。

贺从勖参拜已毕，说道："吾主因受臣下蛊惑，两国屡兴战端，致国敝民困，虽想继续侍奉宋主，只是不敢亲自前来陈请。前庞龙图已经让李文贵晓谕宋主和好之意，吾主特遣臣与李文贵为使，早议通和。特奉上我朝大将军野利旺荣草拟和约誓书一函。"说毕，将书函呈上。

庞藉开函视之，书称"大夏国兀卒曩霄上疏父大宋皇帝"。庞藉见誓书上元昊称宋主为父而不称臣，脸色沉了下来，说道："和约上你主名体未正，不敢以此上奏朝廷。"

贺从勖回道："兀卒是吾主名号，曩霄是吾主改定的新名。吾主上疏父大宋皇帝，子事父，如同以臣事君。若得至京师，大宋天子不许，再回国与吾主商议。"

庞藉随即将书函封还，遣将护送夏使至东京汴梁，并奏言："元昊来书，名体未正，应谕令称臣，方可议和。"

宋仁宗将庞藉的奏表交给两府大臣商议。宰相晏殊与枢密使章得象皆厌战，力主议和，请宋仁宗亲自召见夏使。

宋仁宗在长寿殿召见贺从勖。贺从勖参拜已毕，呈上誓书。宋仁宗看罢，面含不悦，对贺从勖道："你主元昊果愿归顺，应照汉文格式，称臣立誓。"

贺从勖连忙叩首，回道："天朝皇帝既欲西夏称臣，当归国再议。唯天朝每岁须多赐给若干，以示仁恩遍覆，方敢还报吾主。"

宋仁宗闻言，脸色稍霁，说道："朕也有此意，今遣使与你同行，与你主议定便了。"随即，诏命著作郎邵良佐为使节，与贺从勖等人一起到西夏妥议岁币。

韩琦在泾原得知朝廷遣使议和，急忙与范仲淹商议。韩琦说道："元昊连年用兵，西夏国内军民劳扰，交锋之下，虽然三次大战都取得胜绩，但均无功而返，而且死伤惨重，现在西夏横山界蕃部苦于征兵，已经是户无壮年，民生尤苦。元昊正是知道军队疲敝，百姓怨恨，才以纳和以求养精蓄锐，实非心服。"

"是啊！我闻元昊遣人赴阙，称夏国，用僭号，则应该不许其和议。如果朝廷一旦答应元昊可以自称兀卒，许诺岁币，开通和市，恐有后患。"范仲淹对朝廷急于议和不无忧虑。

韩琦说道："目前，我们在横山一带招抚蕃羌，募集土兵，筑城修寨，颇见成效。现在，夏人所掠之地渐为我们收回，使其金汤、白豹二城已成孤危之势。且近一二年间，我已经训兵三四万，土兵与禁军参用，号令齐一，阵伍精熟。元昊若发举国之兵而来，我则退守边寨，坚壁清野，据险而待之，夏军无粮，不能久聚，退散之后，我兵复集，追而击之，足以使其无功而返；若遣小股军队而来，我则出精锐邀击，聚众围困，歼敌城下。三五年间，元昊势穷援弱，可集大功。"

范仲淹望着年仅三十五岁的韩琦满脸风霜，感慨道："我与韩帅入陕镇边，三年塞下风霜，日劳月忧，岂有不愿两国和议，使得边界军民得以休养生息？但念及元昊祸心未死，兵祸未息，我辈不敢念身体之安，忘国家之忧，唯有陈言皇上，望于纳和御侮之间慎其措置，为圣朝长久之虑。"两人于是联名上疏，请求朝廷不可轻许和议，以图长策制敌。

不几日，两人却等来朝廷诏令，命韩琦、范仲淹同时调离回京，同时，任命知永兴军郑戬为陕西四路马步军都部署兼经略安抚招讨使。

两人固辞不拜，连上五章，请求留任。翰林学士富弼也上疏提出："西寇未殄，若二人俱来，或恐阙事，愿陛下采公论，一人召来处内，一人授职在边，或二人一岁一更，均其劳逸，内外协济，以固边塞。"宋仁宗不听，亲赐手谕给韩琦、范仲淹，促其就职，二人才就道回京。

回到东京，韩琦才得知宋夏两国正在谈判，朝廷调回他们二人，以示和议诚意。他不知道，在宋仁宗心里，正酝酿着一个更大的想法，借两人调回之机，要对两府宰执大臣进行一次更大的调整。

首相吕夷简因病致仕，宋仁宗任命晏殊、章得象为宰相，贾昌朝、范仲淹为参知政事；杜衍为枢密使，富弼、韩琦为枢密副使；王拱辰为御史中丞，王素、欧阳修、余靖为谏官。王尧臣也回京任职户部郎中、权三司使事，主理国家财赋。

元昊不肯称臣，于是暗中遣人去辽国约期伐宋。耶律宗真因宋辽和议中承诺过让西夏议和，况且自己的姐姐兴平公主在西夏不明不白地忧郁而死，于是，遣使逼迫元昊向宋称臣。元昊无奈，派使臣如定聿舍等随宋使邵良佐再次前来东京，答应议和，谈判岁币、割地、不称臣、弛盐禁，巨细凡十一事。

宋仁宗交两府朝议，宰相晏殊建议宋仁宗答应西夏条款，欧阳修、余靖、蔡襄等人力陈不可，相争不下，久而不决。

在这场宋夏战争中，辽国借机索要关南十县换取增加岁币，达成新的和议，尤其还谕令元昊向北宋乞和，元昊对此极为不满。毗邻西夏的辽国境内，居住着许多党项部落。元昊为报复辽国，遣人招诱他们叛辽归夏。辽兴宗得知消息后，立即派遣使者要求元昊归还，被元昊拒绝。辽兴宗随即派军前去征讨镇压叛辽党项部落，元昊出兵救援，辽国的招讨使萧普达、四捷军将军张佛奴战死。耶律宗真盛怒之下调集诸道兵马于西南边境，命皇太弟耶律重元、北院枢密使萧惠率领先锋部队突入夏境，辽兴宗带领主力军队其后跟随。元昊将辽军诱至河曲（内蒙古伊克昭盟），乘辽军人疲马饥之机，纵兵突击，萧惠军败，自相践踏而死者不可胜计。元昊乘胜向辽军主力发起进攻，大败辽军，俘虏辽国大臣数十人，辽兴宗狼狈逃脱。由于这次战争双方的决战地点在河曲，史称河曲之战。

元昊在反败为胜的情况下，遣使同辽讲和。但元昊担心宋朝乘夏辽交战之机，出兵西夏，不得已再次派尹与则与杨守素入朝上表，与宋签订和约，规定：夏取消帝号，向宋称臣；宋朝赐西夏岁币二十万。

五

陕右的古道上，怒马奔驰，节旄猎猎，一队军马簇拥着两位身着戎装的大将军。须发苍白，身材瘦削，满脸风刀霜剑，但目光炯炯、精神矍铄的是五十三岁的范仲淹。另一位身材高大，气宇轩昂，一身儒将气质的是三十五岁的韩琦。两人扬鞭催马，带着随身侍从从西安一路向东疾驰。

这次是两人接到朝廷诏书，回京都就任枢密副使。行前，他们向调任陕西四路都总管兼经略安抚招讨使的郑戬交割帅印和军备防务。

郑戬与范仲淹都是李昌言的女婿，比范仲淹小三岁，是天圣二年（1024年）的一甲进士第三名，曾任开封知府、三司使、枢密副使。此前，他代替夏竦任陕西四路都总管兼经略安抚招讨使，知永兴军。

拜别郑戬，两人一路上的心情并不轻松，他们预感到，这次回朝任职并非一般的官职升迁。宋仁宗十三岁被扶上皇位，二十四岁亲政，一心想变革国政，以求富国强民，振奋国威，他正准备大有作为，就遇到了西夏立国叛宋的战争危局。自宝元元年（1038年）以来，两国战事不断，消耗了大量的人力物力财力，又加上辽国乘机要挟，致使国家在西方、北方大量屯兵，而且，每年辽夏岁币达到七十万，势必造成国库空虚，国困民疲。数年的军旅生涯，使韩琦、范仲淹二人深知大宋皇朝太平盛世之下，隐藏着深刻的危机，国家已经陷入内忧外患的窘境。而且，刘太后垂帘听政时许多制度日久生弊，冗官冗兵冗费沉疴积聚，已经到了非改不可的地步。

想到这里，韩琦不由得热血沸腾，恨不得肋下生出一双翅膀，飞回京城。韩琦不由自主地看了一眼范仲淹，却见他脸色凝重，一路上沉默不语，忍不住问道："希文兄，此次回京，可有何见教？"

范仲淹松了松马缰，放慢速度，说道："稚圭贤弟，你性情耿直，不得不提醒你。此次回京，你见到皇上，必会一陈救弊之术。然愚兄以为，寻常之事，无时不可呈奏。但革新时弊，事系国家安危，乃国家大事，呈奏的时机，关乎成败。所以，只有在皇上专赐诏问之时，再呈奏或许更为妥当。"

韩琦听后，点头回道："希文兄所言极是。"

韩琦当然明白范仲淹的良苦用心，救弊之策，改革之术，必会牵一发而动全身，也关系到当权者的利益，势必会招致既得利益者和希图侥幸之徒的反对，甚至攻讦，自己身家性命事小，危及整个变革大计就上负朝廷，下负黎民百姓了。

回到京城后，他每天与中书、枢密院的大臣们一起，随例上朝参见皇上，在枢密院处理军务公事。下朝后，他尽量推辞同年好友的宴饮邀约，回到家里，陪刚刚从相州老家接回的妻子崔氏与两个儿子。六岁的大儿子韩忠彦，从小就跟着崔氏读书识字，孩子早慧，现在已经可以读经作文了。二子韩端彦也快四岁了，孩子出生后，就没有见过这个父亲，总是瞪着一双大眼睛默默看着这个陌生人，懵懂之态，惹人怜爱。脱下戎装，韩琦多么想放下一切，远离烦嚣，好好陪夫人和孩子，共享天伦之乐。

但一到夜里，躺在床上，他就辗转反侧，彻夜难眠，满脑子都是朝廷与西夏的议和波折，是革除时弊、重振国威、推行新政的策议。刚一入睡，却梦见自己正在指挥军队，与元昊作战，老百姓流离失所，无家可归。一会儿，又梦见皇帝亲自召见自己询问救弊之术，自己却忘记带早已写好的奏对。一觉惊醒，原来是南柯一梦。

也许是漫长的等待实在难熬，也许是心中还有很多实在放不下的东西，他陷入了深深的沉思。是的，他无时无刻不关心着陕西前线的战局，思念着仍在风霜雨雪里出生入死的将士，思念着与自己同甘共苦的边关父老。他披衣而坐，研墨提笔，将自己在陕西主持军事时军队中的积弊和战争给当地百姓造成的生活困苦，写成奏章，提出解决的办法，并且把自己对将来的新政之策融入其中，以图撬动时弊的巨石。

回京途中，他看到陕西多地春季滴雨未下，田野里的庄稼枯萎而死，夏收无望，很可能会出现大的灾荒。他知道，由于连年战争的巨大消耗，陕西当地的官仓大多空空如也，如果朝廷不及早做好准备，提前调运漕粮，势必会造成饥民流离，甚至引发饥民骚乱。他奏请朝廷尽快制订陕西救灾计划，调运京师漕粮，选派贤良官吏，查处贪残酷吏，以应对即将到来的困难。

他在陕西主持军务时，边界各州县将边界地带从西夏人手里夺回来的肥沃土地，作为营田，招募百姓耕种，收取田租以备军需。但由于战争频繁，元昊多次派军队劫掠，百姓所剩无几。但官府不顾这些情况，仍然要求百姓照旧缴纳营田田租，使得营田已经成为一种扰民之举。他奏请朝廷蠲免战争期间营田的田租，减轻百姓的负担。

韩琦还与范仲淹一起联名上疏，请求朝廷实施鼓励官员前往陕西、河东二地任职的新政策，奖掖边疆前线的任职官吏，对贤良和有功官吏继续留任的予以拔擢。

这些奏议引起了宋仁宗的重视，交付两府予以采纳。两人紧接着提出重视对州县地方长官的选拔，向宋仁宗奏道："臣等以为天下郡邑，牧宰为重。德才兼备者可造福一方，反之百姓就会遭殃。所以，推择之际，不可不慎。国家承平以来，知州、通判、县令不无轻授，凭借才德被举荐提拔的少，论资排辈熬上去的多，因此，治理地方卓有成效的十无二三，无所作为的十有七八。国家各项法律制度是相同的，地方治理富有成效的，老百姓能够安居乐业；地方治理混乱的，老百姓就遭殃。两种不同的结果，非国家法令之殊，实在是治理的官员有贤愚的差别。现在国家边界处于多事之秋，战争消耗使得国家财赋困穷，赋税征收过重，人心不稳，百姓中已有因穷致乱的迹象。如果再用没有才德的官员治理郡县，造成赋役不均，刑罚不当，征收无度，百姓就会怨声载道，从而导致社会动乱。现在，如果不急于寻求才德之士担任地方官员，早革其弊，实在是国家的忧患啊！希望皇上特敕诏书，委任中书、枢密院，让两府大臣每人在朝臣中推举可以充任举荐官各三名。举荐官人选确定后，每一位举荐官都赐予一道敕书，令其于任满的通判中举荐一名任知州，于任满的县令中举荐一名任通判，于任满的县簿、县尉中举荐一名任县令。被举荐的官员若将来显有善政，举荐人获得褒奖；若将来贪赃枉法、苛刻害民，则并与同罪。其法行之，生民受惠，寇盗自息。"宋仁宗看后，立即降诏，命两府施行。

自从与辽国、西夏和议，宋辽、宋夏之间再没有发生大规模的战争，边将对筑城固边、练兵修武也逐渐松懈下来。韩琦再次上疏，请求朝廷继续整军经武，巩固国防，增强实力，为此，提出御边七事：清正本；念边事；择贤才；备东北；固西北；收民心；营洛邑。

奏疏写好后，韩琦把吴育、欧阳修、蔡襄等人请来共同参阅。三人都是文章高手，听一听他们的意见，必会大有裨益。

吴育说道："前时，我们翰林院有人上奏，论及政体，宰相封还奏章，批驳他好名邀功。我看还是谨慎一些。"

欧阳修不以为然，说道："稚圭所论，都是作为枢密院大臣所应该考虑的大事，事皆实务，倒也没有大言邀名之嫌。"

吴育望着欧阳修和蔡襄说道："永叔、君谟职在谏院，指摘朝政缺失，未为不便。现在稚圭职在枢密，却连章上言，总宜稳便行事。"

韩琦明白吴育的好意，笑道："现在朝廷政体宽弛，百职不修，二虏勾结，凌慢中国。朝廷怜恤百姓横罹杀掠，消弭战争祸端，才以增岁币，屈就议和。现在边境军备尤弛，国弊民困，皇上只有振奋朝纲，兼听明断，令行禁止，禁止奢侈，变革风俗，轻徭薄赋，任用贤能，裁撤庸才，奖罚严明，抑制侥幸，才可以富国强兵。如果朝中大臣人人都担心卷入是非，那么天下人要靠谁呢？"

蔡襄说道："我看韩琦兄奏章，以擘画军务之论，言及政阙，不为过分。"

奏章已上，众人其实还是替韩琦捏了一把汗。连日无所动静，心渐渐放了下来。忽一日，宫内传旨，出内藏库绢帛三百万，交付三司以助边疆军费。又过几日，宋仁宗在朝臣奏对时，谕令中书、枢密院荐选朝中大臣，经略河北、河东边防。

陕西传来奏报，因春季大旱，庄稼绝收，河中府、同州、华州等十余州物价飞涨，正如韩琦所料，由于连年战争消耗，官仓无粮，而从京师调运的漕粮迟迟未到，大规模的饥荒已经爆发，饥民达到两百五十万人。巨匪张海、郭邈山趁机扯旗造反，聚众剽掠，人数从一千多人迅速扩大到万余人，威胁京西地区。

宋仁宗立即下诏，任命韩琦为陕西宣抚使，前去平定叛乱，赈济灾民。也多亏韩琦早有预见，及早上奏，这次赈灾，朝廷调运的漕粮很快就运到陕西。韩琦马上选派官吏分赴各州县，发放官粮赈济饥民，灾情很快得到控制。为了尽快平定叛乱，稳定政局，韩琦一面从宋夏边境调集能征善战的旧部，组成大军武力进剿，一面以宣抚使的名义，招抚乱军，恩威并用，迅速平息了这次叛乱，张海、郭邈山死于乱战之中。在平叛战斗中，韩琦大胆起用时任同州团练使的杨文广，使得这位忠烈之后奏凯立功，升任殿直之职。

六

庆历三年（1043年）九月三日，宋仁宗召见中书和枢密院的两府大臣以及知杂御史以上官员，进入天章阁，拜谒宋太祖、宋太宗、宋真宗御容画像，向大臣垂问御边大略、军政要事，可见宋仁宗决心施行"庆历新政"。

天章阁建于天禧四年（1020年），取义于《诗·大雅·棫朴》："倬彼云汉，为章于天。"意为云汉之在天，其为文章，譬犹天子为法度于天下。

因韩琦前往陕西赈灾平叛，没有参加这次天章阁问对。随皇帝进天章阁的朝中重臣有宰相章得象、晏殊，参知政事贾昌朝、范仲淹，枢密使杜衍，枢密副使富弼，三司使王尧臣，御史中丞王拱辰等人，参拜三圣御容之后，宋仁宗命内侍给各位大臣赐座，授予纸笔，说道："朕自登基以来，日夜谋虑兴致太平。今召诸位大臣，畅言政阙时弊，不要有所顾虑。凡当世急务有可建言者，悉为朕陈之。"

众人一听，皆惶恐不安，深感皇上恩遇太重，跪伏在地，不敢入座。

北宋立国后，为了维护中央集权、防止地方割据，采取了一系列措施：政治上，于内庭设"中书门下"（政事堂），由同中书门下平章事掌管民政权，为限制宰相权力，增设副宰相"参知政事"；军事上，废除统领禁军大权的殿前都点检，增设殿前司、侍卫马军司、侍卫步军司，由"三帅"分别统领禁军，为限制三帅的权力过大，又在中央设枢密院，掌控调兵权；财政上，设置盐铁、度支、户部三司，三司使掌控财政大权。为进一步加强中央集权，削弱官员的权力，实行一职多官，同时由于大兴科举、采用恩荫制，导致官僚机构庞大而臃肿，官员多贪恋权位，行政效率低下，各级官员缺乏进取心，"冗员"问题十分突出。

随着北方契丹民族的崛起，宋太宗先后于太平兴国四年（979年）和雍熙三年（986年）发动了两次幽州之战，均以失败告终，至此，北宋对辽国军事态势从积极进攻转变为消极防御。尤其澶渊之盟后，为抵御北方民族的南侵和西北羌族的威胁，宋廷实行"养兵"之策，废除府兵制，改为招募。至宋仁宗时，总人数已达一百四十万，形成了庞大的军事体系，养兵的费用，竟达到全部赋税收入的十之七八；同时为了防止武将专权，在军队中实行"更戍法"，使得兵将不相习，兵士虽多但不精，削弱了军队的战斗力，对外作战时处于不利地位，从而形成"冗兵"。

军队、官员的激增导致财政开支的增加，使得本就拮据的政府财政更加入不敷出，同时，与西夏和辽国的和议，每年需要付出大量金银和布匹，以金钱财富买得一时平安，再加上宋真宗以后大兴土木、修建寺观等，形成了"冗费"。

冗员、冗兵、冗费三者紧密地联系在一起，最终形成北宋积贫积弱的局面，这才是急需解决的根本问题。

范仲淹说道："陛下对臣等的恩信已经达到极限。可是现在事情纷乱复杂，同时想革除积累已久的弊病，并不是短时间内就能够做到的。"

富弼接着说道："革除时弊，更张旧制，定会触及一些人的利益，怨言和诽谤必然随之而来。愿皇上委派信任的大臣，听其措置，虽有怨谤，断在不疑，则朝廷纲纪渐振，国家太平可期！"

宋仁宗思虑良久，说道："朕必期国富民强，天下太平，如此重大变革，宰相章得象居中统筹中书、枢密两府，参知政事范仲淹、枢密副使富弼左右参赞，御史台、谏院、翰林院、三司和各部司大臣共襄此举，则事无不协。众位大臣宜尽心国事，退而列奏。"

众大臣闻言，如得赦令，赶紧站起来，诺诺而退。范仲淹下朝回来，把自己关进书房，陷入了沉思。

数日后，范仲淹与富弼奏《答手诏条陈十事》：一曰明黜陟，严格官吏升迁考核制度；二曰抑侥幸，限制官僚子弟亲友通过"恩荫"做官；三曰精贡举，改革科举内容和程式；四曰择官长，加强各级长官的保举和选派；五曰均公田，调整多寡悬殊的官员"职田"，防止和减少贪污；六曰厚农桑，组织和奖励兴修水利，发展生产；七曰修武备，招募京畿卫士，并组织他们务农；八曰减徭役，裁并州县，减轻农民徭役；九曰覃恩信，督责地方落实执行赦令等恩泽；十曰重命令，严肃中央政令。

这份奏疏，与韩琦先前奏议的八项救弊之策，多有契合，但更全面、更切中时弊，更具有改革更制的可操作性。

新政从十月起陆续实行，首先实行的是"择官长"，由朝廷选任各路转运使，由转运使选任各州知州，再由知州选任各县知县、县令，不称职者必须随时撤换或降职，政绩突出的提拔重用。同月末，又颁布了改革考绩的诏令，即"明黜陟"，规定官员不仅要实际任职期满，对曾经犯法及贪赃的官员，视情节轻重及现任政绩优劣等决定是否升迁。中级官员则要不犯"私罪"才能进行考绩，还限制了较高级官员的随意升迁官资。以前，磨勘法规定：文官三年、武官五年一律以例升迁官资，就连刚上任不久并无政绩，遇到例行考核也照样升迁。十一月下半月，又先后颁布"抑侥幸"诏令，规定权贵子弟不许担任馆阁职务，高等第的进士也须担当一任官职后，经过考试成绩优秀者才能担任。同时对"恩荫"制进行改革，分别限制及降低以"恩荫"取得官资的人数、等级，并规定了担任实际职务的最低年龄等。同月末，又下诏限职田，也即"均公田"。为使地方官在俸禄之外增加收入，宋真宗于咸平二年（999年）复行唐代地方官的职田制，重定数额、等级。但是四十多年后产生了多少不均、苦乐悬殊的情况。这次将各级地方官的职田标准降低，但要限时补足数额，使他们都能得到比较优厚的待遇，促使有才能的官员乐于担任地方官。次年三月，又改革科举制度，即"精贡举"，改变专以诗赋、墨义取士的旧制，重视德行与策论，以求录取德才兼备的人士，改善吏治。关于"减徭役"，将人口稀少的县邑合并，减轻百姓的徭役。庆历四年（1044 年）五月，开始撤销河南府（今河南洛阳）的五县，降格为镇而并于邻县，每减少一县可以减少役户两百余户，以使更多的人力投入农业生产。"修武备"，主要是主张恢复唐代的府兵制，通过寓兵于民，以节省给养之费。因为辅臣们大都以为不可行而没有被采纳。这就是著名的"庆历新政"。

为澄清吏治，范仲淹选任了一批按察使，派往各路视察官吏状况。他根据按察使送上的有关各地官吏状况的报告，亲自圈选各路长官，见到不合格的，立即一笔勾去。

富弼看着范仲淹勾人就觉得心惊肉跳，提醒范仲淹说："你在名单上勾勾画画倒是容易，这一笔下去恐怕这一家人都要哭了。"

范仲淹回答说："一家哭总比一路百姓哭要好些吧！"

新政陆续实施，很大程度上打乱了原有的行政秩序，触动了许多官僚的利益。庆历新政期间，一些滥竽充数的官吏被刷了下去，一批务实能干的人登上了历史舞台。

庆历新政初期，宋仁宗任命欧阳修、蔡襄、王素、余靖为谏官，赞襄新政，这四位新谏官一直以来都是范仲淹改革的坚定拥护者。

欧阳修是康定元年（1040 年）六月从滑州调回京都官复原职，任馆阁校勘。第二年，升任权同知太常礼院。庆历三年（1043 年）三月，由宰相晏殊举荐，转太常丞，知谏院，再擢任修起居注，以右正言知制诰仍供谏职。此时，宰相吕夷简病重，请求致仕，宋仁宗借此对中书门下和枢密院的宰执之臣进行调整。从永兴军调任河中府的夏竦暗中与宦官勾结，贿赂后宫张贵人，欲调回枢密院任枢密使。欧阳修联合谏官联名上疏，奏言："夏竦知永兴军主持陕西四路军务，在对元昊的交战中，畏缩懦弱不肯尽力。每次议论边事，只列陈大家的言论，到朝廷派专使前来督促，才陈述十策。曾经出巡边地，身边带着一群侍婢歌女，在中军帐里饮酒作乐，几乎导致军队哗变。元昊曾以三千钱悬赏夏竦首级，可见是对他的轻视侮辱。现在朝廷要重用他，那么边地诸将会怎么看，朝中大臣会怎么看，如此，陛下专心推行的新政，还怎么能得到治理呢？"

御史中丞王拱辰也弹劾夏竦交结宦官，贿赂宫内。此时，朝廷得到消息，夏竦已经回到京都，正准备请求入宫觐见皇帝。余靖对众位谏官说道："夏竦屡次上表因病辞官，现在听说皇上准备召用，立即骑上快马日夜兼程而来。如果不阻止他，一旦见到皇上，他就会当面泪流满面叙说恩典，再有后宫为他说情，那么圣听就被迷惑了。"

弹劾夏竦的奏章接连上呈，宋仁宗无奈，命夏竦不得进宫面圣，转任亳州知府，即日上任，另诏命枢密副使杜衍为枢密使。

听说夏竦的计谋没有得逞，新任国子监直讲石介大为兴奋，仿照唐代韩愈的《元和圣德颂》而做了一篇《庆历圣德颂》，称"一时朝野欢欣，至酌酒相庆"，并说"众贤之进，如茅斯拔；大奸之去，如距斯脱"。

石介拿给另一位国子监直讲孙复看。孙复看后，劝他道："指向太过明显，词语太过激切。这样会引起人的猜测和联想，不是一件好事。"

石介说道："这样一件朝廷的盛事，我就是写了一首诗，有什么不可以呢？"

孙复见石介喜形于色，兴奋异常，劝又劝不住，不禁叹道："这首诗会给你引来大祸啊！"

石介想不到，这首诗不仅给他带来了一场大祸，也给才全面铺开的庆历新政埋下了祸根。

七

庆历三年（1043年）腊月，韩琦从陕西回到京城，入朝向宋仁宗报告赈灾平叛安抚事宜。这次，河中府、华州、同州两百五十四万百姓顺利度过饥荒，兵变的士卒被招抚，匪首张海、郭邈山被剿灭，不到半年的时间，韩琦迅速将京西地区天灾人祸造成的社会危机消弭，为新政推行和宋夏和议奠定了稳定的基础，居功至伟。

宋仁宗看着这个仅仅比自己大两岁的臣子，虽然刚及中年，但满脸风霜，华发侵鬓，高大的身躯又瘦削了一圈。他爱怜地望着韩琦，抚慰道："韩爱卿一路辛苦了。去年，我给你手谕，一再催你回京入枢密院，就是因你长年守关，日夜劳苦，为的是让你能卸下重任，将养身体。不想今年陕西大灾，京西匪患猖獗，再次劳烦爱卿。这次回京，爱卿本应歇息一段时日，可是新政已行，事务巨繁，还望爱卿范仲淹、富弼厉行新政，不负朕望！"

韩琦叩首，说道："新政以来，士民翘首，如望甘霖。富国强兵之策，在吏治，更在养民。抑侥幸，汰庸吏，省官费，禁奢靡，去苛政，减冗卒，增财利，其目的都是通过吏治革新达到养民富国之本。民心归一，国家何愁不富强！"

宋仁宗若有所悟地点点头。

这几天，韩琦随班上朝，然后在政事堂与众内阁大臣处理朝政。但他发现，两府内阁大臣们因新政政见不一，常常争执不下。宰相章得象、晏殊，参知政事贾昌朝，御史中丞王拱辰等朝中旧臣与枢密使杜衍、参知政事范仲淹、枢密副使富弼、三司使王尧臣等新进宰辅之间的关系微妙，形成了两大阵营，意见常常相左。因新政刚刚擢用的四位谏官，更是参与其间，言辞激烈。

庆历四年（1044年）的春节，京师士民是在漫天飞雪中度过的。由于街道积雪过厚，宋仁宗不得不亲自下诏，让三司找房子安置冻馁于路的穷苦百姓。日出之后，积雪渐渐融化，开封城更加寒冷。对于范仲淹和韩琦来说，这场大雪并非瑞兆，反而给刚刚开始的新政增添了一层不祥的寒意。

正月初八，两位边关守臣受到降职处罚，知凤翔府滕宗谅贬为知虢州，并代副部署张亢贬为本路钤辖，两人的罪名是贪污公使库钱。

范仲淹与韩琦并驻泾州主持陕西四路军务时，滕宗谅是庆州知府，张亢是延州知府，都是主持地方军政大员。尤其，滕宗谅与范仲淹是同年进士，二人交谊很深。滕宗谅因范仲淹的推荐，召试学士院，由泰州军事推官改任大理寺丞，后迁左司谏。他与范仲淹同样敢言，曾上疏指责宋仁宗沉溺女色，称："陛下日居深宫，流连荒宴，临朝则多羸形倦色，决事如不挂圣怀。"宋仁宗因其言辞不恭，将他降知信州。西夏叛宋后，在范仲淹的推荐下，滕宗谅调任知泾州。当时，正逢葛怀敏兵败定川寨，西夏军队进攻泾州城，滕宗谅见城中兵少，便招募蕃汉百姓数千人，身着戎装站在城上，守卫城池。他又招募勇敢之士，四出侦察西夏军队的情报，用文书通报其他州郡以防备叛军。当时，由于受到定川寨兵败的影响，守城士卒心情忧郁，意志颓丧，滕宗谅一面大摆宴席犒劳士卒，一面在佛寺中祭奠定川战役中牺牲的将士，对他们的家属进行抚恤，这样边境的民众才逐渐安居下来。

监察御史梁坚正是奏劾滕宗谅在担任知泾州期间，犒劳属下和招抚藩属一共使用公使钱十六万，数目巨大，有贪贿嫌疑。宋仁宗下诏令御史台追查，滕宗谅却一把火将账册烧毁。范仲淹力辩滕宗谅与张亢清白，指责御史台打击异己，与御史中丞王拱辰在朝堂上发生激烈争吵。

范仲淹向宋仁宗奏称："滕宗谅在陕西犒军，我都在场。至于说使用公使钱过多，主要是为了激励前方将士奋勇杀敌，抚恤阵亡将士亲属，我已经进行了调查，并无大的过错。倘若滕宗谅和张亢真的将官钱揣入自己的腰包，我甘愿一同被贬黜。"

宋仁宗听信范仲淹，准备不再追究。但御史中丞王拱辰不甘示弱，以辞职相要挟。宋仁宗无奈，将滕宗谅与张亢调离陕西前线，并下诏对二人降官处分。此后，滕宗谅被贬岳州，在任期间重修岳阳楼，这才有了范仲淹"先天下之忧而忧，后天下之乐而乐"的千古名句。

本来至此，事情也已经过去。此时，谏官欧阳修也出来为范仲淹抱不平，上疏称朝廷中"奸邪者未能尽去"，进而指摘御史台官多非其才，"近年台官，无一人可称者"。

参知政事贾昌朝、王拱辰为前任和现任御史中丞，欧阳修将二人牵扯其中，不能不引起整个御史台的强烈反感，御史台从此成了范仲淹等人公开的政敌。每当范仲淹、富弼等人欲有新的举措，贾昌朝、王拱辰与御史台言官，总会有人跳出来说三道四，并且不断在寻找机会诋毁由范仲淹荐举的"贤君子"们。

一波未平，一波又起，滕宗谅案件引发的风波尚未平息，西北防区又传来边将就是否修建水洛城再起纷争的消息。

八

范仲淹离开陕西后，知永兴军郑戬出任陕西四路马步军都部署、经略安抚招讨使，主持西北防务。郑戬与范仲淹不仅是连襟，两人性格也很相近，都是固执己见，疾恶如仇。

韩琦、范仲淹回京任职，郑戬主持陕西四路军政。虽然宋夏已开始谈判和约之事，形势趋于缓和，但他毫不松懈。他认同范仲淹坚持筑城固守方针，觉得修城是稳固边防的好方法，于是，令内殿崇班刘沪在秦州和渭州之间修筑水洛城（甘肃庄浪），并派著作佐郎董士廉前去协助。

后来，因为大灾和匪患，韩琦以枢密副使的身份宣抚陕西，主持大局，自然对西北整个防务产生影响。韩琦上疏宋仁宗，举列修水洛城不便之处有十二项之多，指出："陕西四路，自来只为城寨太多，分散兵势，每路正兵不过七八万人，及守城寨之外，不过三万人，今泾原、秦凤两路若更分兵守水洛一带城寨，则兵势单弱。"而且，秦凤路招讨使文彦博、渭州知府尹洙、泾原副都部署狄青都不同意再修水洛城。同时，韩琦还奏请撤销陕西四路都部署、经略安抚招讨使，使郑戬不再统管陕西四路，仍知永兴军。庆历四年（1044 年）二月，宋仁宗诏令停修水洛城，并鉴于宋夏议和，免去了郑戬陕西四路都部署、经略安抚招讨使的职务，只专任知永兴军。

尹洙接到朝廷罢修水洛城的诏书后，马上召回了帮助刘沪修水洛城的泾原本部人马，同时，传令刘沪、董士廉停修水洛城，速来渭州商议军情。两人见水洛城已经完成大半，故意违令不行，日夜督促部下加快修城进度。尹洙见二人对自己的命令置若罔闻，令瓦亭寨都监张忠前往德顺军代任刘沪职务，刘沪抗命不遵，张忠只得回报尹洙。尹洙闻讯大怒，命狄青带兵以违抗军令将两人逮捕入狱。

水洛城修筑与否本是陕西宣抚辖内的事情，实际上是韩琦与郑戬在守御西北边疆策略上的意见分歧，最后事情演变成边将下狱，导致朝议纷纷，闹得不可开交。

范仲淹为修筑水洛城申辩，明显站在郑戬、刘沪一边。他对宋仁宗说，修筑水洛城是原四路都部署的指派，并未违令；况且刘沪是沿边名将，屡立战功，国家应爱惜，不可轻弃，如果他被军法处置，边防将佐必生怨艾，今后谁肯竭力任边事？为了防止事态恶化，他还请求宋仁宗把尹洙调入京师。欧阳修更是连上两章，支持范仲淹。

宋仁宗联想到前不久范仲淹一再为同年滕宗谅所作的辩护，此时又为刘沪张本，感到范仲淹再次陷入"朋党"的泥潭。

为此，宋仁宗专门召见范仲淹，问道："从来都是小人好结朋党，君子也结党吗？"

范仲淹答道："臣在边疆时，看见勇于作战的人自结为党，害怕作战的人也自结为党。朝廷也是这样，邪正各有其党，唯圣下明察。一心向善的人结为朋党，对国家有什么害处呢？"

十年前，范仲淹因越职言事，劾奏宰相吕夷简，被降职出京，欧阳修等为其鸣不平，最后均遭贬黜。宋仁宗对文臣结党营私一直耿介于怀，因此听从宰相吕夷简的建议，在朝堂树起戒朋党的牌子。现在，宋仁宗为了刷新政治，起用范仲淹、余靖、欧阳修等人，但并不等于说为"朋党"平反。宋仁宗希望范仲淹、欧阳修等人不至于那样健忘，这么快就将皇上的责罚和劝诫忘得一干二净。

就在这个月，欧阳修向宋仁宗呈进了一篇《朋党论》，将朝廷引向新一轮的党争旋涡。

欧阳修写道："臣听说，朝臣结党自古有之，君主只是辨别哪些是君子党，哪些是小人党。君子之间因为有共同的道义追求而结合在一起，小人之间因共同的利益而结合在一起，这是自然之理。但是，臣以为小人之间不是真正的朋友，只有君子之间才是，是什么缘故呢？小人所喜好的是名利，所贪图的是钱财，当有共同的利益时，就会暂时成为朋友，等到没有利益了就会疏远，有了利益冲突就会相争，甚而至于相互残害，即使是亲如兄弟，也不会相让。君子则不然，他们所坚守的是道义，所信奉的是忠信，所珍惜的是名节。……这才是真正的君子之朋。所以，作为君主，应当斥退小人之伪朋，用君子之真朋，则天下就可以大治了。"

朝廷大哗，不仅满朝文武，就连宋仁宗身边的太监也鼓噪而起。内侍蓝元震乘机进谗言，说范仲淹、欧阳修、尹洙、余靖四人，当年被蔡襄称为"四贤"，是以朋党之罪逐出朝廷的。现在还复京师，就举荐蔡襄，是拿国家的爵禄当作私人恩惠，结为朋党。

韩琦知道，自古以来，帝王莫不把防止臣下结党营私视作维护皇权的首要任务，再说，"君子不党"，乃先圣名言。欧阳修的《朋党论》居然敢冒天下之大不韪，公开扯起朋党大旗，必为众臣攻讦，皇上惊疑。

韩琦急忙向宋仁宗上疏《乞别白朋党奏》，直接否定忠贤之臣有结党之嫌，朝堂之上只以类别，不立党群，不像欧阳修所言有什么君子党、小人党。他写道："臣已经见到皇上降诏禁止朝臣结为朋党，这正是陛下治理朝纲、劝诫恶俗的深意。臣以为自古至今，朝中大臣有忠贤，有奸邪；有好公之人，有挟私之党。因为性质不同，所以各以类而相附。大凡忠贤与好公之人，赞同某一件事情，或者反对某一件事情，都是出于公心，大臣都能如此，则朝政日清，国家兴旺，所以，贤良的大臣举荐贤良，并不是结党。如果奸邪与挟私之人，赞同某一件事情，或者反对某一件事情，都是出于私心，把对的说成错的，把错的说成对的，致使黑白不分，蒙蔽皇上，这才是真正的结党营私。希望皇上认真观察，行事决断，如果朝堂之上真有此等朋党，一定要重加贬责，不可宽宥。如果朝堂之上，都能够忠贤与好公之人以类进，奸邪与挟私之人以党而退，则朝廷清明，朋党自息，这是天下的一大幸事啊！"但韩琦心里清楚，他做的这一切，也只是尽人事、听天命而已。

六月的一天，一条未经证实的消息正在朝廷内外悄悄传播：国子监直讲石介为范仲淹、富弼起草了废立诏书，将欲废黜当今圣上，而以新主代之，以便推行他们的新政。

此事的始作俑者是夏竦。夏竦，字子乔，江西德安县人。他进士及第后，因博学多才，受到老宰相王旦的重视。宋仁宗当太子时，王旦推荐夏竦进入太子府，担任资善堂讲书，从此开始与宋仁宗几十年的亦师亦臣的特殊关系。

夏竦不仅文才出众，而且善于结交。当年，他与太监张怀德、宰相王钦若的关系相当密切，因而在宋仁宗亲政前已进入两府，曾两任枢密副使、一任参知政事。刘太后殡天后，夏竦一度受到冷落，在地方待了差不多十年，直到宝元初年，夏竦才东山再起，以户部尚书入京为三司使。不久，宋夏交恶，夏竦出任陕西经略安抚招讨使，主持西北防务。夏竦留恋京师生活，三番五次上疏请求解除边帅之职，因时局紧迫，战争一触即发，夏竦此举引起朝臣们的不满，加之陕西边防一再失利，主持西北军务的他难辞其咎，所以当庆历三年（1043 年）调整内阁时，宋仁宗刚打算任命夏竦为枢密使，就引来了台谏的交章反对，宋仁宗最终撤销了这一任命。

夏竦到亳州上任后，看到石介在《庆历圣德颂》一诗中把自己比作大奸之人，他感觉蒙受了奇耻大辱，决定采取行动予以还击。

夏竦唆使家中女奴模仿石介的字体，伪造了一封石介给富弼的信，信中鼓动富弼等人效仿古代伊尹放太甲于桐、霍光废昌邑王立汉宣帝的故事，暗含废掉宋仁宗另立新君。这封信传出后，范仲淹、富弼一下子陷入舆论的旋涡，更使得石介大祸临头。宋仁宗虽然不会相信，但这封信加深了他对范仲淹君子党的反感。

此时，辽国使节来告，辽主举大军借道河东境内，讨伐元昊。范仲淹觉得无法待在京师，遂以防备契丹进攻为名，自请出抚边疆。宋仁宗于六月二十二日下诏命范仲淹为陕西、河东宣抚使，富弼为河北宣抚使，庆历新政事务只有另选他人主持。

九

进入庆历四年（1044 年）农历九月，时值深秋时节，几场秋雨过后，霜天草木叶纷纷，一片萧瑟景象。对于宰相晏殊来说，心里的悲凉不仅仅是季节变化的诗意惆怅，更是朝廷朋党争斗带给他的人世沧桑。

庆历初年，宋仁宗欲推行新政，借着吕夷简因病致仕而罢相，进行内阁改组，是宰相晏殊极力推荐范仲淹从陕西前线回朝担任参知政事。晏殊是当朝文学辞章的领袖，也喜欢向宋仁宗推荐才子文士，欧阳修就是其中之一。他看到朝堂之上，尽是后学俊彦之才，王尧臣、韩琦是天圣五年（1027年）的状元、探花；王拱辰是天圣八年（1030年）的状元，富弼、欧阳修、蔡襄也是王拱辰的同年甲科进士。

晏殊是范仲淹、欧阳修的举荐者，又是富弼的岳丈，一开始是支持范仲淹、富弼主导的新政的。但随着新政的实行，朝廷朋党议论兴起，他也看不惯范仲淹固执己见的一些做法，更讨厌欧阳修等谏官们口诛笔伐的议论，逐渐与他们保持一定距离。八月，欧阳修被任命为河北路转运使，谏院同僚孙甫、蔡襄联名向中书府上疏挽留，被晏殊拒绝。孙甫、蔡襄随即劾奏晏殊在为李宸妃撰写墓志铭时不提诞育圣躬，并揭露他让官兵为自己营造府宅。贾昌朝、王拱辰借机让御史台的言官们对晏殊予以攻击。新旧两派群起而攻之，晏殊感觉到自己为相的政治生涯就像一片秋叶，已经摇摇欲坠了。

几日后，晏殊罢相，被贬知颍州。枢密使杜衍接任宰相，为集贤殿大学士。杜衍知道，新政的核心是改革吏治，抑制侥幸，而侥幸的根源，却是皇帝的"恩降"，对官吏任命、升迁，不走正常程序，而是皇帝直接下一道旨，由枢密院和中书奉旨落实。他把宋仁宗自宫中批至中书的降恩条子，全部给压了下来拒不执行，积累了十几张，一起封还宋仁宗。

一日，宋仁宗的一个姻亲来求官，宋仁宗碍于情面，批条恩准。杜衍接到御批，再一次压了下来。第二天一上朝，他就拿着皇上的御批札子质问宋仁宗："昨日，皇上为何又降御批？"

宋仁宗心里有愧，只好说："朕也是被逼无奈，爱卿就看着办了吧。"

杜衍挺着一脸的白胡子回道："此头万不可再开，陛下就说杜衍不可！"弄得宋仁宗尴尬不已。此后，宋仁宗凡遇私下向他讨官的人，都要说："朕不是不答应，只是那个白胡子老儿不肯啊！"

晏殊、范仲淹、富弼相继离京后，宋仁宗升任参知政事贾昌朝为枢密使，并将前枢密副使陈执中从青州召回京师，任命为参知政事。

谏官蔡襄、孙甫上奏：陈执中刚愎不学，若任参政，天下不幸。宋仁宗不为所动，仍派内侍拿着敕诰到青州去接陈执中，并带口信说："朕用卿，举朝皆以为不可，朕不惑人言，就要用卿！"

蔡襄上殿再次谏言，宋仁宗铁青着脸对他说："你们还要说陈执中吗？朕已经把他召来了！"蔡襄和孙甫见状，随即递交了辞呈，求补外任。

蔡襄、孙甫求补外任的奏章递到中书，杜衍向宋仁宗奏言谏院现正缺人，请求留下孙、蔡继续效力。宋仁宗没说什么，只是微微点了点头。

退朝后，杜衍立即写出诏书，令孙甫、蔡襄等供职如旧。杜衍和章得象签署后，按例参知政事也要署名。陈执中不肯签字，说："从来没有听到圣上有这样的旨意，我当复奏，干什么这样着急？"

杜衍仔细回忆，也想起宋仁宗没有明确表态，就赶紧把诏书给烧了。

陈执中借题发挥，到处散布说："杜衍党顾孙、蔡二人，为了使他们能赖在谏院，欺罔擅权，炮制假制，让我发觉后，慌忙将札子焚毁，使人找不到证据，足以看出他的怀奸不忠。"

杜衍无奈，不敢再保两人，最后蔡襄被贬知福州，孙甫被贬知邓州。

十

京师每年春秋两季都要举行赛神会。这一天，各衙门都会利用祀神的节日置办酒席，同僚相聚饮酒，欢乐终日。今年的秋赛会，进奏院按惯例卖了拆封公文的废纸，作为置酒的费用。大理评事、集贤校理、监进奏院苏舜钦还拿出十两银子助席，用于招待馆阁同僚。

苏舜卿，字子美，素以文章知名，宰相杜衍的女婿，也是由范仲淹举荐，被任命为集贤殿校理、监进奏院。此次，苏舜卿邀请与宴的共十余人，为天章阁侍讲、史馆检讨王洙，太常博士、集贤校理刁约，殿中丞、集贤校理王益柔，殿中丞、集贤校理江休复，太常博士周延隽，太常丞、集贤校理章岷，著作郎、直集贤院、同修起居注吕溱，殿中丞周延让，校书郎、馆阁校勘宋敏求，将作监丞徐绶。他们也都是范仲淹荐入馆阁的青年才俊。

书生饮酒作乐，难免放浪形骸。他们召来两个优伶劝酒，酒酣耳热之际，猜拳行令，吟诗作对，好不快活。此次宴会，苏舜卿想不到竟然因为一个人未能获邀参加，引来一场大祸。这个人，就是太子中舍李定。

第二日，怀恨在心的李定向御史台举报，监进奏院苏舜卿用卖废旧公文纸的公款招妓饮酒，监守自盗，有伤风化。同时，将王益柔在酒宴上戏作的一首《傲歌》一并呈送。

王益柔在《傲歌》中写道："九月秋爽天气清，祠罢群仙饮自娱。三江斟来成小瓯，四海无过一满壶。座中豪饮谁最多？惟有益柔好酒徒。三江四海仅一快，且挹天河酌尔吾。漫道醉后无歇处，玉山倾倒难相助。醉卧北极遣帝扶，周公孔子驱为奴。"

御史中丞王拱辰看后大喜：说："我可以一网打尽了！"随即吩咐监察御史刘元瑜向宋仁宗劾奏其事。宋仁宗见这班人不仅招妓饮酒，还作诗亵渎圣贤，非常震怒，敕令内侍连夜捕获参与酒宴之人，下开封府治狱。

韩琦得知这件事，在第二日朝会时，对宋仁宗说道："昨日听说宫中内侍持文符捕获馆阁人员，事发突然，而且出于内廷，实在骇人视听。陛下圣德仁厚，而苏舜卿等人无非醉酒之过，此事交给有司就可以治其罪责，何至于陛下亲自为之？"

宋仁宗听后，也觉得小题大做，面有悔色。

等回到政事堂合议此事时，杜衍因为事涉自己的女婿，自当回避。王拱辰与贾昌朝力持严惩之议，王益柔作《傲歌》污亵圣贤，其罪当诛。宰相章得象深知此事涉及杜衍和范仲淹，默不作声，不置可否。韩琦独持异议，双方争执不下。

韩琦再次进殿，向宋仁宗辩解道："王益柔少年酒后狂语，何足治以大罪。现在国家面临如此多的大事，朝中两府大臣却在这件事上一味攻伐王益柔，一定有其他用意，恐怕不只是为了一首《傲歌》而已。"

宋仁宗若有所悟，当即传诏，只将苏舜卿除名，永不叙用，其余进奏院所涉人员一律贬官。

范仲淹见状，立即上表，以举荐之罪请求罢去自己参知政事的官衔。宋仁宗就范仲淹求罢之事，征询宰相章得象的意见。章得象说："范仲淹在朝中素有名望，一旦罢去，恐怕有人会说陛下轻黜贤臣，不如先赐诏不允。倘若范仲淹再有谢表，一再请求辞职，那时再罢去不迟。"果然，范仲淹奉表称谢，再次请求辞去参知政事。

庆历五年（1045 年）正月二十八日，宋仁宗下诏免去范仲淹参知政事，出知邠州，兼任陕西四路缘边安抚使。同时，免去富弼的枢密副使，出知郓州，兼任京东西路安抚使。次日，又宣布免去杜衍的宰相职务，出知兖州。

随着杜衍、范仲淹、富弼的先后离去，以贾昌朝、王拱辰为首的朝臣攻击范仲淹、富弼的声音更趋激烈。在中书、枢密院两府大臣合班奏事时，韩琦同反对新政的大臣针锋相对，力主继续新政。

参知政事贾昌朝对宋仁宗说："韩琦职在枢密，却多次参与中书新政事宜，属于越职言事，请求治罪！"

宋仁宗说道："韩琦就是性格直率，我是最了解他的！"一句话，贾昌朝无言以对，只有悻悻退去。

一天散朝后，王拱辰专门到枢密院拜访韩琦。早年，两人同在馆阁任职，一个是天圣五年（1027年）的探花，一个是天圣八年的状元，自是惺惺相惜。尤其，后来两人同朝共事，王拱辰对韩琦还是非常敬重的。韩琦待人真诚，而且大度容人，不像范仲淹、欧阳修等人对待政敌深恶痛绝、愤恨于色。韩琦对事对人虽然心明如镜，界限分明，但做事坦荡，行之有距，因此树敌甚少。

韩琦见王拱辰拜访，心有戒备，但也笑脸相迎。"御史台大人来访，有何见教？"

"不敢！韩大人操劳军国大事，无事不敢登你的大雅之堂啊！"

"王大人说笑了。琦一介布衣，蒙皇上荐拔，出入庙堂，自当胆战心惊，宵衣旰食，勤于政事，方不负皇恩。王大人位居御史台，必有要事见教，琦自当秉公奉法，不敢懈怠！"

王拱辰见韩琦正襟危坐，一副公事公办的样子，也敛起笑容，说道："范仲淹、富弼与杜衍等借新政妄兴朋党，朝廷上下一片怨言。现在，皇上已将他们贬出朝堂，欲废新政，韩兄应该与他们划清界限，跳出这个朋党的圈子。"说到兴奋处，王拱辰做出一个跳跃的姿势。

韩琦看了一眼王拱辰，正色说道："琦只知道唯义是从。新政只要于朝政有利，我必奏言推行。至于说朝中有朋党，我不知道，也绝不会与任何人结党！"

王拱辰见话不投机，也觉得无法再说下去，只得告别而去。

韩琦对王拱辰的行为极为愤慨，更为范仲淹、富弼、杜衍等人因朝臣们的攻讦被迫离开朝廷，致使新政可能因此夭折而不甘，他再次上疏为他们辩诬。他在奏疏中指出："杜衍任职宰相仅仅一百二十天，没有什么大错就被免职；范仲淹、富弼厉行新政，公而忘私，因朝廷妄兴所谓朋党一起被贬官，实在是国家的一大损失。尤其，富弼在宋辽和议中临危赴命，忠心耿耿，如果忠义之士都以富弼蒙冤受屈为例，谁还会为朝廷舍命报效呢？"

宋仁宗重新选定了两府班子，宰相：贾昌朝，陈执中；枢密使：王贻永；参知政事：吴育，宋庠；枢密副使：韩琦，庞籍，丁度。老宰相章得象前不久被罢免，出知陈州。由陈执中、贾昌朝领衔的新政府，做的第一项工作就是废止以前颁布的各项新政。韩琦的奏疏，自然也就泥牛入海。

庆历五年（1045 年）二月初四，宋仁宗下诏，停止在京朝官保任叙迁法。三月，取消了新政规定的对奏荫选人注官的限制。同月，废除了新政中的另一重要措施"精贡举"。

韩琦见新政大势已去，自己的奏疏也被搁置在两府，而且御史台的言官时不时因水洛城之争攻击自己，宋仁宗对此不置可否，自己心生退意，于是上章请求外任。

宋仁宗心里也很矛盾。他知道韩琦忠心体国，性情耿直，虽然对事不对人，但也担心他卷入朋党之争。新内阁组建以来，见韩琦与众宰执多有争执，就有心保护他，免得他成为众矢之的。于是，诏令韩琦加资政殿学士、谏议大夫，任淮南安抚使、知扬州。

韩琦离去，后面的日子最难过的就是欧阳修了。欧阳修是当年"四贤"之一，又是新政的坚定维护者，他自担任知谏院以来，凡事必奏，举劾不称职的官员多人，其间不免与御史台结下怨隙，尤其是多次与御史中丞王拱辰发生龃龉。

欧阳修与王拱辰不仅是同年，还是连襟，都是前参知政事薛奎的乘龙快婿。薛奎有五个女儿，欧阳修娶的是四女儿，王拱辰先娶三女儿，在其去世后，又继娶五女儿，欧阳修调侃王拱辰："旧女婿为新女婿，大姨夫做小姨夫。"王拱辰只能尴尬一笑，心里却从此有了芥蒂。

自新政开始，欧阳修就非常活跃，一再上疏检举朝廷中的小人，尤其对两府和御史台的成员攻击最多。王拱辰为了报复欧阳修，指使御史台劾奏欧阳修与外甥女私通的丑事。审理此案的开封府虽然没有找到"私通"的确凿证据，却已闹得沸沸扬扬，震动京城。宋仁宗迫于压力，免去欧阳修河北转运使之职，落龙图阁直学士为知制诰，贬知滁州。

欧阳修在滁州，每天以诗酒自娱，排遣心中积郁的愤懑，自号"醉翁"。

第五章

为政地方

一

　　暮春三月，江南草长，杂花生树，群莺乱飞。江南的一片无限风光，却丝毫没有引起韩琦赏春的兴致。

　　离开京都时，三司使王尧臣和新任参知政事吴育亲自摆酒为韩琦送行。自己罢枢密副使外任，朝中大臣避之不及，唯恐牵涉朋党，只有这两位同年好友，患难见真情。

　　王尧臣端起酒杯，说道："稚圭贤弟，自宝元二年，你安抚益州，镇边三年，回到朝堂不久，又安抚陕西，平叛赈灾。这五年里，你也是马不停蹄，勤劳国事，不说居功至伟，也是宵衣旰食。这次外任扬州，正好到江南烟花之地将养一下身体，也是难得！来，贤弟请饮此杯。"三人一饮而尽。

　　韩琦笑着说道："伯庸兄，谢你谬赞。你身为计相，掌管天下财货。当今国事烦冗，靡费耗大，为国理财，无非开源节流。天下财物自有定数，取之于民愈多，则郡困民怨，还望贤兄多有恤民之情，减冗去奢，节流为上。"

　　王尧臣频频点头，回道："多谢稚圭金玉之言。今日领教，我满饮此杯，先干为敬！"

吴育打趣道："两位大人又不是在中书政事堂，还这样不忘国家大事！"

"如此军国大事，倒忘了这应该是你这个参知政事的职责。"韩琦回敬一句，又正色说道："春卿兄，你新入内阁，职在中书，现在新政已经废行，侥幸之风必然再兴，全靠你与伯庸兄了。只怕朝内无诤臣，皇上蒙惑言啊！"

"稚圭贤弟醍醐之言，我与伯庸自当铭记。只是关山万里，山水阻隔，正如范希文兄所言，处江湖之远，则忧其君，也忧庙堂之上的我们二人，多多书信往来。这次外任，皇上特授予你为资政殿学士，以示恩宠，可见不出几年，必当召还两府，再委以大任。"吴育说着眼圈已经红了。王尧臣站在一旁，也感慨万千。三人执手话别，一时哽咽无语。

想到这里，韩琦眼中热泪夺眶而出。他赶紧用衣袖擦拭一下，看随从只顾观赏周围景致，无人察觉，才放下心来，举手猛挥马鞭，坐骑奔跑起来。不一会儿，就看到了烟花三月里的扬州城。

扬州，始称邗城，建于公元前486年，为吴王夫差所筑，也是吴国国都，城址在蜀冈上。城下凿沟以通江淮，为邗沟，这条沟把长江、淮河贯通起来，全程三百八十里，是历史上第一条人工运河。战国时，楚怀王在吴邗城的基础上扩建，称广陵，意即广被丘陵。秦统一全国后，分全国为三十六郡，广陵属九江郡，为广陵县。隋炀帝置江都郡，以蜀冈上故城筑江都宫城，为南都。此后，扬州也称广陵、江都、维扬，因地处长江与京杭大运河交汇处，有着"淮左名都，竹西佳处"之称。

隋文帝时，杨广任扬州总管九年之久。隋炀帝即位后，拓邗沟，通济渠，使得大运河连接黄河、淮河、长江，成为水运枢纽，奠定了扬州空前繁荣的基础。北宋时的扬州，农业、商业和手工业相当发达，不仅在江淮之间"富甲天下"，而且是中国东南第一大都会，时有"扬一益二"之称（益州即成都）。扬州是南北粮、草、盐、钱、铁的运输中心和海内外交通的重要港口，也是淮南督抚使治所，领淮南、江北诸州。作为对外交通的重要港口，扬州专设司舶使，经管对外友好往来，波斯（伊朗）、大食（阿拉伯）、婆罗门（印度）、昆仑（南海诸岛国）、新罗（朝鲜）、日本、高丽等国人成为侨居扬州的客商，侨居扬州的大食人数以千计，已经成为中国东南部的经济、文化中心。

韩琦一行人经过城北蜀岗，只见峰峦起伏，草木葱翠，掩映着古城残破的城垣。扬州古道两旁的稻苗青青，不远处的大运河上，更是千舟竞逐，帆影连云，船歌互答，韩琦忘情地轻吟《诗经·黍离》：

"彼黍离离，彼稷之苗。行迈靡靡，中心摇摇。知我者，谓我心忧；不知我者，谓我何求。悠悠苍天，此何人哉？彼黍离离，彼稷之穗。行迈靡靡，中心如醉。知我者，谓我心忧；不知我者，谓我何求。悠悠苍天，此何人哉？彼黍离离，彼稷之实。行迈靡靡，中心如噎。知我者，谓我心忧；不知我者，谓我何求。悠悠苍天，此何人哉？"

伤怀悼亡，昔日的城阙宫殿已经繁盛荣华不再，只有一片郁茂的禾苗尽情地生长，偶尔还传来一两声野雉的啼鸣，此情此景，韩琦的心中不由得升起无限怅惘。

不一会儿，就看到了运河岸边的竹西亭。竹西亭依山傍水，风景清幽，绿荫掩映处，可见一段黄色的矮墙，这就是著名的禅智寺。文人至此，必下马游历一番，留下来不少佳作名句，为此，官府在竹西亭旁设立驿站，接待过往朝廷官员。此时，驿站外，站着一群官吏，来迎接这位新到任的淮南安抚使、扬州知府。

韩琦与众僚佐一一相见，其中，一位年轻的吏员引起了他的注意。韩琦三十三岁就与范仲淹出镇陕边，天下并称"韩范"；三十六岁入枢密院为枢密副使，与杜衍、范仲淹、富弼共推新政，更是名重一时。所以，众僚佐慕其大名，都是一身崭新的官服前来迎接。唯独这位青年官服陈旧，皱皱巴巴，颇为显眼。他一双眼睛异常明亮，仿佛一潭秋水深不可测，更让人觉得他非同一般。韩琦听他一副江西口音，就知道这人就是王安石。

王安石，字介甫，临川（江西抚州临川）人，自幼聪颖，酷爱读书，过目不忘，下笔成文。景祐四年（1037 年），王安石随父入京，以文结识好友曾巩，曾巩向欧阳修推荐其文，大获赞赏。吴育担任庆历二年（1042年）科举礼部考官时，二十三岁的王安石以一甲第四名高科取中，授校书郎、签书淮南节度判官厅公事。他在年少时已表现出致君尧舜的强烈愿望，素有移风易俗之志，在扬州任淮南节度判官时就开始潜心研究经学，正在著述《淮南杂说》，探索革利除弊之术，尤善理财，故被委任主理扬州财赋，提出许多增加赋税之策。

吴育送别韩琦时，专门向他提起王安石文章高古，胸怀大志，后生可畏。韩琦暗想，也许此人确是不可貌相。

二

一日，韩琦把王安石召来，问道："王签判，近年扬州赋税如何？"

"韩大人，扬州自古丰饶之地，是朝廷的赋税大郡，年约八万贯，与京城开封相当。本朝经国之制，县乡版籍分户五等，以两税输谷帛，以丁口供力役。按照朝廷的两税法，官、私田赋分夏秋两季收取，扬州为江南鱼米之乡，每亩三斗，比北方多两斗；按十分之一入义仓，每亩三升。城郭之赋、人丁之赋，按制收取。另有杂税之赋若干，均为唐五代留下来的。"

韩琦以前只在西北地方任职，闻听不禁咂舌，说道："如此重赋，百姓不堪其扰，为何仍有诸多杂税。你说说看，都有哪些杂税呢？"

王安石面前虽然放着一大摞账本，但他连看也不用看，娓娓道来："杂税之赋，有盐帛绸绢，加耗丝绵，户口盐钱，耗脚斗面等共有十四种之多，我欲加以整顿，折变为钱帛，随夏税收纳。另有五代杨行密以军储乏，于正税取其一半，此税为扬州仅有，不载税籍。"

"此为无名之敛，为什么不取消呢？"

"韩大人，此税倒也非无名之敛。庆历初，朝廷正当与西夏用兵，军需靡费，扬州是赋税大州，遂兴此敛。为朝廷理税，自是州府职责所在，况且已成定制，您初任州牧，还是不宜更变。"

韩琦闻听此言，心想这个年轻人倒是颇有主见，也耿直敢言，但立论偏颇，于是说道："此言差矣！朝廷兵凶战危之时，筹措军饷，自是州府职责，扬州兴此重敛，情有可原。但如今我朝已经与辽夏议和，如果将之列为定制，即为无名之敛。况且，州牧职在理政安民，民富则国强，富民之术，在于轻徭薄赋，涵养民生。我自当拜表，将此无名之敛予以蠲除。"

王安石听韩琦语含训斥，坐在那里默然不语。韩琦见他依旧端坐不走，问道："王签判，还有何事？"

王安石略一迟疑，拿出一叠案牍呈给韩琦。

韩琦笑道："闻听王签判文章高古，诗词清丽，不会是近日大作吧。"

王安石嘴角略现一丝骄矜之色，随声回道："韩大人谬赞后学。这是我来扬州后，对理财增赋的一些建言之策，想请大人指教。"

韩琦接过，粗粗浏览一番，无非是赋税折变、贸易商税等，虽是理财增赋之术，确为科敛困民之为，于是说道："王签判职在其位，勤学善思，不可多得。且放在我处，我当仔细参详。"

王安石已经看出韩琦面无表情，话虽如此，必不中其意，只有起身，悻悻而去。

不久，朝廷诏令各州罢义仓。隋唐以来，义仓作为国库常平仓的补充，主要用于天灾兵祸时救济百姓，已经成为一项灾荒之年恤民良策。自康定年以来，天下多次发生大的自然灾害，宋仁宗在庆历元年（1041年）诏令立义仓。但宋仁宗发现，国库常平仓是官府出资购粮，而义仓却是向老百姓摊派，时间一长，义仓逐渐成为官府敛财的途径，于是，四年之后，又再次罢废。

韩琦把王安石召来，商议义仓储粮的解决办法。

王安石道："义仓之粮，虽为百姓捐输，既然入仓，即为官粮，宜把义仓的存粮调入常平仓，充为赋税。"

韩琦沉吟道："把义仓的粮食调拨到官仓支遣，恐怕不符合当初朝廷立义仓示民以信的原意吧。"

"常平仓、义仓都是朝廷利民之策，既入仓廪，即为国赋，自当由朝廷支遣。"

"我不以为然。常平仓在谷贱之时，朝廷出资收取，在谷贵之时，再卖出去，用于平抑物价，而义仓是官府向百姓征敛，用于灾年救济之用。官府若将义仓之粮充作赋税，实是侵占百姓利益，必然失信于民。若到了灾荒之年，谁人还乐于捐输？！"

王安石无言以对，面红耳赤。

韩琦说道："还是将义仓粮食在常平仓单独储存，设账管理，等遇到水旱灾害，用于赈济贫困百姓吧。"

王安石正准备起身离去，韩琦抬手制止，温言说道："王签判，我见你总是衣冠不整，疏于盥洗。你正年轻，文名正盛，望你多留心学问，少些宴乐之事，不可自弃。"

王安石一时愕然，欲言又止，默然离去。刚走出府门，迎面碰见通判王珪，也不招呼一声，扭头就走。

王珪字禹玉，成都华阳人，也是庆历二年（1042 年）进士，高中榜眼，与王安石一起到扬州，任扬州通判。见这位同年一副气鼓鼓的样子，问道："介甫贤弟，何事怒发冲冠？"

"韩大人不知我！"王安石甩下一句话，头也不回地走了。

王珪入府向韩琦汇报完公事后，谈及此事，方才得知其中原委，随即说道：“介甫处事狷介执拗，但确是好学问，读书常常通宵达旦，以至于服饰疏于整理，遇到急事，来不及盥洗就入府办事。”

韩琦笑道：“看来是我以貌取人，误会这位王安石了！”其实，在韩琦心里，对王安石处理政事的态度和方式不甚赞同，但心里也理解这些新进官员急功近利的心思。

这年秋天，王珪与王安石任职三年届满，就要回京都候阙。临行时，韩琦专门在州府后花园设宴为他们饯行。当时，大理寺丞陈升之正好路过扬州，韩琦邀来一同参加。望着三位二十多岁的后学新秀，韩琦自是勉励有加。

饮到兴处，见花园内一片芍药正花开如荼，其中一株芍药上一干四枝，枝各一花，每朵花瓣上下红色，中间竟围着一圈金黄色花瓣。韩琦大喜，随即亲自将花剪下，在每位的官帽上各簪一枝。

王安石原是极其仰慕韩琦，后因诸事心生隔阂。此时，见韩琦如此待人，心中暗自惭愧。更令人难以置信的是，在此后的三十年间，四人先后成为大宋宰相。“四相簪花”的故事就此流传开来，达千年之久。

这次陈升之路过扬州，给韩琦带来一个令人气愤的消息。不久前，欧阳修被人诬陷，降职贬官。

韩琦气愤至极，联想起杜衍、范仲淹、富弼相继被贬，自己也外任，而朝中反对新政的宰臣仍不放过，竟然对欧阳修施以小人手段。一连几天，他心中郁闷，无法排解，只能诉诸翰墨。

他写出《蜂虿》一诗：“事小不可忽，议或戒蜂虿。蜂虿之中人，始意脱己害。人兮怒一螫，为报速睚眦。白昼擿危巢，夜烛穷纤介。必获而后已，立死以为快。彼诚畜微毒，谓己有所赖。失于小不忍，而自取糜坏。吁嗟阴巧徒，毒万蜂虿大。包潜中善良，断腕未足骇。小或一身危，甚则家族逮。渊微如鬼神，无隙可漏败。君子被戕贼，守道不为怪。有时丑迹露，事或无可奈。一旦吾道行，乃置之度外。使其自愧缩，似不容覆载。非力不足较，顾有盛德在。阴巧既常幸，蜂虿胡不贷。"他借毒蜂比喻奸佞之人，劝欧阳修坚持自己的君子之道，不必与之斤斤计较，保护好自己。

还有一首《啄木》，以啄木鸟赞美谏官疾恶如仇，勤劳无畏，不负上天赋予的职责，"直疑天意深，不使嗜粱肉。专为众蠹仇，侍饫弗与足"。

韩琦专门派人去滁州看望欧阳修，不仅带上自己的诗作，劝慰他，还捎去扬州十余种芍药花，让他在公务闲暇之余，侍花弄草，忘情山水之间。欧阳修给韩琦回信，写道："山民虽陋，亦喜遨游。今春寒食，见州人靓装盛服，但于城上巡行，便为春游。自此得与郡人共乐，实出厚赐也。"欧阳修诗酒自娱，写下千古名篇《醉翁亭记》。

三

范仲淹在知邠州（陕西彬县）期间，由于新政失败的愤懑，再加上边塞的严寒，这年冬天，五十八岁的范仲淹积劳成疾，病体缠身。他随即向宋仁宗上疏，以疾病原因请求解除边任。宋仁宗同意范仲淹的请求，移知邓州。范仲淹在长子范纯佑的陪同下，从邠州南下，前往邓州赴任。

邓州位于伏牛山脉南部，气候温和，风俗淳朴。宋初的邓州，又叫南阳郡，辖穰县、南阳、内乡、顺阳、淅川五县，即今南阳市的大部分地区，治所设在穰县（南阳邓县）。宋初出知邓州的，多为朝中要员，如张永德、赵普、苏易简、寇准、张知白、陈尧咨等，他们或为宰相，或为重臣，或为名将。范仲淹到任后，看到邓州风俗旧淳，政事疏简，心情愉悦，病也大有好转。于是，把寄养在京城妻兄李纮家的二儿子范纯仁、三儿子范纯礼及女儿也接到邓州一起生活。

庆历六年（1046年），范仲淹的二夫人曹氏又为他生下了第四个儿子范纯粹。范仲淹一生大都在四处奔波，无暇照顾家室，到邓州后，合家团圆，其乐融融。在曹氏的精心照顾和诸子随侍的亲情中，在众多文雅幕僚的陪伴下，度过了一生中极为难得的三年惬意时光。

其间，在均州的尹洙病重，范仲淹请求宋仁宗将尹洙接到邓州治病。不幸，尹洙刚到邓州仅仅五天，不治身亡。尹洙去世后，韩琦多次向朝廷申明尹洙的冤情，奏请宋仁宗恢复了他的原职，还尹洙清白。

此时，大宋朝堂之上，仍然翻云覆雨，对庆历新政的清算还远远没有结束。三司使王尧臣与宰相陈执中不和，陈执中多次在宋仁宗面前诋毁王尧臣。庆历六年（1046年）春，王尧臣罢三司使，为群牧使，御史中丞王拱辰接任三司使。

参知政事吴育遇事敢言，在宋仁宗面前数次与宰相贾昌朝争辩。宋仁宗劝吴育道："吴爱卿，昌朝为首相，你也需少安毋躁。"

吴育回道："臣与宰相争辩，是出于公心，更是职责所在。若臣有私心，愿罢臣职！"

贾昌朝私下派人找到御史中丞张方平，劝他弹劾吴育，并承诺向皇上推荐他担任参知政事。张方平闻言大怒，叱责来人："简直是胡说八道！"于是，进殿向宋仁宗奏报这件事。

宋仁宗也觉得贾昌朝处事专断，行为不端，遂将他罢为武胜节度使、同平章事、判大名府。借贾昌朝罢相，宋仁宗再次对两府内阁进行了一次大改组：判大名府的夏竦被再次调回京城，任枢密使；参知政事吴育调入枢密院任枢密副使；原枢密副使丁度任参知政事；右谏议大夫、知益州文彦博任枢密副使；御史中丞张方平为三司使；原三司使王拱辰因御史劾奏出知亳州。

王拱辰任御史中丞时，举荐包拯、李京为御史里行。包拯亲眼见王拱辰玩弄权术，兴奏邸之狱，打击富弼、范仲淹、欧阳修等人，遂与之疏远，也因之被压制。王拱辰离开御史台后，包拯被擢任为监察御史。

夏竦担任枢密使后，再次将石介谋反之事重提。庆历三年（1043 年），石介被贬濮州（山东鄄城）通判，未到任所即病卒于家，终年四十一岁。后来，徐州孔直温谋反，败露后被抄家，石介过去与孔直温的来往书信也被查抄出来。夏竦借此向宋仁宗说石介其实没有死，是被京东安抚使、知郓州的富弼派往契丹借兵，富弼做内应，准备谋反。

宋仁宗将信将疑，下令核查石介存亡实况，准备开棺验尸。知兖州杜衍、提点京东刑狱吕居简具保，幸免发棺。欧阳修对此义愤填膺，作长诗《重读徂徕集》，诗中写道："我欲哭石子，夜开徂徕编。开编未及读，涕泗已涟涟。已埋犹不信，仅免斫其棺。此事古未有，每思辄长叹。我欲犯众怒，为子记此冤。下纾冥冥忿，仰叫昭昭天。书于苍翠石，立彼崔嵬巅。"

此事虽然查无实据，但宋仁宗还是将富弼的京东安抚使职务罢去，从郓州调往青州，同时将韩琦从扬州调任郓州。

知滁州的欧阳修却来接任扬州知州，他后来写信给韩琦："仲春下旬，到郡领职。疏简之性，久习安闲。当此孔道，动须勉强。但日询故老去思之言，尊范遗政，谨守而已。"

欧阳修讲到听取民意，依循韩琦治理扬州的遗范。可见，韩琦在扬州的宽简之政，还是很得民心的。

四

从扬州到郓州，韩琦沿水路东行，心情极其复杂。朝廷内阁钩心斗角，构陷党人，致使执政大臣反复更迭，朝政荒废，再加上灾荒频现，苛政聚敛，使得民不聊生。当船队路过梁山泊时，他看到野泽浩渺，荒无人烟，不禁心生感慨，吟《过梁山泊》诗云："巨泽渺无际，齐船度日撑。渔人骄饶吹，水鸟背旗旌。蒲密遮如港，山遥势似彭。不知莲芰里，白昼苦蚊虫。"

韩琦的忧虑不无道理。他于庆历七年（1047年）五月刚刚到任郓州，十二月就又匆匆赶赴真定府，知成德军府事（河北正定），为的是应对一场发生在贝州（河北）的兵变。这次兵变的迅速蔓延，使得北方边境不稳，韩琦为此开始了长达七年的镇抚边疆的艰苦岁月。

自契丹人占据幽云十六州，宋朝在北方边防天险尽失，广阔的河北平原极利于辽国骑兵的奔突，加之京都开封四面旷野，不利于守城，一旦北虏渡过黄河，将直接威胁京师的安全。当年，范仲淹曾说："朝廷御戎之计，北方为大。"因此，澶渊之盟后，朝廷在河北路驻守禁军三十万，将大名府升为北京，用来拱卫京师。

贝州（河北邢台清河）属于河北路。这次农民暴乱的领导者王则，本是涿州（时属辽析津府治）的农民，逃荒到贝州，后来应募当兵，成为驻守贝州宣毅军中一个小校。当时，贝州民间流传有弥勒教，王则自称教主，利用传布弥勒教，与州吏张峦、卜吉谋议兵变。庆历七年（1047年）冬，王则与德州、齐州等州府军民教众约定以次年元旦起事，各地同时起兵，攻占河北。因教徒潘方净被北京留守贾昌朝所执而事泄，乃提早于冬至日在贝州发动兵变，逮捕知州张得一，占领武器库，释放监狱囚犯。王则被推为东平郡王，建国号为安阳，年号得圣。

贾昌朝一面派大名府钤辖郝质领兵前往贝州平乱，一面上疏宋仁宗汇报兵变情况。宋仁宗急忙令中书、枢密院选择将领前往平乱，晓谕周边澶州、冀州、定州、真定府预设守备，勿致乱军奔逸逃窜。

宋仁宗任命开封知府明镐为河北安抚使，赴贝州讨伐王则。明镐先至贝州，重兵攻城，王则据守抵抗，久攻不取。枢密使夏竦与明镐原本不睦，恐他成功，凡是明镐从贝州发来的奏折都压下不报。

北方战事胶着，转眼过了春节。宋仁宗非常忧虑，见朝中两府大臣束手无策，更是万分恼火，质问道："难道朝堂之上，竟无人可替朕分忧？"

枢密副使文彦博心里明白，贝州前线有大名府钤辖郝质、高阳关都部署王信和朝廷派遣的入内押班麦允言、西京作坊使王凯四路大军围剿，因为夏竦从中作梗，明镐在前线无法调度，致使难以奏效。于是出班奏道："臣愿往！目前贝州有朝廷四路大军围剿，但是各军为了邀功，将招抚降军及其家属一起斩杀，致使乱军死守城池。臣请求有军前专断之权，一面派兵严剿，一面遣使招抚，便宜行事，自可不日建功。"

宋仁宗说道："今敕令文彦博为参知政事，权河北路安抚使，改明镐为副，节制各路兵马，即日前行。"

文彦博再次请求道："贝州前方战事瞬息万变，机不可失，臣请便宜从事，愿得专行之权。"

宋仁宗准奏。夏竦听出其中意味，但也不敢多言，只能心衔其恨。

文彦博至贝州，得知明镐因贝州城峻不可攻，佯攻其北以牵制，正在南门凿地道。适逢地道穿通，于是连夜挑选两百名壮士，夜半从地道入城，打开城门，官军一拥而上。王则招架不住，开东门逃至村舍，被官兵擒获。至此，贝州固守城池六十五日，最终破城剿灭。

文彦博奏请斩王则于大名府。枢密使夏竦心中一动，对宋仁宗说："匪首狡诈，恐所获非真，还是接送京城，鞫讯明白，明正典刑，方为妥善。"

宋仁宗下诏，命将王则以槛车解送京师，改贝州为恩州，以示恩威警诫之义。贝州之乱平息，匪首王则伏诛，文彦博因功晋封为宰相，明镐晋封为端明殿学士、给事中，北京留守兼判大名府贾昌朝也加封为安国公、加检校太师。翰林学士杨偕奏言，贝州之乱事发大名府治，而且朝中发兵方得剿灭，当治贾昌朝之罪，不当赏。疏入不报，此事不了了之。

五

庆历八年（1048 年）春天，正当宋朝君臣为贝州兵变忙得焦头烂额之际，从西夏传来一个令人意想不到的消息：一生桀骜不驯的元昊因霸占自己漂亮的儿媳，被太子宁令哥刺伤，不久惊惧而死。此时，西夏建国刚刚十年，四十六岁的一代开国君主元昊正当年富力强，野心勃勃，与宋、辽形成三国鼎立的局面，但谁也没有想到他会死于荒唐的后宫之争。太子宁令哥也为大臣所杀，刚满一岁的二子谅祚被扶立继位，为夏毅宗，太后没藏氏临朝听政。

西夏的军事威胁骤然减弱，主要的边防压力转回到北辽一线，但增加岁币后的辽国也暂时与宋朝媾和，却把军事压力对准风雨飘摇的西夏。北部边境军事压力骤减，宋仁宗担心屯聚重兵的河北路安抚使军权过重，随即将之一分为四，置大名府路、定州路、高阳关路、真定府路。四路之中，定州路挡其要冲，是阻挡辽军南下的第一个军事重镇。贝州兵乱刚刚平息，宋仁宗将到任仅三个月的韩琦从真定府成德军调任定州路安抚使、知定州。

天下根本在河北，河北根本在定州，以其扼贼冲，为国门户。定州路西起常山，东接雄州，与契丹接壤，安抚司统中山、保、深、祁、广信、安肃、永宁、顺安八府，以中山府为路治，中山府、保州、广信军、安肃军为边防府州军。此路扼守太行山东麓大道北段，山开川平，利于骑兵突击，为历代北方游牧民族南下的首选，在宋代更是契丹南侵的首选路线，因此定州路在战略防御上的重要性不言而喻。

自古边塞驻军多骄兵悍将，最难节制。唐代以来，很多边关武将拥兵自重，形成割据势力，成为朝廷的腋下之患。宋廷汲取前朝教训，边塞军事将领都是由文官担任，再加上多年无战事，驻守禁军更养成了骄横散漫之气，酗酒斗殴，寻衅滋事，多为不法。

贝州之乱，驻扎在定州遂城的广信军都监赵奉安率所部参与平乱，因路途较远，等赶到贝州时，贝州城已经被攻破，因此，朝廷叙功时没有广信军。赵奉安回到驻地，听说新任安抚使近日到任，暗中鼓动所部几个低级校官，准备纠集一群士卒前去向定州路安抚使索要赏赐。

赵奉安因是皇族血统，平时蛮横无理，不服驻泊都部署刘英显管教。刘英显多次弹压，无果，只有向刚刚到任的定州路安抚使韩琦报告，并将赵奉安以往屡犯军纪、横行不法的事实一起奏报。

一大早，定州城外人声鼎沸，数百名广信军士卒在十余个军校的带领下，要求入城面见安抚使。韩琦接到正在巡城的巡检黄德胜的报告后，立即升堂理事，一面派巡检黄德胜将广信军士卒引入城内，到定州城禁军校场等候，一面派快马传唤广信军及所属各军州都部署、副都部署、监军火速赶来，然后，带领定州各路将帅一起到校场。

广信军士卒入城后，一路骂骂咧咧，肆无忌惮，到军校场后也是吵吵嚷嚷，声言韩大帅不给个说法，就上京城面见皇上。

韩琦来到校场，在阅兵台上坐下，望了一眼乱哄哄的广信军士卒，又转脸扫了一眼左右站立的将帅。只见广信军都部署刘英显战战兢兢低头不语，而都监赵奉安却像没事人一样，站在一旁左顾右盼。

韩琦冷笑一声，大声问道："广信军都部署刘英显可在？"

刘英显打了一个激灵，出班施礼，回道："韩大帅，末将在！"

"刘将军，校场内可是你广信军的士卒，所部将官可在？"韩琦声音低沉，透着一股寒气。

"是我部广信军士卒，都监赵奉安正在这里。"刘英显用手指着赵奉安，赵奉安见阵势不对，忙打起精神乖乖站到刘英显身后。

"赵将军治军有方啊！你怎么不亲自带领士卒来见本大帅？！"韩琦抬起手，制止正要狡辩的赵奉安，接着说道："我已经知道你带着众将士前去贝州平叛，劳苦功高，希望大家得到朝廷封赏。我朝自太祖以来，有功必赏，有过必罚，奖罚严明，方使得将帅用命，才有了我大宋千年基业。赵将军，你作为皇家子孙，自比我辈更明白这个道理，也更珍视这来之不易的大宋天下。这次本帅来定州主持军务，带来了皇上的叙功册谱，还是请你将所部军校带到本帅面前。"

赵奉安闻言大喜，急忙到校场将十余名校官带到阅兵台前。韩琦低声喝道："全部拿下，就地正法！"

不到一刻，十余颗血淋淋的人头被扔到了校场广信军士卒的面前。数百个士卒鸦雀无声，浑身战栗，不自觉地规规矩矩站成了一个方队，等候发落。

韩琦看了一眼两旁的将官，一个个面如死灰。"恩赏出自朝廷，岂任人人自求。但军纪无情，边塞重地，事关国家安危，擅离职守，就是不赦之罪，更何况不令而出，聚众滋事，自当枭首号令全军。今本帅初到定州，以宽大为怀，罪不及士卒，如再有犯，定斩不饶。将校职责所在，为官不易，念其戍守苦劳，对赵奉安等将校家属厚加抚慰，多给财帛。刘将军治军不严，我将拜表朝廷，依律治罪，你候旨吧！"

刘英显跪倒在地，望着韩琦带着众将官走出校场，依旧站不起身，冷汗已经湿透脊背。韩琦于是上奏，将广信军都部署刘英显降官罚俸，暂留原职在军前戴罪立功。

皇祐元年（1049 年）十月，真定府都监张忠调任定州路钤辖。张忠，开封人，初入龙骑军，再隶龙猛军。庆历四年（1044 年），韩琦征讨京西张海、郭邈山时，张忠作战勇猛，率所部攻破数座寨堡，立下战功。王则兵变时，文彦博、明镐围攻贝州城，正是张忠率兵从地道入城，他第一个登上城头，身被重创，打开城门，立下首功，因功迁崇仪副使、真定府路都监。在真定府路任职期间，张忠恃功自傲，贪暴难治，被真定府路安抚使李昭述劾奏。宋仁宗因爱惜张忠为一员难得的骁将，而且破贝州功劳第一，于是将张忠调任到定州路，手谕韩琦予以约束调教。

定州自古无山，缺少河塘沟壑，平坦的原野无险可守，除筑城固守之外，阻挡辽军铁骑，只有重装铠甲军阵。韩琦把自己多年研究的一套唐代大将李靖的方、圆、锐三阵法教给张忠，严行号令，勤加训练。张忠领命而行，日日操演军马。

一日，张忠正在校场操演军阵，属下一个校官来报："韩琦大帅有请将军到帅府议事。"

路上，张忠得知，一支从京师派发的龙猛军要到保州换防，部队已经到达，韩大帅请张忠就是一起商议换防具体事宜。

张忠赶到帅府，却看到大堂外捆绑着十余名军士，两旁站立的军校一个个杀气腾腾，不禁吃了一惊。这时，一个军官模样的人一把拉住他。张忠定睛一看，原来是军中故友焦用。

焦用原来与张忠一起在京师龙猛军任军职，私交甚好。他知道焦用后来到陕西泾原任职，是狄青手下一名爱将，性格粗豪，打仗勇猛，不畏生死。一次激战中，狄青被敌军围困，几次突围都不能成功。焦用及时赶到，杀入重围，身受重伤，鲜血染红战袍，仍像一团火一样在战场上左冲右杀，硬是杀退敌军，救出狄青，被狄青赞为"火将军"。这次，焦用正是以团练使带领这支龙猛军来保州调防。

焦用正与张忠说话间，闻听传唤龙猛军团练使焦用，两人随即一起进入帅府大堂。

此时，帅府里站着一群百姓，状告龙猛军士卒在城里吃饭、买东西不给钱，打伤百姓数人。韩琦命张忠与焦用站立一旁，接着审案。不一会儿，十几个龙猛军校被五花大绑推进大堂。韩琦让告状百姓指认明白，随即令军士将被绑士卒掀翻在地，每人责罚五十军棍。

一旁站立的焦用看得心惊肉跳，不住用眼睛目视张忠，乞求张忠保护自己。张忠清楚，韩大帅这时正在整顿军队，焦用正赶上这个节骨眼，心想此事不知如何收场。正想着，听见韩琦问道："尔等私自违反军纪，骚扰百姓，本大帅予以责罚，可有话说？"

十几个士卒都被打得皮开肉绽，站都站不起来，但没有一个人哭喊号叫。听韩琦问话，一个军校模样的人挣扎着身子，跪到地上，回道："我等掠人财物，违犯军纪，自该受罚。但其中原委，也应该让大帅知道。"

韩琦冷笑一声，说道："有何原委，致使尔等滋扰百姓，从实招来。"

"我等龙猛军来保州更戍，一路上，团练使焦用克扣军粮，兄弟们多日吃不饱，才滋扰百姓。求大帅明察。"

"胡说！大帅不能听他们诬陷本将军。"焦用闻听，急不可耐地站出来。

韩琦大喝一声："绑了！"

焦用挣扎着喊道："韩大帅，你不能不问情由，就将我绑了！"

张忠也急忙劝道："韩大帅，还是审问清楚，再发落也不迟。"

韩琦微微一哂，说道："焦用为龙猛军团练使，治军不严，滋扰百姓，已有罪在先。张忠将军，听说你与焦用有旧，你回避一下吧！"

张忠无奈，悻悻地走出帅府，又不甘心，只得站在大堂外台阶下等候。很快，焦用克扣军粮一事审问明白，被推出斩首。张忠硬着头皮再次进入大堂向韩琦求情："韩大帅，焦用罪在不赦，也不至于死。他可是军中的一个良将啊！"

"打仗不畏生死，违犯军纪岂可畏生死。这种良将不除，如何治军，如何战阵不败？！"几句话，说得张忠无言以对。"张忠将军，命你将所训之部调往保州，留下龙猛军由你整顿军纪，教习阵法，以备调遣。"

进入冬季，寒风刺骨，白雪皑皑，张忠仍然带着这支龙猛军在林野之间穿行，喊杀震天。数月来，张忠与士卒一起，演阵较武，突击迂回，一个个生龙活虎，已经成为一群虎狼之师。正值天降大雪，张忠把军队拉到边境榆塞，借助成片的榆柳之林，进行突击掩护。

榆塞是宋代为防御辽军骑兵突入，西起保州，东至沧州，在边界一带大量种植榆柳，与河塘湖泊互为补充，形成的军事防御体系。这种防御林纵深可达五六十里，官府禁止百姓采伐，违者以罪论处。

正在指挥军队演练的张忠接到军士报告，辽军士兵越界偷采林木，发现宋军后撤回。张忠将这一情况报告韩琦。韩琦当机立断，要求张忠率所部设伏围剿，抓获辽军都予以斩杀，进行真正的实战演习。

张忠犹豫不决，问道："今宋辽和议不久，斩杀越界辽军，必然轻起边患，还望大帅三思。"

韩琦说道："辽国百姓偷采，自可执而送之。若军士越界，尽可剿杀，不必多言。"自此，辽军再不敢越界，宋军将士也对韩琦深为叹服，士气大涨。

六

皇祐二年（1050 年），定州路风调雨顺，夏粮丰产，府库充盈，百姓安居乐业。七月的一天，公事闲暇之余，韩琦带着僚属游历定州古迹，路过定州文庙，一行人前去拜祭。

定州文庙位于定州城西，与城东州署遥遥相对，又称孔子庙，始建于唐大中二年（848 年），至今已经两百余年。韩琦走进文庙，见文庙大殿年久失修，破败不堪，墙壁颓坏，殿内污迹遍地，屋顶露天，难遮风雨，可见已是常年无人扫除，更是多年无人拜祭。只有大殿的梁木因是巨材坚壮不能摧折，定州文庙才得以保存。

韩琦不由得感叹，宋辽边境多年战事频仍，定州百姓无法安居乐业，更谈不上让子弟就学读书，文事不兴，自然文庙荒芜。现在，农里颇丰，边陲无事，理政地方，自当首重教化，他要从修文庙、建州学开始。回到州署，韩琦命驻泊都监张偓选派工匠，督责修缮，一个月就修缮一新。

完工之日，州署官吏、文人士子和城中百姓聚集到文庙大院，韩琦亲自主持拜祭仪式，参拜孔圣人和七十二贤弟子像，然后，站在祭坛前对大家说："自古以来，每个人的天性不同，所以圣人用仁善教化他们。孔圣人将人的天性分为上智、下愚、中人三类。上智与下愚不能移，而中人可上下，在于学与不学。昌黎文公韩愈说过：上智之人，通过学习就会心智愈明；下愚之人，通过学习就会守法少犯罪。韩文公的话，正是劝人学习圣人之道。因此，夏商周三代之所以能够兴盛，从国家到地方州县开办学校教化乡民，使百姓懂得仁义礼智信，明白君臣、父子、夫妇之道，然后人人都各安其分，国家就可以长治久安了。现在，州府已经将文庙修葺一新，并准备在庙后新建州学，拨付田产供给学校费用。我作为边塞守臣，大力兴办学校，其目的就是宣扬诗书礼乐，为朝廷培养人才，希望大家明白我的本意，更希望众位书生学有所成。"

韩琦马上着手开始建立州学，一个月就建成了，形成了前庙后学、庙学一体的格局。韩琦还划出官田一千亩，作为学产，用于定州官学的费用开支。定州尚文之风日渐浓郁，定州文教就此兴盛起来，定州州学的规模和兴盛局面也成为当时河北之最。

光阴荏苒，岁月时移。韩琦在定州出则治军以固边陲，入则治民惠及百姓，转眼之间任职三年时间已满。按照北宋官员出任地方的规定，必须改任他地。宋仁宗觉得定州为北方重镇，需要一位能干之臣镇抚才行，在他看来，韩琦无疑是一个最恰当的人选。八月，朝廷加封韩琦为观文殿学士，命韩琦再任知定州三年。

定州衙署后苑，因官吏政务繁忙，多年无人问津，荒废已久。韩琦令人整修一番，在一个废亭台基之上，建起一座后堂，选前代贤守良将尹伊、周公、萧何、张良、诸葛亮等六十人，将其治军理政、为民请命的事迹绘于堂壁，明古鉴今，以之为榜样，名"阅古堂"。

建堂绘图，他为自己树起了规矩与楷模，既可自励，也可教化同僚。韩琦令州县官员于为政之余，前去观瞻，目的很明白，就是让为官者以忠义为本，以古之名将贤守为楷模，学理政，善用兵，如此日夜自勉。

远在邓州的范仲淹得知此事后，作诗咏之："堂上绘昔贤，阅古以儆今，牧师六十人，冠剑竦若林。既瞻古人像，必求古人心。"

定州城内东北隅，也有一片荒废多年的园林，传说是宋太宗时由定州知府李昭亮所建。当时储水为塘，广达百余亩，植有杨柳万株，花草繁茂，每到初春盛夏，波光粼粼，垂柳袅袅，风光绮丽，亭树古雅。后来经年历久，日渐荒废。

韩琦组织州民重整园圃，疏浚塘水，修筑长堤，广植垂柳，间杂花树，建亭置石，种荷养鱼，建门于西南角，取"与民同乐，偕众同春"之意，故名为"众春园"。每逢良辰佳节花朝月夕，吏民倾城出动，仕女如云，或荡舟湖上，行吟柳下，花间宴宾，曲水流觞。官吏与田父农夫一起消暑纳凉，观月赏雪，其乐融融，这个北方边陲重镇，数年间竟呈现一派太平盛景。

韩琦文集《安阳集》中，督抚定州期间诗作九十余首，咏众春园竟至二十首之多。他在北塘盼春雨送寒食，赏牡丹看落花，迎初夏避酷暑，度七夕过重九。他写春塘修葺，郡圃观稼，览胜亭养真亭题诗。在他笔下，"方塘百余亩，遥派逗寒碧。虚亭跨彩桥，孤屿耸幽石。环堤柳万株，无时张翠帟"。他欣看"三春烂漫时，为民开宴席。观者如堵墙，仕女杂城陌"。他说"一守中山四载余，栽得芳树满街衢"。他欣赏"一派芰莲输水鸟，几船烟雨卧风旗"。他吟咏"风前芳杏红香减，烟外垂柳绿意多"。公事之余，他"晴来西山凭栏望，拂黛遥峰濯万螺"。他甘老穷边自得其乐，高唱"心休谁似我，官府有青山"，朗吟"满目林壑趣，一心忠义身"。《四库全书总目提要》说韩公之诗不事雕琢，自然高雅，直抒胸臆，寄托遥深，得风雅之遗，固不徒以风云月露为工。这是一位卓越政治家的心声，他追求的是"四海唐虞终我事"，高兴的是"区脱狴牢（边地牢狱）无一事，山翁赢得醉如泥"。他也有忧虑，"吏民还解否，吾岂苟安人"。果然，见贤思齐公而忘我奋不顾身的韩琦，终成一代名臣。

七

北疆无事，朝廷内部却依旧是钩心斗角，而且南方数郡烽烟再起，这一切，都牵动着韩琦的心。"居庙堂之高则忧其民，处江湖之远则忧其君"，范仲淹的这句千古名言，其实正是此时韩琦的真实写照。

皇祐四年（1052 年）五月，韩琦得知范仲淹病逝的消息。范仲淹在邓州三年，移知杭州，又徙知青州，匆匆与前任知府富弼相见。富弼想不到，这次相别，竟是两人的最后一面。当时，青州春季遭灾，范仲淹一上任就投身赈济救灾，多日操劳使得他再次病倒。六十三岁的范仲淹知道这次病重不同以往，于是上疏请求解任，回邓州养病。宋仁宗同意，并送药存问。

当范仲淹走到徐州，就沉疴不起。弥留之际，他仿佛看到了父亲范墉。当年，父亲病殁徐州，他只有两岁。他知道自己大限将至，两眼望着天堂里慈祥的父亲，艰难地举起颤巍巍的手，伸向空中。

范仲淹死后，朝廷追赠范仲淹为兵部尚书，谥号文正。

后宫之中，宋仁宗最宠爱的是张贵妃。张贵妃年幼时因父亲早丧，跟随伯父张尧佐长大。因此，张尧佐成为宋仁宗的宠臣。张尧佐从地方官进入京城后，任三司户部判官、户部副使，不久又加任龙图阁直学士、晋升端明殿学士，很快成为权倾朝野的三司使。不久，张尧佐再次被任命为淮康军节度使、群牧制置使、宣徽南院使、景灵宫使，身兼四个重要职位。知谏院包拯与谏官唐介一起连章劾奏，极言外戚不可预政，请求追夺对张尧佐的任命。

宋仁宗竟然推脱说张尧佐的任官奏折出自中书，并非本意。唐介于是劾奏宰相文彦博私下以名贵蜀锦进献后宫，攀缘皇亲国戚，实为谋取私利。包拯也奏宰相宋庠治家不严，纵容子弟犯法。最终，文彦博、宋庠被罢相，张尧佐不得已辞去了宣徽使、景灵宫使之职。

不久，枢密使夏竦也病死。于是，宋仁宗任用庞藉为宰相，高若讷为枢密使，梁适为参知政事，王尧臣、狄青为枢密副使。狄青回朝不久，奉命前去平定广西广源州壮族蛮酋侬智高之乱。

皇祐五年（1053 年）正月，正当狄青在广西追剿侬智高残余之时，远在定州的韩琦接到调任诏书，擢任武康节度使、河东路经略安抚使，知并州（山西太原）。

原来，知并州李昭亮与时任走马承受的宦官廖浩然不和，而并州地处辽、夏要冲，宋仁宗不得已将知定州韩琦改知并州，调知并州李昭亮改任知成德军（河北正定），知成德军宋祁改知定州，三地地方长官对调。

八

并州府治太原，地处山西中北部汾河谷地，东扼雁门关，北邻辽国，五谷丰登，人口富庶，自古为四战之地，攻守之场，尤其在春秋晋楚争霸、南北朝和唐五代时期地位更为突出。北宋初年，北汉刘崇割据太原，宋太祖、宋太宗数次伐汉，耗费了巨大的物力人力才将太原平定，视之为"悖逆"之地，降府为州，毁坏城池，迁移居民，予以惩罚。但因其居于拒辽、控夏的战略要地，在选任官员方面极为重视，对出知并州的官员也多加优待。

韩琦对宋仁宗的这次任命，也深感责任重大，更激发出内心强烈的报国之志。二月十八日接到任命札子，三月十七日就已经到任并州，并上《并州谢上表》："国家经画三垂，实最他道，置帅大卤，独控二疆。非有将略可以催狄心，吏术可以救民瘼，或轻而授，固不克胜。圣念矜全，复加髦钺，付此重寄，臣敢不中夜以兴，当食而废，报君之大方，则投死而后已。"

十数天的路上之行，穿山过涧，越关登陟，虽然路途崎岖难行，但韩琦还是把心里激荡的豪情化作一阕阕诗词。他寄给远在洛阳的同年吴育的诗中写道："一落粗官伍哈曹，清流甘分绝英髦。建牙恩有丘山重，捍塞功无尺寸高。许国壮心轻蹈死，殄戎豪气入横刀。只期名遂扁舟去，掉臂江湖掷锦袍。洛下安然塞下劳，公持霜简我持旄。忧无虚日三垂重，闲入芳春万事高。病虎厌风摧汉节，卧龙悭雨涩吴刀。遥知啸傲烟霞外，肯把仙袍换战袍。"

路过太行八陉著名关隘井陉口时，韩琦专门到当地的淮阴侯庙祭拜韩信。想到自己抚边多年，无所建树，抚古思今，感慨万千，于庙壁题诗曰："破赵降燕汉业成，兔亡良犬日图烹。家僮上变安知实，史笔加诬贵有名。功盖一时诚不灭，恨埋千古欲谁明。荒祠尚枕陉间道，涧水空传哽咽声。"

当年，宋太宗下诏焚毁的太原城为晋阳故城，地处晋水之北，为春秋末期晋国公卿赵简子所筑。晋阳城毁，太原府降为并州，州署迁至阳曲县唐明镇，也就是后来的并州府治太原城。

韩琦过晋阳，悲悯故城破败，作诗吊祭："车书从此九区同，雉堞隳云百载空。欲把金汤角天命，却惊禾黍满秋风。虽馀墟落人烟悄，不改山河气象雄。何必坏城心可坏，祖宗恩德浸无穷。"

三月的并州城外，草木复苏，绿意肆意铺满起伏的山野沟壑，野花团簇，榆柳成排，缀满柳絮榆钱。韩琦一行人怒马奔驰，沿着官道向并州城进发。不远处，低矮破旧的并州城就在眼前。

并州城位于汾河东岸，太原盆地北端。当年，北宋大将潘美筑城时，宋太宗为了杜绝出现以孤城抗拒百万之师的情况，命大将潘美重新选址筑城，一年而成。现在的并州城，只是一座矩形土城，周长十里，筑四门：东曰朝曦，南曰开远，西曰金肃，北曰怀德。由于并州政治地位的下降，新城规模缩小，城隍防御简陋，城上不书州名，城门无楼，府署前不立戟，而且州城防御年久失修。

韩琦一到任，就上疏宋仁宗，请求将并州升为太原府，解决城防问题。他写道："并州地理位置重要，自古就是边疆重镇，只因为当年后汉刘崇叛命，太祖、太宗屡次讨伐，皆因城坚不能取胜。后来，太宗破城之后，焚毁旧城，别立新城，降府为州，自此已经八十余年。现在，西夏屡次扰边，北辽虎视眈眈，并州城隍简陋，不足以挡敌于要冲。希望朝廷根据形势的变化，赦恩除降，升并州为太原府，以雄关方阵威震羌虏。"

这年春天，京都开封会灵观毁于一场大火，安放观内的宋太祖、宋太宗、宋真宗的画像幸免于难。宋仁宗诏令将三圣御容分别安放到滁州、并州和澶州。并州为宋太宗亲征剪灭北汉之地，画像被安置于并州城资圣院内的统平殿。正好韩琦请求恢复并州为太原府的奏疏也刚刚到达。宋仁宗命两府大臣朝议此事，因意见不一只得暂时搁置。数年之后，韩琦为相，才将并州升为太原府。

韩琦等不来诏命，但城防大事刻不容缓，于是，将前任李昭亮所兴不紧要的工程一律停下，专门调遣五百名士兵，集中力量加固并州城防御工事，数月而成。

同时，他派遣钤辖苏安静、都监窦舜卿对宋辽边境的榆塞禁地进行重新别定，将距离边界十里以外的禁地一律解禁，扩田九千六百顷，然后招募强壮之民编入弓箭手，分给他们解禁的土地进行耕种，得四千户，使之成为驻守防边的重要力量。

一日，韩琦正在州府与众将商议军事，走马承受廖浩然肆无忌惮闯入大堂。众将知道这个小小宦官自恃廉察使的身份，以前经常与前任知府李昭亮分庭抗礼，动不动就暗中向宋仁宗参奏同僚，大家都是敢怒不敢言，于是纷纷站起身准备离开。

韩琦止住众将，问道："本府正在会议军事，廖公公有何急务？"

廖浩然神色骄矜，回道："韩府帅，本公公与你有要事相商，而且此事我已经向皇上奏明，只是来向你通禀一声。"

韩琦问道："既然如此，请公公当面明示，大家一起参酌。"

廖浩然轻蔑地扫了众将一眼，说道："也好！走马承受冯靖目无王法，贪恣成性，做事刻薄，仗势欺压州县僚属，众所周知。此事既然皇上也已经知道，特请韩府帅即刻将冯靖羁押，行文押送回京，交本部司礼太监处置。"

众将闻听，议论纷纷。韩琦知道，冯靖为人低调，办差认真，疾恶如仇，听部将说他与廖浩然多有嫌隙。两人都是走马承受，没有上下隶属之分，廖浩然凭着以前曾经是宋仁宗身边的近侍，才敢如此仗势劾奏冯靖。

韩琦脸色一沉，问道："既然已经向皇帝奏明，说明此事事关重要，为什么不事先与本府商议，再行定夺？"

廖浩然咯咯笑道："我是皇上派来的走马承受，身负皇命，自然只对皇上负责！"

韩琦盯着廖浩然，缓缓说道："在座众将与我，哪个不是身负皇命，哪个不对皇上负责？！你说冯靖贪恣不法，欺压州县僚属，既然大家都在，都说说冯靖如何不法，如何欺压！"

众将纷纷站起来，为冯靖叫屈，却一起指责廖浩然诸多贪贿之事，不仅一贯仗势欺人，而且诬陷前任知府李昭亮，直说得廖浩然汗流浃背，一言不发。

韩琦看着廖浩然一脸狼狈，两眼盯着他许久，陡然喝道："仗势诬人，作茧自缚，把他与我拿下！"几个军士上前，将廖浩然按倒，捆作一团。

"韩府帅，我可是皇上身边的人，你无权处置我！"廖浩然挣扎着叫道。

"犯法当处，我自会奏明皇上。"韩琦说罢，命人将廖浩然关进大牢，随即请众将坐下，继续商议军事。

按照韩琦的想法，并州多年无战事，军士慵懒，滋生骄横，正逢春暖花开，他要举行会猎阅兵，令军士比试武艺，获胜者免除军中劳役；将校较演阵法攻守，胜者予以晋升。这样，既可以提升军队战斗力，也可以从中选拔将才。

如何处置廖浩然，也确实令韩琦颇费踌躇。走马承受是皇帝派到各州军的廉察使，监察本路将帅、人事、物情、边防及州郡不法事，并许风闻言事，甚至每年一次赴阙直达奏事。廖浩然诬陷边帅李昭亮和同僚冯靖，多有贪恣不法之事，但其隶属宫内，私下依律处置，势必引起皇上的猜疑。于是，他上疏宋仁宗："臣熟察廖浩然所奏多不实。朝廷最近派遣冯靖同为走马承受，廖浩然忌其廉洁，兴无名劾奏。前已诬逐一大帅，今又望风劾奏一同官，官吏皆忧叹不安。且廖浩然性贪恣，多不法，愿皇上将其召还，使其保全。不然，臣将依律重处。"

宋仁宗接到奏疏，立即传旨将廖浩然召回宫内，令司礼太监将廖浩然处以鞭刑，徙往他用。

汾州团练使郭固在实战中专门研究出一种车阵，攻防兼备，可以有效克制敌人骑兵的冲击。韩琦奏请朝廷同意，在军中进行推广和操演。看着这龙腾虎跃的场面，韩琦不禁豪兴勃发，作诗曰："练士当时阅，临高共一观。势凭朝气锐，令入晓霜寒。事重三军国，形存八阵滩。烧烘旗帜动，雷吼鼓鼙乾。画守谁能犯，循环莫见端。赴溪驱稚子，飘石走惊湍。弹压提封静，周旋四野宽。机深天地秘，知少古今难。寨巧花齐出，营新月未圆。全师充国慎，坚卧亚夫安。鹅鹳行虽卷，貔貅伎要殚。撒缰驰铁骑，叠箭取银盘。避槊身藏镫，扬尘足挂鞍。弩飞三刃剑，炮掷百星丸。铙管喧归队，肴觞足犒餐。父兄人自卫，凫藻众胥欢。有志铭燕石，无劳误汉坛。壮心徒内激，神武正胜残。"

至和元年（1054年），契丹人突然入界，占据天池庙地区。天池庙在宋朝划定的禁地之中，属并州路宁化军管辖，因禁地无人耕种，经常发生边界纠纷。这次，辽军守将杜思荣派军民占据天池庙，毁林耕种。韩琦亲自召见杜思荣，将以前契丹人所写的请求修建庙宇的文书拿给他看。杜思荣无言以对，见韩琦治下兵威正盛，只得归还所有侵占之地。韩琦令宁化军掘挖壕沟，立石为界。

九

这年冬天，韩琦偶遇风寒，初不以为意，延医煎药，不想病情越来越重，高大的身子一时间瘦弱不堪。两三个月，时好时坏，一直到第二年春暖花开，才稍有好转。

天气晴好，春阳暖暖，柔和的微风拂动枝头的嫩叶，韩琦挣扎着从床上爬起，让人扶着到府署后园散步，观赏春色。

算算自己从庆历五年（1045年）外任扬州，到现在已将近十年，尤其定州五年，并州一年有余，州事繁杂，总是忙得日过中午不及食，议事达旦不得眠，无非是以一身任天下之责，唯九死以报皇上知遇之恩。他心里明白，自己的病正是长期的劳累，加上北方的苦寒所致。

一阵琅琅的读书声从后园的墙外传来，打断了韩琦的思绪。韩琦命人打开后园角门，循声走去，看到不远处是一座文庙，读书声就是从文庙里传出来的。

并州的文庙比定州的文庙规制小了很多，只有一座大殿，院子逼仄狭小，没有廊庑。当年，宋太宗焚毁太原故城，新筑的并州城城隍、府署、官庙、街衢一律从简，自然都是简陋狭小。

韩琦走进文庙，看见作为学堂的大殿门里、门外和窗户下都站着书生，神情专注地高声读书。看着这一切，韩琦不由得摇了摇头，默默地走了。

回到府署，韩琦强自支撑着病体升堂理事。他任命司户参军牛景为庙学教授，即日启程前往鲁地曲阜孔庙，描摹孔圣人及七十二贤弟子的画像，回来后负责修缮文庙的扩建与圣人像的重塑。同时，命钤辖张偀、兵马监押王守恩负责将庙北的兵营迁往别处，将营兵之居改建为庙学，限期秋天完工。

这次扩建的文庙，重塑了孔子塑像，在院子廊庑中增设了颜渊诸弟子和孟子诸大儒的画像，内外焕然一新。庙北新建的州学，南建书楼，北设讲堂，东西为斋舍，皆为官资，无一物取自民间。完工之日，韩琦作《并州新修庙学记》，刻于庙学之壁。

为鼓励学子一心向学，在南书楼墙壁之间绘制了孟轲、荀况、杨雄、王通、韩愈五人画像，韩琦亲自作《五贤赞》，记述五位先贤"为往圣继绝学"的功业。他在序言中说："夫五贤者，圣人之亚，学者之师。诸生姑欲速一时之备，使余不暇求当世能文者为之辞而辄易言之。世且讥我，诸生岂爱我哉！虽然孔孟之道，尧舜之德，而涂巷之人亦能称诵之，同推其善而已矣，知我者宜恕焉。"

从至和元年（1054 年）的春天到秋天，韩琦的病依旧时好时坏，病魔缠身，痛苦异常。他上疏宋仁宗，请求辞去武康节度使，释去并州边任繁劳重负，回家乡相州静心调养，以期二三年康复。同时，鉴于久医无效，乞求皇上派太医齐士明来并州诊断，以便对症下药。

宋仁宗谕令翰林医官院遣派太医齐士明前往并州。齐士明在翰林医官院居太医首，是皇帝的随身医官。当时，宋仁宗也因为中年尚无子嗣，频御后宫，身体亏虚，经常由齐士明诊脉进药。掌院宦官劝止道："齐士明正当为皇上诊脉，不可外遣，以免延误圣体诊视。"

宋仁宗怒道："韩琦，是当朝重臣，多年为朝廷镇边，沉疴乞医，朕岂吝一太医否？！"当即传诏，命内侍省宦官窦昭齐亲自监押齐士明即日启程，火速赶往并州。

时值十二月，隆冬时节，大雪弥天，窦昭齐与齐士明赶到并州，见到病卧在床的韩琦。当年，韩琦在枢密院任职，出入宫禁，与宦官窦昭齐熟识。见到韩琦因常年多病，异常虚弱，高大的身材已经骨瘦如柴，连窦昭齐也不禁眼睛一酸，掉下泪来，尖着公鸭嗓号道："韩大人，皇上派我等前来问候，不曾想您竟然劳病若此啊！"

韩琦喘息着，艰难地想爬起来跪拜向皇上问安。窦昭齐赶忙上前，扶住韩琦。"韩大人，您就免礼吧。"回头对齐士明道："齐太医，赶紧问诊吧！"

齐士明诊断之后，说道："韩大人的病，皆为劳累致虚，伤寒侵体，再加上并州高寒，仅用针药不能治愈。朝中枢密使高若讷大人，祖籍并州榆次，颇通张仲景《伤寒论决》和张思邈《方书》，治有奇方，这次我已经带来，请韩大人遵照药方调治。只要大人远离北地，静摄心神，汤剂不辍，方可痊愈。"

韩琦点点头，转头望着窦昭齐，说道："窦公公，前时我已表奏回乡养病，皇上赐诏不允，且令窦公公和齐太医风雪远涉，鞍马劳顿。现今我沉疴缠身，神志昏劣，不能理事，恐误边陲重责。望回京之后，烦请代我乞请皇上，垂布恤恩，恩准我交还节钺，回归故里，得偿所愿。"

窦昭齐忙回道："韩大人，齐太医远道而来，正值大雪，且请为您诊视调养数日，待雪停之后上道，回复皇命，自当为您乞请所愿。"

数日后，窦昭齐与齐士明回京，韩琦已经可以下地，让人搀扶着到府署仪门外为两人送行。

十

冬去春来，已经是至和二年（1055 年）二月，宋仁宗诏命韩琦以武康军节度使徙知相州，以便回乡养病。前来接任他的是庆历年间共同推行新政又同任枢密副使的富弼。当年，新政失败，富弼被贬，出知郓州，后移知青州。河北王则叛乱时，兼京东路安抚使，先后调任知郑州、蔡州、河阳。此次，富弼被授以宣徽南院使、知并州。一晃十年，两人相见，分外亲热，互道渴慕。

交接完府中事务，韩琦登车就道，众僚属围住车子，流泪话别。富弼看着这一切，想到自己与韩琦一样，离开朝廷十年有余，一直辗转多地，任职州府，也不由得暗自感伤。

宋时相州，辖一州六县，西依太行，东临黄河，山川雄险，原野平旷，气候温和，四季分明，自古为富饶之地，天下粮仓。商朝中期，盘庚迁都于此，传八代十二王，历时两百七十五年；后为邺地，三国两晋南北朝之时，曹魏、后赵、冉魏、前燕、东魏、北齐先后在此建都，故相州素有"七朝古都"之称。

相州城始建于北魏天兴元年（398 年）。此后，高欢立元善为帝，建立东魏，都邺城，相州城成为京畿重镇。北周时，丞相杨坚总揽朝政，相州总管尉迟迥起兵讨杨。大象二年（580 年），杨坚命上柱国韦孝宽率兵大破之，并放火焚毁邺城，将官署民众迁至相州城，城垣经过不断扩建，遂成大郡。宋真宗景德三年（1006年），城郭围十九里，城墙高二丈五尺，厚二丈，辟有四座城门，东曰永和门，南曰镇远门，西曰大定门，北曰拱辰门。门上建楼，又建角楼四个，城壕阔约十丈，环绕四周，水深一丈左右。大定门之北又新辟一座城门，名曰新安门。北宋时期，因西北夏辽连年侵扰，相州成为河北路边防重镇，属真定府管辖，战略地位十分重要，据河北之襟喉，为天下之腰膂，历代均以朝廷重臣守之。

韩琦衣锦还乡，而且是以节度使知相州，他明白这不仅是宋仁宗对他的体恤，更是对他的信任。

相州对于韩琦来说，只是心目中的故乡。自三岁丧父，韩琦从泉州回到京城，一直到十三岁成人礼后，随三兄韩琚游学四方，漂泊不定，从没有到过相州。十八岁时，他才第一次回到相州，参加乡试，受到时任相州知府崔立的青睐，得其荐选，并将女儿许配成亲。从此，一别故乡，到庆历年间任职枢密院，因迁葬父母，才得以再回相州，至今又十年有余。

但相州却又无法不令其魂牵梦萦，那里山清水秀，曾经孕育了自己的爱情，埋葬着自己的父母，更埋葬着自己心中一段挥之不去的隐痛。

三兄韩琚对于韩琦，亦父亦师。正当自己于康定元年（1040年）刚到陕西与西夏交兵之时，韩琚赴任两浙转运使，不幸病死于润州（江苏镇江）途中。大战在即，韩琦身为主将，竟无法脱身前去办理丧事，全由五兄韩璩操持。次年，好水川兵败，韩琦被贬秦风路，元昊再攻渭州时，又传来五兄韩璩病殁于寿州（安徽寿县）安丰县令任上的消息。一直到庆历五年（1045年），他才有机会将父母和五位哥哥在相州重新择地安葬，但因为朝中新政已经横遭非议，也是匆匆来去。

到现在弟兄六人，只剩下自己孑然一身。这次回乡，韩琦多么希望借着养病，好好祭扫父母和五位哥哥的坟墓，一吐多年积压在心里的愧疚和思念。

相州城东门永和门内一里路北，就是相州州署。北宋初年，开国大将韩重赟任彰德军节度使，大兴土木，对州署进行大规模重建。开宝二年（969年），宋太宗亲征北汉，从太原回京路过相州，见到相州府署，赞叹道："我居京师宫殿，也不过如此！"

得益于太医齐士明的诊方，更得益于相州的山水滋养和家人团聚的慰藉，随着春去夏至，韩琦的身体一天天好起来，他再也坐不住了，开始坐堂理事。

夫人崔氏劝道："自古道，病来如山倒，病去如抽丝。老爷身体刚刚有些起色，还是多多静养才好。"

韩琦赧然一笑，说道："夫人言之有理，我岂不知。只是多年习惯军务州事烦冗，至今无所事事，心中忐忑，身体也乏力啊！"

"我也不是不让你理事，只是病体未愈，适可而止而已。如今你方坐堂，已然按时押班，整日不辍，身体如何吃得消？！"

"我知州事以来，因病无法理事，积压了诸多事务，也是事关紧要，不得不如此啊！"

"总是搪塞我吧。"崔夫人不满地望了一眼韩琦，赌气说道："我倒要听听，何事如此紧要？！"

韩琦呵呵笑道："夫人可是亲自问政了，说说倒也无妨。"

原来，相州西部山区盛产铁矿石，唐朝时就在林虑县城东北开办利城监，专门进行冶铁。宋真宗大中祥符年时，此处冶铁处于兴盛时期，产铁甚多，而且周边一带山林茂密，易于伐薪烧炭，冶铁成本较低。官府指派两名吏员专营其事，每年上缴朝廷冶铁十五万斤，余者自主售卖，从中盈利。四十年后，附近的树木早已被采光，山林渐远，太行之上大半已为童山秃岭。林木采伐不易，铁价高涨，无利可图，专营冶铁的吏员早已破产。官府不得已每年挑选三十家富户充当军户，逼迫他们按时缴纳十五万斤铁税，这些人家苦不堪言，纷纷到相州府署投状申述告免。

韩琦看着夫人为这些人家的遭遇垂泪，问道："夫人知道这些富户都是勤劳良善人家，积攒家财不易，却因朝廷冶铁之税，眼看着家破人亡，妻离子散，我作为一郡之守，岂能坐视？"

崔夫人着急问道："老爷可有办法，帮这些人家脱难？"

"夫人比我还着急呢。"韩琦微微一笑，说道："唉，夫人有所不知，朝廷诸多无名之敛盛行，百姓怎么能安居乐业。皇上于我圣恩体恤，令我荣归故里，为家乡郡守，我岂能以养病为名，荒废政务，有负皇恩，更负父老，何颜于九泉之下的父母。"

崔夫人知道劝说无用，只得站起身，将一件薄衫披在韩琦身上，搀扶着他向府署大堂走去。

春夏少雨，旱情蔓延，就连城中沟塘也大多干涸，城中百姓吃水极为困难。韩琦在府署大堂再也坐不住了，带领一干属僚，督责各县引水救灾。

相州境内河流纵横，漕运四通。春秋战国时，西门豹、史起凿十二渠引漳水灌溉田野，利泽百姓，称万金渠。建安十八年（213年），曹操凿渠引漳水入白沟以通漕运，为卫河。东魏天平年，再次疏通废弃已久的万金渠旧迹，为天平渠。后再引天平渠水，一支东流至金凤台侧，名金凤渠；一支南流曲折三十里，名菊花渠；一支向北由滏阳入成安，名利物渠。唐咸亨年，相州刺史李景在城西二十里高平村，于洹河上游筑岸聚水，凿渠东流，灌溉城西田野，补充城外护城河，取名高平渠。不过，因年岁久远，战火频仍，历代疏于修缮，渐为荒废。

城西旱情最为严重，而且高平渠年久失修，淤塞严重，已经无法使用。韩琦责令州县官府组织百姓清淤疏浚，拓宽河道，将高平渠水引至城西，于城西北隅入城，导入城中沟塘，以供城中百姓灌溉饮用。韩琦见渠水充沛，水势汹涌，还在城西北隅入城水口，建造了两个水磨，以便百姓舂米磨面。

新渠通水之日，韩琦带领僚属出城察看灾情和渠水灌溉情况，看到清澈的渠水流入板结的田野，得到滋润的禾苗郁郁葱葱，禁不住诗兴大发，高声吟道："一夕甘滋起瘁田，斗回灾沴作丰年。便晴谁恐禾生耳，将熟偏宜谷捲拳。云退不留驱旱迹，气清浑露已秋天。衰翁岂独同民乐，更觉诗豪似有权。"

是年夏秋大熟，相州百姓感恩戴德，称道高平渠一举数得，可谓是一条价值千金之渠。韩琦也非常高兴，随即将高平渠更名为千金渠。此渠得到历朝历代安阳贤守的维护，泽被后世。据明代大儒崔铣记载，千金渠水源丰沛，灌溉数万亩，而西门豹、史起的万金渠早已荒废，遂将千金渠更名为万金渠。时至今日，万金渠依然清流湍急，滋润着千年古都。

物阜年丰，百姓安居乐业，韩琦的心情与身体一样，也流淌着一条清澈的渠水。虽然多年从武，但毕竟是高科进士，治理州郡，时刻不忘修建庙学和苑囿，以文载道，官民同乐。

十一

日月如梭，韩琦住进相州州署已近一年，半年卧床养病，半年治水修渠，也没时间和心情对这座宋太宗赞叹的州署好好品味一番。一日闲暇无事，看着窗外春意盎然，柳梢吐絮，燕子呢喃，心想州署后花园内，也该是曲水流连，花团锦簇。他独自漫步到州署后面，却见促狭的后园满目荒芜，亭台楼阁里面堆满物什，就连廊庑下也是满满的，上面落满厚厚的尘土，看不出是什么东西。走近一看，原来都是兵器甲胄之类，锈蚀斑斑，腐臭阵阵。

韩琦没有想到，后园原来只是一个狭长局促之地，东西约四十丈，南北约十丈，北面就是州署牙城的高大围墙。

　　韩琦召来一名州府老吏询问，才得知宋真宗景德年间，辽军围困澶州，相州成为御辽前线，驻扎着重兵。澶渊之盟后，宋辽边境长期相安无事，驻军不断减少，再加上庆历新政时不断裁减冗兵，留下兵甲器械数以百万无处安置，就长期堆放在州署后园。

　　韩琦思忖良久，深感相州自古乃军事重镇，既然存放有大量兵甲器械，就应该加以修缮，妥为保管，于是，以武康军节度使的名义上疏朝廷，请求在相州新建甲仗库，加强武备，以备急需。

　　州署牙城北围墙之外，是一块五十余亩的官府菜地。韩琦命人将牙城北围墙北移，将菜地的三分之一包入后园内，西半部辟五十六间作为兵器库，将数以万计的兵器存入库中；东半部并入州署后园，这样，后园的南北长度便与东西一致了。

　　相州府署坐北朝南，大门外是牌楼、照壁，第一进院为迎送官员之地；进仪门，第二进院，两侧分设吏、户、礼、兵、刑、工各司，正中为黄堂公事大堂，为郡守处理公务场所；第三进院是敏公堂，为郡守与官员议事场所；进内门，第四进院正中是自公堂，两侧厢房为郡守及内眷起居之地。韩琦在自公堂后的后园内新建一座大堂，作为自己的书房，取名昼锦堂；堂西北建一小亭，以供游赏，取名广春；堂东南建射亭，为州署官员隶卒习练射箭之地，取名求己。

　　《史记·项羽本纪》记载：项羽见秦宫已毁，思归江东，曰："富贵不归故乡，如衣锦夜行。"后遂称富贵还乡为"衣锦昼行"，省作"昼锦"。韩琦将自己的书房取名昼锦堂，反其意而用之，不为向世人夸耀皇上的恩宠眷顾，而是以此警示自己，时刻不辱帝恩，忠君爱国，勤于政事。他作诗曰："古人之富贵，贵归本郡县。譬若衣锦游，白昼自光绚。不则如夜行，虽丽胡由见。事累载方册，今复著俚谚。或纡太守章，或拥使者传。歌樵忘故穷，涤器掩前贱。所得快恩仇，爱恶任骄狷。其志止于此，士固不足羡。

兹予来旧邦，意弗在矜炫。以疾而量力，惧莫称方面。抗表纳金节，假守冀乡便。帝曰其汝俞，建纛往临殿。行路不云非，观叹溢郊甸。病躯谐少休，先陇遂完缮。岁时存父老，伏腊洁亲荐。恩荣孰与偕，衰劣愧独擅。公馀新此堂，夫岂事饮燕。亦非张美名，轻薄诧绅弁。重禄许安闲，顾己常竞战。庶一视题榜，则念报主眷。汝报能何为，进道确无倦。忠义笃大节，匪石乌可转。虽前有鼎镬，死耳誓不变。丹诚难悉陈，感泣对笔砚。"

牙城围墙之外剩余的大部分菜地，南侧有一个废弃的圆形高台，有一条小道可回环而上，若螺壳之状，州人谓之抱螺台，无人知其兴废之由。韩琦命人将邺城冰井台废弃的四根铁梁运来，在废台之上立柱建屋，取名休逸堂。抱螺台南在牙城围墙开一小门，以通州署；抱螺台北凿大池，引千金渠之洹河水蓄满池水，岸边种植杨柳松柏桃李数千株，树下花草环列，诸如洛阳牡丹、扬州芍药，与池中莲荷、浮萍交相辉映，连成花海盛景。每到寒食节游春之时，州中百姓扶老携幼，纷至沓来，赏花观鱼，流连忘返。韩琦将此园命名康乐园，意为与民同乐于大治之年，百姓安康之时。

韩琦作《相州新修园池记》中写道："而知天子仁圣致时之康，太守能宣布上恩，使我属有此一时之乐，则吾名园之意为不诬也。观吾堂者，知太守仗节旄来故乡，得古人衣锦昼游之羡，而不知吾窃志荣幸之过，朝夕自视，思有以报吾君也。"

十年之后，也就是治平二年（1065 年），时任宰相韩琦一再上表，请求辞相再知相州，专门请参知政事欧阳修为昼锦堂作记，三司使蔡襄书丹。两位好友欣然同意，欧阳修成文后，立即派人送给韩琦，信使出门不久，急忙追回来，再次对文辞进行斟酌修改；蔡襄更是将文篇拆解成字，每字书数十遍，择最佳者连缀成篇，时称"百衲本"。《昼锦堂记》一碑，被宋人称为本朝第一碑。

韩琦的这次辞相没有被皇帝宋英宗准许，直到两年后宋英宗驾崩，宋神宗继位后才得以再知相州，但这篇千古奇文得以在世间流传，这是后话。

第六章

三朝柱石

安阳历史廉吏

第一卷

一

　　至和二年（1055 年）腊月三十，京师大雪，厚厚的积雪把一座宫殿的大梁压断。闻听此消息，宋仁宗认为是上天在惩罚自己，便光着双脚在后宫的雪地里祈祷，天明时大雪终于停了。

　　新年的正月初一，百官到大庆殿朝贺。由于昨晚冻了一夜，宋仁宗刚坐在龙椅上，突然感到一阵头晕目眩，口角流涎，一头栽倒在龙案上，朝堂上众大臣手忙脚乱，慌作一团。

　　太监急忙将宋仁宗扶到后宫，找来太医治疗。但宋仁宗病情越加严重，神志不清，胡言乱语，高叫："张茂则与皇后谋大逆！"内侍太监张茂则吓得躲在一座偏殿上吊自杀，幸好被一名宫女发现，救治及时，保住性命。曹皇后也从此不敢进入福宁殿，服侍病中的宋仁宗。

　　宋仁宗这一场大病，直到元宵节后才稍有起色，朝中大臣只能五日一入宫奏事。宋仁宗于福宁殿卧床听政，虽然神思清楚，但依旧无法说话，只能点头以示首肯而已。

　　去年，陈执中被罢相，宋仁宗再次擢用知永兴军文彦博为昭文馆大学士，知并州富弼为集贤殿大学士，两人入朝为相。

四十七岁的宋仁宗突然病倒，令文彦博与富弼两位宰相非常担心。宋仁宗因三个儿子早亡，至今没有皇储。宰相文彦博沉不住气，于病床前向宋仁宗提出从皇族中选太子之事。宋仁宗点头同意。可一个月后，宋仁宗病好了，立太子的事儿再也不提了。皇上已近天命之年，又遽临大病，立储之事不得不成为两位宰相心里的当务之急。

此事正令两人焦头烂额，枢密使狄青又卷入一场是非，而且竟与宋仁宗这场大病牵扯到一起。

宋朝自立国以来，宋太祖立下"偃武修文"的国策，枢密院掌管朝廷军政大权，历来为文臣担任枢密使，武臣不得署理。侬智高之乱，宋仁宗却委任战功卓著的狄青为副枢密使前去平叛，遭到了御史中丞王举正、左司谏贾黯及御史韩贽等人的强烈反对，就是因为狄青武将出身，犯了武臣掌兵的大忌。狄青平定广南之后，宋仁宗因功诏封狄青为枢密使，当时的宰相庞藉等人再次提出反对意见，宋仁宗一再坚持，狄青才得任命。狄青就任枢密使后，一直小心谨慎，处世低调，没承想还是没有躲过这一劫。

宋仁宗大病期间，积压了诸多政务。现在大病初愈，中书府众宰执大臣聚集在政事堂商讨诸事轻重缓急，准备一一向皇上奏报。

知制诰刘敞对文彦博说："以前朝中有一大忧之事，有一大疑之事。今皇上龙体康复，大忧已去，而大疑尚在。"

众人不知所云，文彦博问道："何谓大疑之事？"

刘敞答道："狄青入枢密院四年来，京都百姓闻其出入，就聚众观看，以至于壅塞道路。前时皇上生病期间，又传言狄青家的狗头上生出两只角，而且有人报告夜间狄宅里经常发生火光烛天的怪事。诸般异象，人言纷纷，虽不足信，为今之计，唯有奏明皇上，将之外任，方可保全狄青名节。"

参知政事王尧臣不禁疑惑地问道："狄青出身行伍，因功升任枢密使，三四年间，未见有过任何过失，岂能因军民所喜，风闻传言，而罢狄青枢密使之职？"

殿中侍御史吕景初说道:"狄青身为一代名将,虚名在外,为兵众所依附,朝廷内外人言汹汹,确实令人忧虑!"

文彦博有意回护狄青,说道:"狄青忠心朝廷,平常行事还算谨慎,我们听到的也都是坊间传言,不值得以之为意。"

吕景初不甘心,竟然扯出文彦博与狄青的同乡关系,回道:"狄青虽然忠心,但禁不住小人蛊惑,令世人疑惑,以致生变。文相还是应该多为朝廷考虑,不能私恩于同乡之谊!"

刘敞也说:"流言汹汹,事关朝廷安危,宁负狄青,也不能有负国家啊!"

欧阳修见刘敞话说得太重,致使众人缄口不言,遂接口说道:"狄青因武臣掌枢密,朝中多有议论,而且他又为百姓、军士所喜,必会为狄青招致祸端,也为国家生出事端。我赞同上奏皇上,权且罢免狄青枢密使,命其到地方任职,既可以保全他的名节,又能为朝廷消弭未萌之患,岂非国家之利。"

文彦博望了富弼一眼,见富弼微微点头,也觉得欧阳修之言颇有道理。于是,与富弼一起入宫奏对。

宋仁宗听罢,问道:"前时多有大臣奏闻狄青传言,可有此等事?"

富弼答道:"我也有所闻,只是坊间传言。"

宋仁宗踌躇半天,缓缓说道:"狄青确实是一个忠臣啊!"

文彦博接口说道:"当年,太祖不也是后周的忠臣吗?只是到了一定时候,事情逼到那里,所以才有了陈桥兵变。"

宋仁宗悚然,缓缓说道:"晓谕中书,加狄青同平章事,出判陈州。诏武康节度使韩琦为枢密使,赴任补阙。"

狄青闻知自己出判陈州(河南睢阳),随即向文彦博打听外放缘由。文彦博看着狄青,说:"无他,朝廷怀疑你!"一句话,吓得狄青惊慌失措,倒退数步。狄青到陈州之后,每天都是惴惴不安,每次闻听有朝廷使节到来，总是惶恐终日，不到半年，突发疾病而死。宋仁宗得知情况，懊悔不已，传诏厚葬，赠中书令，谥号"武襄"。

二

至和三年（1056 年）八月，韩琦拜别相州父老，前往京师赴任。在故乡这一年又五个月，他带病修渠引水，建库治园，百姓无不铭记于心，听说韩琦大人赴京，便扶老携幼在府署门外送行，依依惜别。

韩琦入朝，正值宋仁宗身体康复，以此为由，在大庆殿祭拜天地，大赦天下，改年号嘉祐。在宋仁宗的心里，他多么希望天地祐助，使其得一龙种，延续龙脉。

其实，宋王朝历代对于立储极为重视，仁宗朝也不例外。宋仁宗十三岁即位后，因未成年，皇太后刘娥曾将燕王赵元俨的儿子赵允良抱入皇宫，充作皇子养育，为的是以防龙脉断绝。后来，宋仁宗成年，而且诞下龙子，才把赵允良又外放出宫。后宫的嫔妃先后为宋仁宗生下三个儿子，可惜的是，都先后夭折未成。一晃二十年过去了，宋仁宗将近天命之年，还是没有一个亲生的儿子，加上突遭大病，朝中大臣们才如此催逼皇上立储。

朝堂之上，知谏院范镇跪在宋仁宗面前，直说得声泪俱下："陛下即位三十五年，以纳谏为德，未尝不虚怀接纳。现在涉及宗庙社稷之大计，怎么反而拒谏而不用？臣职谏院，自当谏言，不敢爱惜生命而默默无言，以负陛下。乞请陛下与大臣速定立储大议，如果认为臣言为不然，臣请求阖门以待万死之罪！"

远在并州任通判的司马光也一再上疏，奏言："以臣之愚昧，当今最大而急之事情，就在于根本未建，众心危疑。现在陛下圣体未安，而天下之人尚有疑惧，正当于此时早择宗室之贤，使摄居储副之位，内以辅卫圣躬，外以镇安百姓！现在，四海之人都在企踵而立，抉耳而听，只要陛下明诏天下，然后人人自安。如果以为立储事关重大，不能造次可定，也可以暂且使之辅政，或典宿卫，或尹京邑，亦足可以遏祸难之原，靖中外之意。”

群臣上疏立储，宋仁宗不是不急，但他觉得自己仍处中年，还有机会，再者他知道有个妃子已经有了身孕。

朝中大臣不清楚宋仁宗的想法，就连宰相文彦博、富弼和翰林学士欧阳修、知谏院范镇在廷对时也常常劝谏立储。

宋仁宗不厌其烦，朝会后，他把韩琦单独留下来，问道：“众议立储，你怎么看这件事？”

韩琦回道：“皇上即位三十余年，至今未育皇子，援引历代故事，确是应该考虑储君之事。但此事至关重大，应该由皇上圣躬独断，即使至亲至近之人，也不可以参预议定。”

“朕这次病愈之后，每次朝议，朝臣屡谏，章疏必议，逼迫尤急，非欲置朕为拒谏之君。”宋仁宗越说越激动，竟站起身来回走动。

韩琦望着宋仁宗，等他气色稍缓，才温言说道：“皇上也不必为此烦恼。群臣请立皇子，也是以江山社稷为念。皇上仁慈恭俭，古今少有，必会得到上天的眷顾，让皇上诞生皇子，这将是宗庙社稷的莫大荣幸。前时皇上突发重病，宫中没有储君，群臣惊慌失措，担心奸佞小人邀功图进，为乱朝堂，酿成大祸，才众议立储。以臣下之愚，窃想皇上也有所考虑，已有万全之策。”

宋仁宗默思良久，说道：“后宫有孕，希望是一个皇子吧。”

韩琦说道：“依臣愚见，请求在宫中建立书院，选择宗室子弟年幼而谨厚数人，入于内学，陛下每于政事之余，亲自驾临，观察他们的学识和器度。这样，如果后宫诞生皇子，生育成人，即可以遣散他们；一旦事有不协，也可以为将来从宗室子弟中选立皇储做些准备，群臣的疑虑也自然消除。"

宋仁宗望着韩琦，默默点了点头。

三

嘉祐三年（1058 年），御史张伯玉上疏弹劾文彦博结党营私，宋仁宗诏天章阁侍制卢士宗、右司谏吴中复调查此事，均查无实证。文彦博上疏请求外任，宋仁宗没有挽留，诏令文彦博为河阳三城节度使，判河南府，并对两府阁臣进行调整：富弼任昭文馆大学士、平章事，成为首相；韩琦任集贤殿大学士、平章事，入为次相；王尧臣、曾公亮为参知政事；宋庠为枢密使；张升、程勘、田况为枢密副使；时任开封知府的包拯升任御史中丞；翰林学士欧阳修权知开封府。尤其，富弼、韩琦都是庆历新政旧臣，两人一起主政中书，一时朝野士人额手称庆。

十月的一天，韩琦接到王安石的一封书信，信中写道："以前我有幸在扬州府作为您的僚属，只是自己没有才能帮您参谋筹划，却常常因为疏于礼节得到您的宽容，很久以来，很是愧疚。韩相您忠君爱民，礼贤下士，使我仰慕已久。只是多年以来，我与您久未谋面，且位差尊卑，自然未能常常瞻仰风采，时时聆听教诲。希望能借昔日之缘，跟随左右，只是担心自己鄙陋，有污您的盛行。"

当年王安石离开扬州，放弃了回京入试馆阁的机会，到鄞县（浙江宁波）任知县。他在任上四年，兴修水利、扩办学校，治绩斐然。宰相文彦博向宋仁宗举荐王安石，请求朝廷免试馆阁之职，特授集贤校理予以褒奖，王安石辞谢不任。之后，王安石到舒州（安徽潜山）任通判，欧阳修再次举荐他入朝任谏官，王安石再次推辞。欧阳修又推荐他为群牧判官，他再一次辞谢。不久，王安石出任常州知州，得与周敦颐相知，声誉日隆。王安石每一次辞任都被引为盛事，朝野士人都遗憾无缘结识。

欧阳修又一次推荐王安石，韩琦见王安石在地方任上勤于政事，政绩卓越，也放下自己原来心中的疑虑，一同向宋仁宗奏言，委任王安石为三司使节度判官，署理天下赋税。

这一次，王安石没有再辞谢，立即走马上任，而且立即呈上一篇《上仁宗皇帝言事书》，洋洋洒洒万余言，极陈当世之务，核心思想是改革吏治。对于经历过庆历新政的宋仁宗和宰相富弼、韩琦，却没有引起多大的注意。

此时，更让宋仁宗心烦意乱的是，后宫嫔妃又接连生下几个女儿，就是没有一个儿子。为了生育儿子，是宋仁宗开始服食丹药，以便频频宠幸后宫嫔妃，最宠幸的有十个宫人，称为十阁。其中一名刘氏，彭城县人，从民间选入皇宫，并得到宋仁宗的宠爱。刘氏仗恃皇帝的宠爱，作威作福，甚至干预朝政，宋仁宗几乎为她所迷惑。然而，劣迹斑斑的刘氏竟然还耐不住寂寞，与他人通奸。宋仁宗闻知后龙颜大怒，随即将刘氏削发为尼，并放逐两百三十六名宫人，其中包括宠幸的十阁嫔妃。

自从服食丹药以后，宋仁宗常常沉默寡言，即使群臣奏事，也只是点头而已。如此一来，朝中大事，全部由中书、枢密院宰执大臣决定。

富弼与韩琦一起为相，两个人之间关系逐渐微妙起来。富弼虽然是首相，但一向处事谨慎，事事按章循例，不免按部就班。韩琦处事果断，雷厉风行，说话直率，作为次相副手，有时显得专断跋扈。

一次，两人在一起议事，富弼犹豫再三，不能定论，话也就显得多了。韩琦一看他犹豫不决的样子，满脸不高兴，说道："富相又絮叨起来了！"

富弼急道："你说我絮叨是什么意思？！"

韩琦见富弼真急了，也就不再言语。性情耿直的韩琦不知道，富弼的心里因此与他渐生隔阂。

嘉祐六年（1061年）三月，富弼因母亲去世，按制丁母忧三年，随即离职回洛阳老家办理丧事。按照旧例，宰相丁忧，一般不待期满就会予以复职。宋仁宗等到富弼办完丧事，一连五次下诏让富弼复职。富弼一再推辞，坚持服丧三年。宋仁宗考虑再三，决定拜韩琦为昭文相，韩琦两次上表辞谢，宋仁宗不准。直到八月，韩琦才接任首相，主持中书大局。

一次，有人问韩琦说："富相三年丁忧起复之时，韩相会不会将昭文相还给富相？"

韩琦答道："宰相之位怎么可以长保呢？三年之后，我韩琦还不知道身在何处，何言辞昭文相以待富相啊！"

这话后来传到富弼耳中，他在奏疏中向宋仁宗赌气道："臣在中书曾经与韩琦一起讨论过，只有在国家遇到重大紧急情况下，才可以使宰臣临丧夺情起复，正所谓金革变礼，不可用于平世。现在韩琦已经接任昭文相，主持中书，一定也不同意臣夺情起复。皇上也就不必以此征求韩琦的意见，允许臣终丧再起复吧。"

宋仁宗将此事告诉了韩琦，韩琦叹道："我只是说了一些实话而已，想不到令富相多疑了。"

四

北宋时期，因京师开封人口稠密，朝廷没有地方修建私宅，京中官员只能租民房居住，而且房价奇高。朝廷后来在皇城右掖门之前修建了一批官邸公廨，供朝中宰执大臣租住，便于入宫办差，但也需要从俸禄里支付租金。

欧阳修在京师时间较长，而且官职不如韩琦，只能租住三间破旧小屋，一遇大雨就漏水，他只好写诗遣怀："嗟我来京师，庇身无弊庐。闲坊僦古屋，卑陋杂里闾。邻注涌沟窦，街流溢庭除。出门愁浩渺，闭户恐为潴。墙壁豁四达，幸家无贮储。"

韩琦任宰相后，宰相府就在右掖门外一个小小的院落。每天下朝回家，门外都是拜见的官吏，投帖的士子，自是人满为患。人群中，苏洵带着自己的两个儿子苏轼、苏辙最是显眼。

嘉祐初年，苏洵带着年仅二十一岁的苏轼与十九岁的苏辙来京应试，谒见当时文坛领袖翰林学士欧阳修。欧阳修读过他的《衡论》《权书》《几策》几篇文章后，认为可与刘向、贾谊相媲美，于是京师文人士子争相传诵，文名因而大盛。

第二年，苏轼、苏辙同榜应试及第，轰动京城，但父亲苏洵却名落孙山。于是，欧阳修向朝廷推荐苏洵，宋仁宗召苏洵到舍人院参加考试，苏洵不愿再参加考试，于是推托有病，不肯去应考。欧阳修再次向韩琦推荐，苏洵才与儿子一起来拜见韩琦。

苏洵，字明允，号老泉，比韩琦小一岁。庆历年间，宋仁宗任用韩琦、范仲淹、富弼等人主持庆历新政，苏洵正在京师游学，亲眼看到了新政的始末。新政失败，三人被贬，令有志于矫世更俗的苏洵很是悲观。他回到老家四川眉山，闭门苦读，潜心研究政治与军事，通六经，览百家，下笔顷刻数千言，写成了《审势》《审备》《审敌》等著作；深刻总结宋与辽、夏之间战争失败的教训，作《权书》《几策》；针对庆历新政的得失，作《论衡》。

苏洵对参与宋夏战争、庆历新政和戍守北疆的韩琦倾慕已久，正值韩琦任相，他多么想与之一晤，吐胸中块垒，展壮志豪情。

韩琦接到苏洵的拜帖，连忙将父子三人引入客厅。韩琦命坐看茶，看过欧阳修的荐书后，问道："苏学士文采斐然，学富五车，著书立说，已然可立于当世士林。然古往今来，为文者，有立言、立行之分，愿闻苏学士高见。"

苏洵答道："我没有其他长处，唯好读儒典，研经术。虽然不敢说著书立说，但好谈及天下兵事，评论古今成败，把贾谊作为自己的榜样。我所献的《权书》，虽然是对古人以往成败的总结，但即使施行于今天，也无不可。"

韩琦想起自己向宋仁宗请求赴宋夏边任之时，也是滔滔雄辩，对时局自认鞭辟入里，可到陕西前线进行攻守战备，方知战争不仅仅是军事，更是政治，甚至是一场外交的较量。人不在其位，难解其中奥义，但绝不是简单的万言雄辩。

韩琦不禁继续问道："自古道，兵者，国之大事也。苏学士数论当世军备涣弛，兵虽多而战不力，治兵之道有何良策？"

苏洵回道："自古以来，用兵决胜不为难，养兵不用则可畏。战乱之时，养兵多可制胜于敌；太平之时，养兵多则于国不利。当今之世，天下太平，边境安然，盗贼剪除，而不义之徒聚之不散，勇者有余力，则思以为乱；智者有余谋，则思以为奸；巧者有余技，则思以为诈。于是，天下之患杂然而出。兵久不用，则其不义之心蓄而无所发，饱食优游求逞于良民。观其平居无事，出怨言以邀上，一日有急，自然人人非得千金不可使也。"

一番对话，让韩琦想起了王安石的万言书。确实都是一篇好文章，洋洋洒洒纵论天下大事，但总觉得与自己庆历新政后一贯坚持的务实经世之道不合。韩琦还是忍不住问道："苏学士有何教我？"

苏洵回道："皇上对您恩信有加，委以重任，而韩相素有威望，得掌权柄。恩深则益骄，威重则生怨。现在君臣体顺，畏爱道立，韩相正是天下众望所归啊！"

韩琦看着与自己年龄相仿的苏洵，已然是满头华发，却耿耿国事，心里还是满怀欣赏。但他更喜欢的是苏洵的两个儿子。

听欧阳修讲过，他主持嘉祐二年（1057年）春闱时，试官梅尧臣将一篇《刑赏忠厚之至论》的策论列入优等，送给欧阳修复评。欧阳修看后，也对这篇策论大加赞赏，但怀疑是自己的弟子曾巩所作，为了避嫌，列为第二。后来，欧阳修得知这篇策论为苏轼所作，对苏轼更加欣赏，亲自推荐苏轼兄弟二人参加由宋仁宗亲自主持的秘阁试，苏轼入三等，苏辙入四等。欧阳修得知后连声赞叹："苏氏昆仲，连名并中，自前未有，盛事！盛事！"就连宋仁宗回宫后也止不住叹道："朕今日为子孙得了两宰相矣。"

秘阁试也称制科御试，两宋三百年间仅举行二十二次，几乎十五年才举行一次，也只有四十余人入等。其中，一、二等皆虚而不录，三等为最优，四、五等皆授予馆阁之职。自宋以来，只有吴育和苏轼两人入三等。

苏轼更像父亲苏洵，率性洒脱，不拘小节，能言善辩，文人气十足。而弟弟苏辙性格沉稳，知书达理，寡言内敛。韩琦更喜欢稳重讷言的苏辙，不由得望着苏辙问道："子由，古人云：'文者气之所形'。这句话如何理解呢？"

苏辙略一思之，执弟子礼拜谢韩琦，徐言答道："回韩相，辙生性喜好文章，我以为文者气之所形，然文不可以学而能，而气却可以养而致，也就是孟子所说：我善养吾浩然之气。今观孟子的文章，宽厚宏博，充塞于天地之间，自然与他的气之大小相称。司马迁遍游天下，周览四海名山大川，与燕赵豪杰交游，所以他的文章疏放不羁，颇有奇伟之气。我年仅弱冠，长期住在家乡，所来往的，不外是邻人同亲这一类人。所看到的，不外是几百里之内的风景，没有高山旷野可以登临观览，以开阔自己的心胸。诸子百家的书，虽然无所不读，然而都是古人过去的东西，不能激发自己的志气。我担心自己就此而被埋没，所以断然离开家乡，去寻求天下的奇闻壮观，以便了解天地的广大。我经过秦朝、汉朝的故都，观览了终南山、嵩山、西岳的高大，向北远望黄河奔驰的激流，深有感慨地想起了古代的好汉英雄。到了首都，看到皇帝宫殿的壮丽，以及粮仓、府库、城池、苑囿的富庶而且巨大，这才知道天下的辽阔富丽。见到翰林学士欧阳公，聆听了他宏大雄辩的议论，看到了他秀美奇伟的容貌，同他的门生贤士交游，这才知道天下的文章都汇聚在这里。韩相您以雄才大略称冠天下，国人依靠您而无忧无虑，四方异族国家惧怕您而不敢侵犯，在朝廷之内像周公、召公一样辅君有方，领兵出征像方叔、召虎一样御敌建功。辙年纪很轻，还没有通晓从政之道，韩相如果认为我可以教诲而屈尊教诲我的话，那我就更感荣幸了。"

韩琦喜欢苏辙的谦恭有礼，话语里没有文人的狂放和桀骜，更符合自己心中择士的标准。这也是此后苏辙的文名虽比不上哥哥，但仕途比苏轼顺畅，官位也更高的原因。

五

王安石进入三司任度支判官后，他的心情是抑郁的。自从写信给韩琦，至今不见举荐自己，进呈给宋仁宗的万言书也不见动静，可见他的投石问路没有起到作用。现在已经三十八岁，鬓边频添华发，而胸怀大志却不得施展，一个度支判官能有什么作为。为此，他作《明妃曲》："明妃初出汉宫时，泪湿春风鬓脚垂。低徊顾影无颜色，尚得君王不自持。归来却怪丹青手，入眼平生几曾有；意态由来画不成，当时枉杀毛延寿。一去心知更不归，可怜着尽汉宫衣；寄声欲问塞南事，只有年年鸿雁飞。家人万里传消息，好在毡城莫相忆；君不见咫尺长门闭阿娇，人生失意无南北。"他借王昭君出塞和汉武帝皇后明妃失宠，抒发自己郁郁不得志的苦闷心情。他屡次向朝廷提出外任，连宋仁宗授予他的直集贤院的馆职也再三辞任，这倒为他赢得了很高的声誉。

嘉祐二年（1057 年）的夏天，司马光从并州通判调回京师，以直秘阁判吏部南曹，不到一年调开封府推官。嘉祐四年（1059 年）再改三司度支勾院，此时，王安石也刚刚从江南东路提点刑狱入京任三司度支判官。两人相互仰慕已久，又同任三司，自然经常诗酒自娱，以文会友。司马光读了王安石的《明妃曲》，知道王安石性情郁结，和诗劝慰："胡雏上马唱胡歌，锦车已驾折橐驼。明妃挥泪辞汉主，汉主伤心知奈何。宫门铜环双兽面，回首何时复来见。自嗟不若往巫山，布袖蒿簪嫁乡县。万里寒沙草木稀，居延塞外使人归。旧来相识更无物，只有云边秋雁飞。愁坐泠泠调四弦，曲终掩面向胡天。侍儿不解汉家语，指下哀声犹可传。传遍胡人到中土，万一佗年流乐府。妾身生死知不归，妾意终期寤人主。目前美丑良易知，咫尺掖庭犹可欺。君不见白头萧太傅，被谗仰药更无疑。"

司马光笔下的王昭君不仅是哀而不伤、怨而不怒，而且心怀"汉恩"，无非是劝慰王安石要通过矢志不渝的决心和艰苦卓绝的努力，来实现自己的理想。

王安石刻苦读书著述，但在生活上习性疏懒，落拓不修边幅，曾经被韩琦误解，以致心生嫌隙。司马光见王安石经常疏于盥洗，身上生了虱子，写诗调侃道："但思努力自清洁，群虱皆当远迸播。"对于性情执拗的王安石，司马光再一次触到了他的痛处，两人自此也渐渐疏远。

嘉祐五年（1060 年）四月的一天，三司衙署后花园的牡丹已经开放，姹紫嫣红，争奇斗艳。三司使包拯一时兴起，命人在后苑里摆了酒席，让司官们一起赏花赋诗。众人轮番敬酒，兴致甚高。然而，包拯发现席中两位才子王安石和司马光却一直不曾举杯。于是，包拯问道："今日欢聚，两位才俊何以不饮酒？"

王安石和司马光连忙欠身答道："属下素不饮酒。"

包拯笑道："平时可以不饮，今日可不能不饮。两位难道不知'一人向隅，举坐不安'的话吗？"

司马光盛情难却，只好饮了一杯。王安石却起身向包拯一躬："属下平生不饮酒。"

包拯端着酒杯，说："今天大家高兴你就开--回戒嘛，来，我敬你！"

王安石还是坚持道："属下确实不会饮酒，还望大人见谅。"

众人看着包拯难堪地站在那里，纷纷过来劝说："介甫，包大人的一片心意，你可不能不领啊。"

"介甫，你不喝，包大人怎么安席呢？"

然而，不管众人怎么劝，王安石就是不喝。好在包拯生性豪爽，自己找了个台阶下来。

不久，宋仁宗擢任王安石担任起草诏令的知制诰，同时兼任纠察在京刑狱，负责审查京城的各类刑狱案件。其间，一场发生在开封府的鹌鹑人命案，把王安石推到了风口浪尖。

汴京城一个少年饲养着一只善斗的鹌鹑，他的朋友也非常喜欢，就向他讨要。少年不给，这个朋友就趁其不备，一把抢过去就跑。少年追着争抢，抢夺中失手将朋友置于死命。开封府审理判定：少年失手致朋友毙命，虽非故意，但杀人偿命，天经地义，随即收押在监，待秋后问斩。

王安石在复审这个案子时，却认为：按照律法的规定，不论是公然抢夺还是暗中偷窃都算是盗窃罪，此案中少年的朋友抢夺鹌鹑犯盗窃罪，他去追抢应该是追捕盗贼，即使杀死也不应定罪，因此，便弹劾开封府判罪过重。

开封府不服，案子上报到审刑院和大理寺，两院都认为开封府的判定是正确的。宋仁宗下诏赦免王安石的错判之罪。按照惯例，被免罪的应该到宫门去谢罪。王安石说："我无罪！"始终不肯前去。

后来，发生的另一件事，令宋仁宗对王安石产生了更大的成见。每年春天，皇帝都会召集内阁大臣和身边近臣在宫中内苑举行赏花钓鱼春宴。

王安石成为知制诰后，有幸参加。诸位大臣都围坐在池水边专心致志钓鱼，宋仁宗却发现，王安石拿着鱼竿钓鱼，嘴里却不停地吃着什么。仔细一看，原来王安石把面前金碟里的鱼食都吃得精光。

第二天，宋仁宗对韩琦说："王安石是一个虚伪狡诈的人。"

韩琦问皇帝为何。宋仁宗说："若是偶然误吃了一粒鱼饵，那也是人之常情。可是，凡人只要吃了一粒，就会发觉味道不对，而停止食用。可是王安石竟然把一碟子鱼饵全部吃光了。这等事情，完全悖乎人情嘛！"

不久，王安石的母亲吴氏病故，他随即按制丁忧，然后扶柩回江宁安葬。丁忧三年后，王安石察觉宋仁宗对自己抱有成见，于是请求外任，重回江宁任知府。

六

嘉祐六年（1061 年）八月，五十四岁的韩琦被任命为同中书平章事、昭文馆大学士、监修国史，由次相成为首相；枢密使曾公亮加同中书平章事、集贤殿大学士，为次相；参知政事张环为枢密使；孙忭、欧阳修为参知政事；包拯、赵概、胡宿为枢密副使。

韩琦担任首相，就把皇帝立储列为头等大事，他举荐修起居注司马光担任知谏院。司马光并不知道，这是韩琦为解决立储大事投下的第一步棋子。

韩琦知道，立储这件大事，仅靠几个大臣和谏官劝谏，无法令宋仁宗下定决心，只有朝廷两府阁员一致请求立储，再借助台谏劝谏的力量，才能真正解决皇嗣问题。在韩琦的主持下，两府内阁很快形成一致意见，但谏院自从范镇外任后，缺少一个敢冒死进谏又善谏的人，韩琦首先想到的就是司马光。

早在嘉祐元年（1056 年）宋仁宗大病之初，在并州担任通判的司马光就连上三章，力请早建皇储。虽然官微言轻，但还是引起韩琦的注意。后来，韩琦得知，这个司马光博学多才，二十岁考中进士甲科，到郓州任通判。嘉祐二年（1057 年），富弼回京出任宰相，老宰相庞藉接任并州知府，司马光转任并州通判。由于深得庞藉信任，司马光回京任职判吏部南曹，后历任开封府推官、三司度支员外郎、同修起居注，而此时四十三岁的司马光道德文章闻名天下。

司马光到谏院就职后，第一件事就是向宋仁宗面陈立储之事。他说道："臣在并州任通判时，虽远任在外，犹不畏生死，曾三次上疏，请求陛下早定继嗣，以遏乱源。今日，臣得以侍奉皇上左右，身为谏官，若不以社稷大事谏言皇上，敷衍塞责，罪不容诛。立储继嗣为当今国家断自圣志至大至急之务，无大于此，乞请陛下早赐施行，则天地神祇、宗庙社稷、群臣百姓并受其福。"

宋仁宗沉思许久，开口问道："你的意思是选宗室子弟为继嗣吗？这是忠臣之言，只是其他人不敢明说罢了。"

司马光说道："我原以为言此必死，不意陛下竟能容纳！"

"这有何关系，此事古今都有啊！"宋仁宗随手将奏疏递给司马光，说道："你将此奏疏送到政事堂，交给韩相，让两府大臣商议一个意见。"

司马光闻言，急忙回道："皇上，如此恐怕不妥。立储事关重大，如果不是皇上面授诏令，宰相们必不敢受理。"

司马光出宫时，路过政事堂。韩琦正好看见司马光，派人将他叫到政事堂，屏退众人，问道："今天与皇上谈了些什么呢？"

司马光含蓄地答道："事关宗庙社稷的大事啊！"

韩琦心里明白，也就不再多问了。

十几天过去了，立储之事一点动静也没有。正逢九月的上辛日，是皇帝在明堂举行祭天大礼的吉日，祈求丰年。宰相韩琦为主祭，殿中侍御史陈洙负责监祭。韩琦私下问陈洙："这几天知道你与司马光很忙，有一件事一直想给司马光说说，但又有诸多不便。听说你与他交往甚厚？"

陈洙答道："素慕司马君实的道德文章，近日又一起共事，自当同心勠力为皇上办差而已。"

韩琦点头，说："前时听说他面陈皇上立储之事，皇上已经心有所动，但至今不见皇上将奏疏递送中书。请你转告司马光再行上疏，只要皇上认可，可以由他直接将奏疏转送政事堂。"

陈洙将韩琦的话转告司马光。司马光随即再次上疏，对宋仁宗奏言："臣前几日进言立储，陛下欣然同意，以为很快就施行，可是到现在不见动静。想必有人说陛下仍然春秋鼎盛，自会有多子之福，何必急着办这不吉祥的事情。这完全是小人的一派胡言乱语。人无远虑，必有近忧。一旦变起仓促，他们就各自拥立自己的主子，一旦成功，就可以以'定策国老''门生天子'自居，擅权误国，历史上这样的例子还少吗？"

一席话直指利害，宋仁宗感到立储之事无法再拖下去了，但仍犹豫不决，说道："你还是将奏疏先送中书，由宰相们妥议。"

司马光赶紧到政事堂，对韩琦说："皇上让宰相们妥议此事，但事情不能拖延。一旦哪一天，半夜里宫中传出一张纸条，以某某为皇嗣，天下莫敢违啊！"

韩琦说道："我等一定尽力！"

事情有了重大转机，但皇储之事自古都是皇上乾纲独断，宰相们也只是襄赞而已。立储之事，大家意见一致，不必再议，但不敢涉及具体人选，否则会遭猜忌，轻者贬官，重者杀头。曾公亮、欧阳修、包拯等人一起望着韩琦，不知下一步如何作为，事情倒一下子陷入了僵局。

见大家不语，陈洙说道："各位大人，我陈洙位居御史，自当拜表乞请从宗室子弟中择贤为皇储。若有不测，当以死报国。"说罢，昂然而去。

陈洙回到家里，对家人说："今天我已经上表，请求皇上立储。因事关社稷大事，我奏言皇上不必担心我有异日非分之图，只需用臣之言，杀臣之身。如果皇上罪及我，你们不免受到连累，自当有所准备。"说完，进入书房，饮药而死。

韩琦闻知，感叹不已。第二日，就怀中揣着《汉书·孔光传》，进殿觐见宋仁宗。

韩琦进呈御览后，将陈洙之事告知宋仁宗，然后说道："汉成帝刘骜在位二十五年，没有亲生的皇子，就立其弟定陶王刘康之子刘欣为皇子。《孔光传》中就记录着这件事情。汉成帝只是德才中等的君主，尚且能这样深明大义，皇上如此圣明，难道反而不能吗？"

韩琦见宋仁宗专注地看着自己，知道他已经心有所动，接着说道："听说昭宪太后曾问过宋太祖，何以得天下。宋太祖不能言，昭宪太后说是周世宗使幼儿主天下耳。后来，宋太祖为了国家的长治久安，深谋远虑，将天下传给了弟弟宋太宗，才使得祖宗的洪福能够流传至今。愿圣上以太祖之心为心，则无不可。何况宗室子弟入继大统，就等于自己的儿子一样，这样江山社稷传至万代，陛下将是功德无量，从古至今未有能超过您的。"

宋仁宗听罢，眼含泪光，一把抓住韩琦，道："韩相诛心之言，也是金玉之言啊！"

"臣等冒死直言，与陈洙同心，唯圣上明鉴。"

"陈洙以死进言，功在社稷，朝廷自当优加赙赠，赐钱十万，录一子为官。"沉默片刻，宋仁宗说道："立储之事，朕有此意多时了，但一直没有确定人选。你看宗室子弟谁可？"

韩琦闻言，心中一震，接口回道："臣等与宗室子弟素不往来，此事岂臣下敢议，当出自陛下圣择。"

宋仁宗说道："以前曾经有一个宗室子弟养于宫中，纯朴聪慧。"

韩琦请问姓名。宋仁宗答道："名字叫赵宗实，现在已经三十岁了。"

韩琦喜道："既然如此，就按照圣上的考虑决定吧。"

宋仁宗说："如此说，就定赵宗实为皇储了。"

韩琦担心宋仁宗变卦，说道："立皇子事关重大，明日，还是陛下亲自颁旨。"

第二日，宋仁宗在垂拱殿召见两府大臣，说道："朕决意立濮安懿王第十三子赵宗实为皇储。"

众大臣上前向宋仁宗称贺。韩琦说道："陛下立储还是得按礼仪加封。现在，濮安懿王丧期未满，礼法不宜即刻行之。我与两府大臣商议，先授赵宗实知宗正司，主理赵氏皇族宗亲事务，加官泰州防御使，待服丧期满后再依次施行。"

宋仁宗说道："如此甚好！"

韩琦担心时间一长，事情再反复，于是说道："既然事情定了，中途就不能停止。圣上既然定断不疑，就从宫中批下圣旨，下达任命诏书。"

宋仁宗说："这样的事情，最容易后宫干政呢！由中书府直接拟诏就可以了。"

诏书下达后，赵宗实却辞谢不受。赵宗实是宋太宗的重孙，他的爷爷商恭靖王赵元份与宋真宗是同母兄弟，父亲濮安懿王赵允让与宋仁宗是宗亲最近的堂兄弟。当年，宋真宗年轻时没有儿子，赵允让就曾被刘太后抱养宫中，备位储君。后来，宋仁宗出生，赵允让才被送回王府。宋仁宗即位后，由于年幼没有长大成人，赵宗实就被抱入宫中由曹皇后抚养。宋仁宗的大儿子赵昕出生后，赵宗实才被送回生父赵允让身边。父子两人都经历了与皇帝宝座擦肩而过的机会，回到王府后自然需要格外小心，以防遭到猜忌。现在，濮安懿王赵允让已死，丧期未满，赵宗实就以服丧为由再三推辞。

服丧期满后，赵宗实仍然一再辞谢，不受诏命，朝中大臣、宫中的宦官和后宫嫔妃自然议论纷纷，甚至对赵宗实横加指责。宋仁宗也因此疑惑不解，问韩琦："韩相，此事当如何处置？"

韩琦回道："圣上既然知道赵宗实纯朴贤良而选择了他，他不敢马上接受，是因为他器识远大，更说明圣上对他的看法是正确的。希望皇上不要有所疑虑。"

宋仁宗仍然不高兴地说："他既然如此三番地推辞，不如先放一放再说。"

韩琦坚持道："如此大事，朝廷怎么可以中途停止。希望陛下赐给他手诏，让他知道这完全是出自圣意，一定不敢再推辞了。"

宋仁宗不得已，派内侍宦官诏赵宗实入宫。赵宗实听到诏命后，称病不赴诏。韩琦得知，与欧阳修私下商议说："旧例，宗正之职为皇子担任。现在，任命赵宗实知宗正寺的诏敕既已发出，外人皆知必为皇子，不若遂正其名。"

欧阳修点头称赞，说道："宗正之职，他可以再三辞谢。今立为皇子，只用一道诏书，就可以定了。"

两人一起入殿，面陈宋仁宗。宋仁宗仍顾虑重重，问道："赵宗实如果还是再三推辞，那该怎么办？"

韩琦回道："以前皇子名分未定，赵宗实就是担任宗正之职也很难成事。如果明确立为皇子，父子名分已定，外边再有什么议论也无法动摇，他也就推辞不得了。"

宋仁宗连连点头，说道："如此甚好，令翰林学士王珪草诏，立赵宗实为皇子，赐名赵曙，于明堂前颁行天下。"

赵曙听到诏命后仍称病推辞，宋仁宗下诏同判大宗正事安国公赵从古等人前往劝告，众臣到赵曙卧室扶起他送入皇宫。嘉祐七年（1062年）八月初四，赵宗实被正式立为皇子。

七

自嘉祐七年（1062 年）春天，韩琦的夫人崔氏就已经病得卧床不起，韩琦因为操劳立皇子大事，只有让儿子韩忠彦、韩端彦在床前侍候。等韩琦刚刚忙完赵曙立皇子一事，赶回家里，崔氏已经汤药不进，奄奄一息。九月三日，崔氏在韩琦爱怜而愧疚的目光里合上了眼睛，享年五十六岁。崔氏为韩琦生育三个儿子和五个女儿，长子韩忠彦生于宝元元年（1038年），嘉祐六年（1061 年）进士及第，时年二十二岁，现任光禄寺丞。韩端彦生于康定元年（1040 年），因父荫入职太常寺。第三子韩良彦早亡。不久，韩琦纳侍妾真定（河北正定县）崔氏为二夫人，主持家务，于治平二年（1065 年）生五子韩粹彦。第四子韩纯彦和第六子韩嘉彦为韩琦另一位侍妾所生。

嘉祐八年（1063 年）二月，宋仁宗感到身体不适，急忙传太医医治，细心调养，赵曙常住皇宫内服侍病中的宋仁宗。

三月二十三日，宋仁宗身体已经略有好转，众臣到宫中拜表称贺。接连几天，宋仁宗饮食起居一切正常。二十九日夜晚，宋仁宗寝于福宁殿，初更时分忽然发病，并传谕召曹皇后。曹皇后赶到时，宋仁宗已经不能说话，只能用手指着自己的心窝，不久就昏迷过去。御医急忙给宋仁宗灌药、艾灸，均无济于事，三更时刻殡天。

曹皇后令内臣严守消息，关好宫门，秘不发丧，并密派内臣传谕韩琦及各位辅政大臣黎明入宫见驾。

第二天黎明，韩琦等辅政大臣来到福宁殿，曹皇后对韩琦说："昨天半夜时分，皇帝已升仙。军国大事，还要托韩相裁处。"说罢，才放声痛哭。

韩琦等曹皇后哭了一会儿，说道："请皇后暂且止住悲声，派内臣把太子接来，在先帝灵枢前即位，尊皇后为皇太后，宣翰林学士王珪起草遗诏。"

太子赵曙不明就里，匆匆赶来，蓦然见一群大臣跪在殿外哭泣，心里咯噔一下。韩琦一把扯住赵曙，说道："先帝已逝，奉遗诏命赵曙即皇帝位！"

赵曙惊慌地后退，连声说："我不敢！我不敢！"

韩琦紧紧搀扶着赵曙，为他披上御衣，与众大臣簇拥着到灵枢前。韩琦宣读宋仁宗的遗诏，文武百官向新皇上称贺。继位仪式秩序井然，直到中午时分方才结束，宫外街市间还不知道发生了什么事情。

宋英宗登基，第一件急需处理的事情就是安葬宋仁宗。按照惯例，任命宰相韩琦为山陵使，负责在河南府永安县（河南巩义市）皇陵为宋仁宗修建陵墓。事情安排完之后，宋英宗提出要为宋仁宗守孝三年，由韩琦代摄国政。韩琦极力反对，众大臣一起乞请宋英宗临朝处理政务，宋英宗这才勉强在外朝大庆殿朝见群臣，然后到内朝崇德殿开始处理政务。

即位后的第四天，正是宋仁宗大殓的日子，文武百官排列在福宁殿的外面，等候宣召行礼。

站在最前面的韩琦刚刚走进殿里，忽然听见宋英宗大喊："不要杀我！不要杀我！"只见宋英宗一边号呼，一边往帷幕里躲藏。

韩琦赶紧上前搀住宋英宗，顺手将帷幕放下来，厉声喝道："何人大胆惹怒皇上？赶紧搀扶皇上入宫，服些药就没事了。"被吓坏的内侍这才赶紧上来，扶着皇上匆匆入内。

韩琦转头对殿内人等说道："这件事只有你们和我看到，任何人不得向外泄露！"然后，走出大殿，传旨道："皇上有旨：文武百官于殿外跪拜吊慰即可。"入殓之后，殿外的百官竟然没有一个人知道殿内发生的一切。

韩琦把两府大臣叫进殿内，低声告诉他们这件事。欧阳修震惊之余，感慨地说道：“韩相遇事不慌，处事干练，一般人真比不上啊！”

宋英宗病得一会儿糊涂，一会儿清醒，有时哭笑无常，语无伦次，有时大呼小叫，狂奔乱走。韩琦见宋英宗的病一时不能痊愈，便与两府大臣商量，请曹太后仿效天圣年间刘太后垂帘听政的故事，暂时处理军国大事。自此，曹太后每日在宫中内东门小殿，接见两府大臣奏事。

曹太后是北宋开国名将武惠王曹彬的孙女，将门之后，自小熟读经书，通晓历史，常常引经据典裁决大事。两府大臣处理政务有争论时，她也从未草率独自决定，而是让大臣深入讨论后再决定。对身边亲信的人，她管束很严，更不允许曹氏宗室子弟借势妄为。因此，宫内宫外，朝廷上下，秩序井然。

一天，两府大臣在内东门小殿曹太后帘前合班奏事。散班后，曹太后单独把韩琦与欧阳修留下，向他们责怪说：“先帝时，刘太后垂帘听政是在皇宫正殿，你们看我坐的是什么地方？”

韩琦回道：“今日之事，难比当年。当年是先帝年龄小，刘太后垂帘听政坐正殿，自有历史典故。当今皇上是成年的国君，只是因为有病，暂时烦请太后听政。诏书上明确说明是暂时处理军国大事，既然是暂时，坐在这里也就可以了。”

接着，曹太后开始数说宋英宗这些天来对自己如何不敬，说着说着竟然伤心地哭了起来。原来，宋英宗病了以后，精神失常，内侍宦官和嫔妃宫女喂他吃药，他常常莫名其妙大发雷霆，轻则训斥，重则责罚，使身边侍奉的人牢骚满腹。有人借机搬弄是非，添枝加叶，向曹太后报告宋英宗的过错，甚至假言宋英宗对曹太后不满，没有母子亲情等，来挑拨两人的关系。

韩琦得知其中原委，劝道：“这都是皇上有病，有时神志不正常，才会发生这样的事情。一旦皇上病情好转，绝不会那样对待太后。儿子有了病，做母亲的能不宽容吗？”

欧阳修也劝道："太后侍奉先帝几十年，仁德著于天下。以前，先帝宠幸张贵妃，对太后也有不周之处，可是太后能够处之泰然，天下都称颂太后的圣德。如今是母子之间，反而不能相容吗？"

曹太后坐在帘里，很长时间一言不发。不一会儿，从帘里递出一封书信。韩琦接过一看，里面罗列了皇上在宫中的过失。

韩琦看后，让内侍当面将这些东西焚烧，说道："皇上在病中心神不宁，言语举动有不合适的地方，这没有什么奇怪的。"

曹太后问道："韩相听说过汉代昌邑王的故事吗？"

韩琦闻听，立马警觉起来，立即反问道："臣听说过汉代有两个昌邑王，不知道太后是问哪一个昌邑王？"汉武帝封第五子刘髆为昌邑王，后来刘髆之子刘贺袭昌邑王位。汉昭帝死后无子，传位刘贺。因刘贺荒淫无度，即位仅二十七天就被众臣废黜，另立新君。韩琦心里清楚，曹太后所说的正是刘贺被废之事。

曹太后不愿意把事情挑明，一时语塞，竟不知道如何回答。韩琦接着说道："这种话必然有它的来头，不知道是什么人在太后面前说的？"

曹太后支吾道："没有什么人说，只不过是以前听说过罢了。"

韩琦接着说道："太后没有自己的亲生儿女，皇上从小就由太后养在宫中。现在，皇后的母亲又是您的姐姐，皇后也是小时候在您的身边长大，而且还是先帝和您亲自为他们定下的婚姻，这不正是上天安排将这个儿子和女儿给了您，太后您不应当更加珍惜吗？"

曹太后有意岔开话题："昨晚我做了一个奇异的梦，梦见皇上在福宁殿里坐着，而他的儿子却乘龙上天了。"

"皇上坐在福宁殿，是皇上圣体康复的征兆，这是好梦。"韩琦说完，欧阳修接着话题说道："先帝在位四十年，广施恩泽，所以在驾崩之后，天下仍然太平无事。对于皇子继位，朝廷上下也不敢有异议。现在皇上有病，太后是一个妇人，臣等只不过是几个书生，如果不是有先帝的遗诏在，天下谁肯听从？"

欧阳修的话苦口婆心，但韩琦知道，有些事还得往明白里说，于是软中带硬地说道："皇上在外朝由臣等尽力保护，在宫中就全靠太后照管。如果皇上在宫里有什么闪失，太后是无法推辞的！"

曹太后大吃一惊，问道："韩相这话是什么意思？对于皇上的身体，我自然会尽心照管。"

韩琦缓和语气回道："只要太后好好照管皇上，臣等也会更加尽心。"

韩琦的话太重，欧阳修担心冒犯了曹太后，吓得出了一身冷汗，见曹太后没有怪罪，才松了一口气。退出来后，欧阳修问韩琦："韩相对太后的话，是不是太重了？"

韩琦说："我不能不如此啊！"

过了不久，韩琦见宋英宗身体逐渐恢复，就与宋英宗单独谈论曹太后的事情。

宋英宗对韩琦抱怨说："朕非太后所生，待朕自然寡情也就罢了，但时时处处责难我！"

韩琦闻言劝道："自古以来，圣明的帝王太多了，可是只有虞、舜被称为大孝，难道其余的帝王都不孝顺吗？父母慈爱，儿子孝顺，这是很正常的事情，所以人们并不称道。只有父母不慈爱，儿子仍不失孝道，这才是值得称道的。虞、舜就是这样的人啊！陛下说太后不慈少恩，那恐怕是因为皇上有病，对待太后有诸多不周到的地方吧。圣上从小进宫，太后对于皇上有养育之恩，还把自己的外甥女立为皇后，寡情又从何说起呢？"

宋英宗听后，脸色缓和不少。韩琦见状，接着开导他："圣上能有今日，与太后的鼎立相助是分不开的，大恩不可不报。虽然太后不是您的亲生母亲，但对圣上的恩情也胜过了亲生母亲。愿皇上要加倍孝顺侍奉太后。"

宋英宗很受感动，说道："朕一定听从韩相的金玉之言。"

韩琦两边劝解，宋英宗打开了心结，身体一天比一天好起来，开始经常到曹太后宫中问候，曹太后也逐渐消除了误解，两人和好如初。

后来，韩琦了解到，曹太后与宋英宗之间的矛盾，是太监大总管任守忠从中作梗，挑拨是非。这天，韩琦拿出一张空白敕书，让参知政事欧阳修签字。欧阳修虽然有疑问，但知道韩琦不会平白无故这么做，没有问就署了名。参知政事赵概感到很为难，犹豫不决。

欧阳修说："只管签署，韩相不说，一定有自己的用意。"

等赵概签名后，韩琦坐在政事堂，把太监大总管任守忠传来，命他站在院子中间，指责他说："你的罪过应当判死刑，现在贬官为蕲州团练副使，由蕲州安置。"说罢，拿出那张空白敕书填上任守忠的名字和罪状，当天就派人把他押走了。直到任守忠被押着出了京城城门，曹太后才得知此事，但为时已晚。

八

治平元年（1064 年）四月，宋英宗身体基本痊愈。这时，京城周边久旱无雨，韩琦奏请宋英宗出宫亲自祈雨，借机让天下百姓知道皇帝的病已经好了，以此安定人心。刚刚服丧期满回来任枢密使的富弼与韩琦的意见一致，两人商量后，上疏请求宋英宗按照宋真宗时的故事，巡幸相国寺、天清寺、醴泉观，为民祈雨祷福。

宋英宗问道："是不是应该与曹太后商议一下？"

韩琦与富弼于是一起到内东门小殿，向曹太后奏明此议。曹太后问道："皇上是什么意思？"

韩琦答道："皇上让臣等先向太后禀明，听候懿旨。"

曹太后说道："事是好事，只是皇上大病初愈，不会有什么不便吧。现在皇上正在服丧期间，出行需要素白仪仗，没有仪仗恐怕不行，要不就等等再说。"

韩琦见曹太后语含关心，很是欣慰，回道："皇上的意思是可以出行，至于素仗，臣等谨遵太后懿旨，尽快办妥。"

曹太后听后，非常满意。等到宋英宗到寺观祈雨，所到之处，百姓远远见到皇上的车驾，无不欢呼相庆。

到了五月，宋英宗的病已经完全痊愈，开始到外朝文德殿进行例行朝会，然后到内朝崇德殿处理军国大事。两府大臣不放心，每次等到宋英宗退朝后，再到内东门小殿向曹太后复奏宋英宗所裁决的事务，然后回到政事堂拟诏颁旨。曹太后听完，总是夸奖皇上处理得当。

韩琦见曹太后归政的时机成熟，就对次相曾公亮和枢密使富弼等人说："先帝昭陵完工时，我就想请求归还相位，考虑到皇上身体欠安，才拖延至今。现在圣体完全康复，处置政务果断英明，这实在是天下的幸事。我准备先在太后的帘前事先奏明，请诸位都赞成。"

曾公亮劝道："韩相是立帝定策的元勋，朝中怎么能没有您呢？"

韩琦面色一凛，说道："皇上能够登临大宝，是先帝的神德圣断，更是太后在宫中鼎力相助的功劳，朝廷已有定议，臣子们谁敢邀功倨傲？也正是担心众人乱说，我才辞相，也是避免朝议纷纷。"

众人见韩琦决心已定，也就不好再一味劝说，只是感叹惋惜，唏嘘不已。

这天，韩琦与众臣一起在内东门小殿向曹太后回奏皇上裁处的十几件事情，曹太后连连说好。等大臣们都退下后，韩琦独自留下。曹太后问道："韩相还有什么重要的事情吗？"

韩琦回道："太后，现在皇上圣体完全康复，处理政务也十分得当，臣年高体弱，疾病缠身，特请太后准许我解职还乡养病。"

曹太后不知道韩琦什么意思，劝说道："韩相怎么能在此时解甲归田呢？况且，哀家本来应该退居深宫，不得已才坐在这里。您还是让哀家先退下来吧。"说完，又郁郁不乐地叹息道："今日退下来，别人更不把哀家看在眼里，不知道会怎样待我。"

韩琦说道："太后在朝廷危难之际，能够果断地处理朝中大事，现在皇上身体康复，自然会还政于皇上。您熟读史书，试看古往今来，有像您这样的贤后吗？前代东汉时期垂帘听政的马太后、邓太后，虽然史论贤明，也不免贪恋权势。太后您能够主动归政，这真是历代贤后所不及啊！太后撤帘后虽不参与政事了，但一定会受到朝野加倍的尊重崇敬！不知太后哪一天撤帘？"

见韩琦的话如此紧逼，曹太后心里不快，站起来说："现在就撤！"说完，拂袖而去。

韩琦也不在意，厉声命令仪鸾司当即撤帘。帘子撤下来时，曹太后还没有走远，韩琦隐隐约约看到她的背影，不禁长长吐出一口气。他之所以一心促成早日撤帘，正是担心时间一长，曹太后身边的小人必然不会安分，一旦形成后宫势力，后果不堪设想。但他如此逼迫曹太后，若不是曹太后贤良，弄不好会遭受诛九族之灾。

事后，赵概得知情况，劝道："稚圭，你这样做，虽然至公至善，一心为天下，但你不怕殃及自身和全家的安危吗？"

韩琦正色说道："作为人臣，焉能不全心全意事君？我早已置生死于度外，至于成功与否全靠天意，岂可瞻前顾后？"

很快，宫中传出曹太后的还政手诏，递进政事堂。枢密使富弼闻听大惊，生气地对同僚说："我身为宰执大臣，其他事情也就算了，太后还政这样的大事，韩琦竟然独断专行，也不事先预知我。"

富弼是宋英宗即位后一个月服丧期满回京任职，被任命为枢密使。当年，两人在宋仁宗朝同在两府，富弼为宰相，韩琦为枢密使，两人关系交厚，遇到疑难问题时，作为首相的富弼经常主动与韩琦商议。但此次回来，富弼任枢密使，韩琦成为首相，除非朝廷下旨令两府合议，韩琦很少向富弼征询意见，令富弼非常有意见。

其实，事出有因。宋英宗即位后因病不能处理军国大事，曹太后垂帘听政，其间因大宦官任守忠挑拨是非，致使两宫失和。在对待宋英宗和曹太后的问题上，富弼与韩琦产生分歧。富弼每每以曹太后之言为是，归咎宋英宗，因此，曹太后每次不高兴，都在富弼面前哭诉。富弼对韩琦说："每次听太后所说，富弼都不忍闻。"韩琦怀疑富弼有攀附太后之嫌，自然很多事情一人独当独断，更何况让曹太后撤帘归政一事，更不能让富弼知道，以免徒生波折。

韩琦听说后，在政事堂向众臣解释道："此事当时出自太后之意，谁敢事先对外乱说，一旦因此引起变数，归政就不知道拖到何时。我哪里有外富公之心。"

尽管如此，富弼还是耿耿于怀，数次上疏请求外任。治平二年（1065年）初，富弼称病不再上朝，在家养病半年之久，于五月罢枢密使，以镇海节度使、同平章事，判河阳（河南孟县）。自此，两人断绝来往，两位昔日好友、当世名臣最终形同陌路，让人遗憾叹息。

九

病愈之后亲政的宋英宗，面临的第一个棘手的问题，就是韩琦的辞相。按照唐宋年间的惯例，先朝的宰相一般在作为山陵使修建先帝陵寝后请求辞相，新皇帝大多担心老宰相因拥立之功挟功欺主，也会在大加封赏后答应。宋英宗因病无法理政，韩琦才拖到现在，如今宋英宗病愈亲政，他再三提出辞去相位，回相州养老。

一心有所作为的宋英宗，清楚朝廷目前深陷"三冗"之弊，非常希望起用以韩琦为代表的庆历新政旧臣，于是在垂拱殿，有了君臣之间一番对话。

韩琦奏道："臣嘉祐之初，带病入枢，至今已年近花甲，日感年老体衰，心力不济，屡有台谏奏臣之过，恐负圣望。臣已五次上表，乞请皇上允臣纳还印绶，回相州安养病躯。"

宋英宗说："韩相有大德于朕，有大功于社稷，一旦无缘无故辞相而去，岂不惊骇天下人的耳目，加重朕的过失吗？由您来辅佐朕，就不会有愧先帝的遗命。"

韩琦说道："我朝自太祖以来，为相之臣少则二三年，多则五六载。先帝不以臣憨直少智，无所建功，至今已入二府八年有余，忝居相位近六年，抑贤直进。方今皇上英年图治，任良为急，引天下之才以自辅，采廷中之议而必公，自不必因私臣一人而毁全美。"

宋英宗打断韩琦的话，说道："韩相立朝正直，竭心尽忠，自有公议。当初，若朕不值得辅佐，您何必屡有建储之议；今朕初登帝位，治理天下，必需要像您这样的社稷贤臣，同心协力，共谋万世基业。好了，您不必再三辞谢了。"

韩琦不甘心，说道："皇上，自富弼外任，臣既为宰相，又身兼枢密使，权摄两府，实在有负圣恩啊！"

宋英宗见韩琦态度有变，笑着说道："也实在让韩相有劳了。朕随后就有诏命，您还得多为朕推荐可堪大用之人啊！"

宋英宗加封韩琦为卫国公，又特拜守司空兼侍中，但免去了他兼任的枢密使职务。司空和侍中本来都是宋代品位极高的荣誉加衔，同时加授更是达到极品，宋朝开国以来实所罕见。韩琦一再上疏辞谢，宋英宗不允。

韩琦与曾公亮商议，准备推荐欧阳修为枢密使。欧阳修得知后，对韩琦说："皇上亲政，任用大臣，自有权衡。二相虽然错爱，但如此未免有上凌主权之嫌，此事如何行得？"

韩琦闻言很是佩服，乃罢。果然，宋英宗召文彦博任枢密使。当年，文彦博罢相后，出判河南府，封潞国公，后改判永兴军。此次再次擢用文彦博，韩琦与文彦博这两个当年同科进士同时执掌两府。

宋英宗病愈亲政，每日召韩琦、文彦博、曾公亮和欧阳修等两府大臣议事，讨论庆历新政以来的朝政缺失。宋英宗知道，眼前的大臣都是当时庆历新政的倡议者和参与者，现在，他们再次执掌两府，宋英宗几次重议庆历时期的新政。

韩琦迟迟没有附议，考虑到当年庆历新政在朝中引起轩然大波，觉得新政还有不完善的地方，他需要查阅历代以来的掌故，以史为鉴，多加完善后再予以颁布。

垂拱殿里，君臣正在商议，执事太监进来禀告："皇上，龙图阁直学士司马光求见。"

宋英宗高兴地说："众位相公，闻听这位学士通经史百家，赶快宣进来，请他共同参议。"

司马光参拜宋英宗后，说道："臣司马光奉诏回陕州（陕西夏县）原籍祭祖，刚刚回朝，前来销假侍奉皇上。"

宋英宗说道："司马学士来得正好。朕与各位大臣商议朝政，想借鉴汉唐和前朝故事，听说你通晓古今，且请坐一旁一同参议吧。"

"臣不敢当通晓古今之名，但多年来留心史实。汉代司马迁之后，又近千年，流传下来的有十七史，且纪传卷帙浩繁，脉络欠明。尤其三国至隋以及五代，各叙其事，无有正考，令人读之，蒙然莫识。臣准备编修一部囊括数千年的《通志》，以资圣鉴。现已列其大纲，名之《历年图》。"说着，司马光从衣袖里掏出一部厚厚的史书。

宋英宗接过，仔细浏览，见《历年图》中提纲挈领记载了自战国以来至五代后周间一千三百六十二年的历史，每年为一行，六十年为一重，五重为一卷，共五卷。当天下分崩离析之时，则置一国之年于上，而以朱书诸国之君及其元年系于其下，从而诸国之年号都清楚明白，这就是后来的《资治通鉴》的编纂提纲。

可以想见，这必将是一部皇皇巨著，起讫年代和编纂体例见所未见。宋英宗兴奋地递给众位大臣传阅，高声说道："盛世治史，以史为鉴，更可以致我大宋千秋功业！"

韩琦说道："臣请求朝廷专门成立书局，由司马翰林主持《通志》的编纂，待书成之后再颁新书名。"

宋英宗说道："书局就设在崇文院，一切笔墨、纸张均由宫内予以供应。"崇文院是北宋时的皇家图书馆，下设秘阁与昭文馆、史馆和集贤馆三馆，都是皇家藏书之处。

欧阳修接话道："还有龙图阁与天章阁内的书籍图谱，也可供书局查阅。另外，著书是件辛苦之事，请求皇上恩准由宫中宦官侍奉，并给书局提供糕点和水果。"龙图阁与天章阁是宋真宗、宋仁宗的纪念馆，里面不仅藏有二位先帝的真迹和文集，还有大量历朝的图书和典籍。

司马光接着请求道："贡院属官刘恕通晓魏晋南北朝史实，还对史籍缺失、记载讹误的五代十国颇有心得。国子监直讲刘攽精通两汉，曾著《汉书标注》，与其兄刘敞、侄刘奉安称为三刘《汉书》之学。新科进士范祖禹对唐代三百年间的兴亡得失见解独到，为时人推崇。臣愿皇上诏令此数人入书局，与臣一同编纂《通志》。"

宋英宗一一同意。司马光跪下叩首道："皇上对臣眷遇之荣，近臣莫及。臣必精研极虑，穷竭所有，日力不足，继之以夜，以报答皇上的知遇之恩。"从此，司马光在为政之余，与诸位同道共同编纂这部巨著。十九年后，书乃成，宋神宗赐名《资治通鉴》。

十

治平二年（1065 年）四月，宋仁宗大祥期结束。九日，宋英宗诏礼官与待制以上朝臣商议崇奉生父濮安懿王的典礼。宋英宗是濮安懿王赵允让的第十三子，虽然入嗣宋仁宗，但本生父母也必须有个名分。

诏书下发后，翰林院掌院学士王珪犹豫再三，找到司马光。司马光说："既然皇上入嗣先帝，就是先帝之子，不得顾私亲，应该按照历朝封赠同宗长辈的故例。汉宣帝入嗣汉孝昭帝后，终不追尊生父刘进；汉光武帝上继汉元帝之业，亦不追尊生父刘钦，这是万世常法，可为今鉴。"

王珪与司马光商议后，随即上奏，说："陛下入嗣先帝之子，然后继承大统，光有天下。濮安懿王虽于陛下有天性之亲，养育之恩，然陛下所以君临天下，富有四海，子子孙孙，万世相承，皆先帝之德也。臣等窃以为濮安懿王宜准先朝封赠期亲尊属故事，尊以高官之爵，封以大国之王，考以古今，最为合宜，谨具议上闻！"

王珪将奏章送到政事堂，韩琦与文彦博、曾公亮、欧阳修、赵概等人看罢。韩琦说道："翰林院的奏议，没有详定皇上对濮安懿王的称谓，请再行复议！"

王珪回道："濮安懿王系先帝之兄，皇上自当称皇伯。"

欧阳修反驳道："濮安懿王为皇上生父，改称皇伯，历考前世，均无典据。所谓汉宣帝及光武帝，也皆称生父为皇考，未尝称皇伯之说。请尚书省集三省御史台议！"

韩琦将双方争议之事奏报宋英宗，宋英宗召集群臣廷议，台谏官一致赞成王珪的奏议，两府宰执却坚持欧阳修的提议，双方争执不下。曹太后闻讯，降懿旨责难两府宰相处事寡断，徒起争议。韩琦明白，这是曹太后不同意称濮安懿王皇考。

宋英宗见状，说道："既然廷臣集议不一，权且罢议，着众臣博求典故，妥议以闻。"

侍御史吕诲、范纯仁和监察御史吕大防不依不饶，上章力请按王珪之议照行。韩琦将奏章压下，不予上报。台谏官又联名弹劾韩琦专权，并请求贬黜两府大臣欧阳修、曾公亮、赵概等人。

宋英宗见曹太后手诏干预，群臣议论纷纷，急召韩琦进宫。韩琦神态自若，奏道："皇伯无稽，决不可称。请求皇上明诏中外，核定名实。至若台谏劾奏两府议定为濮安懿王立庙京师、干纪乱统等事，请求贬黜大臣，皇上应戒饬臣下不必妄引。"

宋英宗说道："还是且请暂时罢议吧！"

韩琦回道："不忙！臣以为濮安懿王是皇上的生父，这是不争的事实，称不称皇考，还得太后定夺。宜令中书府发布诏告，以茔地为园，于园中立宗庙，令濮安懿王的子孙每年按时祭拜就可以了。"

宋英宗说道："如此甚好，然而必须禀告太后才可以施行。"

韩琦说道："此事由我向太后禀明。"

不几日，曹太后懿旨送到政事堂，上面说："濮安懿王宜称皇，其夫人宜称后。"让皇上称濮安懿王夫妻为父皇母后的事，既不是皇上的本意，也不是两府的意思，当时在场的曾公亮、赵概和欧阳修看后感到惊愕，面面相觑，一时不知道该怎么办，赶紧派人找来韩琦。韩琦到了以后，顾不上交谈，急忙一同到垂拱殿面见皇上。

韩琦疾步上前，奏道："以臣愚见，皇上应该向太后辞免称皇称后之事，请求称生父即可。其他按臣等前日所议，以茔地为园，以园立宗庙。然后，由皇上面奉懿旨，昭告天下。"

宋英宗欣然答道："如此最好！"

吕诲、范纯仁和吕大防等见自己的劾奏不被采纳，声称与两府大臣"理不两立"，请求集体辞职。宋英宗召来两府宰相，问他们该如何平息这场风波。欧阳修说道："御史等以为理难并立，若臣等有罪，当留御史，贬黜臣等，唯听圣旨。"

韩琦见欧阳修如此，与台谏集体辞职一样，都难免有逼宫之嫌，于是说道："皇上诏令共议，难免意见不一。今太后已有懿旨，不得再有横议。还是请皇上定夺，更不必以求贬以图邀名。"

不久，吕诲等三人被贬出京师。濮议之争，历时十数月，方才罢休。

十一

治平三年（1066年）八月，秋高马肥，正是牧民放牧、农夫收获的时节。宋夏边境大顺城（甘肃庆阳华池县）外，却是另一番景象：号角呜咽，狼烟缭乱，营帐连绵一望无际，兵马奔突此起彼伏。此时，城上城下两军对垒，一场大战一触即发。

大顺城是宋代经营陕西的军事重镇，与种世衡所筑的青涧城、刘沪所筑的水洛城，被称为北宋时期防御西夏的三座重要军事要塞。

庆历初年，韩琦与范仲淹共同主持陕西战事，使宋夏战争进入相持阶段。范仲淹坐镇庆州，为减缓夏军对延州的军事压力，他密令部将率兵偷袭西夏军，夺回庆州西北的马铺寨。马铺寨因地理之便有报警通信的作用，范仲淹下决心在此修建一座城堡，以彻底掐断西夏南下关中的交通线。

元昊也认识到马铺寨的重要性，派人日夜防范。范仲淹为此做了精心的准备，他先派一支军队引开夏军，然后亲率将士以迅雷不及掩耳之势，利用短短十天时间在这里筑起城堡。消息传到开封，宋仁宗看了城堡图后大为惊叹，赐名大顺。

庆历四年（1044年）宋夏和议后不久，元昊去世，刚满一岁的儿子谅祚继位，为夏毅宗。北宋并没有乘人之危发动进攻，宋夏之间维持了二十多年的和平局面。夏毅宗成人后，雄心勃勃，乘宋英宗继位之初且又患病，不断对宋境发动试探性的侵扰。这次，夏毅宗亲率数万军马，围攻大顺城。

战报很快传到京师开封，宋英宗急忙召集韩琦、文彦博等大臣商议军情。

韩琦说："庆历之时，先帝曾在延和殿召见臣和范仲淹等人，告诉臣等西部边界未得安宁，让大家为御敌之事出谋划策。当时，臣进御敌四策，主要是招募当地义勇土兵抓紧训练，采取积极防御的守策，敌军进犯坚决予以反击，积蓄力量等待时机直捣西夏京都兴庆府（甘肃银川）。四策初上，元昊接受和议，也就搁置未予施行。现在，谅祚不过是一个狂妄无知的顽童，远不如其父元昊老谋深算和富有智略。今天他竟然轻举妄动，已经违背盟约，破坏和议，愿将臣当年的御敌之策，经过二府讨论，付诸实施，让前方将士坚决反击，小小的侵扰不足为患，很快就可以取得胜利。"

宋英宗看到韩琦胸有成竹，点点头道："就依韩相之言。"

韩琦接着说道："另外，请皇上下诏，停止对西夏的岁赐，关闭宋夏边境的榷场和市，断绝贸易往来，同时派遣使者赴西夏进行严正交涉，维护我天朝的尊严。如此多策并举，必会屈服西夏。"

枢密使文彦博反对道："不可这样，如此则会在边境挑起更大的事端。当年，就是贸然出兵，才导致三川口、好水川之败。"

韩琦反驳道："兵家必须知己知彼，今天防御西夏的准备，已经大大超过以前。以前，朝廷沿袭唐代府兵制，禁军庞大，守边军队的供给成为很大的问题。自治平之后，河北、河东、陕西三路在当地蕃汉民众中广募民兵义勇，这些人勇敢彪悍，纯朴忠实，而且在当地都有父母子女的牵挂，保家卫国的斗志非常高涨，战斗力超过了禁军。现在，河北已经有十五万，河东有八万，陕西也得十四万之多。谅祚只不过是一个顽童，怎可与其父元昊相比？况且西夏理屈词穷，遣使问罪一定会屈服。"

宋英宗同意韩琦的意见，一面派遣左藏库副使何次公为使臣，持圣旨前往西夏，一面授翰林学士冯京任陕西安抚使，督抚前线将帅坚决反击，并按照韩琦四策便宜行事。

一个月后，陕西前线传来捷报：大顺城守将环庆经略安抚使蔡挺分遣诸将，防守要害，并亲自率军击退了西夏军队的多次进攻。柔远城守将副都总管张玉派遣三千人敢死队，连夜突袭撤退的敌营，谅祚被流矢射中，不得已撤兵，西夏军已经退回夏界。

十二

出使西夏的何次公带回了西夏的表书，此时，宋英宗已卧病在床。韩琦得知何次公回朝，急忙与文彦博一起进宫。叩拜问安之后，韩琦扶着御榻问道："谅祚上表说了些什么？"

宋英宗撑起半个身子，看着韩琦欣慰地说："一如所料，一如所料！"

韩琦悬着的心一下子落了下来，回道："这全是依赖圣上的神威啊！"

宋英宗让内侍将谅祚的表章递给韩琦。韩琦接过，只见上面所云：累年受赐，不敢渝盟，皆因边界守将擅自兴兵，已谕令退兵，再无侵扰，不至骤停岁赐，关闭榷场和市，两相失和等。

韩琦奏言："谅祚名为谢罪，然尚多游辞，归罪于边将。应复赐诏诘之，令其派专使再贡誓表，保证今后严诚边界部落酋长各守封疆，不得越界侵扰。我方也不得越界追捕叛逃之人，也不得招纳对方边民。如此，西夏若再违背盟约，必将绝交。若遵守诺言，朝廷恩典，自当一切如旧。"

这次宋英宗的病是从治平三年（1066 年）十一月开始，经宫中太医医治仍不见效果。到十二月，病情越来越严重，已经不能说话，但宋英宗依然坚持凭几危坐，处理政务。

韩琦与文彦博每天都进宫问安。一天，在宫门外遇见宋英宗长子颍王赵顼。赵顼赶紧跟过来，忧心忡忡地问韩琦："韩相，现在父皇身体欠安，我该怎么办？"

韩琦边走边说："请颍王朝夕守护皇上身边，尽心服侍，不要离开。"

赵顼答道："这是皇子的职责所在，我一定尽心竭力。"

韩琦停下脚步，望着颍王说道："我的言外之意，颍王难道不明白吗？"

赵顼忙道："明白，明白。"

宋英宗与高皇后有四个儿子，长子赵顼从小聪明伶俐，勤勉好学，深得宋英宗喜爱，治平元年（1064 年）晋封为颍王。自从韩琦点明之后，赵顼守在宋英宗床前，须臾不曾离开。

见皇上病情不断加重，御史里行刘庠奏请宋英宗立皇太子。宋英宗看过奏章，一天闷闷不乐。正好韩琦与文彦博一起进来问安，赵顼见韩相等人进来奏事，连忙退出门外。韩琦奏道："陛下圣体欠安，久不能临朝，朝野上下无不诚惶诚恐，应该早立太子，以安众心。"

宋英宗倚在坐榻之上，闻言想坐起来，内侍连忙搀扶，但总觉得困倦难支，只有点点头，依旧躺下。韩琦见状，奏道："陛下圣意已决，即请手诏明示，择日举行立储大礼。"

韩琦说罢，命人召翰林学士承旨张方平进殿，准备起草诏书。张方平进殿后，将纸笔递给宋英宗，请求皇上写出皇子的名字。宋英宗勉强拿起笔，草草书写数字。韩琦望过去，只见纸上写着："立大大王为皇太子。"

韩琦奏道："立嫡以长，想圣意必属颖王，还请圣上亲加书明！"

宋英宗又在纸上写道："颖王顼。"

张方平立即遵圣意，起草诏书，即刻写成，只是在写太子名字的地方留下一个空格，请宋英宗亲笔加入。宋英宗已经不堪久坐，歇了半天，才坐起来写上颖王的名字。宋英宗写罢，不觉叹了一声，忍不住泪水盈眶。韩琦连忙让内侍宫女扶着宋英宗躺下，众人默然退出。

走出大殿，文彦博对韩琦说道："看见皇上叹气了吗？人生到此，即使是父子也不由得令人动情啊！"

韩琦答道："皇上当年立储，相距也就短短数年，仿佛眼前之事，如今又要力请建储，不由得令人嗟叹！"

到了岁末，宋英宗病体毫无起色，好不容易度过年关。正月十九日，是册立颖王赵顼为太子的日子，立储典礼在大庆殿举行，翰林学士承旨张方平为礼仪使，翰林学士王珪撰写册文。礼成之后，韩琦与文彦博一起奉册文到垂拱殿。宋英宗因病不能上朝，两人只有将册文交给合门使，由内侍宦官领着到福宁殿进呈病榻上的宋英宗。

治平四年（1067 年）正月二十五日一大早，宋英宗皇后高氏传懿旨，急召韩琦进宫。韩琦得知消息，想到宋英宗可能大限已到，赶紧派人知会太子赵顼到福宁殿外候旨，自己急忙先赶往宫中。

高皇后的曾祖高琼是宋太祖时的禁军武卫将官，深受宋太祖、宋太宗赏识。宋真宗继位后，高琼为京师殿前都指挥使。辽军兵围澶州时，高琼与宰相寇准协谋劝谏宋真宗御驾亲征，亲自率军勠力破敌，建立大功，授予侍中、太师、尚书令兼中书令，死后追封卫国武烈王。高皇后不仅出生将门勋贵之家，而且是曹太后姐姐的女儿，自小被选入宫，在曹太后的操持下与仍在藩邸的宋英宗成亲。也正因为这层关系，宋英宗才如此顺利被立为太子。在宋英宗与曹太后发生龃龉之后，贤惠的高皇后从中调和，夫妻依旧恩爱如初，以至于宋英宗登基四年，从未纳御嫔妃。

等韩琦赶到福宁殿，高皇后满脸泪水地说道："今天黎明时分，皇帝已经升仙，请韩相主持朝中大事。"

此时，太子赵顼和文彦博、曾公亮、欧阳修、赵概等陆续赶到。韩琦高声说道："着翰林学士张方平宣读皇帝遗诏，请太子接诏，继皇帝位。"

太子赵顼跪倒在地，张方平正宣读遗诏，曾公亮斜眼看了一下死去的宋英宗，只见宋英宗的手忽然动了一下，连忙打断张方平。

"宣读遗诏，休得喧哗！"韩琦高声喝道。见大家面面相觑，接着说："先帝复生，就是太上皇。"

遗诏宣读完毕，众臣连忙请来太医。太医检视一通后，回道："皇上确实已经仙逝。"众臣这才松了一口气。曾公亮吓出了一身汗，怀疑自己是否看花了眼，幸亏韩相当机立断，躲过了大逆之劫。

赵顼即皇帝位，是为宋神宗，昭告中外，大赦天下，以次年改元为熙宁元年。下诏尊曹太后为太皇太后，皇后高氏为皇太后，册立元妃向氏为皇后。向氏是宋真宗朝宰相向敏中的曾孙女，青州知府向经之女，治平三年（1066年）入颍王府，封安国夫人，为宋神宗原配。

同时，加封韩琦为司空兼侍中，仍领昭文相；曾公亮行门下侍郎兼吏部尚书，晋封英国公；文彦博行尚书左仆射检校司徒，兼中书令；欧阳修与赵概并加尚书左丞，仍参知政事，其余百官均加官进秩。

韩琦再次被任命为山陵使，在河南府永安县（河南巩义市）皇陵为宋英宗督造陵寝。

正值宋英宗大丧期间，按制百官皆穿素袍，以示哀悼。监察御史刘庠劾奏：欧阳修入临福宁殿祭拜时，素袍下面穿着紫衣，尤伤礼教，更伤大臣之礼，请求罢黜。宋神宗知道欧阳修是一时疏忽所致，悄悄压下奏疏，派内侍告诉欧阳修，让他赶紧换掉。

欧阳修历来心直口快，好当面揭人之短，尤其在濮议之争中与御史台和谏院闹得势不两立，众多台谏官耿耿于怀，正想找机会将欧阳修赶出朝堂。

事情刚刚过去不久，监察御史蒋之奇再次劾奏欧阳修帷薄不修，奸乱长媳。

蒋之奇为嘉祐二年（1057年）进士，主考官正是欧阳修。欧阳修对他一直颇为爱重，便力荐他为监察御史。濮议之争中，欧阳修主张称皇考，台谏官集体反对，唯独蒋之奇支持欧阳修，被台谏官们所不容。他为此十分苦恼，试图改变这种窘迫的处境。此时，欧阳修妻弟薛良孺因事恼恨欧阳修，私下捏造流言蜚语，向御史中丞彭思永污称欧阳修与长媳吴氏有染。蒋之奇从彭思永处得知消息，遂上章劾奏，请求朝廷将欧阳修处以极刑，暴尸示众。

欧阳修得知后，立即上章请求彻底追查此事。他说："臣身为近臣，今蒋之奇所诬陷之事，如果是真的，就犯下了天大罪恶；如果没有，则是天大的冤枉。犯大恶而不诛，负至冤而不雪，这怎么能行呢。"

宋神宗诏令有司严查，方知查无实证，纯属谣言，遂将彭思永和蒋之奇一起贬黜。

欧阳修明白，自己首开濮王之议，已经触犯了众怒。再一次蒙受如此污秽的诋毁，欧阳修的心境变得更为惨淡，实在厌烦了这种是是非非的宦海生涯，希望在迟暮之年，过上一种清静、悠闲、安定、丰富的田园生活。他接连上章，坚决请求解除参知政事之职，回江西任职。

宋神宗多次派内使前往欧阳修府上，赐手诏："事理既明，人疑亦释，卿宜回中书供职如初，无恤前言。"

然而，欧阳修去意已决。治平四年（1067年）三月，宋神宗下达诏书，欧阳修以观文殿学士、刑部尚书的头衔知亳州（安徽亳县）。这年，欧阳修年已六十有一。

第七章

黄花晚香

安阳历史廉吏

第一卷

一

　　治平四年（1067 年）二月朔日，宋神宗初御外朝大庆殿，第一次朝见两朝文武。退朝后，又到内朝崇德殿召见两府大臣议事，听取治国方略。

　　宋神宗年仅二十岁，风华正茂，血气方刚，言谈举止中多次透露出雄心大略，欲革故鼎新，又几次言及廷臣乏才。

　　几日后，宋神宗在垂拱殿传诏，擢用枢密副使吴奎为参知政事，授枢密直学士、礼部郎中王陶为右谏议大夫、权御史中丞，升龙图阁直学士兼侍讲司马光、龙图阁学士知蔡州吕公著并为翰林学士。

　　这时，丁母忧的王安石服除，起复为江宁知府。宋神宗诏令赴阙，王安石却上疏因病辞免。

　　一次，宋神宗在垂拱殿与曾公亮和吴奎议事之后，问道："在先帝朝时，听说王安石屡召不至，朝议颇以为不恭。这次又是这样，莫非果真有病，还是有所要求呢？"

　　宰相曾公亮回道："王安石有辅相之才，宜超擢大用，累召不起，必因疾病，不敢欺罔。"原来，曾公亮与韩琦同为宰相，但资望不及韩琦，总觉得韩琦一人独断所有国家大事，心有不甘，他想宋神宗必因韩琦执政三朝，遇事专擅，心中未免会有些芥蒂，所以借此极力荐用王安石，以图排挤韩琦。

吴奎不知其中因由，说道："臣尝与王安石同领群牧之职，知道他刚愎自用，所为迂阔。以前王安石任纠察刑狱，因所判刑名不当，先帝有旨释罪，他却不肯入谢。这次王安石一定是以为韩琦沮抑自己，故不肯入朝。倘或重用王安石，必乱朝政。"

宋神宗闻听，怫然道："卿也未免过毁了。"

司马光接到任命翰林学士的诏书后，上奏固辞。翰林学士是皇上的私人秘书，不仅负责发布任免将相、册立皇后太子、对外宣战等重大诏书，而且还是皇帝最高侍从顾问官，比之于知制诰，职责尤重。司马光担心自己才能有限，一再辞免。

宋神宗不许，亲自召见司马光，说道："古代的君子，有的有学问但不擅长撰文，有的擅长撰文但学问不深，只有汉代的董仲舒和杨雄兼而有之。卿也是一位既有学问又擅长撰文的人，为何一再推辞呢？"

司马光回道："当今朝中诏令均为四六之骈文，臣不擅为之！"

宋神宗问道："卿能举进士第一等，还说不能作四六文，这能说得通吗？"

司马光无言以对，急忙退出。宋神宗派内侍追出来，硬逼着司马光接受诏令。司马光拜而不受，站在院子中间僵持不下。宋神宗再次派内侍宦官将诏令塞进司马光的怀中，司马光不得已乃受。

权御史中丞王陶是宋神宗做颍王时的府邸旧臣，他从欧阳修被贬窥知皇上登位之初颇不悦两府宰执权重，一定会易置大臣，于是一上任就上疏，劾奏韩琦作为宰相不在外朝文德殿押班为跋扈，甚至用两汉时权臣霍光、梁冀作比喻。

文德殿位于大庆殿西北，两府、台谏等文武百官每天都要按时赶赴此殿，东西两向对立，等待朝见皇上，是谓常朝。皇帝在前殿朝见百官后，宰相还要到政事堂处理政事，如果天天赴文德殿押班，政务就会受到影响。

宰相于文德殿押班，仅在宋真宗大中祥符初年施行，行之不久，渐复隳废，至宋英宗治平四年（1067年），此制已然废止五十余年。

宋神宗接到奏疏后，不知是有意还是无意，还是批转给韩琦。韩琦朝见宋神宗时说道："臣绝非跋扈之人，陛下只需派遣一名宦官，就可以将臣押来。"

新任知制诰滕甫也站出来说："宰相不押班，纵使有不对的地方，但指为跋扈，臣以为实在是欺天陷人！"

其他大臣也都纷纷奏言，称王陶诬陷大臣，请求将他罢免。宋神宗不得已，罢免了王陶的御史中丞之职，与司马光互易，改命为翰林学士。

见宋神宗回护王陶，参知政事吴奎奏道："昔唐德宗怀疑大臣，信任群小，斥陆贽而以裴延龄等为腹心，天下称为暗主。今王陶挟持旧恩，排抑端良。如韩琦、曾公亮不押班事，盖以向来相承，非由二臣始废。今若又行内批，除王陶翰林学士，则是因其过恶，更获美迁，天下待陛下为何如主哉！王陶不黜，陛下无以责内外大臣展布四体，兴辑正统。愿陛下无溺私，断之不疑。"吴奎呈上折子，便在家称病不上朝了。

宋神宗见吴奎将自己比作唐德宗，一气之下，将吴奎免职，贬为知青州，准备任命张方平为参知政事。

张方平说："韩琦在家待罪，陛下又将吴奎罢免，实在骇人视听。韩琦对王室功勋至伟，愿陛下手谕韩琦，多加抚慰，以全始终之分，并复吴奎之位。"

司马光也劝道："吴奎名望素重，今为王陶罢免吴奎，恐大臣皆不自安，纷纷引去，与社稷不宜！"

曾公亮也奏言留下吴奎。宋神宗不得已，将吴奎宣进延和殿，使复参知政事，宽慰他说："周成王也疑周公啊！"同时，将王陶贬出朝中，出知陈州。

此事虽然暂告一段落，但韩琦清楚，文德殿押班事小，宋神宗怀疑自己跋扈事大，才有如此大的动静。

这时，宋神宗诏命王安石为翰林学士，入京任职。

二

江宁府对于王安石来说，有着不解之缘。天禧五年（1021 年），王安石出生于江西临川。景祐四年（1037 年），父亲王益任江宁府通判，十七岁的王安石随父亲迁居于此。两年后，父亲病故，葬于中华门外的牛首山。于是，王安石就在南京钟山守孝，锐志读书，虽寝食手不释卷，立志像古贤契和后稷那样轰轰烈烈地干一番大事。庆历二年（1042 年），二十二岁的王安石从江宁府赴汴京应试，以甲科第四名中进士，至扬州任签书淮南判官，从此步入仕途。嘉祐八年（1063 年）秋，王安石因母丧离开知制诰之职，将母亲吴氏归葬江宁府父亲的坟茔，他再次在江宁府服丧三年。服满后，因病滞留，在江宁府收徒讲学，宣传他的改革思想，他周围聚集了一批青年知识分子，形成了以他为代表的史称"荆公新学"学派，为后来推行新法准备了舆论和人才。治平四年（1067 年），宋神宗刚即位，就任命王安石任江宁知府，他随即就任，虽然远离京城，但他默默注视着宋神宗的一举一动和朝中人事的变化。

虽然留恋江宁，但四十七岁的王安石还是很快起身赴京，朋友前来相送，诗词唱酬。从王安石当时所写的两首诗可以看出，他的心情是欢愉的。

《出金陵》诗云："白石冈头草木深，春风相与散衣襟。浮云映郭留佳气，飞鸟随人作好音。"

《泊船瓜州》诗云："京口瓜洲一水间，钟山只隔数重山。春风又绿江南岸，明月何时照我还。"

几天来，宋神宗独自坐在延和殿，捧着一份奏疏读了一遍又一遍，一会儿沉默不语，一会儿击节叫好；一会儿援笔批注，一会儿来回踱步。让宋神宗如此着魔的这份奏疏，正是当年王安石写给宋仁宗的万言书。

宋神宗早就听说过这道《上仁宗皇帝言事书》，此奏疏虽然因韩琦的建议，被宋仁宗留而不发，但在朝野引起不小的轰动。

"顾内则不能无以社稷为忧，外则不能无惧于夷狄，天下之财力日以穷困，而风俗日以衰坏，四方有志之士，諰諰然常恐天下之久不安。此其故何也？患在不知法度故也。"宋神宗边踱步边吟读，"自古治世，未尝以不足为天下之公患也，患在治财无其道耳。"

王安石刚到京师汴京，宋神宗便在延和殿召见王安石，越次入对。

宋神宗问道："当今治国之道应该以何为先？"

王安石答道："应最先选择治国的榜样。"

宋神宗接着问道："唐太宗怎么样呢？"

王安石回道："陛下应仿效尧、舜，怎么能以唐太宗为楷模呢？尧、舜治政之道，非常简略而不繁杂，精要而不迂阔，容易而不烦难。但是，后来的人不能完全知道，以为高不可攀。"

宋神宗沉吟一会儿，再次问道："朕阅汉唐历史，如汉昭烈刘备必得诸葛亮，唐太宗必得魏征，然后可以有为。诸葛亮和魏征二人，岂不是当时的奇才吗？"

"陛下诚能为尧舜，自然有皋陶、夔、后稷和契这样的贤臣；陛下诚能为商高宗武丁，自然有贤相傅说。天下之大，何材没有？"王安石谈到兴处，抵掌说道："诸葛亮、魏征还不足道呢！但恐陛下择术未明，用人未专，就是有皋陶、夔、后稷、契和傅说等人，亦不免为小人所排挤，卷怀自去。"

宋神宗说道："历朝以来，何代没有小人？就是尧舜之时，尚有共工、驩兜、三苗、鲧四凶。"

王安石回道："尧舜流共工于幽州，放驩兜于崇山，窜三苗于三危，殛鲧于羽山，天下人都心悦诚服。也正是能把四凶一一除去，尧舜才使得天下大治。若使四凶得逞谗慝，似皋陶、夔、后稷和契诸位贤人，怎肯与他们同列，同流合污呢？"

宋神宗听罢，感叹道："你的话很明白，要想治理好国家，关键是君主必须有很高的德行。但我自己很渺小，恐怕不是你所说的贤明的君主，希望你可以尽心地辅助我，共图天下大治。"

王安石赶紧跪下，流着泪说道："陛下如果听信微臣，臣敢不尽死力！"

宋神宗终于下定决心，起用王安石来实现自己心中的宏图之志。

此时，韩琦已经明白了宋神宗的想法，索性连章请求解除宰相之职。果然，诏旨下来，授韩琦司徒兼侍中、武胜军节度使兼判相州。宋神宗又赐韩琦兴道坊宅一处，擢其子秘书丞韩忠彦为秘阁校理。

韩琦奉旨陛辞，宋神宗对韩琦说："韩相操劳国事，身体欠佳，朕也心疼，不得不同意您回乡休养。等身体康复，朕还是要起用。朕离不开您，朝廷也离不开您啊！您离去前，何人可担当重任？"

韩琦答道："陛下圣鉴，心中一定有了人选。"

宋神宗问道："王安石如何？"

韩琦回道："王安石担任翰林学士，学问绰绰，若进为辅弼大臣，则器量不足。"

宋神宗听罢，许久不言。韩琦见状，知道多说无益，起身退出殿外。

三

初冬时节，位于宋夏边境的青涧城外已经是白雪皑皑，寒风像鞭子一样抽向山野，发出尖锐的呼哨声。

傍晚时分，种谔正坐在府衙读书，一名校尉进来禀道："西夏绥州嵬名夷山求见。"

种谔站起身，说道："快请进来！"

种谔是宋朝名将种世衡之子。庆历五年（1045 年），种世衡病故。延州知府陆诜举荐种谔（史称老种经略）接任父亲，驻守青涧城。

绥州（陕西绥德县）东临黄河，南接青涧城，西依横山，扼控着西夏盘踞的河套地区，战略地位十分重要。嵬名夷山是西夏左厢绥州监军嵬名山的弟弟，嵬名山统领绥州诸羌部。宋夏和议后，两国边境一直相安无事。但种谔不甘心，私下里一直想方设法诱降嵬名山的弟弟嵬名夷山，今天终于见到了成效。

嵬名夷山被带进来，种谔立即命人摆酒设宴。嵬名夷山也不客气，坐下来抓起一条羊腿，撕咬一口，端起酒碗咕咚咕咚倒进肚里。

种谔迫不及待地问："事情办得怎么样了？"

"我已经与大哥的亲随李文喜商议好了，这次来就是约定好时间和信号，种将军带兵到绥州城下，我们暗中打开城门，到时候不怕大哥不降。"嵬名夷山说道。

"此计甚好！"种谔说着，随手拿出一个盒子，推到嵬名夷山的面前。嵬名夷山打开一看，两只眼睛顿时放光。原来，盒子里面是一只金盂，足有尺许大小。"这是送给你的信物，事成之后，保你们兄弟二人加官晋爵，还另有厚赏。"

送走嵬名夷山后，种谔兴奋地坐在案前，连夜写好密奏，以八百里加急送往京师。种谔清楚，此等军机大事，稍纵即逝，事泄即败，他等不及朝廷的旨意，也未给陕西转运使薛向和知延州陆诜报告，就依约提青涧城之兵连夜进入夏界，包围了绥州城。嵬名夷山与李文喜打开城门，种谔率军一拥而入，包围了嵬名山的中军大帐。嵬名山闻讯大惊，提枪率众出帐迎战。嵬名夷山对着身后的众将大喊:"我哥哥已经约好投降,你们为什么还要这样!"嵬名山见身后众将迟疑不前,知道自己被弟弟和手下所卖,见大势已去,丢枪在地,仰天哭泣,然后率部投降种谔。

知延州陆诜也是刚刚得知消息,急忙上疏宋神宗,弹劾种谔擅自兴兵,指出宋夏战端一开,各州守将毫无准备,既无粮草,又乏兵源,如此必将陷于被动。朝中谏官也纷纷攻击种谔,擅自违背宋夏和议,陷朝廷于不义,加兵祸于百姓。宋神宗无奈,将种谔押送吏部论罪,贬官秩四等,安置在随州居住。

宋夏边界突发事端,自然是宋朝违约,挑起边界之争,战云密布,战争一触即发。为缓和两国矛盾,种谔、陆诜被调离,急需派一位熟悉宋夏军事的重臣前往主持西北大局。宋神宗考虑再三,决定派刚刚回到相州的韩琦。

韩琦于九月底罢相,十月回到相州,仅仅一个多月,就接到宋神宗的诏书,急忙回京面见皇帝。宋神宗在垂拱殿亲自接见韩琦,说道:"青涧城守将种谔已率领招降的蕃部和本城部属,直接进入西夏界内,陆诜和薛向事先并不知情。侍中你觉得该怎样处理为妥善呢?"

韩琦答道:"臣并不知道朝廷处理这件事的来龙去脉。仓促之际,故不能及时回答。事情既然已经发生,种谔擅自行动,知延州的陆诜和转运使薛向不知情,种谔所部必然没有粮草供应,也没有后续支援部队,他们到了西夏境内该如何处理?况且横山一带的蕃部,自延庆东路青涧城到环庆、原州,绵延数万里,其间有许多蕃部,未必都打算背叛谅祚而投靠我们。现在,种谔只不过是一个边城守将,擅自行动必然会带来严重后果。只有朝廷各级将领通力协谋,共同制定行动方案,谋求横山一带各个蕃部归顺大宋,然后尚需充分准备,调兵遣将,征发人力,备好钱粮和筑城器具以作接应。万事俱备,选择时机,到时一起发动,这才能取得成功。现在,种谔纵兵深入西夏境内,擅自行动不受节制,而沿边各路军马没有接应,这将是一个严重的问题。"

宋神宗这时才真正知道事情的严重程度，两眼急切地望着韩琦。韩琦顿了一顿，沉声说道："更为严重的是，谅祚知道他的部落背叛自己，必然迁怒我方招降纳叛，失约理屈，乘我不备突发大军进攻宋境，困扰关中亿万生灵，甚至全国都要受到牵连。这样西部边界战火连年，用兵就没有停止的时候了，臣深为忧虑。"

宋神宗只听得汗流浃背，没有想到事态如此严重，说道："朕命你知永兴军兼陕西四路经略安抚使，全权处理陕西军政事宜，有劳韩相了。"

韩琦回道："臣蒙陛下天恩，当此国家急难之际，岂敢推辞避让！愿皇上召集两府大臣商议，尽早拿出意见，以便臣等按旨行事。"

韩琦束装就道，宋神宗传令赐宴，遣内使前去持杯劝酒，命两府大臣一起送行。

韩琦十一月进入陕西境内后，向各路将帅下达命令："非主帅命令而擅自举兵者，一律按军法从事！"朝廷使者紧跟着来到陕西，诏旨放弃绥州，争取与西夏和好。

夏主谅祚正暗中准备大举侵扰宋境，根本没有和议的诚意。在部将李崇贵、韩道善的蛊惑下，以谈判为名诱骗宋朝知保安军杨定、都巡检侍其臻，等两人一到，大帐外埋伏的兵士一拥而上，将两人当场杀死，人头送回宋境。

韩琦得知两人被杀，勃然大怒，遂传檄夏主谅祚，索取罪人，一面上疏道："西夏贼诱害朝廷沿边知军、巡检，这是完全不顾双方和好之意。请朝廷停止对西夏的岁赐，断绝友好关系，密令边界长作用兵之备。现在，朝廷已经收纳了蕃部降人嵬名山及其所部数万人，今令边将折继世与嵬名山驻守绥州，入降蕃部人户在绥州界内相邻而居，且耕且守，安居乐业，自然会一心抗拒谅祚，这是一个很好的机会。现在已经接纳了他们的降人，得到了土地和城池，如果轻易放弃，乃首先成自弱之势。两国用兵主要在势，自从与夏人结隙开战以来，夏人屡次入侵屡次失败，我军声势刚刚大振，遽然轻易撤兵，这就是自己削弱自己，敌人也会轻视我们，反而增加敌人的声势。况且朝廷前已降旨，同意嵬名山进驻绥州，这也是维护朝廷的信约。如果朝廷信守诺言，厚赏嵬名山，他们一定会尽死力报效朝廷，这也最符合国家当今边疆防守的最大利益。谨派走马承受冯德诚专程报告，愿得到早日批准。"

韩琦刚刚送走冯德诚，又接到探报，年仅二十一岁的夏主谅祚暴病而死，其年仅七岁的儿子秉常继位，太后梁氏摄政。

韩琦再次上疏："当前发生这种变故，更非是放弃绥州的时机。西夏现在政局不稳，如果派遣使者来宋告哀，实际上是表示求和意愿。如果皇上同意议和，绥州可以作为谈判的开端，或者别立疆界，或者换易旧塞，或者拒绝夏人请求，到时候由朝廷决定。"

宋神宗同意了韩琦的意见。后来，西夏果然派遣使者到京城开封告谅祚之哀，维持和议，恢复岁赐。宋朝趁机要求西夏将杀害杨定的夏将李崇贵、杨道喜等人缚送宋营处理。西夏无奈妥协，并同意纳献绥州，宋朝这才与西夏和议。

熙宁元年（1068 年）七月，韩琦见边关已经基本宁静无事，自己又年老体弱多病，再次上疏宋神宗道："臣离京赴边关告别陛下时，陛下曾说听候佳音，等西部边关稍稍宁静，就让臣前往知相州。愿陛下承诺旧恩，以均劳逸，减轻一下臣的负担。"

韩琦连上六七道奏章，宋神宗仍不准许，专门召见韩琦的长子韩忠彦，钦命他到永兴军代圣上慰问父亲，并视察边关的局势。

韩忠彦先到鄜延路、泾原路、秦凤路视察军情和边关防务，见到城池、寨堡坚固，兵马强壮，老百姓安居乐业，边境安宁，才前往永兴军。当他见到已经六十一岁的父亲病体虚弱，仍然强撑着处理边关军务，心疼得泪流满面。韩忠彦回京时，又带回了韩琦再次恳辞的奏章。宋神宗知道西北边疆无事，于是下诏韩琦回京面圣。

正值盛夏酷暑，韩琦匆匆回到京师，入宫觐见宋神宗。宋神宗以最高的礼节在紫宸殿迎接这位镇边功臣。当宋神宗见韩琦面色黝黑，形容憔悴，不禁惊叹良久，赶紧命内侍赐座，说道："不知道侍中身体确实欠安，开始还怀疑是推脱之词，自此必须速速安养。"

韩琦得偿所愿，终于可以落叶归根了，十分激动，说道："感谢圣上盛恩！"

宋神宗知道韩琦忠心可鉴，忍不住问道："侍中以为何为立国之本？"

韩琦回道："汉刘向有云：智士者，国之器。任人当辨别奸邪与忠正，这是治国理政的根本。"

宋神宗问道："侍中离去，谁可辅佐朕治理国家？"

韩琦说道："富弼和文彦博都是国之柱石。"

宋神宗见韩琦推荐的都是老臣，说道："两位老臣自然德高望重，可有新进粹士？"

韩琦沉思了一会儿，说道："司马光为人忠义，博学古今，只是虑事深远，有时近于迂阔。苏东坡为人正直，学富五车，只是有时太过自信。苏辙儒学纯备，敏于事而慎于言，可谓少年持重，或许将来成就超过长兄。"

宋神宗见韩琦说罢，许久不言，不禁再问道："还有吗？"

韩琦摇摇头："其他的人就不足观了。"

见韩琦没有提到王安石，宋神宗颇感失望，怏怏说道："侍中忠言，朕自然应该听从。"

四

相州的九月，秋高气爽，一望无际的田畴上庄稼金黄灿灿，山间沟壑上林木挂满果实，空气里飘满了成熟的粮食和果实的香气。韩琦闻到这久违的家乡气息，顿觉神清气爽，多年鞍马劳顿积劳成疾的病一下子好了一大半。

回到相州府衙，韩琦顾不上休息，就带着僚佐到府衙后园察看，只见甲仗库修缮得整整齐齐，康乐园里亭台楼阁增添了不少，花草葳蕤，曲水潺潺，鱼游鸟鸣，士人百姓流连其间。由此可见，百姓安居乐业，韩琦更是心里高兴。

几天里，韩琦只要处理完公事，就带着僚佐到属县察看民风民情。他西登太行，向山里的百姓询问年景。当他得知当年是十几年少有的风调雨顺，见一户户农家仓囤储满粮食，不仅欣然作诗："丰岁观农穑，先畴路不遐。子多宜晚谷，生枥就新麻。荞麦方成黦，蔓菁未入桠。乡民愚自诧，太守是吾家。"

他在洹水上游，察看了十几年前自己带领官民疏浚修复的高平渠，渠水充沛，不仅使沿线村庄数万亩庄禾受益，而且相州城西北隅的双硙水磨依然隆隆作响。他看着百姓成群结队前来磨面，难掩诗绪："一渠逶引直千金，对激双轮用智深。本务爱民除岁患，且非为政有机心。重罗撼雪收长利，嘉植成帷展旧阴。来者相沿知日盛，肯教前作入烟沈。"

渠水绕城而过，每到城里缺水时节，官府开闸放水，引入城内，充溢池塘，谓之放泉。正值放泉时节，韩琦见城中官绅吏民扶老携幼围观，喜不自胜，再次挥毫作诗道："缓带凭轩喜放泉，映花穿柳逗潺湲。谁言胜境须昆阆，自有清音过管弦。赴海任遥终泽润，灌园思足尚留连。衰翁日寄南窗傲，枕上时醒白昼眠。"

治理乡郡，他感到从没有过的愉悦和轻松，像一个诗人留恋嘉山秀水，诗情画意让他忘记了疲倦和劳累。

宋仁宗至和二年（1055年），四十八岁的韩琦知相州仅一年有余。这次辞相回乡，未及温席，又赴前线，至此已经过了整整十三年，六十一岁的他心想该可以终老故乡了。可是，仅仅三个月，一道圣旨再一次打断了他的美梦，对于故乡，他仍旧只是一个过客。

冬季农闲时节，就连府衙也难得公事清静。韩琦独自坐在府衙大堂，正思虑着组织农闲时节的百姓在城外沟壕边广植榆柳，长大后既可以防御风沙，又可以成为具有军事防御的榆塞。按北宋与辽对峙的形势，相州位于的河北西路，正是御敌的前线，广植榆柳可形成天然的栅栏，以阻挡契丹骑兵的前进。

一名门吏进来禀报："御药院刘有方奉皇上圣旨，现已到府衙大门外。请韩大人接旨。"

韩琦闻言，忙命人大开中门，与众僚佐一起接旨。刘有方传旨："镇安、武胜军节度使、守司徒、检校太师兼侍中、判相州韩琦，仕历三朝，定策元勋，有功于社稷，着勾当御药院刘有方代朕抚慰，察看病情。钦此！"

接旨毕，回到府衙大堂，韩琦说道："感谢皇上盛恩，现在有皇上钦赐的御药调理，州郡事务简疏，再加上家乡气候温润，已经确无大碍。请刘大人转告皇上，勿为老臣挂念。只是刘大人一路鞍马劳顿，为我察看病情，愧不敢当啊！"

刘有方赶忙站起来，说道："侍中德高望重，是社稷勋臣，皇上有旨，自当效劳。"

韩琦笑着摆一摆手，请刘有方坐下，接着说道："皇上励精图治，宵衣肝食，还时常挂念着老臣的身体，实在让老臣愧不敢当。听说今秋河北路大名府地震，黄河决口，饥民遍野。此时皇上派您来，不会是另有所遣吧。"

刘有方闻言，急忙再次站起来，从衣袖里掏出一份皇上的手诏，说道："侍中大人明察秋毫。皇上派微臣来，正是令臣看看侍中大人身体调养得如何。如果没有什么大碍，就让我将此手诏呈给侍中大人。"说着，将手诏递给韩琦。

韩琦接过手诏，上面写道："河北发生地震，黄河川防溃决，百姓流离失所，朕十分忧虑。朕曾空宰相之位，等待卿返还再任。虽然时过境迁，但一般人谁也不愿离开家乡。不过，大名府地位重要，如同天下咽喉，离卿的家乡很近，人情风俗也很相同。朕有意让卿担任河北四路安抚使，故派刘有方前去告知我意，如果卿能够担当此任，那么朝廷怎么会有北顾之忧呢？"

韩琦知道，河北大灾，人情汹汹，一旦引发叛乱，辽人趁机侵扰，必将危及大宋江山社稷。尤其，皇上手诏如此恳切，令自己十分感动，无法推辞。于是上疏道："作为臣下，皇上降命就可以了，而皇上先遣使前来，委婉转达圣意，此乃圣上对老臣的仁爱体恤和优厚礼遇。臣刚刚任职家乡，辞别圣上时，也知道臣身体欠安，才允许臣回乡任职。今臣到任未满百日，恐臣未必能担当此繁重任务。河北大灾，正需要朝廷加以安抚，凡赈灾救济事宜都必须紧急处置，唯恐因自己身体原因贻误救灾大事，辜负圣恩。"

宋神宗见韩琦没有坚拒，于是再次遣御药院内侍李舜卿持手诏，命韩琦为河北四路安抚使兼北京留守、判大名府，到任后可根据情况予以处置。韩琦虽然留恋故乡，但值河北大灾，自己义不容辞，遂走马上任。

五

这年七月，河北发生大地震，瀛洲（河北河间）一带尤为严重，余震不断，地下有巨响如雷声滚动，造成了多数城郭和大量民舍隳塌，死伤无数，百姓暴露街头，食物短缺。地震引发黄河于恩州（河北清河）、冀州境内决溢，大量灾民背井离乡，拖家带口，渡过黄河向外地逃难。

韩琦赶到大名府时，已经是冬季，首先面临的亟待解决的问题是住宿和食物，不能让百姓忍饥受冻。但河北各州自去年以来，夏秋收成就不好，官仓里没有足够赈济的粮食，而且灾民大多拖欠赋税科租，以致形成难民潮。韩琦一面奏请朝廷调运漕粮赈灾，请求蠲免以前拖欠的赋税，立即推行朝廷刚刚颁布的常平法，平抑物价，稳定市场，一面招募灾民修缮城防，以粮代工，很快使得准备外出逃难的灾民安定下来。

韩琦责令各州官员，分别到各地交通要道、桥梁、渡口张贴告示，晓谕灾民返乡生产自救，凡返乡者，官府发给路费口粮。对乘人之危以高利贷牟取暴利的严惩不贷，对乘灾低价收购土地的一律治罪，责令无条件归还原主，等丰收后再归还卖地钱财。很快，外出的灾民都纷纷返回故里，河北局势遂稳定下来。

澶渊之盟后，宋辽两国在东起信安军（河北霸州东部），西至保德军（山西保德县）一线划定国界，河北四路乃是与辽国对峙的前线。从景德元年（1004年）到熙宁元年（1068年）六十多年，因为两国和议，互通使节，城墙高台等城防设施老旧毁坏，疏于修缮，更没有增置加固，以免引起双方的猜疑。尤其保州（河北保定）城池破旧狭小，多年未予修缮。

韩琦责令保州守将刘几加固城墙，维修城楼，并向北拓展关城。他亲自与辽国交涉，化解双方的疑虑，使得保州城展修得以顺利进行。此后，雄州、高阳关都先后得到加固。高阳关路都总管李肃之更是在瀛洲的地震废墟上，重新修建新城，方圆十五里，城墙高大坚固，上面建成的谯楼、战棚达四千六百间，受到朝廷的嘉奖。时任集贤校理、《宋英宗实录》检讨的北宋大文学家曾巩听说后，专门作《瀛洲兴造记》记述此事。

韩琦在大名府始终密切关注着北宋的边防安全，在与辽的关系上，主张双方应维持和好，保持边境安定，但并不向辽退让，以和好为权宜，以战守为实务。一方面尊重澶渊之盟以来的既成事实，尽量维持两国友好，维护边境的和平安宁；另一方面积极备战，随时准备抵御外侵，柔中有刚，刚柔并济。由于韩琦曾经多年镇守定州、并州，治军素有威名，辽人对他极为忌惮，也十分敬佩。每当宋朝使者出使辽国，辽国君臣就会问："韩公一向可好，现在哪里任职？"

一次，韩忠彦奉命出使辽国。辽道宗耶律洪基见到韩忠彦，问曾经出使宋朝的大臣："你们出使南朝，见过韩侍中，你们看韩忠彦的面貌像他的父亲吗？"大臣答道："很像！"耶律洪基赐宴韩忠彦，令画师偷偷照着韩忠彦画出韩琦的画像，保存起来。

以前，辽国使者途经河北时，吵吵嚷嚷随意索要供奉，沿路官府不敢得罪，只得忍气吞声，以免引起两国矛盾受到责罚。韩琦知大名府后，辽国使者一进入宋境，就告诫属下："此是韩侍中的治下，要谨慎注意，不得随意索要，以免韩侍中怪罪，遭人耻笑。"

按照惯例，辽国使者路过大名府，与北京留守通信只押字不留名。辽国翰林侍读学士、谏议大夫、知制诰同修国史成尧锡出使宋朝，路过大名府，拜见韩琦，书信后面恭敬留名。他对接待他的宋朝官员说："因为韩侍中在这里，所以特地留名。"

经过一年多的治理，河北四路兵强马壮，河北各地都喜获丰收，百姓富足。韩琦于熙宁三年（1070年）上疏宋神宗，请求辞去河北四路安抚使，他说道："前年因为河北遭遇大灾，百姓贫病交加，饿殍遍野，人们纷纷离家而去，道路不绝。臣体谅皇上多次手诏委托之意，不敢固辞而勉强赴任。至今已经过了一年多，依赖皇上盛恩鸿德，去年夏秋获得丰收，流亡百姓早已返回家园，各业复苏，震坏的城垒得到修缮加固。现在，定州、真定府、高阳关三路皆得良帅，北虏依然无事。如果臣再任四路安抚使，实在没有必要。请求只任大名府安抚使。"

宋神宗无奈，只得同意，但还是下诏对韩琦说："自宋辽和议休兵，至今已近七十年，人们已经习惯安逸的生活，武备松弛，因循守旧，养兵虽多但疏于训练，畜马虽多但未精壮，城堡缮修未全部坚固，武备刀枪也未尽犀利。加上大灾之后，堤防决口溃坏，沟洫荒废湮没，赋税没有节制计划，徭役没有时间安排，民力困于长年累月征调，各州军需储备匮乏，需要不断补充完善。兴利除弊，既要长远考虑，也要符合实际的情况。因此，希望您能就军政之弛张，将吏之能否，出入之险易，守御之利害等问题，提出你的意见，以备朕参考采用。"

韩琦看了宋神宗的诏旨，见皇上如此留意河北局势，颇为感动。但他深深知道宋神宗正年轻气盛，雄心勃勃，在边备防务上未免操之过急，要求过甚，自己需要慎重上奏。

有人将一块石碑献给韩琦，石碑上刻有宋太宗、宋真宗的御诗。原来，宋太宗、宋真宗曾经一起在大名府郊外狩猎时，赋诗数首，内容大都是希望恢复五代时被契丹占据的幽燕之地，文辞气势雄壮，后人将之刻于石碑之上。有人劝韩琦将此诗拓下来进献皇上，韩琦却命人将石碑置于官署班瑞殿的墙壁上，妥善加以维护。韩琦对僚佐们说："保护好就可以了，何必再进献呢？"

韩琦离任后，韩绛接任大名府留守，就将御诗临摹下来进献给宋神宗。韩琦得知后，叹气道："当时我为什么不进献御诗呢？考虑的就是皇上正处于年轻气盛，早就对每年给西夏和契丹岁赐不满，总想打一仗。如今，皇上正锐意四方，如果以此再进行蛊惑，而皇上也不根据国力贸然行事，定将出现不测的后果。他现在正需要对国家大事进行全面权衡，臣下不应当将皇上的心思引到不切实际的一边去啊！"

六

熙宁元年（1068年）十一月，宋神宗诏令举行南郊祭天大礼。诏书刚下，司马光等人纷纷上奏，鉴于河朔灾情严重，赈灾城防修缮花费大量财币，国库匮乏，请求南郊祭祀大礼后不再循旧例向皇亲勋臣遍赐金帛。

宋神宗为府库帑银短缺，正思考着以富国强兵为首务，于是，在延和殿召集两府大臣以及大学士复议南郊大礼赏赐一事。

司马光力主罢赐，向宋神宗奏道："自康定年，西夏逆叛，西疆连年用兵，我朝百年之积，唯存空簿。嘉祐八年，治平四年，四年之内，两经大丧，国家财力已经濒临危困。去年，黄河在恩州、冀州、瀛洲多处决口，百姓流离，城防隳塌，三百里溃决的堤防也急需修复。臣曾受皇上之托，亲自视察河道，工程浩大，所费颇巨。现在国家赋税匮乏，主要在于用度太奢，赏赐不节，应有所裁减。正值救灾节用，自当从宰辅为始，请求南郊礼毕不再赏赐。"

王安石不等司马光说完，就站出来说道："国家富有四海，南郊大礼朝廷惜之不赐，却有伤国体。况宰辅所赐也不为多，国家府库也不会因此宽裕。唐代宗时常衮为相，为标榜清廉而辞免皇上赐馔，却遭到时议所非，以为常衮既然自以为不能，当辞俸禄。现在两府大臣辞免南郊大礼赏赐，不正与常衮一样吗？我以为，现在国用不足，当今最重要的急务不是罢赐一事！"

司马光反驳道："常衮一生清廉自守，且不说他是不是胜任宰辅之职，即便他自知德不配位而辞免赏赐，与那些居位无功却贪恋厚禄的人相比，可见他还知道廉耻。国家自真宗朝以来，国用不足，至今尤甚，怎么能说不是当今急务呢？"

司马光越说越激动，转向各位大臣，继续说道："倘若一味因循，姑息度日，欲裁减车驾规模和供奉之物，就说是更改了制度，祭祀场面过于简朴，有损国威；欲裁减大臣无功之赏，就说所减无多，亏伤大体，不是养育贤臣之举；欲裁减许多不必要的开支用度，就说不通人情，群下生怨，不能安抚众人之心。如此，则国用永无可省之日，百姓永无苏息之期，必至于涸竭穷极而后止。南郊之礼，仅赐予辅臣的银绢就二万匹两，希望就从此事开始，作为一个良好的开端。"

王安石不以为然，说道："国用不足，乃不善理财的缘故，若徒事节流，未识开源，终属无益。至于当今急务，也就是造成国用不足的缘由，乃是不善于理财罢了。"

司马光明白王安石的用意，无非是他那套理财之术，回击道："天下之才自有定数，未知节度，终将涸竭。善于理财，无非是加重课敛，与民争利，如此则百姓穷困，盗贼四起，岂是国家之福？！"

王安石愤然作色道："你说的理财，不是我说的理财。我说的真正善于理财，是民不加赋税，而可以国家富足。"

司马光嘿嘿一笑，回道："此话，正是司马迁在《史记》里讽刺汉武帝用人不明，受桑弘羊蛊惑的话。天地生万物，成为财货物品，不在官府，就在民间，桑弘羊不取之于民，而能国用丰饶，那取之何处？果如所言，怎么会使得汉武帝末年盗贼四起？哪一伙盗贼不是饥民为盗呢？司马迁的讥人之言，怎么能作为治国理政的依据呢？"

王安石面红耳赤，仍辩解道："太祖时，赵普为相，赏赐数万两。今郊礼赏赐，每个大臣不过三千两，岂足为多？"

司马光不留情面，回道："如果大臣有功于天下，即使是赐之山川、田地，甚至封邦建国，也未尝不可。如果仅仅因为郊礼陪位，而受数百万之赏，那就有所不妥。什么叫赏赐无节？这就叫赏赐无节。像这种费用，即使大臣们不辞也应该裁减，何况诸位大臣都提出辞免，还有什么可犹豫呢？"

王安石尚不肯服输，仍然争论不已。宋神宗见状，说道："朕意与王安石相同，南郊祭天大礼，不可因裁度费用而有损敬天之诚，且郊礼是例赏，如果朝廷吝啬，也未免失体了，还是依照旧例赏赐吧。司马光忠心可鉴，不必再争论了。"

司马光见宋神宗定议，也就不再言语。王安石一脸骄矜之色，深深瞥了司马光一眼。

七

南郊大祭刚过，京师接连发生地震，所幸强度不大，没有造成大的人员伤亡。宋神宗听从知开封府吕公著的谏言，减膳撤乐，欲下罪己诏，命翰林学士王安石拟旨。王安石对宋神宗说："灾异由天，无关人事。"一句话，说得宋神宗也疑惑起来，将罪己诏一事搁置下来。

知汝州的老宰相富弼听说此事，不禁叹息道："人君害怕的只有上天，如果不畏惧上天，又有什么事不敢干呢？这一定是奸人想进邪说，来动摇皇帝的意志。"于是，上疏力陈进贤辨奸。宋神宗借机请富弼再入中书为宰相。富弼没有再推辞，进京赴任。

富弼还没有回到京城，宋神宗就已经着手擢用王安石。宰相曾公亮在一次朝议中再次推荐王安石为参知政事。参知政事唐介反对说："王安石很难胜任。"

宋神宗见唐介一再谏阻，生气道："卿谓王安石难以胜任，是文章词学方面难以胜任，还是经学数术方面难以胜任，抑或是处理政事方面难以胜任呢？"

唐介坦然答道："王安石虽然博学但过于理想化，而且固执己见，如果让他执政，国家的大政方针一定都会更张。"

侍读孙固也接口道："王安石很有文学天赋，如果担任台谏官员或翰林侍臣，一定会称职。但作为宰相，全靠大度来兼容并蓄，以此处理纷繁事务。王安石器量狭小，性情执拗，不能容人，如何能够担当宰相之类的官职呢？陛下欲求贤相，臣心目中倒有三人，是翰林侍读学士、知审官院司马光，翰林学士、知开封府吕公著和翰林学士、知制诰韩维。"

宋神宗不答。两人见劝说无用，先退出了大殿。

第二天，宋神宗诏命王安石为参知政事。王安石入宫谢恩，宋神宗对王安石说："朝中大臣有人说你博学多才，却不懂得处理国家事务。"

王安石答道："博学多才就是用来处理国家事务的，有人说我不懂得处理国家事务，实际是他们这些人没有才能而已。请陛下详察。"

宋神宗仍然不解，问道："照卿所言，当今治国理政应该先采取什么办法？"

王安石答道："破旧俗，立新法，正是当今急务！"

宋神宗似懂非懂，两眼望着王安石。

王安石接着说道："立国的根本，首在理财。古代的周公就是古今最善于理财的人，他在周朝设立泉府，用来汇聚国家赋税，顾名思义就是让天下的财物像泉水一样流淌不滞。《魏书》上说：自古天下的帝王，都是借助天地之大，统管四海的财富，太仓里储满了粮食，泉府里藏满了钱财。到了后世，只有汉武帝时期的桑弘羊、唐代宗时期的刘晏做得比较好。为朝廷理财，应尽快实行周公的泉府遗制，在朝廷设立制置三司条例司，将天下利权都收归官府，利权在握，朝廷有了充裕的赋税，还有什么事情做不成呢！"

宋神宗连连点头，赞道："卿言甚是，甚是！"

王安石深知，朝中很多大臣，尤其是老臣对自己的理财改革早就持反对意见，必须得到宋神宗更坚决的支持，才不至于半途而废。他思虑良久，说道："古语有云，为政在人。人才难得，难在知人善任，更难在任之不疑，任之不易。尧命大禹治水，况且九年不能成功，当时也有许多人对大禹议论纷纷。大禹的成功，关键还是尧坚信自己的选择，没有因大家的异议动摇对大禹的信任。如果陛下决心已下，首在不被异说所惑。"

宋神宗说道："朕知道了。卿去妥议条规，朕次第施行。"王安石领命退出。

次日，王安石奏请成立制置三司条例司，掌管筹划国家经济，制定并颁布新法。宋神宗准奏，诏令参知政事王安石、知枢密院事陈升之总领制置三司条例司。王安石又推荐吕惠卿、曾布、章惇等人为条例司属僚，分掌事务。

此时，苏轼与苏辙兄弟二人因居蜀守父丧期满刚刚回到京城，宋神宗欲将苏轼调入制置三司条例司，参与条例修订。王安石却说道："苏轼虽然高才，但所学不纯正，为世所用甚少，却为患甚大，陛下还是将他另有所任吧。"

宋神宗不解，问道："朕尝读苏卿策论，倒也颇有见地。不知卿何出此言？"

王安石答道："臣于嘉祐六年以知制诰身份出任贡举考官，那一年苏轼参加科举。臣观苏轼议论，都是纵横之说，类似战国时期的文章。可惜众考官皆谓文意灿然，竟然置之甲等。"

宋神宗再问："苏辙的文章如何？"

王安石回道："兄弟二人非常相像。"

宋神宗说道："前几日，苏辙上奏，亦言当今朝廷忧虑的，莫急于财富匮乏；现在的治国方略，重要的是增加财赋。新法初行，正是用人之际，还是让苏辙入条例司，参与议法。至于苏轼，暂时任职官告院。"王安石无奈，只有按照宋神宗的旨意拟诏施行。

官告院掌文武官员、将校告身及封赠，位于皇城正门宣德门的西侧。苏轼接到诏书就前去上任，他也不愿与王安石在新政推行中进行合作。苏辙对新政颇感新奇，也前去制置三司条例司到差。

制置三司条例司里，吕惠卿与王安石政治理念最是相合，得到王安石的器重，凡事不分大小必与之商议，奏疏和新法条例也多出自吕惠卿之手。很快，新法草制完成，其中，农田水利法、均输法、青苗法、免役法、市易法、方田均税法列为富国之策；保甲法、保马法、将兵法、裁兵法列为强兵之策；另外还有贡举法、三舍法等，是改革科举取士之道。

新法出炉，宋神宗遂将新法依次施行。熙宁二年（1069 年）七月，首先在淮南路、两浙路、江南东西两路、荆湖南北两路等东南六路施行均输法；九月，推行青苗法；十一月，颁布农田水利法。此后，又相继推出贡举法、免役法、市易法、方田均税法等。

让宋神宗没有想到的是，新法刚刚议立，就在朝中掀起轩然大波，反对者群起而攻之。

八

北宋立国之后，宋太祖为了加强皇权，避免黄袍加身的重演，对唐朝以来的国家政府机构进行了改革，形成了二府三司格局：中书主政务，枢密院主军事，三司主财赋，相互独立，相互牵制，分别向皇帝负责。

王安石的新法既然以富国强兵为目的，自然涉及财政和兵制等方面的改革，制定新法和推行新法，必然需要打破中书、枢密院或三司各不统属的局面。因此，设立制置三司条例司，必然是一个凌驾中书、枢密院和三司之上的机构。

当初，王安石向宋神宗奏议设立制置三司条例司，参知政事唐介就提出反对意见。两人当着宋神宗的面发生争执，宋神宗庇佑王安石，唐介不胜愤懑，回家后背生毒疽，不治而亡。

御史中丞吕诲气愤不过，连夜撰成一篇劾奏王安石的奏章，入宫面奏宋神宗。在延和殿外，吕诲遇见司马光，说道："君实，我进殿向皇上参劾一人，想听听你的意见。"

司马光问道："中丞是想劾奏哪一位大臣？"

吕诲说道："新进参知政事王安石。"

司马光闻言大吃一惊："皇上现在正在重用王安石，推行新政，议立新法，你怎么能参劾得动他？"

吕诲答道："我也正是为了此事发愁。不过，我决心已定，还是请你多加指点。"说着，将奏疏递给司马光。

司马光展开奏章，只见上面写道："自大宋立国，太祖皇帝为了避免汉唐致乱之源，将中书、枢密、三司分设。尤其，朝廷的赋税，由三司署理。现在，王安石与陈升之一同制置三司条例司，兼领军政和赋税，已经独揽朝廷大权，势必动摇天下。臣没有看到这样做的好处，却先见到这样做的危害。"司马光频频点头，深有同感。

"臣听说大奸似忠，大诈似信。王安石外示质朴，心藏巧诈，表面上一副忠心耿耿的样子，实际上是在毁坏朝廷的根本。臣实在担心皇上听信他的能言善辩，倚为朝中栋梁，使得大奸得道，群小会进，那么贤能之臣就会被排挤，必然会造成祸乱。臣探究王安石的所作所为，并没有长远的谋略，只是务求新法，标新立异而已。这样，文过饰非，罔上欺下，臣实在替陛下担忧！徒文言而饰非，将罔上而欺下，臣窃忧之！误天下苍生者，必是王安石！"

后面，吕诲还罗列了王安石的十大罪状，司马光越看越心惊。他知道宋神宗现在信任王安石，必然会因此贬黜吕诲，他要见机行事，想方设法保护吕诲。于是，将奏章递还，说道："我正要进殿侍讲经筵，不妨与你同行。"

两人进入大殿，吕诲上前，将奏章递给宋神宗。宋神宗看罢，怒形于色，将奏章掷还吕诲。吕诲大声说道："王安石固执己见，党同伐谋，他日必败国事。陛下如不相信臣言，臣也不愿与奸佞同朝，请求将臣罢职。"

宋神宗气得站起身，转身进内宫而去。司马光连忙将吕诲劝出大殿，一起出宫。

第二天，宋神宗下诏，罢免吕诲的御史中丞之职，贬知邓州。

知开封府吕公著接任御史中丞，他一上任，就上章请求罢废制置三司条例司。王安石与吕公著的哥哥枢密副使吕公弼不合，现在吕公弼的弟弟刚刚入朝就反对自己，他担心他们兄弟联手，必为心腹大患，于是，想方设法将吕公著贬知颖州。

知谏院范纯仁也累章弹劾王安石，王安石派人对他说："王相已经向皇上荐您为知制诰，请不要做得太过分。"

范纯仁闻听，勃然大怒道："这是用利诱我，我的谏言不为皇上所用，就是给我万钟之禄亦非我愿。"当下，将奏稿另外誊写一份交给来人，带给王安石。第二天上朝，当着王安石的面，将奏疏呈给宋神宗。

王安石气得奏请立即罢黜范纯仁。宋神宗见状，说道："范纯仁是老臣范仲淹的儿子，作为谏官，言者无罪，即使外调，亦当选择一个大的州府，可令他出知河中府。"王安石无奈，只得悻悻而退。

苏辙在制置三司条例司讨论青苗法时，屡次与王安石、吕惠卿意见不合，闹到无法共事，被调任河南府留守推官。苏轼也上疏《议学校贡举状》，反对王安石取消诗赋而代以经义策论的改革，被调任开封府推官。自此，兄弟二人同时被贬，离开朝堂这个政治旋涡。

九月，青苗法正式颁布，先在河北、京东、淮南诸路施行。宰相富弼素与王安石不合，因青苗法多次争执，又见宋神宗一再回护王安石，自己也深感无回天之力，遂称病不朝，累章求去。宋神宗无奈，下诏授武宁军节度使、知亳州。富弼陛辞时，宋神宗问他："你告退，谁能够代替你呢？"富弼推荐文彦博，宋神宗沉默不语，过来很久才说："王安石怎么样？"富弼也沉默不语。

富弼回到亳州后，拒不执行青苗法。当地推行新法的官员劾奏富弼不执行圣旨，请求交付大理寺进行审问处理。

王安石趁机向宋神宗进言："富弼虽然辞相外任，但还不失于富贵。从前鲧公然违命，被尧诛杀；共工貌似恭敬而内心狠毒，被舜流放。富弼同时犯有这两条罪行，只夺去相位，又怎能阻止奸邪呢？"宋神宗不答应问罪，才使得老宰相富弼躲过这一劫。

但宋神宗还是下手诏，令富弼执行新法。富弼被逼无奈，上章请求解职，回故乡洛阳养病。宋神宗同意。

翰林学士范镇向宋神宗奏言，青苗法曾经行于唐末衰败之期，不足效法。前参知政事，现任知青州的欧阳修也上章请求废止青苗法。

满朝对青苗法反对声一片，宋神宗也不禁踌躇起来。一天，宋神宗驾临迩英阁，听司马光讲读《资治通鉴》。讲完后，宋神宗将两府大臣和侍读、侍讲们留下，命赐座，问道："朝廷议立青苗法，满朝士大夫议论纷纷，皆以为不可行，但又不能指出其中的不便之处。到底是什么原因呢？"

司马光说道："朝廷推行的青苗法，确实有不便之处。以前在民间，那些富户趁贫民缺钱的时候放贷取利，都是等收获之后以谷麦抵偿。那些贫民经过一年劳碌，收获的粮食还没有运回家，就被富户连本带利收去，自己所剩无几。这些富户放贷给贫民，既没有官民之别，也无法律之威，尚能取利于民，甚至使得贫民倾家荡产。那么青苗法，是官府放贷取利，必然会更加盘剥百姓。臣担心会更加民不聊生啊！孟子就曾说过：国君让百姓靠借贷来补足赋税，使得老人孩子四处流亡，死在沟壑，这样的国君哪能算是百姓的父母呢？"

刚刚晋升为崇政殿说书的吕惠卿反驳道："司马学士此言差矣。那些富户向贫民放高利贷是害民，官府发放青苗钱则是利民之举。朝廷青苗法明文规定：百姓愿意借贷则与之，不愿意则不强求。收获之际，官府以市价折算谷麦，公平交易，不像富户贪图暴利。现在常平仓储量十年一更新，储藏时间长了，就会腐坏，不如用来作为青苗钱放贷，从而增加朝廷赋税。"

司马光据理力争，说道："《左传》上说：作法于凉，其敝犹贪；作法于贪，敝将若之何？也就是说，朝廷制定少取于民的法令，官吏们还想方设法多收呢，更何况制定对百姓课以重税的法令，那会造成什么样的后果就可想而知了。臣正是担心青苗法与民争利，必遗祸天下。"

宋神宗说道："朕听说青苗法已经先在陕西施行，百姓不是很满意吗？"

司马光说道："臣的老家就是陕西，家乡来的人都说去年陕西转运司擅自在春天派发青苗钱，夏天麦子还没有成熟，各州县就开始回收本利，而且转运司催逼很急，百姓不胜愁苦。各地官府征收赋税，都是以增收向朝廷请功，以至于想方设法增加名目，现在朝廷明文颁布青苗法，正可以公然层层加码，相互攀比。陛下听到的话，一定是转运使上报的情况。我听到的，却是民间百姓的真实情况。"

吕惠卿不等司马光说完，就抢过话头："司马光所说的情况，一定是陕西转运司用人不当。如果转运司在各州府用人得当，怎么会有这些弊端呢？"

司马光回道："如果确实像吕惠卿所说的，现在国家应该急于荐选善于治理的贤人君子，而不是急着变法。正如荀况所言：有造成国家混乱的国君，没有自行混乱的国家；有治理混乱的人才，没有自行治理的法律。关键是人，而不是法。"

吕惠卿说道："古代帝王非常注重变法。有一年一变的，像《月令》上说'每年的十二月，公卿大夫们一起讨论修订国典，研究讨论与一年四季相适宜的政令法规，以等待新的一年的到来'。还有《周礼》上记载'正月天气开始暖和，国君在楼阙上公布法令'。有几年一变的，唐尧、虞舜'五载修五礼'，《周礼》上也说'十一岁修法则'。当然，也有一百年一变、数百年一变的。前时，司马光为皇上讲史，说汉初的文景之治都是萧规曹随的原因。但臣考察历史，先是汉高祖的约法三章，后来萧何制定了九章令，就连萧何都还需要变法，怎么能说后世不要变法呢？"

宋神宗问道："如果汉朝常守萧何之法不变，能行得通吗？"

司马光回道："大禹、商汤、文王、武王时期的法令，后世历朝历代遵循，至今犹存！"

在座的大臣纷纷点头，说道："这实在是天下至论啊！"

宋神宗不得不承认陕西转运司强制百姓借贷青苗钱的事实，但依旧认为问题出在人身上，还是下诏推行青苗法，只是诏令转运司和各州县，不得强行摊派，滋扰百姓。但司马光知道，青苗法与民争利，官府必然盘剥百姓，问题出在法的本身。

九

熙宁三年（1070年）正月二十一日，青苗法正式颁行。二月初一，北京留守、河北四路安抚使、知大名府韩琦就上疏宋神宗，揭露河北四路转运司在推行青苗法时存在的严重问题。他写道："国家颁布号令，建立法制，必须言必行、行必果，使百姓得到实惠，这样天下百姓才能信服而乐于实行。青苗法以利民之举为名，可是，臣闻各路转运司将百姓根据富裕程度分为五等，规定按等级借贷青苗钱，越富裕借的钱越多，甚至将钱借给州城里的商户。这些人以前是放贷户，现在却被官府逼迫借贷青苗钱，平白无故向官府支付利息。如果不是官府强制，他们是决不会自愿请贷的。提举常平司要求各县百姓凡不愿请贷青苗钱的，必须以违法申报，由提举司派人劝说，如果劝说后人户答应自愿请贷，则知县就要接受处分。各县担心处分，强行向百姓摊派。有的县还将富户与贫户编成联保，向贫户借贷青苗钱，由富户作保，贫户还不了本息，由富户代还。青苗法规定的利息是二分，有的府县擅自涨成三分。青苗钱是夏秋两季发放、收缴，如果夏秋连续遭灾，农民无力偿还，贷款势必无法回收，国家赋税必将流失。凡此种种，都违背了朝廷本意。臣请罢青苗法。"

韩琦的奏章，引起了宋神宗的重视，第二天，就亲自将奏章交给两府大臣传阅，说道："韩琦真是忠臣，虽然在外任职，仍然不忘朝廷大事。朕原以为青苗法可以利民，没想到害民如此。制定法令不可不慎，州城里哪里有青苗，这是典型的乱摊派。"

王安石见宋神宗听信韩琦，晓谕中书大臣，准备废除青苗法，于是在家称病不再上朝，上疏请求辞职。

宋神宗并没有罢免王安石之意，传诏给他，说道："朕认为卿的才能超过古人，名重当世，将你从地方召入中书，置储宰辅之列，推心置腹，言听计从。朕对你寄予厚望，你应该马上复职，不要再推辞了！"

王安石上章为自己辩护，宋神宗于是专门派两名宦官到各路巡察青苗法执行情况。两名宦官听从吕惠卿的授意，回来向宋神宗报告：百姓都是自愿请贷青苗钱，并没有强行摊派的现象。

宋神宗在吕惠卿等人的劝说下，下诏请王安石重新主持新政。王安石复出，将韩琦的奏疏交给制置三司条例司，由曾布逐条批驳，晓谕中外。

王安石居家称病时，宋神宗准备任命司马光为枢密副使。司马光再次请求废除制置三司条例司和青苗法。他说："如果陛下能够听从我的建议，胜于任用臣为两府大臣。倘若不用臣的建议，臣有何颜面担当如此重任。"

司马光等了很久，见自己的奏章泥牛入海，知道宋神宗不听其言，不用其道，于是上章辞免枢密副使的任命。

宋神宗执意要司马光出任枢密副使，派传达圣旨的宦官告诉司马光说："枢密院主管兵事，各有职分，不应当以其他事情为辞。"

远在大名府的韩琦得知消息后，专门派人送给司马光自己的亲笔信，劝司马光道："皇上对你如此倚重，说明愿意听取你的谏言，不必执意辞谢。"

司马光回信道："自古许多官员就是因为贪恋名爵，毁了自己的名节。"正好司马光左膝生疮，请假养病，枢密副使的任命暂时搁置下来。

王安石复出后，马上向宋神宗进言道："司马光好为异论，虽然不能蒙骗皇上视听，但如果将其擢任高位，就会为那些好为异论的人立起一面旗帜。"宋神宗于是作罢，取消了对司马光的任命。

司马光见王安石复任后，京城政治形势一下子严峻起来，知制诰宋敏求、李大临、苏颂所谓的"熙宁三舍人"因反对青苗法接连被逐出京城，于是向宋神宗上疏请求离开京城，遂以端明殿学士知永兴军，离开了这个是非之地。

十

熙宁四年（1071）三月三日，一大早，大名府幕僚强至就忙里忙外，吩咐府吏准备车船，府帅韩琦今天要亲自前往惬山金堤，视察黄河堤防治理。

强至，字几圣，钱塘人，乾兴元年（1022 年）生，庆历五年（1045 年）乡试第一，庆历六年（1046 年）进士，历任泗州司理参军，浦江县、东阳县、元城县令。熙宁元年（1068 年）韩琦任河北四路安抚使、北京留守兼知大名府时，聘时任大名府元城县令的强至入幕府，掌军府机密、文书等事，自此一直追随韩琦。

河北大名府自古就是府、路、州、道、郡治所在地。春秋时代属卫国，是历史上著名的"五鹿城"。战国时期属魏国。秦朝为东郡。汉朝为冀州魏郡。唐德宗建中三年（782 年），驻守魏州的魏博节度使田悦与芦龙军节度使十滔、恒州团练使王武俊结盟反唐，各自称王，田悦自称魏王，为取吉兆，把魏州改为大名府。庆历二年（1042 年），宋仁宗建大名府陪都，史称北京。大名府领一府十二县，属县为元城、莘县、大名、内黄、成安、魏县、馆陶、临清、夏津、清平、冠氏、宗城等。

大名府东临京杭大运河，是北宋时期南北漕运的重要航道。正值上巳节，旧俗禊祭的日子，满城百姓扶老携幼，出城祭祖，在水边饮宴，游春赏景。韩琦带着强至等一班僚佐，随着拥挤的人流，出东城门，在大运河岸边登舟，迤逦北行十五里，前往惬山金堤。

惬山金堤是汉时古堰，由于黄河经常改道，早已废弃。庆历八年（1048 年），黄河在澶州境内的商胡（濮阳县东）决口，向北形成了一条支流，时称北流。北流河道顺着大名府城西流入黄河古道，汉成帝时期的惬山金堤再次发挥约束河水泛滥的作用。到了嘉祐五年（1060 年），由于北流十余年淤塞，黄河在商胡埽下游大名府第六埽（南乐县西）决口，又形成一条支流，因在北流的东面，宋人称此河为东流。从此，黄河在河北、山东境内形成了东流、北流两个河道。

熙宁二年（1069 年）八月，王安石向宋神宗请求趁东流通畅、北流渐浅之际，闭塞北流。韩琦提出反对，但王安石决意施行。工程刚刚竣工，正值汛期，黄河就在闭口南发生溃决，位于北流与东流之间的州县再次成为一片汪洋。

韩琦一面救灾安民，一面利用农闲时节组织百姓加修堤埽。当时，筑堤主要是采用树枝、秸秆和石块捆扎成圆柱形，用来堵塞决口或护岸，称为埽。去年冬末，惬山金堤刚刚加固完成，韩琦借着上巳节前去视察。

韩琦带着强至舍舟上岸，在金堤上察看堤防。他见金堤之上，游春的人络绎不绝，想到自己来到大名府后，黄河给百姓带来无尽的灾难，如今，河防已经加固，百姓安居乐业，不由得感慨万千。他还看到，有人在惬山顶上垒起一座小小的神祠，借着郊祭的节日，很多百姓在祠前燃香祭拜，祈求金堤永固，镇服黄河，保佑年景风调雨顺。

韩琦边走边问："先生可知道惬山的出处？"

强至回道："惬山不是山，只是金堤上隆起的土丘，像一个山包而已。汉成帝建始四年，黄河在金堤处决口，汉成帝派大臣王延世前来治河。他用长竹围裹着石块，捆扎成竹埽投入河中，仅仅用了三十六天，就堵住了决口，并用竹埽加固堤岸，使得堤岸固若金汤，被百姓称为金堤。当时，王延世还命人在决口上筑起了一座小山，高高屹立在金堤之上。汉成帝得到奏报后非常高兴，下旨将'隆如山阜，颇惬人心'的大土石堆赐名惬山。"

强至边走边用手指着金堤上的神祠说道："金堤上的神祠，其实供奉的，就是当年治河筑堤的汉臣王延世。"

韩琦停住脚步，回望这金堤上的惬山，说道："惬山，颇惬人心啊！"

登上惬山，韩琦也在王延世祠前祭拜，引来百姓围观。

韩琦一路走来，看到曾经遭遇河患的山水田园现在处处绿意盎然、花团锦簇，一派春光明媚，不由得诗兴大发。

"河决金堤在汉成，曾推延世此经营。安人为惬当时意，立事因垂不朽名。谁凿故山酾御水，却通新漕入都城。一疏一塞俱称利，暂访遗踪岂易评。"

强至也和诗一首："浮舟不用力，一水静於出。沙鸟晴相唤，河云晚更闲。微吟穷有象，清思入无间。河策谁云补，从公漫往还。"

三年来，韩琦在大名府为官清廉，为民解困，尤其是带头拒绝执行青苗法，自然赢得了百姓的赞誉和尊敬。但韩琦始终觉得朝廷在治理河患上多有失策，以致河患频频，征调民夫治河筑堤劳民伤财，写诗自嘲道："元巳西津禊饮中，筑防因视惬山雄。调夫虽扰三农业，御水犹希一篑功。曲突虑微方绝患，开门轻敌是招戎。岸边观者应相笑，遭贼徒弯过后弓。"

十一

北京大名府城内有座闻名的压沙寺，寺后种了千余亩的梨树。每到春季，梨花竞放，雪白似海，香气袭人，蝶飞蜂舞，煞是喜人，引得官员平民都来游赏，成为一方盛事。

政暇之际，韩琦到压沙寺欣赏梨花，还让寺僧在梨园中建了一座凉亭。寺中方丈请韩琦为亭题名，韩琦看着眼前雪花般一望无际的梨花，闻着扑鼻馨香，想起唐诗"梨花白雪香"之句，遂执笔题写"雪香亭"。

韩琦与强至等僚佐经常在雪香亭饮酒赋诗，写出了许多诗句佳作。他在《清明会压沙寺》诗中写道："时节清明府事闲，压沙高会敞禅关。妓歌沈席摧莺舌，花影摇樽炫粉颜。春色满添膏泽后，人心和入醉游间。坐中尤觉风来好，白雪飞香混博山。"

北宋时期，地处黄河冲积平原的大名府，因其沙质土壤适宜种植梨树，成为河北地区的梨产区，而压沙寺的鹅梨尤其以美味驰名。据宋代张邦基《墨庄漫录》记载：大名府压沙寺的梨为时人称道，有"御园"之誉，辽人也视为珍品，原因在于是用鹅梨、棠梨和枣树嫁接，梨子集合了三种果子的美味，又脆又甜，被称为"冰蜜"。

韩琦对压沙寺的梨自然也赞美不已，作《压沙寺梨》诗道："压沙千亩敌侯封，珍果诚非众品同。自得嘉名过冰蜜，谁知精别有雌雄。常滋沆瀣充肌脆，不假燕脂上颊红。四海举皆推美味，任从潘赋纪张公。"

强至和诗道："谁将冰蜜共囊封，结实只园颗颗同。蔽芾舍傍思召伯，周流林下赋扬雄。花经春月千层白，颊傅秋霜一抹红。江橘空甘得奴号，果中清品合称公。"

到了熙宁五年（1072年），韩琦在大名府任职五年，现在也已经六十五岁，府事烦冗，旧病复发，身体越来越大不如前。

这年的九九重阳节，韩琦在府邸后院的凉亭宴会下属，酒酣处感叹人生，动情地说："保初节易，保晚节难。去年，欧阳永叔请求致仕，现在已经归隐林下，从此可以纵情山水，诗酒自娱。"继之诗兴大发，随口吟出一首《九日水阁》："池馆隳摧古榭荒，此延嘉客会重阳。虽惭老圃秋容淡，且看黄花晚节香。酒味已醇新过熟，蟹螯先实不须霜。年来饮兴衰难强，漫有高吟力尚狂。"

众人皆佩服韩琦的人品人格，请求把此亭命名为晚香亭，"黄花晚香"也成为一个历史经典典故。

其实，黄花晚香在韩琦心里，有更深层次的意义。韩琦深知北宋朝廷越来越严重的三冗问题，多年执政也始终致力于改革，但自己都是从裁减冗官冗兵冗费上下功夫，重在节流，而王安石的新政名义上是开源，实际上是与民争利，加重百姓赋税负担，必将造成社会动荡，一旦内忧外患，后果不堪设想。他更反对王安石一意孤行，打击异己，任用酷吏，盘剥百姓。几年来，他在任上，带头抵制青苗法，已经引起王安石和宋神宗的不满。韩琦接连上章，以年老多病为由，请求致仕。

宋神宗不允，再次派遣御医到大名府为其诊治。御医回来奏报，韩琦确实有病，不再适合担任地方要职。熙宁六年（1073年），宋神宗才下旨，命韩琦以原职判相州，回乡养病。

北宋名相韩琦

第八章

三知相州

一

　　熙宁六年（1073年）的阳春三月，韩琦带着家眷轻车简从，缓缓行进在通往相州城的官道上。大路两旁是一望无际的青翠麦田，远处的冈阜上桃李繁花如火，一团团，一簇簇，令人目不暇接。

　　韩琦望着故乡这亲切而熟悉的一切，感慨万千，心情是复杂的。他真希望这次回乡，自己能够终老林泉，不再是故乡的一个匆匆过客。

　　相州知府张宗益亲自出城迎接。六十多岁的他在相州任职三年，任期已满，就以年老为由上疏宋神宗，请求致仕，回乡养老。得知老宰相韩琦回乡接任相州知府，他特意多待几天，一来亲自交接州府事务，二来两人同朝为官多年，自己年老致仕回西京洛阳养老，两人这次分别后，也不知道这辈子还能不能再见面，趁此盘桓几日，以解仰慕之意。

　　张宗益初到相州上任，一次闲暇，到州府后园内游赏，见昼锦堂内已经覆满尘土，梁柱和窗扉上油漆斑驳，可见早就无人打理。他特地安排府吏将昼锦堂整修一新，打扫干净，但自己从没有占用过，一直保持至今。他在州府北面的康乐园内，增设了许多亭台楼阁、小桥流水，以供百姓游赏。

现在，韩琦看到这一切，心里更是高兴，当晚，就命人在昼锦堂摆酒设宴，为张宗益话别送行。

韩琦端起酒杯说："仲巽贤弟蒙恩致仕，荣归故里，可喜可贺！"

张宗益赶紧站起来，也举起酒杯，说道："多谢韩相垂爱，我当满饮此杯。"

"两位老者饮酒，你自不必如此。"韩琦感慨道："去年，欧阳修在颍州任满，请求致仕，皇上当即应允。我闻知后，真的替永叔高兴，作诗以贺。欧阳大人只比我年长一岁，我也向皇上提出致仕，但皇上只允许我回乡养病，仍任州府。仲巽贤弟治理乡郡有方，我也可以安心养病了。"

张宗益回道："韩相谬赞。韩相是朝廷柱石，三朝元老，定策元勋，皇上自然不会轻易让老宰相致仕。相州民风淳朴，老宰相两任郡守，整修武备，开渠置碾，兴学拓园，政绩斐然。我也只是守成而已。"

韩琦在大名府时得知张宗益在相州官声清廉，治理有方，就曾多次与他书信往来。"仲巽贤弟不必过谦。记得前年我与你写信，附诗一首，可曾记得？"

"韩相惠赠佳作，我怎么可能不记得呢？"张宗益站起来，望着窗外月色下的景色，轻声吟哦道："园池开拓费经筹，雅意奚专自宴休。好事庶逢贤守继，康时聊便里民游。一闻公暇闲无敌，顿激归心浩不收。早晚再容怀绶乐，赤松高趣遂希留。"

韩琦哈哈大笑，说道："他日之愿，今天竟然成真，我们两人且浮一大白。"两人一饮而尽，相视而笑。

张宗益为韩琦再次斟满酒杯，举杯在手，说道："谢谢韩相厚意，明日我就要启程，您可有什么指教？"

韩琦说道："皇上恩准你致仕，你还得进京陛辞，我也就不再挽留。只是有一件事相托，想请你离京后，绕道一趟颍州，代我看望一下欧阳永叔，听说他身体一直不好，我这里还有皇上赏赐的一些御药。"说着，韩琦命人将一只匣子送来，上面还有一封信函。

韩琦打开信函，将纸展开，递给张宗益，说道："这是写给永叔的。"

张宗益定睛一看，原来是一首诗："独步文章世孰先，直声孤节亦无前。欲知退足高千古，请视经犹疾五年。在我光阴长更乐，扶天功业去如捐。西湖风月谁为伴，笑许当时处士贤。"

张宗益连称好诗，但心有不甘，说道："韩相与欧阳大人同朝执政，道合气同，自然情同手足，令人艳羡。我也有个不情之请，想请韩相为我作诗送别，也不辜负今晚月下湖水深情。"

韩琦微微一笑，走到书案前，援笔在手，写道："倦飞垂翼奈劳何，喜向南枝得旧窠。三治故乡前世少，一思遗履上恩多。病魂醒处安闲枕，酒量衰来怯巨螺。复听雅音清聩耳，爱居谁辨九韶和。"

墨迹酣畅淋漓，一手颜体风骨雄浑苍劲，正如韩相一生为人处世，看得张宗益不由自主眼眶湿润。

二

令韩琦想不到的是，就在这一年的闰七月二十三日，住在颍州的欧阳修在家中去世，享年六十六岁。文星陨落，忠臣辞世，朝廷赠他太子太师，谥号文忠。

韩琦接到欧阳修儿子送来的讣信，异常悲痛。自庆历三年（1043 年）自己与范仲淹还朝，同欧阳修三人结为政治知己；嘉祐初年，两人同入中书，更是结为生死之交。韩琦强忍悲痛，遵从欧阳修的遗愿，亲自为这位相知几十年的老友撰写墓志铭，并作《祭少师欧阳永叔文》，追忆欧阳修光明磊落的一生，盛赞他一生的功绩。

欧阳修的离世，对同样进入垂暮之年的韩琦打击很大，他在后园池塘边建一座厅堂，取名醉白堂，意为羡慕先贤白居易，自己从此终老林泉，诗酒自娱。他借取白居易《池上》诗意，作醉白堂歌，歌曰："因建新堂慕昔贤，本期归老此安然。轻阴竹满窗间月，倒影莲开水下天。自向酒中知有德，更于琴外晓无弦。霓裳百指非吾事，只学醺酣石上眠。"

然而，朝廷因为新法的斗争依然异常激烈。王安石自熙宁三年（1070年）升任宰相后，对反对新法的大臣予以降官，贬出京师。他一手扶持吕惠卿从崇政殿说书升任天章阁侍讲，再升任翰林学士。

王安石的儿子王雱，字元泽，自幼聪明颖慧、志向高远，但性格孤傲、睥睨自豪、不可一世。他二十岁举进士及第，好论天下大事。一次，御史程颢到府上拜见王安石，两人谈论新法，因意见相左，正在辩论。王雱脸不洗，头不梳，手中拿着一妇人冠，懵懵懂懂闯进客厅，见了程颢也不施礼，问王安石道："阿父，所谈何事？"

"新法颁行，人多阻挠，所以正与程颢先生谈论此事。"

不等王安石说完，王雱瞪着眼睛，大声说道："此事何必多议，但将韩琦、富弼这般顽固老臣枭首市曹，不怕新法不行！"

宋代以来，朝廷不杀上疏言事之臣。王安石闻听儿子的话，忙接口道："吾儿说错了。"并且连连递使眼神，不让他说话。

程颢本是儒学大师，既看不惯他的不羁做派，更听不过他的狂妄之语，忍耐不住，沉着脸说道："我与王相正在谈论国政，子弟不便参与。"王雱见状，才讪讪而去。

不久，王雱竟然得到宋神宗的召见，被授予太子中允、崇政殿说书，入侍讲筵。他生平崇拜商鞅，在给宋神宗侍讲经书时，多次说不诛杀异议，新法不得行。宋神宗为其所惑，竟然同意在京城创置巡逻士兵，遇有谤议时政，不问贵贱，一律拘禁。京师官民见此禁令，更是敢怒不敢言。

熙宁七年（1074年）春天一直没下雨，赤地千里，人民无以为生，忧愁困苦，身无完衣。各地地方官吏催逼灾民交还青苗法所贷本息，饥民只能以草根木实充饥，还要被加上锁械刑具负瓦揭木，卖产以偿还官钱，百姓扶老携幼离乡逃走，疲夫赢老不绝于道。

监安上门、光州司法参军郑侠画成《流民图》，上疏宋神宗道："从去年以来，蝗灾大作，秋冬二季均无雨干旱，致使麦苗干枯而死，粟、麻等农作物无法播种，民情汹汹，老百姓不得不四处逃亡。而官府却大肆聚敛钱财，全然不顾百姓的死活。而辽国却趁机落井下石，屡屡派使者要求宋朝割让领土。这些现象都是执政大臣多行不义而造成的。"

奏疏送到阁门，不被接纳。郑侠只好直送银台司，假称紧急边报，才呈给宋神宗。

宋神宗看到《流民图》，见图上流民饥寒交迫，卖儿鬻女，惨不忍睹，而一班凶悍官吏怒目相逼，催收青苗钱，枷锁流放，不问死活，垂死百姓倒毙路旁。

宋神宗反复谛视，叹息不已，藏在袖中，回到寝宫福宁殿，却是夜不能寐。

当天晚上，太皇太后曹氏派内侍将宋神宗请到后宫庆寿殿，对宋神宗道："祖宗法度，不宜轻改。我听说百姓为青苗、免役诸法所困苦，现在民不聊生，人怨天怒。天已示惩戒，何不一并罢除。"

宋神宗回道："新法是利民之举，并非苦民。"

曹太后也听说郑侠《流民图》一事，不禁动怒，说道："我看未必。我听说新法都是出自王安石，王安石虽然有才学，但违背民意施行新政，现在已经导致百姓怨声载道，百官相继弹劾，他又执拗独行，贬窜异议大臣，终是难有善终。皇上如果爱惜他，还是将他外调，方可保全。"

宋神宗踌躇半天，说道："群臣中只有王安石能任国事，不应令去。"

当时，宋神宗的弟弟岐王赵颢进宫问安，坐在旁边，也劝解道："太皇太后的慈训，确是至言，皇上不可不思。"

宋神宗正左右为难，闻言大怒道："是我败坏天下社稷吗？你来做皇帝好了！"

赵颢吓得扑通跪在地上，流泪道："臣弟只是与皇上共议国事，绝无异心，请皇上明察，恕臣弟妄议之罪。"

曹太后见状，闷闷不乐，许久不言。宋神宗也觉得自己失态，温言劝慰弟弟赵颢先离去，自己陪着太皇太后，不敢离开。

曹太后见宋神宗正懊恼不已，心生怜惜，流着泪劝道："王安石必乱天下，奈何？"

宋神宗沉默良久，回道："谨遵太皇太后慈训，择相代王安石，把他外放便是。"

宋神宗遂下令暂时罢免青苗、免役、方田、保甲等十八项法令。恰巧，三日后大雨。两府大臣入宫祝贺，宋神宗把郑侠所进的《流民图》及奏疏拿给他们看，同时责备王安石。王安石只好上表请求去职。四月，王安石第一次罢相，出任江宁府知府。

宋神宗任命观文殿大学士、知大名府韩绛为宰相。在王安石的极力推荐下，翰林学士吕惠卿被任命为参知政事。

三

王安石刚刚离开京都，辽国使臣萧禧便带着国书来到东京，要求两国重新划定北部边界，以宋朝侵入辽境为借口，索要河东代北（山西代县、繁峙以北一代）的土地。宋神宗派大臣刘忱等人与辽使萧禧进行谈判，要求既不能轻开战衅，又不能示弱于敌。

双方谈判并不顺利，辽国在边界增兵，进行武力威胁，朝廷上下乱作一团。宋神宗无奈，派遣内侍省供奉官裴昱带着自己的手诏到相州，向韩琦询问对策。

韩琦接到手诏，立即找来自己当年在河东路太原府的地图，连夜研究对策，在奏疏中提出处理办法。他说："臣注意到，近年来朝廷在推行保甲法、保马法和置将法等新法的时候，似乎不考虑我们邻敌的反应。这就使得本来就多疑的契丹人见行生疑，必然说我们有恢复燕南的意图，故他们先发制人，在边境制造事端。臣今为陛下计议，应该遣使交涉和谈，表明和平友好的态度，释清契丹人的疑虑，要求双方恪守疆土旧界。如果契丹人不接受和谈，决欲背弃盟约，今河北诸州皆深沟高垒，早已做好迎敌准备，足以御敌自守。契丹人真的敢来入侵，各路军完全可以寻找战机，驱逐敌寇，进而一振威武，恢复故疆，以雪累朝之宿愤。"

此时的辽朝，正处于风雨飘摇之际。辽道宗耶律洪基笃信佛教，广建寺庙，劳民伤财，致使社会矛盾激化，再加上宠信奸臣耶律重元、耶律乙辛，整个朝廷腐败至极。在这种情况下，辽道宗根本没有心情和精力攻打北宋，正是宋朝的一系列新政引起契丹人的警觉，而采取的一种试探行为。韩琦刚刚从北京大名府卸任，因而才有如此准确的判断。

然而，谈判正处于胶着状态，离开京城仅仅十个月的王安石再次恢复相位，主持朝中大局。他一面顾虑宋夏的争端，一面对北宋在宋辽边境的守备没有信心，所以力主和谈，一味妥协退让，于熙宁七年（1074年）十月将代北东西七百里的土地尽数割让给辽国。

韩琦得知这一消息，义愤填膺，痛惜不已，身体状况越来越差。他一再上疏请求致仕，辞官静养。然而，只要韩琦上章求退，宋神宗就派遣宫中内侍带着亲书的手诏，到相州劝慰挽留。

熙宁八年（1075年）三月，辽国再次派遣萧禧到东京开封，就河东地界要求重新划界，坚持以蔚州、应州、朔州的分水岭为界，欲得寸进尺，同时扬言出兵入侵代州，并且把军队开到了边界。

宋神宗派待制韩缜为使臣，到边界与辽使萧禧商量。同时，将情况通报给韩琦。韩琦将当年任河东路安抚使、知并州时与辽人划分天池庙的地界图，以八百里加急送往京城，请求宋神宗不可再作让步，以免契丹人无节制地讹诈。

韩琦的地界图送到边界，辽国使臣不得已才放弃对天池庙的无理要求，但对黄嵬山仍纠缠不休。于是，宋神宗授知制诰兼判军器监沈括为翰林侍读学士、回谢使，前去勘察地界。

沈括，字存中，浙江杭州钱塘县人。他出身于仕宦之家，幼年随父游学各地，增长见识，表现出对大自然的强烈兴趣和敏锐观察力。嘉祐八年（1063年），进士及第，在长达三十多年的官宦生涯中，他很注重考察各地山河特点，形成了他的地理学说，并绘制了《大宋郡守图》。他一生致力于科学研究，在众多学科领域都有很深的造诣和卓越的成就，其代表作《梦溪笔谈》，内容丰富，集前代科学成就之大成，在世界文化史上有着重要的地位，被称为"中国科学史上的里程碑"。

沈括依据自己多年研究的地理学说和《大宋郡守图》，向辽使萧禧提出按照澶渊之盟确定的白沟河边界，河以南为宋地，河以北为辽地，而黄嵬山在白沟河以南，是大宋的领土。萧禧没有一张自己的地图，更不知道黄嵬山的准确方位，在地图面前，他自感理亏，只有无功而返。

不久，沈括受命出使辽国，在辽国首都上京再谈两国边界，这时辽国的谈判使换成了辽国宰相杨益戒。在谈判时，沈括再次提出以澶渊之盟为基础，以《天下郡守图》为依据，有理有节，寸步不让，使得辽国宰相找不到重划边界的理由。这时，沈括又出示宋朝的木制地形模型，这使得辽国宰相大为惊奇，不得不放弃了对宋朝的领土要求。

沈括在出使途中，留心沿路山川地形和风土人情，回来后写成《使虏图抄》，献给朝廷。宋神宗擢任沈括为翰林学士、三司使，以示奖励。

宋辽边界纠纷得到暂时平息，韩琦闻知，脸上没有一丝喜色。王安石复出后，新法得以继续推行，更加助推宋神宗的"熙河开边"策略。他知道，更大的忧患正在悄悄酝酿，不禁为大宋前途忧心忡忡。

熙河开边又称河湟开边，宋神宗为改变宋朝在西北地区的被动局面，期求彻底制服西夏，雪数世之耻，在王安石的支持下，由大将王韶主持，收复河湟地区，使西夏腹背受敌，最终消灭西夏，统一中国西北地区。

熙河开边经数年经营，到熙宁六年（1073 年），已经收复熙州、河州、洮州、岷州、迭州、宕州等州军，幅员两千余里，斩获不顺蕃部十九万九千余人，招抚大小蕃族三十余万帐。对河湟地区的军事行动耗费了北宋朝廷巨大的人力、物力、财力，北宋虽然占领了熙河地区，但是当地吐蕃的反抗活动使北宋朝廷非常被动，被迫投入更多的兵力维护统治。这一地区形势的不稳定，不仅使最初的战略目标没有达到，反而牵制了北宋的力量，也是后来北宋灭亡的原因之一。

宋神宗也深感西北边境问题的严重性，准备重新任用韩琦为永兴军节度使、知京兆府，以期稳定边陲。但考虑到韩琦的身体状况，他再次派遣御医，带着自己的手诏，连夜赶往相州。

四

熙宁八年（1075 年）六月二十四日，正值仲夏，骄阳似火，溽暑难挨，州府大堂外的树木枝叶萎缩，连树荫里的蝉鸣也有气无力，时断时续。过了申时，突然刮起一阵疾风，只见西北天际阴云密布，迅速张满天宇，电闪雷鸣，一场倾盆大雨顿时像掘开天河，陡然而至，数刻而止。此时，天空澄明，树木翠绿，凉风习习，仿佛一下子进入初秋。

连日来，韩琦病体倦乏，一直躺在床上，心情烦躁。他见雨后天晴，凉爽宜人，挣扎着下床，拄着拐杖，蹀躞着来到后园。有一段时间没有再到昼锦堂，只见厅堂里的桌几上已经覆满尘土，书牍横陈，诗稿狼藉。

一阵清风破窗而入，吹落一张诗稿。韩琦喘息着俯下身子，捡起放到书案上，原来是前几日自己和文彦博的一首诗《次韵和文潞公题王右丞维辋川图》，他不禁轻声吟哦："辋川诚自好，人各爱吾园。欲纵家山乐，终縻吏事繁。鸿飞思避弋，羝触困赢藩。几日归陶径，方知践此言。"

唐代大诗人王维精通诗、书、画，晚年隐居辋川时在清源寺壁上作辋川二十景，名《辋川图》。文彦博看到摹本后，作《题辋川图后》一诗："吾家伊上坞，亦自有椒园。漠漠清香远，离离丹实繁。盈襜常要采，折柳不须藩。每看辋川画，起予商可言。"

文彦博有椒园，七十岁的他接替自己仍在大名府镇边；我有昼锦堂，小两岁的自己却只能在故乡养病。想到这里，韩琦不禁流下眼泪。

二夫人崔氏急急忙忙闯进昼锦堂，看到韩琦站在窗下风口流泪，数落道："一会儿就不见你了，站在凉风里，也不知道爱惜自己。"说着，搀扶着韩琦走出昼锦堂，回寝殿休息。

二夫人崔氏，真定人，在韩琦知定州时服侍韩琦。大夫人崔氏去世后，韩琦才收为二夫人，三年前生韩嘉彦。

韩琦回到寝殿，躺下不久，就开始发烧，时而昏迷，时而清醒。二夫人崔氏赶紧连夜延医问诊，正在把脉之时，一个府吏急匆匆闯进来禀道："夫人，刚才天坠一颗大星，落到后园昼锦堂后，火光冲天，恐怕府内失火了！"

崔氏忙喝止道："相爷有病，不得大声喧哗！你赶快命府内官吏到后园救火，不要再来打扰相爷。"

府吏这才看见相爷躺在床上，吓得赶紧退出。不一会儿，府吏又悄悄进来，附在崔氏耳边，说道："夫人，我们往后园走的时候，还看见火光冲天。到后园时，却不见火光。察看一番，什么也没有发现，你说怪不怪？"

此时，问诊已毕，韩琦清醒过来，颤声问道："何事慌张？"

崔氏附到韩琦耳边，低声讲述一遍。韩琦说道："夫人不必慌张。听母亲讲，我出生时，曾梦见大星坠落。此时，大星再次落下，说明我的寿限已到。"说到最后，声音细弱得已经听不到了。崔氏连忙站起，俯视韩琦，只见呼吸全无，面容安详，已然去世。

第二天，朝廷派遣的御医赶到，只见相州府里已经搭起了白色的灵棚，方才得知韩琦去世，随即与韩府家人一起返程回京报丧。

宋神宗闻讯，大为震惊，竟然失声痛哭，当即罢朝三日致哀。随即，命同知礼院李清臣为专使，前往相州韩琦灵前致祭，抚慰家人，诏命致丧礼仪按照开国元勋、太祖太宗两朝宰相赵普的丧葬规格办理，追赠韩琦为尚书令，配享宋英宗宗庙，谥号忠献。

追赠告策曰："韩琦见识渊博而富有谋略，庄重耿直而不屈不挠。早在天下享有声望，得到了国君的信任依赖，为相出入于三朝，执政周旋于二府。在仁宗与英宗之际，首推定策之功，又接受了顾命的重托。庶几就像舜的大臣皋陶一样辅佐江山社稷，使天下达到繁荣太平，黎民百姓都分享了他的恩泽，为国家立下了不朽的功勋。国泰民安诚恳辞相，出任边关重镇使边境得到安稳，功成名就不贪恋荣华富贵，急流勇退常愿交还印绶，返乡为民。"

宋神宗知道韩琦一生清廉，专使李清臣回来报告韩家生活简朴，韩琦平日将自己的俸禄和朝廷赏赐分赠亲属，救济故友，家无余财，于是从内库拨银绢各二千五百两匹作为丧葬费，令入内都知张茂则到相州负责监护韩琦丧事，入内供奉官张怀德负责修建坟茔。宋神宗还亲自为韩琦撰写神道碑以赐之，题碑额《两朝顾命定策元勋之碑》，曰：

"熙宁八年六月甲寅，定策元勋之臣、永兴军节度使、守司徒兼侍中、魏国公、判相州韩琦薨。讣来京师，朕然追恸，若不胜。诏辍视朝三日，赠尚书令，配享英宗庙庭。七月癸酉，成服于苑中，哭之恸。又敕入内都知、利州观察使张茂则往护丧事。于是，其孤忠彦上公勋德之状于有司，已而集议，尚书省皆以谓谥公'忠献'，无以易。朕念既葬而墓隧之碑未立，尝考《大雅·烝民》之诗，虽美宣王之德，而实大山甫之功；肇其所生，兴其所施，及乎进止威仪、衣服车马之盛，莫不与民咏歌之，以慰山甫之心，可谓至矣。盖臣之致功者大，则君之享福也隆，然则可无述？今观公之大节，所以始，所以终，宜有金石刻之，以著信于后世，而锡训于子孙。非朕，其谁为之？"

十一月庚申日，知安阳县吕景阳、相州观察判官陈安民调派两河士卒，以一品卤簿葬韩琦于相州安阳县丰安村西北原。

宋神宗诏令韩琦五兄韩璩之子韩正彦自两浙提举官调任相州知府，以便照顾韩琦遗属家眷，看护坟茔。同时派遣御药院李舜举前往相州祭奠，并给韩琦幼子韩嘉彦与自己第三女齐国公主定下婚约，后来召为驸马，封官驸马都尉。

不久，又传圣谕，命韩琦长子韩忠彦整理父亲的奏章疏议，全部上奏朝廷，辑录为《安阳集》，共五十卷，其中，诗词二十卷，记、序、表、启、制词、行状、祭文、墓志等共三十卷。

五

韩琦的去世，令宰相王安石震惊之余，对变法以来经历的风风雨雨和自己当初一意孤行的过激行为进行了深刻的反思，亲自作《韩忠献挽词》

二首：

心期自与众人殊，骨相知非浅丈夫。独斡斗杓环帝座，亲扶日毂上天衢。锄耰万里山无盗，衮绣三朝国有儒。爽气忽随秋露尽，但留陈迹在龟趺。

两朝身与国安危，曲策哀荣此一时。木稼尝闻达官怕，山颓果见哲人萎。英姿爽气归图画，茂德元勋在鼎彝。幕府少年今白发，伤心无路送露轜。

诗中王安石回顾了自己与韩琦之间的渊源，既暗含了对自己少不更事的悔意，又有时过境迁的感慨，对韩琦的德量才智和高远的心气由衷赞叹，同时有对韩琦定策元勋的高度评价和故人逝去的哀悼。王安石对韩琦的人格，还是真诚敬佩的，可见，王安石也不愧为一代名相。

此时，从杭州通判刚到密州任知府的苏轼得知韩琦去世的消息，流着泪作《祭魏国韩令公文》祭奠这位恩师，缅怀"施及不肖，待以国士"和"父子昆弟，并出公门"的师生情谊。后来，苏轼应韩琦长子韩忠彦之请，作《醉白堂记》，此文可与欧阳修《昼锦堂记》相媲美。今将两文列于书后，实在是对韩琦一生最好的总结。

醉白堂记
苏轼

故魏国忠献韩公，作堂于私第之池上，名之曰"醉白"。取乐天《池上》之诗，以为醉白堂之歌，意若有羡于乐天而不及者。天下之士，闻而疑之，以为公既已无愧于伊、周矣，而犹有羡于乐天，何哉？

轼闻而笑曰：公岂独有羡于乐天而已乎？方且愿为寻常无闻之人而不可得者。天之生是人也，将使任天下之重。则寒者求衣，饥者求食，凡不获者求得，苟有以与之，将不胜其求。是以终身处乎忧患之域，而行乎利害之涂，岂其所欲哉！夫忠献公既已相三帝安天下矣，浩然将归老于家，而天下共挽而留之，莫释也。当是时，其有羡于乐天，无足怪者。然以乐天之平生而求之于公，较其所得之厚薄浅深，孰有孰无，则后世之论，有不可欺者矣。文致太平，武定乱略，谋安宗庙，而不自以为功；急贤才，轻爵禄，而士不知其恩；杀伐果敢，而六军安之，四夷八蛮想闻其风采，而天下以其身为安危，此公之所有，而乐天之所无也。乞身于强健之时，退居十有五年，日与其朋友赋诗饮酒，尽山水园池之乐；府有余帛，廪有余粟，而家有声伎之奉，此乐天之所有，而公之所无也。忠言嘉谋，效于当时，而文采表于后世；死生穷达，不易其操，而道德高于古人，此公与乐天之所同也。公既不以其所有自多，亦不以其所无自少，将推其同者而自托焉。

方其寓形于一醉也，齐得丧，忘祸福，混贵贱，等贤愚，同乎万物，而与造物者游，非独自比于乐天而已。古之君子，其处己也厚，其取名也廉，是以实浮于名而世诵其美不厌。以孔子之圣，而自比于老彭，自同于丘明，自以为不如颜渊。后之君子，实则不至，而皆有侈心焉。臧武仲自以为圣，白圭自以为禹，司马长卿自以为相如，扬雄自以为孟轲，崔浩自以为子房，然世终莫之许也。由此观之，忠献公之贤于人也远矣。

昔公尝告其子忠彦，将求文于轼以为记而未果。既葬，忠彦以告，轼以为义不得辞也，乃泣而书之。

北宋名相韩琦

昼锦堂记

欧阳修

仕宦而至将相，富贵而归故乡，此人情之所荣，而今昔之所同也。

盖士方穷时，困厄闾里，庸人孺子皆得易而侮之。若季子不礼于其嫂，买臣见弃于其妻。一旦高车驷马，旗旄导前，而骑卒拥后，夹道之人，相与骈肩累迹，瞻望咨嗟；而所谓庸夫愚妇者，奔走骇汗，羞愧俯伏，以自悔罪于车尘马足之间。此一介之士，得志于当时，而意气之盛，昔人比之衣锦之荣者也。

惟大丞相魏国公则不然。公，相人也，世有令德，为时名卿。自公少时，已擢高科，登显仕，海内之士，闻下风而望馀光者，盖亦有年矣。所谓将相而富贵，皆公所宜素有。非如穷厄之人，侥幸得志于一时，出于庸夫愚妇之不意，以惊骇而夸耀之也。然则高牙大纛，不足为公荣；桓圭衮裳，不足为公贵；惟德被生民而功施社稷，勒之金石，播之声诗，以耀后世而垂无穷。此公之志，而士亦以此望于公也。岂止夸一时而荣一乡哉？

公在至和中，尝以武康之节，来治于相，乃作昼锦之堂于后圃。既又刻诗于石，以遗相人。其言以快恩仇、矜名誉为可薄，盖不以昔人所夸者为荣，而以为戒。于此见公之视富贵为何如，而其志岂易量哉？故能出入将相，勤劳王家，而夷险一节。至于临大事、决大议，垂绅正笏，不动声色，而措天下于泰山之安，可谓社稷之臣矣！其丰功盛烈，所以铭彝鼎而被弦歌者，乃邦家之光，非闾里之荣也。

余虽不获登公之堂，幸尝窃诵公之诗，乐公之志有成，而喜为天下道也。于是乎书。

2018 年 4 月 20 日初稿

2020 年 6 月 15 日终稿

安阳历史廉吏·第二卷

明代大儒崔铣

龙　文◎著

人民日报出版社
北京

图书在版编目（CIP）数据

安阳历史廉吏.2,明代大儒崔铣/龙文著.--北京：
人民日报出版社,2021.3
ISBN 978-7-5115-6951-6

Ⅰ.①安… Ⅱ.①龙… Ⅲ.①崔铣－生平事迹 Ⅳ.
① K827

中国版本图书馆 CIP 数据核字 (2021) 第 044030 号

书　　名：**安阳历史廉吏·2：明代大儒崔铣**
　　　　　ANYANG LISHI LIANLI·2：MINGDAI DARU CUIXIAN
作　　者：龙　文

出 版 人：刘华新
责任编辑：张炜煜　白新月
特约编辑：郭旭东　符海朝　郭胜强　王志轩　金　黎　陈科
装帧设计：阮全勇

出版发行：**人民日报**出版社
社　　址：北京金台西路 2 号
邮政编码：100733
发行热线：(010) 65369509 65369512 65363531 65363528
邮购热线：(010) 65369530 65363527
编辑热线：(010) 65369509 65369533
网　　址：www.peopledailypress.com
经　　销：新华书店
印　　刷：三河华润印刷有限公司
法律顾问：北京科宇律师事务所 010-83622312

开　　本：710mm×1000mm　　1/16
字　　数：615 千字
印　　张：46.5
版　　次：2021 年 3 月第 1 版
印　　次：2021 年 3 月第 1 次印刷

书　　号：ISBN 978-7-5115-6951-6
定　　价：168.00 元（全三册）

卷首语

历史是最好的教科书。习近平总书记指出："我国今天的国家治理体系，是在我国历史传承、文化传统、经济社会发展的基础上长期发展、渐进改进、内生性演化的结果。"世界四大古老文明中，唯有中华文明延续至今，并保持着强大的生命力和创造力，其根本是源于中华民族对上下五千年优秀传统文化的继承和发扬。"国而忘家，公而忘私""儒法并用""德刑相辅"等古代先贤的为政思想也随着传统文化的长河浸入国人心田，成为历朝历代治国理政的重要理念。党的十八大以来，党中央立足从优秀传统文化中汲取滋养，用好优秀廉政历史文化这把破解全面从严治党向纵深发展的金钥匙，着力"不敢腐、不能腐、不想腐"一体推进，取得了明显成效。

河南省安阳市作为国家级历史文化名城，在三千多年的历史文化长河中，孕育了丰富灿烂的优秀廉政历史文化，涌现出诸多廉吏贤能。近年来，安阳市的作家立足本地深厚的廉政历史文化底蕴，深入发掘当地广大党员干部耳熟能详的北宋名相韩琦、明代大儒崔铣和仁义宰相郭朴等古代廉吏

的优秀品质，创作出《安阳历史廉吏》，营造出浓郁的倡廉颂廉氛围，在传承中国历史传统文化、弘扬优秀历史廉政文化、构筑广大党员干部反腐的思想防线等方面带了个好头。

以史为鉴，可以知兴替；以人为鉴，可以明得失。全国各级党组织有责任组织文化工作者，深入挖掘富有地域特色的优秀传统文化和廉政文化，创造性地与全民文明素质提升、文明城市建设、企事业单位干部职工培训和地方文化旅游有机结合，传递文明声音，做好廉政文章，建好政治生态。同时，也希望广大读者积极汲取中华民族漫长奋斗历程中积累的文化养分，用好传统文化，讲好中国故事。尤其是广大党员干部，在全面从严治党的新形势下，更要认真研习、见贤思齐，筑牢防线，用中华民族优秀历史廉政文化滋养初心，在践行文化自信的道路上凝聚力量，为实现中华民族伟大复兴的中国梦不懈奋斗！

中共中央党校教授、博士生导师　李宏伟

2020 年 10 月 18 日

目 录 CONTENTS

第一章

大明赵王

安阳历史廉吏

第二卷

一

大明王朝洪熙元年（1425 年）三月，通往彰德府安阳城的官道上车水马龙，前面是一支锦衣卫马队，铠甲军械锃亮，后面是一眼看不到尾的车轿，雕栏画阁，覆盖着锦绣绸缎，一看就是皇家王府气派。

锦衣卫是当今皇帝明仁宗朱高炽派来的护卫，名义上是从北京城护送赵王朱高燧到彰德府就藩，实际上是监押遣送。

锦衣卫的后面，除了赵王府一众家眷，还有王府侍卫、太监、仆役，足有三百余口。由于箱笼辎重过多，他们从京杭大运河一路南下，在浚县城西渡口登岸，一行车队过汤阴赶往彰德府署所在地安阳城。赵王府长史胡兴紧紧跟在赵王身后，令朱高燧浑身不自在，总感觉身后有一双眼睛在盯着自己，看穿自己的一切。

朱高燧身为亲王，一向骄纵惯了，自然不把这个小小长史放在眼里，一路上有意面露厌恶之色，沉默寡言，从不搭话。胡兴也不以为意，有说有笑，早晚请安，事事请示，举止中规中矩，倒让朱高燧也无话可说，有气也无处撒。

明成祖朱棣共有三个儿子：长子朱高炽，也就是当今皇上明仁宗；次子朱高煦，被封为汉王；三子朱高燧，被封为赵王。说起汉王、赵王这两个弟弟，明仁宗朱高炽既怜又恨。

当年，明太祖朱元璋驱除蒙元鞑虏，统一天下，建立了大明王朝。登基后，他实行皇子封王制度，以巩固大明江山社稷。他二十六个儿子中除长子朱标被封为太子，最小的儿子朱楠因年幼夭折未封王外，其余二十四个儿子全部初封为亲王，就连侄孙朱守谦也被封为靖江郡王。皇子封亲王，授金册金宝，岁禄万石，王府置长史司一众官属，护卫甲士少者三千人，多者至一万九千人。诸王之中，以燕王朱棣的势力最大，因太子朱标、次子秦王朱樉、三子晋王朱枫先后去世，所以四子朱棣就成了皇位最有力的竞争者。

明太祖朱元璋驾崩后，皇位传给长孙朱允炆。刚刚登基的建文帝朱允炆在黄子澄、齐泰等一班大臣的建议下，力主削藩，一时间各地藩王人心惶惶。燕王朱棣借机在燕京北平发动靖难之变，出兵攻陷京城南京，朱允炆自焚宫中，众臣拥戴朱棣登基，改元永乐。二皇子朱高煦和三皇子朱高燧因从征有功，分别被封为汉王、赵王。

汉王朱高煦见太子朱高炽驻守在遥远的燕京北平，父皇朱棣又对自己恩宠骄纵，于是留在南京城不肯就藩，暗中私养武士，阴谋夺嫡。朱棣发现后，将他囚禁在西华门内，准备将他废为庶人。太子朱高炽念及兄弟之情，向父皇极力求情，才将朱高煦徙封到乐安州（山东惠民县），并命他即日起程就藩。

明王朝迁都北京后，一直跟随朱棣左右的赵王朱高燧也蠢蠢欲动，阴谋夺嫡，暗中指使宫中太监趁着父皇朱棣生病偷偷下毒，想借此矫诏废太子谋立自己，事情败露未能成功。太子朱高炽再次向父皇朱棣求情，谎称谋逆之罪都是下人所为，赵王并不知情，朱高燧方得无事。

永乐二十二年（1424 年），朱棣驾崩，朱高炽即位，改元洪熙。朱高炽想以仁德和恩宠感化这两个不安分的弟弟，加封汉王、赵王岁禄二万石，但也担心赵王朱高燧会与汉王朱高煦内外呼应，遂责令赵王离开京城，就藩彰德府，同时赐他田地八十顷，以示抚慰。但明仁宗朱高炽心里清楚，赵王朱高燧不会就此死心，于是诏命胡兴担任赵王府长史，以防不测。

这次出京，胡兴明白自己责任重大。这个正五品的长史得到皇上亲自召见，授予密奏之权，可随时上奏赵王的一切情况，防止朱高燧失德，为祸地方，危及朝廷。

车过汤阴，官道旁一座土冈突兀，上面植有无数松柏，茂密葱茏，阴森蔽日，一条河蜿蜒而过，确是一处绝好的憩息之地。

朱高燧没有言语，拨转马头离开官道，独自一人向土冈走去。胡兴见众人走得人困马乏，也有意歇息一下，遂大声喊道："王爷有令，大家到土冈树下歇息片刻，再启程赶路。还有四十里路，就到彰德府啦！"

众人行到土冈前，纷纷落轿下马，到树下乘凉。胡兴见赵王顺着一条小路往密林深处走去，赶紧跟上前去。不远处，有一座大石牌坊，上写"羑里"二字。赵王驻足端详半天，回头问道："二字什么意思？"

胡兴是黄山西麓的祁门人，明成祖永乐年间进士，自然是通晓经史，赶紧回道："此二字为羑里，相传纣王无道，将周文王囚禁在羑里，文王拘而演周易，大约正是此处。冈阜前的这条河该是羑水了，这里风景优美，虽然是圣人落难之处，却也是周文王参透天机王道的地方啊！"

胡兴随口说的话，在朱高燧听来，句句都是在讥讽自己。现在自己落难，彰德府就是囚禁自己的地方。想自己与汉王一起，跟着父皇出生入死，从建文帝手中夺得天下，却只能眼睁睁地看着懦弱无能的大哥朱高炽坐上皇位，他不甘心。但他更不甘心困在彰德府，他要想方设法先把监视自己的胡兴驱逐回朝，拔去这个眼中钉。想到这里，他横了胡兴一眼，说道："晦气！"转身回到林子之外，上马扬鞭，向彰德府奔驰而去。胡兴也不在意，连忙招呼众人，启程赶路。

二

彰德一名起源于五代十国时期。天福三年（938年），后晋皇帝石敬瑭在相州城设置彰德军节度使。北宋依照旧制在相州设置彰德军，隶属河北西路。金朝明昌三年（1192年），升相州为彰德府，沿袭宋制为河北西路。元代，改为彰德路。明初复为彰德府，属河南布政司。彰德府古称相州，辖临漳、汤阴、林虑、武安、涉县、磁州六县，府治安阳城。

安阳城有四门，东为永和门，西为大定门，南为镇远门，北为拱辰门。彰德府署就在安阳城东永和门内一里许，坐北朝南，巨规宏制，巍峨壮观，雄于河朔。据史书记载，这座府署始建于北宋乾德五年（967年），宋朝开国大将殿前都指挥使韩重赟被人诬告私蓄亲兵，意图谋反，宋太祖将他贬出朝廷，任彰德军节度使、知相州。韩重赟是相州武安人，他回到家乡后，为表明自己没有谋反之心，派军民伐西山之木，大修府署。宋朝立国之初，韩重赟曾经督建汴京宫殿，自然在建造相州府署时也仿造宫廷规制，极尽奢华。开宝二年（969年），宋太祖亲征北汉，回军路过相州，见相州府署如此壮观，不禁赞道："朕所居宫殿也不过如此！"宋太祖得知韩重赟因建造府署搜刮苛急，当地百姓深以为苦，才打消对他的怀疑，韩重赟也因此得以善终。至和二年（1055年），知并州的韩琦被宋仁宗恩准回故乡养病，任职相州知府。他在府署后面修缮甲杖库时，顺便扩建了后园，建造了昼锦堂，并开后园北门修建了康乐园，挖土叠山，蓄水成湖，移花植木，筑堂建亭，使得康乐园成为州城百姓的游园宴乐之所。熙宁元年（1068年），韩琦辞相再知相州，在后园建观鱼亭、狎鸥亭，在康乐园增筑荣归堂。熙宁六年（1073 年），北京留守、知大名府的韩琦三知相州，再次增建忘机堂、虚心堂、醉白堂，府署郡园成为河朔地区颇负盛名的一处园林。

赵王朱高燧得知明仁宗让自己就藩时，就派人前往彰德府察看新修建的赵王府。原来，彰德府为赵王府选定的地址就在府署西二里许一处废弃校军场，因地方所限，新王府规模自然不能与府署相比，更没有地方营建王府花园，朱高燧大为不满。

路上，长史胡兴得知朱高燧非要从城东永和门入城，虽然猜不透这位赵王的心思，但知道他一定另有所图。于是，立即派遣亲随前去知会彰德知府施俊，在城东永和门外安排迎接赵王。

听说赵王朱高燧由东门进城，知府施俊早早就带着一班僚佐在永和门外等候。朱高燧看见站在永和门外的众人，也不下马，任由众人大礼参拜，然后迤逦入城。当走到府署大门外时，赵王突然翻身下马，回头对知府施俊说道："早就听说彰德府署冠绝河朔，今日一见，果然名不虚传。本王初来乍到，自应该先拜访贵府。"说着，头也不回，径直往府署里闯。

施俊不敢阻拦，连忙把赵王迎了进来。胡兴见状，也跟着进入府署。

彰德府署确实气派，大门对面是一块照壁，呈八字形，上面雕刻云龙图案。进入大门，依次是仪门、大堂。大堂也称黄堂厅事，是知府开读诏旨、接见官吏、举行重要仪式、公开审理决讼案件的地方。乍见之下，大堂宽敞威严，颇有皇家宫殿气派。大堂前东西两侧为府衙的六部。东侧为上，是吏、户、礼；西侧为下，是兵、刑、工。府衙设置六房，正是和中央六部分管国事的政体相一致。大堂后面是二堂、三堂，也是极尽幽深，是议事、休憩之地。府署后园的昼锦堂和牙城外的康乐园虽然荒废已久，但园林池沼、亭台楼阁依稀尚在。

朱高燧前前后后看了一遍，回到大堂，一屁股坐到大堂公案后，说道："这里正是作为王府的最佳地方，施知府，我今天太累了，就不走了。"转头对胡兴说道："胡长史，请你奏明皇上，说我赵王府就搬进这里，让彰德府搬到新王府。"几句话，让施俊和胡兴一时不知所措。

朱高燧望着两人，心想，看这个小小知府如何赶我出去，这个难题也会让胡兴这个小长史吃不了兜着走，说不定皇上一急，两个人都得贬官走人。

胡兴不敢怠慢，连忙起草奏疏，并附密折将沿路上和进彰德府后赵王所言所行详尽上奏。

数日之后，明仁宗颁下诏书，竟然恩准将彰德府署赐给赵王，命彰德府西迁到军校场的新府署。

三

明代王府设有长史、承奉和仪卫三司：长史司掌王府政令、辅相规讽，总管王府事务；承奉司为王府的宦官机构，负责打理亲王的生活事务；仪卫司掌王府侍卫仪仗。长史司设有审理所、典膳所、奉祠所、典宝所、纪善所、良医所、典仪所、工正所等，各所正副官吏皆有品秩，由吏部选任；而引礼舍、仓大使、库大使未入流，是由各地州府从多年不仕的举人中，通过举人才选拔荐任。

明仁宗朱高炽在位仅仅十个月，于洪熙元年（1425 年）五月病重驾崩，二十六岁的太子朱瞻基即位，改元宣德。

朝中的重大变故，令胡兴异常紧张，他知道，这个不安分的赵王，正在暗中蠢蠢欲动。朱高燧深居简出，赵王府上下看似风平浪静，但胡兴不敢怠慢，赶紧到彰德府找到施俊，秘密调动军队加强对赵王府护卫的监视，严密盘查来往赵王府的人员。

宣德元年（1426 年）七月的一天，彰德知府施俊派人将胡兴请到府署。胡兴进门后，施俊神色紧张地对他说："今天守门军士在城东永和门外截获了乐安州派来的信使，搜出汉王朱高煦约同赵王谋反的书信，请胡长史定夺。"

胡兴问道："此事赵王可有知闻？"

"事关重大，我已经封锁消息！"

"好！赵王平日深居简出，看似风平浪静，但我猜想其早已与汉王互通消息。我已经派人监视王府常山护卫，现在汉王又派人来约同起事，箭在弦上，不得不发。你立即派兵进王府，强行解除王府护卫军械，至于汉王信使，我自有处置。"胡兴说罢，立即与施俊分头行动。

当胡兴带着汉王信使回到赵王府时，王府护卫已经被解除军械，赵王朱高燧站在王府院中大发雷霆，彰德府知府施俊与领军将领站在前面低头不语，任由责骂。

胡兴走进院中，对赵王叩头参见，大声说道："赵王息怒，施知府所为，都是我的安排。此事我已经拜表上报皇上，如有差错，皇上自会责罚。"

朱高燧气急败坏道："胡兴，你一个小小的五品长史，竟敢如此犯上作乱？！"

"犯上作乱，我可没有那么大胆子。"胡兴转头喝道，"把人带上来！"

汉王信使与几个随从被推了上来。胡兴说道："赵王可否认得，这是今天拿到的汉王信使。这里有汉王书信，赵王是不是看一下？"

朱高燧闻言，顿时软了下来，辩解道："这些人我不认得，更不知道他们是不是汉王信使。即使是，我也不会看他们带来的书信。"

"好！我也相信赵王从没有与汉王互通来往，更不会相信赵王真的会与汉王一同犯上作乱。既然如此，请彰德府知府施大人将汉王信使就地正法。"

八月，京城传来汉王在乐安州起兵造反的消息，明宣宗御驾亲征，仅仅用了不到一个月的时间，就得以平定。赵王朱高燧得知这一消息，立即上表请求明宣宗撤回赵王府常山护卫，以示绝无反叛之心。明宣宗也收到胡兴奏折，于是颁诏给朱高燧："朕知道父皇念及兄弟之情，对两位皇叔很是友爱。但汉王自绝于天，朕不敢赦。赵王只要以此为鉴，朕决不忍心辜负父皇与皇叔的情谊。"

朱高燧深知长史胡兴救了自己一命，自是感激不尽，从此再不敢萌生造反之心。

宣德六年（1431 年），赵王朱高燧薨，年四十六，谥曰简王。由于赵王世子早亡，第二年，次子朱瞻塙袭封赵王。

第二章

彰德崔氏

安阳历史廉吏

第二卷

一

　　安阳城东南的昼锦坊里，有一条不起眼的小巷，因其位于韩王庙昼锦书院的后面，遂取名学后巷。巷子里住着一户崔姓人家，祖籍山东青州乐安县。

　　山东崔氏，自古望族。据史书记载，崔邑是春秋时期齐国的一个古邑名，也称崔氏城（山东章丘西北）。当年，齐太公姜子牙辅佐周武王讨伐商纣王，灭了商朝，建立大周王朝，因功被封为齐侯，建立齐国，定都于营丘。齐太公姜子牙去世后，长子姜伋成为第二任齐国君主。姜伋去世后，本该长子姜季子受位，姜季子不受，让位于弟弟姜得。姜季子食采于崔邑，成为齐国的旁支大族，他的后代形成姜姓崔氏。崔氏世代相传，分支繁衍。崔氏得姓以后，世代在齐国担任重要官职，是当时的公卿世家之一。唐代，崔姓先后出了二十多个宰相，清河、博陵崔氏与范阳卢氏、赵郡李氏、荥阳郑氏、太原王氏、陇西李氏并称为"七宗五姓"，崔氏家族为唐朝士族之首。

　　学后巷崔家的主人崔刚，小时候生活在山东乐安老家。祖父崔大以务农为业，为人宽厚，善治家业，生子崔彦和。崔彦和长大后，被父亲送进学堂读书，虽没有取得功名，但自此崔家耕读传家。崔彦和生子崔刚，从小入馆读书，考中举人后，就屡试不中。崔刚长大成人后，娶妻蔡氏，先后生有五个儿子，生活自然拮据，不得已放弃科举仕途。几个孩子渐渐长大，也是因家贫无法就馆读书，只有跟着父亲崔刚学些数算，各自经营产业，娶妻生子。宣德十年（1435年），崔刚因有举人功名，经州府举荐，被委任到彰德府赵王府担任广有库大使，成为管理王府库房的小吏。因此，崔刚带着妻小入籍彰德府，在安阳城安顿下来。

也是在这一年，明宣宗朱瞻基驾崩，年仅八岁的太子朱祁镇即位，改元正统。正统初年，由于朱祁镇年幼，主少国疑，太皇太后张氏临朝听政，再加上先朝阁臣杨溥、杨士奇、杨荣的辅佐，倒也国泰民安。后来，太皇太后驾崩，三杨也相继去世，朱祁镇亲政，曾经在太子府服侍他的宦官王振被任命为司礼监掌印太监。王振献媚逢迎，蛊惑年少的明英宗纵情声色犬马，暗地里大肆培植私党，打击异己，擅作威福，卖官鬻爵，致使朝政渐渐荒废，也给大明朝埋下祸源，几乎遭受亡国之变。

二

正统四年（1439年）十二月十四日，崔刚的第六个孩子降生，取名崔升。小儿子的出生，并没有给崔刚带来更多喜悦，家庭日益贫困。但崔升从小就显现出对读书的极大兴趣，让科举失意的崔刚喜爱不已，亲自为小崔升启蒙。

崔升十五岁那年，父亲崔刚倾其家产，送他入彰德府府学学习。崔升进入府学后愈加勤奋，一心向学，笃志不移。父亲崔刚还专门让崔升拜在赵王府纪善赵准门下，专修儒家经典。

纪善是明代王府负责对藩王礼法训导和王府诸子教育的官员。在赵王府的纪善中，赵准学问高，而且门规严。当时，赵王朱瞻塙有七个儿子，分别为世子朱祁镃（zī），临漳王朱祁鋆（yún），汤阴王朱祁觫（hùn），襄邑王朱祁铿（zèng），雒川王朱祁鋹（chǎng），南安王朱祁鈜（hóng），平乡王朱祁鏓（cōng）。第五子朱祁鋹非常骄慢放纵，无法管教。赵准专门制作了一个荆朴，宽二寸，厚半寸，在它上面写道："专治五子，毋及余生。"每次远远看见赵准，朱祁鋹都很惊恐，从此一改常态，认真读书，遵守规矩。因此，赵王朱瞻塙对赵准敬重有加。

赵准与崔刚一同在赵王府任职，相互倾慕对方学识，关系交厚。崔刚把儿子崔升交给赵准，也是希望名师出高徒，望他能对儿子多一些耳提面命。崔升十八岁后，跟随赵准与彰德府文人学士交游唱和，学业逐渐有成，受到被贬回乡的彰德府名士李和的赏识。

李和，字本中，祖籍彰德府。他精于经典，尤善《中庸》，文名盛于彰德，与赵王府纪善赵准、库大使崔刚多有交游，经常诗书唱和。天顺元年（1457 年），李和进京参加科举，进士及第，位列第三甲，积官吏科给事中。正值朝中发生"夺门之变"，朱祁镇复辟后，废黜明代宗朱祁钰，诛杀兵部尚书于谦。李和上疏为于谦鸣冤，忤怒朱祁镇，惨遭廷杖，被打得半死，夺官遣送回乡。其间，李和在安阳城读书交游，结交了赵准和崔刚。

天顺八年（1464 年），朱祁镇驾崩，太子朱见深即位，改元成化。明宪宗即位后，在内阁首辅李贤的建议下，为于谦平反昭雪，并起用了一批被贬黜的贤能之士。李和也在被起复的官员之列，回京官复原职。

闻知李和即将回京，赵准与崔刚相约一起前往李和家里致贺。赵准还特意让崔刚带上儿子崔升。

李和家里自然是门庭若市，州府官员和至交好友都争相前来拜贺，李和忙得不亦乐乎。赵准和崔刚不愿凑这份热闹，等到夜静人稀时，才叩门而入。李和见两位好友前来，赶紧延入书房。

赵准说道："本中贤弟回京起复，我与崔兄想来想去还是不能免俗，也是心中真的替贤弟高兴，深夜来访，搅扰清静了。"

李和一面倒茶，一面笑着回道："官场世俗那一套，确实令人烦恼。在家待罪闲居的三年里，两位儒林先贤对晚生亦师亦友，平时请也请不到。本中有今日，全靠两位师友提携，该是我登门致谢才对。"

赵准、崔刚与李和三人的话题，自然也离不开目前的朝局，尤其对一代忠臣于谦的平反感叹不已。

三

提起于谦，不得不说到宦阉王振一手造成的明英宗"土木堡之变"，致使大明王朝险遭覆亡。

元朝末年，仅仅统治中原九十余年的蒙元帝国终于走到尽头，吏治腐败，民不聊生，明太祖乘势而起，统一中原，建立了大明王朝。洪武元年（1368 年），明军攻陷元大都，蒙元退驻漠北，史称北元。洪武年间，经过明太祖的多次打击，蒙古势力已经基本退出了漠南，对明朝边境不构成直接威胁。之后，蒙古分裂为鞑靼、瓦剌两部，鞑靼是成吉思汗嫡系北元政权，占据着蒙古高原东部草原部落，与蒙古高原西部的瓦剌对立。鞑靼、瓦剌互争雄长，征战不休。永乐初年，明成祖朱棣分别遣使与鞑靼、瓦剌"谕之通好"。瓦剌首领马哈木为借助明朝力量对付鞑靼，归顺大明，明成祖亦分别封之为王。经长年征战，鞑靼势力不断削弱，瓦剌逐渐强大，其势日张，雄视漠北。瓦剌太师脱欢立成吉思汗后裔脱脱不花为可汗，掌瓦剌部实权。

明英宗正统四年（1439 年），瓦剌太师脱欢病死，其子也先继任太师，他不仅将漠南蒙古诸部全被征服，且东胁朝鲜，西略哈密，草原大半，尽为其所制。此时，也先得陇望蜀，表面上每年冬天仍派人向明朝进贡马匹，实则偷偷刺探军情和大明朝廷的机密，暗中积蓄力量，意图与明朝对抗。开始，也先每次派遣的使者不过五十人，后来，为了贪图明朝厚赏，竟然增至数百人，并屡屡索要贵重难得之物。一旦满足不了，就制造事端，威胁断绝两国交往，已经不顾下国进贡之礼，明显欲与大明朝平起平坐。

明正统十四年（1449 年）二月，太师也先再次遣使两千余人贡马，诈称三千人邀赏。司礼太监王振见瓦剌人没有向自己纳贿，不肯多给赏赐，还减去马价五分之四。瓦剌使者借机闹事，赖在京城不走。王振大怒，派锦衣卫将瓦剌使者押送边境，驱逐回国。这年七月，也先为了报复大明朝，统率各部分四路大举进攻辽东、甘州（甘肃张掖）、宣府、大同。也先亲自率领瓦剌主力进攻大同一路，"兵锋甚锐，大同兵失利，塞外城堡，所至陷没"，大同参将吴浩战死于猫儿庄。收到战报，明英宗召集内阁大臣商议御敌之策。王振蛊惑明英宗御驾亲征，二十二岁的朱祁镇大喜，正想效仿父皇当年亲征汉王，借机显示自己的军事才能。内阁大臣纷纷劝阻，明英宗不听，册立年仅两岁的皇子朱见深为太子，命异母弟郕王朱祁钰监国，临时拼凑二十万人，号称五十万大军，一路浩浩荡荡驰向大同方向。

大军出征，谁知天公不作美，大雨连绵。大军到了大同，后方粮草供应不及，军心动摇。王振建议绕道自己的老家蔚州，群臣反对，觉得不了解蔚州军情，容易发生危险。王振不听，大军开拔蔚州。路上，由于辎重没有跟上，王振下令在怀来城外的土木堡驻扎等候。此时，瓦剌大军追上明军，将明英宗困在土木堡，水源被掐断，陷于死地，军心动荡。也先假意议和，趁明军不备，发动总攻，明英宗朱祁镇被俘，英国公张辅、兵部尚书邝埜等大臣战死，王振被明英宗的护卫樊忠杀死，历史上称之为"土木堡之变"。

留守在京城监国的郕王朱祁钰是朱祁镇的弟弟，此时被皇太后和兵部尚书于谦拥立为皇帝，改年号为景泰。

也先挟持朱祁镇围困北京，被于谦击败，见无利可图，放回朱祁镇。朱祁钰将朱祁镇软禁在南宫。景泰八年（1457年），朱祁钰病重，朝中爆发了"夺门之变"，明英宗复位，改元天顺。朱祁镇复位后，废朱祁钰为郕王，逮捕并处死兵部尚书于谦等大臣。

于谦在朝中素有清廉之名，他任河南、山西巡抚期间，清廉自守，爱民如子，政声卓著。王振专权期间，地方官吏进京争相巴结逢迎，进献礼物。有人劝于谦："您就是不肯送金银财宝，难道不能带点土特产去？"他笑着甩一甩衣袖说："只有清风耳！"王振听说后，命人暗中调查于谦，但苦于找不到证据，只有长期压制他不得加官升职。十几年后，于谦才回京任兵部右侍郎。当时，正值明英宗带着王振和朝中众臣御驾亲征蒙古瓦剌，兵部尚书邝埜战死土木堡，留在北京的于谦临危受命，担任起北京保卫战的重任，成功击退瓦剌敌军。朱祁镇复位后，在查抄于谦家时才发现他确实家无余财，是个真正的清官，而且朝中多数大臣都为他鸣冤，朱祁镇也有些后悔。最后，朱祁镇迫于石亨、徐有贞等奸臣一再诬陷，判于谦谋逆大罪，终使得一代忠臣含冤而死。朱见深即位后，立即为于谦平反昭雪，博得朝野一片颂扬之声。

崔刚拱手称贺，说道："新皇刚刚即位，就拨乱反正，李贤弟得以官复原职，实在可喜可贺！"

赵准接口问道："听说商辂老大人也重回内阁，就连于谦大人的儿子于冕也官复原职，可有此事？"

李和点头称是，说道："大明王朝得遇明君，是我们士人之幸，更是天下百姓之幸啊！"

崔刚却不无忧虑，说道："我在赵王府听说荆襄、四川、广西匪患频发，这都是英宗朝弊政所致。你本来就是言官，希望李贤弟回京后，多多向皇帝进言，宽免赋税，减省刑罚，休养民生，才是安民息患的根本。"

赵准接着说道："想当年，王振专权，卖官鬻爵，朝野官吏都争着向他行贿，唯独于大人两袖清风，成为天下士子的楷模。可惜的是，于谦大人最终还是被冤死，朝堂之上怕再没有如此廉吏贤臣。"

三人相谈甚欢，倒是把崔升晾到了一边。李和这才注意到，崔升端坐在一旁，落落大方，毫无局促之意，不由得心生喜欢，问道："我与两位师友谈兴正浓，倒是让崔公子独坐一旁。不知崔公子有何高见？"

崔升站起身，躬身施礼道："晚辈非常喜欢于大人的诗词，一首《石灰吟》，可知其人。"接着，轻声吟道："千锤万凿出深山，烈火焚烧若等闲。粉骨碎身全不怕，要留清白在人间。"

李和有心考校他，问道："崔公子，你看于大人可谓君子？"

崔升答道："《中庸》上说：莫见乎隐，莫显乎微，故君子慎其独也！如此，于大人真君子也。"

崔刚闻听，呵斥道："李公最善《中庸》，你这是班门弄斧！"

"崔公子很有见识，我很喜欢。"李和笑着对崔刚说，"当年我进京会试，记得崔公子就已经十八岁，如今也该二十有五了。我有一个女儿，名慧，比崔公子小四岁，尚待字闺中，两人年龄也算相当，只是疏于管教，恐有辱崔氏门风。"

赵准哈哈大笑，指着崔升，说道："贤侄，还不赶紧拜见泰山大人。"

崔升红着脸低下头，不知所措。崔刚也哈哈大笑，说道："李贤弟双喜临门，崔门有幸，哪有不允之理？！"三人商议，在李和进京赴任之前，给崔升小夫妻完婚。

成化元年（1465 年），河南府举行秋闱，刚刚完婚的崔升只得打点行装，赴河南府开封贡院参加乡试，无非贴经、墨义、试论、试策，四场下来，崔升竟然榜上有名。第二年，崔升再经彰德府荐送，进京参加礼部会试，却名落孙山。此时，岳父李和由吏科给事中升为副使，于是，留崔升于京都，入国子监太学读书，师从翰林院侍讲学士陈音。成化五年（1469年），崔升再次参加礼部会试，中二甲第六十五名，赐进士出身，授工部都水司主事，主管扬州河道。崔升告别父母，带着妻子李氏离开家乡到扬州赴任。三年后，崔升晋升为兵部武选司主事，回到京城。此时，崔刚卸任库大使，与夫人蔡氏颐养天年，家中全靠崔升的几个哥哥照顾年老的双亲。

成化十三年（1477年）正月，崔刚去世，崔升丁父忧，辞官回到安阳城。

第三章

少年崔铣

安阳历史廉吏

第二卷

一

成化十四年（1478 年）十二月二十二日，安阳城学后巷崔升家里传出一声嘹亮的啼哭，一个稳婆模样的妇人从屋里出来，对在院子里焦急等待的崔升说道："恭喜崔大人，是一个小子呢！"

崔升连忙问道："夫人怎么样？"

妇人答道："老天保佑，母子都平安！"

崔升的心里，才一块大石落在地上。崔升与李氏婚后先后生育二女。去年，崔升的父亲崔老夫子病故，崔升辞官回乡按制丁忧，也是上天赐福，第二年春天，李氏就怀有身孕，十月怀胎，生下这个盼望已久的儿子。

中年得子，四十岁的崔升一直担心李氏生孩子有什么闪失，闻听母子平安，他赶紧去堂屋向母亲蔡氏禀告。老夫人高兴得泪水涟涟，连说："阿弥陀佛，阿弥陀佛……"

光阴荏苒，丁父忧三年刚过，崔升又遭母丧。成化十六年（1480 年）秋天，母亲蔡氏无疾而终，他再一次丁母忧。丁母忧期间，小崔铣也开始蹒跚学步，牙牙学语。

成化十九年（1483 年），崔升丁忧期满，由于父母都已经亡故，他拜别弟兄家人，带着妻子李氏和儿子崔铣进京候补，不久被起复为礼部主客司主事。

此时，崔铣的外祖父李和已经是通政司左通政，负责朝廷内外章疏，为正四品。李氏见到父母，自然非常高兴。李老夫人见女儿布衣荆钗，非要留下女儿一家在府中居住。李氏笑着说："父母大人的心意我们领了，我与丈夫商量好了，已经在广安门内老巷子租赁房屋三间，不再搅扰二老的清静。"

李和带着问询的目光看着崔升。崔升连忙说道："这是夫人的意思，我觉得也好。"

李和点头称是，李老夫人抱着小崔铣，就是不放开。小崔铣也是天性顽皮，看见外祖父家里的孩子都穿着绸缎衣服，嚷着要漂亮的新衣服。李氏无奈，只有答应回家就做一件。可是，回到家里找遍衣柜，也没有一块绸缎布料，只得任孩子哭闹一场作罢。

看着崔铣一天天长大，崔升从其四岁就开始教他读书识字。崔铣天性聪明伶俐，异于常人，五岁时就对学到的诗词和《三字经》《百家姓》《千字文》等启蒙读物内容倒背如流。因此，崔升开始正式为他启蒙，教习礼仪，讲授《弟子规》《幼学琼林》《朱子家训》《千家诗》《古文观止》《唐诗三百首》《声律启蒙》《文字蒙求》《增广贤文》等初级读物。

故乡彰德府历史上出过许多明君贤臣，闲暇之时，崔升把他们的事迹向崔铣讲授。彰德府自古就是殷墟之地，商王朝曾两次建都此地。第一次是第十二任商王河亶甲，当时，商朝国势衰弱，受到南方氏族的威胁，河亶甲将都城从嚣（郑州西北）迁到相（安阳内黄），后人在韩魏公祠旁边建有商王庙。第二次是第二十任商王盘庚，将商王朝都城从奄（山东曲阜）迁到殷地，殷商王朝在此立国两百七十余年。其间，第二十三任商王武丁，在林虑山寻访贤臣，起用版筑苦役傅说为宰相，使得国家再次中兴。汉魏时期，曹操父子屯驻邺城，"邺中七子"孔融、王粲、刘桢、徐干、陈琳、阮瑀、应场与曹府幕僚杨修、吴质、邯郸淳、繁钦和丁仪兄弟，以及女诗人蔡文姬等人，形成了邺下文人集团。他们关注社会现实，把自己的命运与国家的危亡联系起来，同声相应，同气相求，抒发建功立业的共同抱负，诗文以风骨遒劲而著称，被后世誉为"建安风骨"。南北朝时期，东魏建都邺城，大将高欢率军与叛将尔朱兆在韩陵山决战，以三万兵力战胜二十万叛军，命有"北地三才"之称的御史温子升作文，勒石刻碑。南陈大文人徐陵过韩陵山，见温子升碑文，赞叹不已，亲自手抄碑文珍藏，此碑成为古城安阳一景"韩陵片石"。北宋三朝宰相韩琦知相州时建昼锦堂，大文豪欧阳修作记，大书法家蔡襄书丹，昼锦堂碑因文章绝妙、书法绝精、记述之人绝奇，故称三绝碑。

这些故事，崔铣总是听得津津有味，从小就在心里埋下仰慕古贤、科举报国的种子。本朝大儒方孝孺，清官于谦，尤其是南宋名臣文天祥，他更是十分敬慕。他还时常抄写于谦《石灰吟》和文天祥《过零丁洋》中的诗句，挂在案头，作为自己的座右铭。

二

崔升回京后，一直为官清廉，为人耿介，不附权贵，成化二十一年（1485年），方才晋升为职方司员外郎，官阶五品，一家人一直过着清贫的生活。他在京城居住时，出则瘦马布袍，犹如一介寒士。李氏在家甘守清贫，布衣荆钗，粗茶淡饭。她时常劝诫丈夫为官清廉、正直有方，不取公钱一铢，不纳私赂一丝。

她对丈夫说："为官一旦贪财受贿，必然弄权枉法，一旦败露，家人也会跟着遭人唾弃。老话说得好：忧食羊，不如乐饮汤。"

崔升笑着回道："夫人看我一身布袍，岂是贪贿的官。"

李氏依然一本正经，说道："夫妻尤须相诚！"一句话，说得崔升不由得正色以对。

小崔铣也有孩子顽皮的天性，一次，竟然趁家人不在，偷偷把父亲书房里的纸笺，拿到街上换瓜吃，被母亲发现。李氏不由分说，将崔铣摁倒在板凳上，杖责二十。

崔升见状劝解，李氏回道："做官的就怕妻儿养成祸败家财的习惯。自古道：树不修不直，人不教不才。"李氏严于家教，对崔铣的成长影响很大。

成化二十三年（1487年）八月，明宪宗朱见深驾崩，太子朱祐樘继位，改元弘治。明孝宗朱祐樘为人宽厚仁慈，躬行节俭，不近声色，勤于政事，大开言路，驱逐奸佞，励精图治，任用王恕、刘大夏等一批贤能正直大臣，掀开了立国一百年后的"弘治中兴"。

十月，崔升接到吏部批文，晋升为延安知府。刑部郎中李鐩得知，前来送行。李鐩，字时器，汤阴人，成化八年（1472年）中进士，授工部都水司主事。李鐩比崔升晚一科中进士，都在工部都水司任过职，又是同乡，自然结为知己朋友。后来，李鐩转任刑部郎中，奉命到山西赈灾，回京后受到皇上嘉奖。崔升听说此时陕西也正遭灾，见李鐩前来送行，两人就坐下来商议一些救灾的事情。

崔升问道："时器贤弟，这次我出任延安知府，听说陕西灾情严重，你刚刚从山西赈灾回来，可有什么良法善治教我？"

李鐩说道："不敢说有什么良法善治。不过，陕西与山西交界，都是山高地偏，民风彪悍，官民中多有豪强之辈，平时欺压善民，百姓怨声载道。一遇大灾，这些人囤积居奇，百姓饿死沟壑，白骨遍野，他们就借机起事，蛊惑良民造反。救灾重在安民，安民必先打击豪强，既可以散发不义之财，用以赈灾安民，又可以剪灭祸源，不至生乱。"

崔升不住点头，连说："多有受教！"

"你此去不像我一样，受皇命赈灾。你是当地郡守，想得应该更加长远。"李鏓见崔升面带疑惑，笑着说道，"郡守当以治民为主，历代先贤重教化，文治武功，武功管一时，文治才是长远。"

崔升站起身，说道："听君一席话，胜读十年书。"

两人正在说话，李夫人领着儿子崔铣进来，李鏓赶紧站起来施礼，问道："崔兄此次上任，可否带着家人一同前往？"

崔铣抢着答道："我与母亲自然跟着父亲前去。"

李鏓笑道："你去干什么呢？"

崔铣答道："母亲给父亲做饭洗衣，我给父亲背书解闷。"一句话，逗得大家哈哈大笑。

李鏓低头问崔铣："你现在读什么书？"

崔铣答道："父亲已经讲完《论语》，现在正讲《大学》。"

"你给李伯伯背一段《大学》。"崔升说道。

"大学之道，在明明德，在亲民，在止于至善。知止而后有定，定而后能静，静而后能安，安而后能虑，虑而后能得。物有本末，事有终始。知所先后，则近道矣。"看着小崔铣一本正经地背诵，李鏓与崔升相视一笑。

三

延安古称延州，地处黄河中游，陕北高原南部的延河、汾川河在此处交汇，有"塞上咽喉"之称，被誉为"三秦锁钥，五路襟喉"，历来为兵家必争之地。广袤的黄土高原上，沟壑交错，梁峁相间，蜿蜒曲折的延河从城东门外流过。

弘治元年（1488年）春天，崔升带着妻儿渡过黄河，进入延安府地界。十岁的崔铣被黄土高原的自然风光所吸引，坡坎下积雪未消，峁梁上的山花已经烂漫，远远的天际白云飘移，与原野上雪白的羊群相映成趣。他吟咏起白居易的诗句："离离原上草，一岁一枯荣。野火烧不尽，春风吹又生。"

崔升接着吟诵道："远芳侵古道，晴翠接荒城。又送王孙去，萋萋满别情。"

李氏转头看着这一对忘情的父子，不禁佯装嗔怒，说道："山风这么大，站久了就会生病。赶紧走吧，太阳快落山了，离延安城还有一大段路要赶呢！"

延州府自古就是大郡，辖鄜州、葭州、绥德州三个州共十六个县。也因延安地处边塞，民风彪悍，汉藩杂居，豪民富族与官府勾结，为非作歹。

崔升刚刚就任，就发现前任知州与当地富豪大族沆瀣一气，贪赃枉法，法度荡然无存。他一面整顿官吏，明令禁止，一面升堂问案，严查欺压百姓的豪猾大族，不到三个月就流窜污吏大猾百余人，州郡很快安定下来。他将查抄来的财物和粮食用来赈济灾民，组织灾民修缮水利，以府库粮食抵顶工费，很快就度过了灾荒。

毕竟崔升是儒士出身，治民以礼，兴办文教，才是他最关注的。他严令各州县拆毁异教淫祠，一律改建成学堂，兴办教育。

延州府毕竟也是历史名郡。《史记》记载：晋文公重耳居狄凡十二年而去。狄就在古延州一带。唐安史之乱后，杜甫居麟州羌村，后经延州，出芦子关，著有《羌村三首》《北征》《塞芦子》等诗，延安城就有一地名"杜甫川"，建有"杜公祠"。宋朝庆历年间，北宋与西夏交战，延安城正是两国争夺的重要城池。当年，范仲淹坐镇延安城，写下了千年名词《渔家傲·秋思》："塞下秋来风景异，衡阳雁去无留意。四面边声连角起。千嶂里，长烟落日孤城闭。浊酒一杯家万里，燕然未勒归无计。羌管悠悠霜满地。人不寐，将军白发征夫泪。"这些古代贤君名臣不仅在此留下许多历史遗迹，更有历代文人骚客在此盘桓，写下流传千古的诗词名篇，使得这座千年古城文风鼎盛，名人辈出。

崔升在延安府访求当地的文学名士，将他们任命为各县儒学的教谕之职，主管文庙祭祀和教诲生员。其中，李健为甘泉县儒学教谕，杨怀为延长县儒学教谕，梁浦为延川县儒学教谕等。

自古道："盛世修史，明时修志。"史志既可以资政，又可以育人。第二年，崔升就将这些文学名士聚集起来，开始编纂《延安府志》，令各县儒学教谕对本县的史志材料进行收集整理，为此，这些文学名士经常聚在府署。

一天，知府大人正召集各县儒学教谕，听取《延安府志》的编纂情况。崔铣下学回府，从大堂外经过，被延安府的历史掌故所吸引，久久不肯离开。杜甫、范仲淹这些名字，他早就听说过，却不知道与延安府还有如此渊源，希望知道更多关于他们的故事。他不由得走进大堂，站在众人身后，听得如痴如醉。

众人这才注意到他，当得知这个十二三岁的孩子是知府大人的公子，而且在儒学读书时，就有心考校他。

崔升闻听，哈哈大笑，对众人说："小儿崔铣自从启蒙读书，倒也刻苦，现在已经通读了《论语》《孟子》《大学》《中庸》，开始习《毛诗》，作辞赋，只是天生顽劣，浅尝辄止。各位都是延安府的髦士俊才，还望各位多加指点才是！"

众人回道："崔大人家学渊源，公子一定辞赋俱佳。"

崔升摆摆手，站起身来向众人躬身施礼，说道："哪位教谕给小儿赐题，令其作诗赋各一，再劳烦各位评判如何？"

众人推举甘泉教谕李健命赋题，延川教谕梁浦命诗题，交给崔铣当场作诗赋各一篇。崔铣也不怯惧，不大一会儿，诗赋各成。众人惊叹崔铣文思敏捷，文辞可观，如果假以时日，必成大才。

崔升听罢，对众人道："果如各位所言，我有个不情之请，不知各位教谕可否玉成此事？"

众人齐声说道："不知道崔大人有何指教？"

"承蒙各位教谕错爱，我想将今后小儿所作的日课诗赋会文，每文成，誊写数卷，请各位教谕批评削改。"众人应诺。从此以后，崔铣每作诗赋文章，必誊写数卷，由父亲派人送给几位教谕，请他们批评削改，然后辑录成一卷，崔铣对照自己的文章，仔细参阅研读。数年下来，崔铣的文章大进，更受到李健、梁浦的青睐。

李健的辞赋雄于延边，梁浦的诗词冠于延安府，经崔升请求，崔铣拜在两人门下。二人经常带着崔铣与延安府文士交游，游历当地的名山大川和历史遗迹，吟咏山水，辞赋古迹，增见识，阔眼界，明事理，敞胸襟。

弘治七年（1494 年），监察御史李翰受皇命巡按延安府，见崔升抑制豪强，兴办文教，政绩卓著，郡县大治，上疏举荐崔升。第二年，明孝宗下诏，擢任崔升为四川布政司右参政。

此时的崔铣，已经成为一个十八岁的青年文士。八年里，他广拜名师，与延边名士交游，题咏唱和，名噪延安府。

崔升入川前，却命崔铣只身前往北京城。

四

弘治八年（1495 年）十二月的北京城，大雪纷飞，银装素裹，把皇宫内外的殿阁亭台装扮得犹如阆苑仙境。

京城，对于每一位士子来说，都是仕途的起点。自隋唐以来，进京赶考，鱼跃龙门，金榜题名，成为天子门生，是读书人梦寐以求的四大喜事之一。

但第一次入京的崔铣，却不是为了应试，而是奉父母之命，来京城与李氏小姐完婚。

李氏小姐是李鐩的第三女。此时，李鐩已由刑部郎中晋升为鸿胪少卿，执掌朝会仪节，官至五品。当年，李鐩与崔升在朝中不仅有同乡之谊，而且私交甚好，在送别崔升赴任延安府时，就对年仅十岁的崔铣喜爱有加。

李鐩原是汤阴县的士族大户，祖辈诗书传家，多有仕宦。李鐩年轻时中进士，为人耿直，为官清廉，家教甚严。夫人郑氏相夫教子，颇有贤行，门风为闾里所赞。家有三男五女，长子李继先、次子李继光先后中进士，三子李继充也入太学为国子生。

崔升看着自己的儿子崔铣已经十八岁，写信给李鐩，请求从李鐩女儿中择取年龄相当的，与儿子结为秦晋之好。李鐩倾慕崔升的为人，也闻听崔铣年少好学，文名盛于延安府，就将年龄相当的第三女许配给崔铣。也因为崔升即将调任四川布政司右参政，举家入川，信中与李鐩商议，让崔铣赴京与李氏小姐完婚。初次入京的崔铣拿着书信按图索骥，也是费了九牛二虎之力，才找到未来岳父的家。

老管家把浑身覆满雪花的崔铣迎进家里，换下风尘仆仆的衣衫，盥洗之后，等崔铣再来到客厅时，令李鐩夫妇眼前一亮。八年不见，这个当年的顽皮小子，已经变成了温文尔雅的俊俏书生，眉目俊朗，身材高大。郑氏夫人一把拉住崔铣的手，左看右看，越看心里越喜欢，不舍得放手。

李鐩见夫人如此，手捋胡须呵呵笑道："夫人，崔公子远道而来，还是让孩子坐下来歇息片刻。"

"也是，也是。"郑氏夫人放下手，接着问道，"孩子，你的父母可安好？"

"父母一切安好。只是延边苦寒地带，母亲时有咳喘。母亲叮嘱，贵府小姐久处中原，恐怕不适于边鄙寒冷，况父亲明年入川任职，多有不便。父母令我婚后留在京城，等到明年春天再携小姐入川。四川是天府之国，气候温润，物阜民丰，父母请二位高堂不必牵挂。"

李镤频频点头，说道："多谢令堂高义。我早已与令堂多有商议，这就请人择取吉日，与你们完婚。"

吉日定于十二月二十四日，崔铣与李氏小姐在李家完婚。李家三小姐眉清目秀，体态端庄，而且贤惠淑静，性敏能断，无丝毫娇贵气，自然夫妻二人相亲相爱，举案齐眉。

五

第二年春天，崔铣带着妻子李氏入川，与父母团聚。在成都，崔铣结识了川中名士刘瑞、周瑛，易学大家苏森，四人一见如故，潜心攻读，治学理道，学业精进。

当时，四川布政右使柯拱北、成都府同知吴廷举也是文章大家，崔铣登门请教，受益匪浅。

崔升很满意，对夫人说道："吾儿得读书法矣！"

弘治九年（1496年）二月，李氏生下一子，崔铣为自己的长子取名崔㳠。李氏抚养幼子，崔铣专心学业，三年匆匆而过。

弘治十一年（1498年）秋天，崔铣告别妻子和父母，离川回安阳城，参加彰德府府试。彰德府知府冯忠读过崔铣试卷，赞赏不已，亲自荐送崔铣参加河南府秋闱。崔铣不负所望，中乡试第九名。

冯忠，字原孝，浙江慈溪人，成化十四年（1478年）二甲进士。慈溪冯氏是名门望族，唐宋以来名人辈出，高官显贵。冯忠历任刑部主事、员外郎，出任扬州知府。弘治八年（1495 年）转任彰德知府，因仰慕彰德府历代贤守，先后修建了祭祀西门豹、史起的邺二大夫祠，整修安阳城东南祭祀宋代宰相韩琦的韩王庙，并在庙东重建昼锦堂，以此倡兴文教。

这年冬天，崔升任四川布政司右参政三年届满，因年届六十岁，于是回到安阳城，上疏请求致仕。崔铣中举之后，自然先回乡与父母团聚。

此时，监察御史李翰正好巡按河南，闻听崔升回籍，崔公子中举，专门邀约彰德知府冯忠一起，到崔府贺喜。

李翰巡按延安府时，曾极力举荐崔升。崔升见到李翰，连忙下拜："恩公辱临，令寒舍蓬荜生辉。"

李翰笑着说道："崔公治理四川颇有政声，而且在监建寿王府时，廉洁奉公，阻逆内府亡滥，为朝廷节财。我正准备向朝廷举荐崔大人，却听说崔大人回籍请求致仕。又闻听崔公子高中，特来贺喜，也劝大人收回奏疏，继续为朝廷出力。"

崔升听罢，不禁叹道："唉！当今圣上即位，整肃朝纲，任用贤臣，我也得以历任延安、四川，自当为朝廷出力。只是我已年届六十，夫人多年随我在外奔波，屡因边鄙风寒，常年有病，禁不得如此颠沛。况我儿崔铣已经学业初成，娶妻生子。我一生在外仕宦，不能为父母坟茔祭扫，有愧先人！"说到此处，崔升竟然老泪纵横。

李翰见状，也不禁动容，说道："崔大人心曲，确是至情之言。不过，老大人有贤嗣，致仕也算有所托付了。"随即转头，对崔铣说道："朝廷明经取士，听说你秋闱论策，词语宏博，老知府冯忠直夸你为中州杰士呢！"

知府冯忠接口道："彰德府人杰地灵，自古贤守名相迭出，数不胜数，但能立德立功立言三不朽者，唯宋朝韩忠献公。为万世立德，最难的是做人要有铁脊梁；为朝廷社稷立功，最难的是做事不计荣辱；为天下百姓立言，最难的是世事变迁的检验。你的文章有骨气，这就说明你做人做事有骨气。”

崔铣赶紧站起来，躬身施礼，回道：“定不负李大人、冯大人的谬赞！”

崔升再次站起来，对李翰说道：“冯大人知彰德府以来，多有惠政，倡兴文教，建郧二大夫祠，复昼锦堂，正是传承先贤三不朽之功业，功德无量，还望李翰大人多多向朝廷奏闻。”

冯忠哈哈一笑，摆手说道：“多谢崔大人美意。我今年六十岁了，已经上疏请求致仕，在彰德府任上能做些事情，还能在离任前向朝廷荐举一个俊彦嘉士，此生足矣！”

不数日，朝廷下诏，同意崔升、冯忠回乡致仕。崔升设宴为冯忠送行，将自己编纂的《延安府志》送给冯忠，冯忠也将自己的文集《松樵集》回赠崔升，两人执手话别，互道珍重。

送走冯忠，崔升将多年积攒的俸银全部拿出来，购得陈姓老屋三间和城外韩陵山七里冈下薄田十亩，从此，崔升在家养老，闲暇之时，灌花浇竹，耕作田亩。

崔铣这几天忙前忙后，办理完房田事宜，父亲就催他进京，参加第二年礼部春闱。崔铣依依惜别，带着妻子李氏和三岁的儿子崔滂启程北上。

李鐩在京城已经得到崔铣中举，女儿一家三口已经启程进京的消息，老夫妻每天翘首以待。李鐩更是高兴，自己刚刚荣升为光禄卿，女婿又乡试高中，真是双喜临门。

一

弘治十二年（1499 年）春天，朝廷命太子少保、礼部尚书兼文渊阁大学士李东阳、礼部右侍郎兼翰林院学士程敏政为礼部会试主考官。两人都是饱学之士，学识渊博，既然皇上委以重任，遂一心想为朝廷选拔出真正的人才，因此，两人私下商议增加考题难度，其中"策问题"是从元代刘因《退斋记》中摘出的。

刘因，字梦吉，号静修，雄州容城（河北徐水县）人，元代重要的儒学代表人物、北方理学大家，为理学由宋到明的过渡起了重要的作用。

两人出这样的题目难免有炫耀学术之嫌。举子们大都不知道题目内容的出处，根本无从下笔，出了考场一个个失魂落魄。但有两个举子走出考场后却喜形于色，一个是"吴中四才子"之一的唐寅，另一个是江阴名士徐经。

这两人原本并不认识，因同船进京赶考偶然相遇，且倾慕对方大名才引为知己。徐经家中富有，是江南巨族，自然花钱如流水。唐寅恃才傲物，风流倜傥，也好混迹风月场。两人一到京城，就招妓饮酒，引人侧目。他们还备有厚礼，到程敏政的府上拜访。程敏政也是听闻唐寅才名，收了拜礼。此事，被京城参加科举的士子们传得沸沸扬扬。

礼部会试刚刚结束，户科给事中华昹即劾奏主考官程敏政科场舞弊，收受江阴举人徐经和苏州府举人唐寅两人重金贿赂，泄露考题。此时，科场还没有放榜，明孝宗命程敏政待罪回避，令李东阳对程敏政所阅考卷进行复审，延后放榜日期。审查结果，徐经与唐寅并未在取中之列。鬻题之罪虽说乌有，但舆论仍喧哗不已。

为了平息事态，明孝宗还是因唐寅与徐经考前私会主考官和狎妓饮酒有伤风化，将二人削除仕籍，逐出京师。主考官程敏政做事不检，被罢官还家。华昹因奏事不实，被降官外任。

回家后的唐寅就此心灰意懒，一生再无意于官场，筑桃花坞诗酒自娱，卖文鬻画，演绎出另一番人生。

这个徐经，就是后来闻名遐迩的旅行家徐霞客的曾祖父。

明孝宗对程敏政的处置，让李东阳在复审时异常小心，暗中将知道《退斋记》出处的试卷全部罢黜，崔铣就在其中。

二

崔铣不知道，他的科场试卷虽然被黜落，但还是引起了李东阳的关注。原来，考官顾清将崔铣试卷置于本房第一名，李东阳复审时也非常欣赏，但却只能深感惋惜了。

不能说科场失意对崔铣没有影响，此后不久，他得了一场大病，一病不起，医者谓之血疾。夫人李氏延医救治，悉心照料，崔铣的身体才慢慢好转。生病期间，李氏悉心呵护，三岁的儿子崔滂床前嬉戏，令崔铣尽享家的温暖和天伦之乐，心境大开。转眼过了一年，崔铣已经恢复如初，他与李氏商议，留在京城，入国子监攻读。

自唐宋以来，历代国子监都是朝廷的最高学府。明代京城北迁后，南北两京分别设有国子监，南监设在应天府，北监设在顺天府。国子监里的太学生分为两大类，第一类为各州府从乡试中选举人中选拔优等者；第二类是按照明代制度，会试下第，辄令国子监录其优者，入学继续学习等待下一科会试，朝廷支给相当于教谕俸禄的钱粮。

进入国子监学习期间，崔铣结识了许多同道好友，陕西三原人马理、秦伟、陕西高陵人吕楠、山西榆次人寇天叙、开封府人田汝籽、河南林县人马卿、安阳同郡人张士隆等。

马理、秦伟和吕楠都是明代著名的三原学派的传人。三原学派是关学的重要一支，承传宋代程朱理学，创始人王恕，字忠贯，号介庵，陕西三原人。因王恕及其门人多为陕西三原一带人，故名三原学派。

说起三原学派，不得不提宏道书院。宏道书院位于三原县城北清河岸边，由明太子太保、吏部尚书王恕之子王承裕于弘治七年（1494 年）首创。宏道学院的教学宗旨是明纲常之道，究道问之学，主要研讨程朱理学和儒家经典，广泛涉猎历代典章制度，先后培养了马理、吕楠、康海、秦伟、雒昂、温纯、来复、张问达等有名人物，曾有"学风之盛，莫过三原"之誉。因陕西学政驻扎这里，乡试定期在此举办，故三原一带学风蔚然，影响深远。

三人同时就学于三原宏道书院，受教于同里王恕和王承裕，成为同窗挚友，研究学问十分刻苦。在王恕父子的弟子中，马理最能得关学真传，时人都将他与宋代著名哲学家、关中学派的代表人物张载相提并论。时任关中督学的杨一清曾赞叹说："康海的文辞，马理、吕楠的经学，皆天下闻名矣！"

张士隆、马卿与崔铣都是彰德府人。张士隆，字仲修，号西渠，河南安阳人。他二十岁中举，不久，父亲病逝，家庭陷入贫困。弘治十四年（1501年），因母亲朱氏和一妹一弟无人照顾，他将一家人带到京城，坚持在国子监太学读完学业，生活之苦可想而知。马卿，字敬臣，号柳泉，彰德府林虑人。马卿的父亲马图进士出身，官至汝州知府，清廉自守，不畏权贵，著有《林县志》。马卿年少颖敏，十岁时跟着父亲马图习学经书，晓析大旨，文辞清峻。十七岁，乡试中举。后来，两次进京参加吏部春闱，均榜上无名，随即入国子监。在国子监学习期间，马卿考试屡获第一，受到国子监祭酒谢铎的垂爱。

谢铎，字鸣治，号方石，浙江太平县桃溪人。谢家数代富有，谢铎的父亲建"贞则堂"，藏书数万卷，使得谢铎从小就博览经典。天顺八年（1464年），谢铎与李东阳同榜考中进士，一起入翰林院为庶吉士，此后授编修，升侍讲。成化十六年（1480年），丁父忧回乡，从此托病家居，朝廷屡召不赴。他在家中多方收集图书，对残缺不全的典籍进行修订补缺，在"贞则堂"之东建藏书阁为"朝阳阁"，藏书达数万卷。后来，在李东阳的多次劝说下，谢铎应召复任侍讲。弘治三年（1490年），擢升为南京国子监祭酒。次年，谢铎再次以身体有病为由辞官回家，家居十年，朝廷众多大臣举荐谢铎，屡召不就。弘治十二年（1499年），明孝宗朱祐樘派人到其家一再催促，谢铎无奈，只得启程赴京，才再次以礼部右侍郎掌国子监祭酒。谢铎出任国子监祭酒期间，监规严明，学风大盛。谢铎更是对崔铣青眼有加，崔铣则朝夕侍教，每日到深夜方才退出。

弘治十五年（1502年），崔铣再次参加礼部春闱，却又一次失利，便与夫人李氏一起回到安阳城。

听说崔铣回到安阳，张士隆与回到林州柳泉村的马卿相约，一起来见崔铣。三人在仓巷街租赁一处雷氏民居，住在一起，共同探讨学问。远在开封祥符县的田汝籽听说后，也赶来安阳。此后，四人一起刻苦攻读，相约致力明经修行，不追求文义高虚，不沉溺说教训诂，不崇尚辞章华丽，不陷于追名逐利。他们三日一会讲，相互诘难，辨析义理；五日一作课，相互评判，总结心得。

崔铣曾感叹道："结社多高客，登坛尽小师。"

三

弘治十七年（1504 年）的冬天，四人结伴再入京师，准备第二年春天参加礼部会试。转眼过了春节，明孝宗朱祐樘命太常寺卿兼翰林院学士张元祯、左春坊大学士兼翰林院侍读学士杨廷和为主考官。三场会试下来，四人竟然全部榜上有名。本次会试，选出诗、书、礼、易、春秋五经魁元，分别为崔铣、湛若水、谢丕、董圮、安磐。

三月十五日，明孝宗朱祐樘亲临奉天殿举行殿试，制策曰："自古帝王之致治，其端固多，而大不过曰道、曰法而已。我圣祖高皇帝定天下之初，建极垂宪，列圣相承，益隆继述，为道为法，盖与古帝王之圣，先后一揆矣。朕自莅祚以来，夙夜兢兢，图光列祖，于兹有年，然而治效未臻其极，岂于是道有未行，是法有未守乎？抑虽行之守之，而尚未守若古乎？子诸生明经积学，究心当世之务，必有定见。其直述以对，毋泛骋浮辞而不切实用。朕将采而行之。"

崔铣拿到殿试策问题目后，思量了半天，提笔写道："臣对：臣闻帝王有治天下之大体，有治天下之大用。体者何？道是也；用者何？法是也。道根于心，法之所由立也；法施于政，道之所由行也。法而非道，则所以主张之者无其本；道而非法，则所以经纶之者无其具，皆非所以治天下也。帝之所以帝，王之所以王，我皇祖之所以创造，列圣之所以继述，皆不外此……"

　　崔铣思路大开，引经据典，远述各代圣君治世之道、战国强秦争霸之法，近论汉、唐、宋历代道法兴废之由，提出道之要在于修身心，法之用在于立纲纪。然后，历数明朝立国以来，太祖、成祖皇帝谨守修身齐家治国平天下，武功以戡祸乱，文德以兴太平，正是将行道与守法存乎一心。最后，他写道："陛下大孝格天，至仁育物，谦恭逮下明智烛微，日御经筵讲求治理，数召大臣咨询时政。臣愚以为，以帝王之道，虽要于修身，而欲修其身，必先于正心；帝王之法，虽要于纪纲，而欲振纪纲，惟在于顺天。不正其心，不顺乎天，则虽宵旰忧勤，思以行道守法，亦苟焉而已尔。伏愿陛下留神澄省，果切于万分有一之用，俯赐采行，不胜幸甚。臣干冒天威，无任陨越之至。臣谨对。"

　　内阁大臣阅卷后，将崔铣、顾鼎臣、谢丕、董玘列为一甲候选，由明孝宗钦点，一时竟然难分高下。内阁大学士李东阳力推崔铣，首辅刘健举荐谢丕，阁臣谢迁以董玘为会试第一名再举，明孝宗朱祐樘最后以顾鼎臣辞章清丽点为状元，会试第一的董玘为榜眼，谢丕为探花，崔铣置于二甲第一名。严嵩是二甲第二名，湛若水是二甲第三名，安磐只中三甲第五十七名。马卿、张士隆、田汝籽也成为三甲进士。

　　殿试传胪唱名后，状元顾鼎臣、榜眼董玘、探花谢丕授翰林院编修，策选崔铣、严嵩、湛若水、陆深、翟銮、马卿、安磐等三十人为翰林庶吉士，入翰林院读书；诏命太常寺卿兼翰林院学士张元桢、翰林院学士刘机为翰林院庶吉士讲官。

　　张士隆和田汝籽也各授官外任。崔铣与马卿商议，置酒给张士隆、田汝籽送行，李鐩听说后，也来恭贺道喜。

　　西华门外的酒肆里，四人见李鐩进来，都站起来行礼，说道："您是长辈，又是工部侍郎，实在不敢有劳！"

　　李鐩笑着摆手，让众人坐下，说道："你们四人都是河南同乡，与崔

明代大儒崔铣

铣又是好友，一起金榜题名，老夫真替你们高兴。自古后生可畏，将来大展宏图，何止一个区区侍郎，入阁拜相也难说，老夫愿意来讨杯喜酒。哈哈……”

田汝耔打趣道：“我们三甲进士，难有入阁拜相的机会，崔兄荣登二甲第一名，听说差点被皇上钦点状元，现在与马兄进入翰林院，将来一定会步步高升。”

李鐩打断话头，说道：“也不一定，正统年间的清官于谦，也只是一个三甲第九十二名，一生清廉自守，却为官一任造福一方，不也是干出一番轰轰烈烈的事业，为后世敬仰。就连你们会试的主考官杨廷和，当年也是三甲进士，后来竟然成为太子师，将来入阁拜相也未可知。我今天来，就是告诉你们，不管是状元，还是二甲三甲，都是入仕为官的开始，希望你们牢记忠君爱民的为官之本，做官先做人。”

四人站起来，施礼说道：“老大人的至理之言，晚辈一定铭记！”

李鐩端起酒杯，对张士隆、田汝耔说道：“你们二人出京就任，汝耔到江西任提学佥事，士隆在直隶广平府任推官，官无大小，事也不分巨细，都事关朝廷和百姓啊！”说罢，与众人一饮而尽，先行离去。

第五章

翰林清介

一

　　弘治十八年（1505 年）六月八日，明孝宗朱祐樘驾崩于乾清宫，在位十八年，享年三十六岁。十五岁的太子朱厚照继位，改元正德。

　　朱厚照是明孝宗与张皇后的独生子，从小聪明伶俐，被视为掌上明珠，一味溺爱娇宠，两岁时就立为太子。六岁时，朱祐樘诏命太子府设讲官，选翰林侍读杨廷和为太子师。

　　杨廷和，字介夫，四川新都人，十二岁中举，十九岁中进士，以三甲入选翰林庶吉士，历任翰林编修、检讨、修撰。弘治六年（1493 年），杨廷和以翰林侍读入太子府。

　　对于这个聪明顽皮的孩子，杨廷和不担心他的学业，却经常为太子的肆意妄为苦恼不已。当时，东宫随侍太监刘瑾、马永成、高凤、罗祥、魏彬、丘聚、谷大用、张永八人，每天都进献鹰犬、歌舞、角抵等戏，致使太子沉溺其中，连读书和学习政事也荒废了。杨廷和向孝宗皇帝奏言，驱逐这些随侍太监，却被朱厚照缠着张皇后求情，最后只得不了了之。

　　朱厚照即位后，太子府的八个太监都调进内宫，分别执掌内宫二十四衙门，成为皇帝的贴身太监。他们不仅依然故我，投其所好，广选鹰犬歌伎，专供朱厚照淫乐，还贪恋权位，开始把持朝政，恣意妄为，贪污受贿，时称"八虎"。太监刘瑾最得朱厚照恩宠，以内监官总督神机营中军二司，成为"八虎"首领。

户部郎中李梦阳上疏请求严惩"八虎"，内阁大学士刘健、谢迁与户部尚书韩文等大臣一起署名，司礼太监王岳暗中相助。朱厚照无奈，想将刘瑾等八人外放到南京了事。

吏部尚书焦芳平日与刘瑾交好，急忙派人通报刘瑾。刘瑾带领七人跪在明武宗朱厚照面前哭诉求情，诬陷说："这是王岳勾结朝廷大臣陷害奴才八人，他们无非是串通一气，限制皇上的自由，意图把持朝政。"

朱厚照闻言一惊，怒道："内侍宦官交通大臣，这可是死罪！"

刘瑾回道："奴才们本就是服侍皇上的。况且，以皇上的英明神武，鹰犬歌舞又何损您的圣德？皇上君临天下，想干什么就干什么，谁敢这样来为难皇上。王岳与廷臣暗中勾连，这是干政，死有余辜！"

朱厚照传诏收捕王岳，解往南京充军服苦役，命刘瑾掌司礼监，马永成掌东厂，谷大用掌西厂，逼令内阁大臣刘健、谢迁告老还乡，将韩文和李梦阳等人革职查办。

此时，内阁只剩下李东阳一人，刘瑾想引焦芳入阁，但廷议时朝中大臣一致推荐吏部左侍郎王鏊。迫于公论，明武宗只得将吏部尚书焦芳、吏部左侍郎王鏊同时晋升为文渊阁大学士，入阁参赞机务。

明朝的宦官机构非常庞大，分十二监、四司、八局，合称二十四衙门。其中，司礼监总管宫内外宦官事务，居二十四衙门之首。司礼监设掌印、秉笔、随堂和提督，负责传宣皇帝旨意，代替皇帝对内阁票拟进行朱批，掌控东、西二厂和京城、边关守备。

刘瑾接掌司礼监后，权势熏天，为所欲为，对异己者更是罗织罪名，一大批正直官员被整治得家破人亡，妻离子散。刘瑾首先借故将曾经弹劾自己的给事中吕翀、刘郤和南京给事中戴铣等六人革职查办，又将上疏解救戴铣的南京副都御史陈春，御史陈琳、王良臣，主事王守仁等人贬职或杖罚。他还四处派出校尉，远近侦探，不许别人相救说情。他专作威福，把亲信宦官派往各边塞镇守，在叙大同功时，假传圣旨提升官校达一千五百六十余人，还给数百人授予锦衣官。《通鉴纂要》编成，刘瑾诬陷翰林编修官们抄写不清，全部予以责罚，而后命文华殿书办官张骏等人重抄，给予越级升官，张骏由光禄寺卿升为礼部尚书，其他有几个被授予高级京官，甚至连装潢工匠杂役之人也得以授官。他创用枷法，对看不顺眼的官员，即使偶然犯有小错，也要枷到快死了才解下枷锁，遣去戍边，其他被枷死的无数，以至于锦衣卫狱中关满了囚徒。他讨厌锦衣卫佥事牟斌善待囚犯，将他杖打并不准他再出来做官，府丞周玺、五官监候杨源被杖打至死。因此，为了避祸，朝中官员见他都行跪拜之礼，地方官员入京，都要携带重礼到府上拜见刘瑾。刘瑾更是以此为傲，凡看着不顺眼的，就想方设法予以贬黜，甚至下狱治罪。

二

正德二年（1507）十月，崔铣、严嵩、湛若水、陆深、翟銮、徐缙庶吉士期满，升任翰林编修，入宫参与编纂《孝宗实录》。

第二年，严嵩得了一次大病，只得辞官回乡养病，从此隐居家乡介山十年之久。

《孝宗实录》编纂期间，崔铣结识了翰林编修何瑭。何瑭，字粹夫，号柏斋，河南怀庆府（沁阳）人，弘治十五年（1502年）二甲进士，授翰林编修。虽然何瑭比崔铣先入翰林院，但两人同乡，又志趣相投，经常在一起议论朝中大事。他们虽然整天埋头案牍，整理前朝史实，但还是耳闻皇上的荒唐做派和刘瑾的弄权行径，经常在一起议论朝政，评价时局。他们对刘瑾所作所为痛恨不已，更为朝中大臣趋附权阉嗤之以鼻，相约绝不同流合污，更不会跪拜刘瑾。

刘瑾与新任吏部尚书张彩一起到翰林院视察《孝宗实录》编纂情况。编纂总裁焦芳刚刚升任武英殿大学士，入阁参赞机务，不在翰林院坐班，副总裁吏部左侍郎梁储、礼部右侍郎刘机、翰林院学士刘忠三人亲自在翰林院门外迎接，然后，陪着刘瑾、张彩二人逐门巡察。参与编纂的翰林编修、检讨等人纷纷站起来，出门跪拜行礼。崔铣却立而不跪，仅长揖而已。

众人见状，纷纷劝崔铣跪拜。崔铣大声说道："翰林清贵，难道都是跪出来的？！"

刘瑾闻声停下来，翻着怪眼看了一眼，低声对张彩说："这个翰林院的书生太轻狂了。他是谁？"

张彩回道："他是新任编修崔铣，只是一个自命清高的读书人罢了。"

"你是吏部尚书，知道该怎么办！"刘瑾说罢，怒气冲冲地走了。

何瑭听说后，非常担心，劝崔铣道："不跪拜也就罢了，何必出言激怒阉党。"

崔铣回道："自古直节之人，必是铁脊梁。既然不愿曲意而使人喜，不若直节而使人忌，霜可飞，城可陨，金石可贯。"

何瑭不由得赞道："子钟贤弟真是大节不可易啊！"

崔铣正色说道："陆游有诗云：儒生安义命，所遇委于天。用可重九鼎，穷宁值一钱。"

三

正德三年（1508 年）三月，正是会试之期，崔铣被任命为春闱同考官。一天，考生焦黄中以河南同乡之名，带着厚礼拜访崔铣。焦黄中是河南府泌阳人，内阁大学士焦芳之子，而且还是崔铣在河南府乡试时的同榜举人。

看着阁臣焦芳的面子，崔铣接待了焦黄中。焦黄中带来焦芳的一封亲笔信，信中暗示崔铣，将焦黄中列为会试榜首。

崔铣对焦黄中说："崔铣眼中只有义，没有同乡，更没有同年。"

焦黄中带着厚礼灰溜溜回去，把崔铣的话告诉父亲。焦芳听说后，气道："我听说此人曾经惹怒刘公公，总有一天，得让崔铣知道刘公公的厉害！"

见此路不通，焦芳只得贿赂主考官，结果还是将儿子焦黄中取中，殿试时竟然高中二甲第一。从此，焦芳在刘瑾面前一再诋毁崔铣，说："这个崔铣以文名自傲，现在他只是一名小小的翰林院编修，竟然不把刘公公您看进眼里。如果一旦被重用，一定会成为刘公公您的绊脚石。"

刘瑾皱着眉说道："这个崔铣实在可恶，只是对付这种自命清高的人，还真不好找借口。"

焦芳笑道："刘公公不必多虑。崔铣现在正在编纂《孝宗实录》，等到编纂完成后，您只要找一下他的错，不就能把他赶出朝廷吗？"

正德四年（1509 年）四月，《孝宗实录》编纂完成，刘瑾请求对翰林院官员进行考察，以崔铣未谙事体调出京城，外任习练政务。崔铣被调任陪都南京，任吏部验封司主事。

此次参与《孝宗实录》编纂被贬的，多达数十人。修撰吕楠被降俸禄一级，编修翟銮调刑部主事，编修陆深因与崔铣交好，一同被调往南京户部主事。

崔铣的岳父李鐩升任工部尚书后，一向不依附刘瑾。刘瑾寻机报复，借着工部下属官员犯法，将李鐩牵连其中，责令致仕回乡。

崔铣借着赴南京上任，与夫人李氏一道，送岳父李鐩回安阳汤阴老家。陆深祖籍上海华亭，离南京不远，决定与崔铣同行南下。吕楠与翟銮前来送行，一直送到御河渡口。

吕楠见李鐩行囊简陋，除两只装日常用品的箱笼外，就是几个书匣，打趣道："李伯父官至工部尚书，怎么穷得像我们这样的书生一样？"

李鐩的夫人郑氏站在一旁，笑着说："他哪里像个尚书，吃穿用度简朴惯了，刚到工部就任时，人家以为他冒名顶替，不让他进去。"

陆深接口道："工部每年进出的银子数千万，应该是朝廷的大财主。"

郑夫人揶揄道："还大财主呢，就连宫里修个大殿，都像花他家的钱，抠得死死的。要不还得罪不了刘公公呢！"

李鐩正色道："工部掌朝廷兴造之众务，尤其城池之修浚，水利之营造，宫殿之缮葺，开支靡费，都需要仔细经度。现在，边防屡兴兵祸，地方频遭大灾，城池、水利都是当今急务，只有减少宫殿的奢靡，才不至于捉襟见肘，不能一味任由刘瑾阉党徒兴宫禁耗费，迎合皇上奢靡之好。"

崔铣接口道："是啊，现在各地大灾，朝廷库银已经消耗殆尽。正德初年，彰德府遭遇旱灾，又兴刘六、刘七逆民造反，剽掠河南、山西，民不聊生，饿殍遍野，州府仓库乏粮，朝廷竟然也拿不出赈灾的粮食，还是岳母娘家郑氏家族捐粮一千二百石，才解了燃眉之急。"

李鐩接着说道："岳丈汤阴郑家捐粮可不止这一次，成化年间就曾多次捐粮，平时也经常接济贫困百姓，据说总数不下万石，朝廷专门下诏御封义民，旌表碑石就立在汤阴小元村。"

郑夫人嗔道："你们怎么说到我娘家的事情，不值得在人前夸耀呢！"

陆深感叹道："天下多些好官，也不至于总让义民捐粮啊！这次有幸能与崔铣兄同行，我一定要拜见一下郑氏前辈！"

崔铣回道："这次，我也想在安阳城和岳父家里多盘桓几日，正好同路。岳父家在汤阴镇抚寨，与岳母的娘家也就数里之遥。"

大家这才告别，登船启程。

四

自明成祖朱棣迁都北京后，南京作为陪都，依旧保留了一套中央行政机构，前面加有"南京"二字，官员编制大大少于北京，管辖范围只限于南京和南直隶的京畿地区，权力大大降低。因此，从北京调往南京六部衙门任职，其实就是贬官降职。

南京城设应天府，南直隶京畿地区分设江北、江南巡抚，其中，江北巡抚驻淮安，管辖范围包括凤阳、淮安、扬州、庐州四府及滁州、徐州、和州三州；江南巡抚驻苏州，管辖范围包括应天、苏州、松江、宁国、徽州、池州、镇江、安庆、太平和常州十府。

崔铣所在的吏部验封司掌管封爵、封号、进阶、袭荫、褒赠和吏算之事，佐理尚书治理百官。他上任伊始，就深入州府考察官吏，甚至包括粮长的考核和任免。

粮长制是明代特有的一种赋税制度。洪武四年（1371 年），明太祖朱元璋下诏，规定田赋一万石的地方划为一区，设立一个粮长，负责税粮的催征、经收和解运等职责。其实，这是一种以民治民的办法，既便利赋税征收就地缴纳，又避免官吏对百姓的盘剥。本来，这些粮长不是官吏，但朝廷为了笼络他们，使其逐渐兼有基层治理的权力。

崔铣在例行考察官员时，发现苏州粮长郏可太是一个豪强巨猾，他不仅控制了苏州府七个县的粮赋征收，还在征收粮赋时私立名目，横征暴敛，以此中饱私囊，百姓怨声载道。崔铣还发现，郏可太每次向百姓征收的都是上等好米，而解运粮赋时，却是以次充好，以此从中渔利。

郏可太得知崔铣在调查他的不法行径，赶紧到南京吏部打通关系。当崔铣将调查郏可太的文案呈送给南京吏部尚书刘忠时，刘尚书皱着眉说："苏州粮赋是南京十四府之首，专供南京城所需粮食，就连我们留都的六部九卿，哪个能离开这个郏可太输粮吃饭。郏可太是个有功之人，切不可草率行事！"

"郏可太作奸犯科，已经触犯大明历法，决不可再任此等豪猾巨蠹为粮长。"

"黜免了郏可太，南京一城官吏吃什么？"

"如果尚书大人宽宥此事，必使郏可太越来越胆大妄为，奸计得逞，残害百姓。"

刘忠见崔铣丝毫不让，语气转缓道："你是一个很有才干的人，现在贬官到此，就逍遥自在做神仙吧。"

"我做一日官，就为朝廷做一日事，哪能尸位素餐呢？"

"听说这位郏可太是个手眼通天的人物，你将来还会召还京都，多一事不如少一事。"

"对朝廷不忠心，就谈不上尽心国事；不做好分内之事，更谈不上对朝廷忠心。"

刘忠见事情不可转圜，只好同意将郏可太的粮长之位黜免。崔铣还将调查情况转送提刑按察司，把郏可太缉拿归案，苏州百姓得知消息，竟然罢市欢庆。

五

南京吏部右侍郎罗玘经常找崔铣一起谈古论今，评论时事，评价朝中大臣。

罗玘，字景明，号圭峰，江西南城人，博学多才，雅好古文，成化二十三年（1487年）春闱会试第一，二甲进士及第。

当年的主考官正是李东阳，因此，两人的话题自然离不开这个师长，也是当今的内阁首辅。

罗玘说道："如今刘瑾专权，朝廷内外的官员却纷纷贿赂他，实在是朝廷的耻辱。阁臣本来是百官的表率，西涯先生身为首辅，我这个学生也脸上无光啊！"

崔铣也感叹道："西涯先生为官倒也忠正，只是缺了刚直。现在朝廷阉党横行，贪卑逢迎之人竞逐，充斥朝野内外，致使朝政日非。我将这些卑污的官吏名为五吏。"

罗玘好奇地问道："哪五吏？"

崔铣说道："一为苛吏，这些人严刑峻法，却标榜为精通法理；二为伪吏，这些人沽名钓誉，却标榜为洁身自好；三为佞吏，这些人趋炎附势，却标榜为为上谦恭；四为贼吏，这些人横征暴敛，却标榜为勤政实干；五为贪吏，这些人巧取豪夺，却标榜为能吏干才。此五吏实在是国家之蠹，百姓之害。"

罗玘说道："子钟贤弟评论精当！"

崔铣接着说道："其实，真正的良吏，应该也有五种：西汉文帝时廷尉张释之执法持议公平，可称为平吏；汉元帝时密县令卓茂为政官民信服，可称为真吏；汉宣帝时颍川太守韩延寿重视教化百姓，可称为正吏；唐德宗时道州刺史阳城爱民如子，可称为宽吏；光武帝时渔阳太守张堪立身清廉，可称为清吏。此五吏兴，则国必治，则民心安。"

罗圯不住点头称赞，说道："崔贤弟见识深远，文章又好。我以为本朝立国一百年，也是良吏辈出，只是无人宣扬而已。就说前朝正统、景泰年间，世人只知道于谦清廉，还有一位王翱，一生历仕七朝，辅佐六帝，刚明廉直。"

崔铣回道："我也闻听其人之名，只是不知道他做过什么样的事情。"

罗圯笑道："做大事在机遇，成令名在平常。平常做好了，遇到机遇就能做成大事。"

"愿闻其详！"

原来，罗圯知道王翱许多家事和为官时的一些事情，遂一一讲述给崔铣听。

王翱，字九皋，河北盐山（沧州）人，明成祖永乐十三年（1415 年）进士，初授大理寺左寺正。宣德初年，被擢为御史。明英宗即位后，升任右佥都御史，协镇江西，惩贪治奸。正统七年（1442 年）至景泰三年（1452 年），受命督辽东军务，整饬军备，修筑边墙，并出击兀良哈，随后出为首任两广总督。景泰四年（1453 年）起任吏部尚书，夺门之变后独掌吏部事务，被称为"老王"而不被称名，累加至太子太保。成化三年（1467 年），王翱逝世，年八十四，获赠太保，谥号忠肃。时人称赞王翱：皋陶言九德，王公有其五，乱而敬，扰而毅，简而廉，刚而塞，强而义。首辅李贤评价王翱："皋陶所说的九德，王公有其中五个：处乱而谨慎，遇扰而坚毅，虽贫而不贪，刚正而诚实，虽强但很讲道义。"

王翱有一个女儿，嫁给京城附近做官的贾杰为妻。王夫人十分疼爱女儿，隔三岔五就接女儿回娘家。贾杰心里怨怒，对妻子说："你父亲是吏部尚书，把我调任京城易如反掌，那时候你就可以时时侍奉母亲。这对你父亲来说不是什么难事，也就是举手之劳，你回家后就对你父亲说。"女儿知道父亲的为人和脾气，只得求自己的母亲。一天晚上，王夫人摆上酒，跪着求告王翱。王翱听后大怒，竟然拿起桌上的器物打伤了夫人，一气之下离家出走，到朝房里住宿去了。十天后，王翱才回到自己的府第，这个女婿始终没有被调进京城。

王翱的孙子王辉凭着王翱的功勋恩荫，才得以进入国子监读书。一次，朝廷举行科举考试，王辉竟然托人把考卷偷偷拿回家给王翱看，求爷爷帮自己打通关节，想方设法取中进士。王翱看了孙子的考卷，对王辉说道："你如果确有真才实学，我怎么忍心埋没你的才学。可依你现在的情况，若遇到糊涂主考中选，会耽误另一个寒士的前程。你吃得好穿得暖，何必强求非分之想呢！"便当着面，将孙子的考卷撕碎烧毁。

每次朝廷选用官员，王翱为了谢绝别人私下到府上的请谒，公事之余总是住在礼部，不是过年过节或初一、十五拜谒祖先祠堂，他不曾回到私宅。有时王翱被皇上召去议事，侍郎代为选用官吏，他回来后不论多晚，都要到官署对任用的官吏进行复查，唯恐遗漏贤才或用人不当。他推荐的官员，决不让本人知道。他说："吏部怎能是快意恩仇的地方？"他一生非常俭朴，明代宗朱祁钰知道他清贫，特意下旨为他在家乡盐山建了一座府第。

王翱曾经与一个宫中的太监一同镇守辽东。此人奉公守法，与王翱相处得很好，对王翱很是敬重。后来王翱改调两广任职，这个太监挥泪送别，非要赠送王翱四枚宝珠。王公一再辞谢，太监哭着说："这些宝珠不是受贿得来的。当年，我在宫中侍候先帝，先帝把郑和所买来的西洋珠赏赐给左右近臣，我得到八枚，今天拿一半与您赠别，您本来就知道我并不是贪财的人啊！"王翱见他真诚，无奈收了宝珠，放进自己所穿的披袄，把它缝在里面。后来，王翱回到朝廷，得知这个太监已经去世，就千方百计寻找他的后人，最后找到了他的两个侄子。王翱对他们说："你们的这个长辈很廉洁，你们恐怕为贫穷所困吧？"两人不明就里，只得应道："是的。"王翱对他们说："如果你们要有所经营，我帮你们出钱。"两人疑惑地应付道："行！"王翱几次催促他们，他们才相信是真的。王公得知他们正准备购买一处宅院，就拆开披袄，取出宝珠交还给他们。

王夫人身体不好，就瞒着王翱为他娶了一个小妾，过了半年才告诉他。王翱知道后，大怒道："你为什么毁坏我的家规？"当天，他就备好钱财把小妾送回娘家。而那个小妾非常敬重王翱，竟然终身不嫁。她对人说："岂有大臣之妾嫁给别人的？"王翱死后，这个小妾前来奔丧。王翱的儿子得知原委，感激她为父亲守节，就留她在家，赡养她到死。

崔铣听完罗玘的讲述，对王翱的所作所为击节赞赏。

罗玘说："子钟贤弟，当朝的礼部尚书傅珪也是这样的人，他直言忠谏，守身如玉。你如果能将这些人所作所为记录成文，扬善行，彰美德，也是一件千秋大事！"

崔铣连连称是。从此，他开始收集本朝贤能嘉士为他们作传，并把身边官吏、义民、节妇诸多事迹记录成文，后来都收集到《洹词》里，《记王忠肃公翱二三事》就是其中的一篇。

六

正德五年（1510年）八月，京城传来消息，刘瑾被收捕，凌迟处死。这件事是由宁夏安化王朱寘鐇叛乱引起。

朱寘鐇是明太祖朱元璋第十六子庆靖王朱栴（zhān）的曾孙，弘治十五年（1502年）袭封为安化王。他素性狂诞，自命不凡，觊觎非分，他调教的鹦鹉见到他，就会喊"老皇帝"。他身边经常聚集着一帮术士女巫，为其推命，蛊惑他日后必当大贵。为此，他不惜钱财，收罗奇能异士，招兵买马，伺机而动。

这一年的四月，刘瑾派遣大理寺少卿周东到宁夏屯田。周东与宁夏巡抚安惟学相互勾结，倍增赋税，多征亩银向刘瑾行贿，当地戍将卫卒为此怨愤异常。朱寘鐇得知他们犯了众怒，设计杀死周东和安惟学，焚烧官府，释放囚徒，以讨伐阉党刘瑾为名起草檄文，起兵发动叛乱，朝野大震。

明武宗下旨，起用前右都御史杨一清为主帅，由御用监掌印太监张永任监军，率军前去平叛。

杨一清曾为陕甘总督，后晋升右都御史，因在朝中不依附刘瑾，被刘瑾诬陷入狱，后经内阁大学士李东阳、王鏊极力救护，方得出狱，被勒令致仕回乡。

西行路上，杨一清与张永两人很是投机，谈及安化王叛乱原因和刘瑾在朝中情状，张永也愤愤不平。原来，张永虽然也是"八虎"之一，但自从刘瑾专权后，两人也多有不合，张永屡遭刘瑾压制。

杨一清扼腕叹道："藩王叛乱易平，宫禁大患难除，如何是好？"

张永附耳说道："刘瑾日夕在豹房服侍皇上，独得恩宠，皇上一日不见刘瑾就郁郁寡欢。现在刘瑾羽翼已丰，耳目甚广，想要除他，恐非易事。"

杨一清低声回道："公公深得皇上的信任，这次讨逆不遣他人，独命您为监军，等您班师，必得大用。到时恐怕刘公公必会阻挠，如果公公您能将安化王反叛归罪于刘瑾乱政贪贿，致使天下仇怨，动摇社稷根本，皇上必诛杀刘瑾，公公您一定会流芳百世！"

张永听后，兴奋地从椅子上振臂而起，说道："老奴何惜余年不肯报主？当从杨公所言。"

当两人走到宁夏时，安化王朱寘鐇已为陕西游击将军仇钺设计所擒，叛乱已经荡平。杨一清接到朝廷旨意，留守宁夏总制三边军务，张永押解朱寘鐇还朝献捷。

张永按照杨一清的计策，回到京城外，假称三日后献俘，却瞒着刘瑾偷偷进京入宫，谒见明武宗朱厚照。他列举刘瑾罪状，奏称刘瑾谋反。朱厚照半信半疑，令锦衣卫查抄刘瑾住宅，查出伪玺、玉带和甲弩军械等违禁物。朱厚照大怒："好大胆的狗奴才，果然谋逆了！"立即下旨将刘瑾下狱，判凌迟处斩。同时，将吏部尚书张彩，锦衣卫指挥杨玉、石文义等一干同党尽数捕获，已经致仕的焦芳也被削籍为民。

刘瑾阉党被清除，明武宗对内阁成员进行重新组阁，内阁大学士李东阳、杨廷和留任，被刘瑾排斥出内阁的大学士梁储、费宏也相继重回内阁。此时，一大批被刘瑾贬官和罢黜的官员重新被召回朝廷。崔铣与陆深一起从南京被召回，重回翰林院担任编修。李和也回到朝廷，重新担任工部尚书。

第六章

谏诤被贬

一

虽然刘瑾被除，但明武宗依旧不理朝政，日夕与钱宁、江彬在豹房淫乐。钱宁、江彬都是依附刘瑾受到朱厚照的宠信，刘瑾事发后，两人使用计谋得以免罪，甚至愈加受宠，被朱厚照赐姓朱，成为皇庶子。在两人的迷惑下，正德皇帝更是淫乱宫禁，国事日废。

内阁首辅李东阳多次劝谏无果，就开始采取忍让的态度，在朝中从不坚持政见，下朝之后，却以文章领袖自居，在府中召集门生故吏谈诗论文，被世人讥为"伴食宰相"。

李东阳对崔铣有知遇之恩，崔铣也非常珍惜这份师生之情。有一次，李东阳五更入朝，在路上碰到崔铣与翰林院的同事饮酒。崔铣借着酒劲，非要拦住李东阳下轿喝酒取暖，李东阳竟然下轿连饮数杯，才匆匆赶路。第二天，崔铣酒醒，后悔不已，亲自到李东阳府上赔罪。李东阳非但没有怪罪，甚至还高兴地说："还能再喝吗？"留下崔铣，两人开怀畅饮。

崔铣清楚，李东阳具有清廉的品行，绝不是助纣为虐的奸臣，更没有主动害人、乱政，但身为内阁首辅，却大权旁落，委曲求全，也不是骨鲠之臣，更不是中流砥柱、救时宰相。

正德六年（1511年）二月，崔铣给内阁首辅李东阳写了一封信，这就是有名的《上西涯相国书》：

我听说：忠君的人，即使距离再远也不能隔断他的忠心；敬师的人，即使再小的事情也不能减少他的敬意。忠君与敬师，都是伦常大道。扶大厦之将倾谓之忠，喜爱他而能有所谏言谓之敬。崔铣是赵地（指彰德府）的一个读书人，白白地侍奉在皇上左右，眼睁睁地看着时事变化，既不能公开对皇上有所进言，又不能私下对老师您有所忠告，实在是天下的大罪。如果对天下时事无所思虑，心中空空荡荡，无知而懈怠，又值得您听闻什么呢？我为此深为忧虑，百思不解，在您的门外徘徊不止，想进去而屡次退却。您作为首辅，礼贤下士，这种美德是其他人所比不上的，即使那些才能和品德都不足称奇的人，也没有遗漏的，难道唯独会遗弃崔铣吗？因此，我才敢对您说心里话。

现在有一个羸弱的病人，精力匮竭而神采疲惫，仿佛一个无有筋骨的面人，可是贪酒好色，不知道节制。如果有人劝他道："你的病已经非常严重了，再不节制就会大病不起。"他一定斥责劝说的人而不听。假使他的父亲、兄弟或者子女哭着劝告他，他一定就会害怕。如果让一个名医对他这样说，他一定会伤心地流泪。为什么会这样呢？因为父亲、兄弟或者子女都是至亲骨肉，他们的话不会有假；名医见识精到，他们的话一定值得信赖。现在，朝廷之内的疾病已经很严重了，国财将要耗尽而用度更加奢侈，百姓疲惫不堪而劳役没有停止，恩赏过滥使得有功的人得不到勉励，处罚过轻使得有罪的人认识不到法律的威严，致使诏令颁布得不到遵守，皇恩浩荡得不到普惠，官员肆意贪贿而法律废弛，朝廷机构齐备而名存实亡。全国设置了十三个行省布政司，其中八个遭遇兵乱。北方驻兵积弊已久，军纪松懈没有战斗力。现在，朝廷和地方供应匮乏，人人苟且，如果再发生兵乱，军队如何讨伐？边疆一旦敌寇侵入，大批军队都在内地，不调遣担心边防空虚，调往前线担心内地盗贼猖獗，朝廷的调度作用实在是重大啊！虽然，此等军国大事，崔铣听闻不到，也无法进言的，应该还有很多，当今皇上和朝中重臣却是很少考虑的啊！只有首辅您能谏言皇上。您从先皇的时候就入阁辅政，深受器重而声望很高。先皇病重时，拉着您的手流着泪将太子托付给您，现在您位高权重而人心敬服，此其一；首辅您年轻时就禀性清正高节，成为朝廷重臣后更是重大节，一心处理朝政，成为朝廷柱石，行为高尚而深孚众望，此其二。所以，皇帝将你作为亲信，言听计从。因此说，唯有首辅您能劝谏皇上。

首辅您辅佐新皇，在宦官刘瑾肆意妄为之时周旋其中，正德五年（1510年）刘瑾事败后拨乱反正，已经谏言皇上很累了，好像还没有满足天下人的冀望。不久听说首辅您上疏忠贞诚恳而适中，接着又听说请求回乡致仕。孔子不是说过吗？"大臣遵循道义来侍奉君主，如果违背道义就辞官"，首辅您致仕回乡犹未不可。然而也有不同的情况，正如侍奉幼主和成年的君主，采用不同的方法一样可以建功立业；处在安定或战乱不同的时期，即使与皇上政见不合也可以成就功业。善始而不善终，等于没有开始，所以我私下以为首辅您贬黜自己，是为了警示他人而已。劝谏别人的方法有三种：以最大的诚心获得对方的信任；用最真挚的情感打动对方；晓以利害使对方害怕并且听从。如果只是文字奏章，意思难以表达完整，看的人也难以为情所动，效果很难达到。我希望首辅您能经常当面与皇上请对，言明创业之难却败业之易的道理，讲清善类存在丑恶就会自然消亡的规律，这些都是帝王治国的法则，也是历代先皇遵循的治国之道。只要您情真意切，讲明道理，晓以利害，皇上英明神武，一定会听从而改变，然后天下就可以慢慢得到治理了。选择一两个皇帝身边的近臣，首辅您要他们一心共同辅政。听说以前有两个人相遇于河中的船舱内，见面后发现原来是世仇，马上就要拔刀你死我活地搏杀。此时，船行到河中间，突遇大风即将倾覆，两人惊恐之下一起想办法，终于顺利渡河。他们这样做并不是前面结怨很深而后来相互帮助，只是每个人心里都想着活下来。所以，共事的臣子，也希望首辅您对他们有所忠告。只要真心共事，相互之间都有相互帮助。我还听说，古代的贤臣侍奉君主，自己的智谋不被接受也要想尽办法加以实现，自己一人之力达不到也会借助外力共同努力。皇帝没有不为江山社稷着想的，只要我能使它固若磐石，即可慢慢等待皇上的醒悟。先皇把一个完整的国家托付给您，您的责任就是要维护它不能有缺。不然，如果到了所说的国家已经没有办法收拾的地步，等到皇上醒悟，可怎么办呢？我私下认为首辅您不能再观望了。

现在，朝廷应该举荐贤才，那些操行耿直而内心诚信，学养深厚而懂得政事，学业精粹而于世适用的，可称为全才。至于只有某一方面的特长，也应该酌情任用，不应该因为固守科举取士之法使得人才遗漏，不应该因为兴致请托埋没真正的人才，不应该因为他的粗率外表遗弃他的真才，不应该因为小的瑕疵遗弃他的长处，不应该因为他的资历使其受到压制。应该由吏部举荐各省监司的官员，再由监司举荐州县的长官，再由州县的长官举荐所属官员，抑制请托侥幸，严治贪污贿赂，奖良吏，罚贪懒，严格选拔，核清虚伪，即使得不到真正的贤能，也可以治理官场不良的风气。从天子到读书人，没有不需要直言敢谏之人、忠心谋事之臣，首辅您将这些人作为自己的辅佐，让他们在自己旁边鼓动自己，遇事与他们商议，不会没有增益的。

辅佐皇上需要安定民心，靠的是国家财富充足。持久地积蓄就会有所结余，尽力去做就会充盈，开支烦冗就会消费减少，铺张浪费就会国库空虚。汉代贾谊说过："一个人劳作，供应十个人吃饭，一定会有人吃不饱；十个人劳作，不能供应一个人穿衣，一定会有人忍受寒冷。"现在，皇宫的花费、军队的供应，所需之大能够计算吗？南方经常遭遇水灾，北方经常发生兵乱，朝廷的赋税能有多少呢？财富不足则百姓贫困，百姓贫困则生活艰难，生活艰难就会与朝廷离心离德，一旦离心离德，百姓死都不怕了，什么事情做不出来？盗贼是乱象之始，如果一个个接连不断，就会有豪强之人乘势而起，因此，国乱都是因为财富引起的。孔子说："节省用度，爱护官吏。"《周礼》上说："岁末按赋税的收入多少来分配各府的收藏和费用，并据此总计结算。"皇上任用有特长的官员，都是通过考核业绩来确定。唐朝末年裁减官员，现在都是可以借鉴的。

自古国家强大就能控制藩镇，时常有所战备的就能应付突发的兵变。朝廷设立禁军，这是根本；边疆建立军镇，这是战备的需要。南京、北京的禁军，编伍因为贪污而缺员，操练因为发生变乱不再举行。兵部按照旧例仍然由富贵子弟担任将领，一旦发生紧急情况，这些人能够倚仗吗？正当紧急危难之时，这些人仍然一副拱手行李、缓步慢行的做派，怎么能想出应急的计策啊？陕西、山西两地的军镇，地处险要，土民悍勇，至今还不安稳，以后怎么可以担负边防重任？选将用以练兵，择帅用以镇边，只有安抚民心，整顿军马，把守险要之地，广储粮草，才可以成为国家的屏障。现在有人议论说："土著之兵劣于守边的兵士。"他们不知道朝廷的想法。士兵不勇敢，需要的是锻炼；兵械不熟练，需要的是训练。明太祖平定中原，依靠的是南方的水军；明成祖进行北伐，依靠的是中原的土著之兵。所以，朝廷的安危，关键在于如何任用人才。

在上者所号召、所提倡的，与军队战斗力的利钝是联系在一起的。朝廷政事，贵在顺从天时、效法先贤、革除弊政。外出时，瘸腿的人一定会求助。如果不是让人信服，或者能让人听从命令，就不会去帮助他。春秋时期晋国赵简子的家臣董阏于担任赵地的一郡之长，经过一道深涧，一边峭壁如墙，一边深沟万丈。他问身边的乡人道："婴儿、傻子和疯子，以及牛马狗猪等，有在此摔死的吗？"乡人回答道："没有。"董阏于说："我制定的法律犹如深涧，那么就没有人敢违犯，国家怎么不可治理呢？"因此，不可以再采用弘治皇帝当年的宽柔之政，施行于当今乱世。当年齐威王烹杀一个善谀的东阿郡守，则阿谀奉承的人不敢逢迎而使得无功的人受到惩罚，加封一个贤良的即墨郡守，则善于进献谗言的人不敢构陷而使得有功的人得到奖赏。没有别的原因而缓行，不是为政的道理。

我实在愚昧，不懂得如何为政。只是看到当今天下危急的形势，再不急救，将不堪设想。只有首辅您可担此国难大任，安危攸关，所以才跪伏门下叩首上疏，多有冒犯，不胜惶恐之至。我只有肉袒伏斧请罪。

在信中，崔铣劝谏内阁首辅李东阳不能委蛇其间，沉溺诗文以求避祸，要做救时拯颓的宰相，力挽狂澜，并提出救国、悟君、理财、荐贤、强兵、峻法等切中时弊的治国之策。

收到崔铣的书信，李东阳深感惭愧，但他知道，面对明武宗这样的昏君，一味谏诤不仅不会收到效果，甚至还会罪及自己，于事无补。他这样委曲求全，不是为了避祸，而是身处内阁，不仅可以周全贤臣，保护忠良，还可以做一些有益于百姓的事情。现在，连自己最喜爱的学生也不认可，无奈之下，于次年恳求致仕。钱宁、江彬自然视李东阳为眼中钉，私下撺掇明武宗，明武宗竟然批准。

二

正德八年（1513 年），崔铣奉旨出京，前往开封册封周王。正值春和景明，莺歌燕舞，而且河南府是自己的故乡，崔铣仿佛逃出牢笼，心情畅快至极。

这次，随崔铣一起前往开封的是司礼监的两名小太监。一天，他们一行走到汲郡（河南卫辉），日已过午，人困马乏，于是住进馆驿。饭菜端上来，虽然也是鸡鸭鱼肉，但不及宫内精致，两个太监啧啧烦言。正好，汲郡县令带着一众官员前来拜见，两个太监喝令众人在门外等候。

崔铣站起身来，说道："乡间土菜，自然比不得宫中御膳。公公在宫中只是皇上奴才，也不见得有资格享用御膳。我是河南府人，家乡的官员就是我的父母官，公公难为崔铣的父母官，也就是难为崔铣。"

两个太监见崔铣一身正气，耿直快语，也听说崔铣连司礼监大太监刘瑾也不跪拜，赶紧站起来连连认错。

崔铣摆手笑着说道："崔铣言重了。不过，中原自古人文荟萃，饮食也多有贡品入宫，公公不妨请家乡父母官进来讲讲，再尝一尝，说不定还是别有风味。"

两个太监连说："好！不愧是崔翰林，见识就是高过我们这些奴才。"

不几日，三人到了开封。开封是北宋都城，南宋时期毁于战火。洪武元年，朱元璋建北京于汴梁。洪武二年（1369 年），罢北京，复称开封府，为河南布政司治所。洪武十一年，朱元璋封第五子朱橚为周王，驻藩开封，以旧宫故地建周王府。建文帝即位后，开始削藩，因朱橚是燕王朱棣同母弟，担心他支持朱棣，特意提防他。朱橚本身也蓄有异谋，长史王翰数谏不纳，不得已诈病离职。朱橚次子、汝南王朱有爋向朝廷举报父亲图谋不轨，朝廷派兵突袭开封逮捕朱橚，将朱橚贬为庶人，禁锢在南京城。明成祖朱棣即位后，恢复了朱橚的爵位，加禄五千石，诏他返回封地。

朱橚有十四个儿子，按照明王朝的制度，亲王嫡长子为世子袭封亲王，其余封郡王；郡王嫡长子袭封郡王，其余封镇国将军；镇国将军之子袭封辅国将军；辅国将军之子袭封奉国将军；奉国将军之子袭封镇国中尉；镇国中尉之子袭封辅国中尉；辅国中尉之子袭封奉国中尉。其女，亲王之女封郡主，郡王之女封县主，镇国将军之女封郡君，辅国将军之女封县君，奉国将军之女封乡君。其夫皆为仪宾。至正德年时，周藩有亲王一位，郡王三十余位，君王子孙袭封镇、辅、奉国将军、中尉和袭封郡、县主及郡、县、乡君和仪宾共计三千余人，再加上王府侍从官员、护卫人员和服侍人役，开封周王府住着万人以上。因此，明代的周王府堪比宋代的皇宫规模。

崔铣知道安阳城的赵王府已经是规模巨大，但与周王府比起来就差得很多。七年前离开安阳，他知道赵王府袭封的子女和仪宾才三百余人，仅仅是周王府的十分之一。

此时的周王朱睦㴶，是周惠王朱同镳的孙子。父亲朱安潢被封世子，他为人贪婪暴戾，专权嗜利，擅改庄田、欺凌族人，夺人第宅，地方官员一旦过问，即归咎于其父。周惠王乞求明孝宗责其罪，明孝宗命其改过自新。弘治十年（1497年），二十三岁的朱安潢病逝。弘治十四年（1501年），周惠王病死，朱睦㴶袭封王位，因父亲朱安潢并未承袭王位，追谥为"悼"，称周悼王。

周王朱睦㴶得知崔铣等人进入开封城，亲自率王府上下郡王将军中尉和有诰命在身的女眷数百口，大开中门，跪迎圣旨。随行太监宣读圣旨，册封悼王庶九子朱睦瑛为南陵郡王。朱睦㴶将崔铣一行人迎进王府，大摆宴席，鼓乐喧天，招待皇帝的宣诏特使。朱睦㴶不敢怠慢，命王府官家多备礼物，无非是金银财物、珍奇宝物和绫罗绸缎、美味珍馐。随行太监喜不自胜，一一收纳，唯独崔铣将赠物封存一处。离开的时候，崔铣借口回乡先行离开，竟未带走一丝一缕。周王朱睦㴶见此，赞叹不已。

崔铣于七月回到安阳城，方才知道，这年春夏大旱，庄稼绝收，家乡正闹饥荒。这一年，父母都已经年过七十，老人把自家的粮食周济了亲属和街坊，自己却从野外采来蒺藜磨成面，掺进米面制成面饼充饥。崔铣见状，眼泪不由得流下来，心疼不已。他把身上的银两全部交给父母，说："二老已经到了耄耋之年，仅仅吃这些东西怎么能行呢？要照顾好自己，不要光想着照顾别人。"

"我们周济的都是有孩子的人家，我们都老了，什么苦没有吃过。小孩子没有粮食吃，怎么长大成人！"

"家里闹灾，二老也该给我说一声，我也能多寄回些银两。"崔铣劝道，"你们还是跟我进京吧，总比在家吃苦强。"

"你一个穷翰林，也没有多少俸禄，哪来的进京享福。"崔升望着儿子崔铣，宽慰道，"家里还没有穷到揭不开锅，粮食还是存了一些。只是大家闹灾荒，我们也吃不下细米白面，周济大家一些，就都熬过来了。"

崔铣见劝不过父亲，只得将随身携带的银两留作家用，匆匆回京，再想法寄钱回家。

三

正德十年（1515 年），崔铣的同科二甲进士严嵩家居十年后，重新回到翰林院。

十年前，崔铣与严嵩刚刚升任翰林编修，严嵩因母亲病故，回乡丁母忧。三年丁忧期满，他却隐居家乡，在钤山之麓建造钤山堂，潜心诗学，写作了大量的诗文，明朝文学"前七子"李梦阳称赞他的诗文"如今词章之学，翰林诸公，严惟中为最"。其实，严嵩借守制之名，退隐钤山，是有其政治考量的。严嵩看到，宦官刘瑾是陕西人，阁臣焦芳是河南人，因此，他们提拔、引用的大批官员都是北方人。朝廷中是北人的天下，南人大多受到打击和排挤。尤其是阁臣焦芳，对江西人格外排挤。自己籍系江西，丝毫没有能施展才智的机会。因此，严嵩只有以此躲避政治风险，等待时局好转再出山回朝。他有意结交当时名士，与江西巡抚王守仁和致仕回苏州的大学士王鏊交往笃厚，为自己赢得了清誉。

王守仁也就是阳明先生，亦称王阳明，是明代儒家心学大家。王鏊是正德初年的太子太傅兼武英殿大学士，入阁拜相时正值刘瑾专权，在朝中保护了许多受刘瑾迫害的官员，终因无法挽救时局而辞官，回到家乡苏州吴县隐居，唐寅称其为"海内文章第一，山中宰相无双"，王守仁也称赞他为"完人"。从此，严嵩在朝野声名鹊起，俨然成为当世遗贤和文章大家，朝中大臣纷纷举荐严嵩回翰林院担任翰林侍讲。

崔铣与严嵩多年未见，相见之下，互道渴慕。严嵩知道崔铣是文章大家，当年为内阁大学士李东阳所重，遂拿出自己的诗稿《钤山堂集》，请崔铣作序。

崔铣没有拒绝，认着阅读了严嵩的诗稿，也惊叹这个同年诗学大进，欣然命笔。

严嵩接到崔铣的序文，感慨道："崔兄高才，进入翰林多年，至今仍为展书官，屈居人后，令人扼腕可叹。"

崔铣笑道："介溪贤弟十年隐居，文学造诣大进，才是当今诗坛一秀。"

严嵩连连摆手，说道："身外浮名，不足一提。我听说最近内阁正准备晋升翰林官员，你还是到内阁大臣处打点一下，按照资历你应该晋升侍讲。"

崔铣脸色一寒，正色说道："这种事听天由命，岂可强为？"严嵩见话不投机，借故走开。

崔铣望着严嵩的背影，对这个自诩清高的人，忽然有一种陌生的感觉。

几天后，晋升翰林官员的诏书颁下，竟然没有崔铣的名字。崔铣也不以为意，但吏部尚书杨一清、都给事中李铎、监察御史史平世等大臣联名上疏，为崔铣鸣不平。

四

正德十一年（1516 年）十二月，崔铣晋升为翰林院侍讲，成为明武宗经筵讲书官。

第一次经筵讲书，崔铣进行了精心的准备，他要借着经筵讲书对明武宗进行讽谏。他给明武宗讲解《尚书·商书·说命》中"惟暨乃僚，罔不同心，以匡乃辟，俾率先王，迪我高后，以康兆民"。大致意思是，希望你和你的同僚，无人不同心来匡正你的君主，使我依从先王，追随成汤，来安定天下的人民。经文讲解完后，他没有接着往下讲，却联系当前的朝政说道："民惟邦本，正因为国家的赋税和国防费用都来自百姓，所以自古以来的创业之君，因为深深懂得立国的艰辛和百姓的艰难，所实行的都是轻徭薄赋的利民之法。而到了享有成业的后代君主，滋生骄奢，为了满足私欲，擅自改变旧章，不顾利害，不辨忠奸，盘剥百姓，以致国败家亡。商高宗的这番话，确是深知治国之道啊！希望皇上您尊明太祖之典，勤于政事，用贤去佞，日慎一日，则盛世之治不难致矣。"

崔铣的话，把一旁侍奉皇帝的钱宁、江彬吓出一身汗，拿眼不住偷看明武宗。见明武宗一脸的不高兴，心才放到肚子里，心里却在想着怎么整治一下这个崔铣。经筵结束后，两人谄媚地对明武宗说："这个崔铣，讲读经文就是了，怎么扯到皇上，真是该死！"明武宗白了两人一眼，一言不发，怒气冲冲地走了。

见明武宗生气，钱宁、江彬私下派遣心腹暗地里对崔铣进行调查，一个月也没有抓住崔铣的把柄。两人心里暗想，杀不了崔铣，也要想法把崔铣从皇帝身边撵走。

不久，侍讲何瑭在经筵讲书时触怒明武宗，被贬到直隶大名府任同州同知。刘瑾擅权时，何瑭与崔铣曾相约不跪拜，结下深厚友谊。何瑭离京之日，崔铣亲自置酒相送。

崔铣问道："何兄进忠直之言，何罪之有？"

何瑭叹道："欲加之罪，何患无辞。当日进讲，我以帝舜纳大禹治邦之道赢得天下太平的故事，谏言明君者应勤政爱民，慎理朝事的道理，钱宁、江彬两个佞臣竟然诬我腹诽当今皇上。当时，我也是急不过，辩解了几句，却被两个佞臣送进西厂问罪。还是杨一清大人求情，我才躲过一劫，贬官了事。”

崔铣劝慰道：“我与贤兄都是文士，读儒家经典，做正直臣子，进谏言，做诤臣，无愧于天地，不用计较得失。”

何瑭哈哈一笑，说道：“现在皇帝昏聩，奸佞当权，离开朝堂到地方一样可以卫国尽忠，为民请命。”

崔铣沉默一会儿，叹息道：“现在想想，时至今日才理解李东阳大人身处内阁的无奈，那就是只有君主圣明，忠臣才能有所作为，现在的皇帝是个只知道声色犬马之徒，多说无益。我上疏责备老大人，老大人只有恳请致仕，心中有苦说不出啊！”

何瑭站起身，举起酒杯，说道：“谢谢贤弟为我置酒送别，前路漫漫，后会有期。前时，你在经筵侍讲时谏诤皇上，听说两个奸臣在暗中调查，你也要小心些才好。”

崔铣举起酒杯一饮而尽，与何瑭执手话别。回到翰林院，崔铣就病了，再加上心灰意懒，心生退意。

正德十二年（1517年），崔铣上疏明武宗，写道：“臣少患吐红，壮而多病。近来连患伤寒，遂成痰疾，两耳常鸣，右腿深痛。自今春因事过劳，痰火大作，每闻人声惊悸流汗，头晕而不省人事，中胀而不纳食。切思前疾累治不愈，若不居闲默养，必至痿体伤躯。即今职业莫共，廪禄徒废，伏望皇上悯臣多病，全臣微生，乞敕吏部放臣回原籍调理，痊愈之日，前来供职，臣不胜感恩之至。”

明武宗也不愿再见到这个多嘴多舌的人，再加上钱宁、江彬的蛊惑，很快得到批准。这一年，崔铣刚刚四十岁。

第七章

后渠书屋

安阳历史廉吏

第二卷

一

四月虽然少了缤纷的春色，却满眼翠绿铺野，山明水秀，让回到故乡的崔铣心情舒畅，兴致盎然。

崔铣自弘治十八年（1505年）考中进士，入朝为官十三年，虽然只是翰林院的一个文职官员，但由于明武宗的顽劣昏庸和刘瑾专权弄国，让他看了太多的宫廷权诈和官场险恶，一腔报国热情已经消磨殆尽，他希望自己像孔圣人一样，辞官回乡，设帐授徒，传道授业，终老林泉。

更让崔铣高兴的是，同年好友陈策此时在彰德府任知府。陈策，字万言，山东单县城东关人，弘治十八年二甲进士。

彰德府自古人杰地灵，名人辈出，名山古迹星罗棋布，北有邺城三台遗址，是曹魏时期建安文人的聚集地；南有岳庙、羑里，为历代官员百姓瞻仰古圣先贤的地方；东有颛顼帝喾二帝陵，是历朝历代祭祀祖先之所；西有元朝大儒许有壬的圭塘故址等遗址，更是文人雅士凭吊吟咏的佳地。

许有壬，字可用，彰德汤阴人，元仁宗延祐二年（1315年）进士及第，历任同知辽州事、吏部主事、监察御史，后入中书任参知政事、中书左丞。他善笔札，工辞章，文章诗词在元代堪称"巨手"，他著有《至正集》《圭塘小稿》等。元至正十七年（1357年），七十一岁的许有壬辞去宰相之位回到故乡，在彰德府西北二里的孙平村（现安阳城西流寺、邵村一带）置地建园，凿池其中，因池塘之形状如桓圭，故名之曰圭塘别墅。赋闲的许有壬在这里与友人诗酒唱和，当年唱和诗作《圭塘欸乃集》流传后世。后元朝倾覆，社会动荡，圭塘别墅尽数被毁，早已不复存在。

元代大儒欧阳玄在《圭塘记》中记载：从安阳城西行将至圭塘别墅，夹道植有数百棵杨柳，取名为"柳巷"，一直延伸到圭塘别墅门外。圭塘别墅的西侧是一片蔬圃，是圭塘主人的私家菜园。进入院内，有湖石假山，假山后是菊坛，取"古有盟誓者为坛，执菊而坛盟，晚节也"之意，后为"寒花晚节"。院子中间是水塘，形状如玉圭。塘北有景延堂三间，堂东西各有一个舍，庭中杂植花果。院子西南隅有一高台，登临其上，近看赵魏之地平陆千里；远望太行诸山峰峦叠嶂，令人冷然欲返，故名冷然台。圭塘可行舟，内植青莲，莲叶田田，莲花灿然，中有嘉莲亭。四周有梅竹、松菊、桃李三径，人行其中，波光树阴，人影间错。嘉莲亭之西为双洲，中有小桥相通。亭之东为孤屿，乘舟可达。

圭塘别墅建成，许有壬作诗道："徂徕以多贱，吾圃斯拔萃。远从他山移，清与幽境会。乐天才四十，栽尔已兴慨。吾年六十三，方期翠成盖。"

崔铣对许有壬的道德文章倾慕已久，他一回到故乡，就在知府陈策的帮助下，在彰德府西北二里孙平村置地五十亩，选择临近万金渠旁辟出三亩，建屋五间，作为学堂，名之曰后渠书屋。自然，穷翰林的崔铣无法与富甲一方的宰相许有壬比，后渠书屋自然也没有私家园林的规模和气派。后渠书屋建成后，他也写了一首诗："世事而今异往年，青山偏趁野夫眠。孙平欲买园三亩，试学杨云草太玄。"

说到后渠书屋，不得不说一下书屋紧临的万金渠。万金渠的历史很悠久，始建于唐咸亨三年（672年），相州刺史李景发动民力于城西三十里洹河上游西高平村筑堰，引洹水入渠东流，溉田二十村，至安阳城向东南流入广润陂（今安阳县瓦店一带），然后东入卫河，当时取名为高平渠。北宋至和年间，韩琦知相州时曾疏浚高平渠，并且自城西引渠水入城，安装水磨，建湖修亭，供人游览，同时把高平渠改名为千金渠。元代彰德路总管高鸣再次疏浚千金渠，在安阳城东北清流村向北分流，灌溉田亩增至千顷，"以渠岁所灌溉，利不下万金"，更名为万金渠。明代更是多次疏浚拓宽万金渠，增建石闸、石堰，又开挖十条支渠，灌溉面积不断扩大。万金渠河道宽阔，流水汤汤，两岸杨柳依依，乡野阡陌纵横，麦田棋布，西望太行山峦起伏，云蒸霞蔚。

站在渠南的后渠书屋，望着整齐的书舍，听着琅琅的读书声，崔铣不禁诗兴大发，写道："洹上修书屋，渠南设讲堂。坛花迎日媚，阶竹拂云长。道古翻寥落，言微正渺茫。愿携乡国士，常望鲁宫墙。"

慕名前来求学的，都是彰德府各县的童生，有十数人之多。崔铣忙不过来，就让长子崔滂帮助打理学馆，与这些学生一起学习交游。二子崔汲十三岁了，也进入学馆读书。

崔铣的弟子中有兄弟两人王培龄、王与龄，是陕西临汾乡宁县人。当时，兄弟二人跟随父亲住在安阳城，从小聪明好学，一起进入后渠书屋，跟着崔铣学习。嘉靖八年（1529 年），兄弟二人参加科举同时中榜，王培龄高中二甲进士，王与龄中三甲进士，一时轰动安阳城。这是后话。

王培龄与武安县的韩永龄、卫辉的牛世昌最为交好，两人也都学有所成，可惜，王培龄二十四岁考中进士，不久病死；韩永龄二十七岁中举，也不幸病逝；牛世昌二十三岁病死后，新婚妻子从其自尽，父母悲伤过度，相继而死。崔铣不胜悲伤，亲自撰写《三生诔》祭奠，他悲叹道："三生，少年而慕我道，矢愿得传，善识吾言，不迁之而生疑。予深冀可付，卒乖所望。有志之士或数十年而一人，或历十余郡而仅有，然拘于质，夺于僻好者十人而八九。兹天又毒之，奈之何！奈之何！予各诔数言，以洩予悲，且不泯其人。"

王与龄中进士后，授苏州推官，后入为户部主事，调吏部晋升为员外郎。其时，严嵩已经入阁为相，弄权敛财。一次，严嵩收受监生钱可教的贿赂，答应让他做东阳知县，并交给王与龄办理。王与龄将此事告诉吏部尚书许赞，一起上疏明世宗。严嵩恼怒，寻机将王与龄除名，派遣锦衣卫搜查他的行囊，查找治罪的证据。可是，王与龄的行囊里只有几件衣服和书籍，别无长物，称叹而去。王与龄回到陕西老家，耕读自乐，过着隐居的生活，与他交往的都是当地名士，他与尚书韩文、陶琰、张润被家乡百姓合称为平阳四贤。

刘格也是崔铣的得意门生，其伯父刘澄曾任顺天府尹，后改任副都御史，致仕后回到故乡安阳。刘格的文章清新脱俗，自从跟随崔铣学习《中庸》，学业大进，中进士后被任为保定府通判。他尤善书法，精于小楷，崔铣将自己所著的《中庸凡》一书托付他抄写，由赵王府刊印。

二

一天，知府陈策专程到后渠书屋拜访崔铣。崔铣忙将陈策迎进来，落座让茶，问道："知府大人驾临陋舍，不知有何见教？"

陈策笑道："崔翰林荣归故里，我自当经常前来请教。"

崔铣回问道："现在我是草野村夫，足不出陋舍，每天读书授徒，闲暇植竹种花，不入公堂，不问世事，何来请教？"

陈策呷了一口茶，徐徐说道："烦冗政事，哪敢有劳翰林，倒是有一件大事，还真是离不开你这个高才！"

崔铣望着陈策，知道他一定有事，故意说："卖什么关子，难道有什么紧急奏章要上？我是待罪之人，朝中政事，我可无能无力。"

"正德十三年，我从工部调任崔兄的家乡主政，也是我两人的缘分。彰德府自古就是河北重镇，素来为兵家必争之地，战乱频繁，地方志的编写断断续续，一直未能全面涵盖古都风貌。在所能查到的历史典籍中，涉及彰德府地方志的有东晋陆翙的《邺中记》，佚名的有《邺都记》和《相州图经》，唐代刘公锐的《邺城新记》，北宋陈申之的《相台志》等，但这些史料多半失传。我想重新编纂《彰德府志》，希望您能担任总编撰一职，为家乡做一件功德无量的大事。"

崔铣闻言，笑着说道："你到任时间不长，却对彰德府的历史如此了解，也算用心了。既然你想为家乡做这件好事，我岂能袖手旁观，只是时间久远，故事涣漫，恐怕人手不够。"

陈策接口说道："我从府县官学教谕和生员里选几个人帮你，还有，我已经安排各县组织人员编写县志，然后汇总到你这里，由你统一编纂润色。"

崔铣笑道："看来你对我早有预谋啊！"

两人对视一眼，哈哈大笑。

自古治天下者以史为鉴，治郡国者以志为鉴。地方官员将修志作为守土者之责，就是认识到地方志在存史、育人、资政等方面的重要功能。崔铣记得，当年父亲崔升赴任延安知府，就开始编纂《延安府志》，自己的老师延长教谕杨怀、甘泉教谕李健就是父亲选定的修志人选，弘治八年（1495 年）父亲升任四川布政司右参政，府志还没有完成。《延安府志》编纂完成后，父亲还写了题跋，派人从四川送到延安府。

崔铣重修《彰德府志》的消息不胫而走。已经致仕住在汤阴的岳父李鐩专程来到相州，送来了自己保存的《宋相台志》十二卷和《元相台续志》十卷；知府陈策让辖区各县征集、编写各自县志，以备崔铣编纂之用。

正当万事俱备，崔铣的母亲突然病重，《彰德府志》的编纂工作不得不暂停。正德十五年（1520年）正月二十六日，崔母李氏病亡，享年七十八岁。崔铣悲痛欲绝，葬礼一遵古礼，绝用鼓乐僧道，徒步三十里将母亲埋葬在城西彪涧村祖茔。崔铣在守丧三年中，闭门谢客，倾尽其才，在收集了所能涉及的史料后，动手编撰《彰德府志》。

崔铣对《宋相台志》和《元相台续志》进行了精心的研究，他见宋代志书里有关安阳的史料残缺不全，而且文义芜杂鄙陋，元代的就更差了，于是查找了大量的历史书籍，进行补充完善，然后以两部志书为蓝本，进行删减，修改，甚至重新创作。尤为珍贵的是，崔铣把府志当作一部学术论著来严肃创作，态度严谨，实事求是，兼采诸史，保证了《彰德府志》的真实可信性。

为了将安阳古都的历史详细剖析，崔铣一改以往地方志的编撰格式，将《彰德府志》分为九志：卷一、卷二为《地理志》，卷三为《建置志》，卷四为《田赋志》《祠祀志》，卷五为《官师志》，卷六为《人物志》，卷七为《选举志》，卷八为《邺都宫室志》《杂志》，全书共八卷九志。《彰德府志》与弘治、正德年间编纂的志书相比，体例更加严谨，详略得当，条目统属纲举目张，有统有属，实为方志目录分类学上的创新和进步，成为后世志书的典范。

崔铣在《彰德府志》序言中说："方志就是一个郡县的史书，编写方志的目的就是'备物垂轨'，也就是通过备载地方各种史迹，给后世留下好的典则制度，起到教化后人的作用。如果起不到这种作用，即使文章再好，有什么用呢？所以《地理篇》要考察翔实并删减附会；《建置篇》要收录那些朝廷制度以明确典则；《田赋篇》要忧念百姓疾苦；《祠祀篇》要明正国典；《官师篇》要推崇教化百姓；《人物篇》《选举篇》要重视品行德操，不以官职大小为收录标准；《宫室》要讥刺奢侈；《杂志》要有助于辅助教化。崇尚正义，贬黜异端，捐弃浮冗，简单明了，然后稍可诵览。"

《彰德府志》将彰德府一州六县之沿革、疆域、山川、名胜古迹记载翔实，而且效仿《水经注》的写法，文字生动优美，读之饶有兴味。

邺城是战国魏文侯时的都城，后经袁绍、曹操在此经营，繁华富庶，成为河朔地区的大都市。北周时，相州总管尉迟炯起兵讨伐权相杨坚，杨坚打败尉迟炯，命人焚毁邺城，千年名城化为废墟，渐为世人遗忘。崔铣在志书中专门列邺都宫室篇，不仅叙述了邺城的历史，而且对城内布局和建筑样式做了详细的说明，十分珍贵，是后世研究邺城的重要史料。

田赋篇记录了彰德府地亩、正赋、杂赋和贡赋的数字，具体而明确，并且在篇后予以评论道："有一人而数役，一日而用千钱者，民如之何其不亡且贫也。诸赋中马头尤甚，秣马月费数千钱，安阳磁州汤阴客过者涌沸，马不足用，又顾他马，每中官至，有打乾钱多者至百金。……谚曰：富人家穀，贫漠官粟。"堪称秉笔直书，针砭时弊，可称为很有见地的政论文章，也是一篇文笔优美的散文。也正是这部《彰德府志》史料翔实，备物垂轨的修志观和崔铣的修志风范及规则颇受后人赞叹，被后世称为善志。

明朝万历年间的《彰德府续志》和清顺治、康熙、乾隆几朝的《彰德府志》均在崔铣的基础上锻造而成。清乾隆年间修编的《四库全书总目》评价《彰德府志》"其书颇严谨，盖（崔）铣本儒者故也"。可以说，崔铣之前，古都安阳的地方志有而不存，凌乱无章，是崔铣填补了这一空白，让这座三千年古都有了一本前所未有的史志。《彰德府志》为安阳这座古都记录了千年历史，让其传后世、留青史，让我们现代人对于安阳古都的千年历史与文化有了较为可信与清晰的了解。

这里最值得一提的是，崔铣绝没有借编纂《彰德府志》为自己家族树碑立传，尤其自己的父亲崔升历官延安知府、四川参议，只字未提，只是将父亲和自己的名字列入记录进士及第的《选举志》。

三

崔铣自正德十二年（1517年）离开京城，朝中政局仍旧是翻云覆雨。

却说明武宗沉湎于豹房享乐，钱宁、江彬一班奸佞在宫中胡作非为，幸亏朝政由内阁首辅杨廷和主持，才使得大明朝在内忧外患中艰难前行。

后来，明武宗不甘于在豹房独自享乐，在武将出身的江彬蛊惑下开始热衷带兵打仗，借机出宫巡幸。正好，蒙古王子伯颜叩关来袭，明武宗大为兴奋，决定亲征。其时距土木堡之变不到七十年，朝臣听到"亲征"二字不禁神经过敏，于是又是一轮的规劝、谏阻，甚至威胁，但明武宗还是以"大将军朱寿"的名义统兵出战。幸亏有惊无险，取得了应州大捷，也着实让满朝文武提心吊胆，唯恐再现当年土木堡明英宗被俘的耻辱。

正德十四年（1519年），江西宁王朱宸濠阴谋作乱，率众起兵作乱。明武宗再次御驾亲征，当大军走到涿州，却传来南赣巡抚王阳明已经平叛，活捉了宁王。然而，明武宗却命王守仁将朱宸濠释放，然后再亲自"擒获"朱宸濠。王守仁见状，辞官回乡讲学，在绍兴、余姚一带创建书院，宣讲"阳明心学"，很多人慕名前去，一时风靡南方。

明武宗回京路上游镇江，登金山，自瓜洲过长江，经清江浦，见水上风景优美，顿起渔夫之兴，便亲自驾小船捕鱼，不幸跌落水中。明武宗虽然被侍从救起，但水呛入肺，加之惶恐惊悸，便一病不起，不得已匆匆回到北京。正德十六年（1521年）四月，明武宗驾崩于豹房，时年三十一岁。明武宗死后无嗣，张太后和内阁首辅杨廷和遵照太祖遗训"兄终弟及"，选择近支皇室、明武宗的堂弟朱厚熜继承皇位。

明宪宗朱见深有十四个儿子，因长子、次子早夭，第三子朱祐樘继位，是为明孝宗。第四子朱祐杬封兴王，藩府在湖广安陆州（今钟祥市）。弘治十三年（1500年），朱祐杬长子朱厚熙出生，但五日后即殇。正德二年（1507年），次子朱厚熜出生。朱厚熜从小就聪敏好学，深得朱祐杬喜爱，后来更是亲自指导其学习诗书礼仪。正德十四年（1519年）朱祐杬薨，享年四十四岁，得谥"献"，称兴献王。朱厚照驾崩时，朱厚熜正在为父亲兴献王守丧期间，还不满三年。首辅杨廷和以明武宗的名义颁布圣旨，命朱厚熜结束守丧时间，提前承袭兴王之位，以便入继大统。

正德十六年（1521年）四月二十一日，十五岁的兴王朱厚熜经过长途跋涉，车驾到达京师新安的良乡，见到前来迎驾的礼部尚书毛澄。毛澄呈上明武宗的遗诏和新皇登基大典的礼仪状。

朱厚熜拿起遗诏，只见上面写道："朕绍承祖宗丕业十有七年，深惟有孤先帝付托，惟在继统得人，宗社先民有赖。皇考孝宗敬皇帝亲弟兴献王长子朱厚熜，聪明仁孝，德器夙成，伦序当立。遵奉祖训'兄终弟及'之文，告于宗庙。请于慈寿皇太后，与内外文武群臣合谋同辞，即日遣官迎取来京，嗣皇帝位。"

朱厚熜放下遗诏，又拿起礼仪状。这个礼仪状是首辅杨廷和授意比照皇太子即位礼的规格，内容是：储君由东安门进入皇宫，晚上居住在文华殿；第二天，文武百官三上劝进表章，储君令旨俞允后，选择黄道吉日举行登基大典。

看后，朱厚熜不禁皱起了眉头，对从兴王府随侍而来的长史袁宗皋说："遗诏让我嗣皇帝位，而不是嗣皇子位，如何用皇太子的即位礼仪呢？"

"主上聪明仁孝，所见极是。"袁宗皋答道，回身将朱厚熜的话转给毛澄，命他回京再拟。

车驾到达京郊行宫，首辅杨廷和带领文武百官出城迎接，见到毛澄，方才知道朱厚熜对礼仪状不满。杨廷和对袁宗皋解释道："新君尚未即位，仍是藩王的身份，因而由东安门入居文华殿，再择日登基。"

袁宗皋入报，出来代替朱厚熜质问道："今上按伦序即皇帝位，怎能再行藩王之礼？"

杨廷和一再坚持，朱厚熜不与众臣见面，更停住车驾不进京城，双方僵持不下。

在宫中等候嗣君的慈寿皇太后张氏得知消息，命人知会杨廷和，改为新君在行宫接受群臣劝进，然后由大明门进入皇城，即皇帝位。明王朝的规制，大明门为正门，是天子与皇后进出的地方，臣僚不得出入；东安门为偏门，是皇子与藩王，以及阁臣出入的地方。这次入门之争，让杨廷和见识了这个十五岁的少年新天子的厉害。

正德十六年（1521年）四月二十二日，朱厚熜即皇帝位，改年号嘉靖。前朝的内阁由杨廷和、梁储、毛纪、蒋冕四人组成，朱厚熜大权独断，竟然将自己从兴王府带来的五品长史袁宗皋破格升为礼部尚书兼文渊阁大学士，入阁参赞机务。

袁宗皋，字仲德，湖北荆州石首人，弘治三年（1490年）进士，被选充兴王府长史。在担任兴王府长史期间，励精奉公，除弊惩奸，实令部属畏服，也深得兴献王的赏识。在朱厚熜入京继位过程中，袁宗皋以朱厚熜的代言人的身份，周旋于朝臣之间，为新天子力争礼仪，立下了汗马功劳，发挥了重要的辅佐作用。明世宗即位后，袁宗皋首请裁抑宦官，不准宦官参预朝政和掌握兵权，上奏"治理政务八策"，成为朱厚熜在内阁唯一可以信赖和依靠的辅臣。然而，袁宗皋入阁未及四个月却不幸病故，享年六十九岁，谥号"荣襄"。

四

新皇帝即位后，有几件亟待处理的政务，诸如清算逆党、拨乱反正、补考殿试，等等。

明世宗朱厚熜听从张太后与首辅杨廷和的建议，借着颁布明武宗的遗诏，将钱宁、江彬收捕处死，同时作出了一系列矫弊反正的决定，同时起用被贬的正直官员。崔铣的岳父李鐩被起复，回京仍担任工部尚书。

正德十六年（1521年）是朝廷春闱之年，会试之后，由于明武宗驾崩，新天子继位，殿试不得不拖延到五月举行。这次殿试，有一个二甲进士张璁，字秉用，号罗峰，浙江温州府永嘉人。他曾七次进京参加科举，中进士后进入礼部观政，从此进入仕途，年龄已四十七岁。

等忙完了这些事情，首辅杨廷和召来礼部尚书毛澄，一起商议如何议定明世宗朱厚熜生父兴献王朱祐杬的封号。

毛澄拿出汉朝定陶王和宋朝濮王继嗣继统的历史文献，说道："汉成帝刘骜无子嗣，诏立弟弟定陶王刘康之子刘欣为太子，另立楚思王刘衍之子刘景为定陶王，以奉定陶王刘康的后祀。汉成帝驾崩后，刘欣即皇帝位，奉汉成帝为皇考。宋仁宗赵祯本来就是宋真宗赵恒的独子，他的三个儿子早夭，年老后没有皇储，只得诏立宋真宗之弟商王赵元份的孙子、宋仁宗堂兄濮安懿王赵允让的第十三子赵允实为皇子，赐名赵曙。赵曙即位后，尊宋仁宗为皇考。"

杨廷和说道："前朝掌故，此足为据。新皇宜尊孝宗皇帝为皇考，称武宗皇帝为皇兄，称兴献王为皇叔兴国大王，母妃为皇叔母兴国太后，另立益王次子崇仁王朱厚炫为兴王，以奉兴献王后祀。既成定义，立即拟旨。"

朱厚熜看到礼部拟写的封诰，生气地说："自己的亲生父母，怎么可以变来变去？再议！"

首辅杨廷和说道："宋朝理学大儒程颐所著的《濮议》最得礼仪之正，可为万世法，望皇上采而行之。"

内阁大臣蒋冕、毛纪也劝道："兴献王的后祀，现在虽然是由崇仁王朱厚炫主之，以后等皇上有了皇子，可以由次子封兴王，改崇仁王为藩王。这样的话，天理人情，庶无两失。"

明世宗朱厚熜就是不点头，只是一次次召见杨廷和，不断加封他的定策大功。私下里，朱厚熜派遣随侍太监到礼部尚书毛澄的家里，长跪不起。毛澄惊骇万状，搀扶太监。太监不敢站起，哀求道："向毛尚书跪拜，是皇上的意思。皇上说：'人孰无父母，为何使我不能对自己的亲生父母尽孝？'皇上让我求毛尚书一定改变奏议！"

毛澄将事情告诉杨廷和，杨廷和厉声说道："事有定义，有异议者即奸邪，当斩！"议礼之事就这样僵持着。

正德十六年（1521年）七月，礼部观政进士张璁上了一道奏疏，写道："孝子之至，莫大乎尊亲；尊亲之至，莫大乎以天下养。陛下嗣登大宝，即议追尊圣考以正其号，奉迎圣母以致其养，诚大孝也。廷议执汉定陶、宋濮王故事，谓为人后者为之子，不得顾私亲。夫天下岂有无父母之国哉？《记》曰：'礼非天降，非地出，人情而已。'汉哀帝、宋英宗固定陶、濮王子，然成帝、仁宗皆预立为嗣，养之宫中，其为人后之义甚明。故师丹、司马光之论行于彼一时则可。今武宗无嗣，大臣遵祖训，以陛下伦序当立而迎立之。遗诏直曰'兴献王长子'，未尝著为人后之义。则陛下之兴，实所以承祖宗之统，与预立为嗣养之宫中者较然不同。议者谓孝庙德泽在人，不可无后。假令圣考尚存，嗣位今日，恐弟亦无后兄之义。且迎养圣母，以母之亲也。称皇叔母，则当以君臣礼见，恐子无臣母之义。《礼》'长子不得为人后'，圣考止生陛下一人，利天下而为人后，恐子无自绝其父母之义。故在陛下谓入继祖后，而得不废其尊亲则可；谓为人后，以自绝其亲则不可。夫统与嗣不同，非必父死子立也。汉文承惠帝后，则以弟继；宣帝承昭帝后，则以兄孙继。若必夺此父子之亲，建彼父子之号，然后谓之继统，则古有称高伯祖、皇伯考者，皆不得谓之统乎？臣窃谓今日之礼，宜别立圣考庙于京师，使得隆尊亲之孝，且使母以子贵，尊与父同，则圣考不失其为父，圣母不失其为母矣。"

明世宗朱厚熜览奏大喜，说道："此奏出，吾父子获全矣！"

正德十六年（1521年）十月，经廷臣合议，礼部奏议：皇帝尊明孝宗为皇考，称兴献王为本生父兴献帝，称兴献王后为本生母兴献后，一场君臣之争暂告一个段落。

五

嘉靖元年（1522年）春天，后渠书屋经扩建书舍，已经颇具规模，与弘治年间知府冯忠所建昼锦书院、元代学者杜瑛所建缑山书院、嘉靖年间知县卢学所建汤阴主静书院、金代学士王庭筠所建林州黄花书院、隆庆年间知县黄克念所建内黄黄池书院并称为明朝彰德府六大书院。

宽敞明亮的书舍内，坐满了各地前来求学的学子，就连赵王府的王孙公子也来聆听崔铣的讲学。

崔铣站在讲台上，侃侃而谈："道在五伦，学在治心，功在慎独。唯有恪守礼法，才能维系人心。夏商周三代而上，封建井田，其民固，故道易行；秦汉唐而下，阡陌郡县，其民散，故道难成。况沿而下趋至今日乎！然人心弗移，系乎主之者而已。"

一个学子站起来问道："先生所讲，学在治心，对阳明先生的心学可有什么评判？"

崔铣点点头，示意学子坐下，说道："《大学》讲格物致知，强调格物和履事，不格物而曰致知者为妄，不履事而曰存心者为偷。"

一匹快马急促的马蹄声打破了后渠书屋的宁静，一个学子转头循声望去，站在讲台上的崔铣威严地咳嗽一声，吓得他赶紧回过头来。

崔铣继续讲道："阳明先生心学的宗旨是致良知。孟子曰：良知良能者，心之用也。若去良能独执良知，是霸儒也。"

话刚落音，崔涝推门走进来，说道："父亲，朝中派人传旨，请您到书院门前接旨谢恩！"

崔铣随着崔涝来到书院门外，朝使宣旨道："奉天承运，皇帝诏曰：崔铣学业练达，博古通今，志行端肃，特降恩召回翰林院，晋升翰林侍讲，进京赴任。钦此！"

此时，崔铣的母亲丧期已满，但他编纂的《彰德府志》正处在收尾阶段，所以没有动身，直到秋天完成，才开始安排赴任前的事务。

崔铣望着后渠书屋的学子们心中不舍，对长子崔涝交代说："你今年已经中举，按说应该随我入京，到国子监读书以求功名。但家里有你八十多岁的爷爷，我本来想留下你的母亲在家照顾，你母亲又不放心我。让你爷爷随我们进京，他又离不开故乡，所以只能委屈你，留下侍奉爷爷，还有后渠书屋读书的学子，都交给你来照看。"

崔涝流着泪默默点头。知府陈策在一旁说道："子钟兄，此次入京，必将大用，朝廷廷寄多次来催，家里的一切我自会帮忙。"

崔铣回过身，深施一礼，说道："陈策贤弟，我原本想终老林泉，不再涉足朝政。但新皇登基，国家正值多事之秋，朝政荒废已久，内忧外患，我辈自然不能置身事外。"

陈策望了一眼崔铣，不无忧虑地说道："子钟兄身处翰林，侍奉皇帝左右，也应知道伴君如伴虎，况且朝堂之上，尔虞我诈，钩心斗角，你要多一些世故圆滑才行。"

崔铣知道陈策也是好意，但自己秉性如此，于是转身指着后渠书屋大堂上悬挂的"六然训"说道："自处超然，处人蔼然，有事斩然，无事澄然，得意淡然，失意泰然，这六句话既是我做人的原则，也是后渠书屋教育儒士的信条。做官更是做人，如果放弃做人的原则，宁可官不做，大不了再回故乡罢了。"说完哈哈大笑，拱手告别众人，踏上北上旅程。

三月的山野已泛出一抹绿意，但一阵风掠过，依旧寒意凛冽。陈策望着远去的崔铣，心中不禁为这个同年好友担忧，他从廷寄得知，此时的京城正上演着一场明世宗的大议礼之争。

大礼之争

一

嘉靖元年（1522 年）冬天，崔铣回到京师，对一年前发生的东安门与大明门之争、对兴献王皇考与本生父之争，只是略有所闻，不甚了了。转眼到了第二年四月，崔铣接到吏部札子，再任命他为南京国子监祭酒。

南京国子监位于鸡鸣山下，北临玄武湖，南依珍珠河，延袤十里，灯火相映，颇为壮观。当年，朱元璋建都南京，南京国子监自然是大明朝最高学府，到永乐年间达到鼎盛，一度有学生九千余人。明成祖朱棣迁都北京后，南京成为陪都，南京国子监也就成了南监，自然也就不如从前。

崔铣到了南京，才发现南京国子监的状况比自己想象的还要糟。原来，前两任国子监祭酒分别是汪伟和鲁铎，两人都是因为得罪刘瑾，先后被贬到此处。任职期间，刘瑾多次派人调查他们的罪行，搞得国子监乌烟瘴气，他们两人只能无所作为，致使监规废弛，生徒学业荒废，很多人都回到家乡的私人书院就学。

崔铣一到任，就从整顿国子监监规着手，他把负责监规的监丞侯汾找来，一起商议。侯汾是浙江临海人，也是去年刚刚就任监丞，他听说崔铣来任祭酒，非常高兴地说："崔大人是文章宗师，祭酒一职非他莫属。"

鸡鸣山上有一座鸡鸣寺，始建于西晋，是南京最古老的梵刹之一，自古有南朝第一寺的美誉。明太祖洪武二十年（1387年），朱元璋下令拆去旧屋，扩大规模，重建寺院，并亲自题额"鸡鸣寺"。朝廷北迁后，鸡鸣寺在宣德、成化、弘治年间仍然不断扩建，寺院规模宏大，占地达百余亩，香火旺盛不衰。来鸡鸣寺的香客有勋臣贵戚，也有布衣平民，每当庙会更是热闹非凡，红男绿女络绎不绝。由于南京国子监监规松弛，一些监生溜出国子监，在鸡鸣寺周围嬉戏玩耍，甚至跟随女客们调戏，污言秽语，闹得当地官民非常不满。

崔铣得知这一情况，首先从整治监生这种污秽行为入手，派六隶把守国子监各个门口，不到初一、十五假日不得出门；同时，派人到山寺巡查，一旦发现有监生私自上山褻玩者，即刻押送国子监绳愆厅，交给监丞侯汾处置。侯汾按照《尚书·舜典》中"朴作权刑"，专门用荆条制成刑具，对违犯监规的，轻者挞之，重者鞭之，一时肃然。

崔铣还重新制定学规十条，分为：开诚信、崇正义、明教条、严祀事、正文体、奖隽彦、警轻惰、禁游戏、清廪余、革蠹豪。学规进一步明确明德学道是国子监的办学目标，并对国子监的监生学习方法、个人修养以及日常行为进行了规范。他说道："国子监是教化之地，应该以敦伦、善行、修学、敬业、乐群为本，更是天下贤关，礼仪之所由出，人才之所由兴。如此，方不愧对大成至圣先师孔夫子。"

嘉靖末年的南京国子监祭酒黄佐在《南雍志》中描述崔铣："日衣冠坐东堂，诸生朝夕问难，（崔）铣响答不倦。周贫恤老，问疾赗丧，士林大悦。"如此，不到半年，国子监中英才之人日进，鲁钝之人自励，学成之人流连忘返，志学之人闻风而至，从此，南京国子监教法严邃，学风大盛。

二

值逢中秋佳节，国子监给监生放假，难得清闲，崔铣一人独坐书房，翻看宋讷文集《西隐集》。宋讷，字仲敏，大名府滑州（安阳滑县）宋林村人，元朝至正年间进士，明朝初年大儒。洪武二年（1369年），宋讷被中书省征调参与编纂《礼》《乐》诸书，书成后不仕而归。朱元璋屡次征召，方于洪武十三年（1380年）进京，超擢翰林学士，就任南京国子监祭酒，此时，南京尚为国都。洪武十八年（1385年），朝廷复开进士科，本科取进士四百七十二人；二十一年，科举进士九十五人。两科共五百六十七人，其中三分之二为南京国子监监生，被明代朝野称为金祭酒。

崔铣睹物思人，尤其敬佩宋讷的为人行事，不禁叹道："不虚祭酒之学品道德！"

此时，国子监监丞侯汾进来，说道："崔祭酒，门外有两个客人来访。"

"请进来吧。"话音未落，进来两个身着青色官服的中年官员，其中一个是正德六年（1511年）会试时崔铣任同考官取中的进士桂萼，与崔铣也算有师生之谊。

桂萼指着身旁的人说道："崔祭酒，他是正德十六年（1521年）的进士张璁，现在与我一起在南京刑部任主事。"

张璁躬身施礼，说道："久闻崔祭酒大名，道德文章令后辈敬仰！"

崔铣拱手道："张主事看着也是知天命之年，我今年四十五岁，不敢妄称前辈。"

张璁脸色一红，回道："我四十七岁，倒是虚长两岁。崔祭酒是弘治年进士，我称晚学后辈也是应该。"

桂萼接口道："张主事一篇《大礼或问》，震动朝野，也是士林翘楚。"

崔铣这才明白，眼前的这个张璁，就是那个上疏引起大礼之争的观政进士。原来，虽然大礼之争暂告一个段落，但杨廷和等阁臣认为张璁违背儒家礼仪，徒希恩宠，以妖言上摇圣志，下起群疑，一再上疏请求对张璁予以戒谕。明世宗无奈，只得将张璁调往南京刑部。此时，桂萼与张璁一同任职刑部主事，在议礼问题上声气相通，引为知己。两人商议，有皇上的支持，欲再掀大礼之争，清除朝中前朝旧党，或可以有所作为。但又感到势单力薄，希望鼓动崔铣联名上疏。

张璁说道："崔祭酒，我二人有正礼之奏，崔祭酒是士林楷模，当为我辈之首，陈言大义，一定可成大事！"

崔铣闻言，方才明白两人用意，但自己怎么可以成为破坏礼仪的魁首。想到这里，问道："二位所言正礼之奏为何？"

张璁说道："当今生父兴献帝名位已正，圣上以仁治国，以孝治家，应该在京城别立宗庙祭祀兴献帝，方可以全圣上孝名。"

崔铣闻言，心里顿生无名的厌恶之情，质问道："别立宗庙，动摇国体，恐于礼不合！"

张璁顶了一句："礼非天降，非地出，人情而已。"

"《论语》有云：不学礼，无以立。孔子曰：夫礼者，先王以承天之道，以治人之情。夫礼，天之经也，地之义也，民之行也。怎么能说只是人情而已！"崔铣越说越激动。

桂萼见崔铣动怒，赶忙圆场，说道："崔祭酒之言，实在令后学茅塞顿开。"

崔铣毫不客气道："皇上去岁三月已经明诏大礼事毕，现在，武皇尸骨未寒，如果再起所谓正礼之奏，离析皇家帝统，动摇国体，我崔铣不敢为，也请二位好自为之！"

两人见状，只好灰溜溜地离开。

三

嘉靖二年（1523 年）十一月，桂萼经过与张璁的充分讨论，上了一篇《正大礼疏》，疏中强调指出：宋英宗是在宫中预养为嗣后，以皇子身份入继帝统。而当今皇帝是以"兄终弟及"伦序入继帝位，不应当遵从为预养的宋英宗而制订的濮议之礼。奏疏矛头直指杨廷和等阁臣威逼皇上，压制群臣，堵塞言路，使得民意不能上达天听。

明世宗采纳了张璁与桂萼的意见，决心重议大礼，并不断降敕诘责杨廷和。

张璁、桂萼还联合支持议礼的致仕大臣杨一清、右副都御史席书、吏部员外郎方献夫等人，形成了议礼派。朝中官员见状，越来越多的人见风使舵，不再附从杨廷和。

杨廷和自知难以维持，于是请求辞职。嘉靖三年（1524 年）正月，杨廷和致仕。

明世宗下诏，命张璁和桂萼进京，晋升为翰林侍读学士，晋升席书为礼部尚书，方献夫为侍讲学士，起用一大批议礼新贵，同时将护礼派中的吕楠、邹守益、邓继曾等人下狱问罪或贬官外任。

礼部尚书毛澄、刑部尚书林俊、户部尚书孙交、兵部尚书彭先后被责令致仕，一批身居要位的护礼派被清除出朝廷，议礼派逐渐占据上风。

七月十二日，明世宗召百官至左顺门，正式下诏："本生圣母章圣皇太后进更定尊号，曰圣母章圣皇太后，后四日，恭上册宝。"

消息一出，立刻在朝野引起轩然大波。吏部左侍郎何孟春对礼部侍郎朱希周说："皇上这次为皇太后更定尊号，去掉本生二字，我看目的是为下一步给兴献帝更定尊号做准备。如此大礼复更，你作为礼部官员，更应该力争啊！"

朱希周与礼部郎中余才、汪必东一起上疏："皇上以孝宗为皇考，已经三年，今更定之谕忽从中出，则前诏为虚文，不足取信天下！"

吏部左侍郎何孟春、户部尚书秦金、学士丰熙以及翰林、部、寺、台谏诸臣纷纷上疏，谏阻去掉"本生"二字。

七月十五日，早朝刚罢，兵部尚书金献民和大理寺左少卿徐文华对退朝的官员们说："我们的上疏都留置在宫中，至今没有消息，看来皇上已经拿定主意，要改孝宗为皇伯考，那样的话，皇统就真的断绝了！"

何孟春对众人大喊道："宪宗朝时，尚书姚夔因为周太后曾经率领百官伏阙争礼，哭谏文华门，宪宗皇帝最终采纳众议。国朝的故事，我们也应该效仿啊！"

翰林院修撰杨慎也慷慨激昂，高声说道："我大明朝养士一百五十年，仗节死义正在今日！"

众臣议论纷纷，群情激昂，两百多名大小官员跪伏在左顺门，有的撼门大哭，有的高呼击杀奸佞，声达内廷。阁臣毛纪和石珤闻之，也来到左顺门，跪伏在群臣之前。

明世宗朱厚熜得知群臣哭谏，怒火中烧，命司礼太监传谕，命群臣退去。群臣见毛纪、石珤依旧跪伏，没有一个人听从。司礼太监赶紧回报，明世宗得知带头的竟然是两个阁臣，恼羞成怒，派遣锦衣卫将纠众闹事的丰熙、张翀等七人收捕，押入大牢。紧接着，锦衣卫从四面围过来，高举枪棒，横敲竖击，驱赶人群，坚持不走的，抓住投入牢狱。不一会儿，左顺门前，哭谏的众臣就被驱赶得干干净净，只留下血迹斑斑。

次日，明世宗照常举行了圣母章圣皇太后的策宝大礼。第二天，开始对左顺门哭谏的官员进行清算，将为首的七人施与廷杖，发配边关为伍；四品以上官员夺俸；五品以下官员杖责。传旨官一声断喝，一百八十多名官员被掀翻在地，棍棒翻飞，血花飞溅，王思、王相、裴绍宗、毛玉等十七人竟被打死。杨慎、王元正等七人被发配云南，被逼着带着仗伤上路，几乎死在半路。

这次左顺门哭谏的两百三十一名官员，无一例外遭受了最严厉的惩戒，明世宗最终实现了自己议礼的目的，皇帝的权威得到了重塑。从此，明世宗以独立的姿态君临天下，张璁、桂萼等议礼新贵顺利而迅速地进入政治中枢，对明代中后期历史产生了深远的影响。

四

崔铣虽然没有目睹这场惨变，但他却一直关注着事件的发展。当他得知许多正直官员因左顺门哭谏被贬，好友马理和同年进士毛玉、安磐都在其中。马理和安磐被下诏狱，杖责后夺俸。最可怜的是毛玉，竟然死在廷杖之下，死后贫不能葬，妻儿流离失所。都御使陈洪谟上疏备陈其状，请求朝廷给予抚恤，竟无人理睬。几个同年好友凑了些钱，才将毛玉安葬。

崔铣陷入沉思，这些人都是国器之才，为朝廷进言，为天下维护礼法，罪不至死，更不应对他们的妻儿弃之不顾。现在，新皇登基，为了一己之私，置千年礼法于不顾，置亿万苍生于不顾，残害朝廷官员，是可忍孰不可忍，于是，愤而上奏《甲申陈言急务疏》，陈述自己的意见。

他写道："窃见自嘉靖二年七月至三年正月，天垂其怪，地出其妖，人见其孽，异乎极矣！臣谨上急务二事，曰勤圣学，曰辨忠奸。"崔铣在"辨忠奸"直指张璁在大议礼中希旨邀宠，是奸邪之人，而皇上却赏以高位；而杨廷和、蒋冕、毛纪等人在大议礼中虽然拂逆皇上，但所守忠直之道，却被皇上贬黜。他劝谏明世宗："无轻正统，无拂群情，无恃威可作，无谓己可继。"更是讽谏明世宗偏执刚愎，言辞激切。

崔铣也明白，这道奏疏不仅会惹恼皇帝，给自己带来不测后果；现在，张璁、桂萼成为皇上的新贵，也会对上次的拒绝予以报复，于是，干脆请求解职，回乡照顾八十六岁的父亲。但他还是做了最坏的打算，一旦自己有什么不测的后果，他需要先安顿一下家人。

崔铣到南京国子监上任时，父亲崔升年逾八十，只得留下长子崔涝在家照顾。夫人李氏带着次子崔汲在南京照顾自己，顺便让崔汲入国子监读书，现在崔汲已经十八岁。十年前，马卿任职大名知府，崔铣就向马卿提出婚约，为崔汲聘马卿之女。现在，崔汲已经成年，崔铣致书马卿，让夫人李氏领着崔汲，前去马卿现在任职的杭州府迎娶新娘，接回安阳老家成婚。崔铣如此，无非是让母子二人尽早离开南京这个是非之地。

夫人李氏带着崔汲离开南京，崔铣又写信给在老家的长子崔涝，信中说道："现在，你的母亲带着弟弟去杭州迎亲，已经离开南京。可最近，我为国家上疏谏言，可能因此取祸，如果只是贬官为民，也就罢了。倘若因此被逮捕入狱，你赶紧筹措数十两银子，赶到南京。我一生未曾受过屈辱，入狱加刑必以死明志，你将我的尸骨收起，带回故乡安葬即可。我为官清廉，身边只有十两银子的积蓄，身外别无长物。信到即刻启程，切勿延缓。"

一切办完，崔铣坐在书房，心中倒平静了许多。无论多大的事情，只要心里放下了，即是无事，无事澄然嘛！只见书案上还有一封未写完的书信，原来是上疏时想一并寄给朝中三位阁臣的信。自从杨廷和致仕，内阁现在由毛纪、费宏和石珤主持，他写这封信就是告诉他们自己这次上疏的想法。崔铣铺展信笺，写道："近来国家不幸，生出几个奸邪之人，假借议礼希恩图进，变易天常，祸乱朝廷，甚至蛊惑皇上，堵塞言路，杖责忠臣，致有左顺门之变，即使泠褒、段犹再世也不敢劝谏，纵使欧阳修重生也不敢诤言。崔铣年近五十，平生未尝敢立一异独见，但朝廷处在安危攸关之际，然大义所在，心不能止，声难竟默，现在已经写好章疏拜奏。当今，人情凶险超过前朝，党同伐异甚于历代，崔铣敢对天发誓，绝无邀名猎誉之心，望各位大人鉴亮。崔铣有父八十六岁，如果能得以所请，八归养亲，乃没齿不忘之恩！"写毕，再仔细看罢，摇摇头叹息道："生逢此世，也只能尽人事听天命了。寄给三位阁老，也只能以宽其怀吧！"

明世宗看到崔铣的这道奏疏，非常生气，朱批道："崔铣，准他辞！"

接到圣旨，崔铣以手加额，欣然道："天恩浩荡，终于可以安然回乡见老父亲了！"

正好，崔滂赶到南京，得知父亲致仕还乡，一路上吊着的心才算放下来。

南京国子监的官员和国子生得知消息，纷纷前来江边阅江楼为崔铣送行。崔铣看着眼前的送行场面，真是感慨万千。从嘉靖二年（1523年）八月到南京国子监上任，到现在正好一年的时间，自己虽然才四十七岁，却只能犹如暮年老人回家归养。他长揖到地，吟诗话别："阅江送我见高朋，自抱琼琚愧不能。晚岁冰霜千里道，秣陵风雨一年登。故园菽水知堪养，捷径终南保未曾。正是不胜为别处，钟声早已促晨程。"

阅江楼在南京卢龙山，又名狮子山，是古金陵四十八景之一。八月下旬，正是菊花盛开的季节，但秋风萧杀枯叶乱飞，江雁掠过江面，凄厉的叫声勾起众人的别离之意。

国子监的监生围着崔铣跪在地上牵衣不舍，甚至嚷嚷着要北上进京诣阙上疏，向皇上乞求留下崔铣。崔铣俯身将众监生一一拉起来，说道："我能保全名节，得以回乡奉养老父，已经很庆幸了。你们北上乞留，只会加重我的罪祸。"崔铣面向大家深施一礼，转身向江边码头走去。

南京太常寺少卿边贡站在送别的人群前，看着崔铣一身布衣两袖清风，随身带走的只有单薄的行囊和几箱书稿，流着眼泪吟诗送别："卢龙山畔菊花明，一片归帆五两轻。风起暮林多散叶，日斜江雁带离声。尊前舞袖娱亲志，牍里封章报主情。六馆有人争诣阙，愿从天子乞阳城。"

第九章

一代大儒

一

崔铣于嘉靖三年（1524年）十一月至家，夫人李氏与二子崔汲已经从杭州回来，接回了马卿之女。他们一路上并不知道，这次远行，崔铣在南京经历了一场生死大难。回到家里，方才从崔滂口中得知，幸亏只是虚惊一场。

接下来，崔铣一家为二儿子崔汲举行婚礼，婚事的操办自然有夫人李氏和长子崔滂。崔铣却发现夫人李氏面色枯槁，以为远去杭州劳累所致，自己心生愧疚，叮嘱静养。转眼过了春节，李氏开始呕吐，胃胀气郁，左肋下刺痛难忍。进入二月，病情加剧，于嘉靖四年（1525年）二月二十日病逝，享年四十九岁。

崔铣怀着悲痛的心情，亲自为夫人李氏作墓志铭，记述她的生平事迹。一周年时，崔铣再作《小祥祭妻文》："子逝一岁，予忧百端，颜色忽悴，发毛益斑。自子归我，阅年三纪，精力小心，靡您可指。子事我父，子事我母，喜则励勤，劳不言苦。操刀治脍，纫箴缝衣，姑丧相予，执礼无违。唯子事我，敬如昆弟，箴规朋友，情好伉俪。自子之亡，孰察予衷，言则谁商，行则谁从。予父望九，予年及艾，中馈当宜，子之不在。为子服斋，倏焉及期，中心之悼，曷有已時。世之颓矣，虐煽後母，义慕子与，惑戒吉父。嗟嗟吾妻，其安冥冥，伤哉痛哉，涕而雨零。"

从这篇文字可以看出，崔铣对崔夫人的深厚感情和思念，崔夫人的去世，对他的打击很大，以至于忧愁得面容憔悴、毛发稀疏。他失去的不仅是含辛茹苦操持家务的夫人，更是箴言规劝的朋友和相濡以沫的伉俪。

一年后，父亲崔升也无疾而终，享年八十八岁。崔铣的母亲已于正德十五年（1520年）正月去世，享年七十八岁。到此时，已经相隔五年之久，崔铣将父母合葬于城西彪涧村祖坟。

嘉靖七年（1528年）的秋天，父亲的丧期已满，崔铣把长子崔滂叫到堂屋，说道："你今年已经三十有二，我两次入京为官，你在家照顾爷爷奶奶，耽误了学业。现在他们和你的母亲都已经离开了人世，你弟弟崔汲也成家立业，明年正好是春闱大比之年，你打点一下行装去京都，考取功名吧。"崔滂诺诺，收拾行李，启程入京。

崔滂的学业是很有根底的。崔铣两次辞官，建后渠书屋授徒，崔滂一直在父亲身边就学，经书诗词已经很有长进。嘉靖初年，崔滂在开封参加乡试时，以第五十二名考中举人。正好这一年，被贬官的吕楠被召回翰林院任职，崔铣就让儿子崔滂前去北京国子监学习，拜他为师。吕楠是崔铣的同窗好友，正德三年（1508年）科举的状元，当年被贬时，回乡讲学，从学者一千余人，声明远播。他不仅诗文醇正，而且著述颇丰，有《周易说翼》《尚书说要》《毛诗说序》《礼问》《春秋说志》《四书因问》《泾野子内篇》等传世。

但天不遂人愿，嘉靖八年（1529年）的这场科举，崔滂名落孙山。从京城回来后，崔滂就一病不起，几经汤药调治，病情越来越重，不到半年，竟然气雍而卒，时年三十四岁。

白发人送黑发人，崔铣悲伤至极。看着崔滂留下来的两个年幼的孩子，老泪纵横。长孙崔士栗刚刚十岁，孙女小梅也满八岁。大儿媳邵氏看见公爹崔铣虽然才五十二岁，却满头华发，憔悴不堪，只有止住哭声，不住地安慰他。

二

一连串的家庭变故，尤其经历了丧子之痛，崔铣心境大变，整天郁郁寡欢，一人独坐，有时连后渠书屋课训也忘记了。

崔汲领着一个十几岁的孩子，来见崔铣。崔铣见这个孩子衣衫褴褛，面黄肌瘦，问道："你是谁家的孩子？"

孩子扑通跪倒在崔铣面前，回道："父亲为张士隆，我奉母亲命来投奔您！"

崔铣闻听，一把抱住孩子，流着泪说道："来了就好，来了就好。"

弘治年间，崔铣与同乡张士隆在国子监同窗就学，又同一年考中进士，匆匆三十年了。张士隆历任广平推官，后升任监察御史。他不畏权贵，屡次弹劾宦官专权，被逐出京师，到安徽凤阳担任织造主事。正德十一年（1516 年），张士隆回到京师，再次触怒权阉，下狱治罪。明世宗继位后，张士隆官复原职，不久出任陕西守备副使，打击盗贼，修渠筑堰，大兴水利，使得百姓安居乐业。但不幸积劳成疾，死于任上。张士隆娶妻石氏，多年未育，后纳姜刘氏，生一子三女。张士隆客死异乡，刘氏只得带着孩子回到安阳曲沟镇老家。张士隆病逝的时候，正值崔铣妻子病故，因脱不开身，只得修书吊问。

"你母亲情况怎么样？你父亲的灵柩可曾安葬好？"崔铣问道。

"父亲去世后，嫡母石氏与母亲带着我们兄妹四人，将父亲的灵柩从汉中送回安阳县老家安葬。父亲做官多年，也没有多少积蓄，安葬完父亲所剩无几，只够买几亩薄田，聊以养家。母亲看我长大了，也没有钱读书，就让我来投奔您。"

"你父亲与我亲如兄弟，你父亲不在了，这里就是你的家。"崔铣用手指着崔汲说："今后，他就是你的兄长。"

"弟弟拜见兄长。"孩子向崔汲跪下磕头，崔汲伸手扶住，说道："免了，免了，我还不知道怎么称呼你呢？"

"我叫张弓。"

崔铣看着两个孩子礼尚往来，难得露出笑脸，吩咐道："以后，你就与崔汲一起住，跟着他到学馆读书，弓儿的学业就由你负责。"

趁着父亲高兴，崔汲说道："儿子还有件事向父亲禀明，前几日，族侄崔士棕来找我，想到书馆读书，但因父亲去世，家里贫穷，母亲不同意。"

崔铣听后，叹了一口气，说道："我这两天找他母亲谈谈，孩子不读书，会耽误他一辈子。你让弓儿与士棕一起到书馆，纸笔和伙食费用从书院支取。"此后，崔铣多次派崔汲到张弓家里探望张母，接济一些粮食菜蔬。后来，张弓娶亲，崔铣还资助婚娶费用，对待张弓亲如儿子。

三

后渠书屋的学生越来越多，因家贫需要减免学费或交不起学费的人也多起来，只能靠家里的几十亩田地贴补，崔铣一家人节衣缩食，过着清贫恬淡的生活。

后渠书屋的名气越来越大，河南提学副使陈束专门来安阳拜访崔铣，告诉崔铣，彰德府有意资助他扩大办学，准备拆毁安阳城东岳庙，用这块地给崔铣建后渠书屋，同时，拨出周边三百亩官田，作为办学补贴。

崔铣担心此举扰民，专门写信给河南宪司予以谢绝，信中写道："先人所遗屋不华，可以容膝；田不饶，可以糊口。仆早失先室，一婢给洒扫，一子能自力食，一孙甫成童，自费一饭一蔬，一褐一葛，非祭不宰鸡鸭。仆所玩古《易》《论语》，亭下修竹十个，此外皆长物也。自知福薄分足，不敢苟慕他人财，望钧令勿布，使诸公此心，惠于疲民寒士。"

但为了士子读书，崔铣还是在后渠书屋专门建了一座书楼，取名数卷楼。书楼刚建成，崔铣正在书房书写楼匾，儿子崔汲推门进来，说道："父亲，一位自称故人之子的人来访。"

崔铣说道："快请进来！"话音未落，进来一人纳头便拜。

崔铣赶紧扶起，问道："小友是何人，来自哪里？"

"我是怀庆府人，父亲何瑭。我是次子何沛。"

崔铣拉住何沛的手说道："我与你父亲曾一起在翰林院共事，亦师亦兄，他现在身体可好？"

何沛回道："父亲去年因病致仕，身体已经没有什么大碍，现在在家著述授徒，倒也乐得逍遥自在。我今年转任温县主簿，离家不远，可以经常回家探望。父亲多次提到您，嘱咐我有机会来拜访您，今日得便。"

"好好，你一定留下来，多盘桓几日。"崔铣转头指着崔汲说道，"这是我的次子崔汲，快来拜见你的哥哥何沛。"

何沛站起身，拉住崔汲，对崔铣说道："我也正有此意，想请崔伯父多多指教。"

何沛在这几天里，见崔铣每天都是穿一件破旧的布袍，吃的也是粗茶淡饭，生活很是清苦，辞别的时候，偷偷留下一大笔钱，附信言称资助崔铣购买书楼藏书。

崔铣看见后，急忙命儿子崔汲送行时退回，并附上自己亲书字条，上疏:"奉回养廉。"

四

嘉靖九年（1530 年）正月二十二日，一场大雪笼罩着安阳城，城郭内外，银装素裹，玉树琼花。崔铣正在屋里整理自己最近写的几篇文章，儿子崔汲推门进来，说道："父亲，外面有贵客到访。"

崔铣笑着问道："如此大雪，什么样的客人有此雅兴？"

"是赵王。"

崔铣闻听，连忙站起身来，还没有走出屋子，就见门帘被高高挑起，两个人披着一身雪进来。

崔铣见前面的一人正是赵王朱厚煜，连忙行礼。赵王朱厚煜一把扶起，说道："我是以朋友身份拜访，不必行礼。"

"如此大雪，王爷是不是有什么重要事情？"

"是有重要事情，你看我带谁来了？"朱厚煜指着身后一个三十多岁的文士说道。

文士对着崔铣，纳头便拜，嘴里说道："谢榛给崔先生行礼了。"

崔铣赶紧用手扶起，说道："是茂秦贤弟，你什么时候到安阳的？"

没等谢榛搭话，朱厚煜接话道："谢榛兄也是近日云游到安阳，被我留在王府。这几日正准备来拜访你，听谢榛贤弟说，你们以前多有交游，而且他知道今天是你的五十二岁大寿，我们冒昧来访，而且带来酒菜，与你贺寿。"朱厚煜边说边命人把食盒抬进屋里。

谢榛，字茂秦，山东临清人，生于弘治八年（1495 年），自幼尚侠好义，后一心读书，刻意诗歌，得名师指点，十六岁写的乐府曲辞广为流传。二十多岁时，谢榛携诗卷游历京师，与李攀龙、王世贞等结诗社，为明代后七子之一。谢榛在京师结识崔铣，仰慕崔铣学识为人，执弟子礼。但崔铣以不善为诗婉拒，却对谢榛的诗作赞赏不已，再加上自己祖上也来自山东，两人多了一份亲近，时有交游。这次相聚，也是旧友重逢。

朱厚煜是赵简王朱高燧的第五代孙，赵庄王朱祐楪的嫡长子，生于弘治十一年（1498 年），正德十六年（1521 年）被封为赵王，是赵王府的第六代赵王。他从小聪明伶俐，好学善问，青年时期就以文采闻名，自号枕易道人。朱厚煜封王后，颇有战国公子的风采，好结交文人雅士，经常将他们留在王府，奉为座上宾，终日与这些文人朋友欢饮畅谈。

去年冬天，谢榛云游到古邺城。他非常仰慕建安七子，于是专门到三台凭吊。汉献帝建安年间，曹操挟天子以令诸侯，把邺城作为自己的根据地和政治中心。曹氏父子喜爱文学，奖励风雅，身边会聚了建安七子，经常在铜雀台、冰井台、金凤台宴客吟诗，因此，三台成了建安文学的发祥地。谢榛站在漳河岸边，见三台残破，当年的舞榭歌台早已不复存在，只留下岸上起伏的沙丘，西山残阳如血，把冰封的河面涂染得悲壮而寂寥，不禁诗兴大发，随口吟道：“寒日下西陵，漳河晚渡冰。孤城归猎骑，双树隐禅灯。野眺心何远，岩栖老未能。翻怜戎马日，愁思坐相仍。”

谢榛来到安阳，听说朱厚煜富有文采，喜欢延揽文士，而且嘉靖初年，彰德地区发生大灾，朱厚煜主动向皇帝上疏拿出一千石俸禄来赈济灾民，是一位贤王，就专门到赵王府拜见朱厚煜。朱厚煜大喜，把他安置在自己的书楼“思训楼”，经常一起吟诗酬答。

明代藩王府刻书蔚然成风，味经堂就是赵王府的私家书局。谢榛的诗集《四溟山人集》，正是由味经堂刻书印制的，朱厚煜亲自为之作序。谢榛这次来访，就带着新刻印的四卷本《四溟山人集》。

崔铣对两人说：“我们三人饮酒观雪，读谢贤弟的新诗集，是人生一大快事。"

朱厚煜问崔铣："听说您这几年在后渠书屋授徒期间，笔耕不辍，注释经典，品评人物，褒扬忠烈，吟诗唱和，写出不少文章，今日可有新作问世？"

崔铣叹气道："我从辞官回乡以来，家里连遭不幸，要不是赵王您多有眷顾，后渠书屋也快办不下去了，哪有时间写诗论文。最近，也多亏儿子崔汲，替我操持家务，管理书院，也才偶有清闲，整理一些以前的文字，正打算编一部《洹词》。"

朱厚煜问道："可否先睹为快？"

"也才刚刚开始，还没有整理出模样呢。"

崔汲接口道："父亲不是最近刚刚写完《中庸凡》，这可是经学专著。"

朱厚煜说道："崔先生经学专著，一定交由赵王府味经堂刻书刊行。"

"多谢王爷襄助之功，崔铣在此答谢。"崔铣站起身，对着朱厚煜深施一礼。"《中庸凡》，大体以宋儒朱熹《中庸章句》为蓝本，考其文之所起，及其旨之所终。近世学者不知圣门实学之根本次第，而溺于老、佛之说，无致知之功，无力行之实，一味谈禅说道，而阙于践履。殊不知惟践履之实，方致讲学之功，使所知益明，使所学日用。铣之十论，为道论，理论，性论，情论，忠恕论，鬼神论，诚论，尊德性论等，其说不依宋儒，引《易·大传》、孔子、曾子、孟子之言为证，书题名为'凡'，言不能详尽也。"

转眼到了三月，《中庸凡》已经刊印，谢榛也要继续周游，前来崔铣后渠书屋告别，崔铣以书相赠。

谢榛说道："多谢前辈厚爱，愧不敢当。今日相别，前辈可否赠诗与我，以慰渴怀。"

崔铣执手相送，高声吟道："三月清洹上，翩翩两度来。口词倾玉海，吊古赋铜台。歧路杨朱泪，江湖李白杯。令公今谢事，回首尚怜才。"

送别谢榛，朱厚煜问道："谢榛高才，先生却无意挽留，可有什么心曲告我？"

崔铣笑道："我不善诗文，作为儒者，还是以治经为实务，道不同不相为谋。"

此后，崔铣专心治学，先后写出《史论十篇》《政议十篇》《名臣十节》《松窗寤言》《文苑春秋》。

《史论十篇》集有《鲁庄公论》《申生论》《里克论》《赵盾论》《季札论》《魏徵论》《宋复仇论》《岳飞论》《朋党论》《许衡论》，这些史论集中反映了他的历史思想和政治见解。

《政议十篇》分为均田，师田，覈举，本末，重辅，修礼，简侍，订学，省官，通议。他在《序》中说："三代以上，实行井田、封建制，百姓固守家园，故圣人之道易行；三代以下，开阡陌，实行郡县制，百姓流动，故圣人之道难成。何况以后每况愈下，直至今日。然要人心不异，关键在于治理他们的人。"

《松窗寤言》共八十一章，均为学有所思时悟到的道理。此书撰于腊月，适逢其表侄李栋以古松一盆相赠，崔铣遂将盆松陈于窗侧，因感古松与之相伴共度寒节，故以"松窗"名书。

《文苑春秋》起汉高帝《入关告谕》，迄明太祖《谕中原檄》，共辑录一百篇，囊括了帝王授受之统，国家兴亡之道，制度沿革之实，治世教化之典，人才取舍之法，君臣父子之纲。崔铣名之"春秋"，体现了他明善恶，补世教的宗旨。

崔铣曾说："学在治心，功在慎于言行。"他强调："孟子所谓良知良能，是就心的作用而言。爱亲人，敬长者，是人的本性。若去良能而只有良知，那就是霸儒。"

嘉靖十三年（1534年），崔铣闭户三月，止酒屏事，删定《朱子大全》。秋天，以平生所得，著《士翼》。秋九月，崔铣左眼发翳，他知道都是耽书过思之故，不得不辍笔静养。

二次起复

第十章

一

嘉靖十二年（1533年）八月十九日黎明时分，北京皇宫里一个老太监急匆匆赶到明世宗的寝殿，叫醒正在沉睡的朱厚熜，说道："皇上大喜，阎贵妃诞一皇子。"

朱厚熜闻言，起身披衣，问道："母子平安吗？"

老太监一面帮着穿衣，一面回道："平安着呢！小皇子的哭声洪亮，老奴站在阎贵妃的寝宫外面，都把老奴的耳朵震得生疼。您说，小皇子该有多结实呢？"

朱厚熜笑着说道："好！好！"

明世宗在"大礼之争"后，成为一代令主，起用一批在"大礼之争"中支持自己的朝臣新贵，开始励精图治，改革弊政，大刀阔斧推行了改革，政治上集异纳谏，勤于政务，总揽内外大政，整顿朝纲。他吸取了前朝宦官当权乱政的教训，裁抑司礼监的权力，撤废镇守太监，严肃监察制度，严分厂、卫与法司职权，对宦官严加管束，中央集权得到复兴和加强；吏治上，起用三边总制杨一清和议礼新贵张璁、桂萼、翟銮、方献夫等，严治贪赃枉法，朝政为之一新；经济上勘查皇庄和勋戚庄园，还地于民，鼓励耕织，重新整顿赋役，赈济灾荒，减轻租银，体恤民情，治理水灾，经济得到快速发展；军事上整顿军队团营，汰除军校匠役十万余人，守兵东南，征剿倭寇，清除外患，整顿边防；文化上改革科举之弊，改正孔子称号和典祀，兴文化，建学堂，近三十次拨款修建书院，文化和科技空前繁荣，天下翕然称治。明世宗在位的前二十年，被称为"嘉靖中兴"时期。

但皇嗣问题，却一直困扰着明世宗。朱厚熜十四岁即位，立河北大名元城陈氏为皇后，陈氏七年后才怀有身孕，不幸难产而亡。后立张氏为皇后，多年无子，被废。

即位十年无皇储，明世宗一面在民间广选秀女，册封"九嫔"，昼夜临幸，一面命新近入阁的张璁、桂萼、翟銮广揽名山道士，求仙问药。这些议礼新贵唯命是从，不敢谏阻。尤其张璁入阁后，以自己名字里有一"璁"字，有犯明世宗名讳，奏请改易。明世宗大喜，亲自手书"孚敬"名之。其实，朱厚熜与张璁，其中两字只是音同，无非是向皇帝贡谀而已。朱厚熜竟然将张孚敬置为首辅，更加恩宠。

阎贵妃就是"九嫔"之一，天降龙种，明世宗大喜，立即封赏为自己祈天治药的江西龙虎山道士邵元节为二品。可惜阎贵妃没福，皇子降生二月而殇。道士邵元节不但没有受到牵连，反而更得明世宗宠信。也许是上天垂怜，也许是神药相助，"九嫔"接连为明世宗生下三子。

嘉靖十五年（1536年），王贵妃生下朱载壑。第二年，杜康妃、卢靖妃先后生下第二子朱载垕、第三子朱载圳。明世宗再次加封邵元节致一真人，统辖朝天、显灵、灵济三宫，总领道教，建真人府于城西，岁给禄百石。从此，明世宗留邵元节在宫禁，设坛诵经，日夜斋醮，为朱厚熜增寿纳福，以图千秋万岁。

邵元节有一个江西贵溪的同乡夏言，字公瑾，生性机敏，正直敢言，善写文章，正德十二年（1517年）登进士第，初授行人，后任兵科给事中。明世宗继位后，夏言因议礼受宠，嘉靖十年（1531年），升任少詹事，兼翰林学士，掌管翰林院事。夏言眉目清朗，胡须也长得好看，口齿洪亮，每次经筵讲论，明世宗都盯住他瞧，心里想要重用他。几个月后，礼部尚书李时入阁，明世宗命夏言担任礼部尚书，却引起首辅张孚敬的嫉妒。嘉靖十四年（1535年），张孚敬因病致仕，夏言入阁，举荐同乡严嵩担任礼部尚书。

严嵩字惟中，号介溪，江西袁州府分宜人。弘治十八年（1505年）中二甲第二名，与崔铣一起被选为庶吉士，后授编修。不久，严嵩得了一场大病，退官回籍，在家乡介溪隐居十年。在这十年中，严嵩读书作诗，交游名士，声誉日隆。正德十一年（1516年），严嵩回翰林院复官，不久调南京翰林院，进翰林侍读。在南京，严嵩结识同乡夏言。在夏言的帮助下，嘉靖十一年（1532年），严嵩升任南京礼部尚书，两年后改南京吏部尚书。夏言入阁，严嵩更是讨好这位同乡，成为明世宗身边的宠臣。

嘉靖十七年（1538年）十二月初四，明世宗的母亲章圣蒋太后去世，朱厚熜决定将太后送往显陵与父皇合葬。显陵在湖北钟祥，他决定第二年躬至显陵，亲临调度。临行前，明世宗下旨，立皇子朱载壑为太子，留在京城监国。同时，封朱载垕为裕王，朱载圳为景王。

嘉靖十八年（1539年）二月十六日，明世宗率文武百官离开京师，翊国公郭勋、成国公朱希忠、京山侯崔元、内阁首辅夏言、礼部尚书严嵩、左都御史王廷相等大臣随侍左右，因真人邵元节有病，推荐道士陶仲文跟随南巡。

二

嘉靖十八年（1539年）二月，崔铣接到朝廷诏书，再次起复回朝，晋升为翰林侍读学士兼詹事府少詹事。詹事府职掌东宫内外大小事务及辅翊太子之职，置詹事、少詹事，下设左、右春坊和司经局。

崔铣知道，自己这次起复，与立太子有关，而且，自己的同年好友陆深正是詹事府詹事。崔铣还得知，明世宗已经起驾南巡承天府，路过安阳城，命崔铣以侍读学士的身份接驾，随后进京上任。

二月二十六日，安阳城里里外外，黄土垫道，净水泼街，官道上坑坑洼洼已经填平，沿途大路上遮挡的大树已经砍伐，就连跨路修建的石牌坊也已经拆除。

一大早，崔铣随着彰德知府王旒到城北大路口迎圣驾。等了一个上午，不见任何踪影。时刚正午，隐约看见一队车马自北而来，迎接的官员赶紧打起精神，准备接驾。等车马走近，崔铣眼前一亮，只见前面的车上高挑旗幡，上疏"行在詹事府掌印陆"，脱口喊道："原来是陆深兄！"

陆深听见喊声，下车一看，也惊喜异常，问道："是子钟兄吗？"

崔铣顾不得向知府王旒介绍，抢上一步，拱手道："子渊兄，久违了！"

陆深连忙回礼，一把拉住崔铣，笑着说："可不是嘛！十几年不见，都老了，要不是你喊一声，我都认不出子钟兄了！"

"可不是呢！我辞官回乡十五年，也日日思念子渊兄。"

"子钟兄，真是好想念啊！接到部文了吧，以后一个衙门共事，再也不愁相见之难了。"

崔铣这才想起接驾的事，赶紧引见彰德知府王旒和随从官员，问道："皇上车驾走到哪里了？"

陆深说道："昨晚，皇上行宫设在磁州，今晨起驾得晚，听说正午才过了漳河，没有两个时辰到不了安阳，估计晚上歇驾于卫辉。"

知府王旒说道："时间还早，陆詹事一路鞍马劳顿，我看还是让崔詹事陪着，到府署歇息片刻，两位老友也可以叙叙旧。"

陆深看着崔铣，崔铣说道："府署太远，就在临近北城门的仓司喝茶，等皇驾过了安阳城，一起到卫辉候驾吧。"

陆深说道："我是打前站的，我们也就坐一个时辰。我还得先到卫辉安排皇上的行宫，你与王知府迎驾后再到卫辉相见吧。"

崔铣与陆深一同到仓司，相谈甚欢。陆深告诉崔铣，另一个同年严嵩，现官居礼部尚书，已经是明世宗身边的近臣。这次，严嵩随侍皇上，有机会可能会见到。

明世宗路过安阳时，并未停驾，崔铣随着赵王朱厚煜、彰德知府王旒一起随着大队人马到卫辉，等待皇帝召见。

当天晚上，车驾驻跸卫辉，由于旅途疲劳，明世宗设宴款待了前来见驾的汝王朱祐椁之后，早早就休息了。随驾南行的侍从人员也都安顿下来，连日的奔波使他们也很快进入了梦乡。天交四鼓，不知从行殿的哪一处突然冒出火花，由于这些行殿都是用木材、苇席、毡帐所搭盖，且又是春季干燥的天气，顷刻之间整个行殿陷入一片火海之中。可是谁也闹不清楚皇帝睡在哪座行宫，从睡梦中惊醒的侍从们奔跑着、呼喊着，看着那些被困在火海中的人挣扎、翻滚的身影干着急，无所适从。明世宗被烈火惊醒，身边的宦官、宫女跑得一个都不剩，在熊熊烈火的包围之中，自己也不知如何是好了。正在这危急的关头，御前侍卫陆炳头上顶着一床淋湿的棉被，从火海中冲进行宫，蒙在明世宗身上，背起皇上转身冲出火海，安放到了乘舆之中。这次大火，后宫的嫔妃、宫女、宦官很多人葬身火海之中，所携带的很多法物、宝玉也多被焚毁，损失十分惨重。第二天天亮以后，面对大火之后的狼藉景象，明世宗十分恼火，命右都御史王廷相勘查火灾现场，并将卫辉及河南的地方官员下狱治罪。

这次事发突然，明世宗怒责众官，人人自危。崔铣晋见明世宗时，也是小心翼翼。明世宗见到崔铣，倒是态度和蔼，说道："朕这次起用你为翰林侍读学士，到詹事府供职，你用心办差就是。"

崔铣俯伏在地，叩首回道："臣唯有忠心尽责，不负皇恩！"

明世宗摆手道："你是前朝老臣，又是士林翘楚，特加恩赐酒饭。"

崔铣回道："臣谢皇上恩赏！"礼毕退出时，抬眼看见严嵩站在一旁。严嵩与崔铣二目相对，微微点头示意。

卫辉行宫的火灾，本是由宫人所遗烛火引起，明世宗却迁怒于河南地方官员。崔铣看见卫辉知府王聘与汲县知县侯郡等人被戴上枷锁，由锦衣卫押着行走在皇驾前，用以示众，离开卫辉向南行进，不禁摇头叹息，感叹宦途叵测。

三

嘉靖十八年（1539年）四月初三，崔铣一大早起床，检查了一遍自己的行装。婢女小菊也早已经起床，看见崔铣起来，赶忙打来一盆清水，帮他盥洗沐栉。

崔铣问道："辞祭的果品和纸帛备齐了吗？"

小菊回道："已经备齐了，老爷还有什么吩咐？"

"告诉家人，一会儿先去家祠拜祭先祖，然后启程。"

崔氏家祠建于正德十一年（1516年）。那一年，崔铣晋升为翰林侍读，官居正六品。父亲崔升从四川参政致仕回乡，专门遣人到山东乐安寻访崔氏族谱，得知崔铣的高祖名崔大，曾祖崔彦和，祖父崔刚，祖母蔡氏。族谱由于年久涣漫，记载不详，崔大之上有崔子彬、崔子质，不知哪一个为崔大之父。于是，以崔大为第一代祖，依次而下，崔升为四代主。正德十五年（1520年），崔铣的母亲去世，崔升命崔铣主持祭祀。当时，家居房屋狭小，只能辟出一个楼室为祠堂，使用的也都是陶制的祭器，每逢初

一、十五供香蜡果品而已。嘉靖四年（1525年），又逢夫人李氏和父亲崔升先后去世，崔铣买周氏故宅，家居方才宽裕，于是在后园建了一座三间崔氏家祠，将已经亡故叔辈灵位入祠，召集族中同辈和侄孙四时祭奠，订立族规，传承家风。

想到这里，崔铣眼角湿润，担心别人看到，忙用衣襟擦拭一下，整了整衣帽，才随着小菊出了寝堂，来到后园的家祠。

崔氏族人已经在家祠门前等候，崔铣亲手摆上供品，插上香烛，燃起纸帛，行跪拜大礼，然后流泪祷告："呜呼！父母鞠育崔铣长大成人，等到荣登进士，入仕为官，在正德年辞官奉母亲而终丧，在嘉靖年弃官养父而不久。自今，归隐田里，春种秋收，不再有意于仕途。现在，皇上听从群臣和宰辅的荐举，召儿回京，辅翊太子。儿奉命北上，只得暂违墓前。行前，儿誓言守节，若结党营私，上欺君父，收纳贿赂，必自丧清白；若逢迎所好，以违方直，矜挟所有，以妨贤俊，则积罪愆，儿也将无颜再奉二亲之祀。唯望父母在天之灵护佑，使儿不至失堕！"

儿子崔汲连忙过来，搀扶父亲起身，走出家祠。院子里站满前来送行的人，有州县官员，有府学教谕，有曾经向崔铣求学的监生和后渠书屋的弟子，更有邻里百姓。崔铣一再辞谢，彰德府同知赵国良、通判李光先、推官黄浔、安阳县知县李秉彝、县丞郭从礼、主簿温文明和教谕吕调音等一众官员还是坚持把崔铣送到城外。

站在城东永和门外，崔铣问赵国良："这次皇上南巡，王知府无辜得罪，你们一定要代我问候。回京后，我也会寻机上奏，力求宽免吧。"

赵国良行礼说道："我也代王知府感谢崔大人体恤。天威难测，崔大人见机行事吧。"

安阳知县李秉彝走上前，将一包东西递给崔铣，说道："崔大人，府县官员知道您家里清贫，就商议着一起拿出一些银两以充行囊，聊表敬意。"

崔铣连忙阻止，说道："这些俗礼，崔铣可不敢收！"

赵国良在一旁劝道:"区区薄礼,也只是大家的心意。我敢说,这里没有一丝公币私贿,都是干净的钱!"

崔铣正色道:"大家的心意我领了,我正是知道这些都是大家养家糊口的俸禄,更是朝廷的养廉银。我怎么能取大家的养廉银,养我之不廉呢?"

见众官讪讪,崔铣笑道:"孟子曰:吾善养吾之浩然正气。崔铣与大家共勉吧!"众人也跟着哈哈大笑,感慨万分,作揖而别。

四

这一次进京之行,崔铣坐车迤逦而行,走了近二十天。他的心情是畅快的,一路拜访朋友,观看河朔风光,考察风土民情,最后写作了一篇《赴召录》,进行了详细的描述。

离开安阳前,崔铣先到城东柴村与郭清告别,顺便将柴村的五十亩农田托付给郭清照料,这才回到城北鲸背桥,过洹河,登车上官道向北而行。次子崔汲和郭清站在桥头,依依惜别。

近午时分,过柏庄古镇,到仁寿里拜西门豹祠,邺县官员在张氏园为崔铣置酒践行。午后,从临漳北行,渡漳河,教谕、诸生在古邺城铜雀、金凤、冰井三台等候,晚上宿临漳。中夜大雨,第二天无法赶路,作《李司谏双寿序》。翌日,踏着泥泞的道路北行,仆夫甚劳,晚至魏县,宿薛宅,主人留饮。六日,天又下雨,不得行,作寄儿诗三首。临近午时,雨停,行至漳、魏接境,看到田亩有漳河水灌溉,虽然百姓苦于水患,但由于有渠堰水利,田野肥美,村村相连,一派富庶景象。七日,过广平县,北行二十里进入肥乡县,见民居整密,得知县令张鹏翼有治声,每亩岁役仅仅四十文，岁赋薄轻，百姓富裕，民风淳朴。八日，过鸡泽城，西行十里渡沙河，晚至南和。第二天一早，拜宋文贞祠。南和人宋璟善文以持正，耿介有大节，历仕武后、唐中宗、唐睿宗、唐殇帝、唐玄宗五朝，一生为振兴大唐励精图治，与姚崇同心协力，辅佐唐玄宗开创"开元盛世"，与房玄龄、杜如晦、姚崇并称唐朝四大贤相。午后，与友人同游百泉河，见官民堰水灌田，稻畦柳塘，犹如江南水乡。南和与任县交界处漳河泊，鱼虾菱藕，百姓赖以为生。十一日，再与友人游河泊，方知河泊本为肥沃的田地，弘治年间遭遇水灾，成为河泊，官府却不蠲免赋税，百姓不得已才养鱼种藕，得以活命。十二日，至唐山，正遇到明世宗南巡回京，府县官员在官道候驾，官府空无一人。十三日，过隆平，晚宿宁晋。宁晋东有湖泊，与大陆泽相通，土地肥沃，开渠筑堰，适宜种植粳米，可以富民。大陆泽又称钜鹿泽，跨隆尧、巨鹿、任县、平乡、南和、宁晋六县，位于河北平原西部太行山河流冲积扇与黄河故道的交接洼地，为漳北、泜南诸水所汇，水面辽阔。司马迁在《史记》中记载：大禹导河，北过洚水，至于大陆。河即黄河，大陆即大陆泽。在宋代以前，大陆泽和宁晋泊还是一个泊淀，称大陆泽。到明代中期，泽内中段脱水，分成"南泊"和"北泊"。"南泊"仍叫大陆泽，"北泊"仍叫"宁晋泊"，两泊中间有新澧河相通。十四日至晋州，城南门外就是滹沱河，水势汹涌，河面宽阔，河上一桥通南北，安阳人张士隆为晋州通判时所建，百姓得以便利通行。后来，正遇秋汛，滹沱河大水，堤坝将决，仓促之间，张士隆命人收田中谷禾，打成捆堵塞决口，得以免灾。张士隆离开后，百姓思念他的恩泽。十六日，到饶阳。十七日，过河间府，渐进京师，夷夏杂居，民风彪悍，有燕地遗风。十八日，在任丘到老宰相李时家吊丧。十九日，过白沟，白沟之南有宋代瓦桥关故址。北宋时期，白沟是宋辽两国界河，宋有雄州瓦桥关、霸州益津关、淤口关，杨延昭曾在此镇守。二十日，至涿州，十里过胡良河，三十里过琉璃河，晚至良乡。入夜雨，京师京畿内自去年七月以来滴雨未下，地无麦禾。雨下了一夜，墒情已经透了，四月前可以赶紧播种适宜作物，不至于颗粒无收。二十一日，雨仍没有停，不禁让人想起一句谚语：赶路人盼晴天，庄稼人盼雨。二十二日，过卢沟桥，至京宿陈氏店。

崔铣直到四月二十二日才到京，然后朝见明世宗谢恩，五月一日入詹事府供职。与陆深再次见面，非常高兴，两个人坐下来一直谈到深夜。

崔铣从嘉靖三年（1524年）九月罢归，至今已经十五年了，朝中历经大礼之争，朝臣变化很大。大礼之争后，前朝内阁大臣谢迁、杨廷和、毛纪、蒋冕、费宏、石珤等均已罢职，议礼新贵杨一清、张璁、桂萼、方献夫、翟銮等也逐渐被另一批为明世宗设坛斋醮书写青词的大臣代替，现在的新宠是夏言、顾鼎臣和严嵩。顾鼎臣和严嵩与崔铣、陆深都是弘治十八年（1505年）的同年进士，一起在翰林院任职。夏言是正德十二年（1517年）的三甲进士，当年，崔铣与陆深都是同考官，也算有师生之谊。夏言因议礼成为新贵，近年更因为撰写青词，于嘉靖十五年（1536年）入阁，现在已经成为首辅。顾鼎臣也于去年入阁，现在内阁只有夏言、顾鼎臣两人。严嵩现任礼部尚书，入阁也是近在咫尺。

陆深对崔铣说："皇上这次南巡后，严嵩与夏言已经开始龃龉，我看朝堂还会有一番争斗呢！"

崔铣疑惑道："我听说严嵩正是依附夏言，才成为皇上的宠臣，他还未入阁，怎么就与首辅争斗呢？"

陆深叹道："世事难测，人心更是难测啊！"

见陆深不再往下说，崔铣也不便再问，毕竟都是同年，也是多年未见，点到为止。崔铣把话题引到詹事府，问道："詹事府职掌东宫事务，辅翊太子，陆兄有何教我？"

陆深笑道："皇上久无皇嗣，为了诞育皇子，竟然在宫禁招揽道士邵元节建醮祈嗣，册立九嫔，到嘉靖十五年（1536年）才诞育当今太子，现在也才四岁。新来的道士陶仲文竟上言'二龙不相见'，皇上竟然让尚在幼年的太子搬出宫禁，入太子府，我们怎么能教他读四书五经呢？"

"那我们詹事府能做什么事情？"

"无非就是所谓的东宫事务嘛！我这个詹事府詹事，上任至今还没有见过太子呢！"

崔铣点点头，无话可说。

陆深召来詹事府谕德、赞善、洗马和司直、司谏等众官员，与崔铣一一相见。其中，一位年轻的司谏唐顺之与崔铣曾有交往。

唐顺之，字应德，号荆川，直隶武进人。他早有文名，所学无所不知，通晓天文、乐律、地理、兵法、孤矢、勾股等，为嘉靖八才子之一。嘉靖八年（1529年），唐顺之会试第一，殿试时却中二甲第一名。时任主考官内阁大学士张璁非常欣赏唐顺之的才华，希望能将他收罗在自己门下，许给他入翰林院，可是唐顺之婉言谢绝，张璁十分扫兴，将他打发到兵部任职。嘉靖十二年（1533年），唐顺之参校累朝《实录》，才调入翰林院任编修。此时，张璁已经升任首辅，唐顺之因与张璁政见不合，便以生病为由，辞官回乡。张璁一怒之下准其还乡，并扬言永不再让他当官。他听人讲到崔铣在南京时拒绝张璁拉拢，更敬仰崔铣的学问，曾专门到安阳后渠书屋拜访。

唐顺之见到崔铣，执弟子礼，说道："久慕后渠先生道德文章，后学唐顺之早就想当面受教，今日可以得偿夙愿。"

崔铣对唐顺之所为也有所耳闻，见他一表人才，风华正茂，心中非常喜欢，说道："我是贬官待罪之人，不便好为人师，耽误你的大好前程。"说着，将唐顺之扶住。

唐顺之诚恳地说道："先生为了大礼之争得罪权贵，我也是不愿依附权贵辞官回乡，没有什么大好前途，更不希望因为仰顺权贵希图大好前程。只是后学才疏学浅，以先生为师，恐辱没先生一世清名。"

崔铣笑道："你是青年才俊，早有文名，更不必汲汲于与谁有什么师生名分。为学之道，在于取长补短，为的是修身正己，履事正行，上为朝廷谋太平治世，下为百姓谋安居乐业，这才是本。孔子说过：朝闻道，夕死可矣。还是多有交游，一心向道，就可以了。道，才是你我共同的先生啊！"

唐顺之见崔铣把话说到这里，不图师生名分，而愿意与自己交为朋友，是高看自己。于是，说道："先生之言，顺之已经受教了。您立朝不畏权阉，不跪刘瑾，屡次上疏议政，谏阻武宗、世宗而遭贬，堪比汉代直臣蒋诩；现在辞官回乡，隐居后渠，设馆授徒，与菊竹为友，著述立言，不输汉儒扬雄。先生您这样的人，真不应该仅仅在这三亩书院，而应立身朝堂，干一番轰轰烈烈的大事。"

崔铣笑道："论语有云：邦有道则仕，邦无道则可卷而怀之。当年，孔圣人周游列国无功而回，设帐授徒，才有七十二贤人传儒家治国之道，成为万世之师。朱子有言：天不生仲尼，万古如长夜。可见，育人传道，也是千年大计啊！"

唐顺之从怀里拿出一本书稿，递给崔铣，说道："这是我编纂的一本书稿，取名《唐宋八大家文抄》，想请先生斧正。"

"唐宋八大家，这个提法倒是新奇，有什么讲究？"崔铣问道。

"天下文章，自先秦、汉朝尚质朴，崇自由，务现实，发心声。南北朝之后，骈文大盛，行文务排偶、辞藻、音律、典故，虽不失嘉文，然文过于质，所谓少古多今曰艳。唐朝韩愈、柳宗元倡古文，复兴儒学，成为一代文章宗师。入宋之后，更有欧阳修、三苏、王安石、曾巩继起，务去陈言，言必己出，以载道为己任，儒学大兴。可是，本朝科举兴八股，慕高虚，有悖于先哲明道之本，尤其心学盛行，更是推波助澜。我编纂这本书，无非继承八家倡古文之遗风，倡文以载道的儒学之本。"

崔铣频频点头，称赞道："颇有见地。明初临海人朱右曾编纂《八先生文集》，他的同乡贝琼为书作序，将唐宋八先生称为文衡。衡者，秤也。此八人虽然都是宗儒学，倡古文，但道有深浅，术有专攻，韩愈之奇，柳宗元之峻，欧阳修之粹，曾巩之严，王安石之洁，三苏之博，自成一家，通称文衡，实在有些过誉了。你将八先生称为八大家，才是正论。"

唐顺之站起身，说道："先生此言，真是知我之言。"

崔铣摆摆手，让他坐下，徐徐说道："弘治年间，我在国子监求学，曾与大儒何景明有过交游。他曾说过：古文之法亡于韩。他认为韩愈提倡古文，古文的写法反倒给韩愈破坏了。我与他争论，韩愈提倡古文，不是模仿秦汉人的语言，而是师其意而不师其辞，学古人好的用意，决不是学习古人的语言。我以为你应该文从字顺，反对这种模仿的文风，走入做假古董之古文的另一个极端。"

唐顺之不由自主再次站起身，躬身施礼，连说："真是醍醐灌顶，醍醐灌顶！"

唐朝，韩愈、柳宗元的古文运动，提倡一种文从字顺的散文而反对讲究对偶、辞藻、声律的骈文，是文体和文学语言的革新运动。宋朝，欧阳修提倡平实朴素的古文，反对当时内容空洞、风格浮艳纤靡涩奥的文章，是又一次的散文革新运动。到了明朝，唐顺之提倡一种有内容讲技巧的通顺的唐宋八大家散文，反对前七子提倡模仿秦汉的做假古董的古文，是又一次的散文革新运动。后来，嘉靖末年的学者茅坤推崇唐顺之的主张，使唐宋八大家的名称广泛传播，唐宋八大家的称谓，从此确定下来，影响此后至今五百多年。

唐顺之离开时，专门作诗留赠崔铣："碧山学士隐墙东，丛菊萧萧卷幔中。开径自须同蒋诩，著书元不愧杨雄。分畦粳稻清溪注，对户峰峦翠霭通。未许栖迟三亩宅，还应密勿五云宫。"

现在，两人同在詹事府供职，唐顺之非常高兴，终于可以时时请教了。可惜，崔铣在詹事府仅仅数月，就到南京礼部就职，匆匆而别。唐顺之非常怀念这位师长，路过他住过的公廨，见人去室空，作诗寄给远在南京的崔铣。诗中写道："为访高人馆，联镳出近埛。并从金地入，不见玉山形。

塌上留仙尘，云疑隔使星。无人问奇字，载酒只空亭。"

五

明世宗南巡，对于夏言和严嵩都是一个重大的转折点。南巡前，夏言正处于仕途巅峰，明世宗降恩加封他为少师，特进光禄大夫、上柱国。明世宗拜祭完显陵后，严嵩揣摩皇上的心思，承天是明世宗的故乡，拜谒完显陵在这里接受表贺，更能彰显皇帝的尊荣和以孝治国的名声，满足其衣锦还乡的情结，于是，建议皇上在承天接受群臣表贺。夏言没能理解透明世宗的心思，他从礼制和现实的角度出发，认为回京后再表贺为宜，但严嵩坚持提议在承天表贺，并强调礼仪可由天子确定。明世宗对夏言不满，指责他："自从扈从镇南巡，你身为首辅，怎么像病糊涂了一样不明事理！"从此，遇事就责难夏言，甚至要收回以前对夏言的封赏。夏言上章自劾，明世宗才消了气。

见到夏言被明世宗疏远，严嵩私下里多次在皇帝面前诋毁他，夏言的内阁首辅之位开始摇摇欲坠。

刚刚进入七月，北京的天气骄阳似火，溽暑难挨，崔铣坐在詹事府厅事大堂无所事事，心里烦躁，正坐在书案前，随手翻看《资治通鉴》。一名吏员进来通禀："崔詹事，夏首辅过府视事，已经到府门了！"

崔铣诧异，赶紧站起身出门迎接，见夏言已经下轿，赶紧上前行礼，说道："夏首辅过府视事，未曾远迎，失敬了！"

夏言赶紧挽扶，回礼道："先生莫要这样，莫要这样！我也不为视事，就是前来拜访先生！"

崔铣连忙侧身，躬身礼请道："不敢！请首辅大人入府议事。"

夏言一把拉住崔铣，携手进入詹事府。崔铣再次请夏言上座，夏言躬身向崔铣行师座大礼，崔铣拦住，两人只得分宾主坐下。

崔铣问道："夏首辅有什么事情，派人知会一声，崔铣自当入府拜见。"

夏言说道："先生一字不问政府，我也是十年不见先生。知道先生已经上任，早就该来行弟子礼，无奈宫中事务缠身，告罪！"

崔铣回道："回乡十五年，我已六十有余，本心无意出仕。首辅与众同年举荐崔铣，高义难辞。崔铣才拙德薄，每日居庙堂之高，却只能尸位素餐呢！"

夏言听出崔铣的话音，也叹息一声，说道："我又何尝不是呢？"

"此话怎讲？"

"皇帝南巡之后，整日独居深宫，设坛斋醮，以求长生，只有阁臣和几个近臣才能见到，如今不要说常朝，就连大朝也很难举行了。"

"皇上笃信斋醮，荒废政务，满朝文武和科道谏官焉能坐视，尤其你身为首辅，职责就是辅弼嘛！"

夏言默然良久，叹道："皇上是一代令主，乾刚独断，谁能谏阻得了呢？我已经数失皇上之意，屡遭严谴，更有人一意奉承，已经想取而代之了！"

正说着话，只见一个太监进来，宣旨道："皇上请夏首辅进宫议事！"

夏言站起来，拱手道："皇上已经命你到南京礼部任职右侍郎，我可能送不了你，先生就此别过。"

崔铣望着夏言的背影，心里涌起一股莫名的苦涩。他坐在案前，两眼看着书卷，脑子里却不断跳出"严嵩"二字。进京两个月了，他还没有见到过这个礼部尚书呢！

第十一章

三仕南京

安阳历史廉吏

第二卷

一

嘉靖十八年（1539 年）十一月初，崔铣到达南京，就任南京礼部右侍郎。刚上任没几天，便开始处理一件皇上亲手交办的密旨。

都察院右副都御史王暐听闻传言，说他祖居的南京应天府句容县有一个村子，名为朱家巷，是圣祖肇迹之地，现在还留存一株龙爪树。他于九月上疏：宜加立碑表识，并建立皇家园寝，设置守护。由于事涉皇家祖坟，不宜张扬，明世宗封奏密旨。崔铣离京陛辞时，明世宗将此奏章连同御批交给崔铣，命他到任后依旨办理。

崔铣到任后，才拆开密封的奏章，得知事情的原委。他见御批上写道："着南京礼部堂上官会同抚、按、提学御史前往勘验，访求确实，以实奏来。钦此！"

崔铣没有急着处理此事，先在礼部查阅《明太祖实录》和其他志书有关记载，得知明太祖朱元璋"先世家沛，徙句容，再徙泗州。父（朱）世珍始徙濠州之钟离。既迁江北，熙祖（朱元璋的祖父）葬泗州，为祖陵；仁祖（朱元璋的父亲）葬钟离，为皇陵。太祖建都金陵，追封，立石句容，自为文曰：朱氏世德之碑"。

可见，当年明太祖朱元璋即皇帝位，追封祖宗，考察祖籍，因朱氏先祖生活在句容时间久远，不知何处，只得立石句容。此事已经过了两百年无人提及，现在王暐上疏要重新在句容建立园寝，设置守护，当然引起明世宗高度重视。明世宗最重孝道，即皇帝位后，为了追封亲生父亲为皇考，在朝中引发了一场旷日持久的议礼之争，很多钻营之徒借机附议，成为皇帝的新宠。张璁、桂萼、夏言等人就是因此事进位内阁。后来，太后驾崩，皇帝南巡，严嵩再次借机上位，成为皇帝的新宠。此时，王暐的行径，引起了崔铣的注意。

崔铣专门请来南京礼部尚书熊浃、南京兵部尚书湛若水，一起商议此事。

湛若水是崔铣的同年进士，是当年的探花，两人都是进士高科，相交甚密。而熊浃是正德九年（1514年）进士，科第出身虽晚，但也是大礼之争时张璁、桂萼的支持者。

熊浃见到崔铣，笑着问道："崔兄有何见教？"

崔铣将熊浃迎进屋里，说道："确实有一事请教，我还请了湛若水大人，稍后详谈。"

"什么事如此重大，还得劳动湛若水大人？"

"不急，不急。"崔铣正说着，湛若水走进屋子，"正好，两位大人都被请来了。"

两人见崔铣如此，知道事情重大，都望着崔铣。崔铣喝了一口茶，缓缓说道："我出京陛辞的时候，皇上交给我一封密诏，命我勘察皇上祖籍。此事事关重大，泄露出去扰人视听，只能秘密进行，所以请两位大人一起商议。"

熊浃两眼放光，说道："我也有所耳闻，好像就在南京句容。崔大人，这可是一件好事，办好了，就可以加官晋爵。"

湛若水瞥了熊浃一眼，对崔铣说："此事还得慎重，现在，朝中就有些人专门看皇帝脸色做事，甚至无中生有，投其所好。自古道：上有所好，下必甚焉。无非希恩邀宠，借机上位。"

崔铣见湛若水话有所指，熊浃脸上有些挂不住，拦住话头，说道："此事缘起右都御史王暐，他奏称老家句容有一个村子叫朱家巷，传言是皇上先祖的圣迹。皇上既然让勘察，也是存疑。我请两位大人来，就是商议如何勘察。"

熊浃还是不甘心，说道："此事，宁可信其有，不可信其无。只要我们把这件事做好，立碑建陵，既可以了皇上的心结，又可以全皇上的孝名。"

湛若水接话道："我到南京后，也曾听人议论此事。现在朱家巷只是一片废墟，无人居住，是否真是皇上先祖圣迹，也只是传闻。我看，此事必是有人别有用心，崔大人还是认真勘察，欺瞒圣上，可是灭族之罪。"

崔铣笑着说道："皇上委派我重任，是对我的信任，既不敢邀功图恩，更不敢蒙蔽圣聪。我想请熊大人和湛大人从礼部、兵部各遣两名官员，协助我勘察朱家巷，这也是皇上的旨意。大事功成，我一定据实上奏两位大人的功劳。"

两人看过御批，也都无话可说，只得点头同意。

其实，经历这几年官场磨炼，崔铣知道这件事处理起来非常棘手。现在，如果贸然否决朱家巷圣迹一事，必将引起一些人的不快，而轻易坐实，圣上必然大动干戈，立碑建园，奉表拜祭，劳民伤财，让一些别有用心的人作为自己加官晋爵的阶梯。他思考许久，决定把两位大人拉进来，既有原来的议礼派的熊浃，又有反对议礼派的湛若水，他居中调停，决定要处理好这件事情。很快，南京吏部和兵部四名官员派给崔铣。崔铣告诫四人不得声张，然后一行前往句容县。

句容县位于南京城东五十多里，素有"南京东门户，金陵御花园"之称。句容城西门外十余里，是通德乡的地界，在当地官员的指引下，找到一户村民杨春。杨春带着他们到一个土穴旁，只见土穴里裸露出一个巨大的枯树根系，形状虬曲，形似五指，乡民异之，呼为"龙爪"。

一个随行官员仔细查看后，说道："这是一棵栎木的树根，江浙一带倒是少见。"

崔铣问道:"这棵树枯死多久了?"

乡民杨春回道:"已经八年多了。那一年山上发洪水,冲出一个土穴,露出这个树根,树也就枯死了。因为树根很像龙爪,没有人敢动。后来,越传越奇,说这里很早之前曾经住着一户姓朱的人家,村子叫朱家巷,正是当今皇上的祖宅。旁边还有一个小山丘,传说还是朱皇帝的家坟。我家祖辈在这里住了几辈人,也没有听祖辈说起。现在,虽然是我家的祖产,但官府不让耕种放牧,我们也不敢动一下。"

当地官员呵斥杨春不得乱说,然后向西北一指,说道:"那里有一座古庙,倒是朱姓家祠。"

众人一起找到古庙,内有神像壁画,中有"句容朱安八"字样;前有一个大石香炉,上刻"朱庆、朱安社等二十八户置"。

崔铣一行在句容前后勘察数日,基本确定这里确实曾经住过姓朱的家族,是朱家巷的故址,但龙爪树旁朱皇帝祖坟只是当地人传说,无从考证。

崔铣将自己一行人勘察情况据实上奏,写道:"各众虽称朱家巷、朱姓坟,略无遗迹可认,虽故老流传,别无碑籍可征。未见的确,臣不敢揣度拟同,自陷于欺罔不忠。"

明世宗看过奏折,批道:"既无实迹,且罢。"一场即将劳民伤财的大兴土木就此作罢。

二

嘉靖十九年(1540年)正月初一,三十三岁的明世宗病了。一大早,朱厚熜命随侍太监到左顺门晓谕等候的百官，今日免朝贺。首辅夏言与阁臣顾鼎臣带着众臣跪在左顺门外，朝着皇帝的寝殿方向行大礼，为皇上贺正旦节，然后散朝。

礼部尚书严嵩随着众人走了一段路，又折转回来，径直到司礼监来找黄锦。

黄锦是河南洛阳人氏，正德初年进入皇宫，后被选入内书堂读书。由于他聪明机敏，学识出众，被分配到兴王府做世子朱厚熜的伴读。这一次的阴差阳错，使得他的命运发生了重大变化。

朱厚熜继位之后，黄锦作为明世宗的伴读也一飞冲天，由王府的太监成为御用太监，后又先后调任尚膳监、司设监、内官监太监。嘉靖十二年（1533年），黄锦被封为司礼监金书。

现在，内阁只有首辅夏言和顾鼎臣两人，而首辅夏言不为皇上所信任，顾鼎臣只是一个青词高手，没有主见，而且身体一直不好，明世宗屡次严责内阁办事不力，许多事情都是越过内阁交给礼部尚书严嵩办理。在这个节骨眼上，严嵩觉得自己离入阁只是一步之遥。首辅夏言对自己怀有成见，自然不会帮自己，况且其自身难保，他只有找黄锦打听一下皇上的意图。

严嵩看见黄锦，纳头便拜，说道："严嵩给黄公公贺岁！"

黄锦尖着嗓子回道："严尚书是朝中大臣，哪里有给下人奴才拜年的道理！"

严嵩见黄锦伸手来扶，顺势将一包金子递上。

黄锦揣进怀里，笑着说道："这是怎么说的，让严尚书破费了。咱家就是一个侍候皇上的奴才，只会端茶倒水，严尚书进屋喝杯茶吧！"

严嵩笑道："朝中大臣谁不是皇上的奴才。黄公公是司礼监的金书，您的那支笔可是能进退大臣，连内阁也不敢小看啊！"

黄锦闻言，说道："严尚书的心思，奴才也清楚。皇上也有意动一动内阁，现在龙体欠安，我替您盯着呢！"

严嵩千恩万谢，出宫回府。

正月十三日，明世宗下旨，命翟銮以原官太子太保礼部尚书兼武英殿大学士入阁。翟銮是弘治十八年（1505年）的二甲进士，与崔铣一起入翰林院为庶吉士，升编修，晋侍读。嘉靖初年，升为礼部右侍郎，后以吏部左侍郎入职文渊阁。嘉靖六年（1527年），升任大学士，入阁参与机务，成为阁臣，后丁母忧回乡。明世宗南巡时，为防西北边镇有警，命翟銮到宣化巡边，加封翟銮"诸边文武将吏咸受节制"，遇事便宜区处，并携带钦命巡行边务关防大印和太仓（国库）银五十万两，去辽东、蓟州、宣府、大同、偏头、延绥、宁夏、固原、甘肃等"九边"，犒劳边军。夏言知道严嵩蠢蠢欲动，急忙拟诏，以明世宗有病，急召翟銮返回京城，并举荐翟銮再次入阁。

严嵩恼怒异常，从此，将矛头指向翟銮和夏言，两人都为严嵩所谋，被先后罢相。夏言最终被严嵩构陷，遭杀身之祸，这是后话。

三

三月的南京，正是桃红柳绿时节，崔铣难得清闲，就在租住的客居里沏了一壶新茶，命仆人去南京兵部请湛若水大人来赏春。

不一会儿，湛若水到来，笑着说："子钟好雅兴！好香，是什么茶！"

"今春的龙井。"

"还是礼部好啊！有人送茶。"

"我的一个弟子在杭州任职，每年给我捎来一些，自然是好茶。"

"好茶知时节。独品乐，与人品乐，孰乐？"湛若水打趣道。

崔铣与湛若水是同年，也都是当世大儒，而且，湛若水比崔铣年长十二岁，今年该有七十五岁高龄。崔铣笑道："你也是古稀之年，还独乐孰乐的，快来乐吧！"

在一旁侍茶的婢女小菊忍不住扑哧笑出声来，脸一红，转身回屋了。

湛若水问道："夫人过世已经快二十年了，我看这个婢女端庄大方，又善解人意，你还是收入房中，也好有个人知冷知热。"

崔铣摇头道："仅供洒扫，即足矣！"

在崔铣心里，二十年都过来了，当年没有续娶，就是心里实在放不下别人。现在已经六十三岁，都可以做小菊的爷爷了，这样一个好孩子，不能坑人家一辈子！

崔铣想起严嵩，问道："在詹事府时，夏首辅言及有人想借机上位，暗指严嵩，看来两人已经水火不容了。"

湛若水说道："我也听人说严嵩逢迎皇上，恩宠有加，除了皇上，已经什么人都不放到眼里了。图进必揽权，揽权必纳贿，严嵩也不例外，现在贿声已起，频遭言官弹劾。"

崔铣问道："可有什么消息？"

湛若水说道："听说自从皇上南巡，诸位藩王请恤乞封，严嵩管着礼部，暗中指使其子严世蕃大肆纳贿，朝野风传严嵩父子为大小尚书。听说，吏科给事中蒋廷宠联合南北科道劾奏严嵩父子？"

崔铣说道："我也听说西安秦王府一个郡王的两个儿子争夺爵位，重金贿赂严嵩。唉！这是我辈同年的耻辱啊！"

湛若水叹息道："更可气的是，这些奏疏皇上竟然留中不发，只是让严嵩辩奏，听说皇上对严嵩抚慰不已，事情不了了之。依着严嵩的性子，这些科道言官今后的日子不会好过呢！"

两人相对而坐，唏嘘良久，茶也喝得淡了。

湛若水站起身，说道："今天有一件事告知子钟，我年过古稀，老疲不堪，真的是鸠占雀巢，占位妨贤了。前几日，我已经上疏，请求致仕，不日就会有旨。"

崔铣闻言，恋恋不舍："甘泉先生是朝廷重臣，更是理学鸿儒，德高望重，崔铣之不及，我更应该辞禄归田呢！"

嘉靖十九年（1540）五月，湛若水获准致仕回乡，他沿东南山水游览讲学而归。回到故乡广州府增城甘泉都后，在府第附近建"天关书院"，从者入云，弟子多达数千人，遍布大江南北。

湛若水从小师从大儒陈献章，得其真传，成为白沙学说的衣钵传人。入仕后，历官两京。正德年间，湛若水丁母忧，服满后到西樵山书院讲学四年，声名大噪。嘉靖初年，湛若水从翰林院侍读晋升为南京国子监祭酒，先后在南京、扬州、番禺、增城、南海等地开设书院，讲授理学，不遗余力地传播白沙学说。

湛若水一生以兴办学校、传播理学为己任，他平日除简单的生活开支外，其余的俸禄都花费于购买馆田、赡养四方学者，这些馆田分布在广州、南海、增城、博罗、曲江等地，甚至南京、扬州、安徽池州、徽州、福建武夷、湖南南岳等处也有湛若水所设的馆田。他在弘扬白沙学说时有所创新，终至自成理学的一大门派，被誉为"甘泉之学"，时人将他创立的"甘泉之学"与理学的另一大儒王阳明创建的"阳明心学"并称为"王湛之学"，分执明代中叶理学的牛耳。

嘉靖三十九年（1560年）四月二十二日，湛若水病逝于广州禹山精舍，享年九十五岁。隆庆元年（1567年），追赠太子少保，谥文简，著有《心性图说》与《圣学格物通》。

四

三月底，南京户部尚书钱如京突然病重，不能视事，户部侍郎汪珊也年老体弱，户部正在进行的清耗举废不得不耽搁下来。

户部清理耗费，裁撤不当，每隔几年都要进行一次，但因涉及权贵和各部衙门，很难办理。明世宗一再严旨，甚至革职查办阻挠官员，但总是半途而废。

内阁首辅夏言奏请崔铣转任户部尚书，严嵩暗中作梗，明世宗下旨，只是让崔铣代理南京户部尚书一职，署理南畿清耗举费事宜。

钱如京，字公溥，安徽桐城人，弘治十五年（1502年）进士。他为官清廉，正直敢言，不畏权贵，政绩卓著。尤其，钱如京在南京户部尚书任上，正逢朝廷对各部官员进行三年考绩，再获上等。崔铣为此专门写有《赠大司徒桐溪钱公考绩序》，收录在《洹词》，称赞他任职户部时"大厘国计，民乎可恤，不浮羡赀，用乎可缩，不市小惠。诸属拱手奉条，群工奉直"，表达对他的仰慕之意。

崔铣走马上任，他要以钱如京为榜样，将清耗举废一事办好，但他遇到的第一件事就甚为棘手。

明世宗南巡之后，蒋太后的灵柩南迁显陵，与兴献帝合葬，自然要对显陵进行扩建，这是何等大事，况且明世宗又如此重视生身父母的丧葬，谁敢有半点违慢！扩建显陵，魏国公徐鹏举亲自监造，朝廷还派遣内侍太监监督，所花费的银两要多少给多少，靡费至极，也有人不免从中牟利。

崔铣不管这些，亲自带人对显陵扩建工程进行核算，实行"以银算砖计日"，推算出冒支银两数额数百万计。

魏国公徐鹏举得知，气冲冲地找到崔铣，质问道："皇家陵寝你也敢如此克扣?！我看你崔铣不要命了。"

崔铣回道："魏国公少安毋躁，克扣一说，崔铣冒死也不敢。皇上严旨清耗举废，我也是奉旨行事。如果魏国公以为崔铣多事，只要上疏皇上免予显陵，崔铣万死也不敢再来打扰！"

徐鹏举语气缓和，说道："皇家陵寝，事关国体，多费些银两，崔尚书不必太认真。"

崔铣道："皇家陵寝，自有规制，任谁都不能私自增减。但冒领银两，就有侵吞之嫌。如果魏国公执意如此，我自当拜表举劾，由都察院查证，交皇上论处。"

徐鹏举担心事情闹大，无法收拾，只得同意崔铣按照核算数量予以核减。众僚佐正替崔铣捏着一把汗，见状叹服，纷纷说道："崔尚书只是代任，何必以身犯险？"

崔铣说道："钱公在任也会如此，我要对得起钱公之位！"

这次清除耗弊还涉及宫中的一个宦官魏国，他在南京置有大片的庄园，庄园内的日常购买、杂活和宴请宾客等开支，俱课敛于乐户或官妓，侵吞朝廷赋税。崔铣查实后，据实上奏，予以蠲除，交御史台查办。

南京各衙门外，经常聚集着善于书写讼词的人，名曰"抄案"。这些人常常三五成群，与官府吏员勾结，包揽诉讼，纳贿舞弊，盘剥百姓。崔铣一概予以清除，严加治理，百姓称快。

第十二章

六然堂训

安阳历史廉吏
第二卷

一

　　嘉靖十九年（1540年）八月，崔铣接到圣旨，入京进贺万寿圣节。在明世宗生日那天，礼部尚书严嵩精心安排了一场声势浩大的贺寿典仪，京官、朝官、地方官员齐聚宫禁，在玄极殿前演礼。玄极殿前高搭祈坛，一众僧道建醮祈祷，一众官员在旁陪祷。然后，明世宗登上玄极殿，接受群臣拜贺。

　　一天下来，崔铣累得骨软筋疲，尤其见到皇上如此痴迷于神道斋醮，心情郁郁不乐。

　　本来好不容易来趟京城，想借此拜访同年，但得知顾鼎臣病入膏肓，陆深已经辞官回故里浦江，严嵩他也不想见，实在无人可访，就准备收拾行装回南京。

　　此时朝中发生了一件令人惊诧的事情。原来，明世宗听信道士的话，只要身居宫禁，不与外人接触，一心斋醮炼丹，就可以得到不死神药。于是，万寿圣节后，就召集内阁大臣，说道："朕欲令太子监国，在宫中深居静养，等身体康强，再行亲政。"

　　太子朱载壑刚刚五岁，如何监国？众大臣惊愕万分，却不知如何劝阻，举朝无言。太仆寺卿杨最隐忍不住，上疏谏阻道："臣闻圣谕，令东宫监国，暂得静修，只不过方士之言，为调摄计耳。夫尧舜性之，汤武身之，非不知修养可以成仙，以不易得也。不易得所以不学，岂尧舜之世无仙人？尧舜之智不知学哉？孔子谓老子犹龙，龙即仙也。孔子非不知老子之为仙，不可学也。不可学，岂易得哉？臣闻皇上之谕，始惊且骇，继则感而悲。犬马之诚，惟望陛下端拱穆清，恭默思道，不迩声色，保复元阳，不期仙而自仙，不期寿而自寿。若夫黄白之术，金丹之药，皆足以丧元气，不可信也。幸陛下慎之！"

明世宗览奏大怒，以谤讪讥刺之罪将其逮下诏狱，重杖拷讯，竟然将杨最杖毙而死。更有不怕死的，群起上奏。给事中顾存仁、高金、王纳言冒死直谏，皆受廷杖之苦，或遭诏狱之罪，或被流放边镇充军。

监察御史杨爵上疏力陈："今天下大势，如人衰病已极，腹心百骸，莫不受患，即欲拯之，无措手地。方且奔竞成俗，赇赂公行，遇灾变而不忧，非祥瑞而称贺，谗谄面谀，流为欺罔，士风人心，颓坏极矣。"他直陈五大弊，为任用奸蠹、劳民不休、经筵旷废、崇信方术、阻逆言路等，最后也被诏狱治罪。

朱厚熜见群臣阻止，只得作罢，但将道士陶仲文留在宫中，赐号忠孝秉一真人，特加封少保、礼部尚书，晋少傅，食一品俸，领道教事。从此，朱厚熜在道士陶仲文的导引下，沉迷设坛建醮，闭关修炼。每次设坛建醮时，都要写一篇献给上天的青词，用红色颜料写在青藤纸上，要求形式工整、文辞华丽。礼部尚书严嵩写的一篇青词《庆云赋》，朱厚熜看后，字字典雅，词语精工，不由得称赏，对严嵩愈加宠眷，所有青词概令严嵩主笔，其也被人讥为"青词尚书"。

崔铣看到这一切，再加上身体有病，再生退意，于是上疏写道："臣一介书生，本无学术，有幸考中甲科，久任侍从文翰之官，无有功于社稷，却屡蒙厚恩，一再加官。现在，臣年过衰，才不适用，诸臣之中，最应首黜。

伏请特赐罢免，以昭圣治之严。臣不胜大幸。"

明世宗看后，批道："不允。"

<h1 style="text-align:center">二</h1>

时值深秋，十里秦淮河水澹澹，桨声月色里透出一丝寒意，玄武湖里的荷花已经凋谢，田田的荷叶失去了往昔的光泽，任人站在秋风中枯荷听雨。五彩斑斓的花儿即将谢幕之际，菊花们开始登场，城中的弄堂里，乡间农舍外，舒卷自如，恬淡清秀。

崔铣常常一个人踽踽独行，心情像南京的秋天一样，痴痴望着阳光下的菊花。有时，独坐湖边看荷，看着雨滴在水面跳跃。六十三岁，对于一个老人来说，喜欢静，静静地坐着，像一头老牛反刍往昔的时光。

崔铣十五岁的时候，跟随父亲到延安，拜广安人苏森学习《易经》，通太极卦象。进入翰林院后，在秘阁阅读了大量珍贵的有关《易经》的经典，颇有心得。后来，他将这些心得结集编著为《读易余言》。也正因为他对易学的谙熟，才逐渐形成六然箴言："自处超然，处人蔼然，有事斩然，无事澄然，得意淡然，失意泰然。"

此时，陆深辞去詹事府詹事，致仕回故乡南直隶松江府浦江东岸，正好路过南京，专程拜访崔铣。老友相见，分外亲切，崔铣硬是留住陆深，请他在南京盘桓几日，饮酒喝茶，述说往事。

崔铣问道："咱们的同窗，当年的状元郎顾鼎臣已经入阁拜相，你们来往多吗？"

陆深答道："也就是公事来往，顾鼎臣只是皇帝面前的词臣，夹在首辅夏言和阁臣翟銮的中间，难有作为。最近，听说病了，一再请求致仕，我看也是不得意而已。"

崔铣一愣，说道："他要退出来，严嵩就有机会入阁，夏言的日子就不好过了。我离京时，见过夏言一面，言谈话语之间，对严嵩还是很警惕的。"

"严嵩一味顺从上意，在皇上为父亲议礼上不遗余力，已经深得宠信，经常在西苑侍驾，入阁是迟早的事情。但有夏言在，严嵩入阁恐怕也不容易。"

"为什么？"

陆深喝了一口茶，说道："我出京时，听到传言，已经有言官上疏弹劾严嵩贪贿。"

崔铣接口问道："严嵩屡有贿声，你以为可是实情？"

陆深笑道："咱们这个同年，你看不透，我也看不透。但他的儿子严世蕃却骄横得很，听说皇上南巡回来，诸王宗藩请恤乞封，严世蕃从中游说，收受贿赂。虽然也是传言，但无风不起浪。"

崔铣问道："言官的上疏可有消息？"

陆深说道："路上，我见到廷寄，说上疏的是吏科给事中蒋廷宠，皇上看过奏疏，竟让严嵩自陈论辩。严嵩说言官劾奏我，一定会使皇上孤立自劳，群臣只是观望祸福而已。皇上对严嵩说，尽心供职，不必辞避。还当着夏言的面说，严嵩是朕亲自简用的大臣，信得过。"

崔铣摇摇头，一言不发。

崔铣接到廷寄，顾鼎臣病故。陆深叹息一声，对崔铣说："两个同窗，一个已死，一个很快入阁，人生境遇难测。我还是赶快回乡，以免家人日夜挂念。"

崔铣见留不住，只好到十里渡口送行。

转眼到了冬天，崔铣病倒了，三个月也没有痊愈，一直拖到第二年的春天。在安阳城的崔汲得知消息，派侄子崔士栗和侄女小梅到南京服侍爷爷。

　　见到长子长孙士栗和孙女小梅现在都已经长大成人，崔铣想到自己已经六十三岁，风烛残年，依然奔波宦途，眼见奸臣当道，皇帝迷恋道术，朝政日非，忠贤不得进用，不如归去。他再次上疏："嘉靖二十年正月，臣内气雍，调治不愈，喘促呕逆，昼不能食，夜不能寐，患病之期长达三月，无法到任，理应纳禄辞官调理。伏惟皇上念臣已迫桑榆之景，又久病不愈，忙无勿药之期，积有旷官之罪，深负洪恩，无以为报。乞请皇上怜臣蝼蚁之微，放臣致仕，臣不胜感戴天恩之至。"

　　朱厚熜见崔铣屡次上疏，这次又大病不愈，准他辞官回乡，养老送终。

三

　　故乡的三月，春光明媚，花团锦簇。后渠书屋前，万金渠里流水淙淙，灌溉着无边绿油油的麦田。村前，几个顽童迎着风奔跑，扯动着高高升起的纸鸢。几只调皮的燕子，来回穿梭其间。回到故乡的崔铣，望着眼前的一切，心情敞亮，身上的病也好像减轻了许多。

　　崔汲从屋里出来，看见父亲站在风里，赶紧上前搀住，埋怨道："父亲还在生病，这样站在风里怎么行？赶紧回屋吧。"

　　崔铣笑笑，说道："回到故乡，我的病就好了一大半。正值春暖花开，山水景明，看一眼，也是一味良药啊！"

　　崔汲再次劝道："父亲病久，身体虚弱，还是回屋吧。"

　　"今年渠水充沛，麦苗都干渴地等着渠水浇灌，就像书堂的孩子。"崔铣指着面前的麦地，说道："汲儿，孩子们都等着你去教书呢，你去忙吧。"

崔汲无奈，只得喊来侄女小梅照顾爷爷。两人刚回到屋子，就有人来报，说翰林院编修郭朴前来拜访。崔铣挣扎着站起来，想要迎接，只见一个人推门而入，望着崔铣执弟子礼下拜。

崔铣连忙扶起，说道："快快请起，你是什么时候回来的？"

郭朴搀住崔铣坐下，说道："朝廷派我去南京，回来路过安阳，顺道回乡看望父母。我到南京时，听说老师已经致仕回乡。我刚回到家，就来拜望老师。"

郭朴是安阳城东柴村人，生于正德六年（1511年）。郭家世代书香门第，高祖郭恭曾任藁城知县，为官多惠政。祖父郭沧也担任过县吏，秉性宽宏，心地慈惠，为人称道。父亲郭清未入仕，家里有五十亩田，房屋十数间，但他轻财好施，扶贫济困，弄得有时一家人衣食都不能自足，这种品行对郭朴影响很大。郭朴从小天资聪明，刻苦读书，十四岁就进入儒学读书，学业优异。嘉靖五年（1526年），崔铣第一次辞官回乡，在万金渠旁建起后渠书屋，收徒授课，郭朴就曾执弟子礼，前来求教。崔铣对郭朴大加赞赏，悉心指点。二十一岁，郭朴参加河南府秋闱中举。四年后，郭朴登进士第，名列二甲第四名，选为翰林院庶吉士。

崔铣想起自己当年登进士科二甲第一名时，已经二十八岁，而郭朴登进士科二甲第四名时，才二十五岁，真是长江后浪推前浪，一代更比一代强。

崔铣问道："你进入翰林院也有五年，现在任何职？"

郭朴答道："三年翰林读书期满时，已经按例晋升为翰林编修。"

崔铣满意地点点头，说道："当年，我在翰林院时，武宗皇帝被刘瑾所惑，致使朝政荒废。现在，世宗皇帝英明神武，国泰民安，但也要防止奸佞在侧，蒙蔽皇上。皇帝南巡之后，将道士陶仲文留在宫中，经常设坛建醮，弄得乌烟瘴气，你在翰林院，要多向皇帝谏言。人生在世，老师不求你做多大的官，但一定要对上忠于皇帝，对下关心民瘼，做一名忠臣、诤臣。"

"是，我虽然官微言轻，但一定会像老师当年，不畏权臣阉党。"郭朴回道。

崔铣满意地点点头。"我听说皇上南巡之后，屡次训斥内阁首辅夏言，并追回以前对他的加恩诏令。同时，对礼部尚书严嵩恩赏有加，严嵩管着礼部，自然会落井下石，希图进入内阁，取代夏言。严嵩虽然与我是同年进士，又曾一起在翰林院就职。这几年，严嵩官运亨通，我有些看不透他，对此人，你要多加小心。"

四

自从见到郭朴，崔铣的心情正如这春天的景致，病情也一天天好起来，咳喘渐渐平复，腿部瘀肿消退。他从床上下来，来到书案前，铺开一张宣纸，颤巍巍写下"六然堂"三个苍劲淋漓的颜体大字。

崔汲正好推门进来，忙劝道："父亲身体虚弱，还是不易劳累。"

崔铣轻声说道："自处超然，处人蔼然，无事澄然，有事斩然，得意淡然，失意泰然。人生处世，有几人能做到啊！汲儿，我把'六然堂'作为我书房的堂号，也是后渠书屋的院训。"

崔汲望着父亲回道："谨遵父亲诲训。"

"我交给你的《洹词》书稿，你整理得怎么样了？"

"我已经整理好了，正准备给父亲过目。"

"赵王写的序言可曾送来？"

"也送来了，前几天，我见父亲咳喘得厉害，没有给您，我这就拿来。"

"好，我看完后，你就将《洹词》书稿送去赵王府，开始刻板刊印吧。我一生读书，无意官场，自弘治十八年（1505年）入仕，至今三十五年，在朝为官不过十五年，两次辞官回乡著书授徒却达二十年之久。儒士以立言为己任，二十年间，我作的文章大多收录在《洹词》里，现在，《士翼》这部书还没有写完。上天如果假我数年，如果能毕此书债，此生何恨！"

崔汲望着虚弱的父亲，竟无言以对，只能悉心照料，来帮助父亲完成夙愿。

但令崔汲想不到的是，到了五月，父亲因操劳过度，咳喘又犯，身腿大肿，整夜无法入眠。崔铣自知大限将至，反而愈加书写不止，崔汲劝也劝不住。

到了五月二十日，崔铣已经握不住笔了，只得躺在病榻上，望着尚未完成的书稿，叹息不止。他让崔汲把全家人叫到床前，望着他们说道："汲儿，你的兄长潓儿先于我去见你的母亲，到现在已经十一年了，留下了你的侄子士栗和侄女小梅。你现在尚无子嗣，你一定要好好待他们，让他们成家立业。"

崔汲赶紧点头称是。崔铣虚弱地喘息着，停顿了一下继续说道："崔家自你祖父以来，耕读传家，清白做人。你今年也三十六岁了，虽然只是举人出身，因后渠书屋拖累，没有功名。自古儒士文以载道，能传道解惑授业也是正途。"

崔汲赶紧劝慰道："父亲，听您的儿媳说这几天妊娠反应厉害，已经有喜了，只是不知道是儿子还是女儿。"

"好，好，总算上天恩赐，无论男女，都是崔家后人。"崔铣脸现喜色，咳喘不止，用手指着书案上赵府刚刚刊印的《洹词》，喃喃说道："我能给你们留下的，只是这些书稿。"

嘉靖二十年（1541年）五月二十二日三鼓时分，崔铣溘然长逝，享年六十四岁。朝廷赠官礼部尚书，礼部议谥文敏。崔汲率家人葬崔铣于龙岗之阳，与李夫人合葬在安阳县彪涧祖茔。

同年冬天，崔汲生子崔士荣。据郭朴于万历九年（1581 年）修成的《彰德府续志》记载，崔士荣于隆庆四年（1570 年）中举，万历十一年（1583 年）中进士第，官至常德知府。

崔士荣专门请万历年间内阁首辅沈一贯为祖父崔铣作《明南京礼部右侍郎赠礼部尚书谥文敏后渠崔公神道碑铭》：

公讳铣，字子钟，一字仲凫，河南安阳人。父升，仕之参政，有廉静声。公少负奇器，弘治戊午举于乡。屡不第，与三原秦伟、马理、高陵吕楠、榆次寇天叙、林虑马卿、同邑张士隆约为刊浮笃行之学。乙丑举进士，改庶吉士，授编修，预校《孝宗实录》。戊辰同考会试，执政欲私其子，公不可，而执政子竟录于他手。刘瑾擅政，卿佐伏谒跪，公及修撰何瑭遇之于史馆门，长揖。他日，史官旅见，皆长揖。瑾怒，谓张彩曰："翰林尽白面轻浮生，铣尤甚，宜罪之。"彩不可。《实录》成，瑾矫升史官俸一级，而调部属州县以练政，公得南验封主事。瑾诛，还故官。李文正当国，好文艺。公劝以及时悟主、救民、荐贤、理财、强兵，书千余言。满九载，升侍读，告归。

嘉靖改元，召修《武宗实录》。已，直日讲。升南祭酒，明教条，正文体，日坐东堂，与诸生问难，为名司成。大礼议兴，江南北饥，人相食。公应诏言事，且曰："比主事张璁等以献议骤迁，而大学士蒋冕、尚书汪俊、修撰吕楠、编修邹守益、御史马明衡乃罢斥，御史段续、陈相、员外郎薛蕙至下狱。陛下求备礼于本生，至孝也。顾当详稽礼意，大顺物情。独任己臆，曷其有极？"疏入报，罢归。行无江南一物，诸生怅失所依。

己亥，立东宫，起为少詹事兼侍读学士，寻擢南京礼部右侍郎。抚臣王暐言："句容朱家巷，皇祖故乡，坟址具在，宜表章。"公议以为："兴王之基，失实为罔。"竟寝之。寻病，致仕，卒。赠尚书，谥文敏。

公好古敦礼，不妄取予，出处皭然。中废居洹上十六年，折中群言，广授徒以师道自任，称后渠先生。其言曰："道在五伦，学在治新，功在慎独。"不喜时之言"良知"者，以为霸儒。又曰："读经验诸行事……卒至不骇，可以御变矣；迳言不狎，可以出令矣；小物克慎，可以举大矣；仆婢服义，可以使民矣。"初为古文词，乡人或授以《文选》，公不屑，去。学《左氏》，瑰玮不袭人。尝作《述居》，其略曰："客有告者曰：'先生知今之所谓君子乎？狭小贤哲而动称唐虞，鄙劣典常而谈必性命，非神非化不言德，非寂非玄不措词。先生易和之以昌其名乎？'崔子曰：'是难言也。闻宋代有村如桃园，其民食粟饮水，不盐不酪，既朴而和，年皆累百。后通外人，致美异，更狡而夭，况乎好新重异以常为陈？陋纨绮而衣麤毯，厌脍炙而食蚬蛤，所好愈高，所失愈远。夫水诚淡谷诚粝，民可一日弃乎？彼醉口饱鲜者，且有伐生之患，况蚬蛤哉？吾见其驱民于痰疾而已。'"所著有《松窗寤言》《中庸凡》《演大学全文》《士翼》《政议》《中说考》《文苑春秋》《读易余言》《彰德府志》《洹词》，删定《二程遗书》《朱子全书》。

子滂，举于乡。孙士荥，癸未进士，今为户部郎。

五

洹水汤汤东流去，古城犹记斯人名。

崔铣死后，彰德府府学教授金白与生员张秀等人联名上疏，书云："（崔铣）杖直立朝，忤逆（刘）瑾而谪官，终不折节；抗疏议礼，弃祭酒而致仕，亦不动中。武庙罢讲，乞休林野；今上即位，荐起经筵。裁两朝之国史，正万代之纲常，固南（畿）诸生赠以'忠孝全名，出处中道'云。宏才硕德，望著朝廷；履道敦行，范垂礼俗。著述羽翼乎六经，教化誉髦乎多士。林居二十载，抱节益坚；被荐五十疏，愈加晦约。教授生徒，激励风化；力倡古学，崇正文体。登第几十灭载，家无蓄藏；述作累数千言，道益明著。造就人才，甄陶士类，诚后学之表极，实昭代之儒宗！堪以崇祀学宫，以励风化。"

彰德知府高鸾是嘉靖八年（1529年）二甲进士，对崔铣极其仰慕，到彰德府任职，更想玉成此事，于是，具文呈报河南督学批准，以乡贤入祀学宫。嘉靖二十三年（1544年），河南巡抚李宗枢到彰德府巡视，专门到学宫祭祀崔铣，从此，历任彰德知府到任，必到学宫致祭。

隆庆元年（1567年），内阁大学士郭朴致仕回乡，执弟子礼亲自到学宫致祭，并作有《崔文敏公传》。

乾隆三十六年（1771年），彰德知府黄邦宁刻印崔铣《洹词》，并亲自作序。他在序言中写道："邺郡为古相地，自汉魏以来，名臣良将，理学鸿儒，指不胜屈。其丰功伟绩超前轶后，可称三不朽者，则惟宋之韩忠献。有明时，崔氏后渠先生继起焉。先生心傅洙泗，学本性天，其行己立身卓然不苟，而委蛇朝右，黼黻皇猷，又炳炳烺烺为中流之柱石。洹词一帙，特绪余而已。呜呼！士生斯世，气节风裁可以肩大任而振末流，如二公者，讵不为郡邑增重耶。顾忠献翊事两朝，出将入相，而垂绅正笏厝天下于盘石之安，虽时代屡更，莫不乐称其名而志向往。公之品望，不亚忠献。自明迄今，仅二百余年耳，学者未尽悉其梗概，岂其才其德有未逮，与抑其遇未尽隆，而业有未竟也。"

安阳百姓为纪念这位明代大儒，在崔铣曾经住过的地方建有崔铣祠，将所在的巷子称为"小颜巷"，将他比作孔圣人弟子颜回，称赞他像颜回一样"居陋巷，回也不改其乐"一代大儒的品行。

束发厌喧嚣，闭户恣探搜。

暂尔舍琴瑟，于兹漫追游。

犬吠石门深，钟鸣山寺幽。

烟林暖如雾，云树凄于秋。

清泉涤尘襟，丹崖豁俗眸。

水声涧底响，塔影峰尖浮。

振衣千仞岗，濯足万里流。

慨然慕斯人，邈然寡其俦。

这首崔铣所作的《清凉山》一诗，读后不禁令人遐想，追慕斯人！

2020 年 8 月 5 日定稿

崔铣《洹词》选译

　　崔铣一生著述甚丰，卷帙浩繁，尤以《洹词》成就最高。崔铣以二甲第一名入仕，官至南京礼部侍郎，官秩虽然仅为正三品，但学术声望堪称一代大儒，死后赠礼部尚书，谥号文敏，《明史》将他列入儒林传。

　　清朝乾隆时期，彰德知府黄邦宁为《洹词》作序，序中说道：安阳为古邺都，又称相州、彰德府，汉魏以来，名臣良将、理学鸿儒指不胜屈，其丰功伟绩超前轶后可称三不朽者，则惟宋代韩忠献和明朝崔铣两人而已，气节风裁可以肩大任而振末流，又炳炳烺烺为中流之柱石。

　　《洹词》是研究明代理学思想演变和官场政治史实的经典著作，但由于文词简约，用典古奥，至今没有引起学者注意，更无全本点校或译注，仅见河南周国瑞先生的《崔铣洹词选》点校本。20世纪90年代，中学课本选编其中《记王忠肃公翱事》一篇。今选译数篇，以飨读者。

乙丑同年便览录序

　　黄御史希武编次乙丑同年录，属冯无锡景祥刻之，而以序属铣。吾三人者，皆见于录中故也。凡举进士必有登科录，姓名、郡邑之类皆在焉，复编此者，以省叙也。以省叙者，便览也。其便览者，为有事于四方者也，同年有世讲之义，自吾之身而即忽且忘焉，至薄也。过其里庐而若罔知涂之人也，以同年流而为涂人，其可悲也。已是，故开卷之际，存者、没者，升与沉者，感其所遇之异。而吾则无异视也，率吾党而敦友道者，必是录矣。夫友道有二焉，礼也，义也。其情笃者，其礼完；其分深者，其义重。礼不完则隙之所由生也，义不重则市道之为也。是故，生相问也，庆相贺也，没相吊也，是之谓礼。进必相引以贤，毋或妒也；退必相要以正，毋或系也；患难必相扶持以全，毋或陷且弃也，是之谓义。皆将于是录考焉，於戏！率吾党而敦友道者，必是录矣夫。

译文：

　　南京提学御史黄如金（字希武）编纂弘治十八年（1505年）科举同年录，托付南直隶无锡知县冯应奎（字景祥）刻印，而嘱我为之写序。我们三个人，都在这本同年录中。大凡每一科进士，朝廷都编印一本登科录，登载着殿试者的姓名和祖籍郡县之类。编纂这本同年录，为的是同年之间相互叙旧时送给他，以方便查阅，为的是将来大家天南海北之后有事便于联系。同年之间有世讲之谊，如果从同年这一辈就相互遗忘，确实是薄情寡义啊！有一天从贵乡家门经过，相互不认识，同年之间成为陌路人，实在是可悲啊！他日相聚，开卷之际，谈及健在者、亡殁者，人生浮沉，一定对人生际遇不同而感慨。而我一定会一视同仁，珍视同年之间的友谊，对朋友以诚相待，这也是编纂这本同年录的意义所在。朋友之道有二：一是礼，二是义。越是友情深厚的，越要以礼相待；越是交往深的，越要以义为重。朋友之间不以礼相待，就会产生隔阂；朋友之间不以义为重，就会与市井之徒一样。所以，平时要经常相互问候，有了喜事就相互恭贺，亡殁了就要慰问死者家属，这就是朋友之礼。得意时就要举荐那些有才德的同年，不能相互嫉妒；失意时就以平和的心态去努力，不要自甘堕落；遭遇灾难相互之间要扶持周全，不要落井下石或弃之不顾，这就是朋友之义。我所讲的礼和义，都将从这本同年录中得到验证。呜呼！珍视同年之友谊，对朋友以诚相待，这正是编纂这本同年录的意义所在啊！

翰林庶吉士题名记

士而仕于朝，自一命以上皆有所职，少怠则黜罚加焉，惟翰林庶吉士仕矣，而以读书为职，则犹夫士也。是故，处之禁署以专其志，给之既禀以裕其家，阅之载籍以博其见，督之文臣以稽其业。自永乐甲申至弘治乙丑，若干科若干人矣。於戏！士不逢时，犹且学圣人之学，以植己而济民，况待于上之人乎哉！夫三年养之，数十年用之，薄养而厚用，寡蓄而大发，而欲尽获其效，不亦难乎？予闻处事变者存乎才；烛显微者存乎识；妙感应者存乎德，成是三者，成乎学。则夫后世之学，代更世易，各出其见，而欲得其真，固难矣。即有之，而咻群和寡，能坚而不变，则又难矣。学果非真，则才失之邪，识失之陋，德失之颇，而诿曰："用之勿求备。"非予所知也。院旧未有题名，学士某创为之，录其名考实也，勒诸石垂久也。虚其左，俟续也，纪以文厉同志，且著鉴戒也。

译文：

读书人入朝为官，朝廷一旦任命官职都会有所职掌，稍许懈怠就会受到责罚，甚至贬官，唯有翰林庶吉士是以读书为职，犹如仍是一个读书人。为此，朝廷专门将他们安置在宫中近侍官署以便专心笃志地学习，发给俸禄使他们的家人生活得到保障，开放馆阁所藏典籍以广见博识，任用翰林学士为之传道解惑。自永乐二年（1404年）明成祖开始设立翰林庶吉士制度以来，到弘治十八年（1505年），已经有若干科若干名翰林庶吉士。呜呼！读书人如果生不逢时，犹然潜心圣人之学，以修养身心，至于造福百姓，更何况现在这么好的条件！作为翰林庶吉士，朝廷用三年之期让他们进行深造，然后数十年为官，也算是养之为用，蓄而待发，但仅仅靠这么短的时间，要想获得最大的收益，不也是很难吗？我听说：突然面临变故而能泰然处之，取决于你的才能；能从平常的事物中洞察深刻的道理，取决于你的见识；能用言行去感化别人，取决于你的品德。如果一个人具有了这三种，就可以说学有所成。然而，孔孟之道历经世代变迁，后世学者各逞其说，要想得其真传，已经很难了。即使有人倡导，也是曲高和寡，真正能做到不随波逐流的，则又很难啊！一旦偏离正途，才能就会邪曲，见识就会卑陋，德操就会偏颇，并且推脱说："用人不能求全责备。"这正是我所不能理解的。翰林院有一块照壁，上面没有题名。这块照壁是某学士掌院时建造的，为的就是录下入院的庶吉士名字，可在石碑上流传下来，以便考按实情。现在，我们这一批翰林庶吉士将要录下姓名，我写这一篇题名记，与大家共勉吧。

五吏篇

深文链法，此苛吏也，而世尚之曰"法理之吏"；饬外修誉，此伪吏也，而世尚之曰"严明之吏"；逢颜逆向，此佞吏也，而世尚之曰"恭谦之吏"。暴敛厚征，此贼吏也，而世尚之曰"功能之吏"；巧征斛取，此贪吏也，而世尚之曰"材干之吏"。近臣徇私，爱而称之。世主采浮，称而礼之。礼之，则加赏焉。反是，虽张季之平，卓茂之真，延寿之正，阳城之宽，张堪之清，近臣徇私，恶而毁之；世主惑群议而弃之，弃之则罚加焉。非介士，必因赏而改心，因罚而渝节。

五吏者，治之蠹，而贪为之源也。夫贪，匪以自养己也，必遗近臣以求誉，于是取之豪右，豪右复取之细民。取之豪右，什去其五矣；取之细民，什去其七矣，久则罄。夫徒贪，民不慑，而获微也，必制以苛，苛必能。而后行，必覆以伪。伪则欢民，而恐上闻，必悦以佞。佞非征敛，无以自见也，必肆以贼。如是，然后可以遂贪。是故，五尚行而吏不良，五吏兴而民不安，求国长治，弗可得矣！

译文：

一味严刑峻法的官吏是苛吏，却有人标榜为"法理之吏"；靠伪装获取名誉的官吏是伪吏，却有人标榜为"严明之吏"；逢迎唯上的官员是佞吏，却有人标榜为"谦恭之吏"；横征暴敛的官员是贼吏，却有人标榜为"功能之吏"；巧取豪夺的官吏是贪吏，却有人标榜为"材干之吏"。皇帝身边的近侍之臣对此等五吏徇私而称赞他们，皇帝听信夸赞的言辞对他们加以礼遇，甚至会给予奖赏提拔。那么，即使像汉文帝时廷尉张释之执法持议公平，汉元帝时密县令卓茂为政官民信服，汉宣帝时颍川太守韩延寿重视教化百姓，唐德宗时道州刺史阳城爱民如子，光武帝时渔阳太守张堪立身清廉，只要近侍之臣厌恶而诋毁他们，皇帝被群言迷惑对他们弃之不用，甚至贬黜罢官。这样的话，如果朝野百官不是耿介之士，就会为了获取奖赏而改变心志，因为担心贬黜罢官而败坏节操。

五吏是国家治理的蠹虫，贪得无厌是产生五吏的根源。五吏之贪，不只是为了自己中饱私囊，一定会贿赂皇帝身边的近臣求取名誉，这些钱财看似取之于豪强大族，最终是豪强大族取之于百姓。他们从豪强大族家中取走十分之五，豪强大族从百姓家中取走十分之七，久而久之，百姓家中就会被取之馨尽。如果只是贪得无厌，百姓又不惧怕官府，就没有效果，朝廷一定会制定苛政，苛政就会产生五吏。然而施行苛政，一定会掩盖巧取豪夺的行为。虽然掩盖，但一定会滋扰百姓，并且担心皇上听到，一定会取悦皇上身边的奸佞之臣。这些佞臣没有亲自去敛财，看不见百姓的困境，任由五吏横行无阻。这样，更加满足了朝廷的贪得无厌。所以，五吏得到重用则吏治败坏，五吏大行其道则百姓无法安定，欲求国家长治久安，是做不到的啊！

汤阴县修城记

正德六年春，蓟盗起围城，杀长吏，薙民如草。秋八月，彰德府通判郑公如皋奉台檄，修汤阴县城而大之。夫什立里甲，什立长使，第稽劝号。以四钲鸣则咸捄，以度不鸣则筑。越十有八日，而成其围八百四十九丈，其高二丈有五尺，其基阔三丈。自基以上敛之，其短墙一千二百四十堵。其濠阔深均二丈也。南北月城，二城楼。六铺，二十四所。又修弓矢炮，置快手，使习之。十月初，贼刘七果以贼众来攻城，贼火且射，越二日弗克，攻去。七年二月，贼又来攻城，又弗克，南去攻胙城，官民半死焉。贼党杨虎渡河，赵鐩、刘三遂连破西平、上蔡十余城。太史氏曰：於乎！自贼之起也，郡县唯视城为存亡。坚者，全敝者；无者，殱。嗟乎！民之患惨矣。

译文：

　　正德六年（1511年）春天，蓟州贼首刘六、刘七发动民变，起兵围困城池，杀死州县长官，百姓更是尸横遍野。秋天八月，彰德府通判郑如皋接到朝廷旨令，尽快修复加固汤阴县城防，并在城池原来的基础上予以拓建。按照里甲制度，十户为一甲，十甲立一里长，负责管、教、养、卫诸多事务。如果周边有警就敲击钲铙传递信号，里甲民户都来救助；里甲之外，则筑城自保。汤阴城维修加固费时十八日，新城围长八百四十九丈，城墙高二丈五尺，护城河宽三丈。城墙下宽上窄，城头矮墙一千二百四十堵。护城河均深二丈。南、北城门建有瓮城，城门上起城楼。全城设立六个巡检司和二十四个卫所。同时，整修弓箭、炮石，募民充役，对乡兵进士训练。十月初，刘七果然率兵来攻城，举火射入城上，连攻两天没有成功，不得已撤围而去。第二年二月，贼兵再次前来攻城，又没有成功，向南去进攻滑州胙城，城破后一半官民被杀死。贼首杨虎领兵渡过黄河，手下赵鐩、刘三接连攻破西平、上蔡等十余城。崔铣感叹道："呜呼！自从变贼兴起，各州县唯有靠城池来保护民众。城池坚固，民众得救；被攻破，必遭屠戮。唉！那些城池不坚固的百姓实在是悲惨啊！

张御史治路记

　　河东人曰："河东盐行四方，公私咸利之。"运司东南二十里，曰青石槽，道狭而险，如永巷然，长七里，徒者、负者亦艰行。自槽之南，如陕州中有曰张店、曰茅津者，凡六十里，有土坡高二十丈，沟深则半之，两崖对立，而中隘。正德八年秋，张御史取河津稷山工百三十人，芮城安邑夫六百人，凿石槽深一丈有奇，阔倍深之，一石槽平，旅说之。已，又取平陆夫七百人，治张店茅津，弘隘刊峻，既月，张店茅津又平。佣者杀其直，负者余其力，马可交互驰，车可并行，旅大说之。又曰御史初询于王运使，宣平陆申知县纶，又询于众，谋协而举民，故安均力；明禁毋敢买逸民，故偕；因势而治之，不与险争功，故速成。太史氏曰：张御史者，安阳张士隆，字仲修。

译文：

　　山西黄河以东地区的人说："河东出产的盐卖往各地，官府和百姓都得到利益。"河东都转盐运使司往东南方向走二十里，到达安邑县一个叫青石槽的地方，道路窄小而险峻，像一个狭长的小巷，有七里长，人货通行非常困难。自青石槽向南六十里，途经陕州的张店、茅津等，中间有一土坡，坡高二十丈，坡临深沟，深达十余丈，两侧山崖峭壁相对而立，坡路穿行其间，异常险要。

正德八年（1513年）秋天，河东巡盐御史张士隆在河津、稷山两地募集民工一百三十人，在芮城、安邑两地征集夫役六百人，开凿石槽一丈多宽，沟涧也加倍深挖，青石槽道路得以平缓，商旅便于通行。完工后，又在平陆招募民工七百人，对张店、茅津的土坡进行整治，拓宽隘口，削平险要，一个月完工，张店、茅津成为通途。从此，货物降低了费用，运输节省了气力，马队可以相向而行，车辆可以并驾齐驱，商旅非常高兴。还听说巡盐御史张士隆先向王姓巡盐御史了解情况，又叫来平陆知县申纶和众僚属一起商议，详细制定方案，才开始招募百姓，所以没有劳民伤财；他还明令各府县禁止强行摊派，所以没有惊扰百姓；采取因势而治的办法，不过分追求巧夺天工，所以很快完工。崔铣说："这个张御史，就是安阳人张士隆，字仲修。"

守略

夫守之道一，所以行之者三。何谓一？曰："安民。"一郡之命悬于守，以恩则父，以政则长，以教则师。恩洽而父道备，政平而长道行，教兴而师道立。其生也怀，其久也思。何谓三：曰明、曰惠、曰断，周则为明，知幽之谓周。安危休戚，自小后夥；是非贤否，虽显易淆。辩早析精，斯为明矣！情则为惠，合性之谓情。敦行右良，惟民之好；抑末去僻，惟民之恶，斯为惠矣！勇则为断，从义之谓勇。见审而不眩，事当而不移。勿以势临而回，勿以利小而足，斯为断矣！惟能断，而後明有所不能蔽，惠有所不能格。

译文：

郡县长官的根本只有一个，而要实现这个根本的途径有三个。一个根本是什么？就是安民。郡守掌握着一郡的政令，以父亲的身份布施恩德，以长官的身份处理政事，以先生的身份教化百姓。遍施恩德，父亲的职责就尽到了，政事平和，长官的职责就履行了，文教兴盛，先生的职责就实现了。百姓才会一辈子感恩，长久地思念。三种办法是什么？是明察事理、惠及百姓、处事决断。做事全面而完备就是明察事理，探寻事物本质就可以做到做事全面而完备。无论好的还是坏的事情，都是由小渐渐变大的；无论对的还是错的，看着容易辨识其实容易混淆。如果早早辨识精准，才能称之为明察事理。出于真情才能恩及百姓，合乎人之常情才能称之为出于真情。劝勉良善使之成为百姓喜爱的，抑制陋俗使之成为百姓厌恶的，才能称之为惠及百姓。敢作敢为才能做到处事决断，遵从道义才能称得上敢作敢为。思虑周密而不迷惑，遇事担当而不改变，不以形势变化而退却，不以利益微小而满足，才能称之为处事决断。只有做到处事决断，然后才能明察事理不被蒙蔽，惠及百姓不会间断。

说竹

直庵张翁之寿也，铣作《说竹》寿之。曰：夫理周而辞寡者，要言也；旨肤而辞辩者，费言也。故养浅者露，行浮者饰，可以名近而废於恒，可以说俗而病於哲。夫华一日、二日，非不嫣然美矣，旬而衰，再旬而尽。柳，天下易生之物也，数岁则瘁矣。昔肩吾子问于师曰："君子何贵于竹与？"曰："其苞则固，而进则渐也；其外则淡，而节则坚也；其干则约，而用则富也。"夫不迅其发，则气益结；不膏其艳，则本益坚；不杂其体，则用无折。夫霞朝烂而夕散，月盛采而旋暗，雨暴注而速霁，潦倏长而遂涸，而况於无实者乎！故诗曰："绿竹如箦"，言其德也。是故德而不寿，未之有也。

译文：

张直庵老先生寿辰之日，崔铣作《说竹》这篇文章为他贺寿。自古道，用简约的言辞能将事理论述得很完备，可称为切要精妙之言；用雄辩的言辞仅仅讲述了一个很浅显的道理，这就是冗长无用之言。所以，修养不足的人往往才华外露，举止轻浮的人往往哗众取宠，这样的人虽然容易出名但很难长久，容易让人喜欢但缺乏智慧。就像一棵树，花期只是一两日，并不是不具有姹紫嫣红之美，只是十日就凋谢了，再过十日就凋零已尽。杨柳是天下最容易成活的树木，生长几年之后就生病而死。古代隐士肩吾子向他的老师请教说："人们为什么把君子比作竹子呢？"老师回答道："竹子的根部扎得越深，生长得就越高；竹子的枝叶疏简，竹节就越坚韧；竹干粗壮，它的使用价值就越大。"竹笋埋在地下很长时间才生长出来，长势就会更加旺盛；不需要开花结果，竹干才更加坚韧；竹干上枝丫很少，使用的时候才不易折断。朝霞灿烂但晚上就会消散，圆月明亮但遇到云雾就会昏暗，大雨狂暴但很快就会雨过天晴，河水湍急但因为蜿蜒漫长终将干涸，更何况言辞没有真知灼见呢？所以《诗经》上说："绿竹一片葱茏。"是采用比兴的手法，言君子之德。所以，有德行而不长寿的人，自古就没有。

使答

刘史问使于崔子。崔子曰："使之为道也，有三德焉。辞以发其情，仪以颐其礼，信以昭其节。言据典章，气兼婉直，辞矣；巽而不诎，端而弗遂，仪矣；伸义折违，明介洁迹，信矣。昔者，周之盛也，礼达而世乎，教明而世习。逮其季世，角势程力，列国之交，安危视使，是故，信或不足矣。然其崇敬申典，一时之安可致也。战国而下，交与国者，尚乎诈；交夷狄者，尚乎利。苏武、富弼之使，其庶矣乎，他鲜闻焉。故曰："斗筲之器，何足言哉！"

译文：

刘史官向崔铣请教如何做好一个奉命办事的使者。崔铣答道："奉命出使的人，需要具备三种品德。言辞是用来表达情感的，仪态是用来宣示礼节的，诚信是用来彰显信用的。说话要有理有据，气度要刚柔相济，这是使者的言辞。谦逊而不卑不亢，端庄而不轻易顺遂，这是使者的仪态；提出主张而不改变，为人耿介并且做事清白，这是使者的诚信。远古时候，周朝之所以强盛，就是因为礼仪完备并且世人讲信用，政令明白并且世人遵从。等到了周朝末期，诸侯国之间相互较量逞示力量，使节往来不断，国家的安危全靠使者，所以，诚信或显不足。然而，列国崇尚恭

敬的仪节，遵从周王的命令，短时间的安定是可以实现的。进入
战国时期以后，国与国之间的外交，相互欺诈；中原诸国与夷狄
外族之间的外交，则是相互利用。汉代苏武、北宋富弼这样的使
节，已经很少了，也没有听说过还有其他像这样的使者。《论语》
里孔子说过："这些器量狭小的人，都不值得说啊！"

文答

李沔阳问文，崔子曰："理之载于书，犹名之登于册也。有名而无其人者，谓之诡。"故物必有窍也，理必有会也。得其窍而后能悉其情，得其会而后能比其类，其行也必恕，其言也必中矣。夫偏者，滞于形；荡者，荒于远；疏者，见有隙；浮者，践不给；拘者，冒其迹；亿者，罔其物。故溺俗者，类常；造精者，类奇。不知常则德不新也，不知奇则怪可惑也。夫备事而言，谓之虚；感事而言，谓之实。言虚者莫辩乎易，爻则即事以著象；言实者莫辩乎诗，辞则假物以章情。昔者，圣人观天地之宜而作易，察草木之性而制医，聆金石之鸣而作乐，故不探物之赜者，不可以言行也；不履物之变者，不可以言文也。是故，诸子之辞偏，异端之辞荡，狂士之辞疎，躁人之辞浮，腐儒之辞拘，摩士之辞亿。

译文：

沔阳知府李濂向崔铣请教如何作文。崔铣回答说："书本上记载的道理，就像一个人的名字登记在册。有其名却没有这个人，谓之无中生有。"所以，任何事物一定有其诀窍，事理一定有其精要。掌握了窍门就便于了解事物的全面，明白了精要就可以类比出诸多事理，那么他的行为就一定会符合恕的原则，他的言语就一定会遵从中庸之道。一旦偏颇，就会被事物的表象所迷惑；

一旦放纵，就会离题万里；一旦疏漏，就不会严谨周密；一旦浮夸，就会不符合实际情况；一旦固执己见，就会以假充真；一但主观臆断，就会被事物表象所蒙蔽。所以，沉溺于媚俗的，一定会失之于平常；执着于完美的，一定会过分追求新奇。不知道什么是平常就不会推陈出新，不知道什么是新奇就会被奇怪的东西所迷惑。只是罗列一大堆事物而没有提炼，这样的文章言之无物；针对一件事有感而发不具有普遍性，这样的文章太就事论事了。没有提炼的人不理解"易"的道理，"爻"就是从事物表象提炼出的规律；就事论事的人不懂得"诗"的道理，诗歌就是借物抒情。古时候，圣人通过观察天地的变化写出《易经》，考察草木的禀性发明了医术，聆听金石的声响制作了音乐，所以，不探寻事物的奥秘，就不可以谈论如何做事；不经历事物的变化，就不可以谈论如何作文。总之，春秋战国诸子之言失之于偏颇，之后的异端之言失之于放荡，狂士之言失之于疏陋，躁进之言失之于浮夸，腐儒之言失之于固执，摩士之言失之于臆断。

序医

予官京师十年，思得当世穷本达真之士而友之，又求之方技，冀得其人。夫事者，势之所留；物者，化之所成。知几，斯可与运势也；执枢，斯可与布化也。二者达，而天下之故可尽矣。王医坤者，蜀人也。王医之治医也，通于黄岐之言，他无所溺心焉，故能思于为化之故，而察物之宜。其疾燠也，不必以燠治之；其疾寒也，不必以寒治之。尝有二人焉，劳者羸欲死，燠者口行血，王医以黄治劳，以温治燠，药入而疾去。故疾之生也，一气之陂而已，侵乎他经，而激于所逆。然后诸体病，眩於所发，而晦其自，虽日投药，非徒效之不可得已，而益挠其气，则又有害焉。是故，上医亡疾，消疾者次之，治者为下。於乎！明斯义也，治天下其如示诸掌乎。

译文：

我在京师做官十年，想与当世探求本源、通晓真理的人做朋友，还希望找到一个精通医术的人。事是一种势的表现，物是一种变化的结果。明白了其中的奥秘，就可以与他谈论命运的走向；抓住了关键，就可以与他谈论施行教化。通晓这两个方面，就可以明白天下所有事情的原委。医者王坤，四川人。他不仅钻研医术，还通晓岐黄经络之学，其他都不太重视，所以能够对事情变化的原因进行思考，对事物的合宜进行考察。一种发烧的疾病，不一定按照退烧的方法去医治;一种疾病发冷,不一定按照祛寒的方法去医治。曾经有两个人,其中一个因五脏劳损而羸弱将死,另一个高烧不止口中吐血,王坤却以岐黄之术医治劳损病人,用温补之法医治发烧的病人,药到病除。疾病的出现,是气血瘀积而已,侵入到经脉,气血因阻逆而激出疾病。然后,疾病缠身,头昏目眩,气色晦暗,虽然每天用药医治,不仅没有疗效,反而更加阻挠气血流动,加重病情。所以,最好的医者是让人没有疾病,其次是消除疾病,再次才是治病。呜呼!明白了这个道理,治理天下也如在他的手掌中啊!

喻间

翰林先生谢病还郡，笃志于六经，屏事绝交，以著述为业。客有间先生者，为其不能建绩立名，乘势取贵，学迂而难就志，特而寡助。先生悉以法言喻之，分为上、下二篇，匪垂后闻，聊谂同好。

上篇

客间先生曰："士胡为而仕也，莫非求以成其名利乎哉。朱云请剑于万乘，申狄负石於一朝，名者归之。孙弘十载而相，范雎一见而侯，利者都焉。先生直玉堂之署，执经人主之前，十有四年矣，位不过为郎，未尝出谠言上摩人君，次取重当世。今乃艺粟于棘亩，灌蔬于斗园，入甘藜藿，出乏舆从，省侯不式庐，法史不走牍，或者先生之有遗行，与何其进退之谷也。"先生笑曰："君子不干乎名之昌，而虑乎几之难；不慕乎人之爵，而忧乎心之枉。大瓠之穿萌于线隙，霄木之成芽于直苞，故已遂之欲刃，蹈之而弗回，可贰之心，厮谈之而能悟。昔张良借重于四皓，触龙推爱于男子，邹阳发悟于长君，李泌全嗣于存侄，故不当其几者不可言，不得其交者不能沮。道有卷舒，言有昌括，饬危词而浮于所患，掎陂识而救其已成，立己之名，扬主之过，假信之文，希主之宠，非忠臣之用心也。且夫耽风檐者痹其肢，嗜甘醴者毒其肺，故君子不以一时之便，而易终身之安；罔为口体之细，而遗道义之重。衣纨绮者人侈其观，富田园者佣利其直。是以於陵灌园而辟相，邴丹免秩而养志，其取于世也廉，其责于己也厚；其身可抑，而其志不可夺；其生可戕，而其道不可折。子不见当世之大人乎，方其得志，奴仆舞势，逮其受戮，妻子冒辱；又不见当世之君子乎，饰伪要誉，人皆趋之，伪发行露，人皆恶之。夫吏之渔于民也，唯嫌其微，及陷于刑也，唯憎其巨，曷若守清正之节，甘退让之分乎。夫蛟龙之潜，鱼鳖溷之，一旦升霄蹑昊，则沾濡下土。夫大者，小之惑也。"

下篇

客问先生曰：尝闻为高必因丘陵，为下必因川泽，盖言亡因者之必毁也。往者，宋世尚言诸子以兴，谈理者赜探于幽眇，摛文者藻衍于丽丰，学者到于今宗之，剽其绪文，加之笔削，沨沨乎不可尚已。先生远取古人之文，施之今日，故劳而少绩，久而亡称，将恐先生取诛于君子也。先生曰：俞夫圣贤之作也，非徇众而为同，非诡论而求异，明天地之宜，张纲纪之正，循经而定行，因变而立度。若夫，语幽而非真，发政而寡当，贲浮淆，实烦辞，支本夫何取焉。上古大朴所相者，养世降民，移乃始有革。是故，三皇立其生，故施以网罟，五帝昌其化，故辩以衣裳。三王比其法，故维以制度。五伯胁其威，故假以兵车。仲尼绌其智，故约以忠恕。孔汲道诸天，故析以性命。五伯者政之终，仲尼者言之首。夫性命者，仲尼罕言，子思盖将以捄陂行而伐私情也，非可以衍雅谈而首后传也。故夏虫疑冰，君子不费辞焉。周衰而人骋其技，秦是以暴，宋衰而人驳其学，元是以入夫游定夫、张九成、杨简之经禅也，陈傅良、叶适之道法也，陈亮之功力也，王安石之政利也，背孔孟之道而袭儒名，乱程朱之学而立士的。夫传本训经，贱复释传，其文弥重，其旨弥离，苟以哗世取宠，而行弗给焉。子不见作室者乎，层檐叠阁则蔀其明；子又不见道泉者乎，迂洰曲庙则迷其源。

况乎，复言而漫，裨说而谴，吉士所恶，童子羞称。子乃班之，作者为后之程，难矣。伯牙之绝弦，悼知者之难遇也；孟轲之放言，俟后圣之作也。

译文：

我从翰林院因病辞官回乡，笃志于钻研《诗》《书》《礼》《易》《乐》《春秋》六经，不理俗事，谢绝交往，一心著书立说。有一个人挑拨我说，是因为我在朝中不能建功立名，以此加官晋爵，所学学问迂腐，志向难以实现，特立独行，没有朋友相助所致。我模仿西汉扬雄《法言》喻之于理，分为上下两篇，并非为了流传后世，聊以劝谏同道中人。

上篇

这人对我说："读书人为什么要做官，没有不是为了求名求利的呀。西汉人朱云上疏汉元帝请求赐予尚方宝剑以斩帝师长禹，春秋时期申徒狄不愿意玷污名节负石跳河自杀，都是名重一时。西汉公孙弘被汉武帝征召，为官十年就担任宰相；战国时魏国人范睢流落秦国，秦昭王第一次见面就封他为应侯。二人都是满足了自己的利益。先生您供职于翰林院，在皇上面前讲书，已经十四年了，官位不过六部的副职郎官，从没有说过慷慨之言，对上符合皇帝心意，对下为世人所重。到现在却回乡耕田为食，灌园获蔬，在家吃的是粗粮，出外没有随从，没有高官显贵造访，没有府县吏员书信来往，如果不是先生行为失检、品德有亏，怎么能到如此进退维谷的地步。"我听后笑着回道："自古君子不追求名声之隆，而忧虑灾祸的苗头；不羡慕别人的爵位，而忧虑自己心里有不合正道的念想。硕大的葫芦被穿破最初始于细小的缝隙，高耸入云的树木最初始于不弯曲的芽苞，所以已经顺遂了反而愈加进取，坚持实行而中途不后悔，怎么可以二心不一，这样说应该可以明白了。汉朝时张良借重于商山四皓力谏刘邦废太子，战国时期赵国大夫触龙劝太后护送长安君为齐国人质，西汉邹阳劝谏叛乱的吴王刘濞，李泌劝谏唐肃宗保住了太子李诵与侄子舒王李谊的性命，因此，不面对那个事情说不上话，不到那个关键时候无法谏阻。做事之道讲究进退显隐，进言劝谏也讲究收放兴抑，巧饰骇人之言夸大造成的后果，怀着非分的想法将已经成功的事情据为己功，以此为自己树立威望，替君王宣扬过错，假借诚信为自己标榜，希求皇上的恩宠，这不是忠臣的所作所为。喜欢在屋檐边吹风的人很容易肢体麻痹，嗜好饮酒的人很容易内脏生病，所以君子不为一时的痛快，而失去终生的安定；不为利益所蒙蔽，而失去道义。身穿绫罗绸缎，首先想到的是他的奢侈；家有田园无数，首先想到的是他的富有。而战国人齐国人陈仲子辞去相位替人灌溉菜园，西汉人邴丹辞去六百石俸禄的官职养志自修，他们为官清廉公正，做人对自己要求很严；他们可以被压制，但高远的志向不能被改变；他们的生命可以被夺取，所秉持的道义宁折不回。您不是看见当世那些身居高位的人，一旦得志，奴仆耀武扬威，等到加罪受戮，妻儿也跟着受辱；不是看见当世那些所谓的君子，善于伪装，沽名钓誉，受到世人追捧，一旦恶性暴露，人人厌恶。官吏们鱼肉百姓，只嫌盘剥得不够，等到受到追责，又嫌处罚过重，为什么平时不坚守清正的节操，甘于退让的为官职分。蛟龙深潜的时候，与鱼鳖混迹在一起，一旦飞腾九天，恩泽普及万物。所谓大的，不是小的所能理解的。"

下篇

　　这人对我说:"听说筑高台必定要依傍山丘,掘深池必定要依傍河泽。原因是没有凭借就一定难以成功。以前,宋代推崇言论自由,诸子百家争鸣,钻研玄学的人注重探求事理的精深微妙,铺陈文采的人刻意追求辞章华丽锦绣,为学的人到现在仍然尊奉他们,抄袭他们的文章,加以修改,这种风气不值得崇尚。但先生远取古人的文章,使之于今日,虽然很劳累但很少有成绩,时间长了却没有可称道的,恐怕先生将为君子所口诛笔伐。"我听后,回答道:"古代圣贤的文章,不顺从众意以求同,也不为欺世之论而求异,阐明天地的合宜之理,彰显法律制度的公正,符合经典规范行为,因变制宜确立法则。至于以为模仿词语幽深令人费解,发布政令却不合时宜,文饰空虚混乱之言,实则琐屑冗长,致使本末难以取舍。上古时期辅佐君主的人,安身处事悦服百姓,随着时间的推移开始有所变革。所以,三皇教导人民生活技巧,所以发明了捕鱼及捕鸟兽的工具;五帝教化百姓,所以制定服装分辨男女;夏禹王、商汤王、周文王制定法律,用法令礼俗维护国家的纲常;春秋五霸树立威信,用兵车作为武力;孔丘为了反对诸侯的争霸,提出了忠恕之道;孔伋提出中庸之道,一生穷性命之源。春秋五霸的兴起是德政的终结,孔丘的出现是儒家思想的开始。性命之说,孔子很少论及,他的孙子孔伋穷究性命之源的原因,就是用来救治社会陋习及约束个人情感的,不是用来高谈阔论标新立异的。所以,夏天的虫子怀疑水可以结冰,君子不值得为他们多费口舌。周礼衰落后,世人各逞其能,以至于秦人施行暴政;宋朝南迁后,世人对二程理学的研究以至于学说驳杂繁芜,到元朝就发展成几大流派,北宋游定夫、南宋张九成、杨简的理学杂糅了佛学；南宋陈傅良、叶适的理学融合了道家思想，陈亮的学说重王霸，王安石的学说重理财，这些学说背离了孔孟之道却担着儒家之名，惑乱程朱之学却立为读书人的目标。这些经传学说以及注解释义，文章越多旨意离题越远，仅仅可以哗众取宠，却于事无补。你不是看到盖屋起楼，层檐叠阁，但都是围着棚席；你不是看见疏浚泉流，田间的水沟迂回曲折，让人看不明白泉源来自何处。何况言辞漫无边际，主旨毫无庄重，有学问的人对他厌恶，初学的人难以理解。如果任其所为，要想传承二程理学，实在是难啊。俞伯牙摔琴，是痛悼知音难觅；孟子推崇畅所欲言，就是等待后世圣贤的出现。"

岳鄂王庙记

太史氏曰：学者每览鄂王事，未尝不垂涕焉。夫功疑而戮，握节而死者，古有之矣。鄂王忠而遇主者也，人胡得而甘心焉？昔高宗之既南也，王内则剪寇，外则遏敌，请建储以安人心，还旧都以系众望，收河北而掎中原。厄于王彦、危于杜充而不挫；蒸于张俊、沮于秦桧而节不夺；诱以隆爵而弗回。其廉亡好，其仁不杀，是故谋远而中，义明而信，故能存宋，弗遂亡也。夫道之所乡，命也；命之所成，势也。命有枢，势有机，善治者因之。

初高宗之南也，金人亡王中国之志，民罹于兵之惨，而思宋之德。金人以汴畀张邦昌，以齐畀刘豫，而还师于漠矣。及乎昌、豫之仆，习安虑易而後有之，则既坚其据矣。帝若择建上宰畀王以征伐，则金可亡。故言和于帝之世者，贼臣也；言战于孝宗之世者，削臣也。语曰："同心之言，其臭如兰。"夫君人之道三：志以决行，才以施务，知以明臣。帝慑于金人之威，忧其复仇亡成，且失其据；哲臣英将惧亡以赏其功，乃为苟安之计，惟佞臣之交。夫俊贪而王廉，王忠而桧奸。俊、桧密君而王疏，间言陷术，岂一朝一夕之故哉！夫无成者，恶盈也；括囊者，辟谮也；逊迹者，消忌也。亡是三者，其能免予彼人之难乎？於乎！以亡明之迹而贼元臣，自古以来未有如桧之甚也！奸臣之欲得国政也，始则逐直谏以蔀其君，中则诬人之行以淆其恶，终则果贼哲辅以肆其威。且夫"莫须有"者，桧之游词也。

桧欺天下，其心不能欺。故邪之贼，正其心，非不贤之也，而棘于其欲忍而为之尔。

汤阴，王之故里也，庙久而剥。大明正德丁丑，中丞内江李公士修巡抚河南，稽贤阐隐，表墓新祠，示民所乡，以成教化。橄下监司范君嵩，俾汤阴知县王擢修王庙，既月而毕，丽牲，有石，乃刻予文。

译文：

崔铣说：读书的人每次读到岳飞含冤而死，没有不为之流泪的。因功勋卓著被怀疑，身怀高节被杀害，自古至今历代都有。但是，岳飞一片忠心侍奉皇帝，世人怎么能甘心这样的事情发生呢？当年，宋高宗渡江南迁临安，岳飞身负重任，平定贼寇以安内，阻击北虏以安外，请求册封太子安定人心，提出打回开封来凝聚众望，收复了河北失地控制了中原地区。在王彦手下为将却困于粮草不继，与敌接战因为杜充不救而身处危难，他都不以此挫折勇气；遭受张俊的嫉妒，被秦桧所陷害，他都不改变节操；甚至金人许给他高官厚禄也不能打动他。他清廉没有嗜好，他仁爱正义不减。所以，他的谋略远大而精准，他的义举公明而诚信，因此宋朝得以暂时存活，没有迅速灭亡。按照天道所指向的做事，就成为事物发展的方向；按照事物发展的方向做事，就可以成就自己的理想。事物发展有其内因，外在的因素也有其关键，成功的人能够将内因和外因进行因势利导。

当初，宋高宗南迁临安，金人还没有在中原称王的意图。百姓遭受蛮夷之族的荼毒而怀念宋朝的恩德，金人只得将开封交给张邦昌，将山东交给刘豫，撤军回到北方大漠。等到张邦昌、刘豫习于安逸，虑事轻狂，先后失败被收复，南宋如果将之打造成坚固的根据地，再选择任用贤能的大臣出兵征伐金人，就可以将北虏灭亡。所以，在宋高宗时期进献和议的人，就是危害国家的臣子；在宋孝宗时期进献战议的人，就是损害国家的臣子。《易经》上说："同心之言，它的香味就像兰花一样。"君主治人之道有三：用意志决定行动，用人才施行政务，用智慧判别忠奸。宋朝的皇帝害怕金人的淫威，担心复仇不能成功，反而被灭亡；大臣和将领担心不能论功请赏，都是采用苟且偷安的办法，唯有靠着一班佞臣与敌寇媾和。张俊贪贿而岳飞清廉，岳飞忠君而秦桧奸诈。张俊与秦桧亲近皇上，岳飞被疏远，并遭到两人的离间和阴谋诡计，岂是一朝一夕的缘故！当时，朝中无所作为的，都是恶迹多的大臣；闭口不言的，都是远离诬陷的大臣；请求退位的，都是恐遭嫉恨的大臣。没有这三种人，难道就能免于灾难吗？呜呼！以蒙蔽公正的行为杀害善良的大臣，自古以来没有像秦桧这样的奸臣！奸臣掌握了大权，一开始是驱逐敢言直谏的大臣以蒙蔽皇上，进而诬陷正直的人来掩盖自己的恶行，最后就要诛杀有才能的大臣以显示自己的淫威。再说"莫须有"三个字，是秦桧随意的言辞。秦桧可以欺骗天下之人，但欺骗不了世道人心。所以，邪恶的奸臣，如果纠正了他们邪恶的心术，他们也不会不认为岳飞这样的忠臣是贤良之人，但为自己的贪欲所驱使，狠下心而杀掉他而已。

汤阴是岳飞的故里，岳王庙年久失修，破败不堪。大明朝正德十二年（1517年），右副都御史四川内江人李充嗣（字士修）巡抚河南，考察当地的贤臣隐士，为他们清理坟墓、整修祠庙，以此使得百姓崇敬先贤，达到教化的目的。于是，专门下发命令给监察御史范嵩，着令汤阴知县王擢整修岳王庙，一个多月完工。完工之日，在岳王庙专门用成对的牛羊举行祭祀，树立石碑，将我的这篇文章刻在石碑上。

安阳县修学记

予闻之：上者，民之表也，其示民不可亡其道也。夫民之为性，禀于土者其质殊，感于化者其尚殊，成於染者其安殊。反其殊而内之道者，是故上之为之也。

安阳，逐邑也。正德辛未、壬申之间，其民罹于虐政，而略于巨寇。燕山章公来知安阳，镇静亡扰，民知蔽矣。章公曰："未矣，未矣！其道之以学乎！"乃取帑之羡者，决轻系之赎者，富民之愿有献者，遂新学。自门始，次殿，次堂，次斋，次号房，次学官宅，次仓，次庖。俾诸生往业焉，习俎豆，明训辞，而民乃贵学。

丁丑，章公晋御史，入内台者已。逾年，兖陈公来守彰德，握法而亡忿嫉，力与势亡所吐，民乃有恃。陈公曰："未矣，未矣！其道之以学乎！"乃作尊经阁，凡五楹；撤东西庑而新之。是时，同知寿张王公、通判乡宁王公、莒陈公、推官泾杨公咸赞之，俾诸生往业焉。非六经亡所用心，非孝弟亡所造，而士知学之宗矣。

於乎！治乱者，世也；邪正者，学也；安危者，士也。东汉之士，清议以格当世，已，士殄而国亡；宋士放言，势能进退宰执，及感似道非礼之遇，虽其要君去国，相率而请留之，贱于夷狄，多士倡丐。夫道者，中也。反是，未有不亡身而祸国者。故先王之教曰礼，而羣居和壹，莫贵乎让。尊酒篚羞，致谦而养廉；丱童旋步，教让而明顺。君子蹈实而逊功，细人争智而让过。逊功则为和、为治；争智则为戾、为乱。逊之至，仇敌可化；争之父子为夷。今夫悍将武人，薙敌如草，一旦仪于宾赞，揖以绍介，俛首伏气，惴惴恐不胜。故君子尽己，曰："夫子之道，忠恕而已矣。"铣不佞，礼让之风，愿随吾乡诸君迈焉。

章公名纶，陈公名策，王公名良弼，王公名爵，陈公名言，杨公名天锡。征予文者，教谕关中赵鸣凤。诸生王寅、刘助也。

译文：

我听说：为官者，是百姓的表率，管理百姓不能不循道而为。人们所形成的习性，有的是从当地风俗中接受来的，但每一个人的资质不同；有的是从教化中培养来的，但每一个人的喜好不同；有的是从别人那里感染来的，但每一个人的性情不一样。把不同的习性纳入道，才是正确的。所以，为官者要找到这种为治之道。

安阳是地处交通要道的城镇。正德六年（1511 年）到七年（1512 年），安阳百姓不仅深陷宦官刘瑾的虐政，而且遭遇巨寇刘六、刘七的掳掠。河北燕山章公来安阳担任知县，镇定自若，廉不扰民，百姓受到庇护。章公却说："还没有做好，还没有做好！还是以学教化百姓吧。"于是，拿出县库里盈余的财物，让犯罪轻微的囚徒用钱来赎罪，鼓励富户大族自愿捐献，用这些钱修建了县学。新县学有大门，有祭祀孔圣人的大殿，有讲学的大堂，有学子读书的斋房，有考试的号房，后面是学监、教谕住的官宅，以及库房和厨房，等等，学子在这里读书受业。从此，学子们祭祀圣贤，学习礼仪和诗、书等经典，百姓贵学的风气逐渐兴起。

正德十二年（1517 年），章公已经晋升为御史，调入御史台超过了一年，山东兖州人陈公到安阳任彰德知府。他执法公正而不意气用事，不畏豪强和权贵，百姓赖以安居乐业。知府陈策却说："还没有做好，还没有做好！还是以学教化百姓吧。"于是，在县学新建一座尊经阁，一共五间；将县学内东、西两旁的廊庑进行翻新。当时，彰德府同知山东寿张人王公、通判山西乡宁人王公、山东莒县人陈公和推官甘肃泾原人杨公都非常赞同，学子在这里读书受业。从此，学子们专心研读六经，学习孝悌之义，每一个读书人都明白应该学习什么。

呜呼！社会的治与乱，是时势决定的；世风的邪与正，是与教化相联系的；国家的安与危，是与培养的人才密不可分的。东汉的读书人崇尚清议批评朝政，不久，读书人被杀，国家因此灭亡。宋朝的读书人畅所欲言但无所节制，甚至能进退朝中执政大臣。到了贾似道专权时不礼遇文臣，他为了要挟皇上请辞宰相，文臣相率上疏请求留任贾似道，导致国破家亡，他们大多数不得已投靠夷狄或沦为贱民。所谓道，就是中庸。不以道行事，没有不身败名裂甚至祸国殃民的。所以，古代的贤王以礼治国，和衷共济，更是讲求礼让。酒宴时敬上，祭祀时尊礼，既可以赢得谦恭的好名声，又可以培养清廉的好品德。在幼童学步的时候，就要教他懂得礼让、明白恭顺。君子踏实做事而懂得推让功劳，普通人却钩心斗角而推让过错。推让功劳就会和睦相处，就会秩序安定；争斗心思就会心生戾气，就会破坏秩序。谦逊到极点，可以化解仇敌；斗智到极点，父子也会成为路人。一个勇猛的将军在战场上杀人如草，当担任接待宾客的司仪时，一面作揖一面介绍，俯身敛息，一副惶恐惴惴不安的样子。所以，君子使自己尽力学习，《论语》上说："夫子之道，忠恕而已。"崔铣不才，礼让之风，愿与我乡诸位君子勤勉努力。

章公名纶，陈公名策，王公名良弼，王公名爵，陈公名言，杨公名天赐。来求文章的，是教谕关中人赵鸣凤。府学生员王寅、刘助。

邺乘序

叙曰：正德巳卯，太保汤阴李公于中秘得宋相台志十二卷、元续志十卷。郡守陈公万言令所部各以其志送官。是岁冬，以予辑而正之。明年春，铣遭先母淑人忧，又两阅岁，既禫衵矣，始启书读之。宋志事略具而文义芜鄙，元以下亡观焉。乃别为例，作九篇，凡十卷，其事兼采诸史，其文则删润者过半矣。

夫志者，郡史也，备物垂轨。不轨不物，眩观惑乡，虽文奚用哉？故地理稽实而黜附会，建置遵制而明则，田赋以恤隐，祠祀以正典，官师均列而信教，人物、选举上行而下秩，宫室刺奢，杂志辅化，崇正义而黜异端，损浮冗而要简确，然后府事稍可诵览，斯窃取诸君子之志焉。

铣也才浅能薄，意长力短，况府居冲衢，海内兵作先被荼棘，今土著之家十不存一，旧典湮灭，后学寡闻。循长乡哲靡由殚述，旧志涉误进谀者，并以义删之，不能登载。孔子曰："多闻阙疑，慎言其余。"夫述不师圣，其胡用训？罪我者，其以是夫。

译文：

《彰德府志》序言：正德十四年（1519年），太子太保汤阴人李公从中书省、秘书省得来宋代《相台志》十二卷、元代续志十卷。彰德知府陈策（字万言）命所属各县将其地方志送到州府。

当年冬天，我开始编纂并且一一订正。第二年春天，母亲去世，只得守丧两年，等丧期服满，才又重新开始研读这些旧志。宋代的志书记事基本全面，但内容杂乱浅薄，元朝以后的更是没有可采用的。于是，另行创制体例，分为九篇，总共十卷，记事采纳各种志书，对文义进行了删减润色，去除了一大半。

志书是州县的史实，记录下来的目的是作为后世效法的典范。如果所记载的，对后世无所效法，即使文章再好又能打动人，又有什么用呢？因此，地理篇要进行详细考察不能牵强附会；建置篇要遵照典章制度讲明因果关系；田赋篇要忧念百姓疾苦；祠祀篇要合乎礼制的尺度和规范；官师篇要一一罗列但宣扬教化之功；人物篇、选举篇要崇尚人物的品德操行而不注重他的官职大小；宫室篇要讥刺奢靡；杂志篇要对教化有辅助的作用。宣扬公正仁义，针砭异端邪说，裁抑虚浮冗长，重视简便实用，按照这样的原则编纂《彰德府志》，才勉强可以诵读阅览，这都是取自大家送来的志书啊。

崔铣才能浅薄，心意高远但能力不足，况且彰德府地处要冲，历代兵祸必先被掳掠，现在的土著百姓不到十分之一，古代的典籍已经毁灭，后代的学者对这些典籍知之甚少。沿袭下来但乡里贤哲也说不清楚的事情，以及以前的志书涉嫌进献谗言的人，一并按照弘扬节义的原则予以删除，不能录入。孔子说："应该多听别人讲，疑惑的问题不作主观推测，对其余有把握的事情，也要谨慎地说出来。"修纂的时候不效法圣人，要这些先贤的教诲有什么用呢？我写的这本书，后人一定会毁誉不一，但不论别人如何评说，我都会这样做！

邺兵议

议曰：彰德有卫兵，有民兵。民兵者，快手骑也，民壮步也。卫兵分番戍京师及北塞，留者守城擒盗，彼皆生长行伍，习戈矢犹未耜焉。民兵取之陇民及市井之黠者，岁操日练，犹不能执弓挟刃。阖郡精兵不足百人。夫盗，犹潦水也，突至则襄亩啮防去之则涸，非有期约可凭也。论者曰："今无盗矣，而素养游手空役并差，彼豢养之久，怠於农业，一旦罢去，皆盗也，革之便然。"正德壬申，蓟盗数万围城，火南关焰灼城楼，卫兵先皆以赂纵遣，无在城中者，幸官军至，贼乃解散。嗟乎！当是时，非民兵，城必陷矣。夫军与民对置者也，无事民出粟以养军，寇至则御之，使民无扰。缙绅敷礼明刑，介胄习武剔盗，其来久矣。自兵兴，责皆在有司，往往褫职左官，而彼武人者，通贼起家，渔军弛备，略无诘责，余不知其何也。正德丁丑，有司留心兵事，是时，上官命有司并督治卫兵之留者，兵威稍振，虽荒旷无警，後变前制而郭门之外，刼掠官私货。夫驭民者，法也。持法者，人也。法久必弊，救之存乎。人今虑其为游民为盗，欲直罢之，一旦之变，谁仗乎？初蓟盗之起，刘七等八人耳，後至二十六人。辛未岁，掠水冶不利，乃又西至史泉，去府二舍，四面山环。七等各喜得僻地，可为乐矣。虽旬无他虞，乃散马弛弓，刀槊挂壁间，纵酒歌呼，夜召倡女酣寝。民兵侦知之，约指挥某夜往袭，戌夜至史泉东三里止。贼皆熟睡，是时，人持挺可尽殪矣。而民兵为甲者利其赀，谓指挥曰："此属坐而擒矣，而吾辈亡利，逐去之而俘其弃余，何如？"指挥许诺，迟明发炮，贼大惊，乃乘酒力跃马持矛矢来，兵皆走。独百户张世禄与战死，贼自是不敢恣肆，溢为数万人大师，而后克之。嗟乎！无法不畏，不可以师。不货无疑，乃可以胜。自今，长老言之未尝不於邑也。彰德北卫燕赵，西塞太行，豫陕在南，东跕澶鲁，是故，漳、卫、洹、汤可阻也，车骑蚁尖可据也，兵可罢乎？或曰：州县无卫兵者，当有民兵，府不可去与。曰治军，是故重放免之法则官廉，严参验则兵集，纵寇及避者必戮，而令有司得治之。庶乎，其可省也。

译文：

　　彰德府驻扎守卫的有正规军队，有地方民兵。地方民兵分称为快手的骑兵和称为民壮的步兵。朝廷的正规军队负责轮番守卫京师和北方边塞，留在地方的正规军，负责把守城池和抓捕盗贼，他们从小生活在军中，操练军械犹如农夫使用农具一样熟练。民兵来自田间百姓和街市刁民，即使对他们天天操练，仍然没有战斗力，整个彰德府精兵不足百人。盗贼，犹如洪水，突然而至横扫田野吞噬堤坝，过后就干涸了，没有期限约定可以凭借。有人说："现在没有盗贼，而白白地养着一群什么也不干的人，时间长了，荒废农事和生意，一旦放归他们，都会变成盗贼，应该取消这些民兵。"正德七年（1512年），河北蓟州的盗贼数万人围攻彰德府，在南关放火，烧毁了城楼，正规军因为受贿被遣散，没有在城中，幸好民兵到来，杀退盗贼。嗟呼！当时，如果没有民兵，彰德府城池一定会被攻陷。百姓是军是民，是相对的，平常无事的时候，百姓拿出粮食供养军队，贼寇来了要靠他们抵御，使得百姓不受骚扰。文臣治理社会，武将保家卫国，由来已久。一旦发生兵祸进行问罪，责任都在官府，往往革去官职或者贬官，而那些将帅暗通贼寇获得好处，贪污军费使得军备弛废，很少受到追究，我不知道其中原因。正德十二年（1517年），彰德府重视地方军队建设，当时，朝廷大臣命令地方官府督促整顿驻防军队，军威稍有起色。但由于长时间没有警讯，后来又回到从前状态，甚至他们在城门外面，还会掳掠官私货物。统御百姓，靠的是法律。执法，靠的是人。法律久了一定生出弊端，补救才能保留下来。人们现在担心那些游民会变成盗贼，想罢去他们，一旦发生兵祸，能够倚仗什么人呢？河北蓟州的盗贼刚刚兴乱，刘七等人也就是八个人，后来才成为二十六个人。正德六年（1511年），蓟州盗贼掳掠水冶没有成功，又向西到史泉村，距离彰德府六十里，四面环山。刘七等人高兴地认为此地偏僻，可以在这里寻欢作乐。在这里待了十数天，无忧无虑，就放松警惕，饮酒纵欢，夜里召来娼妓酣睡。民兵暗中侦察得知其所，报告指挥军官连夜袭击，戌时到史泉村东三里埋伏。等到贼人熟睡后，就可以一网打尽。其中一个民兵贪图盗贼的财货，对指挥军官说："这样擒贼太容易了，我们也没有好处，如果把他们吓跑，就可以得到财货，这样不好吗？"指挥军官同意，等到天明时发炮，盗贼大惊，于是借着酒劲跨马持枪携箭来战，军队抵挡不住败走。只有百户张世禄与贼寇交战，不幸战死，贼寇从此不敢肆意妄为，后来朝廷数万大军合围，才将贼寇消灭。呜呼！没有法律人们就不害怕，军队也就没有战斗力。不贪图利益就没有疑惑，就可以取胜。到现在，城中那些德长年老的人还传说这些事情。彰德府护卫着北方的燕赵之地，向西把守着通向太行的关口，南进可达河南陕西，向东可进澶州山东，所以，漳河、卫河、洹河、汤河成为险阻，军队可以据守蚁尖寨。若问地方军队可以罢去吗？有人说："州县没有正规军，应当有民兵，州府不可以罢去。谈到

明代大儒崔铣

治理军政，重视放免之法则官员清廉，严厉参劾则军队严整，放纵贼寇或战场逃避的则一律斩杀，那么官员就可以令行禁止，差不多能够治军了。

明臣十节（十选七）

　　铣自童卯好访求贤士大夫善行，先君是之，每举以语铣。及长游四方，又官两都，闻见日充。南昌东白先生张公告我尤详。庚寅秋八月，获禾后渠，夕凉寡虑，乃取其不疑者十节，识于篇，皆传志之缺者云。相台崔铣书。

　　正统初，王振问大学士杨文贞公曰：今九卿无山西人，岂皆不贤者乎？文贞曰：金事薛瑄其人也。已而文清至京，振使仆致饩于文清。文清固却之。仆曰：公何忤与？诸方面以千金求通于吾公不得阶，君反却其馈邪？祸将立至，吾危君，吾危君。仆归跪对振曰："大权在我，不厚乡人以美官，而乃馈酒肉，彼却之固当已。"迁文清大理少卿，又馈，又却之，亦不往谒。未几，文清得罪。

　　天顺初，岳先生正以修撰入阁，英皇召而问曰："卿何以辅朕？"正曰："今内臣、武臣权重。"上颔之曰："已谕。"岳公退告曹钦、石彪，令谢兵归第，不然上将有疑心。二凶走告太监吉祥，吉祥诣上，垂泣免冠请死，具道所由。上曰："无之。"乃召正，责其漏言。正曰："固也，臣观二家必有叛之灭，即今无可按之诛，吾欲全君臣共难之情，故令早自为计。"上不悦，二凶遂陷岳公西戍，寻即叛诛。

　　天顺末，谗者谓宪皇景泰尝废之，当别立嗣。英皇意疑之，独李贤不从。一日，上病卧便殿，召李贤谕曰："今庶事颇宁，顾大者反摇，奈何？"贤曰："此谓国本也。"力陈不可动，上曰："然则，此位竟传太子乎？"贤叩头贺曰："宗社幸甚。"遂传旨召太子，须臾至。贤曰："殿下事定。"趋入谢，太子抱上足对泣，谗遂不行。成化初，李公遭丧夺情，实宪皇固眷云。

段公名坚，字可久，兰州人，为福山令。李文达公荐迁莱守，二公竟未面也。后改南阳，段公尚教化，凡属吏不法者，即案问民，或良或奸，相宜训治。识王凝斋尚书、张贡士景纯于微贱，躬督令学，皆成名儒。民翕然向礼。女缨而殉夫死者二人，公自往祭南阳，至今美俗。公尝被酒杖囚，醒而忘其故，是后饮既不答。

杨公继宗知嘉兴，治一豪强，伏罪而释之。其民改行，杜门，五年不出。后以事入城，行由治前桥。公识之，使人召而来，曰："尔今为吾良民矣。"遗米一斛。势人子由医官谋署县篆，大窃帑金，莫敢何。公至，收治追金。御史行部，欲出之，乃诘公曰："盗有失主，何人也？"公曰："朝廷即失主。"又诘曰："原告何人也？"公曰："知府即原告。"御史惭而去。公逾壮年即独居，在嘉兴九年，止一老仆。朝夕饭两盂、蔬两豆而已。夫人自其乡来，阅三日，促归。官满回郡，居宿客堂。蔡介夫厉清操，独以绝欲为难能，常歌公行自励云。

成化中，白沙陈献章学禅而疏，一峰罗伦尚直而率，定山庄昶好名而无实，皆负巨望焉。风山章公懋质约淳雅，潜修默成，甫四十年弃官还郡。贺谏议钦、郑御史已皆责公交疏于陈、罗、庄，公逊谢之。后，白沙受清秩而交泛，一峰行乡约而戮族人，庄晚又仕而败。章公德行无瑕，起掌南监，日阐经训，劝士进德，略其琐屑常矩。泰和罗钦顺为司业，方严沉密，能裨公之教。董吏部玘称公留心经世之务，每一政先稽古典，次参以制，折衷于道而定矩焉。家故田居，诸子躬操器治农，邑令过访，诸子辍耰跪迎。在司成，其子自金华徒任来省，道逢巡检，笞之。已，知，请罪，公笑曰："吾子垢衣敝履，宜尔不识也。"论者曰："古三不惑，公有之矣！"

雍泰字世隆，西安人，刚果自任，所治以威烈著称。许襄毅曰："世隆有克乱之才，必死之节。"巡抚宣府，指挥李稽，阁老西涯甥，恃援横作。

雍公榜掠，将窜之。西涯右稽，愬雍公除名。正德戊辰，刘瑾屠虐缙绅，有劝其起时望以弇厌议者，乃起雍公南国操江，遂拜南司徒。公愤悒不乐，或问曰："今将还公于朝，政奚所先？"公曰："请戮刘瑾尔！"闻者吐舌。已，瑾怨公不馈谢，仍故除名。凡在先朝荐公者，皆得重谴云。

译文：

　　崔铣从少年之时，就喜好访求那些贤臣的美好品行，父亲很是赞赏，经常讲给我听。等到长大后游学四方，又在北京、南京两地为官，听到看见的越来越多了。南昌人张元祯讲给我的最多。嘉靖九年（1530年）秋天，八月正是后渠书屋收获庄稼的时节，晚上天气凉爽，心里无事，于是选取十个世人公认的贤良善行，写成此文，都是传志里面没有记载的。

　　正统初年，大宦官王振问内阁大学士杨士奇道："现在身居九卿的官员里面，没有一个是山西人，难道是我的家乡人没有一个是贤才吗？"杨士奇回道："佥事薛瑄是个贤才。"不久，薛瑄进京的时候，王振派仆人给薛瑄送去一桌酒菜，被薛瑄谢绝。仆人说："你为什么这么不明事理，朝中诸位大臣用千金想结好我家主人却不能够，你为何拒绝我家主人的馈赠？你的灾祸很快就会到来，我为你担心，我为你担心！"仆人回去后，跪着回禀王振道："您手握大权，不给同乡人加官晋爵，却仅仅赠送酒菜，他拒绝也是有道理的。"于是，王振晋升薛瑄为大理寺少卿，并再次送去礼物，薛瑄再次拒绝，也不去拜见王振。不久，薛瑄被诬陷入狱治罪。

　　天顺年间，顺天府漷县人岳正以翰林修撰进入内阁，明英宗召见岳正问道："卿有什么可以辅佐我？"岳正答道："现在，宫中宦官和边镇的武臣权事过重。"明英宗点头道："已经知道了。"

岳正退朝后，告诉太监曹吉祥的嗣子曹钦、边将石亨的侄子石彪，劝他们辞去兵权致仕回家，不然皇上会有疑心。两人赶紧告诉太监曹吉祥，曹吉祥面见明英宗，哭着摘掉帽子请求死罪，并告诉原由。明英宗却说："没有此事。"于是，召见岳正，责备他不慎泄露此事。岳正回道："是我说的，臣已经看出二人有反叛之心，既然现在没有诛杀他们的理由，我这样做就是为了周全君臣曾经有共难之情，所以让他们早早放弃这个打算。"明英宗不高兴。二人于是就诬陷岳正，将他贬往西部戍守边镇，不久二人因为反叛被诛杀。

天顺末年，一个人向明英宗进谗言，说太子朱见深在景泰年间（明英宗因土木堡之变，成为蒙古瓦剌的人质，明英宗的弟弟朱祁钰即位。明英宗被送回后，软禁在南宫，夺门之变后再次登基。）曾被废去太子之位，应当另立太子。明英宗犹豫起来，唯独吏部尚书李贤不同意。一天，明英宗病卧便殿，召见李贤问道："现在朝中普通的政务平稳，唯独有一件大事令人犹豫不决，怎么办？"李贤回道："这件事关系到朝廷的根本。"极力劝说明英宗不能动摇。明英宗说道："那么，一定要传位给太子吗？"李贤跪下称贺道："如此则宗庙社稷幸甚。"于是，赶紧传旨召见太子朱见深，不一会儿太子就到了。李贤私下对朱见深说道："殿下的大事已定。"朱见深急忙进殿，抱着皇上的脚哭泣，谗言于是没有得逞。成化初年，李贤遭遇家丧，被夺情起复，实在是明宪宗对他的宠眷啊。

段坚，字可久，兰州人，担任福山县令。内阁大学士李贤推荐他晋升为莱州知府，两人竟然从未谋面。后来，段坚改任南阳，治政崇尚教化，凡是下属小吏违法的，当着百姓的面问案，根据平时的好坏，进行不同的训治。识王凝斋、张景纯于微贱之时，亲自督促他们学习，后来他们都成为名儒。百姓因此都一心向礼。两个妇女因为殉夫上吊自杀，段坚亲自前去吊祭，南阳人至今传为美谈。段坚曾经醉酒杖责罪犯，酒醒后忘记因为什么缘故，从此喝酒后再不责罚人。

杨继宗担任嘉兴知府时，制服当地一个豪强，伏罪后释放了他。这个人从此改变自己的作为，闭门五年不出。后来，有事进城，路过官府门前的一座桥。杨继宗认识他，派人将他叫到面前，问道："你现在已经是我的一个良民了。"送给他一斛米。一个有权势的人的儿子由医官升任了县令，大肆贪污库银，没有人敢对他怎么样。杨继宗来了以后，将他收治，并追缴库银。一个御史到这里巡视，想包庇这个县令，于是责问杨继宗道："既然定罪为盗，可有失主？"杨继宗回道："官府就是失主。"御史接着问道："谁是原告？"杨继宗答道："知府就是原告。"御史惭愧而去。杨继宗壮年时就一个人独居，嘉兴九年，跟随他的只有一个老仆人。他每天早晚吃两顿饭，每顿饭只有两碗饭，两盘青菜而已。他的夫人从家乡山西阳城来看望他，过了三天，就催着夫人回乡。致仕回乡后，住在客厅里。福建晋江人蔡清情操高洁，犹以断绝私欲作为难行，常常歌颂杨继宗的事迹来勉励自己。

成化年间，白沙先生陈献章学禅但为人粗疏，一峰先生罗伦崇尚正直但为人草率，定山先生庄昶喜好浮名但名不副实，都辜负了他们大的声望。枫山先生章懋质朴俭约，淳朴高雅，专心修养，躬行不言，才四十岁就辞官回乡。谏议贺钦、御史郑已都责备章懋与陈献章、罗伦、庄昶三人交往过少，他都谦逊地予以谢绝。后来，陈献章官至清贵而交往过滥，罗伦私行乡规戮杀族人，庄昶为官时受人指摘。章懋德行无瑕，任南京国子监祭酒时，每天阐讲经义，劝勉读书人修德，从不执着于琐碎和常规。江西泰和人罗钦顺担任国子监司业，方正严明，深沉严谨，能够对章懋有所帮助。吏部左侍郎董玘称赞章懋留心经世之务，每治政事则先稽查典籍，再参考今制，反复考虑之后才决定。家里以前都是务农为业，几个儿子都在家里耕田，县令来访时，他的儿子总是放下农具跪迎。章懋在国子监的时候，他的儿子从金华徒步背着东西来省亲，路上碰见巡检，被鞭子抽打。过后，巡检得知打的是章懋的儿子，赶紧过来向章懋请罪。章懋笑着说："我的儿子垢衣敝履，难怪你不认识。"议论的人说："古代的人有三不惑（酒、色、财），章懋能做到啊！"

雍泰，字世隆，西安人，刚强果敢，敢于担当，治理地方以威严著称。吏部尚书许进评价他说："世隆有平定叛乱的才能，一定会为国殉节。"他巡抚宣府的时候，指挥李稽是首辅李东阳的外甥，仗势横行。雍泰鞭打他，将要流放他。李东阳偏袒李稽，向皇帝上诉，将雍泰除名罢职。正德三年（1508年），刘瑾肆虐朝廷官员，有人劝刘瑾起用当时有威望的人来笼络人心，于是起用雍泰到南京提督江防，不久升任南京户部尚书。雍泰愤恨忧郁，闷闷不乐，有人问他："如果让您回到朝廷，您先做的是什么事？"雍泰回道："请求皇上杀死刘瑾！"听到的人吓得吐出舌头。不久，刘瑾恼怒雍泰不向自己送礼答谢，借故将他除名罢官，凡是在先朝曾经举荐过他的，都给予严厉的惩戒。

记韩魏公事

　　魏公平生不谈禅，尝曰："吾自少至老，所践履惟事，《论语》未尝敢须臾离也。"晚镇北门，年已六十余。他日，病不视事，家居，有亲客造卧内，见案上止一唾壶与《论语》云。崔铣曰：宋人纪公德者，无此言也。予得之小说，吁彼乌知公之学哉？人之所以为人者，性也。性之著，道是也。道之实，五伦是也。君子定其心以正行，行中伦而心之存，可知矣。夫子之履，曰孝弟之教，曰文行忠信。恶贫贱而慕富贵，怨天而尤人，斯失性矣，何学之有？韩公秉直而人不怨，大功而人不忌，事常而垂休，蹈奇而泯迹，亦庶乎《论语》之法与。嘉靖癸乙夏五月二日，柴村农舍识。

译文：

　　魏公韩琦平生不热衷于谈禅说玄，常说："我一生到老，只是踏实做事，《论语》一书时常带在身边，一刻也不曾离开过。"晚年，镇守大名府，年龄已经六十多岁了。一天因为生病没有上堂理事，躺在家里，有一个亲戚到卧室见他，看见几案上只有一个唾壶和一本《论语》。崔铣感叹道：宋人记述韩魏公的德行，没有这些话。我从属于街谈巷议的宋代话本中得知，他们怎么知道魏公韩琦的为学之事呢？人之为人的本质，是天性。使得天性得到弘扬，是道。道，就在五伦的关系中。君子安定身心是为了端正行为，行为符合五伦关系心中就存有道，可以算有学问了。孔夫子所履行的，是孝悌，是文、行、忠、信。如果厌恶贫贱而虚慕富贵，怨天尤人，这就失去了天性，还有什么学问呢？魏公韩琦一生秉直但别人不怨恨，建立大功而别人不嫉妒，礼待常人而流传下美名，建立奇功而行不对人夸耀，这就是《论语》里为人做事的原则。嘉靖十二年（1533年）夏五月二日，于安阳城东柴村农舍记。

安阳历史廉吏·第三卷

明代仁义宰相郭朴

龙　文◎著

人民日报出版社

北京

图书在版编目（CIP）数据

安阳历史廉吏 . 3, 明代仁义宰相郭朴 / 龙文著 . --
北京：人民日报出版社 , 2021.3
ISBN 978-7-5115-6951-6

Ⅰ . ①安… Ⅱ . ①龙… Ⅲ . ①郭朴－生平事迹 Ⅳ .
① K827

中国版本图书馆 CIP 数据核字 (2021) 第 044032 号

书　　名：安阳历史廉吏·3：明代仁义宰相郭朴
　　　　　ANYANG LISHI LIANLI · 3: MINGDAI RENYI ZAIXIANG GUOPU
作　　者：龙　文

出 版 人：刘华新
责任编辑：张炜煜　白新月
特约编辑：郭旭东　符海朝　郭胜强　王志轩　金　黎　陈　科
装帧设计：阮全勇

出版发行：人民日报出版社
社　　址：北京金台西路 2 号
邮政编码：100733
发行热线：（010）65369509 65369512 65363531 65363528
邮购热线：（010）65369530 65363527
编辑热线：（010）65369509 65369533
网　　址：www.peopledailypress.com
经　　销：新华书店
印　　刷：三河华润印刷有限公司
法律顾问：北京科宇律师事务所 010-83622312

开　　本：710mm×1000mm　　　1/16
字　　数：615 千字
印　　张：46.5
版　　次：2021 年 3 月第 1 版
印　　次：2021 年 3 月第 1 次印刷

书　　号：ISBN 978-7-5115-6951-6
定　　价：168.00 元（全三册）

卷首语

历史是最好的教科书。习近平总书记指出："我国今天的国家治理体系，是在我国历史传承、文化传统、经济社会发展的基础上长期发展、渐进改进、内生性演化的结果。"世界四大古老文明中，唯有中华文明延续至今，并保持着强大的生命力和创造力，其根本是源于中华民族上下五千年优秀传统文化的继承和发扬。"国而忘家，公而忘私""儒法并用""德刑相辅"等古代先贤的为政思想也随着传统文化的长河浸入国人心田，成为历朝历代治国理政的重要理念。党的十八大以来，党中央立足从优秀传统文化中汲取滋养，用好优秀廉政历史文化这把破解全面从严治党向纵深发展的金钥匙，着力"不敢腐、不能腐、不想腐"一体推进，取得了明显成效。

河南省安阳市作为国家级历史文化名城，在三千多年的历史文化长河中，孕育了丰富灿烂的优秀廉政历史文化，涌现出诸多廉吏贤能。近年来，安阳市的作家立足本地深厚的廉政历史文化底蕴，深入发掘当地广大党员干部耳熟能详的北宋名相韩琦、明代大儒崔铣和仁义宰相郭朴等古代廉吏

的优秀品质，创作出《安阳历史廉吏》，营造出浓郁的倡廉颂廉氛围，在传承中国历史传统文化、弘扬优秀历史廉政文化、构筑广大党员干部反腐的思想防线等方面带了个好头。

以史为鉴，可以知兴替；以人为鉴，可以明得失。全国各级党组织有责任组织文化工作者，深入挖掘富有地域特色的优秀传统文化和廉政文化，创造性地与全民文明素质提升、文明城市建设、企事业单位干部职工培训和地方文化旅游有机结合，传递文明声音，作好廉政文章，建好政治生态。同时，也希望广大读者积极汲取中华民族漫长奋斗历程中积累的文化养分，用好传统文化，讲好中国故事。尤其是广大党员干部，在全面从严治党的新形势下，更要认真研习、见贤思齐，筑牢防线，用中华民族优秀历史廉政文化滋养初心，在践行文化自信的道路上凝聚力量，为实现中华民族伟大复兴的中国梦不懈奋斗！

中共中央党校教授、博士生导师　李宏伟

2020 年 10 月 18 日

目 录 ·······CONTENTS·

第一章

出生柴村

一

洹水汤汤，亘古不息。

公元前 1320 年，商王朝第二十代君王盘庚迁都于殷，将都城建在洹水之滨，从此殷商在此立国两百七十余年，并创造出中国最早的文字"甲骨文"。因此，洹水被史学家称为中国文字的发祥地，中华文明史的源头。

周王灭商，殷商都城成为废墟，但殷商王朝留下来的子民故土难离，依旧在这里繁衍生息。朝代变迁，岁月更替，这片浸染着远古文明的土地，文脉泉涌，薪火灿然，不仅孕育出燕赵悲歌的慷慨激昂、魏晋风骨的雄浑豪壮，而且养育了一代代高贤大相、文人骚客，指点江山，激扬文字，成为历朝历代逐鹿中原的柱石之臣。

殷墟不墟，汉为邺地，唐宋为相州，明清称彰德府。古水绕城，西依太行，北控燕赵，自古就是河北重镇，素有七朝古都之美称，皆今日安阳古城。

据《彰德府志》记载：洹水源出林虑，东流九十里至安阳界，泉脉渐大，曲屈东北，流六十里至安阳城北四里，俗称安阳河。城北安阳河上有一石桥，名鲸背桥，建成于元惠宗至元四年（1338 年），桥头立有元代大儒许有壬《彰德路创建鲸背桥记》碑文。

许有壬，字可用，彰德汤阴人，生于元世祖忽必烈至元二十三年（1286年）。幼年时代，父亲许熙载在湖南零陵、衡阳、湘潭、长沙、江西临川等地做官，许有壬随父读书于江南，二十二岁游学京师。元仁宗延祐二年（1315年），许有壬登进士第，授同知辽州事，历任吏部主事、监察御史、中书左司员外郎、参知政事、中书左丞，为官七朝，积五十载，以老病致仕回到彰德府。至正二十四年（1364年）九月二十一日卒，终年七十八岁，谥"文忠"，葬于安阳城西北武官之原、洹水之阳。许有壬工辞章，善笔札，文章诗词在元代堪称"巨手"，著有《至正集》《圭塘小稿》等。他与文章大家欧阳玄、书法巨擘赵孟頫相交甚厚。欧阳玄是欧阳修之后，曾称赞许有壬的文章"雄浑闳隽，涌如层澜，迫而求之，则渊靓深实"。当年，许有壬的父亲许熙载去世后，欧阳玄亲书墓志铭，赵孟頫书丹，成为传世名作。

元惠宗即位初年，权臣彻里帖木儿拜中书平章政事，首议罢科举。诏已书而未用宝，参知政事许有壬力争之，说："科举若罢，天下人才觖望。"不听，竟下诏，许有壬怒而辞官回乡。正遇洹水洪水泛滥，渡船倾覆，死人无数，随即与府县官吏议修石桥。桥成，状若鲸背，许有壬于是作记以颂扬此事。

从鲸背桥沿河而下，向东二十里，紧邻洹河南岸有一个村庄，名柴村。

明武宗正德六年（1511年）四月十八日，柴村郭家大院里一声婴儿响亮的啼哭声，打破了黎明的宁静。郭老爷子站在院子中间，老泪纵横，嘴里不断地念着："皇天保佑我郭家孙儿平安。"

郭老爷子名玸，字文佩，四十多岁时，才有了自己唯一的儿子郭清。去年，他六十岁致仕回乡，每天都盼望着能抱上孙子，传宗接代，延续郭家香火。

郭家自明朝立国初年从山西迁居彰德府安阳城东柴村，渐渐积有家产，便立下耕读持家祖训，盼望着能通过科举光耀门庭。郭玱的爷爷郭恭曾经做过藁城（属河北真定府）知县。到了父亲郭银，虽然一生读书不辍，却没有考取科举功名，只是当地一个文士乡贤。郭玱从小读书非常刻苦，九岁就被彰德府选为府学庠生，长大后进入国子监攻读科举功名。但仕路坎坷，多次参加会试都名落孙山，到四十多岁时，才被国子监荐举为真定府（河北正定）鱼台县主簿。他一生耿介清廉，为人慈善，不善理家，却急公好义，仗义疏财。有人劝他收取贿赂，多集钱财，他说："我年近半百，只有一个儿子，现在还没有孙子，怎么能取不义之财，亏损天理，贻害子孙呢！"六十岁致仕回乡时，他身无长物，只有一匣图书，家里原来偌大的家业，也只剩下房屋六间，田产五十亩。看着儿子郭清已经十八岁了，就与夫人黄氏商议，卖了十亩地，为儿子聘娶了国子监同窗好友郧县李道的女儿，一家人靠着祖产，清贫度日。

郭玱本来对儿子郭清寄予厚望，亲自为他开蒙，言传身教，督责甚严，但儿子长大后生性旷达，为人粗豪，喜欢农事，善于理家。郭清行冠礼时，郭玱专门为他取字靖之，号静庵，无非是希望他沉下心来，读书攻业，心无旁骛。可是到如今，郭清虽然在府学读书，但学业上并没有多大长进。

郭玱夫妇过了耳顺之年，方才得此长孙，自然视若掌上明珠，精心看护，唯恐有失。郭玱给孙子取名郭朴，也是希望这个郭氏长孙长大成人后质朴处事，不尚浮华，心中寄予了无限希望。

郭朴刚满周岁，郭玱每天把小孙子放到腿上，唱俚曲，念古诗。小郭朴瞪着一双大眼睛，跟着爷爷学说话，逗得一家人哈哈大笑。

夫人黄氏看不过，一把抱过孙子，数说道："你读书读魔怔了，这样折腾我的小孙子。"

郭玱呵呵一笑，回道："小孙子聪明伶俐，一看就是我们郭家的文曲星。"

一旁的儿媳李氏也忍不住说道："孩子他爸经常说读书苦，再苦也苦不过我们家朴儿，刚满周岁就开始跟爷爷读书了。"

黄氏抱着孙子，边往院子外面走边说："爷爷就是一本破书，咱们说啥也不读了，这就到外面看雀儿去。"

郭玱嘟囔着回道："我老了，怎么就变成破书了？"

郭清从屋里出来，见父亲坐在院子里闷闷不乐，劝说道："一家人说笑，您不必介意。"

郭玱正无处撒气，看见儿子，训斥道："你不在屋里好好读书，整天往外跑。读书用功，功夫是什么？就是能坐得住。水滴石穿，铁杵磨针。"

见父亲真的生气了，郭清坐下来，劝父亲道："您消消气。读书要用功，也得看天分。现在，田地无人打理，家里也没有其他进项，总不能坐吃山空。您的儿媳又怀有身孕，若再添子嗣，一大家子用度，还得靠田里长出来。我读了多年的书，能够识文断字也就够了，还是专心经营田产，家里有些盈余，也可以供孩子们读书求学。您看可以吗？"

郭玱气鼓鼓的，转过头不听。

"你在这里说什么种田理家，惹父亲生气。"李氏扯了丈夫一把，催促道，"你进屋读书，这才是正事。"

郭清一时不知所措，只好趁机离开。

李氏转过身劝父亲道："他就是个榆木疙瘩，您不要跟他一般见识。您看朴儿才刚满月，您一念古诗，他不哭不闹，就跟着学，说不定真是咱家的状元郎呢！"

郭玱闻言，转怒为喜，连连点头。

两年后，郭玱夫妻先后亡故。郭玱病倒时，知道将不久于人世，对郭清叮嘱道："我们郭家以前是柴村富户，祖上曾立下耕读传家的祖训，几代都以读书为本，不重家资。你爷爷一生读书，虽然没有功名，也是知书达理的乡贤。我读书以后，你爷爷不惜家财，供我读书三十年，从无怨言。你读书无成，我也不怨你，但你一定要秉承祖训，就算是倾尽家产，也要让孩子们读书啊！"

郭清跪在床前，流泪说道："孩儿谨记父亲教诲。"

郭玱让郭清把郭朴叫到床前，颤巍巍地说道："好孙子，你天性聪慧，一定要听爷爷的话，好好读书，咱郭家就靠你光宗耀祖了！"

四岁的小郭朴似懂非懂地点点头。郭玱欣慰地笑了，转过头对郭清说道："安阳城的崔铣，是当今大儒，现在京城翰林院做官。他与咱家是旧戚，与你是表兄弟。将来，你要把郭朴的学业托付给他。"说完，才瞑目西去。

服丧期间，郭清与妻子商议，从府学辍学回家，专心经营田地，担起了养家糊口的重任。也是郭清治家有方，善于理财，几年时间，家道渐渐殷富。其间，李氏先后再生三子，分别取名郭枢、郭祯、郭栋。

二

正德十一年（1516年），李道从汉中府推官任上致仕，回到故乡邺县。

邺县治邺城（河北临漳西南）。春秋时，齐桓公始筑邺城。战国初，邺城为魏地，《史记·滑稽列传》载：魏文侯时西门豹曾任邺令。后归赵，秦时属邯郸郡。两汉为魏郡治所。东汉末，移冀州来治，后为袁绍割据，公元204年，曹操治邺城。西晋"八王之乱"后，后赵、冉魏、前燕相继以邺为都。534年，东魏迁都邺城，续以北齐禅代。557年，周灭齐进驻邺城，城内建筑尽皆拆毁。580年，尉迟迥据邺反抗杨坚，兵败邺城，致使城池被焚毁，官民迁相州，从此，邺县成为相州属地。

邺县李氏为世家大族。李道的祖父李刚考中举人，后经荐举入仕，积官至户部郎中；父亲李洪，娶韩氏，生二子一女，李道是第二子。李道的哥哥李文，成化年中举，官至泸州知府。李道的妹妹嫁给了赵王府昆阳郡王朱见洽为妃，李氏家族与驻藩彰德府安阳城的赵王府结为姻亲。

彰德府安阳城赵王府，第一任赵王为朱高燧，是明成祖朱棣的第三子。当年，朱棣为燕王，驻藩燕京北平。明太祖朱元璋驾崩后，因太子朱标病亡，将皇位传给长孙朱允炆，年号建文，后人称建文帝。建文帝为巩固自己的皇位，进行削藩。燕王朱棣起兵靖难，兵围南京城，取皇位而代之，年号永乐，是为明成祖。因朱高燧与二兄朱高煦从征有功，被封为赵王、汉王。兄弟二人见太子朱高炽性情温顺，遂暗中勾结，阴谋夺嫡，后被责令离开京城，汉王朱高煦就藩山东乐安，赵王朱高燧就藩彰德府。明太祖朱棣驾崩后，太子朱高炽即位，年号洪熙，是为明仁宗。汉王朱高煦起兵造反，被明仁宗平定，朱高燧大惧，纳还常山护卫，才得以善终。宣德六年（1431 年）朱高燧薨，谥号赵简王，嫡二子朱瞻塙袭封赵王。景泰六年（1456 年），赵惠王朱瞻塙嫡长子朱祁镃袭封赵王。成化元年（1465 年），赵悼王朱祁镃庶长子朱见灂袭封赵王。朱见灂屡次杀人，又尝试乘醉杀其叔父。成化十二年（1476 年），明宪宗朱见深下诏减去赵王府三分之二的禄米，褫夺朱见灂的冠服，命他穿平民衣服读书习礼。两年后，因母亲赵悼王妃李氏求情，才重新获得冠服。

现在，赵王府是第五任赵王朱佑椋，是赵靖王朱见灂庶三子，弘治五年（1492 年）始受封清流王，弘治十六年（1503 年）袭封赵王。朱佑椋受祖母李氏严加管教，长大后喜爱读书，经常与当地名流交往，尤其注重对子女的教育。在他的影响下，嫡长子朱厚煜不仅以孝闻名，而且嗜读经书，好仁重义。六年后，赵庄王薨，朱厚煜袭封赵王后，成为明代赵王中一代贤王。这是后话。

李道，字应元，生于明代宗景泰二年（1451 年），从小跟着长兄李文读书，二十岁入郡学，文名盛于河南七郡，却屡试不举。四十五岁时，被赵庄王聘请为王府教授，为世子朱厚煜讲授朱氏诗。正德六年（1511 年），参加吏部铨试，授汉中府推官，时年已经六十岁。去年，三年任满，朝廷考绩，晋升文林郎。李道请求致仕，回归乡里。

此时，李道的长子李遇阳之女，嫁给朱庄王四子秀水郡王朱厚炯为妃。赵庄王再次礼聘李道到赵王府长史司担任纪善，专门为郡王、郡主的子女讲授经书。

李道见六岁的外孙郭朴天性聪敏，是读书的可塑之才，随即请求赵庄王同意，将郭朴接进赵王府，亲自为他启蒙。

此时，世子朱厚煜诗书有成，尤其精通周易，见到郭朴，大为惊奇，对李道说："此子将来不可限量，你不一定教得了他，有机会还得另投名师啊！"

李道专程到女儿家，告诉郭清。

郭清点点头，说道："父亲临终前，让我将朴儿学业托付给旧戚崔铣。现在崔铣是朝廷翰林，远在京城，这可如何是好？"

李道说道："此事也不急在一刻，看孩子的缘分吧！"

三

明仁宗洪熙年间，崔铣的祖父崔刚被朝廷举荐到赵王府担任广有库大使，才将家从山东乐安迁居到彰德府，遂籍安阳。明宪宗成化年间，崔刚年老致仕，当时，赵王朱见潾庶三子朱佑楪方才七岁。弘治五年（1492年），朱佑楪受封清流王，十一年后晋封赵王，在位十五年。正德十三年（1518年）朱佑楪去世，谥号庄，三年后其长子朱厚煜袭封赵王，世称赵康王，也是第六代赵王。

崔铣的父亲崔升,字廷进,生于正统四年(1439年)十二月十四日,成化五年(1469年)中二甲进士,历官工部主事、兵部主事、职方司员外郎、延安知府、四川参政。弘治十二年(1499年)致仕,一生为官清廉,回乡后更是生活俭朴,家居常服布袍,与家童一起拾马粪烧火做饭,乡人叹服。

崔铣出生于明宪宗成化十四年(1478年),是崔升的独子,从小跟随父亲宦游,尤其在延安、四川,得到名师指点,学业大进。弘治十八年(1505年)进士二甲第一,入翰林,任翰林编修。

在赵王府读书,李道闲暇时经常给郭朴讲评时事,品评朝中贤能官员。一天,李道讲到刘瑾专权,说道:"这个刘瑾原来只是太子府的太监,他见太子贪玩成性,为讨太子欢心,每天都进献鹰犬、歌舞、角抵等戏,闹得东宫都成了'百戏场'。年幼的太子不能抵御,学业和政事当然也就荒废了。当今皇上即位时,按说已经十五岁了,却依旧离不开这个刘瑾,把他调进宫中司礼监。刘瑾成为随侍太监后,整天蛊惑皇上纵情逸乐,不问政事,竟都交给刘瑾处置。刘瑾竟然借机把持朝政,贬黜贤良,卖官鬻爵,专横跋扈,打击异己,朝臣们见到他都吓得要行跪拜礼。刘瑾更是威压众臣,朝廷内外大臣见他凡是不跪拜的,他就寻机黜落,不可一世。"

年仅八岁的郭朴瞪着眼睛,气愤地问道:"难道朝廷官员中就没有不怕他的人?"

李道说道:"有啊!咱们彰德府就有一个不怕死的英雄呢。"

郭朴急忙问道:"谁啊,是崔翰林吗?"

"对,正是崔铣。据说当时刘瑾到翰林院,一大群官员都赶紧跪拜,只有崔翰林一人立而不跪。其他人劝他,他却当着刘瑾的面大声说道:'翰林清贵,难道都是跪出来的?'刘瑾就这样被他气走了。"

"好样的!这才解气呢。后来呢?"

"后来,刘瑾假传圣旨把崔铣贬到南京。"

"那就任由刘瑾胡作非为,没有人能治得了他?"

李道哈哈笑道："自古天道不可违，一年之后，朝中又出了一个不怕死的，叫杨一清，将刘瑾谋逆大罪揭发出来。皇上大怒，将刘瑾斩首弃尸，他也算是罪有应得啊！"

郭朴拍手笑道："好好，这就是姥爷您常说的，恶人必遭天谴！那崔翰林后来呢！"

李道拍着郭朴的小脑袋，说道："小孩子家，哪有那么多后来呀。"

郭朴不甘心，拉住姥爷的手，问道："就是有后来嘛！您不告诉我，我就不撒手。"

李道说道："后来，崔翰林被召回翰林院，还加官升任成翰林侍读，成为皇上的御前讲官！"

郭朴这才松开手，仰着脸说道："我长大了，一定要见一见这个崔翰林！"

李道夸赞道："有志气，只要你业业有成，进京考中进士，自然就会见到。"

郭朴点点头，一脸的自信。

一

正德十五年（1520年）正月，十岁的郭朴跟着父亲郭清前往安阳城，这也是郭朴第一次进城。原来，崔铣的母亲于正月二十六日去世，郭清带着郭朴前去崔家吊祭。

崔铣的母亲李氏，是南京户部右侍郎李和之女。李和，字本中，祖居安阳，明朝天顺年间进士及第，授吏科给事中，进都给事中，累升通政司右参议、左通政，南京户部右侍郎致仕。李和的夫人郭氏，正是郭清曾祖郭恭的女儿、郭朴的曾祖姑。因此，崔铣与郭清是远房姑表弟兄。

进入安阳城东永和门，父子二人一路向西，走过赵王府，再向西走一里多到彰德府署折转向南，穿街过巷，就来到崔家。只见崔家门贴白纸，檐挂素灯。祭堂前，崔铣身披丧服，高大的身躯伛偻着跪在灵前，为母亲守孝。

吊祭完毕，崔铣将郭清父子迎进后堂。郭朴跟在父亲后面，隔着父亲，见前面的崔铣瘦削高大，不由得仰望其项背，这就是父亲常给他念叨的当朝大儒，心中不由得想起《诗经》里有一句"高山仰止，景行行止"。

郭朴正胡思乱想，突然，感觉自己被人拉了一把，只听父亲说道："还不快见过崔伯父！"

郭朴赶紧行礼。崔铣微微一笑，问道："小公子几岁，可曾读书？"

郭朴仰脸回道："今年十岁，已经读完《论语》，正在听先生讲《中庸》。"

"再读两年，就可以参加童试了，愿不愿意当个小秀才？"

"不愿意，我要当大秀才，考举人，进京中进士。"

"嚯，有志气！"崔铣赞道。

郭清心里高兴，但脸上佯怒道："我跟你说过多少次，言过其实，志大才疏。小小年纪，不得信口开河！"

崔铣摆摆手，温和地俯下身，抚摸着郭朴的头，说道："读书就得有志向，有大志向。常立志叫言过其实，立长志叫胸怀大志。"

郭朴咬着嘴唇，点点头。

崔铣请父子二人坐下，对郭清说："三年前，我辞官回乡，在城西孙平村的圭塘故址建起了后渠书屋，闲暇之时著书授徒。郭朴年岁还小，已经读到《中庸》，也算孺子可教。读经不比识字，当今经学芜杂，容易误人子弟，你有时间带着孩子到书屋去，我给他指点一下。"

郭清大喜过望，拉住郭朴的手，说道："朴儿，还不快行谢师礼！"

崔铣连忙拦住，说道："都是自家旧戚，也是应尽之义，我是一个闲云野鹤，师礼就免了。孩子上进，将来进入官学求取功名，才是正途。"

郭清也觉得自己有些唐突，只是一时急躁，口不择言。表兄是朝中翰林，能给儿子点拨一下，已经是天大的好事，他就把这件事时刻挂在心上。

郭朴更是天天催着父亲，但郭清想，服孝之人要在墓旁居倚庐，寝苦枕块，寝不脱经带，过了一年小祥才可以回家，在这期间是不宜打扰的。况且，崔铣丁母忧，在家服丧三年，有的是时间。

二

第二年春天，崔铣在母丧小祥之后，回到城西后渠书屋，一面训子授徒，一面潜心编著《彰德府志》。柴村在城东，后渠书屋在城西，相距三十多里，对于十岁的郭朴来说，见一次崔铣还真不容易。

却说崔铣编著《彰德府志》，是应彰德知府陈策的邀请。原来，陈策与崔铣是同榜进士，听说崔铣回乡，就有心请他为家乡做这一功德之举。崔铣推脱不得，但安阳城地处要冲，自古即是兵家必争之地，兵祸战乱使得典籍散佚，古迹毁灭，他正为此犯愁。正好，崔铣的岳父李遂从工部尚书致仕回到汤阴，得知消息，派人将从宫中得来的宋代《相台志》十二卷、元代续志十卷送来。崔铣披览《水经注》《邺中记》《邺都故事》和大量的史书，广征博引，去伪存真，考稽史实，征询乡贤，以"备物垂轨"为宗旨，使得《彰德府志》成为一部具有资政教化作用的地方志，为后代人编纂志书立下了一个好的典则规制。

郭朴跟着父亲来到后渠书屋，原来这是一座紧临渠滨的书院。这条大渠阔丈余，水流充沛，浇灌着两边的田野。渠岸杨柳依依，乡民依渠而居，耕牛饮水，村姑捣衣，一派乡野春光。

郭朴抬头问道："爹爹，这条河可是咱家后面的那条洹河？"

郭清一时语塞，想了想说道："这不是河，是条渠，叫万金渠。渠水倒是从洹河引到这里的。"

郭朴接着问道："渠水里有金子吗？"

郭清哈哈大笑，说道："这条大渠取名万金渠，可是有来历的。据说唐代时相州刺史李景在高平村堰洹河水引流城西，灌溉田亩，取名高平渠。宋代时韩琦回乡担任知府，扩修高平渠，建水磨，百姓获利千金，改名千金渠。后来，历任彰德知府在千金渠上建闸，分流增加灌溉田亩，百姓受益达到万金，成为地方官的惠政，百姓就将这条渠更名万金渠。"

郭朴拍手笑道："这渠水不就是像金子一样吗？！"

郭清用手拍着郭朴的小脑袋，嗔道："你这脑瓜子里，净是些新奇的想法。"

说话间，两人来到渠滨的后渠书院。书院不大，只有五间房子，竹篱围成的院子里却是花草丛生，姹紫嫣红。东边的墙角一丛竹子青翠欲滴，掩映着一扇门窗，这里就是崔铣的书房，屋里挂着"后渠书屋"的堂匾。

趁着崔铣考校郭朴，郭清随着崔溁在书院的院子里四处转了转。崔溁是崔铣的长子，也在后渠书院读书，同时帮助父亲打理书院事务。

郭清看到来这里读书的，既不是启蒙的垂髫童子，也不是幼学的束发少年，大多数是青年文士，也有中年儒生，疑惑地问崔溁。崔溁告诉郭清，他们到书院来听父亲讲学，是为了研读经书，探讨义理，交流学问。郭清听父亲讲过在国子监求学的往事，此时方才明白，这里才是真正做学问的地方。

郭清一向善于理财，不禁问道："官府办学，都有学田贴补费用。私家办学不易，必得家道殷富才行。学堂一年花费多少？"

崔溁点头，又摇摇头，说道："谁说不是，我家本不富裕，还是爷爷致仕时用多年为官的俸禄置下几十亩田地，一家子生活还算富足。自从办了书院，用度陡增，现在已经入不敷出了。彰德府知府陈策大人有心资助，想将拆除淫寺籍没的寺田作为书院的田产，被父亲婉拒。我也为此事犯愁，正求母亲向外祖父借些银两，再买些庄田，用来贴补书院费用。"

"需要买多少亩？"

"最少也得五十亩。"

"正好。我家柴村有一个姓牛的富户，儿子游手好闲，吃喝嫖赌，活活把父母气死了，还欠了一屁股债，正打算卖地呢。他家有一块地紧临安阳河，足有五十余亩，浇灌便利，只是无人打理，实在是可惜了。"

"价值几何？"

"他等着用钱，我与他是邻居，说和一下，准保可以。"

"公道就行！"

这次考校郭朴后，崔铣大为惊奇，送走父子二人后，对崔涝说道："此子天性颖慧，若加几年磨炼，学业必将大进，不可限量。"

一个月后，崔涝买下了牛氏五十亩水田，于是，带着父亲崔铣来到柴村，与郭清、郭朴一行察看河滨的庄田。

站在洹水岸边，望着奔腾的河水，崔铣想起自己才四十三岁，已然两鬓频添白发，心中生出"逝者如斯"的感叹。

崔涝看到洹水对岸不远处，冈峦起伏，隐约可见一座寺庙，规制巨大，嵯峨壮雄。他知道父亲正在编纂《彰德府志》，不禁问道："远处的山寺，不知道是何来历？"

崔铣回过神，看了郭清一眼。郭清说道："河北岸的山岗，当地人称七里岗。据传，秦汉之年，韩信曾在此驻兵，相认一个义母，义母死后，葬在此处，后人称韩陵山。山上的寺庙，叫定国寺，却不知道是何来历。"

崔铣点点头，说道："南北朝时，北魏晋州刺史高欢起兵拥立元修为皇帝，占据邺城。尔朱兆率二十万大军来袭，高欢却仅有三万士兵守城，于是在韩陵山设伏，以少胜多，大败尔朱兆。高欢立国东魏，以邺城为都城，在韩陵山立碑建寺，取名定国寺。这定国寺的碑文，却是大大有名，可曾知晓？"

郭清和崔涝都摇摇头。崔铣接着说道："此碑是北朝大儒温子升所作，此人为北地三才之一。当时，南朝文风鼎盛，视北朝无人。南朝庾信出使北朝，过韩陵见此碑，大为称奇，但也只称之为韩陵片石。想当年，邺地建安风骨，冠绝古今，数百年之后，文运南迁，时至今日，江浙学风鼎盛，令我辈中原儒士汗颜。"

郭朴见大人们唏嘘不已，大声说道："汗颜有什么用，应该努力才对！"

大家闻言，见郭朴朴拙可爱，一起笑着说道："汗颜没用，努力才对！"

三

正德十六年（1521年）三月，明武宗朱厚照驾崩，享年三十一岁，在位十六年。因为朱厚照没有子嗣，张太后与内阁首辅杨廷和商议，由近支的皇室、明武宗的堂弟朱厚熜继承皇位，年号嘉靖，是为明世宗。

明世宗朱厚熜的父亲兴王朱祐杬，是明宪宗朱见深的第四子。当年，明宪宗朱见深因为皇长子、次子早夭，封第三子朱祐樘为太子，封第四子朱祐杬为兴王。明孝宗朱祐樘即位后，立明武宗朱厚照为太子。明孝宗驾崩，朱厚照即位，命皇叔兴王朱祐杬到封地湖广安陆州（湖北钟祥）就藩。正德十四年（1519年），朱祐杬薨，年仅十三岁的朱厚熜袭封兴王。仅仅两年后，明武宗朱厚照驾崩，朱厚熜三年丧期未满。内阁首辅杨廷和以明武宗名义下诏，命朱厚熜结束丧期，按照"兄终弟及"伦序继承皇位。

十五岁的朱厚熜即位后，加封进位有功之臣，同时大赦天下，起用前朝因谏阻明武宗被贬官员。崔铣也接到诏书，回翰林院升任翰林侍讲。

赵王府世子朱厚煜也接到诏书，袭封赵王位。朱厚煜的父亲赵王朱祐楺于正德十三年（1518年）薨，朝廷拟谥"庄"，世称赵庄王。三年后，正逢朱厚熜即位后加封藩王，朱厚煜方才袭封赵王。

郭朴跟随父亲郭清前往赵王府贺喜，在赵王府遇到外祖父李道，只见他正与赵王朱厚煜、恩师崔铣坐在一起喝茶，谈兴正浓。

郭清拉着郭朴，一起向赵王行礼祝贺。朱厚煜笑着说道："我们的小秀才也来礼贺，可有什么贺礼？"

郭朴一本正经地说："贺礼是礼，不是钱物，而是以礼相贺也！"

三人闻听哈哈大笑，朱厚煜嗜好读书，也是满腹经纶，知道郭朴从小由李道启蒙，后随崔铣就教，就有心考校他，于是问道："孔子说：'礼者，敬人也。'自古做官的有君臣之礼，读书的有师生之礼，朋友之间有君子之礼，在家有长幼之礼。请问，你这是什么礼呢？"

郭朴不慌不忙，再次对着在座的人各行一礼，说道："今天在座的有赵王、崔先生、姥爷和父亲，大家都是读书人，我的礼是四礼俱全。"

众人一愣，随即点头笑道："也是，四礼俱全啊！"

逗罢郭朴，朱厚煜问崔铣道："听说朝廷起复你回翰林院，什么时候赴任？"

崔铣回道："也不忙，我现在编纂的《彰德府志》还没有完稿，知府陈策是我的同年，今年也该三年任满，我总得给他一个交代。自古受人之托，忠人之事嘛！"

李道说道："崔先生编纂这本志书，历时已有三年，真是为家乡做了一件大好事，功德无量啊！"

崔铣笑道："志书记载历代故实，无非是扬善政，彰义举，记沿革，备查询。它就像一个老人一样，看着后辈做人做事，我辈敢不努力！"

朱厚煜赞道："志书像一个老人的譬喻很贴切。我有时想，也像上天看着我们每个人啊！书成之后，就交给王府味经堂刻印，也算我的一份襄助之力。"

李道问崔铣："你迟早也要离开，后渠书院怎么办呢？还有那么多的学子呢？"

崔铣叹了一口气，说道："我也在为此事犯愁呢。父亲年已八十有二，还有书院一大摊子事情，我实在无意为官。但朝廷已经屡次催促，我也有意等一等，一来完成志书，二来明年秋闱，儿子崔滂也要应试，看看情况再说吧。"

郭朴听完，高兴地说："崔先生不走了，我还担心见不到您，怎么向您请教呢！"

郭清嗔道："什么不走了，不是等等再说吗？"

崔铣抚摸着郭朴的头，说道："我走了，不是还有姥爷。还有，赵王也是文章大家呢！"

第三章

金榜题名

安阳历史廉吏

第三卷

一

嘉靖三年（1524 年），十四岁的郭朴正式参加河南府的童子试。从二月县试、四月府试到六月院试，一连三场下来，郭朴在场内都是挥笔而就，场场优等，而且年少中榜，一时声名大噪。

新任彰德府知府张惠得知郭朴从学崔铣，亲自将他录入彰德府府学，补为廪生，按月由官府支给粮食。张惠专门写信，将郭朴入府学成为廪生的情况告诉远在南京的崔铣。

张惠，字天泽，山东静海（烟台养马岛）人，弘治十八年（1505 年）进士，与崔铣是同年进士。前年，朝廷一再催促，崔铣等到长子崔滂省试结束，高中举人，才放下心进京赴任。半年后，崔铣改任南京国子监祭酒，路过安阳，准备携夫人李氏和二子崔汲赴南京就任，张惠刚好到任。两人见面之后，便匆匆分手。

崔铣赴任南京时，年逾八旬的父亲无法跟随。崔铣本想让夫人李氏留下，崔刚不允，没有办法，只得留下长子崔滂陪伴爷爷，还有后渠学堂和柴村的庄田也需要照料。崔滂刚刚中举，本来正好跟着自己到南京国子监读书，以便参加会试，如此就会耽误崔滂的学业，崔铣心中惴惴不安。崔铣给张惠回信时，专门拜托这位同年，对崔滂和郭朴的学业予以关照，随信还寄回一首诗《题柴村农舍》：

忆昔求田日，亲知数贷金。

躬耕效桀溺，色养慕曾参。

妻治东资饷，朋传下里饮。

匆匆人事改，回首泪沾襟。

张惠读后，知道崔铣身在官场，还是希望辞官回乡，敬养老父，耕读为乐。但张惠却想不到，仅仅一年后，崔铣因上《甲申陈言急务疏》，卷入朝中的大礼之争，再次辞官回乡。

大礼之争源于明世宗朱厚熜与首辅杨廷和对"兄终弟及"的不同理解，从而引发了一场旷日持久的君臣论战，最终形成了党争，直接导致新旧朝臣的更替。

其实，朱厚熜从湖北钟祥兴王府进京，在京城外就发生了"入门之争"，拉开"大礼之争"的序幕。明武宗驾崩后，内阁首辅杨廷和与张太后秘密议定，选兴王朱厚熜为皇位继承人，于是，派遣司礼太监谷大用、司礼部尚书毛澄前往湖北钟祥宣读遗诏，迎接未来的天子进京继位。朱厚熜受诏，辞别母亲蒋氏，带着兴王府长史袁宗皋上路进京。

正德十六年（1521年）四月二十一日，当朱厚熜的车驾到达北京城南的良乡，见到迎驾的内阁大学士梁储、定国公徐光祚、驸马都尉崔元等大臣。梁储呈上内阁事先拟好的新天子登基大典礼仪状：兴王朱厚熜由东安门进入皇宫，晚上居住在文华殿；第二天，由文武百官三上劝进表，俞允后，再择黄道吉日举行登基大典。这个礼仪状，是内阁按照皇太子即位礼仪拟定的，朱厚熜看后，眉头紧皱，对袁宗皋说："你告诉他们，遗诏让我嗣皇帝位，而不是嗣皇子位，况且我与武宗为同宗兄弟，怎么能用皇太子的即位礼呢？"

袁宗皋看着年仅十五岁的朱厚熜，不禁暗自点头，回道："主上聪明仁孝，所见极是。"

于是，袁宗皋向接驾的大臣传告了朱厚熜的话，命再拟。同时，朱厚熜停驾不再前行。

首辅杨廷和见状，亲自前来，向袁宗皋解释道："新君尚未即位，仍是藩王身份，太子和藩王都是从东安门进宫。"

袁宗皋进去禀告，出来代替朱厚熜质问道："今上已经受诏，按伦序即皇帝位，怎能再行藩王之礼？！"

双方僵持不下，任是众位大臣一再劝进，朱厚熜就是不同意。最后，杨廷和与张太后不得不同意其从大明门进入皇宫，一切按照皇帝礼仪进行，朱厚熜才进入京城皇宫。

朱厚熜即位后，如何奉赠自己父母的问题，立刻成为礼部最头痛的事情。按照内阁首辅杨廷和与太皇太后最初议定的想法，选定兴王朱厚熜入继大统，以此来维系皇朝的血脉，既然朱厚熜与明武宗是同宗弟兄，朱厚熜应该作为明孝宗的过继子，以兄死弟及来继承皇位。这样，朱厚熜就要称明孝宗为父，称仍在世的明孝宗张皇后为母，反而称自己的生身父母为"皇叔父""皇叔母"。对于这种安排，已继位的明世宗朱厚熜非常不满，一再要求礼部再拟，甚至让宫中随侍太监传话给礼部尚书毛澄，说道："人孰无父母，为何使我不得对父母尽孝？"一心想推尊自己的父母为皇帝。在这场长达数年的"大礼仪"之争中，内阁首辅杨廷和，阁臣蒋冕、毛纪、石瑶和礼部尚书汪俊等人先后被清除出朝廷，维护明世宗的张璁被授予礼部尚书兼文渊阁大学士，桂萼被授予吏部尚书兼武英殿大学士，入主内阁，执掌大权。最终，朱厚熜追尊其父兴献帝为"本生皇考恭穆献皇帝"，尊依然在世的蒋皇后为"本生圣母章圣皇太后"，兴献王朱祐杬的神主被迎奉入京，供奉在新建的观得殿里。

这场大礼仪之争最惨烈的一幕，发生在嘉靖三年（1524年）的左顺门。七月十五日那天，上完早朝之后，首辅杨廷和之子杨慎对群臣说："国家养士百五十年，伏节死义，正在此日！"于是，率领群臣两百二十余人，一起跪伏在左顺门前哭谏。明世宗大怒，下令逮捕一百三十四人，每人杖四十，当场打死十七人。事后，杨慎等带头哭谏的官员被削职为民，参与者也被贬官外任。其中，翰林院修撰杨维聪就是被外贬的官员之一。

杨维聪，字达甫，号方城，河北固安人。正德十六年（1521年），因明武宗驾崩，殿试由明世宗主持，钦点杨维聪为状元，授翰林院修撰、右春坊右中允。大礼之争时，杨维聪跟随杨慎等人跪伏左顺门哭谏，被廷杖，贬官外调为山西按察司副使，后转任河南学政。

二

嘉靖九年（1530年）秋天，新任彰德府知府马朝卿带着学正、训导和各县教谕在府学大门，迎候河南府学政杨维聪前来督学。学政督学，一般要由学政亲自出题，对府学生员进行考试，检验教学质量。由于学政杨维聪是状元及第，府学生员非常紧张。

郭朴也很紧张，但还夹杂着一丝兴奋，他就要见到传说中的状元郎，并能在真正的状元面前展示自己的学业。这几年，郭朴可谓刻苦，不仅钻研经书，考究义理，而且涉猎宋代理学和明朝新兴的陆王心学，逐渐形成自己的以德治国和以孝治国的为政理念，可见，深受自己家庭观念和崔铣的影响。

杨维聪对这次出题，也颇费踌躇。当年，明世宗殿试时，策论出题"慎初"，自己名列榜首。这次，他沿着这个思路，将策论题目定为"为政之道"。

郭朴策对时从"以德治国"和"以孝治国"两方面讲起，历举远古三王以上如何勤修德政和明太祖颁发《孝慈录》推行以孝治国，将孝道订入法典，举孝廉入官以及三王之后历代帝王的为政得失，阐述了君王既要"畏天爱民，修身讲学，任贤纳谏，薄敛省刑，去奢无逸，亲贤远佞，笃遵旧章，自强不息"，又要大孝尊亲，立身行道，以达到《礼记》所说"大孝不匮"。《策对》三千余言，通篇立意高远端正，气势浩荡宏大，文风纵横捭阖，在众多生员中脱颖而出。杨维聪阅后，拍案称奇，列为第一。

安阳城南吴村的李奎，当年与郭清一起在府学读书，两人意气相投，结拜为异姓兄弟。李奎与夫人马氏婚后生育一女，第二年，马氏病亡。女儿现在已经十七岁，端庄贤惠，善理家务，李奎视若掌上明珠。听说郭清的儿子如此出息，李奎就前来提婚。郭清慨然应允，不久，为郭朴完婚。

嘉靖十一年（1532年），河南府省试，郭朴高中。杨维聪亲自荐举郭朴为贡生，赴京城国子监太学读书。这一年，二十二岁的郭朴可谓双喜临门，妻子李氏为他生下长子郭焕。

郭清更是高兴，大摆筵席，邀请崔铣和崔漟、崔汲父子一起庆贺。席间，崔铣感慨道："弘治年间，我也是弱冠之年，游学京师，在国子监太学结识诸多同道。当年，国子监祭酒谢铎监规严明，常言学贵于自得，一时文风大盛，人才辈出，这些也得益于弘治皇帝开明。当今皇帝年少登基，乾纲独断，多有更张，致使新学迭起，学界倒失去了儒风清流气象。"

郭朴站起身，给崔铣添酒续茶，问道："崔伯父，百家争鸣，不更好吗？"

崔铣饮了一口茶，说道："战国时期百家争鸣，是在一个自由的环境下。而当今新学，只是趋附圣意而已！"

崔汲比郭朴年长六岁，跟着父亲在南京国子监学习，接触到王守仁的阳明心学，于是问道："现在阳明心学盛行南方，到底应该如何治学？"

王守仁，字伯安，浙江绍兴府余姚县人，因曾筑室于会稽山阳明洞，自号阳明子，学者称之为阳明先生，亦称王阳明。王守仁出生于浙江余姚一个显赫的家庭，父亲王华曾是成化年间的状元，官至南京吏部尚书。王守仁天资聪明，十七岁就拜访理学名家娄琼，潜心宋代大儒朱熹"格物致知"之学。但他仕途坎坷，连举不仕，直到二十八岁才考中二甲进士。正德年间，宦官刘瑾专权，逮捕南京给事中御史戴铣等二十余人，王守仁上疏论救，触怒刘瑾，被杖四十，谪贬至贵州龙场驿栈为驿丞。在龙场艰苦的环境里，王阳明结合历年来的遭遇，日夜反省"格物致知"之学，终于顿悟"圣人之道，惟在良知，吾性自足，向之求理于事物者误"，提出心即理的命题，这就是著名的"龙场悟道"。他以诸葛亮自喻，决心要干一番事业。此后刻苦学习，学业大进。骑、射、兵法日趋精通。刘瑾被诛后，王琼任兵部尚书，以为王守仁有不世之才，荐举朝廷，擢任右佥都御史、巡抚南赣。他上马治军，下马治民，文官掌兵符，集文武谋略于一身，尤其以剿灭当地盗贼和平定宁王朱宸濠江西南昌之乱为大功，官拜南京兵部尚书，封"新建伯"。后因功高遭忌，王守仁辞官回乡讲学，在绍兴、余姚一带创建书院，宣讲"心学"，追随者如云。

崔铣说道："阳明先生主张读书养心，却过于禅意了。近日，我读宋朝名相韩琦《安阳集》，受益良多。韩魏公平生不谈禅，他说读书就是为了践行履事。儒家所谓德行，有德才能行正。韩相德高望重，晚年任职大名府留守，镇守北门，年已六十岁，一本《论语》从未离身。韩相一生秉直而人不怨，大功而人不忌，正是参透了《论语》的真谛。"

郭朴端起酒杯，对崔铣说："学生受教了。我明日北上，还请崔伯父指点迷津。"

崔铣哈哈一笑，说道："你从我受教，我对你也多有了解。你忠厚慈善，颖慧好学，但你仁朴有余，刚健不足，希望你行则有方，刚柔兼济，读书从政不必执着于功名利禄。"

郭朴跪在崔铣、郭清面前，举起酒杯一饮而尽，说道："崔伯父金玉之言，后辈受教了。"

三

嘉靖十二年（1533 年）春天，春风浩荡，弱柳翩跹，高远的天空上，一行雁阵向北缓缓飞行。崔滂、崔汲兄弟二人把郭朴送到城北鲸背桥，殷殷话别。这次郭朴赴京，妻子李氏抱着儿子郭焕随行，只好在洹水渡口乘船，东行入卫河，转京杭大运河入京，以免妻儿路上鞍马劳顿。

国子监又名太学、国子学，是国家的最高学府。京城的国子监与南京陪都的国子监不同，全国翘楚皆会于此，人才济济，而且担任北京国子监祭酒的大多数晋升为礼部要职，进而入阁拜相，所以，天下士子趋之若鹜。嘉靖四年（1525 年），崔铣的同榜进士严嵩请托因大礼之争起家的江西同乡内阁大学士费宏、詹事府詹事桂萼，以南京翰林院侍读调任京城国子监祭酒，因此兼任经筵日讲，得以进入西苑，成为明世宗的近臣。后来，严嵩官运亨通，先后任礼部尚书、内阁大学士，担任首辅二十多年，成为一代权奸。

现任的国子监祭酒是马汝骥，字仲房，绥德人，正德年间进士，授翰林院编修。此人直言敢谏，当年，明武宗南巡，马汝骥谏阻，被廷杖贬官外任。明世宗即位后，马汝骥被召回翰林院，参加《武宗实录》编纂，后在南京国子监担任司业。又调任北京国子监司业，正好朱厚熜亲临国子监，听马汝骥坐讲经典，叹其"言辩而正"，诏赐文绮，一时传为美谈。

郭朴在太学结识了孙升、敖铣、吴山等一批士子，他们经常在一起交流，研讨学问，有时也相互诘难，以至很多士子追随左右，引起国子监祭酒马汝骥的关注。马祭酒虽然年近六十，但诗人天性，也经常参加这些年轻士子的聚会，不时指点学问，勉励大家。

孙升是浙江余姚人，少时家贫，但刻苦攻读，嘉靖六年（1527年）就到国子监读书，考试皆列首选，名动京师。他的书橱上有一副自己的题字："勿谓古人为不可及；勿谓天下第一等事为不能做。"郭朴见后，心中暗暗佩服。

吴山是江西人，与严嵩同乡。因严嵩曾为国子监祭酒，经常有人向他提及严嵩。吴山总是回道："只闻其名，不识其人。"有一次，郭朴问他，吴山说道："因为同乡，所以闻其名。但严侍郎是权贵，真的无有交集。"郭朴感叹道："吴山，不是攀附权贵的人啊！"后来，严嵩为相，想拉拢这个同乡为伍，吴山从不依附。严嵩听说吴山有一个女儿，就托大学士李时为媒，为儿子严世蕃说亲。吴山当场拒绝。后来，明世宗想让吴山入阁，吴山知道严嵩一定会阻挠。吴山的儿子对父亲说："皇上既然有此意，您何不去严府拜访，以示感谢呢？"吴山训斥道："大学士是靠拱手行礼得来的吗？"果然，严嵩极力阻挠，吴山始终未能入阁，此是后话。

敖铣也是江西人，为人醇和，不善与人争执，但是非所在界限清楚。他与郭朴性情相投，私交最好。

郭朴时常将三人邀至在京租赁房屋，由夫人李氏治馔，小酌几杯，也算忙里偷闲，怡情放松。三人都非常喜欢郭焕，轮流让郭焕背诵诗词。三岁的郭焕背着手站在席间，像小大人一样，一字一句，抑扬顿挫，逗得大家哈哈大笑。

时光荏苒，到了嘉靖十四年（1535年）春天，朝廷举行会试，命内阁大学士李时，礼部尚书夏言为主考官，郭朴、孙升、吴山、敖铣四人同时中选。三月，举行殿试，明世宗亲自拟题，策问题为《法天法祖》。

自古道，天不言语，以灾异遣告，所以朝廷有郊祭和明堂之祭，同时祭祀祖先，乞求福泽庇护，并效法先祖的懿德嘉行。郭朴清楚，如果这样破题，虽然中规中矩，但人之共知，失之于浅薄，无有新意。转念一想，历朝各代兴替，称祖皇帝的只有一位，但我朝却有两位，太祖是肇基之祖，成祖是开创之祖，正值烽烟四起、天下放荡之时，扑灭各路诸侯，收服天下英雄，粗定太平。但当今圣上，以小宗入继大宗，致有大礼之争，再论及法祖，行文恐有呆滞。于是，提笔写道："人君治理天下，法天敬祖，重在明心修德……"

殿试结束，内阁大学士李时、礼部尚书夏言将选出的候选一甲十二卷进呈给明世宗。明世宗一份份细细品评，提起朱笔，在拟议第一卷卷首批道："题意甚好，可第一甲第一名。"对于第二卷，却踌躇再三，又放了回去。接着，批出第二名、第三名。之后，又将第二卷拿起，批道："文笔甚好，题意略泛，置二甲第四名。"

金榜张出，浙江绍兴府余姚人韩应龙为状元，浙江绍兴府余姚人孙升为榜眼，江西瑞州府高安县人吴山为探花，敖铣为二甲第三名。原来内阁拟议一甲第二名的竟然是郭朴，虽然被放在二甲第四名，但还是被明世宗选为翰林院庶吉士，特旨留馆，读书中秘。

这一科中，浙江余姚县的进士多达十八人，韩应龙、孙升高居状元、探花，成为一代佳话。韩应龙在第二年的一天，突发疾病，死于朝堂，成为历史上最短命的状元。

第四章

初会严嵩

一

明朝初年，翰林院设在皇城内，门上疏匾曰"词林"，时人也称之为玉堂。明代大儒黄佐在《翰林记》中记载：汉代侍中有玉堂署，宋太宗曾以"玉堂之署"为翰林院题榜，之后，入翰林院者为登玉堂。正统年间，翰林院迁至长安左门外玉河西岸（东交民巷御河北桥西岸处），前为詹事府，后为鸿胪寺。

按照明代科举授官制度，一甲第一名授翰林修撰，为从六品；第二名、第三名授翰林编修，为正七品；从及第进士中选出文学优等者为庶吉士，留翰林院读书三年，以翰林学士教习，期满优等者任翰林院编修，其余改科道给事中、御史、主事或县令。

郭朴第一次来到翰林院大门外，在他的心目中，这才是真正的龙门。他平静了一下心情，整理了一下崭新的官服，迈步进入翰林院的三重门，见第三重门上匾书"登瀛门"。再往前走，前为署堂，堂西为读讲厅，东为编检厅；署堂之后为穿堂，左为待诏厅，右为典簿厅；再后为后堂，东西为藏书库。后堂西南，为敬一亭。

让郭朴驻足最久的，是翰林院仪门左的一块题名壁，上面写有《翰林庶吉士题名记》："读书人入朝为官，朝廷一旦任命都有所职掌，稍许懈怠就会受到责罚，甚至贬官，惟有翰林庶吉士是以读书为职，犹如仍为读书人。为此，朝廷专门将他们安置在宫中近侍官署以便专心笃志地学习，发给俸禄使他们的家人生活得到保障，开放馆阁所藏典籍以广见博识，任用翰林学士为之传道解惑。从永乐二年明成祖开始设立翰林庶吉士制度以来，到弘治十八年（1505年），已经有若干科若干名翰林庶吉士。呜呼！读书如果生不逢时，犹然潜心圣人之学，以修养身心，至于造福百姓，何况非要等到现在！作为翰林庶吉士，朝廷用三年之期为学，然后数十年为官，也算是养之为用，蓄而待发，但仅仅靠这么短的时间，要想获得最大的收益，不也是很难吗？我听说：突然面临变故而能泰然处之，取决于你的才能；能从平常的事物中洞察深刻的道理，取决于你的见识；能用言行去感化别人，取决于你的品德。如果一个人具有了这三种能力，才可以说学有所成。然而，孔孟之道历经世代变迁，后世学者各逞其说，要想得其真传，已经很难了。即使有人倡导，也是曲高和寡，真正能做到不随波逐流的，则又很难啊！一旦偏离正途，才能就会邪曲，见识就会卑陋，德操就会偏颇，并且推脱说：'用人不能求全责备。'这正是我所不能理解的。翰林院有一块照壁，上面没有题名。这块照壁是某学士掌院时建造的，为的就是录下入院的庶吉士名字，可在石碑上流传下来，以便考按实情。现在，我们这一批翰林庶吉士将要录下姓名，我写这一篇题名记，与大家共勉吧！"

看到最后，下面的款识竟然是崔铣，郭朴心中既惊且喜，随即反复轻声咏读。后来，郭朴见到崔铣，询问此事，才知道是崔铣在正德十一年晋升侍读，翰林掌院请他书写的。崔铣的题名记讲得很清楚，庶吉士在翰林院学习，要做到存才、存识、存德，三者有成则学成。

郭朴谨记在心，在翰林院学习三年期间，对秘阁大量的典籍图书进行研究，了解历朝历代的典章制度，熟悉朝廷政务。闲暇之时，与吴山、孙升、敖铣一同诗书唱和，郊游赏景。两年之后，按制晋升为翰林编修。

嘉靖十五年（1536年），礼部尚书夏言晋升为武英殿大学士，入阁参预机务。年近六十岁的严嵩在江西同乡夏言的举荐下，接任礼部尚书。升任礼部尚书是严嵩政治生涯的重要转折点，他如履薄冰，夙夜匪懈，俯仰由君，顺旨饰非，以求宠信。此时，大礼仪之争进入最后阶段，也是最高阶段。嘉靖初年，明世宗采用高压手段，逼迫朝中大臣承认自己的亲生父亲为皇考，尊为兴献皇帝，称宗入庙。但郊祭和明堂之祭是天子祭祀上天的祭礼，人间皇帝非天之宗子不能享受配祭。明朝嘉靖以前，郊祭由明太祖配祭，明堂之祭由明成祖和列圣配祭。嘉靖十七年（1538年）六月，严嵩上疏《明堂秋享大礼仪》，提出由兴献皇帝配祭的提议。明世宗通过"大礼之争"追尊父亲为兴献帝，在京城建世庙奉祀，但并没有称宗入庙，世庙与太庙并存，兴献帝与列圣相比仍有差距，名体未正。现在，严嵩揣摩上意奏对，于是连夜召见严嵩，命其起草制定知大礼上册十节，从此明堂之祭将兴献皇帝附祭，使得兴献帝纳入帝王统绪，为明世宗大礼仪之争画上一个圆满的句号立下汗马功劳。

十二月，蒋太后驾崩，明世宗哀痛之余，不得不考虑安葬事宜，初议将位于湖北的父亲陵寝显陵迁到北京大峪山，然后与蒋太后合葬。朝臣一片反对，朱厚熜于是决定亲自南巡，到湖北察看显陵。

第二年二月，明世宗在朝臣的反对下，执意册立年仅四岁的朱载壑为太子，让太子留守北京监国，自己在内阁大学士夏言、礼部尚书严嵩等官员扈从下启程前往湖北。一路上，沿途地方官员和藩王接驾，刚刚起复詹事府少詹事兼翰林院侍读学士的崔铣随着彰德府知府王旒到河南卫辉候驾。当晚，卫辉行宫失火，大火迅速蔓延，朱厚熜被火海包围，被锦衣卫指挥陆柄救出。朱厚熜大怒，传旨严惩兵部扈从护卫和地方官员，兵部右侍郎张衍庆、河南巡抚易瓒、布政使姚文清、按察使庞浩、卫辉知府王聘、汲县知县侯郡一众官员被下狱治罪。卫辉大火并没有影响明世宗的行程，其于三月十七日到达显陵，进行祭拜，察看显陵情况，并接受严嵩建议，接受群臣和当地百姓的朝贺。返京之后，明世宗决定不再迁移显陵，送蒋太后灵柩南行合葬。这次南巡之后，明世宗对一路上顺承旨意的严嵩更加宠信，却对内阁大学士夏言予以责罚，追回以前嘉奖的诏令，责令致仕回乡。虽然最后收回夏言致仕的谕令，但此后严嵩抓住机会，开始了倒夏行动，一步步向内阁迈进。

崔铣自嘉靖四年（1525 年）因上疏"大礼仪之争"辞官回乡，到嘉靖十八年（1539 年）这次重新任用，在安阳后渠书院著述授徒达十五年之久，声誉日隆。朝廷为太子朱载壑选任名师辅教，朝中大臣举荐崔铣，得以被召回京师，担任詹事府少詹事。

詹事府为负责辅佐训导太子的官署，设詹事一名，少詹事两名。詹事府詹事正是崔铣的同榜进士陆琛，最与崔铣交好，这也是崔铣下决心就任的原因之一。

嘉靖十八年（1539 年）五月，崔铣进京赴任，郭朴得知消息，就前往詹事府拜见崔铣。两人相见，分外高兴，郭朴见崔铣两鬓斑白，面容消瘦，说道："五年未见，恩师您又见清癯了。"

崔铣笑着摆手，说道："清介儒士，哪有大腹便便的。《诗经》有云：硕鼠硕鼠，无食我黍。只有贪官污吏才会油脂满肠啊！"

在郭朴的眼中，崔铣总是正襟危坐，正言不苟，俨然师尊。这次会面，却见恩师说话幽默，也不禁莞尔，回道："詹事府离翰林院不远，我有时间多来请教。恩师离京，我父母可有嘱托？"

崔铣进京前，郭清已经给郭朴寄来家书，嘱托他在生活上照顾崔铣，以便时时就教。崔铣见郭朴问起，说道："你父母一切安好，他们让我告诉你不必挂念，只是嘱咐你忠君为国，不畏辛劳，守好节操，清白做官，不至于污损你郭家的一世清名。"

郭朴正色回道："谨遵父命，更不会玷污恩师清节！"

崔铣问道："你现在翰林院所任何职？"

郭朴回道："我于去年庶吉士期满，晋升为编修，跟着徐阶学士修史。"

"华亭人徐阶，嘉靖二年的探花。我倒是听说此人，精明能干，文采又好，当年在翰林院因为维护孔圣人封号，顶撞首辅张孚敬，也是一个有气节的人。"崔铣顿了一顿，接着说道："听说此人专注阳明心学，与首辅夏言、礼部尚书严嵩多有交往，既要听其言，还应观其行，要慎交啊！"

郭朴连连点头，望着崔铣。崔铣感叹道："听说这次皇帝南行，夏言与严嵩多有抵牾歧异，我刚到京城，听到很多传言。"

郭朴回道："我听徐阶学士说，严嵩很受皇上恩宠，早有入阁之心，虽然年及六十岁，对夏言事事顺随，不知道传言是否可信？"

两人一直谈到夜深，郭朴才起身告别。崔铣送出詹事府门外，看着郭朴走远，才回到詹事府公廨休息。

七月，崔铣又晋升为南京礼部侍郎。郭朴得知崔铣晋升的消息，赶来送行。郭朴与陆琛一起将崔铣送到城外驿站渡口，看着崔铣登船启程，赴南京就任。

二

嘉靖二十年（1541 年）春天，明世宗举行郊祭大典，之后，下诏对各王府郡王、将军进行册封。郭朴受命赴河南怀庆府（焦作沁阳）册封郑藩，路过安阳时，顺便回家探望父母。

此时，郭朴得知崔铣刚刚因病致仕，已经从南京回到故乡安阳，就专门到后渠书屋看望恩师崔铣。

崔铣次子崔汲候在门外，迎接郭朴。郭朴问道："闻知恩师病重，正好因公路过，特来问候。记得我第一次来后渠书院，还是令兄迎候。"

崔汲黯然回道："是啊，岁月如白驹过隙，兄长病故已经十多年了。"

郭朴叹息道："令兄天不假年，实在令人惋惜。令父今年高寿？"

"今年六十四岁。"

"也是刚过耳顺之年，怎么就一病不起呢？"

"本来就久病不治，才乞请致仕回乡。近来病体稍愈，身体原本虚弱，但不听劝阻，一味昼夜著书不辍，旧病复发。"

两人说着进屋，郭朴看见崔铣躺在床上，瘦弱不堪，气喘吁吁，赶紧来到床边，跪在床前，流泪说道："恩师，朴儿前来看望您啊！"

崔铣示意崔汲将床前散乱的书稿移到一边，拉住郭朴的手说道："我还以为见不到你了，快坐下来。"

郭朴望着躺在病榻上的崔铣，满头白发，憔悴不堪，说话时气喘吁吁。"皇帝南巡之后，将道士陶仲文留在宫中，经常设坛建醮，弄得乌烟瘴气。现在，朝中内阁都是议礼的新贵，一味顺承圣意，无所作为。想当年，我在翰林院时，不畏刘瑾淫威，被贬官南任。你也不必学我，但心有尺矩，不能随波逐流。"

"是，我虽然官微言轻，但一定会像老师当年，不畏权臣阉党。"郭朴回道。

崔铣满意地点点头。"我闻听皇上屡次训斥内阁首辅夏言，但对礼部尚书严嵩恩赏有加。严嵩与夏言同乡，又有举荐之恩，但在权势利禄面前，人心不古。严嵩与我是同年进士，又一起在翰林院就职，这几年真是官运亨通，我有些看不透他，对此人，你要多加小心。"

郭朴点点头，再三嘱托崔汲照顾好恩师崔铣，匆匆回京。

想不到，崔铣于五月二十二日在安阳病卒。崔汲赴京为父亲请铭，先到翰林院找到郭朴。郭朴方才得知恩师崔铣去世，悲伤不已，两人一起到礼部拜见尚书严嵩。

礼部官署位于宫城承天门内东侧,与吏部和户部相邻。三部名义上以吏部为首,但到了嘉靖朝,因为大礼仪之争,礼部在议礼中为兴献皇帝称宗入庙作出巨大贡献,在皇帝眼中的地位已经非同寻常。夏言以礼部尚书入阁,就任首辅后,举荐严嵩担任礼部尚书,每天在皇帝身边伴驾,很少能到礼部官署。

郭朴领着崔汲到礼部交上请铭文状,得知严嵩在宫中侍驾,两人留下拜帖,就回翰林院等候消息。两人心里清楚,现在严嵩在朝中炙手可热,以一个小翰林和故去同窗之子应该得不到召见。

几天之后,礼部为崔铣拟定的谥号"文敏",明世宗恩准。想不到的是,严嵩竟然在礼部官署召见二人。在郭朴的眼里,严嵩六十岁上下,不像江西人瘦小精干,却身材高大,颇有长者风度,慈眉善目,只是郭朴总感到他的目光在自己身上逡巡不止,让人坐卧不宁。寒暄过后,严嵩谈及与崔铣的交往,自己已经在皇帝面前多次举荐予以重用,只是天不假年,实在可惜。最后,问及郭朴在翰林院的状况,略有褒奖,就以宫中事务繁忙,打发两人回去。

崔汲自始至终竟然没有说上一句话,不免疑惑。郭朴笑道:"能见到严尚书,已然不易。在官场上,这只是一种姿态,一个过场而已,是做给外人看的!"

三

这次崔汲进京,带来了驻藩安阳城的赵王府味经堂为崔铣刻印的文集《洹词》和《文苑春秋》等书籍。尤其,崔铣编纂的这部《文苑春秋》,收录了从汉高祖的《入关告谕》到明太祖的《檄中原书》一百篇历朝历代的典章文献。他在序言中说："孔子删书为百，非关世教人心的不选。"将夏书、商书、周书里涉及从唐尧一直到秦缪公的一千六百年间的官方文告，进行了纂选而得到百篇，辑为《书经》，汉代以后称《尚书》。崔铣甄选的一百篇官方文告，每一篇篇首为之序，说明作意。

郭朴如获至宝，潜心研读，对历代皇帝执政理念和朝政得失有了一个全新的认识。他一面沉下心来研读经典，一面观察着明世宗在宫中发生的一切，冷眼旁观首辅夏言与礼部尚书严嵩的明争暗斗。

嘉靖二十年（1541 年），正是朝廷大考之年。春闱之后，进行殿试，等到传胪唱名时，明世宗突发疾病，不能亲御奉天殿。主考官、内阁首辅夏言只得将拟定的甲第名次送进明世宗的寝殿，由皇上钦点一、二、三甲，然后在左顺门前传胪唱名，再引状元携进士五拜叩首行礼，在长安街游行，过龙门。

这一年的进士里，前三甲的状元沈坤、榜眼潘晟、探花刑一凤后来都籍籍无名，而二甲第一名高仪、第二名董份、第八名严讷和第十二名高拱都进位宰辅大臣或尚书。

明世宗的病一个月方才痊愈。生病期间，内阁夏言、翟銮上章自劾，请求贬官。明世宗不允，却责令两人痛加修省。

严嵩劝明世宗在宫禁设坛斋醮，引一班道士焚香念经，严嵩亲自书写青词《庆云赋》，为皇上祈福降瑞。赋云："惟灵璧之丕叹兮，憾神坤以通乾罡。历万古之锤炼兮，含自然以极造化。奇五岳之神韵兮，混千面集于奇峰。比穿苍而袭云兮，拈颛顼以摇营室。体嵯峨之玲珑兮，待谐宙而绕香雾。观庆云之毓魂兮，升碧石以接北辰。击磬鼓以镇诰兮，听秋水之谓晨风。随即信步轻易，浮念庆云；神之所遗，缘出泗水；开山启道，始镇吴江；石间桥洞，百千之数；待遇九河，千泉泄玉；峰底举燧，孔洞生烟；礼乐铮铮，和与清阳；庆为天同，比及流云。"

青词是写在青藤纸上，斋醮时焚化的通天之语，无非是秉承仙志、隐喻吉祥，但又不可轻易道破，词句中尽是道家隐喻。庆云是一种五彩祥云，是喻人成仙的征兆。《尔雅·释天》中有："北极谓之北辰"，北极则有天，北辰暗指当时的君王明世宗。碧石是一种吉祥的石头，按汉初各种图谶的解释，碧石升是有仙驾临的征兆。那么，庆云起，碧石升，接北辰，正是隐喻明世宗要成仙的征兆已经来了。全篇文辞圆转，如飞瀑绚烂潇洒，如云霞流光溢彩，委婉地显示了明世宗已经得道，并同各山真君共登仙界的迫切欲求。

明世宗见严嵩的青词语句典雅精工，辞藻华丽，字字珠玉，从此对严嵩更加另眼相看，宠眷日深，斋醮焚化所需的青词一概由严嵩主笔。

郭朴经常找翰林侍读孙升，请教崔铣《文苑春秋》里有关典章中的疑惑。在一起进入翰林院的同年里，孙升最是博览群书，勤勉好学，对当世的典章非常熟悉，对疑惑的事情思致独远，考核必精。状元韩应龙去世后，大家都把他这个榜眼当成嘉靖十四年（1535年）科举的状元，以他的可否来占验得失，事后无不深为叹服。

当时，翰林院每年都要举行诗会，同年之间分韵唱和，孙升往往首唱，或者和诗先成，众人随后纷纷响应，词采盈卷。所以，同年赵贞吉在赠诗中有"季子文章伯，王孙忠孝家"之句，时人以为知者之言。

可是，官运亨通的却是当年的探花吴山，现在，他已经晋升为礼部左侍郎。吴山为人正直，不媚权贵，他与礼部尚书严嵩是同乡，但从不附和。严嵩的儿子严世蕃听说吴山有一个女儿，长得很漂亮，便托内阁大学士李本做媒。李本便以严嵩的名义请吴山喝酒，对吴山说："严公之酒，公知何为？"吴山说："不知。"李本便将婚姻之事向吴山和盘托出。吴山婉言谢绝，严嵩知道后十分不悦。后来，严嵩为相，明世宗想让吴山进入内阁，下谕旨给严嵩。吴山的儿子劝父亲说："皇上既然有此意，您何不去严府拱手行礼以表感激。"吴山训斥道："大学士是靠拱手行礼得来的吗？"果然，严嵩暗中阻挠，吴山终未入阁。

三人在一起饮酒，谈论到当前的朝政，都是忧心忡忡。郭朴说道："当今皇上惑于斋醮，首辅夏言无所作为，阁臣翟銮也是无计可施，任由严嵩以青词魅惑皇上，两人终将为严嵩所取代而已。"

孙升说道："现在，皇帝乾纲独断，臣下软弱，严嵩投其所好，一篇《庆云赋》抵得上翟銮的三年风雪巡边之功。我听说皇上让在西苑值班的大臣戴道冠，用香叶巾束发，夏言竟然以不合礼制不肯接受，正好有御史劾奏他在宫中乘轿，皇上责令他致仕。"

吴山接口说道："还不是严嵩从中捣鬼。严嵩表面上对夏言恭敬，暗中却怀恨在心。听说严嵩与陶仲文合谋中伤夏言，我看严嵩与司礼监黄锦也勾勾搭搭，夏言首辅之位迟早为严嵩所有！"

孙升说："我听他人讲皇上几次都想罢免夏言，但毕竟夏言还算忠心，最后都不了了之。听说皇上多日见不到夏言，就独自一人坐在案头书写夏言的名字，可见还是恩宠不减啊！迟早还会回朝的。"郭朴说道："夏言罢相之日，就是严嵩入阁之时。但夏言回朝之日，恐怕就是夏言万劫不复之始啊！"

两人疑惑不解，望着郭朴。郭朴摇摇头，说道："我只是一种感觉，大家拭目以待吧。"

孙升、吴山告辞，郭朴送出门外，只见月色如霜，落叶飘零，已经是深秋了。

第五章

翰林清修

安阳历史廉吏

第三卷

一

嘉靖二十一年（1542年）十月，后宫发生了一件骇人听闻的事件。原来，明世宗自南巡后，听信道士陶仲文的蛊惑，不理朝政，躲在宫中炼制金丹，以求长生不老。由于炼丹需要采集少女经血，后宫征召了大量少年宫女，而且经期宫女们不得进食，稍有违反宫规就会遭受鞭打刑罚。二十一日，朱厚熜宿于曹端妃的翊坤宫，十几个忍无可忍的宫女突然闯进寝宫，死死按住朱厚熜，用黄绫抹布塞住嘴，用准备好的绳子要将他勒死。由于皇后及时赶到，朱厚熜才得以解脱，逃过一劫。自此，明世宗再也不敢住在后宫，搬进西苑，且不再回宫临朝。

明代西苑在紫禁城之西，西安门之内，南海、中海、北海一带。内有太液池，池有琼华岛，岛上有广寒殿，乔松高桧，俨然蓬莱，正好供明世宗日夕修仙。但遇到军国大事，随时需要处置，明世宗就钦定勋戚、内阁大臣和各部尚书二十余人随侍西苑无逸殿，不再赴朝办公，夜晚也宿住此处，不得随意回家。其他朝廷百官，很难再见到朱厚熜一面。

内阁首辅夏言与严嵩的争斗，在这一年年初由暗转明，逐渐白热化。本来，这一年春天，夏言任一品官满九年，明世宗派宦官颁赐银币、宝钞、羊酒和宫廷食品，严嵩专门在礼部为他举办宴会，由各部尚书、侍郎、都御史作陪。严嵩心里明白，明世宗对夏言的宠信已不如当初了，这样做的目的，是让夏言从新找到首辅的面子，放松对他的戒备。严嵩心里很清楚，不挤走夏言，自己很难进入内阁。

但这一次巴结夏言的宴会，却成了他们彻底决裂的导火索。本来，夏言答应前去，但等到众位官员到场等着开席，却不见夏言的身影。严嵩派人前去夏府打探，得到的消息是，夏首辅一直在家里，没有出门，也没见有重要的客人在夏府。眼看开席的时辰已过，客人都饥肠辘辘，议论纷纷，严嵩有点坐不住了，只得亲自赶往夏府。

夏府门吏拦住严嵩，说道："夏首辅有令，今天不接待客人。"

严嵩对门吏说："我是礼部尚书严嵩，已经与夏首辅有约，请一定通禀一声。"

门吏非常为难，说道："今天不知道因为什么事，首辅心情不好，一大早就把我们训了一通，自己关在书房生闷气呢，下人实在不敢打扰！"

严嵩软磨硬泡，才见到夏言。

等严嵩与夏言赶到宴会，已经过了两个时辰。宴会上，夏言板着脸，一言不发，只是啜饮羹汤三勺，便起身离开，宴会不欢而散。

二

十一月的一天，天空突然狂风大作，雷电交加，一道闪电击中宫中的奉天殿，引起火灾。所幸扑救及时，没有造成火灾蔓延。

奉天、华盖、谨身三座大殿，是明成祖朱棣迁都北京后主持建成的正殿，华盖殿屹立中央，奉天殿拱卫南方。奉天殿之名，出自《尚书》："惟天惠民，惟辟奉天。"意思是上天惠爱百姓，所以君王要尊奉上天。明朝历任皇帝都把奉天殿看成是尊奉上天的场所。

天象示警，明世宗急忙召集内阁大臣和礼部尚书严嵩到西苑议事，偏巧夏言迟迟不到。皇上震怒，严嵩趁机跪倒哭诉屡遭夏言欺凌，并历数夏言将军国重事私自裁决，甚至欲将皇太后宫改为太子宫，逆君行事，沽名钓誉，尤其拒绝佩戴皇上授予的道冠等罪名。

本来，明世宗自南巡后就对夏言心生厌烦，于是，传旨将夏言罢相，责令致仕回乡，由次辅翟銮任首辅，严嵩入阁参与机务，仍旧掌管礼部事务。

挤走夏言，严嵩把矛头对准了内阁首辅翟銮，他暗中派亲信收集罪证。

嘉靖二十三年（1544年）春天，朝廷举行科举，首辅翟銮的两个儿子一同中榜成为进士。严嵩指使言官弹劾翟銮考场舞弊，朱厚熜不由分说，将翟銮及其儿子削职为民。严嵩得以晋升为首辅，举荐礼部尚书张壁、吏部尚书许赞入阁参与机务。两人畏惧严嵩，先后称病致仕，严嵩独掌内阁，专擅朝政。在西苑修炼的明世宗觉察到严嵩的专权，又想到夏言并非大过而罢相，于是派官员奉亲笔诏书召他回朝，恢复夏言为首辅，也加封严嵩为少师，以示夏言和严嵩并重之意。

夏言第二次入阁，产生了一个致命的错觉，自以为明世宗离不开他。尤其在罢相期间，夏言尝到了人世间的人情冷暖，使得他的人生心境大变。毕竟，夏言久居高位，生活奢侈，交游广泛。他罢官后，回家途中受尽了沿路驿站官员的刁难和盘剥。回到家乡后，地方官待他也非常冷淡，躲得远远的，唯恐受到牵连。但又好像时时在盯着自己，将自己置于监控之中，使得夏言心里郁郁寡欢，心怀怨怼。

万万没想到，明世宗不仅恢复了他尚书、大学士的官衔，还将严嵩的首辅之位还给自己，置之于严嵩之上。现在，夏言与严嵩虽然同为阁僚，官位平等，但首辅权重，又有上回的过节，夏言行事作风大改，处处压着严嵩。

也许，夏言太过于专注权力，专注于对严嵩的压制，却在撰写青词上不用心，对明世宗一味袒护严嵩时有忤逆。为树立官威，夏言待人更加冷峻，渐渐连宫中的太监和朝廷百官也不放在眼里，时有开罪。

自从明世宗进入西苑闭关修炼之后，裕王朱载垕的日子非常难过。本来朱厚熜父子之情一向很淡薄，再加上对朱载垕不喜欢，一年之内都很难召见一次，严嵩父子对裕王更是不看在眼里，时常刁难，正常的俸禄时常被克扣或拖延，以致裕王府开支窘迫。王府讲官陈以勤看不过眼，经常鼓动裕王面陈父皇，朱载垕为了息事宁人，总是忍气吞声，隐忍不为。陈以勤没有办法，竟瞒着裕王朱载垕送给严世蕃一千两黄金。严世蕃收受贿赂之后，才指使户部将三年来拖欠的俸禄一次给清。

这件事被徐阶听到，透露给夏言。夏言得到严世蕃受贿的证据，正准备上疏奏劾。严嵩曾买通夏言的家人，很快得知消息，赶紧带着严世蕃去夏府请罪。严嵩父子跪在夏言面前，一再求饶。夏言一时心软，只好作罢。

三

自从妻子李氏带着孩子来到京城，照顾自己的生活起居，郭朴就从翰林院搬出来，租住在西华门外的一所民宅。一系列的变故既跌宕起伏，又骇人听闻，看得郭朴心惊肉跳，也深感大明王朝陷入了更深的危机。从翰林院回到住处，一个人独坐书房，彻夜难眠。

李氏见丈夫灯下独坐，闷闷不乐，走过来给郭朴披了一件衣服，柔声问道："翰林院里是不是发生了什么事情，令夫君不开心？"

郭朴叹息一声，用手拍拍李氏的手背，说道："夫人不必为我担心，我今天在翰林院听说首辅翟銮大人被严嵩设计陷害，被皇上责令回乡，心里凄然，不禁想到恩师杨维聪老大人。"

"可是那个状元郎？"

"当年，杨大人状元及第，本该前程似锦，就是因反对夏言等人议礼图进，跟着杨慎哭谏左顺门，被贬官外任，一生郁郁不得志，不得已致仕回乡。严嵩与夏言本是同乡，也是夏言荐举入阁。严嵩就是看准明世宗一心修玄长生，为了专擅朝政，竟然反目相向，极尽诬陷之能事，连续挤走两任首辅，只是，何人把大明江山社稷和亿兆百姓放到心上？"

见郭朴越说越激动，李氏斟了一杯茶，劝慰道："夫君只是一个翰林，哪里管得了朝堂之上的事情。"

"食君俸禄，怎能不心忧国事？做官牧民，怎能不造福百姓？我还记得当年在后渠书院求学时，启蒙恩师崔铣曾讲，读书明理，更是要担负大义，方不负一生！"

"言之有理！"窗外有人说道。郭朴夫妻大吃一惊，连忙推开门，只见院子里的月光下站着一个人。

这人身材不高，瘦小精干，白皙的脸上长着一只鹰钩鼻子，但举止优雅，颇有儒士之风，正是新任礼部右侍郎徐阶。

徐阶，字子升，松江府华亭人，是嘉靖初年探花出身。当年，徐阶在翰林院任编修，正是张璁首先公开支持明世宗议礼，得到超擢进入内阁，并代替杨廷和成为首辅。一次，张璁向明世宗奏议取消孔圣人王号，降低祭祀规格，朝中大臣却无人敢言语。徐阶带头反对，被贬为福建延平府推官。张璁罢相后，徐阶才在夏言的举荐下，回到朝廷，担任太子洗马，后转任翰林侍讲兼国子监祭酒，却屡遭内阁首辅严嵩打压。经过多年的坎坷磨炼，徐阶做事内敛深沉，很少与人交往，今晚的到访，颇让郭朴惊异。

李氏端上茶，说道："愣着干什么，还不请客人喝茶。"

郭朴笑着让座，说道："祭酒大人拨冗来访，实在令敝室生辉，快坐下来叙话。"

两人坐下，徐阶说道："冒昧来访，也是有些话想与郭贤弟深谈。最近我听到消息，内阁已经拟议郭贤弟晋升翰林侍读。不过，现在严嵩专权，连举荐自己的恩人夏大人也不放过，我们做事还是要少安毋躁，隐忍不发，不为严贼所乘！"

"现在内阁不是由严嵩独掌吗？"郭朴疑惑地问。

"郭贤弟有所不知，夏言大人已经回到京师，很快就会再次出任首辅。"

郭朴望着徐阶，疑惑地问道："严嵩呢？"

"别看皇上深居西苑，无心朝政，又迷于升仙。但皇上毕竟是一代令主，听闻皇上也看到严嵩专权，担心他尾大不掉，才再次任用夏言大人，取代严嵩的首辅之位。夏大人已经推荐我到礼部任右侍郎，你晋升为翰林院侍读，从此，你有机会出入西苑，成为皇上身边的近臣，将来也会有一番作为。"

郭朴明白了徐阶此行的目的，感觉自己一下被人推进一个巨大的旋涡。他知道朝中自古党争不断，尤其内阁大臣为了争权，更是各自网罗同乡门生，结党营私，相互攻讦，自己历来深恶痛绝，但又不便把事情挑明，只好敷衍道："感谢夏大人谬爱，也请徐侍郎多多指点。"

徐阶从郭朴的迟疑中仿佛看出什么，于是呵呵笑道："夏大人出任首辅，严嵩也未必心甘，你我二人也不必参与过深，乐得坐山观虎斗吧。"

一

嘉靖二十六年（1547年）春天，正值科举大选之年，郭朴第一次以翰林侍读的身份，成为这一科春闱的同考官。

二月初，郭朴就随同主考翰林学士、吏部左侍郎孙承恩、张治一起进入考院，一直忙到四月殿试结束，才回到家。

这一科选拔的三百名进士，是明朝三百多年最有作为的，其中，入阁辅政的三人，官拜尚书衔的十人，史书留名的多达七十人。状元李春芳和二甲进士张居正后来都官居内阁首辅，杨继盛弹劾严嵩青史留名，王世贞引领大明文坛二十余年，还有帝师殷士儋、抗倭名将殷正茂、杂居名家汪道昆，等等。

此时，徐阶已经转任礼部左侍郎，明世宗诏命他以翰林学士的身份，担任这一科翰林庶吉士的教习。在这期间，徐阶对张居正青眼有加，两人结下了深厚的师生情谊。

转眼到了年底，一个阴谋正张开大网，内阁首辅夏言不知不觉掉进严嵩为他设下的陷阱，但最先掉进去的却是兵部侍郎兼三边总督曾铣。曾铣，字子重，浙江台州人，嘉靖八年（1529年）进士，历任御史、巡按、总督陕西军务，曾以数千之兵拒敌塞门，将俺答打得溃不成军，是嘉靖中期抗蒙名将。

嘉靖二十五年（1546年）夏天，曾铣以兵部侍郎兼任三边总督后，考虑蒙古俺答占据河套，长久为患中国，于是向明世宗上《请复河套疏》："敌贼占据河套，侵扰边疆将近有百年。孝宗想收复而不能，武宗想征讨而没有实现，让蒙古大将吉囊占据作为巢穴。他们出河套则侵略宣、大、三关，以威震畿辅；入河套则入侵延、宁、甘、固，以扰乱关中。深山大川，形势有利于敌而不利于我。封疆之臣当中还没有对陛下说要收复河套的人，因为这是军事重务；小有挫折损失，灾祸就会接踵而来，鼎镬刀锯，前后受刑。我并不是不知道兵凶战危，而枕戈汗马，切齿痛心已经有些日子了。私下曾谋划着这件事：秋高马肥之时，弓矢劲利，他们聚集而进攻我们，而我们则分散而防守，让他们占上风；冬深水枯之时，马无隔夜之粮，春寒阴雨，土地没有干燥的地方，他们的优势渐弱，我们利用这一时机，则中国占优势。我请求用精兵六万，加以山东枪手二千，每当春夏之交，携带五十天的粮饷，水陆交进，直捣他们巢穴。步骑齐发，炮火如雷激荡，则敌寇就不能支撑。这是一劳永逸的办法，万世社稷所依赖的。"曾铣的奏疏得到夏言的支持，明世宗对收复河套地区信心不足，犹豫不决。严嵩察言观色，指使御史劾奏曾铣轻启边衅，借机克扣军饷贿赂夏言，以图加官晋爵。明世宗不明真相，将曾铣逮捕问罪。严嵩与咸宁侯仇鸾相互勾结，诬陷曾铣掩败不奏，冒领军功，克扣军饷上万，并派儿子曾淳进京贿赂夏言，交结朝中大臣，罪应处斩。明世宗听信严嵩，不问情由，令夏言致仕回乡。严嵩担心夏言再次复出，暗中勾结京山侯崔元与锦衣都督陆炳，构陷夏言私通边臣，图谋不轨。

夏言被贬出京，走到通州，听说严嵩加给自己的罪名，大惊失色，倒在车中，说："唉！我恐怕非死不可了。"

嘉靖二十七年（1548年）十月，夏言被斩首弃市，时年六十七岁。明穆宗继位后，夏言家人上疏伸冤，方才予以昭雪，复其官爵，重祭安葬，并追谥"文愍"。

徐阶听到夏言死讯，数日闭门不出。张居正只好请来郭朴，徐阶一见到两人，泪水长流，过了许久才说道："夏公于我有知遇之恩，不曾想有今日之冤！"

郭朴叹息道："夏公于严嵩不也有知遇之恩吗？自古道，养虎为患，自食其果，这也是夏公的孽缘。严嵩为了独揽大权，已经丧心病狂，现在他不只是夏公的虎患，也是朝廷贤良之士的虎患，更是大明江山社稷的虎患。徐兄数日闭门不出，徒自伤悲，又能奈严嵩何？"

徐阶抬起头，看着郭朴，点点头，说道："郭贤弟教训的是，是我忘情了！"

三人这才坐下沏茶，作彻夜长谈。

第二年二月，独掌内阁的严嵩向明世宗推荐礼部尚书孙承恩、南京礼部尚书张治和国子监祭酒吕本入阁。徐阶因资望晋升礼部尚书，诏令进入西苑，值守无逸殿，成为明世宗的随侍大臣。

八月，徐阶的长子徐璠参加南京应天府乡试，不久，朝中传出徐阶为儿子中举暗通关节的谣言，一时沸沸扬扬。徐阶上疏辩解，请求革职待罪，由朝廷查究。明世宗也觉得事出蹊跷，亲自召见徐阶，命他安心供职。但徐阶心里清楚，这是严嵩对自己的警告。

孙承恩、张治进入内阁后，经常与严嵩意见相左，不久也先后致仕，离开内阁，只留下言听计从的吕本。但吕本太过无能，面对一代令主明世宗，他需要内阁中有一个强有力的同盟。其实，严嵩还是很欣赏徐阶的才能，但在徐阶进入内阁之前，他必须想方设法迫使徐阶就范。

二

嘉靖二十八年（1549年）二月，太子朱载壑突发疾病，不治身亡，时年十四岁。太子去世，裕王和景王一下子都成了皇位候选人，但由于明世宗沉浸在丧子的悲痛中，朝中大臣无人敢提及此事。

一日，严嵩专门召见徐阶。徐阶匆匆赶到西苑，得知严嵩在仁寿宫侍奉明世宗，只得在无逸殿等候。一直等到深夜，饥肠辘辘，才见严嵩回来。

徐阶大礼参见，严嵩倒是热情，问了一些礼部情况，勉励一番，就站起来送客。出门时，严嵩随口说道："你是礼部尚书，立太子的事情是你的职责所在。"

徐阶回到家里，翻来覆去考虑严嵩的用意，于是，连夜起草请求皇上立太子的奏疏。

严嵩接到奏疏，没有票拟就揣进衣袖，面见明世宗。朱厚熜看后，面现怒色，问道："朕正富春秋，何须马上册封储君！这个徐阶刚刚进位礼部尚书，到底想干什么？"

严嵩赶紧跪下，回道："议立太子之事，虽是礼部职责所在。只是……"严嵩说完，故意顿一顿，接着说道："只是好像有怀二之心。"

朱厚熜闻言大怒，喝道："你票拟批文，揭其二心。"

徐阶接到内阁票拟，方知堕进严嵩计谋，从此，只有小心翼翼，在严嵩面前恭谨有加。

票拟是内阁权力的象征。内阁首辅掌管票拟大权，代皇帝草拟各种文书、诏令，包括对六部、百司各种政务奏请的批复。票拟经皇帝允可，再由内监批红，就是依照内阁票拟的内容用朱书楷笔批复，然后颁发六部、百司。票拟权即代替皇帝做出决定的权力。可是，严嵩已经年届七十，昼夜侍奉皇上，精力不济，票拟之事只有让儿子严世蕃代劳，并将严世蕃调进掌管皇帝宝玺印章的尚宝司任少卿，从此，严氏父子被称为大、小阁老。

严世蕃是严嵩的独子，却与其父长相迥异，体肥短项，一目盲视，因父荫入仕，却聪明绝伦，通晓国典政务，善于揣摩人心，替严嵩票拟裁决，明世宗每次都非常满意，连严嵩也不得不对这个儿子言听计从。从此，朝中官员竞走其门，严世蕃越发骄横，贪婪成性，连徐阶这个礼部尚书也不放在眼里。

正值严嵩的孙子严绍庭夫人病故，徐阶派人到严府提亲，将自己长子徐璠的女儿许给严绍庭为继室，两家结为姻亲。不久，徐阶又以家乡松江府华亭县倭寇盛行，在严嵩家乡分宜县建造住宅，打算致仕后和严嵩比邻而居，时时请教。严嵩非常高兴，从此，竟将徐阶视为江西分宜同乡。更甚者，徐阶也开始像严嵩一样，热衷撰写青词，以此博得朱厚熜的嘉许。

徐阶的变化渐渐得到严嵩的认可，也取得了明世宗的信任，经常以礼部尚书的身份入值西苑，以备皇帝随时垂询，成了一员未晋升大学士的阁臣。

三

一天夜晚，翰林编修张居正独自拜访郭朴。郭朴见张居正满脸怒气，打趣道："张翰林何故一脸寒色？"

张居正一屁股坐到郭朴的面前，气呼呼地说道："当今国事糜烂，严嵩独霸朝堂，权奸无法扫除，我向皇帝上奏《论时政疏》，至今泥牛入海。"

郭朴说道："你的奏疏我是看过的，纵论时政五病，可谓切中时弊。只是当今皇上溺于斋醮，不问政事，奏疏一定截留在严嵩手中，无法达于天听，徒唤奈何？"

张居正接着说道："我生气就气在这里。原本希望徐阶恩师任职礼部，随侍皇帝左右，可以谏言论政。谁知道他却一味迎合严嵩，助纣为虐。可笑当年恩师教我，原来都是妄言！"

郭朴劝道："徐尚书所为，我也不明就里。但你要沉下心来，冷眼观看，不要急躁。"

张居正气愤不已，说道："事情自有公论，做官何必如此窝囊！"

郭朴说道："严嵩位高权重，在朝中关系盘根错节，不仅在朝中大肆提拔江西官员，而且与左都督陆炳、成国公朱希忠、定国公徐光祚沆瀣一气，结成姻亲。徐尚书所作所为确实令人难以捉摸，事出异常必有因，还是多看看再说吧！"

张居正断然道："我年已而立，羞于立身徐公师门。古语有云：道不同不相为谋。我已经因病辞官，这里写有一封信，请郭大人转交徐公，就此拜别！"

郭朴知道，张居正是徐阶最赏识的弟子，但看来还不够成熟，尚需慢慢磨炼。于是，也不再劝阻，将其送出门外。

张居正回到翰林院，以养病为由上疏请求辞官回乡，获准后，离开京师来到故乡江陵张家台，过起了隐居生活。

后来，郭朴将张居正的信转交给徐阶，徐阶看后，摇摇头没有说什么，递给郭朴。

郭朴看到，张居正在信中认为徐阶蒙陛下破格提拔，遇事常常模棱两可，不敢坚持正义，不可不说有负圣恩。他甚至责问徐阶，时不我待，正人能臣相继离开，谁能与徐公您共举大事呢？希望徐阶能奋力一搏，不成功就告官回乡做隐士。

郭朴劝徐阶道："年轻人不知深浅，走就走吧。你的苦心，以后他会明白的。"

徐阶点点头，说道："还是郭贤弟是我的知己啊！不过，有件事你心里要清楚，如果不附和严嵩，就只能被打压，甚至逐出朝廷。清者自清，浊者自浊吧！"

郭朴看着徐阶，虽然比自己大六七岁，但也是刚近知天命之年，已然满头华发，不由得心里隐隐作痛。辞别时，徐阶低声说道："我已经奏明皇上，任命你为翰林院掌院，你也要多到严嵩处走动走动，防止老儿从中作梗。翰林院是储才之地，你身上的担子也不轻啊！"

第七章

举荐高拱

安阳历史廉吏
第三卷

一

　　嘉靖三十一年（1552年）二月，明世宗诏命徐阶以礼部尚书兼东阁大学士，入阁参与机务。此时，内阁首辅严嵩已经七十二岁，自从六十一岁进入内阁，排挤夏言、翟銮成为首辅，在内阁独掌大权七年，渐渐精力不济，引起朱厚熜的不满，才起用了年轻的徐阶。这一年，徐阶才四十九岁。

　　徐阶进入内阁之后，因裕王朱载坖和景王朱载圳都已经年满十五岁，于是上奏请求二王开邸受经，并让翰林院举荐王府讲官。翰林院掌院郭朴将翰林侍读高拱举荐进裕王府，担任首席讲官。

　　高拱，字肃卿，河南府新郑人，十七岁时就在河南乡试中名列第一，被誉为少年解元，名动中原。嘉靖二十年（1541年），高拱以二甲进士入翰林院为庶吉士，后授翰林编修，这一年，刚刚晋升为翰林侍读。

　　郭朴知道高拱性格豪爽，虽然有些恃才孤傲，但敢言直语，不畏权贵。之所以选中高拱，就是希望他能独当一面，在关键时候帮裕王朱载坖拿主意。

　　高拱得知消息，连夜到家里拜访郭朴。郭朴屏退家人，两人来到书房。

　　高拱拱手施礼，说道："我已经接到诏命，到裕王府担任主讲官。掌院有什么话嘱托我吗？"

郭朴让高拱坐下，问道："裕王与景王谁最可能成为太子？"

高拱回道："裕王敦厚，景王精明，我听说皇上喜欢景王。"

郭朴没有答话，点点头，两眼看着高拱。高拱见郭朴不答话，接着说道："景王正是知道这一点，所以才会萌生夺嫡之心。现在，朝中大臣竞相趋附景王，景王府门庭若市。皇上本来疑心就重，恐怕不是好事！"

郭朴暗暗佩服，看来自己并没有选错人，于是，接着高拱的话说道："首辅严嵩也在揣测皇上的心思，而且确实与景王暗中交结，这是皇上的大忌。我还听说，景王屡次向皇上请求增加藩府在湖北德安府的田产，皇上也都答应了。但景王贪心不足，私下纵容王府的家奴为祸地方，侵占州县数万亩土田山林。湖北地方官员的奏疏，都被严嵩压下来了。"

这些情况，郭朴是从徐阶那里得知，但也只能向高拱点到为止，他嘱咐高拱道："你到裕王府担任侍讲，就是要教导裕王沉下心来，读诗书，学理政，养敦厚，谨孝顺。不要心生怨望，更不要妄自交结大臣，作无谓之举。"

高拱这时方才明白，郭朴举荐自己到裕王府的真实意图。从此，高拱进入裕王府，与讲官陈以勤、殷士儋结为联盟，每日为朱载垕讲经授课，还保护和安抚这个十五岁的皇子，在朝中权力争斗中保持中立，避免卷入政治陷阱。裕王朱载垕对高拱亦师亦长，亲自手书"怀贤忠贞"四字，赐给高拱。

严嵩父子对裕王处处监视，严加提防。一次，严世蕃见到高拱、陈以勤，问道："听说近来裕王对皇上疑心重重，他说皇上什么话呢？"

高拱戏谑道："裕王恭谨仁慈，讷言不苟，一心向学，从没见他什么时候疑神疑鬼。如果严公子看见裕王有什么疑虑，也是因为严公子为了帮助裕王府，竟然受到连累，裕王见到您才心中不安了吧？"

严世蕃见高拱重提自己受贿让夏言抓住把柄一事，脸上有些挂不住，连说："替裕王府做事，应该的，应该的！"

陈以勤寒着脸问严世蕃："严公子，你从哪里听说裕王对皇上有疑心？裕王可以与此人当面对质。"

严世蕃回道："都是些小人搬弄是非，不可信。"

高拱佯怒道："严公子明察秋毫，也就是严公子心地慈善，要是让我高拱遇到，我一定骂他一个狗血喷头！"

陈以勤接口道："何止狗血喷头，我骂他祖宗十八代，让他断子绝孙。"

严世蕃何等聪明，听出两人在绕着弯骂他父子，就尴尬着笑道："我也会骂他。"边说边向两人告辞，灰溜溜地走了。

徐阶和郭朴听说后，既可气，又好笑，心中暗想，严氏父子还得多加提防。看来，他们为裕王选的讲官，一文一武，亦庄亦谐，配合默契，是选对了人。

徐阶进入内阁，虽然表面迎合严嵩，暗下却开始布局，为日后可以与严嵩分庭抗礼做准备。

二

嘉靖三十二年（1553年）九月，郭朴迁官礼部右侍郎，在徐阶的举荐下获得了进入西苑入值侍奉明世宗的机会。第二年，再改吏部右侍郎兼翰林侍讲学士，渐渐获得了明世宗的信任。

此时，在家闲居三年的张居正也被徐阶召回京城。在这三年中，张居正游览了许多名胜古迹，但他发现大明朝田赋不均，贫民失业，民苦于兼并。他还看到南方倭寇袭扰沿海官民，官府抗击不力，致使生灵涂炭。这一切不禁使他恻然心动，他在苦闷思索中渐已成熟，理解了徐阶的隐忍和苦心，于是，毅然登程回到翰林院，效仿徐阶在政治风浪中内抱不群，外欲浑迹，相机而动。

张居正在翰林院像是完全变了一个人，一改往昔的好高骛远和踌躇满志，每日沉下心来读书作论，研习典章，考稽史实，成为朝廷政治斗争的观察者。这一时期，他写下了一系列诗文，还是可以看出他内心的骚动和不甘。

他写《独漉篇》："国士死让，饭漂思韩，欲报君恩，岂恤人言！"他赞颂春秋战国期间的晋国人豫让以死报答知遇之恩，更赞扬楚汉战争时期的韩信以千金报一饭之恩，他坚信一旦有了报君恩的机会，就不怕别人的议论。

他还写《宝剑篇》："君不见，平陵男子朱阿游，直节不肯干王侯。却请上方斩马剑，攀槛下与龙逢游。大夫礌硠贵有此，何能龌龊混泥滓！"文中记述了汉代人朱云，少好任侠，孤傲狂直，为官后多次上疏抨击朝廷大臣。一次，朱云进谏时指丞相张禹为佞臣，汉成帝大怒，欲斩之，他死抱殿槛，结果殿槛被折断。后幸左将军辛庆忌死争，遂获赦，皇帝亦下令不换断槛，以表彰直言敢谏的臣子，留下了"折槛"的典故。

最能体现张居正个性的是一篇《割股行》："割股割股，儿心何急！捐躯代亲尚可为，一寸之肤安足惜？肤裂尚可全，父命难再延，拔刀仰天肝胆碎，白日惨惨风悲酸。吁嗟残形，似非中道，苦心烈行亦足怜。我愿移此心，事君如事亲，临危忧困不爱死，忠孝万古多芳声。"

张居正拿着这些文章给郭朴看，郭朴看罢，赞道："太岳的文章，激越慷慨，大义凛然，可见这几年的心志磨砺。自古少年意气，志满踌躇，经历过坎坷顿挫，自然增添了沉毅渊重啊！"

张居正说道："近时在翰林院读史，见古人尚且以身许国，也是有感而发。"

徐阶拿着《割股行》，说道："只是这一篇，总以为有违于'身体发肤受之父母，不可轻损'的孝道。忠孝，治国之道，不可偏废。"

张居正笑着回道："割股侍君，典出《庄子》，介子推割其股以食文公，言其至忠也！"

郭朴摇摇头，接着说道："这是庄子的不经言论，历代都没有进入正史谱系，可见不合儒家仁孝之义。我也以为，割股侍亲，割股侍君，有违人情世故，与易牙烹儿奉主有何区别？"

张居正张张嘴，还是把话咽了回去。

郭朴见状，也不便深谈，勉励道："翰林院本就是一个'敦本务实，以眇眇之身任天下之重，预养其所有为的地方，太岳在这里安下心来，下足功夫，观察政事，等待时机吧！"

三

此时，朝中发生了一件惊天动地的大事，兵部武选司员外郎杨继盛上《请诛贼臣疏》，劾奏严嵩五奸十大罪，历数严嵩把持朝政，以丞相自居，欺君罔上，结党营私，贪贿鬻爵，更揭露他交结皇帝身边宦官以揣摩圣意，截留大臣奏章蒙蔽皇上，与皇亲忠臣联姻以固其位，到处安置耳目威吓群臣，纵容其子严世蕃为非作歹等奸行，请求明世宗将严嵩交付三法司议罪处死。章疏一出，朝野一片大哗。

严嵩对杨继盛恨之入骨，命儿子严世蕃设谋，诬陷杨继盛在奏疏里牵连裕王和景王，动摇社稷根本。明世宗震怒，将杨继盛逮捕下狱。

杨继盛是嘉靖二十六年（1547年）科举进士，与张居正、王世贞同榜。

张居正和王世贞联络朝中正直之士,想方设法营救。严世蕃对外宣称:"凡为杨继盛说情的,就是与我父子为敌!"

刑部郎中史朝斌因拒绝将杨继盛议定死罪,被贬官外放。严嵩父子暗中指使刑部侍郎王学益,将杨继盛的名字列在另一桩大案被处死的人员名单之后,蒙混过关,将杨继盛处死。

张居正与王世贞暗中营救杨继盛,严嵩还是听到一些端倪,他怀疑杨继盛背后徐阶是主谋,因此,对徐阶小心提防,言语中也多次试探。徐阶坦然相对,一副浑然不觉的样子,弄得严嵩也疑惑起来。严世蕃却不以为然,多次提醒严嵩,要小心这个姻亲。

一天晚上,徐阶将郭朴和张居正请到自己的府上,三个人说到杨继盛,都是惋惜不已。

张居正从怀里拿出一个血染的素绢,流着泪说道:"这是王世贞托人从狱卒手中得来,是杨继盛绝笔。"

徐阶伸手接过,看着自己弟子的遗物,也是老泪纵横,轻声读道:"浩气还太虚,丹心照千古。生前未了事,留与后人补。天王自圣明,制作高千古。生平未报恩,留作忠魂补。"

郭朴也是唏嘘不已,说道:"杨继盛忠心可鉴,自可与日月同辉。只可恨严嵩老贼手段毒辣,使得忠良惨死,令天下士人寒心啊!"

张居正心情沮丧,又有些不甘,问道:"严嵩老贼自嘉靖二十一年入阁,扳倒夏言,排挤翟銮,靠的是五奸得计,皇上对他的十大罪也是心知肚明,但仍然恩宠有加,难道皇上真是鬼迷心窍?"

徐阶厉声喝止张居正:"不得信口开河,腹诽皇上!"

张居正吓得连忙止住话头,向郭朴望去。郭朴笑了一笑,说道:"皇上是一代令主,圣聪明断,自然无须疑虑。说到严嵩五奸十大罪,虽然祸乱朝政,残害忠良,甚至卖官鬻爵,贪贿无度,但有一样,严嵩察言观色,顺从圣意,可以说忠心二字,皇上还是肯定的。"

徐阶点点头，并没有言语。张居正没有听明白，问道："难道只要忠心，皇上就不管不顾严嵩的所作所为？"

　　"起码，在忠心和办事能力上，内阁还没有人能取代严嵩！"郭朴语出惊人。

　　"严贼五奸十大罪，罪不容诛，人神共愤啊！"张居正按捺不住情绪。

　　"那就是皇上的事情，至少皇上认为他的所作所为还没有危及帝位！"郭朴缓缓说道。

　　"说得好！"徐阶站起身，来回踱了几步，站在郭朴和张居正的面前，说道："还是郭朴贤弟见事之深，一语中的。严嵩入阁近二十年，独掌朝政也有十年。我自入阁以来，隐忍不发，无所作为，这是我的罪责。这二十年里，科道言官弹劾严嵩的不下十余次，前有锦衣卫经历沈炼，列严嵩十大罪状，句句属实，却被廷杖贬官，最终被严嵩所害；今有杨继盛劾奏严嵩五奸十大罪，罪恶昭彰，却也是步沈炼后尘。究其原因，实是无他，只能如郭朴贤弟所言。要想扳倒严嵩，我们既要昭彰严贼专权抑贤、贪贿妄为之罪，以成倒严之势；更要揭其谋逆犯上、颠覆社稷之心，才能触动要害，动摇严贼根本。"

　　郭朴与张居正相对一望，疑惑不解。徐阶缓缓走到窗前，随手推开窗扉，望着满天的星辰，久久不语。银河无涯，一颗流星划过天际，向着东南方远去。

　　天现彗星，且在东南方，不知道明天的朝堂上又会发生什么事情。

第八章

吏部尚书

安阳历史廉吏
第三卷

一

嘉靖年间，倭寇横行沿海，并且与东南地区的海盗相互勾结，成为明朝尾大不掉的边患之一。

嘉靖三十四年（1555 年），一股倭寇从浙江一直杀到南京城下，震动朝野。这次倭寇能够深入南京袭扰的根本原因，在于朝廷派去巡抚东南防倭事宜的赵文华。

赵文华，字元质，浙江慈溪人，嘉靖八年（1529 年）进士，授刑部主事。他拜严嵩为义父后，官运亨通，被严嵩举荐为通政使，专门负责接受大臣奏疏。他总是先将奏疏送给严嵩，再进呈明世宗。凡是弹劾严嵩的奏章，他更是压下不报，深得严嵩信赖。嘉靖三十年（1551 年），正值辽东巡抚出缺，严嵩推荐赵文华，时任吏部尚书李默坚持通过考察，提出由布政使张臬继任。张臬一向不与严党同流合污，严嵩极为恼火，向明世宗奏言吏部提出的人选不堪任用。朱厚熜一怒之下，将李默削职为民，改由严党中的万镗出任尚书。严嵩趁机再次举荐赵文华出任江南巡抚，督抚浙江灭倭事务。赵文华一到任，就开始清除异己，冤杀浙江总督张经，并将浙直总督周疏、浙江巡抚李天宠削职为民，造成江南一地军政系统处于瘫痪混乱之中。

一年后，万镗犯事被免，明世宗又想起一身清白、做事公正的李默，于是起复李默为吏部尚书。此时，郭朴从礼部右侍郎转任吏部右侍郎，深得李默信任。

赵文华为了推脱罪责，上疏弹劾吏部尚书李默干扰江南督抚用人，致使所用非人，东南涂炭，倭寇猖獗，将倭寇猖獗的罪责完全推到李默身上。他知道，仅仅这个罪责，不足以扳倒李默，于是，在奏疏最后加上一条诽谤皇帝的重罪。原来，李默曾主持吏部考选，出试题："汉武帝、唐宪帝成以英睿兴盛业，晚节乃为任用匪人所败"。赵文华诬陷李默讥谤当今皇上，明世宗大怒，当即下令将李默革职下狱，李默最后病死狱中。严嵩趁机举荐工部尚书吴鹏，吴鹏原本依附严嵩，任吏部尚书后，凡百官进退，悉听命于严嵩。

吴鹏虽然依附严嵩，但他是一个没有主见的人，吏部内大小事务都交给郭朴处理，明世宗非常满意，晋升郭朴为吏部左侍郎。

嘉靖三十八年（1559 年），徐阶进封为少傅兼太子太傅、武英殿大学士加吏部尚书衔。内阁大学士加尚书衔，自然也要参与部务，严嵩担心徐阶与郭朴形成联手，有意将两人拆开。南京礼部尚书孙升病逝，严嵩举荐郭朴继任。

徐阶在西苑得知消息，知道吴山、孙升与郭朴是同年好友，就将情况告诉礼部尚书吴山。吴山找到郭朴，告诉他这一突发变故，两人坐下来商议对策。

吴山说道："孙升病故，敖铣在南京国子监任祭酒，我已经委托他全权处理丧葬事宜。"

郭朴痛惜不已，叹道："想当年我们四人一起在国子监读书，匆匆二十余年，大家南北一方，聚少离多，不曾想孙升作古，实在令人感伤。"

吴山止住郭朴话头，说道："生死有命，富贵在天。当今严嵩专权，祸乱朝政，任用奸佞，谗害忠良，致使民不聊生。我辈身负社稷大任，不必过于执着私情。这次严嵩举荐你，明着是晋升，实际是想将你调去南京，以便在吏部安插自己人。我听说欧阳必进正在私下活动，他可是严嵩的外舅。"

郭朴思索半天，站起来说："我这就进西苑，向皇上面辞。"

郭朴赶到西苑，来到无逸殿，问值守的太监："皇上可在修炼？"

太监回道："刚刚修炼罢，正在休憩。今天，皇上不知怎么着，可高兴呢。"

"麻烦公公，进去通禀一声，说郭朴有要事觐见皇上。"郭朴心中一喜。

事情比想象的还顺利。明世宗也不愿郭朴离开身边，不仅答应了郭朴的请求，还加封他为太子太保，掌詹事府事，负责太子府一切事务，来弥补这次没有晋升的损失。严嵩见郭朴不仅没有被调离，还委以重任，最后，还是想方设法把外舅欧阳必进调任吏部尚书，成为郭朴的顶头上司。

二

嘉靖四十年（1561年），景王朱载圳暗中夺嫡的事情被人举发出来，明世宗极为震怒，责令景王朱载圳离开京城，就藩湖北德安府。不久，朱载圳在惊恐中去世，裕王朱载垕成为皇位的唯一继承人。

高拱进入裕王府已经九年，郭朴举荐他担任太常寺卿、掌国子监祭酒，张居正升为翰林侍读，接任裕王府讲官。

十一月二十五日夜，明世宗在西苑炼丹时不慎起火，所居西苑永寿宫被烧毁。工部尚书雷礼上奏请重建永寿宫，朱厚熜召严嵩、徐阶商议，问道："公卿大臣皆请朕还居大内，雷爱卿建言重建永寿宫，你们认为如何是好？"

徐阶见朱厚熜脸色阴沉，看了一眼严嵩，没有开口。年已八十岁的严嵩这一次昏了头，说道："回陛下，臣以为，皇上可迁居南宫。"

明世宗心头一颤，心里恨恨地骂严嵩"该死"，嘴里虽没有说什么，但脸色越发难看了。原来，正统年间，明英宗朱祁镇受太监王振蛊惑，御驾亲征蒙古瓦剌，遭遇土木之变，成为人质，皇位被郕王朱祁钰取代，改元景泰，奉明英宗为太上皇。后来，瓦剌太师也先将明英宗送回，明景帝朱祁钰将明英宗安置在南宫。明英宗"夺门之变"复辟后，南宫就被视为不祥之地，从此荒废。

南宫之说，确实犯了朱厚熜的大忌，严嵩回过神来，吓得扑通跪倒在明世宗面前，汗流浃背，一个劲磕头，再不敢言语。

徐阶装着无事，略一踌躇，说道："臣以为应亟治永寿宫，眼下，工部正重修三大殿，征的木材绰绰有余，利用现成材料，不消数月，必能大功告成。"

明世宗闻言，脸色稍霁，命工部选个黄道吉日即刻动工，同时又命徐阶之子徐璠为工部主事，负责督工。

同月，严嵩的妻舅、吏部尚书欧阳必进被罢免，郭朴被晋升为吏部尚书。

严嵩明白，这不仅仅是明世宗对自己的警告。

明代仁义宰相郭朴

三

郭朴升任吏部尚书，正值朝廷官员考绩的大计之典，也称内外计典。

内计谓之京察，京察即京官考察，六年一察。外计为地方官员考察，三年一察，成为定制。

京察大计由吏部、都察院主持，采取向部院发出访单匿名考察的方式，完成后由内阁票拟去留，或者发还各部院重审议定是否恰当，然后造册奏请待皇帝裁决后，将察疏下发。

京察所考察的不称职官员共分为年老有疾、罢软无为、贪淫酷暴、素行不谨、浮躁浅露、才力不及六类。

京察结束后，言官对留用官员的弹劾，称为拾遗。因京察而免职的官员，政治生命就此终结，不得叙用，被拾遗所攻击的官员，无人能够幸免。

自弘治以来，京官考察向来十分严谨。至嘉靖年间，明世宗对议礼起家的诸臣多有庇护，唯独京察则严格执行，因京察被罢斥的教官王玠、光禄监事钱子勋、御史虞守、随州同知丰坊等，虽然曾经在明世宗为兴王世子时就百般献媚逢迎，但明世宗仍然没有破例起用，即使因京察降职的官员如赵文华、彭泽、储良才等，虽然因严嵩的庇护而最终复职，但毕竟是特加重斥。弘治、正德、嘉靖年间，士大夫以挂察典为终身的污点。

近几年，京察的风气大变，主要是因为明世宗搬进西苑后，长期闭关静摄，对官员的升黜不免为廷臣言论所左右，或者任情用事，轻易裁处。内阁大臣包庇被处分官员以阻挠破坏考察，部院大臣们乘机利用匿名访单徇私毁誉，平时积累的恩怨都在京察中暴露出来，群臣之间势如水火，相互对立的官员在京察中结援同党，相互倾轧争斗。

郭朴深知计典三年一举，关系吏治，实为重大，矢公矢慎，责无旁贷。他请来左都御史潘恩，两人商议，按照皇帝手诏，慎评众职，奉行唯谨。

潘恩，字子仁，南直隶上海人，嘉靖二年（1523年）进士，历官山东副使、江西副使、浙江左参政，以御倭有功，升右副都御史，巡抚河南。他遇事敢为，不惧强御，疏劾徽王朱载埨贪虐，伊王朱曲模骄横，名声大震，进左都御史。

两人很快拿出了名单，按察使副使顾翀等八人坐年老有病责令致仕；江西副使蒲之浩等六人坐罢软无为革职为民；福建左布政使王国帧等五十四人坐素行不谨予以免职；参政王惟恕等二十六人坐才力不及降一级外调；副室李景萃等四人坐贪淫酷暴革职为民。另有各司杂职共二千人，也坐六类不称职，得旨降调、罢黜、致仕如例。

内外计典得以顺利完成，既没有形成大的风波，也没有引起同党倾轧，明世宗大喜，下诏嘉勉郭朴和潘恩。

第九章

扳倒严嵩

安阳历史廉吏
第三卷

一

　　敏锐的徐阶看到转机终于出现了，向来善于阿谀逢迎的严嵩，一言不慎得罪了皇帝，可能从此失去恩宠，但真正扳倒严嵩还需要添更多的柴火。

　　一波未平，一波又起。严嵩的夫人病逝，严世蕃丁母忧，不得再入西苑，年老的严嵩真正陷入了困境。毕竟，严嵩已经八十三岁，已是风烛残年，老眼昏花，体力和智力早已无法适应内阁值守。

　　明世宗遇到重大事情需要处理，往往写在纸条上，让内侍太监传给严嵩，老迈的严嵩颤巍巍地捧着皇上的字条，迟疑不决，无言以对。从此，朱厚熜对严嵩愈加不满，遇到重大事情只与徐阶商议，把严嵩晾到了一边。

　　嘉靖四十一年（1562年）正月，万寿宫完工。明世宗非常高兴，下旨加封徐阶为少师。徐阶独自进宫辞谢，明世宗问道："徐爱卿劳苦功高，不得辞免！现在严嵩老迈，内阁事务巨繁，朕也不忍心你一人独任，你可荐举一人入阁。"

　　徐阶回道："选拔阁臣，是陛下的职责。陛下如果让阁臣举荐人选，那么宫中就会有人窥探，朝堂就会官员趋附，臣不敢妄言。"

　　明世宗点点头，问道："我看礼部尚书袁炜忠厚贤良。"

徐阶急忙跪倒在地，说道："皇上英明睿智，识人善任！"

"现在吏部和礼部的尚书空缺，徐爱卿可有人选？"明世宗问道。

"礼部侍郎严讷、吏部左侍郎郭朴和吏部右侍郎李春芳都是一时人望，还是请皇上定夺。"

徐阶不动声色把郭朴夹在两人中间，但是郭朴资历明显高过两人。

明世宗沉思片刻，说道："徐爱卿票拟吧，擢郭朴为吏部尚书，严讷为礼部尚书。"

这次，徐阶还趁机向明世宗引荐道士蓝道行入宫。蓝道行是山东人，以扶鸾请仙预测祸福闻名京师，因早年与阳明心学的传人聂豹交游，聂豹将蓝道行引荐给徐阶。蓝道行入宫之后，导引朱厚熜斋醮玄修，很快受到宠信，被封为真人。

正月刚过，北京城中大风扬尘蔽空，连续几天的沙尘暴，接着京师发生地震。此时，边关急报，蒙古瓦剌进犯大同，掳走了大同守备刘守臣；倭寇攻占永宁卫城，福建百姓纷纷逃难。一连串的天灾人祸，使朱厚熜焦头烂额，只得请真人蓝道行斋天，求神问卜。

蓝道行设坛，扶乩请神。朱厚熜问道："天下何以不治？"

蓝道行仗木剑烧符，一声"急急如律令"后，高声说道："圣上有问，请上仙指示。"

乩笔写道："贤不竟用，不肖不退耳"。

朱厚熜又问："谁为贤臣，谁为不肖？"

乩笔又写出："贤臣徐阶，不肖者严嵩父子耳。"

朱厚熜再问："上仙何不殛之？"

乩笔答道："留待皇帝自殛！"朱厚熜有些心动，但久久沉默不语。

二

徐阶得到消息，与郭朴商议，并请来御史邹应龙。邹应龙，兰州皋兰人，嘉靖三十五年（1556年）三甲进士。当年，徐阶是主考官，郭朴是同考官，三人就有了师门之谊。

邹应龙听说要劾奏严嵩，非常兴奋，说道："严嵩擅权专政，贪贿鬻法，父子二人窃弄皇权，陷害忠良，人神共愤，罪不容诛！"

郭朴止住邹应龙，说道："严嵩位居首辅，皇上恩宠有年，树大根深，余党遍布朝野。嘉靖三十一年以来，严嵩因仇鸾之事受到皇上责难，锦衣卫经历沈炼、兵部员外郎杨继盛先后上疏揭发严嵩五奸十大罪，都被诬陷下狱，构陷致死。我以为还是需要谨慎从事。"

徐阶叹道："是啊！严嵩在皇上面前终日唯唯诺诺，俯首帖耳，又善于揣摩圣意，深得皇上宠信。从以往弹劾严嵩的经验看，揭发他贪污受贿不管用，揭发他窃弄皇权不管用，揭发他恃宠而骄不管用，揭发他擅权专政也不管用，这些在皇上眼中是微瑕。皇上疑心很重，但凡严嵩被弹劾，总是以为言官是冲着自己而来的。"

邹应龙坐不住，站起来说道："严嵩刀枪不入，还不是有皇上这件铁布衫护佑着！"

郭朴眼睛一亮，说道："对啊！弹劾严嵩，就必须找一个与皇上八竿子打不着的理由。"

邹应龙急了，问道："打什么哑谜，怎么一个八竿子打不着的理由？"

徐阶缓缓说道："扳倒严嵩，先从他的儿子严世蕃下手！"

不几日，邹应龙将揭发严世蕃罪状的奏疏交给了徐阶，徐阶瞒着严嵩亲自送进禁宫。朱厚熜打开奏疏，只见上面写道："工部侍郎严世蕃凭借其父严嵩首辅之权，贪得无厌，私擅朝廷恩赏，公开卖官鬻爵，以广纳贿赂，致使选官之法败坏，恩赏之典堕毁。奸邪小人竞相趋至，严世蕃要价越来越高，有刑部主事项治元用一万三千金买通转到吏部，举人潘鸿业用两千两百金买得知州，司属郡吏贿赂以千万金计，那么大至公卿与各方面重官，贿赂费用就更不知有多少。严世蕃平时纳赃受贿，为他当中间人的不下百十多人，而他的儿子锦衣严鹄、中书严鸿、家人严年、幕客中书严龙文最为突出。严年尤其狡黠，士大夫中无耻的人甚至呼严年为鹤山先生。遇到严嵩过生日，严年总是献万金来为严嵩祝寿。家奴获富奢侈达到这种地步，那么主人当如何呢？严嵩父子的原籍袁州，而广置良田美宅于南京、扬州，不下数十所，让豪仆严冬主持这件事。他们抑勒侵夺，百姓对他们怨恨入骨。他们在外地谋求利益是这样，那么在乡里又如何呢？尤其突出的是，严世蕃的母亲死去时，陛下因为严嵩年事已高，特留侍养，令严鹄扶棺材回到南方。严世蕃于是集聚狎客，拥艳姬，恒舞酣歌，人伦灭绝。至于严鹄的无知，则以他的祖母死丧为奇货。所到达的驿站都骚动，严鹄要索百端。诸司承奉他，郡邑为之一空。现在天下水旱灾害仍然频频出现，南北战事时起。但严世蕃父子还日事克扣，内外百司莫不竭尽民脂民膏，填塞他们的欲壑。百姓怎么能够不贫穷，国家怎么能够不衰败，天灾人祸怎么能够不迭至呢？臣请求斩严世蕃的首级于市，作为人臣凶横不忠的警诫。如果臣有一言失实，甘愿遭受杀戮。严嵩溺爱恶子，召赂市权，也应当亟放他回归故里，以清政本。"

明世宗也听闻严世蕃居丧淫纵，心里对他厌恶，于是下令逮捕严世蕃送"诏狱"严加审问。严嵩得知消息，惶恐不安，但又不敢申辩，只得上疏引咎辞职。明世宗一面降旨安慰严嵩，一面却叫他回籍休养。

三

嘉靖四十一年（1562 年）五月，八十二岁的严嵩离开任职二十多年的内阁，回到江西分宜。他心里无限眷恋京城，自从二十五岁进士及第，进入这座黄瓦红墙的皇宫，直到六十岁才真正走进权力中心。身在内阁二十年里，他看着这个壮年的皇帝一点点变老，两个人还是惺惺相惜，这也是皇上让自己回乡致仕的原因。只要皇帝心里有这一份情谊，自己的儿子就会平安度过这一劫。

此时的徐阶也独自一人坐在家里，思虑着如何处置严世蕃。管家来报，御史邹应龙求见，徐阶命人将邹应龙带到书房。

徐阶见邹应龙一脸是汗，问道："火烧火燎的，出了什么事？"

邹应龙顾不上擦汗，端起一杯凉茶，咕咚咕咚喝下，说道："听说刑部、都察院、大理寺三司会审，给严世蕃定了死罪。严世蕃却反诬三法司要为沈炼和杨继盛翻案，并扬言两案都是皇上钦定的铁案。因为事情牵涉皇上，现在三法司正左右为难！"

徐阶也感到事情的严重性，思虑许久，提笔在一张纸上写道："勾结倭寇，图谋不轨，犯上作乱。"写毕，递给邹应龙。

邹应龙看后，会意一笑，告辞而去。

三法司会审严世蕃的罪状送到明世宗的案头，上面写道：严世蕃和倭寇首领罗龙文相互勾结，把持海外贸易，获取巨额利益；严世蕃勾结江洋大盗，训练私人武装，图谋不轨；严世蕃霸占一块有王气的土地，修建严家陵寝。鉴于严世蕃勾结倭寇，图谋不轨，犯上作乱，拟判严世蕃与倭寇首领罗龙文斩立决。

明世宗看后，一面提起朱笔在严世蕃和罗龙文的名字上画上大大红钩，一面派锦衣卫对严府实行抄家，追赃银两百万两。一代权相严嵩，只得在祖坟旁搭一茅屋，晚景凄凉。嘉靖四十五年（1566年），严嵩在贫病交加中孤独去世。

诚如徐阶所预料，处死严世蕃一事，当时以及后世议论颇多。郭朴与高拱谈论此事，也以为严世蕃的罪状，足以判死刑，何必要指其"谋逆"？有失公正。徐阶对此一笑，功过是非，由他人评说去吧！

第十章

回乡丁忧

一

　　嘉靖四十二年（1563 年）三月，郭朴接到家书，父亲郭清于三月三日去世，享年七十一岁。郭朴立即进西苑仁寿宫报丧，辞去吏部尚书，回乡治丧，按制丁忧三年。

　　明世宗一面命礼部对郭朴的父亲封赠，一面将礼部尚书严讷调任吏部尚书，升吏部左侍郎李春芳为礼部尚书，升国子监祭酒高拱为礼部左侍郎、掌詹事府事。

　　内阁首辅徐阶、阁臣袁炜和高拱一起为郭朴送行。郭朴对徐阶说："首辅大人，郭朴有一事相求，不知道可否？"

　　徐阶回道："有事请讲。"

　　"老父大丧，朝廷的封赠很快就批下来了，郭朴想请首辅大人为家父拟写墓志铭。"

　　"此乃大事，徐阶不敢推脱，只是老眼昏花，怕不能胜任。"

　　袁炜与高拱一起说道："首辅德高望重，更是当年的探花，当然非您莫属！"

　　"拜托首辅大人了！"郭朴对徐阶行礼，又与袁炜、高拱话别，转身登车而去。

一路风尘仆仆，郭朴回到安阳老家柴村，只见家门前高搭灵棚，门贴素纸，一大帮兄弟子侄和女眷守着灵柩。郭朴扑通跪在地上，膝行十数步，行三拜九叩大礼，放声大哭。

家族长辈搀起郭朴，郭朴这才进屋拜见母亲。

母亲李氏虽然已经年过七十，但身体健旺，见郭朴行礼罢，一把拉住郭朴说道："回来就好，你是家里的长子，一家人都等着你主丧。这几天，可把汲儿忙坏了。"

郭朴这才看见，母亲身边站着崔汲。崔汲是崔铣的次子，去年，父亲与母亲商议，将自己的四女儿许配给崔汲的二儿子崔士㙫，写家书征询郭朴的意见。这是亲上加亲的大好事，郭朴亲自写信给崔汲，两家订下婚约。崔汲得知郭清病故，也知道郭朴一时回不来，就从安阳城赶过来帮忙料理丧事。

崔汲过来行礼，郭朴止住崔汲，说道："你是兄长，又是客人，应该我行礼才对。"

崔汲一边回礼，一边说道："你我是亲家，都是一家人。"

李氏见两人推让，说道："汲儿为兄，你该受礼。朴儿这几天主丧，你还得多帮帮他！"

崔汲点头称是。原来，郭朴有三个弟弟，二弟郭枢、三弟郭桢都是中年病亡，只有四弟郭栋一个人在家，所以，崔汲这几天真是帮了大忙。

郭朴也是知道家里情况，自己一个人先赶来，让儿子郭焕、郭焜陪着夫人李氏，随后就到。

也是有崔汲帮忙，郭朴遵照母亲丧礼从简的要求，很快，将父亲葬在洹水北岸韩陵山下郭家祖坟。

崔汲临走时，对郭朴说："你在朝廷做官，远离家乡，总不能把老母亲一人留在家里。你在家守丧三年，还是劝劝老母亲随你进京，也好床前尽孝。"

郭朴叹了一口气，说道："老父在世时，一生喜欢农事，离不开庄田，我劝两位老人进京，他们总是俨然拒绝。现在虽然老父去世，但母亲年过七十，她老人家离不开故土啊！"

崔汲说道："确实如此，当年父亲赴任南京，爷爷说什么也不愿随同。父亲不愿意把爷爷独自一人留在家里，才不得已把大哥崔漭留在家里照顾他。如果老夫人真不愿意离开老家，就想法把家搬到安阳城，我住得近，也可以帮你照看。"

郭朴连连点头，说道："还是崔汲兄思虑周详，我还是跟母亲商议一下吧。"

"老夫人那里未必同意，我先回安阳城，帮你看看有没有合适的宅院，先买下来。"

"那就拜托了！"

崔汲回到安阳城，在彰德府署西侧找到一处宅院，经人中间说合，郭朴买了下来。老夫人得知，怒道："你身为朝廷命官，不想着为国尽忠，却想着在家里广置田产，你觉得这是在光宗耀祖吗？"

郭朴闻言，赶紧跪下道："儿子想着无法一直在床前尽孝，才与崔汲兄商议，让您搬进安阳城，一来你老人家有崔汲兄照看，二来郭家子侄们读书也方便些。况且，这个宅院不大，所费银两都是我这几年积攒的俸禄。"

老夫人消了气，但还是很坚决。"我是不会去住的，你身在朝廷，我住在彰德府署旁边，还不是一天早晚到头都是这个官员来拜望，那个老爷来问安，都是找你的麻烦，我也是没个清静。"

郭朴听罢，冷汗都流下来了，可不是，老人家看得就是远。自己在朝廷做吏部尚书，不知道会有多少人想着攀附巴结，母亲住在闹市，真就没个清静的日子，自己在朝廷也放心不下。

崔汲听说后，也觉得自己给郭朴出了个馊主意，后悔不已。崔汲的长子崔士榮听说后，劝父亲道："父亲也不必懊恼，既然郭老夫人不愿意来住，正好办一个学堂，让郭家的子侄们来这里读书。你年岁也大了，就先把城西的后渠书院暂停，来这里监学。我这几年也正准备乡试，闲暇时可以来帮你。"

郭朴非常赞同，将此事告诉老夫人，老夫人也赞叹道："我也看着崔家后代有人，崔汲的这个孩子将来一定会出人头地。我们郭家子侄不少，正缺少学堂，也没有个有本事的先生。崔铣是当朝大儒，崔汲跟着父亲打理后渠书院，也教出不少进士举人，是个很难得的先生。"

从此，郭家学堂正式开张，由于崔汲名声在外，还吸引了当地不少求学的人，一时人才济济。郭家后辈中，有两人考中举人，不少人考进了府学，成为廪生。

<h1 style="text-align:center">二</h1>

郭朴守孝期间，按照老夫人的要求，足不出户，不接待当地官员拜访，不过问地方事务，倒是落得一个清静。谁知节外生枝，一纸诏书，明世宗命郭朴停止守丧，夺情回朝任职，再次出任吏部尚书。

原来，郭朴丁忧期间，正好错过一次进入内阁的机会。

嘉靖四十四年（1565 年）四月，郭朴丁忧刚满两年，阁臣袁炜因病致仕，内阁只剩下首辅徐阶。明世宗遴选内阁大学士，吏部尚书严讷、礼部尚书李春芳分别兼任武英殿大学士，入阁参赞机务。吏部尚书缺额，本来由礼部尚书董份递补，徐阶却接到御史欧阳一敬弹劾董份接受严世蕃贿赂为其营解的奏章，不得已请求明世宗下诏，召回郭朴。明世宗命三法司将董份下狱，查实罪状，将董份贬黜为民，晋升高拱为礼部尚书。

董份，字用均，浙江乌程县人，嘉靖二十年（1541年）进士，改庶吉士，授翰林院编修。后来，他跟着严嵩参与纂修《大明会典》，成为严嵩的心腹，很快就晋升为礼部右侍郎，再转任吏部左侍郎兼翰林学士，掌詹事府事。嘉靖四十年（1561年）升礼部尚书，兼翰林学士。

郭朴接到诏书，上疏辞免，请求守制期满后赴任。明世宗数诏督催，徐阶也送来书信，请郭朴尽快回京任职。

老夫人见郭朴迟迟不动身，把他叫到上房，正色说道："守丧居孝，这是家事私情。尽忠皇上，这是大义。我虽然人老糊涂，这还是分得出轻重的！"

郭朴跪在母亲面前，轻声安抚道："母亲息怒，居丧丁忧是朝廷名典，虽然历代都有夺情起复的旧例，但都是朝廷遇到重大变故。"

老夫人说道："皇上既然下诏，一定有其原因。尽忠为公，尽孝为私，你看着办吧！"

郭朴见母亲态度坚决，答应起身赴任。

郭朴回到京城，才知道事情远比自己想象的复杂得多，明白这都是徐阶的主意。

自明开国以来，一直存在倭患，嘉靖时期，倭患已经愈演愈烈。严嵩专权时，派遣义子工部右侍郎赵文华督察江南沿海军务，排挤、陷害浙江总督张经、浙江巡抚李天宠。浙江巡按监察御史胡宗宪行事圆滑，巴结赵文华，依附严嵩，得到信任，总督东南军务。但胡宗宪确实也是一个军事人才，他一面重用俞大猷、戚继光等名将，把颇负盛名的文人徐渭招到自己的幕府；一面加强练兵，壮大抗倭队伍，先后擒获汪直、徐海等倭寇，两浙倭患暂告平息。正当移军剿灭福建的倭寇时，严嵩事发，严世蕃被逮，胡宗宪因属于严党，受到言官弹劾，被逮捕押解进京。

徐阶见郭朴回京，急忙召来商议，问道："南京给事中陆凤仪以贪污军饷、滥征赋税、党附严嵩等十大罪名上疏弹劾胡宗宪，现在三法司已经查实，拟议死罪。但皇上却不同意，所以请你来议一议。"

郭朴说道："胡宗宪附严嵩、贪钱财是实，罪不可赦，滥征赋税却情有可原，可惜了一代名将。"

徐阶见郭朴语气中对胡宗宪有惋惜之意，说道："对严党绝不能手软，杀无赦。我就是想听听怎么劝说皇上。"

郭朴笑了笑，语气和缓地说道："严党一说，还是区别而论。"

"此话怎讲？"

"严嵩专权，威压群僚，顺我者昌，逆我者亡，关键看他为私还是为公。胡宗宪平定江浙倭寇，功不可没，我看公还是大于私呢！"

徐阶听后，许久不言。郭朴接着说道："我听说胡宗宪贪贿的银子，大都送给了赵文华和严世蕃，并没有据为己有。兵凶战危，需要朝廷支持，所以不得不贿赂严嵩之流；带兵打仗，需有粮草赏银，朝廷不给，自己就得想办法解决，也是不得已而为之，总之比倭寇抢了去强吧！"

徐阶疑惑地问道："难道胡宗宪倒成了有功之臣？"

"那倒也不一定，胡宗宪贿赂之事坐实，贪污之事也不枉，朝廷之臣都以为他是严党，众议所在，我也不会为他翻案！"

徐阶一头雾水，接口道："那到底怎么处置他？"

郭朴思虑半天，回道："胡宗宪功不抵过，就依皇上的意思，责令致仕回乡吧！"

徐阶点点头，说道："也好！可是现在福建一带倭寇横行，谁能接任胡宗宪担当剿倭重任？"

郭朴胸有成竹，说道："登州卫指挥佥事、蓟州总兵戚继光堪当此任，再加上广东总兵俞大猷的配合，自可奏此大功。"

徐阶上奏明世宗，朱厚熜点头称是，说道："朕知道胡宗宪不是严嵩一党，自任职御史后都是朕升用他，已经八九年了。而且当初因捕获王直而封赏他，现在如果加罪，今后谁为我做事呢？让他回籍闲住就好了。"

徐阶暗想，郭朴所说竟然与皇上如出一辙，看来还是小看了他，心里却耿耿难释。

三

其实，郭朴也有些话没有对徐阶讲透。他在回京的路上，收到胡宗宪幕僚徐渭的一封信，信中说："我跟随胡宗宪大人多年，知道他的为人，更知道他为江山社稷的功劳。我知道胡大人被弹劾，一定是徐阶的指使。如今，胡大人被徐阶所压制，不能申辩，来表白他的冤屈。朝野都知道郭尚书仁义宽厚，公正秉直，希望得到您的帮助！"

郭朴对徐渭闻名已久。徐渭字文长，号青藤，绍兴府山阴人。他自幼以才名著称乡里，二十岁考中秀才，此后，经历了八次乡试，始终未能中举。但他钻研学问时，对政局十分关心，曾作《今日歌》《二马诗》，痛斥权臣严嵩误国。

嘉靖三十三年（1554 年），倭寇进犯浙闽沿海，绍兴府成为烽火之地。平时好读兵法的徐渭毅然投效浙江巡抚胡宗宪，成为军中幕僚。入幕之初，徐渭为胡宗宪作《进白鹿表》，受到明世宗朱厚熜的赏识，自此，胡宗宪对他更为倚重。胡宗宪傍依权臣严嵩，引起徐渭的不满，但他钦佩胡宗宪抗倭的胆略，也感念他对自己的信任，继续为胡宗宪谋划，助其擒获倭寇首领徐海、招抚海盗汪直。

徐渭诗文、戏剧、书画独树一帜，与解缙、杨慎并称"明代三才子"，声名远播。他还与山阴文士沈炼、萧勉、陈鹤、柳文等结为文社，被时人称为"越中十子"。他不仅是"泼墨大写意画派"创始人，而且是"青藤画派"之鼻祖，山水、人物、花鸟、竹石无所不工，以花卉最为出色，开创了一代画风，与陈道复并称"青藤、白阳"，对后世画坛八大山人、石涛、扬州八怪等影响极大；他最擅长气势磅礴的狂草，笔墨恣肆，满纸狼藉，自认为"吾书第一，诗二，文三，画四"。沈炼曾夸奖他说："关起城门，只有这一个徐渭。"

郭朴之所以不愿说透，是因为自己也怀疑徐阶参与了此事，徐渭的信证实了自己的疑虑，但他确实不明白徐阶为什么要杀胡宗宪。

至于说胡宗宪依附严嵩，徐阶又何尝不是如此。为此，他只能就事论事，以理义说服徐阶。

戚继光与俞大猷不负众望，福建剿倭捷报频传。尤其，戚继光亲自招募三千人，严格训练，奖惩分明，练就了一支名闻天下的"戚家军"。

嘉靖四十一年（1562年），倭寇进犯福建龙岩、松溪、大田、古田、莆田等地，戚继光带兵先进攻横屿。横屿四面水路险隘不易通行，戚继光命将士们每人手持一束稻草，填壕而进，大破横屿倭寇，斩首两千两百余级。随后，戚继光乘胜追击，杀至福清，捣毁牛田，端了倭寇巢穴。倭寇余党慌忙逃往兴化，戚继光也不停歇，一路狂追，又捣毁倭寇据点六十余营，斩首无数。

嘉靖四十二年（1563年），戚继光来到兴化，与俞大猷商议，对兴化倭寇发动总攻。他们先在各海道上环立栅栏阻断倭寇归路，而后以刘显为左军，俞大猷为右军，戚继光为先锋，围攻平海卫，一举告破，斩首两千余级。戚继光等率兵追击，倭寇道路不通，又被斩杀三千多人，取得了兴化大捷。

嘉靖四十三年（1564年），戚继光与俞大猷各率步兵、水军合力围剿福建残余的倭寇，倭寇节节败退。戚继光带兵追至韶安，歼灭两千多人，焚毁倭船二十多艘，剩下的残倭逃到海上，逃回日本，福建沿海的倭患基本平定。

第十一章

徐高交恶

一

嘉靖四十四年（1565年），朝中发生了几件大事，牵动整个朝局。

正月，明世宗的四子朱载圳死于湖北安陆的景王府，皇子里只剩下裕王朱载坖，因此，朱载坖成为唯一的皇位继承人。高拱与朱载坖都不禁松了一口气，自从嘉靖二十八年（1549年）大太子朱载壑病亡，将近二十年，两个人都是提心吊胆，受了许多窝囊气。尤其，严嵩见明世宗喜欢景王，揣测圣心，暗中支持景王夺嫡，徐阶也总是作壁上观，高拱对此耿耿于怀。现在，严嵩被贬为民，高拱把一肚子的怨气撒到徐阶身上，徐阶却并不清楚高拱的心思。

三月，正值春闱大考，高拱以礼部尚书主持，他在策文中出的题目却是实学经权论，不能不说与徐阶有几分针锋相对的意思了。

原来，徐阶平生酷爱阳明心学，并且不遗余力地宣传之。嘉靖三十二年（1553年）、三十三年（1554年）、三十九年（1560年），徐阶多次聚集门生大肆讲学。更在今年春天，以首辅之尊再次在京师灵济宫举办大规模心学讲学活动，从者如云。徐阶的喜好，自然成为朝臣的风向标。心学一度成为人人崇尚之学，俨然成了官场上追名逐利的一种手段。然而，在高拱看来，他们宣讲的所谓心学，完全是故弄玄虚的空泛清谈。

徐阶也隐隐感觉到高拱是在针对自己，心想高拱只是后进晚辈，还是自己一手提拔，却如此不知好歹，着实令人不可忍受。但高拱是未来皇帝的老师，入阁是迟早的事情，他希望郭朴早点回来，由郭朴居中调停，因为有太多的事情等着去做。严世蕃伏诛后，徐阶得以定下心来，厘清严嵩专权二十年留下的烂摊子，处理朝廷的内忧外患。

郭朴匆匆赶回京城，入宫觐见明世宗后，就被徐阶拉走，处理几件棘手的事情。

自春天以来，明世宗身体时好时坏，下诏书征求方术治病。方士胡以宁自称是陶仲文的再传弟子，献上一本《万寿金书》，言称不仅可以包治百病，而且可以延年益寿。明世宗问道："你可有什么法术？"胡以宁答道："善于扶乩，请祖师吕洞宾占卜吉凶。"明世宗命胡以宁在宫中施行法术，却被人当众揭穿。明世宗大怒，将胡以宁杀死。徐阶与郭朴一起奏言，道士扶乩通同作弊，欺君希恩，请求将宫中道士尽数驱逐，同时，责令京府卫军在京城内搜捕扶乩惑人的方士。一时间，京城扶乩方士，逃窜罄尽。

七月，黄河在徐州沛县决口，百姓遭灾。经调查，黄河自砀山而下，两百余里故道淤塞。徐阶向郭朴询问治河人才，郭朴向徐阶推荐南京刑部尚书朱衡负责治河，经明世宗应允，乃票拟调任朱衡为工部尚书兼副都御史。十一月，郭朴又荐大理少卿潘季驯为金都御史，协助朱衡治理黄河。此二人，后来都成了治理黄河的专家，对治理黄河做出了卓越的贡献。

百废待兴，却是事无巨细，内阁大学士严讷、袁炜先后病倒，请求致仕回乡养病。明世宗不得已恩准，诏命郭朴以吏部尚书兼任武英殿大学士、高拱以礼部尚书兼任文渊阁大学士，一起入阁。

二

嘉靖四十五年（1566 年），对于六十岁的明世宗来说，也许真的看破红尘，了无生趣。他十五岁入宫即位，也曾大展宏图，勤于政事，大刀阔斧进行改革，从而有嘉靖中兴的局面。这一切，也让自己本就羸弱的身体疾病缠身，年近三十岁还没有子嗣，因此，嘉靖十五年（1536 年）前明世宗在宫中招引道士，主要还是治病和延续子嗣。随着中兴局面的形成和对朝廷内阁的控制，尤其是壬寅宫变差点被宫女害死，明世宗从宫禁搬进西苑，一心玄修，把主要精力放到对长生不老的奢求上，但由于大量服用丹药，身体却越来越虚弱。

刚刚过了春节，明世宗在仁寿宫已经卧床不起，内阁大臣非常紧张，聚在西苑不敢离开半步。明世宗见状，把内阁大臣叫到床前，说道："我的病，我自己心里清楚，你们也不必过于紧张，整天聚在西苑，荒废朝廷政务。"

徐阶回道："皇上春秋正盛，又加上玄修，一定可以万寿无疆。皇上有恙，这是天大的事，朝臣也是聚在一起为皇上祈福。"

明世宗摆摆手，说道："众卿的心意，朕心里也是非常高兴。但黄河大灾、南方倭寇、西北鞑靼，哪一个不是事关社稷民生。你们不能因为我生病，就放下不管！"一阵激烈的咳嗽，阻断了明世宗的话。

众臣跪在明世宗的床前，吓得一句话也不敢说。

明世宗喘息了好大一会儿，说道："内阁里的事务繁多，众阁臣每日轮流委派一人在无逸殿值守，其余一律回宫中办事。"

徐阶心中一动，皇上生病，有时糊涂，难免有人趁自己不在皇上身边，搬弄是非。想到这里，接话道："微臣实在不忍心离开陛下半步。"

高拱看出端倪，心中不齿，说道："首辅是元老重臣，经常在陛下身边也是应当的。有首辅在，我看下官与郭公、李公就不必轮流在无逸殿值守了。"

李春芳与郭朴对望一眼，郭朴担心高拱还会说出更难听的话，伸手扯了一下高拱的衣袖，说道："皇上微恙，按说有首辅在也就可以了，可一旦皇上有事吩咐，首辅也离不开，我看，下官与李公、高公还是轮流值守为好。"

明世宗点点头。

徐阶也听出高拱语带抢白，脸上有些挂不住，但毕竟城府颇深，就着郭朴的话顺水推舟。

明世宗的身体一天差似一天，到了当年十一月，状况已是大大不妙了。由于在西苑陪侍的机会越来越少，入值的阁臣们纷纷把自己的物品打包收拾，搬出西苑。

高拱也不例外。这天，刚刚晋升为翰林院掌院的张居正，以公事的名义来到西苑，正好碰见正在无逸殿值房里收拾东西的高拱，问道："高公在忙什么？"

高拱放下手中的东西，问道："我今天守值，无事可做，就收拾一下自己的物品。太岳是要面见皇上，还是找徐首辅？"

张居正笑着说道："我找徐首辅回禀一些事。"

"徐首辅在宫里陪着皇上，估计也快出来了，用我进去通禀一声吗？"

"也不急在一时，我在你这里等一会儿吧！"

两人坐在一起喝茶，闲谈起来。闲谈间，张居正似不经意地对高拱说："皇上病得正重，这时候做臣子的在西苑忙着收拾自己的物品，恐怕不好吧。"

张居正虽然是徐阶一手栽培的弟子，因与高拱先后担任裕王的老师，两人私下成为至交。这次，张居正的语气模糊暧昧，高拱隐隐察觉到了什么，一时愕然。半晌，说道："太岳贤弟说得很对，我也是这么想的。"

于是，不再收拾自己的东西。

三

十一月，吏科都给事中胡应嘉向皇帝上疏，弹劾高拱"不忠二事"：一是高拱入阁拜命之初，嫌弃西苑无逸殿值房狭小，把家搬到西苑附近西安门外，每逢值班深夜就偷偷溜回家，殊无夙夜在公之意；二是皇上最近龙体稍稍欠安，朝廷众臣无不为皇帝祈祷，可是高拱却私自往外搬运他在无逸殿值房的私人物品，这样的举动，真不知用心何在。

奏疏不仅质疑高拱对皇帝的忠心，还暗示高拱以为皇帝大去之期已经不远，所以早作打算。被弹劾的高拱更是极为惊惧，有一种大祸临头的预感。

郭朴得知情况，知道此事必有人暗中指使胡应嘉，他清楚高拱的脾气，担心他把事情闹得不可收拾，急忙赶到高拱住处，劝说道："事发突然，你一定要稳住心神。"

高拱气愤不已，狠狠说道："你我都是刚刚进入西苑值守，皇上已经加恩，成为侍奉左右的臣子，哪里还能嫌弃值房的大小？再说，我家贫无子，身边也没有个使唤的仆人，如果值守期间需要什么东西，没有人替我送进来，所以用的时候拿进来，不用的时候拿出去，大家都是这样。至于把家搬到西安门，实在是不得已。深夜出入宫禁，向来是严禁的，何人敢值守期间溜回家，况且出入都有登记，一查便知。可见，这个胡应嘉不只是捕风捉影，更是无中生有的诬陷。"

郭朴深知高拱做事高调，对人直来直去，很容易得罪人，问道："这个胡应嘉，你们以前可有过节？"

高拱说道："过节倒是没有，只是去年，我的姻亲李登云在工部侍郎的任上被胡应嘉弹劾，致仕回乡。"

郭朴接话道："也许，胡应嘉见你入阁，担心你报复他，所以先下手攻击你！"

高拱摇摇头，说道："胡应嘉作为言官，无论谁犯法，都应该举劾，你我都不例外。我只是怀疑其中不是那么简单。"

郭朴疑惑道："怎么，你看出什么端倪？"

高拱说道："胡应嘉与徐阶是同乡，两人私下过从甚密，这也不是什么秘密。这之前，张居正提醒过我，只是语焉不详，我也没有很在意。"于是，高拱就把张居正的话讲给郭朴听。

郭朴听出其中的蹊跷，也知道高拱与徐阶的矛盾，他总是私下劝高拱，不要太难为徐阶，毕竟徐阶对自己和高拱有知遇提携之恩，尤其在扳倒严嵩一事上曾经结成同盟。

其实，郭朴不知道，高拱与张居正私下都对徐阶有看法，当年为巴结严嵩甚至将孙女嫁给严世蕃的儿子做继室，实在不算君子之为。

在高拱看来，徐阶这人太精明，凡事精算得失，景王争储时，徐阶态度骑墙不定，明哲保身，裕王境况极其窘迫。而后局势尘埃落定，便见风使舵，因此，高拱更不把徐阶引自己入阁的事当成恩惠，裕王是未来唯一的储君，自己入阁本是水到渠成之事，徐阶仅仅是顺水推舟。

想起徐阶与严嵩在谄事皇上这方面行为本无差别，更有徐阶依附严嵩侵害于国有功之臣的旧事。一切一切，都令高拱对徐阶从心底里无法生出好感。

郭朴不愿将此事引到徐阶身上，继续劝道："当年，严嵩专权，皇上对严嵩更是言听计从，这才有徐阶隐忍数年，做了一些违心之事，无非也是权宜之计。想一想首辅翟銮和夏言，还有杨继盛、邹应龙，无不惨死无辜。徐阶不算是正人君子，但我不相信是奸佞小人，会作出挟私报复的事情。胡应嘉见你事事与徐阶作对，他妄自揣测，暗中帮助徐阶，也在情理之中。至于张居正提醒你，更说明不是徐阶的意思，只是可能从胡应嘉那里听到什么！"

见高拱不言语，郭朴接着劝道："你我也是同乡，更是皇上的臣子。自古，贤臣以义为群，不以党分，正因为结党为了营私。你生性疾恶如仇，心直口快，做事棱角过于分明，既伤人，也伤己。这件事不要想得太多，你还是静下心，上疏答辩。现在皇上病得厉害，比往昔更加喜怒无常，不能因此使得皇上发下雷霆之怒。"

这一席话真是醍醐灌顶，冷静下来以后，高拱立刻上疏申辩。所幸，皇帝看后无所措置。

郭朴见事情有惊无险，也暗自庆幸。他相信徐阶不会如此作为，但是否默许也未可知。借这件事敲打一下桀骜不驯的高拱，徐阶还是……

第十二章

海瑞上疏

安阳历史廉吏

第三卷

一

真是一波未平一波又起，正在内阁为了明世宗的病忙得焦头烂额之际，户部云南清吏司主事海瑞因为明世宗二十余年不见大臣、不理朝政，深居西苑，只求长生不死之术，致使国事日益衰败，特买好棺材，诀别妻子，遣散童仆，冒死上《治安疏》。

疏云："为直言天下第一事，以正君道、明臣职，求万世治安事：君王是天下臣民万物之主，也正因为是天下臣民万物之主，所以责任至重。一旦国计民生措置失当，就是君王没有负起责任，因此，作为臣子就应当替君王考虑得无所不备，忠于职守，畅所欲言。臣子能够尽心陈言，君王的责任才算尽到了。若一味讨好上意，曲意逢迎，致使君王听不到实际情况，这些人不值得说了。危言耸听的人或许会说：君子即使面对贤明的君王，也常常居安思危；即使处在清明安定的社会，也常常忧虑重重。这样只怕反而让人思维混乱，搞不清方向。这种说法不符合现实的情况！

"我蒙受国恩，宁可直言得罪也不想说假话，好的就是好的，一丝一毫不过誉；坏的就是坏的，一丝一毫不讳过。既不为讨上面的欢心，也不计较个人得失，唯有披肝沥胆，掏出真心，对陛下您说几句实话。贾谊曾向汉文帝上《治安策》说：'臣子们向您进言时，总是说现在天下已经大治，臣独以为还没有。那些说天下已定已治的人，不是愚昧无知，就是阿谀逢迎。'汉文帝算是贤君了，贾谊也不是求全责备。汉文帝性情仁柔，慈恕恭俭，虽然有爱民的美德，但崇尚黄老之道，不专心于政务，许多政事都被耽误了。假使看不到这些弊病，一味认为天下已安已治，这就是愚昧无知。假使看不到汉文帝的才能毕竟有限，一味用已安已治的话来歌颂他，这就是阿谀奉承。陛下自视和汉文帝相比怎么样呢？陛下天资英断，睿识绝人，具有尧、舜、禹、汤、文、武这样的君王的德行，陛下像汉宣帝一样做事努力认真，像光武帝一样为人大度，像唐太宗一样英武无敌，像唐宪宗一样能够消平各地藩镇叛乱，陛下还有宋仁宗的仁恕之德，总之像这些可取的优点，无论哪一项，您都是具有的。您即位初年，铲除积弊，革新政事，天下为之焕然一新。

"举其大概：您作过《敬一箴》，提倡规戒；制定了冠服制度，下令废除圣贤庙宇里土木塑像；削弱了宦官的内外之权；将元世祖从历代帝王庙所祭牌位中剔除；在孔子庙兼祭孔子的父母。那时候天下人都很期待，认为您一定大有作为。有见识的人都认为：只要有良相辅佐，不需多久天下就可致太平，这不是一句虚话，您一定比汉文帝要强得多。然而文帝能发扬仁恕之性，节约恭俭，体恤爱民，宋朝的吕祖谦说他善于用人，能尽人之才力。当时，天下虽说不上已经大治，但国库充盈，连串钱的绳子都朽烂了，百姓安乐，财物丰足，大家公认他是夏、商、周三代以后的一位贤君。陛下您立志要有所作为，可是没过多久，就被杂乱的念头导引到别的地方去了。您把自己的刚强英明用到错误的地方，以为人真的能够长生不老，而一味地玄修。陛下富有四海，却不念及那都是民之脂膏，常常大兴土木，大修宫殿庙宇；陛下二十余年不上朝处理政务，导致纲纪松懈败坏；朝廷动不动就推恩赏官，致使名爵泛滥；您闭关西苑，专门和方士在一起炼丹，不与自己的儿子们相见，人们都以为您缺少父子之情；您常以猜疑诽谤戮辱臣下，人们都以为缺少君臣之礼；您久居西苑不回宫禁，人们都以为缺少夫妇之情；天下官吏贪污成风，军队疲弱，水灾旱灾无时不有，民不聊生，导致流民暴乱像火烧一样，越来越盛。自陛下登基以来，前几年还不严重，但是如今赋税徭役越来越重，各级官吏都效法朝廷，盘剥百姓无度。陛下花很多钱崇奉道教，以致府库空虚，十余年来已经到了极致。因此，天下人对陛下改元的年号进行联想臆测：'嘉靖，意思是家家皆净而无财用。'

"近来，严嵩罢相，严世蕃被处以极刑，勉强可以令世人称意，一时人称天下清明。然而严嵩罢相以后的政事，不过和他做宰相以前差不多，也并不见得清明了多少，与汉文帝时期相比就差远了。天下之人对您不满已经很久了，这些情况内外臣工都知道。《诗经》上说：'衮职有阙，惟仲山甫补之'，意思是说周宣王不能完全尽职，宰相仲山甫能从旁补救。现在赖以辅助、匡正和补救，使朝政走入正轨，正是诸位臣下的职责所在。圣人也不能不犯错误，否则古代设官，只要他做官办事就够了，不必要求他们进言劝谏，也不必设谏官，更不必说'木受绳则直，金就砺则利，君子博学而日参省乎己，则知明而行无过矣'这类的话了。陛下修宫殿，设坛祈祷，使得群臣竞相进献香物和仙桃仙药，相率进表称贺。陛下想兴建宫室，工部就极力经营；陛下要取香觅宝，户部就派人到处索取。陛下举动有误，诸臣一味地顺从，竟没有一个人为陛下正言。那种公开讨论对错、贡献良言、防止邪恶的做法，长久没有听到了，献媚的风气太盛行了。然而人们不敢直言，内心惭愧气馁，当面不敢说，背后议论是非，只在表面上顺从陛下；隐藏自己的真心，虚情假意地为陛下歌功颂德，这是多么大的欺君之罪？陛下以天下为家，哪有不顾惜自己家人的呢？内外臣工都有自己的职守和进言的责任，这些都是能够奠定您的家业，使它像磐石一样稳固的基础。一意玄修，是陛下的心被妄念迷惑。过分苛刻武断，也不是您生性如此。不能就这样断定陛下不顾其家，不合人情。臣子们往往为了顾及自己的身家性命，为了保住自己的乌纱帽，有的欺诈，有的贪赃，有的废职，最终导致被责罚、降官，甚至入狱流放，这些人不合您的心意，是很自然的。假如不是为了上述的原因也不合您的心意，那就是您的心与臣子的心偶然不相契合，也有人疑心是您看轻、辱没臣子。诸位大臣忠心不二但学识浅薄，所进之言有的不可避免为了个人的私利，有的说得不够全面详明，就像胡寅扰乱政事的奏疏那样，这些人不合您的意旨，也是很自然的。如果都不是以上的情况，君意臣意还不相契合，那就要让人疑心是不是陛下自以为是，不愿接受劝谏的缘故。如果仅仅拿着您一两件处置不当这样的事，就推测您向来如此，就会害得您一直被人误解，诸臣欺君之罪就很严重了。

　　"《礼记》上说：'君主多疑于上，百姓就无所适从；臣子不忠于下，君主就劳苦不堪了。'说的就是今天这种情况。臣子保全身家的私心和怕触怒君主的心相结合，因而模糊了自己的职责，我已经举出一两件事例替他们做过分析了。君主奢求长生的妄念和迷惑不明的心思相结合，使得臣子们心怀不满，陛下就会有失为君之道。请允许我再加以分析：陛下的失误很多了，其大端在于斋醮。斋醮的目的是追求长生不老，自古圣贤留给后人的训条只是修身立命，只是顺天受命，没有听说过所谓长生不老的说法。唐尧、虞舜、大禹、商汤、周文王、周武王是圣人中的典范，没有能长生不老，在此后也没有见过所谓的方外之人经历汉、唐、宋一直活到今日的。授给陛下长生之术的陶仲文，您称他为师，现在陶仲文也已经死去了。他尚且不能够得以长生，而陛下如何能够单独求到。至于说上天赐予仙桃、天药，怪异虚妄最成问题。伏羲氏称王天下，传说一只龙头马身的河兽踏波而行，伏羲氏根据河兽背上的河图画出了八卦图；大禹治水时，在河洛看见一只神龟负文而出，大禹依据神龟背上的洛书以定有关天道人事的九种法则。河图洛书这些神物，透露了万古不传的秘密。天将天道显之于圣人，借圣人来明示天下，就像日月星辰的排列，并不虚妄。从前宋真宗得天书于乾佑山，大臣孙爽进谏说：'天如何能说话呢？岂能有书？'桃子一定是采摘后才能得到，药一定是炮制以后才能成。现在无故获得这两个东西，是有脚而能走吗？说是天赐给的，是上天用手拿着而交给您的吗？陛下玄修多年，一无所得。到今日，左右奸人为了迎合陛下玄修妄念，以为区区桃药就能让人长生不老，世上哪有这样的道理？玄修之无益，可以清楚明白了。陛下您莫非认为只要掌握着刑赏的权柄，就不怕无人办事，天下就可以治好，修道便没有什么害处吗？那些阿谀逢迎的臣子，年轻时候就没有学到辅佐好君主使百姓得到好处的特别本领，壮年做官也没有履行好这样的行为，更没有这样的特殊抱负。

"《尚书·太甲》上说：'有言逆于汝志，必求诸道，有言逊于汝志，必求诸非道。'意思是说：遇有不合自己意旨的话，要看看是否合于道理；遇有顺从自己意旨的话，要看看是否不合道理。顺从旨意的未必就是有道理的，从近些年来看，严嵩哪有一处不是顺着陛下您的意思？然而严党过去是贪权窃利的祸害，今天是忤逆乱政的根源。像梁材这样的人谨守职责，历来做官有声誉有操守，以正直不阿著称，却被陛下认为大逆不道。虽然从严嵩抄家以后，百官有所畏惧，知道不能再以贿赂谋求升迁，稍改以前的恶习。然而严嵩罢相之后的局面也和严嵩做丞相之前没什么两样。百官仍然只情愿学严嵩的顺从，不肯学梁材的正直不阿。现在坏人还是贪求无厌，一般人也只是得过且过，混混日子。即使是好人，也不过是在做官和退隐之间犹豫不决，含糊敷衍，奉行做事罢了。而那种洁身自爱、探研真理，对天下负有责任，能够肩负国运，维护长治久安的人，却一个也没有发现。不就是因为好人受到牵制，不能尽忠做事，才弄到今天这个地步吗？您既要人顺从圣意，又要人尽忠；既要人充当助手和耳目，又要人顺从您做那些修道和兴修宫殿庙宇的错误事情，这就像不用四肢耳目去保卫心腹，而由心腹自己去执行看、听、拿东西和走路的任务一样。照此下去，您即便有了像张仪和公孙衍那样能干的臣子，要想成就与百姓同享太平的事业，那也是办不到的。如果您承认修道有害无益，那么臣子改变作为，百姓跟着仿效，天下的安危都将由此而不同，所以您应当立即悔悟，每日上朝理政，与宰辅、九卿、侍从、言官一起言说天下利害，洗刷数十年君道之误，那样就能置身于尧、舜、禹、汤、文、武这样的明君之中，也使得臣下能够洗刷数十年谄媚君主之耻，让他们置身于皋陶、伊、傅这样的贤臣之列，君臣便可互相勉励、互相敬重。内廷中的宦官宫女，外廷中光禄寺厨房的仆役，锦衣卫中那些受惠于祖先恩荫的人，以及各个衙门里那些额外的冗员，无事可干而为官的人太多了。皇家的仓库里，户部、工部以及光禄寺等衙门里，缎、绢、粮料、珠宝、器物、木材等东西很多，堆积在那里也无用，用了也用得不是地方，白白浪费了很可惜。臣子们进谏，您采纳实行，对您来说只不过动一动节省的念头罢了。京师里的一块金子，到了田野百姓那里抵得上一百块金子用。您稍稍节省一点，国库便有余用，老百姓则有了储蓄，好处真不知有多少啊，而陛下为何不这样做呢？今天官吏设置不全，办事因循苟且，敷衍塞责，不守法纪，却还自以为不错。应该督促遵守基本的道德来端正官员们的行为，停止用钱买官那一套来厘清仕途；让文武官员安于其位，责成他们做出成绩来；平常就练选军士以免打仗了临时招募百姓；让那些吃白食的和尚道士回家，回到士、农、工、商的行业里；府州县地方官要生计和教化并重，树立好的礼俗规范；屯田、运盐应该恢复征收实物，来充实边防军队的储备；按地亩交粮，按人口应役，以便恢复老百姓的元气；检举天下官员的贪污勒索行为，让那些贪赃枉法的人心生怯懦，按照刑律处罚他们，毫不宽容。如此一来，便是仁政，几十年之后才能收效，与天地并存的伟大功业便可成就了。这样的事由诸臣提议，陛下执行，也就在陛下一振作间而已。一振作而诸废俱举，百弊铲绝，像唐、虞三代那样光明灿烂的大治便可复兴矣，而陛下为什么不实行呢？陛下只要稍事节省和振作就行了，又不是要您多么劳心劳神。九卿掌握大政方针，百官承担具体的职责，巡抚、巡按、六科给事中等纠举肃清，维护风气，陛下考核政纲的实施情况，督促他们做出成绩来。努力去找贤才，任用他们办事，自己就省力了。就像天运于上，四时六气各得其序，君主只要自己有德，感化臣民，不必亲自动手管理一切。天地万物为一体，自有它的道理。百姓安居乐业，形成一片祥和气氛，而陛下自然能够感到真正的快乐和价值。

"天地是化生万物的，人也有帮助天地化生的能力，可以与天地并列而为'三才'。道与天通，命运可以由我们自己掌握，而陛下自然能够享受真寿。这是真正的道理，转身就能做到，立刻就能见效。要是依旧去服食什么长生不死之药，巴望着能成仙升天，不是道理所在。那么做只能匆忙地散爵禄，让精神徒然紧张，玄修求长生，是捕风捉影的空想，陛下一辈子求之，究竟得到没得到呢？君道不正，臣职不明，是天下第一大事。于此不言，更复何言？大臣为保乌纱帽而阿谀奉承，小臣害怕获罪而表面顺从，陛下有错误却不知道，不能改正不能执行，臣每想到这里便痛心疾首。所以今天便冒死竭忠，诚恳地向陛下进言。望陛下能够改变心思，转换方向，而天下之治与不治，民物之安与不安都取决于您。若陛下真能采纳，是我宗庙、社稷、国家的幸运，是天下黎民百姓的幸运！臣不胜战栗恐惧之至，为此具本亲赍，谨具奏闻。"

《治安疏》主辞激烈，切中时弊，直指皇帝。疏言一出，世称"天下第一疏""万世治安疏"。

明世宗看到"嘉靖者，言家家皆净而无财用也"一句，十分愤怒，把《治安疏》扔在地上，对左右侍从说："海瑞胆敢辱骂朕，有悖人臣之道，着锦衣卫捕获交给镇抚司，严厉查处幕后主使和同谋！"

海瑞下狱，朝廷官员议论纷纷。郭朴调来海瑞的档案，才知道这个小小的户部主事，不仅胆大包天，还真是一个清官能吏。

海瑞，字汝贤，号刚峰，海南琼山人，生于正德八年（1513 年）。他自幼攻读诗书经传，立志日后做官就要做一个不谋取私利，不谄媚权贵，刚直不阿的好官,因此他自号"刚峰"。但他仕途坎坷,直到三十五岁才中举,两次会试都落榜,四十岁到福建延平府南平县担任教谕。嘉靖四十一年(1562年),四十八岁的海瑞被任命为浙江淳安知县,他重新清丈土地,发展农业生产,当地老百姓渐渐富裕起来。但他生活节俭,穿布袍,吃粗粮糙米,让老仆人种菜自给。淳安县地处蛮荒,盗贼丛生,海瑞明断疑难案件,深得民心,受到总督胡宗宪的赏识,被选拔为户部云南司主事。

郭朴有心保护海瑞,就专门前去西苑,拜见内阁首辅徐阶。西苑内阁值房里,徐阶正与刑部尚书黄光升一起议论海瑞案件。

见郭朴进来,徐阶招呼道:"郭公快请进来,一起听黄尚书说说海瑞的案子。"

黄光升叹息一声,说道:"三法司会审,都认为海瑞不宜重处,但皇上震怒,催逼甚急,如何是好?"

徐阶深知明世宗性情暴躁,不顺着他的性子,事情将不可收拾,说道:"不定海瑞死罪,皇上定然不依,弄不好三法司也跟着受连累。若论海瑞死罪,诛杀谏臣,必遭非议。"

郭朴接口道:"我听吏部的人传言,这个海瑞上疏之前,自己知道冒犯该死,买了一个棺材,和妻子诀别,看来他是抱着必死之心,倒不愧为铮铮铁汉!"

徐阶沉默半晌,断然道:"论死罪!"

黄光升听后一时愕然,不知所措。

郭朴知道徐阶有他的道理,皇上性疑,震怒之下如果拟轻罪,海瑞必死无疑,反倒请求重处,皇上冷静下来,未必没有转圜,于是笑着说:"有些话不便明说,我与徐相一起面见皇上。"

两人来到永寿宫外,见内侍宦官黄锦站在门外。徐阶走近黄锦,低声交代几句,便跟随着进宫。

明世宗斜倚在榻上,一副病恹恹的样子,面前摊着海瑞的奏疏。看见徐阶与郭朴进来，明世宗止住两人大礼参见，问道："三法司会审海瑞的案子这么长时间，怎么拟罪的折子还没有上呈？"

徐阶与郭朴赶紧跪倒，呈上海瑞的议罪折子，说道："臣等已经将海瑞拟死罪，请皇上御览。"

明世宗看后，缓缓说道："这几天我反复看了海瑞的上疏，朕这二十年住在西苑，从未回宫坐朝理政，海瑞说我不上朝的话没错，只是身边的大臣无人敢说，倒是这个小小的六品小吏胆敢说出了，我要是真杀了他，朕真成诛杀谏臣的昏君了。我现在老了，但还不糊涂，你们拟罪杀他，无非是为了迎合我的心意，但谁真正替大明江山社稷想一想，替我的身后名声想一想？"

徐阶与郭朴连连叩头谢罪，说道："臣等愚昧！臣等该死！"

明世宗望着两人，缓缓说道："你二人也不必过于自责。朕自外藩入主，也才是束发之年，老祖宗把偌大的江山社稷托付给我，我每天都是胆战心惊，如履薄冰。也是自己从小体弱，疾病缠身，再加上武宗皇帝留下一个烂摊子，身体自然吃不消，我入西苑玄修，无非是躲一些清静罢了。海瑞骂我玄修，奢求长生不老。我熟读经史，难道不知道人自古躲不过一死的道理？唉，帝王也有帝王的难处啊！"

徐阶与郭朴流着泪，默默听着明世宗诉说衷肠。

明世宗接着说道："朕现在病得卧床不起，也知道自己大限将到，想传位于裕王，卿等票拟施行吧。"

徐阶说奏道："臣等闻听圣谕，不胜惶恐！传位一事，臣等不敢闻。"

郭朴接口说道："海瑞这样做，实在愚笨，他做知县时就憨厚刚直，但是，海瑞的内心也是为了陛下好，为了大明朝的亿万百姓好，其心尚可原谅。臣乞请陛下开恩，饶恕海瑞，他一定会为陛下的江山社稷肝脑涂地！"

内侍宦官黄锦在旁边接话道："这个海瑞实在该死，听说他上疏之前，自己知道冒犯皇上，就买了一个棺材，和妻子诀别，无非想博得谏臣之名。"

明世宗叹道："他想做比干，但朕也不是商纣王！"

徐阶与郭朴暗暗舒了一口气，海瑞的命总算保住了。

二

　　刚把海瑞这件事处理好，郭朴一下子又陷入一场舆论风波。原来，郭朴丁忧期间，崔汲劝郭朴在安阳城彰德府旁边买下一处宅院，给郭家子弟办学堂，并由崔汲主理学堂的事宜。也因为崔铣名声在外，崔汲办学竟然被河南学政多次嘉奖，一时求学者人满为患。郭朴的次子郭焜中举后，一直帮助崔汲打理学堂事宜，他见宅院破旧颓坏，就想着修葺一下，接着再扩建几间学舍，谁知竟然与王姓邻居发生纠纷。

　　纠纷的缘由，是两家因为宅院墙界起了争执，郭家的管事家人将对方打伤。事情闹到州府的公堂之上，知府张天驭审理此案，派人将打人的家人带到公堂上问询。这个家人仗着郭朴在朝中担任内阁大臣，蛮横无理。张天驭见郭朴的家人仗势欺人，喧闹公堂，喝令一声，将他打得皮开肉绽，押入大牢，并上疏弹劾郭朴。

　　徐阶见到弹劾郭朴的奏疏，一面将这封奏疏压下来，一面告诉郭朴处理好这件事。但这件事还是传了出来，闹得沸沸扬扬。

　　此时，郭朴接到儿子郭焜写来的信，方才知道事情的始末。郭朴久在吏部，知道这个张天驭是嘉靖三十五年（1556年）的进士，曾任刑部主事，为人正气，不畏豪强，处理过许多疑难案件，因功升任彰德府知府。在彰德府任期，张天驭更是清廉自守，多有惠政，百姓拥戴。前一段时间，崔汲曾经写信告诉他一件事，彰德府署后面有一块闲地，以前，用来种植蔬菜供给府署官吏。张天驭到任后，正逢灾荒年，城中聚集了不少流民，生活无着，他就将这块菜地分给流民种植，受到百姓的称赞。

郭朴立即给儿子郭焜写信，告诉他不仅要听从官府处置，赔偿受伤王姓家人的损失，还要主动让出引起纠纷的地界，一再叮嘱将"仁义忠孝"作为郭家学堂的学训。家书后面，郭朴附录了一首诗，诗中写道："千里捎书只为墙，让他三尺又何妨。万里长城今犹在，不见当年秦始皇。"

郭焜接到书信，立即吩咐家人，将书院的墙界后移三尺，并主动赔偿损失。王姓邻居见郭家如此，非常感动，也将自家的墙界回退三尺，竟然在两家中间留出一条六尺的巷道，周围邻里出入更加方便，称之为"让道"。

王姓邻居主动到官府撤回诉状，知府张天驭见事情解决，也深感自己做事唐突，再次上疏请求责罚，并写信给郭朴请求原谅。郭朴回信夸奖张天驭在彰德府任职政绩卓著，惠及家乡父老，鼓励他除暴安良，造福一方百姓，并举荐他担任山西按察副使。

离任前，张天驭专门到郭家学堂，亲笔题写了学训"仁义忠孝"，勉励郭氏子孙和学子们。他站在两家让出的巷道前，感慨不已，说道："这是一条仁义巷啊！"从此，后人就将这条巷道更名为"仁义巷"。

直至今天，仁义巷的故事一直在安阳城广为流传，成为百姓街头巷尾津津乐道的佳话。

第十三章

嘉靖遗诏

安阳历史廉吏

第三卷

一

嘉靖四十五年（1566 年）十二月，明世宗已经昏迷不醒。徐阶与郭朴急忙将裕王朱载垕请到西苑无逸殿，与众阁臣和各部尚书一起商议明世宗的后事。

徐阶说道："皇上病重，总不能一直待在西苑仁寿宫。裕王今天请各位大臣来，就是听听众位的意见。"说完，两眼看着礼部尚书高仪。

高仪在各部尚书中资历较浅，本不想先说，见徐阶看着自己，于是说道："皇上一旦升天，丧礼自然由礼部主持，还得请内阁诸公明示一二。"

吏部尚书杨博多年在兵部任职，性情急躁，见高仪说话绕圈子，有些不耐烦，说道："徐首辅请大家来拿主意，高尚书说了半天，等于没说。"

高仪见杨博揶揄自己，回道："大事当然由裕王和各位内阁大臣来定，我说得没错啊！"

徐阶最烦有人扯皮，止住两人的话，说道："皇上升天在即，大家议一议，还有什么事情急需定下来。"

郭朴说道："皇上现在病重，一旦龙御天界，总不能在西苑治丧，不合礼制。我以为，还是先将皇上龙体请回乾清宫。"

高拱接口说道："郭公言之有理，如果皇上驾崩西苑，史官无法隐晦，传之后世，有损皇上英名。还有一件事情急需定夺，就是太子之位一直悬而未决，现在裕王正好在，我提议由徐首辅主持，为裕王加太子礼。"

郭朴、李春芳闻听，一起望着徐阶。徐阶踌躇半晌，缓缓说道："裕王嗣位，本无异议。但加封太子，须经皇上传诏。现在皇上人事不省，一旦天降祥瑞，皇上病体康复，岂不是欺君之罪！这事还得从长计议。"

高拱急道："皇上眼看着升天在即，国无储君，必致众臣心疑，天下不安。事有缓急，更需权宜。纵使有欺君之罪，也是众臣之议。"

裕王一听，说道："我本一个亲王，众臣议及太子一事，理应回避。"说完，转身就走。

徐阶一把拉住裕王，说道："裕王且慢，当务之急，还是先将皇上移回皇宫，太子之事再作计议。"

裕王无奈，与众臣一起护送御驾，午时回到乾清宫。刚过三刻，明世宗驾崩，在位四十五年，享年六十岁。

明世宗骤然驾崩，没有留下遗诏，是徐阶始料不及的。也幸亏皇位继承人只有裕王朱载坖，否则太子未立，他这个首辅难脱干系。

皇帝驾崩，国之大事，办丧事，迎新君，一大堆的礼仪，有待厘清，疏忽不得。而眼前最重要的是撰写皇帝的遗诏，遗诏应总结皇帝的一生，继往开来，开一代新局。徐阶定下心来，思虑再三，决定以明世宗遗诏的名义革除弊政，所以草拟遗诏之事非同小可。

按说，明世宗的遗诏应该由内阁共拟，可此时徐阶想到，一旦意见不统一，争论起来，革故鼎新的力度会受到影响。况且，高拱已经与自己意见相左，郭朴与高拱又是同乡，私下关系甚密，届时如果得到李春芳的支持，自己难能掌控全局。

这一次，徐阶擅权了，他不与阁僚商议，却与尚未进入内阁的学生翰林院掌院张居正私下密议，然后自己以明世宗的口吻，由张居正执笔，起草了遗诏。

这份遗诏，两个人连夜完成。第二天一早，徐阶将满朝文武召进皇极殿，请裕王朱载垕站在明世宗灵前，接受遗诏。

当徐阶率内阁大臣进入皇极殿之时，只见朝堂内已一片素白，宫灯上也蒙上白布，两百余文武大臣披麻戴孝，面北列成两行，内阁大臣在前面排成一行。皇极殿内寂静肃穆，徐阶拿出遗诏，跨前一步，以带着哭声的嘶哑的嗓子说："颁遗诏！"只见大小臣工齐刷刷地跪倒。

"奉天承运，皇帝诏曰：朕以宗人入继大统，获奉宗庙四十五载，深惟享国久长，累朝未有，乃兹弗起，夫复何憾！但念朕远奉列圣之家法，近承皇考之身教，一念惓惓。本惟敬天勤民是务，只缘多病，过求长生，遂致奸人乘机诳惑，祷祠日举，土木岁兴，郊庙之祀不亲，朝讲之仪久废，既违成宪，亦负初心。迩者天启朕衷，方图改辙，而遽婴痰疾，补过无繇，每一追思，惟增愧恨，盖愆成美，端仗后贤。皇子裕王，仁孝天植，睿智夙成，宜上遵祖训，下顺群情，即皇帝位，勉修令德，勿过毁伤。丧礼依旧制，以日易月，二十七日释服，祭用素馐，毋禁民间音乐嫁娶。宗室亲郡王，藩屏为重，不可辄离封域。各处总督、镇巡、三司官，地方攸系，不许擅去职守，闻丧之日各止于本处，朝夕哭临，三日进香，差官代行。卫所、府、州、县并土官，并免进香。郊社等礼，及朕祔袷，各稽祖宗旧制，斟酌改正。自即位至今，建言得罪诸臣，存者召用，殁者恤录，见监者即先释放复职。方士人等，查照情罪各正刑章。斋醮、工作、采买等项，不经劳民之事，悉皆停止。于戏！子以继志、述事兼善为孝；臣以将顺、匡救两尽为忠。尚体至怀，用钦末命。诏诰中外，咸使知闻。"

遗诏颁布完毕，大小臣工叩头，响起了一片哭声。徐阶将遗诏正本收起交与礼部尚书高仪，由礼部安排誊抄复制，驿站五百里加急，分送全国十三道、布政司各衙门宣读后，再行誊抄，令各府州、县于各城门口张挂。

裕王朱载垕遵明世宗遗诏之命登上了皇位，徐阶和张居正又起草了登极诏。这登极诏的内容都"遵奉遗诏",以新皇帝诏书的名义宣告中外,开一代新局。紧接着,朱载垕登基,改元隆庆,以明年为隆庆元年。

二

明世宗的丧礼和明穆宗的登基大典如期举行,阁臣李春芳、郭朴、高拱三人一言不发,但由徐阶独断专行。但越是这样,就越为日后内阁纷争埋下了祸根。

遗诏中对明世宗所作所为的否定和拨乱反正,朝野官员百姓一致称赞,为徐阶赢得了更高的威望,但在高拱眼里,这是大逆不道。他私下对郭朴说:"徐阶这是假托遗诏,毁谤先帝。先皇待他不薄,而且尸骨未寒,其心可诛。"

郭朴叹气说道:"先帝是英主,御国四十五年来的所作所为,并不都是错的。而今上是先帝的亲子,三十岁登基,并非幼小,这样强迫今上将先帝的罪过昭示天下,将置帝王的尊严于何处?再者,当初先帝本来就曾经想要停止斋醮之事,是谁建议他重修紫皇殿的?那土木工程,一丈一尺都是徐家父子策划的,难道能全部归罪于先帝吗?在先帝生前一味诌媚,甫一晏驾便诋毁侮辱,实在令人不忍。"说着流下眼泪。

高拱愤愤说道:"徐阶将任用权奸严嵩之罪全部归于皇上,他攀附严嵩父子就撇得一干二净?至于皇上西苑斋醮,他徐阶不也是青词宰相,也是皇上独负其罪,他徐阶可有谏阻之责?至于将先朝因罪被黜的官员全部平反复官,难道就没有一人属于罪有应得?至少应该甄别有罪无罪,贤与不肖吧。如此独断专行,目的正是树立自己的威望,他已经不把内阁放在眼里，也不把新皇放在眼里，与权奸严嵩何异？走着看，新皇不是幼主，你我也不是懦弱之辈！"

新皇登基之后，按例赏赐军方，但并非祖制，而是从正统元年（1436年）开始的惯例。明世宗即位之初，国库殷实，便将原定的赏赐又翻了一倍。徐阶拟议按照明世宗即位时的标准去置办，高拱反对道："近年南方剿倭战事频仍，北方也连年战祸不断，现在的国库空乏，承受不起这项消耗。不如按照正统时的标准行事，那么就可以省下一半的钱，只要花两百万就够了。"

徐阶拒绝了高拱的提议。高拱力争不果。最终，赏赐仍沿袭嘉靖时的标准发出，司农为此困苦不支。

又一次廷议朝中官员去留，内阁争执不下。徐阶不愿意开罪任何一方，说道："既然大家意见不一，就请皇上定夺吧！"

高拱不满，阻止道："不能开这个'恭请圣裁'的先例。在先朝遇事不决请上裁，是因为先帝经久执政，通达国体；而今上即位还没有几天，怎么可能知道群臣谁贤谁不肖？让皇上自己裁定，皇上却该如何判断？恐怕只能询问身边的人。长此以往，天下大事就会被宵小劫持了。"

徐阶闻言，怒道："无理取闹！"独自转身进入内廷，把众人晾在一边。

高拱怒不可遏，站起来也要跟着进入。郭朴一把拉住高拱，劝道："少安毋躁。徐公是首辅，皇上刚刚即位，会为难的。"

第十四章

举朝倾拱

安阳历史廉吏

第三卷

一

百废待兴，明穆宗首先为先朝因言获罪的官员平反昭雪，在世的纷纷起用；处死的杨继盛等人复职赠荫，朝廷为之祭奠；在狱中及充军死的，复职，赠官。

海瑞获释，从正六品的户部主事，调升为正五品的大理寺丞。当时，明世宗刚刚驾崩，消息还没有传到民间。狱吏得知消息，敬佩海瑞的所作所为，偷偷地办了酒菜，在狱中款待海瑞。海瑞怀疑自己已经判了死刑，会被押赴西市斩首，就恣情吃喝。狱吏附在他耳边悄悄说："皇帝已经死了，先生现在即将出狱受重用了。"海瑞问道："事情确实吗？"随即悲痛大哭，把刚才吃的东西全部吐了出来，晕倒在地，一夜哭声不断。狱吏不解，第二天问海瑞，海瑞说道："我不是为自己而哭，而是为皇上而哭。"

狱吏更是困惑，问道："是为了皇上不杀你吗？"

海瑞回道："死谏是臣子的本分，我不惧怕死。皇上不杀我，足见皇上心存仁慈，却还要为我背负一世骂名。我担心自己不能尽忠守节，担当大义，以报帝恩。"

狱吏听了半天，还是不明白海瑞的意思，只得摇头叹息。

后来，海瑞升入右金都御史，巡应天、苏州、常州、镇江、松江、徽州、天平、宁国、安庆、池州等十府。贪官污吏害怕海瑞的威严，很多人自动辞职，更有显赫的权贵把门漆成红色的，听说海瑞来了，都改漆成黑色的。就连宫中宦官在江南监督织造，见海瑞来了，也赶快减少车马随从，耀武扬威的气势也不见了。

徐阶位居首辅，但并无春风得意的感觉，相反，感到了危机。于是，上疏建议增补内阁，举荐吏部侍郎陈以勤升任礼部尚书兼文渊阁大学士，礼部侍郎张居正为吏部左侍郎兼东阁大学士，进入内阁。此时，内阁由六人组成，徐阶、李春芳、郭朴、高拱、陈以勤、张居正。徐阶倾心培养的张居正终于入阁，时年四十三岁。

这次增补内阁，明显是徐阶一手操纵，吏部尚书杨博、礼部尚书高仪被排除在外，却将陈以勤和张居正越级提拔。明眼人都看得出来，两个人都是裕王府的旧部，这个锅，徐阶明着让新皇帝背。但郭朴和高拱清楚，两个人都是徐阶后来安插进裕王府的，张居正更是徐阶的得意门生。这次的内阁人事安排，一定是针对自己和高拱。

隆庆元年（1567年），朝廷按惯例开始考察官员政绩，吏部尚书的杨博负责考察京朝官员，给事中郑钦、御史胡惟新因政绩不佳，被贬黜。杨博是山西人，偏偏山西籍的官员全都通过。给事中胡应嘉上疏弹劾杨博"挟私愤，庇乡里"。

内阁大臣会议时，高拱提出异议，说道："这次京察，胡应嘉是辅佐官员，当时并无异议，事后却弹劾杨尚书考察不公。既然不公，当时就应该提出，否则就是失责。如果不存在不公，他就是曲庇同党，妄奏大臣。"

郭朴点头道："本来言官可以风闻，上奏不实也无可厚非，但如果存了私心，就不仅仅是失责了，这个先例，是不能开的。"

高拱见状，也有意压一压徐阶，说道："胡应嘉有失臣子体统，应削职为民！"

徐阶见两人把话说到如此，也觉得这个胡应嘉做事太荒唐，太露骨，不得不同意将胡应嘉贬黜为民。

票拟还没有传出，胡应嘉被贬黜为民的消息就在京城传得沸沸扬扬，尤其，还传出高拱因为旧怨，胁迫徐阶贬黜胡应嘉。更有甚者，说高拱以帝师自居，欲取徐阶自代首辅，压制言官，打击报复，想做宋朝的蔡京。

紧接着，给事中欧阳一敬、辛自修和御史陈联芳等人群起上疏，弹劾高拱和杨博，替胡应嘉争辩。

明穆宗在宫中也听到传闻，单独召见徐阶，问道："胡应嘉一事，怎么就牵扯到首辅和高拱？"

徐阶回道："京城传闻，都是别有用心的人炮制的，皇上不可听信。内阁议事，什么时候能没有争议？其实，都是为皇上尽心，为社稷着想，并没有私见。胡应嘉一事，都是微臣没有处理好，请皇上责罚。"

明穆宗摆摆手，温言说道："朕初临天下，还要倚重首辅，谈不上有什么责罚。只是胡应嘉一事，竟然引起众臣上疏，朕想听听你的看法。"

徐阶回道："前朝，胡应嘉确实与高拱有旧怨，将胡应嘉贬黜为民，也确实有些重了。郭朴也说言官可以风闻，不实也无可厚非。高拱说胡应嘉妄奏大臣，贬黜也是应该的。"

明穆宗听着这一大串车轱辘话，疑惑地看着徐阶。

徐阶接着说道："陛下初登大宝，宜以尧舜宽宥为法，既彰显皇上虚心纳谏，宽厚待人，又使忠直之士敢言，使贤良之臣敢为，实在是社稷之福啊！"

明穆宗点头称是。徐阶随即票拟，改调胡应嘉为福建建宁府推官。

欧阳一敬不依不饶，继续上疏弹劾高拱威制朝绅，专柄擅国，应该马上罢免。高拱上章自辩，并指言官结党，受人指使，群攻朝臣，请求皇上同意自己辞去阁臣。明穆宗闻言抚慰，不予采纳。

又过了一个月，御史齐康弹劾徐阶，疏言："徐阶为人阴险、贪婪，他的子弟家丁在外为非作歹、祸害一方，都是仰仗他在朝中大权在握。当初，先帝想要立储，徐阶坚决反对，等到皇上真正登极了，他心里有愧，就诈称生病请求致仕，以此来窥测圣意。他还在内阁里拉拢李春芳，与之声势相掎，从而达到专权任事的目的。"

这道奏疏涉及徐阶的家丑隐私，并非空穴来风。徐阶有一个弟弟叫徐陟，时任南京刑部右侍郎，一向兄弟二人不睦，再加上年初考绩不好，没有得到晋升，由此怨恨徐阶，酒后失言，将徐阶一些不为外人知晓的隐私传扬出去，为齐康所知。

徐阶不意后院起火，十分尴尬狼狈，赶紧上疏辩驳道："齐康所弹劾，都是闪烁暧昧的言辞。关于臣教子不严的问题，陛下可以向各部当事之臣询问，臣不必辩。而说臣阻挠先帝立陛下为储，这实在是荒谬绝伦。臣以前在礼部供职时曾经上过四次奏疏请立东宫，奈何不予报闻。等到微臣入阁以后，先帝问到皇位传继的问题，臣担心引起其他不必要的争端，才不敢赞成的。但是微臣曾多次向先帝陈说陛下的纯孝，这些也都是可以查证的。不过，微臣父子受皇恩太厚，诚惶诚恐，请求陛下罢免臣父子以谢人言。"李春芳因为被齐康奏疏言语波及，也一同上疏乞休。明穆宗不允。

其实，明穆宗因为即位不久，正倚重徐阶，对奏疏弹劾徐阶纵容家族子弟违法一事没有深究。然而，隆庆三年（1569 年）六月，新任应天巡抚海瑞为了治理土地兼并，对府辖内土地所有权进行清理，把已经致仕的徐阶巨额家产曝光。于慎行在其官场回忆录《谷山笔尘》中记载道：徐阶在相位时，松江近半赋税收入皆入私囊，终成一方巨富。海瑞查明徐府子弟使用投献、诡寄、那移、飞诡、洒派、虚悬、寄庄等舞弊手段，大肆盘剥乡里百姓，夺取他人赖以谋生的田舍，令其"退产过半"，收回田产多达六万余亩。这是后话。

二

欧阳一敬见皇上如此倚重徐阶，决心扳倒高拱，于是，纠集众多言官，群集于皇宫前，指称齐康是受高拱指使，请求将奸党绳之以法。齐康也不甘示弱，指一敬为徐阶所使，互相攻讦不休。

高拱实在忍不下这口气，一次内阁议事时，责问徐阶："你在先帝时一直参与斋醮之事，殷勤写青词，先帝刚去世你就对斋醮持否定态度，现在又勾结言官，驱逐大臣，为什么？"

徐阶倒是平静，回道："言官有几十个，我怎能一个一个都勾结？又怎么能指使他们攻击你？再说，我能勾结，你难道不能勾结？"

齐康对此事的介入毫无疑问地激起了公愤，言路大哗，六科给事中和十三道御史再次聚集阙下，纷纷唾骂齐康受高拱指使，陷害徐阶。大理寺丞海瑞也为徐阶辩护："徐公早年曲事先帝虽然有瑕，但已经弥补了过错。这齐康甘心做高拱的鹰犬，咬住徐公不放，着实可恶。"

光禄寺丞何以尚甚至请求皇上赐以尚方宝剑，诛杀奸贼高拱。

都察院左都御史王廷上疏道："众官弹劾高拱，他应该无颜留在内阁，至今一味诡辩，自然犯了众怒。齐康不知廉耻与高拱同党，不从重处罚他，天下人的心都要凉了。"

至此，六部大员们闻风而动，随声附和，皆言齐康该杀。徐阶趁此一再乞休，甚至不肯上朝视事。内阁无主，阁员无心理事，外朝一团混乱，朝政濒于瘫痪。

五月二十日，齐康被降级外放。

此时的高拱，众叛亲离，声名尽毁。他知道再这样纠缠下去根本于事无补，只会牵连更多，甚至连祖护自己的皇帝也会跟着声名坐损。于是再次上疏，只称自己病重，请求辞去。

皇帝见疏后惊问左右："高先生病了吗？"

左右服侍的人回答："病得很重。"

皇帝听了很难过，说："请御医为先生诊治吧。"又派人前往赏赐，希望宽慰高拱。

高拱不肯接受，坚持求去。皇帝意识到不可挽留，终于批准，这是五月二十三日的事。高拱前前后后所上辞呈凡十二道。

一

　　隆庆元年（1567年）的这场阁潮，看似没有波及郭朴，但他夹在两人中间，夹在恩与义的中间。

　　当年，严嵩专权，郭朴在道义上支持徐阶，也得到徐阶的举荐，在郭朴眼里，徐阶是师长。徐阶为了进入内阁，站稳脚跟，在明世宗斋醮上的附从和对严嵩专权的隐忍，他是理解的，但不赞同他对朱厚熜遗诏的专横和诋毁，更对他以首辅之威挟持懦弱的新天子，纵容言官举朝打击高拱不能苟同，这与权臣严嵩何异？

　　高拱以翰林院侍读担任裕王的老师，是徐阶与郭朴举荐的。高拱因缘际会，竟然成为帝师，他为了保护裕王，竟然不顾性命与严嵩父子周旋，郭朴欣赏他的忠义，暗中支持，又加上两人是同乡，成为至交好友。但高拱过于刚愎自用，为人急躁刻薄，做事不计后果。郭朴与徐阶多次发生争执，虽然在道义上支持高拱，但私下多是劝解，只是高拱也是执拗得几头牛拉不回来。

　　看着高拱黯淡离京，形容落魄，郭朴实在心中不忍，找到张居正，想两个人私下送一送高拱。张居正却说："郭公，我实在不能乱说话。今天我多说一句话，也许明天就会被人拿去作为中伤我的依据。"

郭朴摇摇头，世态炎凉，也没有必要勉强，只有独自去送高拱。

高拱看见郭朴，凄然一笑，说道："郭公纵然高义，难道不怕有人借此中伤你？"

郭朴回道："郭朴做事，都是从心而为。心中无愧，只能伤我的身；心中有愧，我一生心中不安。"

高拱拉住郭朴的手，真诚地说道："郭公，你是忠厚长者，只是太过于仁义宽厚，正像你说我锋芒毕露一样，都是不适宜在朝堂与权臣共事啊！我走后，你也要多加小心才好。"

郭朴哈哈一笑，说道："真有那么一天，你会来接我吗？"

高拱也是哈哈大笑，转身上马，作揖而别。

五月，正是榴红似火的时节，郭朴看到，高拱竟然穿着一袭红衫。他疑惑半晌，看着不远处一树榴红，心中想到，只要隆庆皇上在朝，高拱就是一团浇不灭的火苗。

二

郭朴为高拱送行的事情，还是传到徐阶耳朵里，遂对郭朴记恨在心。

刚过不到一个月，御史庞尚鹏上疏，劾奏郭朴依恃才学，任性使气，无辅臣体。紧接着，御史凌儒又弹劾郭朴在前朝不守父丧，夺情出仕，欠缺孝道，现在老母在堂，年老多病，不思乞归，为人所不齿，有损大臣表率，不宜在内阁办事。一时间，言官将矛头对准郭朴，交章弹劾，舆情汹汹。尽管明穆宗将奏章一一驳回，一再安抚郭朴。但郭朴看到，徐阶竟然冷眼旁观，张居正也缄口不言，郭朴不禁心灰意懒。

郭朴一连三次上章求退，明穆宗不允。郭朴干脆称病回家，不再上朝理事。坐在家里，郭朴思来想去，自己虽然才刚刚五十七岁，正是为社稷出力，辅佐皇上革除弊政，大展宏图之时。但徐阶一味揽权自重，打击异己，甚至僭越皇权，独霸内阁，已经走上了一条不归之路，此时，真到自己致仕回乡的时候了。张居正师从徐阶，但对徐阶一味隐忍，将来一定会以其人之道还治其人之身，这个徒弟不亚于师父。他想起陶渊明的《归去来兮辞》，喃喃吟道："归去来兮，田园将芜，胡不归？既自以心为形役，奚惆怅而独悲？悟已往之不谏，知来者之可追。实迷途其未远，觉今是而昨非。舟遥遥以轻飏，风飘飘而吹衣。问征夫以前路，恨晨光之熹微……"

突然，一个家人破门而入，跪在地上，喊道："阁老，大事不好，府门被一群锦衣卫给封禁了！"

郭朴站起身，说道："莫慌，慢慢说，什么人半夜封门？"

家人打着哆嗦，颤声回道："一个宦官模样的人说是东厂的，让老爷赶紧出去。"

郭朴一路小跑来到门前，借着月光，看出站在一群人前面的竟然是宦官冯保。冯保原来是裕王府的太监，后来跟着明穆宗入宫，现在为御马监，提督东厂。

郭朴问道："冯公公，深夜来访，皇上可有什么诏命？"

冯保一侧身，低声喝道："还不跪下接驾！"

郭朴猛地打了一个冷战，连忙跪下叩头，也不知道明穆宗站在哪里。只听耳边一个熟悉的声音，轻轻说道："爱卿免礼，快进去说话。"

郭朴慌忙站起身，这才看见明穆宗站在一群人中间，疾步上前搀住，进入府中。

书房内，明穆宗看着跪在面前的郭朴，两鬓斑白，面容憔悴，心里禁不住叹息一声，低声问道："郭爱卿今年多大年岁？"

郭朴回禀："微臣五月刚过生日，满五十七岁。"

"朕一直怀疑你在家装病，今晚看你如此，看来是朕错意你了！"

"微臣只是一些旧疾，不敢劳皇上挂念。"

"朕倒不是挂念你的身病，宫中的太医和御药，我今晚都带来了。"

郭朴叩头道："谢皇上恩典，太医和御药，只需冯公公差人送来就可以了。皇上是龙体，深夜出宫，一旦意外惊驾，臣就是罪人！"

明穆宗说道："身病易治，朕担心的是你的心病。"

郭朴流泪道："臣没有心病，只是心疼皇上。"

"心疼我什么？"

"皇上圣心仁慈，臣担心皇上过虑内阁党争。其实，我与高拱从来就没有结过党，更不会参与党争。我在吏部多年，从没有向先朝皇帝和皇上您举荐过同乡或同年。当年，与我在翰林院过从甚密的孙升、吴山、敖铣，现在不是在南京任职闲差，就是已经致仕回乡。就是与高拱虽是同乡，但他多年在裕王府，皇上最清楚，他是个事专独任的人，最不善于攀缘依附。我与高拱只是他人眼中的一党罢了。"

明穆宗望着郭朴，默默听郭朴诉说。"我一再祈求致仕，确是臣有旧疾，又有群臣弹劾我不遵孝道，夺情起复，留下八十老母在家，不予奉养，也是实情。我也是真想回乡养病，趁老母在世，奉养天年，实在是我的心愿。皇上恩准我回乡，朝堂党争自灭，也是朝廷之福啊！"

明穆宗两眼盯着郭朴，问道："难道任由一党独大？"

郭朴叹息一声，说道："一党独大，必致内争。况且，螳螂捕蝉，黄雀在后。"

明穆宗听后，默默站起身，缓缓走出书房。郭朴跪在地上，一阵风吹进书房，方才觉察到后背上冷汗淋漓。秋风乍起，落叶飘零，他仿佛闻到了故乡龙泉的桂花香。安阳城西有一处山水风景绝佳之地，名龙泉，传说是汉主刘禅的龙隐之地。当年，曹操据邺城，挟天子以令诸侯，覆灭后汉，将刘禅禁在龙泉一处山野。刘禅在这里养花耕田，乐不思蜀，保住性命。其中，最有名的是一种桂花，花香四溢，数里之外可闻，成为后世历代皇家贡品。郭朴老家墙外，生长着一棵龙泉桂花树，一到秋天，花香四溢，一家人坐在树下，天上中秋圆月，成为郭朴最美好的记忆。此时，年迈的老母，也许正站在树下，等着自己归来。

明穆宗传旨："郭朴屡疏，以疾乞归，情词恳切，勉从所请。着驰驿回籍调理。"

郭朴接旨，随即与夫人李氏，带着一家人迤逦而行，在潞河驿登舟，沿御河入卫河，转洹河直达安阳城。

在安阳城的郭家子弟得知消息，赶在城北鲸背桥码头接着，绕城而过，径直回到老家柴村。

闻知郭朴回乡，已经七十五岁的老夫人，在四弟郭栋和长子郭焕的搀扶下，颤巍巍走出宅院大门，站在那棵熟悉的桂花树下迎接归来的儿子。

郭朴入拜高堂，见十个儿子和一众孙男娣女，已然是庭列五世。就连崔汲也带着儿子崔士荣、崔士粲从安阳城赶来，向郭朴道贺。

自嘉靖十四年（1535 年）中进士到如今，郭朴终于离开了混迹三十三年的官场，从此，开始自己闲云野鹤的隐居生活。

第十六章

屡召不赴

一

郭朴致仕回乡，明穆宗对他优渥备至，命吏部明发札子给河南布政司和彰德府，做好安置事宜。

彰德府知府陈应麟接到吏部札子，马上赶到柴村，拜见郭朴，却吃了一个闭门羹。

郭朴在门外贴出一张告示，上面写道："朴致仕回乡，乃一介乡民，不在家中接待官员；不去官府搅扰公事；不接受外人馈赠或给人书写文字。"

陈应麟是嘉靖三十八年（1559 年）的进士，隆庆元年（1567 年）以工部郎中升任彰德知府。他刚到任，就前往彰德府学巡视，看见府学拥挤狭窄，破旧不堪，有心修缮。这次前来拜见郭朴，不仅仅是例行拜访，还真是想向这位前内阁大学士谈一下自己的想法，希望得到郭朴的支持。

彰德府学位于城西大定门内，始建于北宋至和年间，韩琦因病请求回乡养病，宋仁宗命他以武康军节度使知相州。韩琦任职期间为家乡做了不少好事，其中，修建了这所府学，一时学风大盛，士子如云。后来，府学毁于南宋、金元兵乱，洪武三年（1370 年）才得以恢复，但规制不及当年。弘治九年（1496 年），彰德知府冯忠进行了修缮，并增建明伦堂、尊经阁。

现在，府学自重建已经两百余年，距上次修缮也过了二十多年。

陈应麟见不到郭朴，只有修书一封，亲自到郭家学堂找到崔汲，希望崔汲传信给郭朴。

自从回乡，郭朴闭门不出，每天早晚到母亲李氏房中问安，然后到书房读书，间或到田里查看庄禾，与邻里品评年景收成，倒是悠闲自在。这一天，他正在书房读书，得知崔汲来访，急忙出门迎接。

郭朴拉住崔汲的手，说道："崔兄已过耳顺之年，有事通禀一声，我自当前去拜访，可不敢劳动大驾！"

崔汲笑道："我只是长你六岁，哪有什么大驾？你是阁老，整天闭门不出，想见你恐怕不易啊！"

郭朴连连谢罪，说道："我的三不告示，是担心官府来搅扰我，再说我谢罪回乡，也不宜过问政事。我们两家是通家之好，你又是我郭家请来的先生，多有得罪！"说罢，忙命家人上茶。

崔汲呷了一口茶，说道："你回乡的三不告示，我明白你的心思，但我以为也有不妥之处。"

郭朴说道："崔兄，请道其详。"

"你致仕回乡，皇上对你优渥备至，命地方官府照顾，这是皇上的恩典。你不过问政事也对，但不能不关注民生，将来皇上诏问，也是你的忠君之心。"崔汲见郭朴不住点头，接着说道："你在朝中三十多年，也没有给家乡做过一点事情。现在回乡，只图清静，家乡百姓怎么看你，你又有何颜见父老乡亲？"

郭朴听着，汗都下来了，连声说道："郭朴惭愧！"

崔汲随即从身上拿出一封信，递给郭朴。"陈知府数次来访，他也是有事情找你商议。这个知府，是个做实事的好官，刚上任就到府学巡视，见到学舍颓坏，明伦堂孔圣人的塑像也风蚀斑驳，想着修缮一下。"

郭朴看罢书信，说道："这是好事啊！"

崔汲说道："我听陈知府讲，修缮费用由河南府布政司出，但所需工役，还得地方筹措。弘治年间修缮时，这笔款项由各县摊派，在学的士子捐赠一部分。但这几年，彰德府因旱灾收成不好，陈知府担心好事办不好，反而成为扰民之举。陈知府多次拜访你，就是想找你商议此事。"

郭朴沉思半晌，说道："陈知府为家乡做事情，我自当支持。这样，我在朝中三十年，皇上多有赏赐，我在家乡也没有置房买地，积攒下一些积蓄，我全部捐出，请陈知府也动员彰德府籍的官员和地方富户捐一些，就该差不多了。"

崔汲赞道："郭贤弟带这个头，我也捐。我这就回去，向陈知府禀告。"

陈应麟得知郭朴带头捐款，也动员府县官员认捐，彰德府籍官员和当地富户更是纷纷认捐，竟然捐得十数万两。彰德府学很快就修缮一新，不仅增设了学舍、馔堂，而且扩建了射圃、亭阁和廊庑。完工之日，郭亲笔写就《彰德府修学记》，记述这一昌盛文教、惠及百姓的盛事。知府陈应麟勒石刻碑，将之立于府学之内，以彰郭朴仁义之举，使之传颂后世。

二

隆庆二年（1568年）七月，户科给事中张齐劾奏徐阶假借遗诏诋毁先帝，与严嵩共事十五年，两家联结婚姻，见严嵩事败而攻之，实在是为人臣不忠，与人交无信，大节亏污，犹养交固宠，擅作威福，使天下唯知有徐阶，不知有陛下。

徐阶身为首辅，独揽内阁大权，一开始也不以为意，按例上章申辩，请求致仕回乡。他辩解道："张齐劾奏臣为先帝修撰玄文，然前后同事不止臣一人，臣既不能独辞，也无所逃责；永寿宫之毁，臣因见先帝宸居无所，圣衷焦劳，又系成祖文皇帝旧宫，孝子慈孙，似宜修复，委实不能谏止，亦无所逭罪；前岁先帝所颁遗诏，草虽具于臣手，然臣居首辅，职责所在，实代先帝言也。臣于时窃思，禹汤罪已其兴勃焉，其下者如汉武帝轮台奉天之诏，亦足以收人心，恢帝业，遂不自量浅薄，欲于文字之间，成先帝之盛德，赞皇上之新政。是以有盖愆成羑、端仗后贤等语，实非敢彰先帝之失也。当遗诏之开读之时，百姓万民莫不感动啼哭，颂先帝之圣，增遗弓之思，此在皇上可访而知也。至于臣与严嵩同官，其序在先，其齿又长，彼所行事，臣安能尽与相违然，且中间劝谕调维，固亦多矣。其后事败，御史邹应龙、林润等据公论以劾奏于外，三法司、锦衣卫按公法以议拟于中，先帝秉公道以主张于上，或亲洒宸翰，或亲批章，明日月而威雷霆于时，嵩父子之获罪又何待臣攻之。"几句话，竟然将自己择得干干净净。

明穆宗看了几眼，就随手放到一边。但明穆宗对此事的处理非常果断，一面温言安抚徐阶，一面下旨："徐阶辅弼首臣，忠诚体国，朕所素鉴。张齐辄敢肆意诋诬，姑调外任用。"事情就这样不了了之，令徐阶有气也无处撒。

朝会时，徐阶再次提出致仕，说道："微臣年已六十五岁，旧疾缠身，实在难堪此任。"

明穆宗闻言说道："徐爱卿侍奉先皇，深得眷恩，虽然遭遇时艰，爱卿也是善藏其用，等到任职首辅，担当大任，致有斥冗肃贪，朝政日清。先皇驾崩，爱卿宣扬遗命，安内攘外莫不殚竭心力。朕初临天下，全靠爱卿十八载入阁为相之功啊！"

徐阶没有听出什么，但张居正心思缜密，感到明穆宗话语之中有扬有抑，正自疑惑。

明穆宗话锋一转，说道："朕正思依仗爱卿共致升平，爱卿却屡托微疴力求避位，举朝有勉留之意，朕却不忍烦以机务，特从所请，赐御宴以示朕优眷之意。"

徐阶闻言，不啻于五雷轰顶，呆了一刻，眼朝两边看了看，见阁臣李春芳、陈以勤面无表情，张居正欲言又止，竟无人向皇上劝留。至此，徐阶只得叩首谢恩，灰溜溜地退出朝堂。

此时，徐阶才真正感到圣恩难测，更体会到人走茶凉。虽然，明穆宗赐白金钞币，敕命"驰驿以归"，派官差由陆路经驿站护送回乡，以示恩宠，但心中的悲凉，无人能说。天近初冬，落叶飘尽，他感觉自己就是枝头最后一片叶子，在凛冽的寒风中，容不得挣扎，就飘坠而下。

不久，明穆宗下诏，起复高拱回京，以吏部尚书兼任武英殿大学士。吏部尚书本来掌握官员升降大权，明朝立国以来，从没有吏部尚书入阁先例。高拱大权在握，又是当今皇上的帝师，更是宠信无比。

徐阶回松江老家不久，就卷入了海瑞在南方掀起的一场巨大的风暴。

隆庆三年（1569年）闰六月，海瑞被任命为右佥都御史、巡抚应天府。应天府下辖嘉兴、杭州、湖州、宁波、绍兴、苏州、松江、常州、镇江、江宁十府，徐阶的故宅所在的松江自然也在其中。

当时江南土地兼并严重，当地豪强和世家大族侵占民田，百姓怨声载道。海瑞走马上任，听冤情，审积案，惩贪抑霸，整顿吏治，雷厉风行。很快，松江府徐家子弟和家奴恃强凌弱、霸占民产的状子送到了海瑞案头。海瑞很快查明徐家田产四十余万亩，仅在苏州、松江地区就多达二十四万亩。这些田产多是以"投献"为名巧取豪夺，强占周围农民的。在华亭一地，他每年收租谷就达一万三千石，敛银九千八百两。海瑞不禁惊叹道："产业之多，令人骇异。"

海瑞当即上报朝廷，请求诏示处置意见，不久内阁批出：勒令退田。徐阶不得已，退还田产过半。海瑞依然不依不饶，将其子徐璠、徐琨判充军，徐阶之弟侍郎徐陟被逮治罪，直弄得徐阶灰头土脸。至此，徐阶只得亲自致书海瑞，并附上所退田册，以求过关。海瑞回信道："看了您的退田册，更加知道您的盛德出人意表。但是所退数额不多，可以再加清理。"

徐阶无奈，遂通过内阁首辅李春芳向海瑞说情，方才不再追索。

郭朴在彰德府也听到徐阶的退田风波，心中五味杂陈。徐阶身为首辅，却放纵子弟为所欲为，也该想到有一天不在其位，一定会遭到清算。但朝廷不顾勋臣颜面，强令徐阶退田，已经七十多岁的老人，如何在家乡有立锥之地。这里面有没有高拱的参与，自然不可得知。正所谓：天作孽，犹可违；自作孽，不可活。

此后，阁臣李春芳、陈以勤、赵贞吉、殷士詹先后被排挤出内阁，高拱终于成为内阁首辅。

高拱念及郭朴旧情，写信请郭朴出仕。郭朴以老母在堂，婉言谢绝。他知道，高拱与张居正都不是好相处的。

三

隆庆六年（1572 年）五月，明穆宗暴病驾崩，年仅三十六岁。年仅十岁的太子朱翊钧即位，年号万历。李太后传遗诏，命阁臣高拱、张居正、吕调阳与司礼太监冯保同为顾命大臣，辅佐新皇帝。

冯保是李太后身边的太监，因想升任掌印太监不成怨恨高拱。明穆宗暴卒，没有留下遗诏，冯保与张居正暗中联合，在李太后的支持下，驱逐掌印太监孟冲，取而代之，起草遗诏。高拱得知本来是三位阁臣受穆宗托孤，但冯保却加上了自己的名字，火冒三丈，竟然在朝堂上大怒道："自古文武群工拜天子，现在太监竟然成了顾命大臣。如今太子年仅十岁，如何治天下！"

李太后得知，大怒，命太监冯保传皇帝谕旨："大学士拱揽权擅政，夺威福私专……便今回籍闲住，不许停留……"此时，正是隆庆六年（1572年）六月十六日，张居正便成了唯一的顾命大臣。

万历元年（1573年），张居正写信给郭朴，请他出仕。郭朴看到朝堂翻云覆雨，内阁大臣相互倾轧，已经无心再回朝廷。再加上母亲李氏已经八十岁，病体缠身，他每天端汤喂药，不离床前。一直到万历三年（1575年）八月，郭朴床前尽孝已经三载。

八月初八这一天，老夫人奄奄一息，把郭朴叫到床前，喘着微弱的气息说道："朴儿，你回乡八年，朝廷屡次征召，你辞谢不任，也算尽孝了。我心满意足，就要去见你的父亲了，我多年有一事不明……"

郭朴跪在床前，低声问道："母亲何事不明？"

老夫人断断续续说道："你多年在吏部任职，又在朝廷内阁，皇上恩荫郭家子孙，你却从没有授予他们官职，这怎么能光耀郭家门庭？"

郭朴回道："朝廷自古科举取士，郭家子弟如果进士及第，朝廷自然会授予官职。如果凭着恩荫，必然要借着儿子在朝廷为官，必然希恩图宠，专营投机，败坏家风。前有严嵩的儿子严世蕃，后有徐阶的儿子徐璠，都是一时光耀，后来都难逃罪责。我这是保全郭家子孙，才出此下策。"

郭朴说着，不见动静，伸手一摸，老夫人已经升天，但脸上浮现出一抹笑意。

第十七章

著书立说

安阳历史廉吏
第三卷

一

李老夫人去世后，仅仅过了一年，万历四年（1576年）十一月，崔汲病故，享年七十一岁。

更让郭朴想不到的是，崔汲的次子崔士粲和自己的四女儿，两人新婚不久也双双病亡。

一连串的变故，尤其是白发人送黑发人，让六十四岁的郭朴陷入深深的悲痛之中。一夜之间，郭朴须发皆白，人也变得沉默寡言，每天坐在书房郁郁寡欢。

有时候，郭朴一人独自在洹河岸边踟蹰徘徊，呆呆地望着河水汤汤，奔流不息，嘴里不住地喃喃自语："子在川上曰：逝者如斯夫！"

儿子郭焜与崔士粲两人来到郭朴的书房请安。在晚辈中，郭朴最喜欢他们二人，于是问道："你们不在府学读书，有什么事情吗？"

崔士粲回道："郭伯父，今年是河南府的秋闱大比之年，我与郭焜兄都经过府试，被荐送参加乡试。我听父亲曾经讲过，当年，您参加乡试，得遇先朝状元杨维聪的指点。我这才央求郭焜兄，想请您老人家给我们两人讲讲。"

其实，是郭焜见父亲悲伤过度，担心时间一长积郁成病，想借着两人参加乡试，让父亲高兴一下。

郭朴难得露出笑意，说道："唉，真是白驹过隙，一晃就是四十余年。当年我只是二十多岁，也就是你们这个年龄。我从小师从你爷爷崔铣，那才是当朝大儒啊！"

崔士棨接口道："郭伯父，爷爷过世时，我还没有出生呢！您先讲讲我爷爷是个什么样的人。"

郭朴感慨道："你爷爷不仅一表人才，更是文章锦绣。我也是听说，当年殿试本来应该钦点状元，可惜用典过于深奥，才列为二甲第一。更难能可贵的是，他立朝为官，不畏权贵，竟敢以一个翰林与阉官刘瑾作对。他虽然仕途坎坷，但一生正言直行，清廉自守，文章传世，赢得举朝敬仰。他与杨维聪都是我一生为人做官的楷模啊！"

郭焜见郭朴心境开朗，有心激一下父亲，说道："崔铣爷爷一生著作颇丰，听说病重还在著述，实在令人仰慕。父亲诗词文章不少，何不整理一下，交给赵王府味经堂刻印。"

崔士棨也接口说道："郭伯父一生仁义忠信，为官四十载，世事洞达，识见深远，如果著述成篇，也可以使我们晚辈朝夕口颂，规言矩行，必将福泽子孙后世。"

郭朴听罢，点头不止，心想，这个孩子见识就是不一般，日后必将成才，笑道："你们两个孩子不像是来请教的，倒是来教导老夫的！看你们两个如此懂事，我心里喜欢，更为你们参加乡试高兴。作文就是做人，将来做官也是做人，人之本，唯有仁义忠信，夫子之道啊！"

二

万历四年（1576年），河南府乡试，郭焜与崔士棨榜上有名，领乡荐入国子监读书，求取进士功名。

郭朴心里高兴，坐下来，将为官四十多年留下来的奏疏、诗文会集成册，并先后撰写了《九字图说》《学约》《四思箴》《四畏箴》等传世作品。

《九字图说》围绕"天、君、亲、心、性、命、遇、义、分"九个字，阐述了做人为官、治家修身之道。

《四思箴》是为官自警之语：一思丈夫平生所树立者何事；二思古昔圣贤所授受者何道；三思国家教养所期待者何为；四思朝廷禄位所责任者何职。

《四畏箴》：一畏鬼神昭鉴不可伤人害物；二畏宪典严明不可黩货行私；三畏朝野公议不可附势朋邪；四畏吾心神明不可违道干誉。

他将《论语》"非礼勿视，非礼勿听，非礼勿言，非礼勿动"，《礼记》"敖不可长，欲不可从，志不可满，乐不可极"，《庄子》"无为名尸，无为谋府，无为事任，无为知主"和《国语》"动莫若敬，居莫若俭，德莫若让，事莫若咨"摘抄出来，附于书后，作为传家之宝。

他还亲自作《学约》二章，书于郭家学堂，作为学规，与"仁义忠孝"的学训，形成郭氏子孙的家规。

《学约》章一："夫古人为学，日就月将，明理通务，提身验事，不专记诵，罔贵词章。是故，无近利而有宏业，鲜虚名而多实用，世有真才，国多善治。唐虞三代之训，孔鲁思孟之言，载于六经四书者，万世之大距也。后世记诵者，以博为高；巧言者，以丽为工。耽元寂者，俟静悟；乐狂诞者，尚清谈。岂知古人修己治人之学乎？夫洒扫应对，可以上达；饮食男女，莫非天性；日用酬接，罔非伦理。由近而及远，由粗而达精，履实而质，诸训允蹈而发诸言，体心性之真，修伦理之常，求作用之实，逮事物之变，考国家之典，遍当世之务，又必辨古今之善败，观往哲之言行，以为吾学政之法。人以为迂，吾以为实，守之不易，行之不息，庶乎德蓄而用，可达身修而行有据矣。"

《学约》章二："夫读书者，将以考求圣贤之心，博观事物之迹，故必读其实，无读其虚。夫义理度数，所谓实也；文法语助，所谓虚也。经史制书，俱为实典；文赋杂说，多尚虚词。夫一身百年，时力有限，历代诸家编册无穷，苟不精择慎守之，则支词曲见，衹乱我心，僻意巧言，益荒吾志，驰骋迷骛，何时而得税驾之所乎！"

郭朴从小从学崔铣，更对崔铣一生注重家规家风传承推崇备至，他专门作《崔氏壶范纪略》，对崔氏一门四代孝妇事迹进行宣扬。

崔铣的母亲李氏，贞烈刚果，有丈夫节，其母早逝，抚育弟妹，为父礼娶继配。嫁给崔铣父亲后，孝敬公婆，持家有道，甘守清贫，相夫教子，夫君官至参政，儿子成为一代明世大贤。

崔铣的夫人李氏，敏秀闲重，通达事理，敬长爱幼，理家有道。

崔铣次子崔汲夫人马氏，颖慧贞静，精女红，解文义，为女为妇恪循距度。崔汲以孝行得到彰德府旌表，马氏也以贤惠闻名乡里。

崔铣孙子崔士榮夫人李氏，端庄伟洁，不苟言笑，时常戒言丈夫为官清正廉明。公爹续娶后，执礼甚恭，孝敬无违，公婆去世后哀痛不已，竟至病亡。彰德府以其"事生既竭其诚，哀死至伤起生"，上报朝廷，旌表为孝妇。

郭朴在《崔氏壶范纪略》中赞道："世言家道兴起，根于壶范之雍肃，岂不信然哉！"

三

万历六年（1578年），新任彰德知府常存仁前来柴村拜访郭朴，一样被拒之门外。虽然，那张贴在大门外的"三不"告示早已经被风吹雨打得掉了，但郭朴十多年严守此规，地方官府也都知晓。

常存仁坚持前来，实在有一个重大消息要告诉郭朴。家人再次进去通禀，郭朴这才答应，破例在书房接待。原来，常存仁带来了高拱病逝的噩耗。

徐阶致仕后，高拱入阁，并以帝师身份担任首辅，强边防，革弊政，励精图治，数年内，政绩卓然。但他以才略自许，盛气凌人，专横跋扈，造成了他与同僚的仇隙不合，以致招来物议。隆庆四年（1570年）七月，裕王府旧僚大学士陈以勤因与高拱有小嫌，急流勇退，引疾罢去。不久，掌都察院大学士赵贞吉奏劾高拱挟私憾考科道，高拱唆使给事中韩楫弹劾赵贞吉，明穆宗朱载垕袒护高拱，竟令赵贞吉致仕。大学士李春芳因曾依附徐阶，也被责令乞休归田。裕王府教官殷士儋入阁后，因不曲事高拱屡遭压制。殷士儋不能忍，在内阁当面诟骂高拱："你先逐陈公，再逐赵公，又逐李公，现在逐我。你难道能长久在此首辅之位吗？"说罢，竟挥老拳击打高拱。隆庆五年（1571年）十一月，殷士儋也被罢黜。此时，除旧辅张居正外，悉被高拱排斥一净。

张居正在国子监担任司业时，因郭朴介绍与裕王府教官高拱相识，后来，郭朴举荐高公任国子监祭酒，徐阶将张居正安排进裕王府。二人因同侍裕王朱载垕，志趣相投，交往更深，相期将来入阁匡扶社稷。但在明世宗去世当天，徐阶只召张居正共同撰写嘉靖遗诏，竟然瞒着其他阁臣，高拱与张居正顿生龃龉。徐阶致仕后，张居正与太监李芳合谋起复高拱入阁，两人才冰释前嫌。隆庆五年（1571年），高拱的亲信传言张居正接受徐阶三万两白银贿赂，暗中营救他的三个儿子，二人心中误解日益加深。

因司礼监秉笔太监冯保不满高拱举荐孟冲担任掌印太监，张居正暗中与他结成同盟，联合科道御史围攻高拱，明穆宗不听。

隆庆六年（1572年）五月二十二日，明穆宗朱载坖病危，诏内阁高拱、张居正及高仪三人为顾命大臣。明穆宗握着高拱的手说："以天下累先生！"高拱闻言哭道："十岁太子如何治天下！"

高拱也是悲痛而感，没有在意榻边帘后坐着陈皇后和太子生母李贵妃，十岁的太子朱翊钧也立在御榻的右边。

五月二十六日，明穆宗即崩于乾清宫。六月初十，皇太子朱翊钧正式即位，次年改元万历。

明神宗朱翊钧即位后，高拱马上呈进新政五事，要求新皇御门听政，亲答奏请，面见辅臣，议处要事，且一应章奏览后俱须发送内阁看详拟票，杜绝内批留中。

张居正指使司礼太监冯保到李太后面前，奏言："高拱曾说过十岁太子不能治天下的话，现在又如此作为，正是专权擅政，把朝廷威福都强夺自专，不许皇帝主政。"

第二日，宫中颁出懿旨，命高拱回籍闲住，不许停留！首辅之位由阁臣张居正递补。

高拱回到新郑家中，已经晋升为司礼监秉笔太监的冯保仍不放过，制造王大臣事件诬陷高拱，欲置之于死地，幸赖吏部尚书杨博、御史葛守礼等力救，高拱得幸免于难。

万历六年（1578年）七月初二，六十五岁的高拱在贫病交加中去世。家人循致仕阁臣例，为其请求官方的敛葬恤典。明神宗不准，而且不肯赐予谥号，始终将其视作贰臣。直到万历十三年（1585 年），才得平反，仅得赐谥"文襄"。

常存仁带回高拱临终前写的《病榻遗言》，郭朴方才得知张居正勾结冯保阴夺首辅之位的经过，唏嘘不已，感叹道："高拱与张居正同朝为官，也曾深交，为了权力和名誉，竟然结怨如此之深！"

常存仁问道："高拱仗恃自己是帝师，揽权自重，但毕竟一心忠于皇上，说其是贰臣，实在是过毁了。"

郭朴说道："贰臣之说，应该是冯保所为。但张居正身居首辅，诏书出自内阁，张居正不应该作壁上观！"

常存仁也是感叹不已，问道："郭公，您觉得张居正怎么样？"

郭朴沉思一会儿，缓缓说道："张居正与高拱都是才具俱佳，心怀大志，但也都是心高气傲，做事偏激。当年，张居正看不惯严嵩专权，徐阶隐忍，竟然称病回乡，三年才被徐阶召回。也是由此经历，张居正也算经受磨砺，方才压住心性，但一旦大权在握，还会与徐阶一样，成为一代权臣。"

常存仁点头，说道："郭公言之有理。张居正成为首辅后，整顿吏治，改革地方赋税，实行一条鞭法，朝政日清，国富民强，也算得上是中兴之臣。但有一事不明，我听说张居正借整顿官学之机，禁毁天下书院，这不是焚书坑儒之举？"

郭朴摇头道："自宋以来，私人创办书院兴起，一定程度上补充官学不足，我朝也是鼓励提倡。嘉靖朝我掌翰林院时，据各地学政上报，私立书院竟多达一千二百余所，尤其陆王心学兴起，王守仁、湛若水等诸位理学大师到各书院讲学，讲学之风盛行海内。当年，先贤崔铣就对我说，陆王心学只是明心见性之空言，代修己治人之实学，背离了孔孟修身治家平天下的学问之道，真是一语中的。到如今，书院内鱼龙混杂，甚至借讲学敛财，骚扰百姓，实在应该加以整顿。"

常存仁说道："应该讲求实学，致力于经世致用，我也以为是书院的正途。但禁毁书院，实有不妥！"

郭朴叹道："这也就是权臣的通病吧！"

据史料记载，应天府以下，禁毁书院凡六十四处。虽然，张居正禁毁的都是影响教坏、扰民害国的书院，当时紫阳、崇山、金山、石门、天泉等著名书院留存如故，而且只是私立书院极少一部分，但后世毁多誉少，成为张居正十四大罪之一。万历十年（1582年），张居正积劳成疾，病逝于任上，享年仅五十七岁。明神宗为之辍朝，赠上柱国，赐谥"文忠"。第二年，徐阶因海瑞兴起的退田风波，在担惊受怕中度过余生，溘然去世，享年八十一岁，朝廷赠太师，谥文贞。徐阶生前叮嘱家人在湖州卖田制茔，死后葬身异乡，可见他因为子孙不贤不孝，多么愧对故乡。

常存仁见与郭朴交谈投机，站起身，深施一礼，说道："自古贤守善政，都是重农桑，兴文教，安百姓。存仁到任彰德，也知道为官一任，造福一方。只是，还望郭公屈尊襄赞。"

郭朴赶紧站起来，扶住常存仁。"你是朝廷官员，我一个草民，受不起你的大礼，更谈不上屈尊。只要是惠及百姓，造福乡梓，我义不容辞！"

"大儒崔铣编纂《彰德府志》成书于正德末年，至今已有六十年了。嘉靖、隆庆、万历三朝历任府县多有惠政，良材贤士辈出，何况科贡之名、建置沿革、徭赋厉害关乎政教，有心续写《彰德府志》。但我才疏学浅，还望郭公专领其事。"

"恩师文敏公一代大儒，《彰德府志》更是海内称为善志。我担心自己浅陋不文，老眼昏花，有负常知府美意。但既有旧志体例，又有常知府力助，再者请从府学选拔诸生共襄此举，我也就不自量力，作续貂混珠之为吧。"

《彰德府续志》从万历六年（1578年）起，历经三年，于万历九年（1581年）仲夏成书，分上、中、下三卷，上卷与中卷又各分为前后卷，故实为五卷。郭朴亲自作《续志序》，记述这一盛举。

此后，在知府常存仁的支持下，收集整理宋代三朝贤相韩琦文集《安阳集》五十卷和《韩琦家传》十余卷，重新刻印，使得安阳先贤著作得以流传后世。

造福乡梓

一

　　日月如梭，彰德知府常存仁三年任期已满，礼部考绩上等，升任陕西副使。为了感激郭朴对自己襄助的义行，亲自到柴村拜访，顺便带着新任知府李瑱。

　　李瑱，陕西解州人，隆庆二年（1568年）三甲进士。

　　这一次，郭家门外的家人不仅没有拦阻，还直接将常存仁二人接进府中。想起第一次来郭府被拒之门外，常存仁问道："郭阁老的'三不见'家规已经作废了吗？"

　　家人笑着回道："哪能就作废，严着呢！但我家老爷说过，像常知府一心为老百姓做事的官，不能守着死规矩。老爷不愿意见的，是那些贪官庸官。"

　　李瑱好奇地问道："什么是'三不见'家规？"

　　常存仁低声讲给李瑱听，李瑱吐了吐舌头，说道："要不是跟着常兄，还真是见不到郭阁老呢！"

　　常存仁低声说道："此言差矣！只要是事关百姓，郭阁老还是不遗余力的！"

李瑱点头。两人抬头看见郭朴拄着拐杖站在书房外迎候，常存仁跨前一步，躬身施礼，说道："折杀下官，郭阁老是朝廷柱石之臣，又是长辈，实在令常存仁汗颜！"

郭朴哈哈大笑，说道："不用那么多俗礼。你是家乡的父母官，只要为家乡做事，就值得老夫尊敬！"说着，回了常存仁一礼。

常存仁指着李瑱，说道："这是新任知府李瑱，听说我来向阁老辞行，就跟着前来拜访。"

郭朴点点头，请二人进书房叙话。

进入书房，郭朴命人上茶，问道："常知府三年任满，听说礼部考绩为上等，不知道要到何处高就？"

常存仁喝了一口茶，笑了笑说道："我来彰德府任职匆匆三年，没有什么大的作为，更没有什么惠政善举。吏部考绩为上等，无非兴学修志，哪一件不是有老大人襄助，只是没有搅扰百姓而已。我已经接到吏部札子，到陕西担任按察司副使，这几天就启程赴任。今天来，一来向老大人表示谢意，二来也是辞别。"

郭朴呵呵笑道："常知府言重了，兴学修志都是善政义举，老夫是安阳人，为家乡做事，义不容辞。"

李瑱接话道："我初任彰德府，今天来也是慕名，更是想请老大人多多指教。"

郭朴说道："我早已离开朝廷，就是一个乡野村夫，指教说不上，更不会参政。至于你怎么做，口碑自在百姓。"

李瑱讪讪的，一时不知道该怎么回答。常存仁见状，接话道："听说安阳城有八景，想请老大人屈尊同游，也不枉来彰德府任职三年啊！"

郭朴爽快应承，说道："好啊！安阳自古就是名州重镇，山川形胜，人文古迹，星罗棋布。安阳八景有老八景和新八景之说。世事变迁，老八景随世事变迁和战火频仍，大多涣漫毁没。新八景有：鲸背观澜、柏门珠沼、韩陵片石、文峰夕照、善应松涛、龙山积雪、昼锦书声、万金惠渠。"

常存仁问道："鲸背观澜是指城北的鲸背桥，听说那里立有元代大儒徐有壬碑文，一直说去看看，瞻仰古迹，至今未能成行。"

郭朴高兴地站起来，说道："此处不远，今天咱们三人携手同游！"

洹河位于安阳城北四里，为了便于通行，河上有船工摆渡，遇到山洪暴涨，死伤无数。唐宋时期，相州成为军事重镇，洹河两岸设有兵营，在洹河上架设了一座木桥。史书记载：五代后晋大将张从恩领军退保黎阳（浚县），派五百将士留守安阳木桥。由于洹水经常泛滥，冲垮木桥，隔断交通。

元惠宗至元初年（1335 年），徐有壬因政见不合，辞去参知政事回到故乡安阳。当时，安阳知县荀凯霖一心想在木桥的基础上修一座石桥，找到徐有壬商议。在徐有壬和相州总管冯思温的支持下，从至元二年（1336年）春动工，河起石基，两端砌岸，将木桥改建为三礅四拱石桥，桥长 15 寻（约 40 米），桥宽可以并行 4 车（约 4 米），桥上置有石柱和石护栏，每块石栏上都雕刻着石桃、石果，每根石柱上都凿有石狮子，而且刀工细腻，造型逼真，形态生动。石桥因为中间一脊高高穹起，两头渐低，远远望去，桥的形状像河水中隆起的鲸背一样，所以安阳百姓称之为"鲸背桥"。

郭朴与常存仁、李琪驻足桥上，只见洹水汤汤，奔腾急湍，水浪撞击在岸石上，发出雷鸣般的响声。循声望去，却见岸石年久斑驳，堤岸破损，随时都有垮塌的危险。一旦垮塌，势必堵塞桥孔，撞损桥基，危及桥体。再看桥面石栏，也是大多破损，无有修缮；桥面铺设的石板，已经磨损穿透，坑坑洼洼，人车行走不便。

郭朴看到，叹息道："自古帝王立国不宜，守成更难。治理郡县，也是一个道理啊！"

常存仁惭愧道："看来，我愧对安阳百姓了，这也是我的遗憾。李知府，我只能把这个遗憾留给您了！"

李琪回道："常公也不必遗憾，这就安排予以加固修缮。我也是有幸，初任地方，有郭阁老教我等如何做官为政。"

郭朴见李瑱如此，笑道："很多郡守初临一地，汲汲于善政义举，恐怕也是为了名利二字。其实，每个地方都有前任善政义举，能维护好，使之利民长久，少扰民，久利民，更是不易啊！"

两人不住点头称是，心里想，郭阁老既看得透，又看得远，此话实在是至理名言。

为了修缮安阳桥，李瑱认真筹划，按照郭朴不扰民的原则，款项由州县官佐和富户捐纳。郭朴与李瑱带头，一时众人响应。赵王朱常清听说后，带着赵王府各郡王也来襄助，捐助钱粮数百石。

由于河道淤塞严重，先进行疏浚，增大河床，然后将清理出来的泥土覆于两岸，加高堤岸。由于河床增大，桥身加为五礅七孔，中孔最大，两边孔最小，既利于泄洪，又方便行船。至于破损的桥面、栏杆，都维护一新。

桥成之日，官民赞不绝口。赵王朱常清说道："这才是真正壮观的鲸背桥，既可行人通车，又可行舟商贾，一举数得，利民千年。郭公是当年翰林，不能无文，更不能无诗啊！"

郭朴慨然应诺，亲作《洹水鲸背桥碑记》，记述事情缘由和经过。后面赋诗一首：

洹水汤汤，有虹其梁。砥石坦坦，行旅彭彭。伊谁治之，李公所襄。郡有平政，仁育群氓。敷兹大患，湍及遐方。显允我公，德音不忘。

洹水悠悠，舆梁载修。式固我防，遏彼奔流。伊谁任之，允勤尹刘。坎淈既除，负载靡忧。节奢厥观，固坚是求。岂弟我侯，惠其永留。

洹水洋洋，津有周行。亘如鲸背，穹如虹梁。载驰载驱，易若康庄。道路欢讴，田野丰穰。熙熙吾民，逢时之庆。我公我侯，福祉无疆！

诗中还提到这次主持修桥工程的刘尹，史书中没有记载此人，只留下一个名字。也许，此人只是彰德府一名刘姓府尹，没有留下名字，但走过鲸背桥的每一个人，都不应忘掉他。

二

万历十三年（1585年）春天，安阳城府县滴雨未落，旱情严重，数万亩庄稼绝收。干旱一直持续到秋天，干裂的田野焦土龟裂，无法播种，很多百姓家中断粮，不得不涌入安阳城乞讨，林县、涉县一带山区百姓开始拖家带口，到山西外出逃荒。

彰德知府陈九仞也是年初刚刚到任，突遇大灾，正不知所措。府丞王懋在彰德府任职多年，熟悉地方政务，私下对陈知府说："救灾安民，救灾需要水以解干旱，安民需要粮以安民心。彰德府城东十里柴村，住着一位先朝内阁大学士，名字叫郭朴，为人宽厚仁义，您还是前去拜访请教一下，或许有解救燃眉之急的办法。"

陈九仞一拍书案，说道："隆庆二年我中进士，正好郭公致仕回乡。后来，听说朝廷屡召不赴，原来，郭公竟是隐居在这里。"

王懋将郭朴致仕回乡后贴出的"三不"告示和捐修府学、续写府志诸多义举告诉陈九仞。

陈九仞连连称赞，说道："我当年在京城国子监读书，就闻听仁义巷的故事，郭公在朝为官，更有仁义宰相美誉。只是，我去拜访，怎么才能不被见拒？"

王懋说道："只要言明救灾事宜，应该不会见拒。"

陈九仞立即带着王懋，赶往城东柴村。到了柴村，郭家大门紧闭，敲门半天，竟无人应答。王懋见不远处，一个老者坐在树下乘凉，过去行礼，问道："此处可是郭公宅院？"

老者耳背，听了半天，方才回道："村里没有郭公这个人，他们家倒是姓郭。"

陈九仞在一旁笑了，对王懋说："看来你是秀才遇见兵了。"

王懋大声对老者说："我说的是郭阁老。"

老者点点头，说道："是郭阁老家，他们家一大早都去河边浇地去了，这狗日的天，旱得地里都着火了。"

等赶到村北的洹河边，见一个老者须发皆白，穿着一件粗布汗衫，领着一群人正在河里担水浇地。也是幸亏紧临河边，这里的庄稼倒还郁郁葱葱。

陈九仞疑惑道："这个老汉，难道就是先朝内阁大学士。看这个年纪，也该早过了古稀之年吧！"

王懋上前打问，正是郭朴。郭朴见新任知府竟然到田间拜访，一面招呼家人休息，一面引着陈九仞和王懋来到河岸一排大树下，席地而坐。

陈九仞望着绿油油的庄禾，对郭朴道："大旱之年，您的田地有如此年景，实在是难得啊！"

郭朴说道："自古掘地财，取水利。我家的庄田正是有临水之利啊！"

陈九仞站起身，对郭朴深施一礼，说道："郭公，九仞初到彰德，正逢大旱之年，赤野荒废，民不聊生，今天来，就是想请教救灾安民之法。"

郭朴摆摆手，请陈九仞坐下，说道："我听说灾民进入安阳城，甚至有人开始外出逃荒。当务之急，先安民，再救灾。安民就需要粮食，古代州府都有义仓储粮备荒，可惜我朝早已经荒废。即使广有仓里有粮，没有朝廷诏令也无法开仓放粮。我看还是动员州府官员和富户，纳捐一些粮食，设立粥棚，赈济饥民，以解燃眉之急。我先捐纳十石粮食吧。"

陈九仞再次站起身，连连作揖。"郭公高义，实在是我辈为官之人的楷模，更是彰德百姓的福气。"

郭朴摆手止住陈九仞，问道："捐粮毕竟有限，况且灾情何时可解？如果旱灾延续不断，又如何救灾？"

陈九仞愣住，两眼望着郭朴。郭朴继续说道："彰德府是古邺之地，远古之时，西门豹为邺令，发民凿十二渠，引漳河水灌溉民田，后世皆得水利，百姓从此富足。唐朝相州刺史李景自西高平村筑堰，引洹水入渠，东流溉田百顷，有万金之利，百姓称之为万金渠。这些渠现在都已经荒废，一遇旱灾，才有如此严重的灾情。北宋至和年间，韩琦曾疏浚万金渠，如今再次淤塞，我以为应该重新疏导清淤，引水东流，然后广分支渠，旱情自解。"

王懋问道："灾情之下，百姓流离，从哪里征集众多民工？"

郭朴笑道："修渠民工，就用这些灾民，工钱由粮食代替，一人修渠，全家可以有粮食吃。这样，百姓也不会再去逃荒了。"

陈九仞击掌叫好。郭朴说道："这都是当年韩琦修渠之法，你们应该多看看《彰德府志》，里面记载着历代彰德知府诸多善治良法。"

三

万金渠疏浚工程自万历十三年（1585年）夏天开始，历时一年有余，征夫十三万，派发粮食八千石，清理干渠支渠百余里，建大闸一处，小闸七处，在流寺开支渠四条，在盖村开支渠十三条，灌溉面积成倍增加，数万亩田地得以灌溉，旱情自解。

郭朴以七十四岁高龄，亲自参与修渠工程，与陈九仞、王懋一道，踏勘地形，沿着干渠分布支渠、斗渠、毛渠。城东的万金渠支渠延伸到永和村，汇入洹河。城南的支渠南流汤阴，入广润陂。郭朴作《修万金渠记》，勒石刻碑，将修渠盛况流传后世。

万历十五年（1587年）九月初六，郭朴夫人李氏病故，享年七十六岁。李氏比郭朴小一岁，虽然没有读过书，但天性至孝，勤劳持家，通晓大义，可以说是孝敬公婆，劝诫丈夫，严管子孙。郭朴悲痛之余，亲自为夫人撰写墓志，怀念这个一生相濡以沫的至亲之人。他写道："夫人以贞淑柔姿，夙承父训，偶余寒士，甘淡服勤，励勉妇职。迨从宦居，刻意节俭，相余治操。理家殚竭心力，警戒相成之益，余实有攸赖焉。其孝敬慈惠，本诸至性，尤为难得也。"

知府陈九仞得知，带着府丞王懋到城东柴村吊祭。郭朴命儿子郭焜将二人接进府中，延入书房，说道："陈知府是朝廷命官，实在是不应该因民丧耽误政事。"

陈九仞说道："郭公客气了。我这次来，一是吊祭夫人，二是前来辞行。我已经接到吏部札子，改任河南副使，这几日就去赴任。"

郭朴拱手道："恭贺陈知府荣升！"

陈九仞连忙回礼，说道："不敢，不敢。这次晋升，吏部札子明确说是奖励修渠有功，这都是郭公的功劳。正赶上夫人仙逝，我与王府丞商议，将韩陵山一块闲地赠予郭公，用来扩建郭氏祖坟。"

王懋赶紧递过一份地契。

郭朴脸色大变，说道："陈知府心意我明白，但赠地一事，绝不可！"

王懋劝道："陈知府也是真心诚意，还是请郭公收下。"

郭朴坚拒道："修渠为公，赠地是私，总不能让郭朴假公济私吧。"

陈九仞无奈，拜谢而去，一路上感叹不已，对王懋说："郭公真是视清誉为性命啊！"

第十九章

魂归故土

安阳历史廉吏

第三卷

一

　　万历十八年（1590 年）四月十八日，是郭朴八十大寿的日子。

　　几天前，郭焜就与家人商议，准备邀请亲朋好友，为父亲做寿宴。郭朴拒绝，再三嘱咐，不得惊动亲朋好友，更不得扰动官府。

　　这一天，郭朴早早起床，洗漱完毕就来到书房，煮茶焚香，坐在案前整理自己为官以来的章疏和诗文。郭朴弱冠之年中高科进士，久在翰林，又是以词臣侍奉先帝，自然留下许多词章，尤其致仕回乡之后，游山玩水之余也多有吟风弄月佳作，他都藏之笥箧，从不示之于人。进入晚年，回想往事，也不免常常取出来，玩味再三，以作怀思。

　　他拿出一张旧作，轻轻吟道："传道东郊构草堂，乡心南逐雁翱翔。田园未许成荒径，竹树何妨近短墙。村远雨晴时听笛，帘虚月白静焚香。子云自谓耽元者，十载甘为执戟郎。"

　　当年，父亲去世，郭朴回乡丁忧，在后院建起一座草堂作为书房，耕读为乐。回朝后，他见官场倾轧，党同伐异，就想着有那么一天，回归林下，隐居乡间，做一个逍遥翁。后来，他致仕回乡，屡次征召，也写了不少述怀的佳句。

他拣出数章，吟道："茅厦三间蔽日，槿篱四面遮风；谷口扶犁野叟，汉荫抱瓮团翁。几上一编农谱，壁间几幅耕图；生事不丰不俭，主翁非智非愚。"

突然，一个家人推门而入，气喘吁吁地说道："老爷，门外来了朝廷天使，让您去接旨呢！"

"什么天使？"郭朴闻声站起来，顾不得收拾几案，说道："你快去让全家子男到大门外候着，我这就去接旨！"

郭朴急忙找出朝服，穿戴已毕，策杖来到大门外。

大门外，三匹快马前，站着三个行人司官员。为首一人见郭朴穿着朝服出来，高喊道："奉天承运，皇帝诏曰：原任大学士郭朴，器局凝重，学问渊源，历事先帝，鼎铉特著，为三朝之元老；退居二十余载，山林养重，端揆表率，系四海之具瞻。郭朴辅弼旧臣，年及八十，齿德俱茂，名位兼隆，恩数宜渥，钦命行人司行人姚思仁奉旨，于四月十八日到门，恩诏存问，月给食米四石，岁拨人夫六名应用，钦此。"

郭朴与众子孙跪在地上，行五拜三叩大礼，口中说道："谢皇上隆恩！"

礼毕，郭朴上前参拜朝廷天使，姚思仁连忙扶住，说道："郭公请起，您是皇上的辅弼勋臣，德高望重，今天又是寿星仙翁，该是我为您贺寿！"

郭朴笑道："我是一介草民，蒙皇上不弃，偶沾甘霖，有劳天使，请进府饮茶说话。"

郭朴引着天使来到书房，忙命人上茶，说道："天使一路鞍马劳顿，请坐下说话。"

姚思仁环顾书房，见陈设简陋，环堵萧然，说道："来的路上，我们三人还以为郭府一定是深宅大院，高屋华厦，谁知一见却只是乡间一小康之家，就连郭公的书房也是如此简朴，可见彰德府历任知府的奏章确无夸大其词！"

郭朴疑惑不解，问道："什么奏章？"

"我来的时候，听礼部官员说，历任彰德府知府奏称郭公致仕归休之后，闭户读书，谢绝交游，茹蔬布衣，节俭传家，却广施仁义，扶危济贫，造福乡里，这也才有皇上的嘉奖存问。"

郭朴跪下，说道："多谢家乡列位贤守的谬赞。其实，赈灾修渠，编纂《彰德府志》，修葺学宫，都是历任贤守的惠政，郭朴也只是襄赞而已，不敢居功。请姚天使回复圣上，郭朴于耄耋之年，得沐天恩，只能率子孙望阙焚香，跪问圣躬万福。"

姚思仁站起身，说道："皇上还有手谕，着郭朴将编纂的《彰德府志》和刻印的宋相韩琦《安阳集》五十卷进呈御览。"

郭朴叩首道："郭朴遵旨！"

姚思仁扶起郭朴，说道："姚某公务在身，这就回京复旨。"

郭朴率子孙将姚思仁送到官道旁，命六子郭灿随同天使进京谢恩。

二

进入耄耋之年的郭朴常常一个人独坐书房，回忆往事旧人。他想起爷爷和父亲一生读书未成，却倾尽家财供自己求取功名。爷爷清廉自守，父亲仗义疏财，使他懂得忠孝仁义的为人处世之道。母亲和夫人慈爱勤俭，相夫教子，持家有道，使得郭家子孙绵延，至今没有析产分家，和睦相处，五世同堂。

他想起世亲崔家，崔铣一代大儒，名重一时，授徒无数。崔漭、崔汲继承父志，贤孝为里人称颂。尤其，崔氏一门四代孝妇节烈，致有崔氏壶范，朝廷旌表，使得崔氏三代进士及第。

他更想到徐阶、高拱、张居正，四人志同道合，联手扳倒权奸严嵩。后来，却为名利分道扬镳，徐阶死后葬于他乡，高拱愤懑而亡，张居正死后被抄家，甚至险遭开棺鞭尸。

他更想起编纂《彰德府续志》时，有一次到洹水北岸、韩陵山之阳一个于曹村去采风，遇到一个年逾百岁张姓老者，竟然鹤发童颜，耳聪目明，村里人称之为"老神仙"。张姓为村中大族，老者曾饱读诗书，却一生不仕，守着祖上留下来的家产度日，因此籍籍无名。闲谈之中，郭朴问道："这个村子名于曹，可有什么来历？"

老者说道："相传，这个村子南临洹水，北依韩陵山，是兵家必争的战略要地。当年，高欢就是驻扎在此，指挥大军与尔朱兆大战得胜，在韩陵山建定国寺。高欢认为此村为立国的吉地，名之为北魏村。"

郭朴问道："那为什么又改成于曹村呢？"

老者笑道："后来，到了东汉时期，袁绍为冀州牧，驻守邺城。曹操挟天子以令诸侯，带领大将于禁进军邺城，在韩陵山展开一场激战。双方相持不下，曹操派于禁驻守北魏村，伺机而动。正值秋天，洹水暴涨，眼看洪水决出堤岸，于禁赶紧向韩陵山撤兵。路上，于禁见村中百姓贪恋家财，不愿离开，心生怜悯，回军帮助村民搬运财物，扶老携幼，向韩陵山转移。刚到韩陵山，就看见原来的村子成了一片汪洋。后来，村民感念于禁的救命之恩，为于禁做向导，送补给，帮助于禁在韩陵山大败袁军。曹操成为魏王驻守邺城时，于禁带着厚礼前来慰问，村民遂更村名为于曹村。"

郭朴见老者学识渊博，请问姓名。老者只道姓张，再不言语。

同行的官吏告诉老者，面前的人是郭阁老。老者笑笑，回道："河南岸的柴村郭阁老，我不仅知道，而且郭家的祖坟就在我家的地旁。"

郭朴知道老者是一个隐士，也不再深问，只与老者结为君子之交，时有诗书唱和。郭朴写诗道："闻君洹水上，新理钓鱼矶。竹树荫长合，琴尊兴不违。匣藏斗牛剑，屋挂薜罗衣。寂寂烟霞里，何人识少微。"

郭朴想到老者人过百岁尚在，而徐阶、高拱、张居正虽然荣登高位，纵横一时，甚至为了名利二字，恩断义绝，现在都早已成为一抔黄土，当年的风流、功业也烟消云散。

人生如梦，人世沧桑，令人感慨不已。

三

郭朴有十二个儿子。长子郭焕生于嘉靖十一年（1532 年），同年，郭朴中举，双喜临门。第二年，郭朴领乡荐入国子监读书，李夫人抱着郭焕随往京城，照顾郭朴的生活起居。郭焕天性纯朴，不善言谈，长大后一直在老家柴村照顾爷爷郭清夫妇的生活起居。郭朴升任吏部尚书时，明世宗恩荫郭焕为贡生。万历二十年（1592 年），郭焕病死，享年六十岁。

郭焕的死，在郭朴看来，也是白发人送黑发人，伤心不已，身体每况愈下。也许，郭朴知道，自己八十岁有余，已经走到了人生的尽头。

他思念自己一生相濡以沫的妻子，恍惚中看到妻子来到面前，与他说着家长里短；一会儿又见崔汲坐在身旁，与他谈诗论文。忽然，又人迹无踪，仿佛只是一场幻梦。

隐隐约约，他仿佛听见父亲、母亲在唤他，仔细听来，又寂然无声。只有窗前淡淡的月色里，飘着一缕莲花的香味，多日未出门，院内的莲池里，荷花应该绽蕾乍开了。

万历二十一年（1593 年）五月十八日，郭朴无疾而终，享年八十三岁，葬于洹河之北韩陵山南坡郭氏祖茔。明神宗颁旨，赠郭朴太傅，赐谥"文简"。谥法有云：道德博闻曰文，一德不懈曰简。

当朝礼部尚书兼东阁大学士陈于陛亲自为郭朴作墓志铭，铭曰：

大河之阳，毓瑞储英；矫矫我公，蔚为国桢，石渠载笔，玉堂视草，淡泊时荣；沉潜古道，乃晋卿贰，忠结主知，民瞻师尹，帝曰予毗，乃位冢宰，董正百辟，悬镜照形，苞苴屏迹，乃持大匕，一德和衷，不懈于位，以洽时雍；退休田野，藏名杜权，大盈若冲；其用绵绵，子孙趾嫩，既繁且硕，爰享纯嘏，以膺平格，锡福完五，不朽备三，收神嵩岳，箕尾是骖，帝心则恫；考典备物，贲幽厚终，恤典优渥，峨峨元宫；膴膴邺原，文兮简兮，公名永存。

郭焜率兄弟以及子孙后人，请求彰德府和河南布政司准许，将彰德府署旁郭家学堂改建成郭朴祠，从此，仁义巷与郭朴祠、小颜巷与崔铣祠和昼锦堂与韩王庙，成为后世古城安阳人祭祀先贤的地方。

后人有诗赞郭朴："中州才俊做高官，不附党争弃相权。忠孝仁义文简谥，终得故乡高寿仙。"

2020 年 6 月 16 日

郭朴文集选译

安阳历史廉吏

第三卷

　　郭朴布衣出身，少时及第，官至两朝宰相，立身仁孝自律，做官廉正耿介。《明史》评价郭朴："朴为人长者，两典铨衡，以廉著。"但他更是嘉靖年间的词臣，二十五岁以二甲第四名及第，进入翰林院历任编修、侍读、侍讲、侍讲学士兼翰林院掌院，升任礼部右侍郎，入西苑侍奉皇上，成为嘉靖皇帝身边撰写青词的重要人物，自然也是当时的文章大家，有《郭文简公文集》流传后世。今选译几篇涉及安阳风物的文章，以飨读者。

《安阳集》重刻后序

　　《安阳集》五十卷，宋魏国韩忠献王之文也，并《家传遗事》十余卷，盖传自宋之季世云。正德中，监察御史安阳张公士隆按察山西，刻置河东书院。朴后得之，谨藏于笥。万历乙酉，郾司理内江张公谓先哲著作，乡郡不可阙。次年，重构昼锦堂，成，乃谋于郡守漳甫陈公、郡丞清苑王公、通守垣曲赵公，再加校录，刻置堂中。於戏！崇往哲而重遗编，诸公之盛美，关诸风教者，匪细也。郾之人，幸生王之乡，仰王名迹，诵王遗文，亦知所以感发而向慕乎！王德望在当时，勋业在史册，风声在后世，惠泽在乡郡，毋庸赞述已。乃若其文根诸心术之微，而显诸言论之表，不为夸诩险怪之词，而自具夫闳正敦大之体，信如大人之钜。公冠裳珮玉，俨居于高堂建节，鸣鸾徐驱于周道，人之见之，有不肃然起敬者乎？盖尝诵王题咏之句也。曰"未出土时先有节"、"便凌云去也无心"、"须臾慰满三农望"、"却敛神功寂似无"，猗王之名世大贤也。有以。夫司理公好古，而尤惓惓于忠孝节义。事既志忠武之庙，复表忠献之文，即其举措，将来德业所就，曷可量哉？梓人既讫工，朴敬附言终简，是编流传所自云。

译文：

　　《安阳集》五十卷，是宋朝魏王韩琦的文集。还有《韩琦家传遗事》十余卷，应该是宋朝末年有人代作的。明武宗正德年间，监察御史安阳人张士隆按察山西，将《安阳集》交给河东书院刻印。我得到此书，小心收藏。万历十四年（1585年），彰德府掌理刑名的推官内江人张公（名应登）说，先哲的著作，家乡所在之郡不能没有。第二年，彰德府重修昼锦堂，完工的时候，张应登与彰德知府彰甫人陈公（名九仞）、郡丞保定清苑县人王公、通守山西垣曲人赵公一起商议，重新进行校订，然后刻印成册。於戏！推崇前代贤哲，并且将他们的遗著流传下来，这不仅是诸公的善举，更关乎风俗教化，不是一件小事情。安阳人有幸生在韩琦的故乡，既可以仰慕他的功业，又可以诵读他的文章，使得自己知道为什么有所感慨和向往啊！韩琦德望重于当时，功业彪炳史册，美名流传后世，惠政泽被家乡，不用再更多地赞美称述。至于他的文章，发自他的内心深处，在字里行间展现出来，不用夸张险怪的词语，自有一种宏正敦大的风采，实在是正人君子的法则。韩琦穿戴官服，正襟危坐于大堂之上，骑着骏马缓缓行走在大道上，人们看见他，有不肃然起敬的吗？我曾经诵读韩琦的诗句，其中有"未出土时先有节""便凌云去也无心""须臾慰满三农望""却敛神功寂似无"之句，可知韩琦实在是名显于世的大贤之人。正因为推官张应登仰慕古人，尤其是忠孝节义的贤人，现在，已经将昼锦堂修缮，又重新刻印了《安阳集》，所做的这些事情，其为将来的德行与功业，难道是可估量的吗？《安阳集》已经印好了，我将这篇序文附录其上，为的是这本书可以流传下去。

《彰德府续志》序

　　《彰德府志》成于正德之末年，盖崔文敏公所笔削者，海内称为善志久矣。嘉靖以来，迄今六十年，循良之美绩，贤哲之茂行，节孝之芳懿，科贡之名籍，与夫建置沿革之由，徭赋利害之故，皆关政教之钜者。乃今阙逸靡纪，后将何述焉？郡守高平常公静甫莅郡三载，治行特茂，慨旧志剥蚀难观，且近事莫考也，亟惟锓辑而新是图，乃咨乡大夫。汉中翟守仲观致言余，朴属专领其事，首令两学采求郡中故实，次令诸属以志上郡，遂以诠次委学生张煓、许光裕、刘存礼、侯竟封，彚集成编，授余。朴也衰眊不文，过不自量，重郡公敦崇文教之谊甚盛，辄为删缀而润色之，义例一循前志之旧，无敢易焉。间有增者，则固公授之意也。书成，敬复于公，聊附数言于简端。盖尝闻之君子夫志史之流也，彰往而训来，弗训弗彰，奚以志为，是故，纪载欲实，实则信；去取欲直，直则公；闻见欲博，博则该；文词欲工，工则传。欷是四者，其能免于君子之议乎？虽然，事以义起，难遂已也；才以质限，弗可强也。该与公，余之才固不能，若不公不信，则余之心弗敢也。姑具是编，为将来作者之朴不可乎？视诸前志，则续貂混珍之诮，余莫能免矣，乃别为一编云。

译文：

　　《彰德府志》成书于正德末年，是崔铣编纂的，一直以来被称为地方志中的善本。嘉靖年以来，到现在已经六十年了，安阳当地循良官吏的惠政，贤能之人的德行，贞孝之人的事迹，科举之人的名籍，以及官府建置的延续或变更之缘由，徭役、赋税轻重的缘故，这一切都关系到制定地方政策和教化的规则。如果现在残缺散失没有记录下来，以后再想记述不就更难了吗？彰德知府山西高平人常公（名存仁，字静甫）到郡任职三年，治理地方很有政绩，感慨旧的志书已经破旧不堪，而且成书之后的事情没有增补考证，屡次想重新予以刻印，于是征询安阳县令汉中人翟仲观，推荐我专门负责这件事情。于是，命郡学、县学负责收集考证当地以往有历史意义的事实，又令郡属各县续写县志上交，由郡学生员张燧、许光裕、刘存礼、侯竟封等人进行编选，汇集成册，最后交给我。我衰老昏聩，而且没有文采，只是看重郡县官员崇尚文教的盛情，不自量力重新进行删减和润色，著书的主旨和体例一概遵循崔铣的《彰德府志》，不敢更改。间或有所增加，则是续写而已。编写完成后，恭敬地交给知府常存仁，聊附数言作为序。曾听说君子作史志，彰显过去为的是给后来人借鉴，如果不是这样的话，志书有什么用呢？所以，志书记载事情要真实，真实才可信；取舍要有标准，有了标准才公正；所记载的事情要周全，周全了才完备；文辞要工整精致，工整精致了才能够流传下来。如果达不到这四点，怎么能不被人所指摘呢？尽管如此，修志这件事情是因义而起，很难完全按照自己的意愿而为；自己才能有限，不能够强求达到尽善尽美。使得这本志书既完备又公正，我的才能实在达不到，但不公正、不可信的事情，则是我内心不敢为的。暂且完成这本志书，作为将来续写《彰德府志》的基础材料不可吗？我编写的这本续志与崔铣的志书相比，实在是有狗尾续貂之嫌，容易相互混淆，我单独列为一编，称为《彰德府续志》。

人物志

　　东野子曰：人才之生也，钟山川灵秀之气，沐国家教化之泽，学以定志，志以弘才，才以致用。其自期待者，岂曰取爵位、求利达已哉？树勋业于当时，垂声光与后世，此士之所以汲汲也。是故，君子之道，居尊则佐国而安民，居卑则奉公而修职，处常则行义以达道，处变则秉志而著节，安于所遇，归尽其心而已矣。邺郡土厚风朴，士生其间，质直贞悫，无浮伪夸谲之习，往往笃于慕古而少通，果于自信而多执，仕宦而成名于时者，廉于进取而勇于静退，急于公义而缓于身图，诚于效忠而拙于远害，此其大端也。是故，通显者寡，逸隐者众，岂亦风土气习使然哉？抑遇合有命，非人力之所能与也。余故特著于篇，俾尚论者有考焉。

译文：

　　郭朴说：人才的出现，是聚集了山川灵秀之精华，沐浴了国家教化的恩泽，通过学习来坚定志向，用志向来扩充才能，之后将才能应用到实践中去。他们所期待的，难道仅仅是谋取官位、获取功名吗？在自己的有生之年建功立业，将声誉与荣耀流传后世，这才是读书人所努力追求的。所以，一个人的道德标准，身居高位时应该辅佐国家安定百姓，身居卑位时则以公事为重勤于职守，平时躬行仁义努力实现自己的主张，遇到急难依然坚守志向以彰显节操，随遇而安，尽心而为而已。安阳民风淳朴，生活在这里的人朴实诚信，没有虚伪欺诈的习气，往往笃信古往不懂得变通，过分自信性格执拗，做官在当时有名声的，大都是为官清廉而不慕名利，一心为公而不谋私利，精忠报国而不善于避免祸害，这是他们的共同特点。因此，官位高、名声大的人比较少，避世隐居的人比较多，难道是风土习俗使然？也许人生相遇而彼此投合由命运主宰，不是人力所能够改变的。我写这篇文章为人物序，等待崇尚追论的人来考证吧。

《郭氏族谱》序

　　族有谱者何？载先世遗逸之迹，而联同姓孝睦之志者也。夫传世久而旧迹湮，子姓衍而众志涣。湮则系代莫辨，子孙遂忘其祖矣；涣则庆吊弗通，骨肉将为路人矣。悲哉！此谱之不可无也。安阳之郭，迁自山西，当明兴之初，我始祖父子生长田里，世经离乱，无暇详其宗姓所自出。是时，国法方严，畏相连逮，虽至近戚属且各远避，又令典骨肉遭乱久离，后欲完聚，必经奏勘方许，孑然一身徒业创居焉，庸谱为哉？迨至三世，我藁城府君以儒起家，兄弟同产，俗尚质朴谨事，肇卜茔域耳，余者弗暇及也。传自五世，始析旧居而散处，祖父事迹尚历历在耳目，群从不满数人，亲昵犹若一家。当时是，虽无谱亦可也。至朴之身，传已七世矣。昔为儿童时，祖姒间喻以先世事，稍长，闻之先大夫，洎诸伯父，略得其一二，私记小谱一轶，遗失莫存。久宦归来，前辈凋谢殆尽，后生虽多成立，至言及前人，世次犹有莫能通晓者，矧其行事之概乎？予大惧其愈远而愈湮，益衍而益涣也，爰即旧所传闻，及躬自睹记者，纂辑成编。前系谱图，后述事迹，代分派列，俾后人有所考由。兹思祖迹，以兴孝亲，族姓以敦睦，予实有厚望焉，乃略述其作谱之意云尔。

　　译文：

　　什么是族谱？是记载先世散失的事迹，并且联结同姓之人孝顺长辈，敦睦亲属的一本志书。年代久远了，过去发生的时情就会湮没，子孙繁衍得多了众人的意愿就会涣散。家族的世系一旦湮没无法辨别，后世子孙就会忘记谁是他的祖先；家族同宗人心涣散了，即使有了喜事或丧事也不相互来往，至亲骨肉也会成为陌路之人。可悲啊！族谱不能够没有。安阳的郭氏家族，明朝初年迁自山西，始祖父子都是平民百姓，遭遇当时战乱和迁移离别，无暇顾及自己的宗姓的来龙去脉。当时，国法严厉，担心相互连累，即使是至近亲属也各自远避，而法律规定，即使是至亲骨肉离散，如果想重新团聚，也必须向朝廷上奏，经过勘验才能许可，先祖父子孤零零到这里居住创业，要家谱有什么用处？等到了第三代，我的高祖藁城县令郭恭以儒学起家，兄弟一起生活，为人质朴，处事谨慎，开始选择墓地安居立业，其他的事情无暇顾及。传到第五代时，郭氏家族开始分家散居，祖父郭玱的事迹我还记得清清楚楚，堂兄弟及诸子侄也就几个人，亲近犹如一家人。那个时候，虽然没有族谱，但并不影响什么。到了我这一辈，已经传到第七代了。当年，我还幼小，祖母还经常说起祖先的事情，等到长大些后，听闻已故的祖父，以及他的兄弟之间的事迹，我私下记载在一本小册子里，后来遗失不见。再后来我长时间在外做官，回来后长辈们大多已经去世，侄子辈虽然都已经长大成人，等说到先辈事迹，连他们的辈分有时也说不清楚，何况他们的事迹梗概呢？我非常担心时间越长，越会湮没，子孙繁衍越多，人心越涣散，才立即将以前听说的，以及自己亲眼看到记忆的，编纂成册。前面是郭氏历代系谱，后面记述他们的事迹，一代一代的次序，每一代的分支，使得后人知道自己的来由。这样做的目的，就是通过回忆祖先的事迹，用来敬奉长辈孝敬父母，使得郭姓族人相互亲厚和睦，我实在有殷切的期望啊！于是，简单叙述一下编写这本族谱的本意罢了。

彰德府修学记

彰德郡学建在治城大定门内，址虽狭隘，而规制颇称整饬，盖自洪武至于今二百年间，敝而兴修者屡矣。郡当于午衢，宾客络绎，供费实繁，岁值荒仍，财力诎乏，综理靡及。迩者因循弗治迨二十余年，倾颓剥损渐抵于敝，瞻视阒称，弦诵何依？郡守陈公来莅，兹土政饬，惠敷俗振，教举作新，士类明示正业，人咸思奋而敏修矣。再逾年，为隆庆己巳，乃谋诸郡僚别驾王公、通府丁公、高公、节推章公，葺学宫而新之。先殿庑，次堂斋，次门、库、亭、阁、号舍、馔堂、射圃，以次更作。钜榱直楹撤朽益良，渗敝易阙栋瓦，圮倾增以礲石。黝垩藻华，丹碧焕耀，檐阿翚起，阶序俨列，望之屹屹，即之翼翼，规模聿新，观视有严。以是年夏四月肇工，至秋八月而讫事，节推王公嗣来莅任，乐观厥成。安阳申尹、胡尹先后祗赞，咸与有劳焉。是役也，财取节费之羡，僚寀间佐以赎缗，役假练卒之暇，弗充则僦诸佣赁，无资公币，无庸民力，斯又事之难也已，诸公属余为记。惟我国家建学育才，专督于宪臣，而教导综理之，任系守令是赖。刬事神兴学载于令甲，学宫修废，匪独吏治之征，实教化隆替，人才盛衰之几也。夫庙宇崇则瞻仰益处，堂舍饬则群居有所，由是，士志靡涣而业精于专，坟典丕彰而风动于远矣。士也游斯息斯，宜知绎思而克励也乎。夫士之学也，犹宫室之修而新之也；夫治室者，厚厥基以崇积，办厥材以裕用，舍旧而新是图，周防而敝是虞。斯美构而典居矣，必守专业则志斯定，必敦实行则德斯懋，必慎所与以翼进，必大厥蕴以弘施，是之谓润屋，是之谓广居。非经弗谈，非道弗由，非仁弗亲，非义弗为，勿骛于高虚，勿眩于奇异，勿狃近利，勿荡于浮习。兹涂塈之勤，而风雨之除也，是则君子之学已，相率以正，相观而善，贤才蔚兴，勋业辉映，上无负于学校之教，下无负于作新之意，岂非盛哉？是在诸士。陈公名应麟，锦衣卫籍，浙之鄞县人，治郡善政多可纪，此特其一端。云诸僚若属赞襄而执劳者，名籍载具于碑阴。

译文：

　　彰德府郡学建在安阳城大定门内，地处虽然狭隘，但规模形制还称得上整齐，原因是从洪武年间到现在两百年间，历经了多次修缮。安阳城地处交通要道，过往的官员络绎不绝，供应的费用实在太多，如果正值年景不好，民财民力匮乏，府库就会入不敷出。近来，郡学一直没有得到修缮已经二十多年了，倒塌剥落破旧不堪，实在有碍观瞻，怎么能不影响学校的教学？彰德府知府陈公到任后，地方政治清明法制整饬，百姓得到惠泽风俗为之一变，政令屡有新的举措，文人、士大夫都明白自己应该做什么，人人都想着上进而完善自己。又过了一年，为隆庆三年（1569年），陈公与郡丞王公、通判丁公、高公、推官章公一起商议，对郡学进行修缮。从大殿前东西两侧的厢房开始，然后是郡学的学舍，之后是大门、库房、亭台、书楼、生员号舍、食堂、射圃，等等，依次整修。殿堂房屋的木梁或者椽子只要朽坏一律更换，渗漏的地方进行修补，倒塌的地方予以加固，黑瓦白墙，饰以绘画，檐栋如翚飞，台阶似俨列，远望巍峨高大，近观庄严肃穆，一派崭新，观视严整。从这一年的夏天四月开工，一直到八月完工，正好推官王公刚来上任，乐观其成。安阳县的两任县令申公、胡公先后予以襄助，都是有功劳的。这次修学的劳役，用的是府库里结余下来的钱财，众僚属捐资助学，操练的兵卒利用闲暇充当工役，用来弥补费用的不足，没有花费国家的赋税，没有无故增加百姓的劳役，完成了这件大事，诸位请我为之作一篇记文。朝廷建学育才，专门由御史进行监督，而教导管理的责任，是靠当地的地方官员。况且，祭祀天地之神和兴办学校的责任，是朝廷诏书明令记载的，学校的修缮，不仅仅是当地官员吏治的验证，更是关乎为政教化的兴盛和当地人才的兴衰。郡学孔庙高大则便于士人观瞻拜祭，堂舍整齐了则学子入学有居所，由此看来，他们志向涣散而能专心致志地学习，古代典籍没有显扬而得到教化，是不可能的事情。读书人在这里游学在这里休息，应该懂得推究思考，并且克制私欲，力求上进。读书人探求学问，犹如修缮学堂一样为之一新；又像修建房子，打好基础才能高高地累积，备办好材料才能使用宽裕，舍弃旧的而谋求新的，谨密防护衰败的忧虑。住在新修缮的学堂里，一定可以专心致志地学习而且志向坚定，一定可以诚心诚意修养身心涵养厚德，一定可以审慎做事德业进步，一定会通过厚蓄而有所大的作为，这就是所谓的润屋润身，以仁广居。不是经典不谈论，不合道不顺随，不是仁义的人不亲近，不是正义的事情不去做，不追求虚无缥缈的东西，不迷惑奇异的事情，不拘泥眼前的利益，不沾染轻浮的习气。现在，郡学得到修缮，没有了风雨的忧虑，那么每一个读书人都应该努力修身从善，使得贤才蔚然，勋业辉映，对上不负郡学的教诲，对下不负修缮的本意，难道不是一件盛事吗？这需要诸士共同努力。陈公名应麟，锦衣卫籍，浙江鄞县人，治理郡事多有善政，此只是其中一件。至于说到诸位僚属赞襄而参与的人，名籍记载在石碑的后面。

安阳县题名记

安阳为彰德附郭邑。我明有天下，设官制治于邑，独加意焉，以其最近民也。夫六事之振坠，关百里之盛衰，一时之利病，系万室之荣瘁，矧事值盘错，郡受其成而邑则当其劳，务多冗剧，佐分其任，而长则总其责，兹非其重且难者乎。百八十年来，长令丞薄幕史之莅，兹者流风美政余泽遗爱，垂将来之式，系邦人之思，盖亦众矣。而名迹弗记，君子惜焉。嘉靖甲辰，云中张侯来令兹邑，详慎而毅达，弛政颓舍以次修饬，积蠹隐弊渐以剔除，既谐其僚而宜其民。乃稽故籍，乃咨士儒，得前任若干人，撮其贯履，勒诸坚珉，且虚厥左方，用俟来者。侯之用心厚矣哉！夫政之因革，顺乎时者也；事之繁简，缘乎俗者也；化之崇替，握乎机者也；道之宽猛，酌乎势者也。

安阳昔称繁剧，而今日尤甚，盖地当午衢，土无杂产，宗藩上列，军校错居，宾客沓至，赋役丛出。大河之夫，行山之戍，方兴未已。邑境西多硗瘠，东有沮洳，田之熟者仅半，而水旱蝗蝻之灾间遭焉。水有洹渠之利而不能用，谷值丰穰之岁而不能蓄，俗顾华衣，侈宴渐习奢靡，外若富庶，而内实虚乏，使遇荒欠，财竭力匮，云胡底止！侯每与予言，未尝不念此也。是故，纪以往之迹，激将来之劝也。永邦人之思，冀长民之惠也。予故曰：侯之用心之厚也。

译文：

安阳县是彰德府所在地的郊外属县。明朝立国以来，对城郊专门设官治理政务尤其重视，因为这里是离百姓最近的。地方官员六项政事的好坏，直接关系着方圆百里的盛衰；一项政策的利弊，直接关系着万家百姓的生活。况且事情盘根错节，很多时候郡受其成却由属县承担劳役，就像政务烦冗时，下属共同分担任务，由长官负总责，那么下面的任务就会十分繁重而且艰难。明朝立国一百八十年了，县令、县丞、主簿和典史等到任无数，他们流传下来的风尚和美德善政，成为后来人的榜样，受到地方百姓的思念，也有不少人了。但是他们的声誉和功绩却没有记录下来，实在令人惋惜。嘉靖二十三年（1544 年），山西大同云中县人张公担任安阳县令，考虑问题周详谨慎而做事果断通达，荒废的政务和颓败的房屋都得到整治，积存和暗中的弊病得以清除，官府僚佐和谐，百姓安居乐业。于是，张公查阅了以前的典籍，并咨询了当地的读书人，得到前任若干人，记录下他们的籍贯和事迹，刻在碑石上，后面空出地方，等待后来人予以补记。张公的用心实在太深远了。政事的因袭与变革，是为了顺应时宜；做事情的繁简，是根据民风民俗而确定的；教化的盛衰，关乎着国家的兴替；治政的宽猛，更应该考虑大势所趋。安阳县以前可称得上事务繁重，如今更是如此，原因是地处交通要道，地方没有特产，既要向当地事务宗藩王府进贡，还有驻军兵营需要供应，再加上过往官员的接待，真是赋税劳役层出不穷。东面黄河决堤需要民夫，西面太行山需要戍卒，更是方兴未艾。县境西面山野土地贫瘠，东面低洼之地经常积水，每年只能有一半的收成，而且时常遭受水涝、干旱和蝗虫的灾害。虽然有洹水万金渠的水利工程，但因年久失修而无法使用；庄稼遇到丰收之年但耗费过大没有储蓄，当地民风奢侈，外表看起来富庶，内里实在空虚，一旦遇到荒年歉收，就会财力匮乏，到什么时候是个头啊！张公每次与我谈论，没有不说到这件事情的。所以，记录下以前的事情，为的是对后来人进行规劝。希望家乡人多多思考，更希望百姓为之受益。所以，我说："张公的用心实在是长远啊！"

林县乡贤祠记

　　林县旧无乡贤祠，嘉靖壬寅，学谕程君应祥暨诸生始议立祠，合祀汉太尉李公固、杜公乔、郭孝子巨，循故典也；附以明赠通议大夫前沁守马公图、图子都宪公卿，采舆论也。乃咨于县尹王公一鸣，曰："窃闻导风范俗者，为政之上务；敦典秩祀者，崇礼之盛耶；昭献表哲者，弘教之大机。今乡贤祠徧天下而此邦独阙，非礼也。夫衢巷侈淫祠以邀福，释老弘居宇以愚俗，官守饬馆署以耀观，费且不赀，而顾于政教焉，恧可谓知类乎！"议协，遂请于督学、按察副使焦公维章。报曰："可，其通议公更俟详议。"尹乃伐石鸠才，选艺傃力，即学宫隙地祠焉，中为堂三盈，外为门，缭垣重阶，工未就而尹以忧解任。郡判刘君永廪来视县政，益加崇拓，饬仪备物，诹日妥主，祀以丁祭之日。於乎！礼久阙而兴，义创举而协，诸君之功不可没已。明年癸卯，副使葛公守礼继来督学，檄郡再附都宪公于郡祠。又明年甲辰，檄县附通议公，如前议。君子曰："敦行略秩，达本矣。"谨按太尉抗正义而忤怒权贵幸，遭谗构而死；孝子力贫笃养，诚孚而获金，炳耀史册，休哉遐乎！通议公敦朴坦夷，官履恪慎，德孚于嚚民，节抗乎权豪，清励之操始终弗渝久矣，笃行之儒也。都宪公器度宏裕，行业俊伟，任谏垣论贵臣而外补，长浙藩抑宦寺而远谪，则显而宏施者乎，咸耀灵发奇，昭模关轨，宜俎豆于无穷，古称乡先生，没而祭于社，其若人之俦哉！夫植标以风世，彰往之示来，立祠者之直也。瞻宇而肃，修祀而思，永仰德矩而奋，则又在乎邦之人，王尹之归也。属予为记，逾三岁而始刻于石，诸赞而相成者，具载于碑阴。

译文：

　　林县以前没有乡贤祠，嘉靖二十一年（1542年），教谕程应祥与生员们开始商议在县学里面建乡贤祠，将东汉太尉李固（陕西汉中人，与杜乔反对梁冀专权被杀害，同葬林县，后人遂迁林县）、杜乔（林县人，东汉太尉）和孝子郭巨三人入乡贤祠合祀，这是遵循以前的典籍；同时，准备将明朝赠通议大夫、前沁州知府马图和他的儿子都察院右副督御史马卿入庙附祭，这是听从公众的言论。于是，向县令王一鸣征询意见，说："听说引导社会风气，为世俗做出榜样，是地方治理最重要的政务；重视典礼和祭祀，是崇尚礼治的一大盛举；通过祭祀表彰先贤，是弘扬教化最好的时机。现在，乡贤祠遍布天下，但林县唯独没有，这是不合乎礼治的。如今，街巷里不合礼义而设置的祠庙华丽奢侈却被百姓用来祈求赐福；佛教和道教到处建造宏大的庙宇却聚集着无数愚昧庸俗的人；地方官员修建整齐的官署却用来显示威严，所花费的从不考虑，却在政治与教化上有所顾虑，吝啬得可以以此类推了啊！"商议好了，再向督学、按察副使焦维章进行请示。回复说："可以，只是通议大夫马图需要再加详议。"县令王一鸣挑选工匠开凿石料，组织人力，在县学空地建祠，中间大堂三间，外面是大门、围墙、里面层层台阶，工程未完，县令因为家丧丁忧解任，彰德府通判刘永麔临时主持县政，更加重视，进一步拓展，礼仪物品完备，选择吉日安排停当，确定祭祀时间为丁祭之日（每年仲春及仲秋之上旬丁日，祭祀先圣孔子的日子）。於乎！祭礼长久缺失刚刚兴起，义举创立起来刚刚和谐，诸位的功劳不可以被埋没。第二年，按察副使葛守礼到任后前来彰德府督学，传命将马卿附祭于郡学的乡贤祠。又过了一年，传命将马图附祭于县学的乡贤祠，一如最开始商议的。君子说："敦慕德行而忽略官位，这才是根本。"史书上说东汉二太尉坚持正义而忤怒权贵，遭受谗言构陷而死；孝子郭巨即使力弱家贫依旧笃养亲恩，诚心使人信服而掘地埋儿意外获金，炳耀史册，美好而长久流传啊！郭图敦厚朴素，坦率平易，为官恭敬谨慎，品德使人信服，节气不屈权贵，操守始终不变，是一个努力践履所学的士儒；马卿器识度量宏大，品行功业俊伟，担任谏官不畏权贵而外任，署理江浙抑制宦官而贬官，一旦显贵又大有作为，上为皇帝赞赏，下为百官楷模，实在是值得祭祀，古代称之为乡贤，死后入乡社祭祀，说的就是这种人啊！树立楷模来劝勉世人，彰明往事考察未来，这就是立乡贤祠的价值。来此瞻仰就会肃然起敬，进行祭祀就会思念先贤，长久地仰慕他们的德操而上进，希望引起乡人的重视。县令王一鸣走的时候，嘱托我写一篇记，三年后才立石刻碑，诸位为此襄助和参与的人，都记载在石碑的后面。

修万金渠记

按郡志，洹水发源上党，迳林虑，入安阳境。高平村万金、高平二渠，同出洹水而流别。始魏武起石堰引洹水入邺，迳临漳，东达洹水县，溉田有万金利，故名，古迹久湮已。唐刺史李公景自高平堰水置渠，东流溉村二十，至郡西郭，南流越官道，东入广润陂。后人以旧称万金名美，大书刻石，置官道上，然实高平渠也。万历乙酉、丙戌两岁，雨旸愆期，河北大旱，禾麦罕成，流移载道。彰德府知府漳平陈侯夙夜殚心拯救，若恫瘝阙躬，博采群策，谓洹水历代治渠溉田厥利甚溥，高平古渠湮圮岁久，宜导旧迹修浚，兴利赈荒，二政兼济。郡侯闽产，习知水利，协议于同知清苑王侯、通判垣曲赵侯、推官内江张侯，行田相度，经画规制，鸠材选工，因势顺导，以安阳知县兴安刘侯董其事。维时，上简命都御使洪都裴公来抚两河，入境，深悯时艰，大修荒政，班教郡邑，发仓廪，兴工役，修城池，浚川渠，豫防微而兴利，因散粟以寓赈。郡侯业治渠事，即以上请，报可，继请允于监史吴郡徐公、广平王公，上下锐志竭思，分任率作，程劳授粟，厚直宽赁，群力竞劝，羸瘠云聚，赖以全活者甚众。功将半，刘以忧行，郡倅张侯摄邑篆四阅月，综理周密，附循备至。新城刘侯嗣来，和众饬功，克襄厥成。渠堰砌以巨石，空洞长五寻有奇，阔四之一。前闸启闭以时，四隅石作雁翅，内制奔湍，外导溢流，中河石埭横遏奔悍。堰上叠石为基，庙祀真武，重轩前覆，石栏外环。渠左创筑巨堤里许，下石上土，防秋泛涨。堰口两旁石岸长阔有差，迤东间置小闸七，以便蓄泄，且分支渠数十，循渠浚筑，透迤抵广润陂几百里。官道东置堰，障水逆入城壕，周卫崇墉。北置小闸泄归大河，后仿古制造龙骨水车桔槔诸器，授民经始。丙戌夏六月至丁亥讫工，最佣夫匠十三万有余，费谷八千石，溉田顷亩不可胜计，收获视他处独饶。夫用天之道，因地之利，民事之要也，难于虑始，可与乐成，民俗之恒也。水之性，道之则顺而利兴，壅之则逆而贻害，所贵仁人在上倡率之有道尔益，俗多安于故常，而事每惮于兴作，即兹渠之废兴可征已。今际两台裴公、徐公、王公教诏于上，且行部临视守巡，藩参晋阳戴公、任丘徐公、宪副桐乡冯公、东莱齐公按郡督成，郡侯始终尽力渠事，加惠惇黎，暨诸僚寀咸著勤绩。兹渠一开，郡蒙永利，歌颂诸公之仁政，未可以世数计也。善乎！崔文敏公之论曰："渠之利，不其大哉？凡渠皆引名川，石水得泥数斗，且溉且粪，长我黍稷。春夏不雨，汲溉园蔬，足裕乏绝，西门史公之绩远矣。自魏暨唐李仁纬以来，所开诸渠湮废已久，予少时犹见高平之利。夫水徙无恒，暴长则塞，相地因势，彼塞此开，存乎人焉耳。"真名言也。郡守勒石纪绩垂后，朴为载笔且有感于文敏公之论，故附载云。

译文：

查阅府志，洹水发源于山西上党郡（明清为辽州、沁州与潞安府、泽州府，今为山西长治一带），流经林虑山，进入安阳境内。现在，彰武高平村的万金渠、高平渠，都是同出洹水而流向不同的地方。当年，曹操据守邺城，开始起石堰引洹水向北入邺，流经临漳，向东到达洹水县，灌溉田亩有万金之利，故名万金渠，古迹早已淹没不存在了。唐高宗咸亨三年（672年），相州刺史李景在高平村堰洹水，修渠引水东流，灌溉二十多个村庄的土地，到安阳城的西面，折向南流，越过官道，向东汇入广润陂。后人因为万金渠这个名字很美，于是写成大字刻在石碑上，立于官道，可是这条渠实际是高平渠。万历十三年（1585年）、万历十四年（1586年），两年滴雨未下，河北地区大旱，田里颗粒无收，百姓四处逃荒。彰德知府福建漳平人陈公日夜竭尽心力拯救，像自己身体生病了一样，博采群策，听说洹水历代修渠引水灌溉田亩效果很好，但高平渠年久失修，应该在原来的基础上进行疏浚，兴修水利以赈济灾荒，这样可以一举两得。知府陈公出生在南方，对水利工程非常熟习，与同知河北清苑人王公、通判山西垣曲人赵公、推官四川内江人张公一起商议，然后踏勘田地，进行规划，准备材料，挑选工役，采取因势利导的办法，由安阳县知县广西兴安人刘公监督管理修渠事宜。当时，皇上简任都御使江西南昌人裴公巡抚河南、河北，到了地方看到灾情严重，即时采取救灾政策，责令郡县打开仓廪散发粮食来组织工役，修治城池，疏浚河渠，既可以救灾又可以兴办公益，这样以工抵粮的办法实际上可以赈灾。对彰德府陈公疏浚万金渠一事，立即向朝廷请示，得到许可。于是派监察御史浙江吴郡人徐公、河北广平人王公进行监督，上下一心一意，各负其责，按劳取粮，奖勤罚懒，一时群策群力，扶老携幼参与修渠，以此救活了众多百姓。工程将半，安阳知县刘公因家丧丁忧去任，彰德府郡佐张公代理县政四个月，安排周密，调度备至。新知县河北新城人刘公上任后，与大家一起接着干，终于完工。渠堰上砌着巨石，渠口长五寻（八尺为一寻）有余，宽为长度的四分之一，前面有闸按时启闭，四角为石头砌成的雁翅张开的形状，里面的是为了纳入奔湍的河水，外面的是为了导流下泄，河的中间筑有石坝，为的是减缓水流。河堰下面用大石作基础，上面建有真武庙，前有重轩，外有石栏。渠的左面筑有一里多长的巨堤，下石上土，以防秋天涨水。堰口两旁石岸长宽不一，往东间隔建有小闸七个，以便关蓄开泄，并且分设支渠数十条，分布在主渠的两边，一直到近百里的广润陂。在官道的东面建造了一个石堰，将水流导入护城河，环绕着城墙。城北护城河建造了一个小闸，以便将护城河的水放归北面的洹河。后来，在这里仿造古制龙骨水车和吊杆等器械，交给百姓使用。万历十四年（1586年）夏六月至万历十五年（1587年）完工，使用工匠十三万有余，花费钱粮八千石，灌溉田亩不可胜计，年景收成比其他地方都丰饶。利用自然规律，借用地理优势，选取百姓紧要的事情，最难的是与百姓商议创业，但可以与他们共享成果，这就是民俗恒常之道。水的本性，因势利导就可以兴利，使之壅塞就会贻害，最可贵的是需要有仁心的人去倡导符合道义并且对百姓有益的事情，只是民俗大多安于现状，不愿意兴事劳作，万金渠的兴废，就是最好的明证。现在，藩臬两台的裴公、徐公、王公在上面请诏，并且亲临巡视，河南布政使参政山西晋阳人戴公、河北任丘人徐公、副都御使浙江桐乡人冯公、山东东莱人齐公到郡督办，知府陈公始终尽心尽力疏浚渠道事务，尤其在修渠时雇用单身的百姓以增加收益，还有诸位僚属都积极参与。此渠一开，郡县百姓蒙受长久的利益，歌颂诸公的仁政，可以永久流传，实在是一件善政啊！文敏公崔铣曾说过："渠之利，不是很大了吗？每一条渠，都是引自名川，一石水可以得淤泥数斗，水用来浇地，淤泥用作粪肥，使庄稼得以生长。春夏无雨，汲水浇园，就可以衣食无忧，西门豹、史起的功绩泽被后世。从汉魏到唐代李仁纬以来，所开的北流入邺的万金渠湮废已久，我年少时还可以看到高平渠仍在使用。渠水变更无常，涨水的时候就会壅塞，只要根据地形因势利导，此处壅塞彼处开渠，全在于人的作为。"这些话真是至理名言。彰德知府陈公立石碑记述功绩流传后世，我作记时有感于崔文敏公的言论，所以记下这段话。

洹水鲸背桥碑记

鲸背桥去郡城北四里许，子午跨洹水之上，西距太行之麓仅五舍余。夏秋之际，积霖骤潦，势甚猛悍，岸石岁久剥蚀，防治稍疏，崩决倏忽，行旅大阻，往往取小舟以济。亟理匪时，群力莫措，比修治，则劳费弗赀，公私咸病焉。且桥背敷石久多穿损，坎宫淳泞，负载孔艰，修治诚弗容巳已。万历甲申，邺守李公治郡之三年，政孚人和，顾惟桥役宜亟兴也，谋诸僚寀而协，乃以安阳刘尹专任其事，且各捐俸以佐。赵藩王闻之，助以金粟，宗室洎乡之大夫、士及庶人之乐义者，间致资焉，余悉取诸羡锾。乃鸠材庀工，傃力授事。北券湮塞，则浚除以通流；南岸当冲，则坚筑增以石；加平砥于背，以利往来；植石楯于旁，以防颠陨。工既竣，上下咸称便焉。郡之耄稚观者云集，扶携奔走，愈月乃止。君子曰："鲸背桥之役，豫防决，广利济，王政之要务乎！"夫利有若细，而所及则巨；政有若缓，而所系实急。邺虽下郡，而当南北孔道，上达京师，下通梁、晋、秦、蜀、楚、粤、黔、滇，幅员八省之广，蛮方万里之远，朝贡传置，咸出兹途。一桥之利而遐方行旅得免于病涉，可不谓仁乎？山水骤发突至，坏堤阻道，以修治弗豫也。兹工既坚饬，经久可恃，财力无耗，视靡费动众者迥异，可不谓智乎？一举而仁智兼得，斯其可纪也已。是役也，经始者李公瑱；先后协赞者君僚石公湛、赵公东鲁、张公应登；始终综理底成者刘侯元霖也。于是，邦之士旧太史朴采舆人之诵，纪诸贞石，俾将来者有征。

译文：

　　鲸背桥在安阳城北四里左右的地方，南北横跨洹水之上，西距太行之麓仅有五舍（三十里为一舍）多的距离。夏秋时节，河水暴涨，水势凶猛，两岸年久失修，损害严重，防治稍有疏忽，就会瞬间崩坍，南北阻隔，往往只能用小船来回摆渡。及时整修又时机不成熟，一时半会儿也筹集不来人力财力，至于修治又没有费用，官府和百姓都为此忧愁。况且桥面铺石年久磨损，已经坑洼不平，人车来回过往泥泞难行，修治实在不容再拖。万历十二年（1584 年），彰德知府李公治理政事的第三年，政通人和，考虑到修桥事宜应该马上兴办，与诸位僚佐商议后，由安阳知县刘公专任其事，组织府内官员进行捐款。藩府赵王听说后，也捐出钱粮赞助，藩府的宗室子弟和本地官员、读书人，以及百姓踊跃捐助，不足的部分由官府积余的赋税补齐。于是，召集工匠，准备材料，租赁劳力开工。北面桥券已经堵塞，先疏浚通流；南岸为河水冲要之处，就增石予以坚固；桥面增铺平砥石，使得南北往来便利；石桥两边栽植石栏杆，防止行人坠落河下。完工后，官民人人称便。郡县百姓扶老携幼前来观看，人山人海逾月才停止。君子说："修缮鲸背桥，既可以预防决堤，又可以便利百姓，是仁政中的重要事务！"利益有时看来细微，但受益的人很多；政事有时可以缓行，但实际已经迫在眉睫。彰德府虽然只是一个普通的州郡，但由于处在南北交通要道，北达京城，南通八省，是南方蛮夷进贡朝廷的必经之地。这座桥，可以使得远方的行旅免予阻隔，能说这不是仁义之举？河水暴涨，决堤阻道，修治后就不用担心，石桥坚固，经久耐用，不用耗费财力，免得兴师动众，能说这不是智慧之举？一举兼得仁智，实在值得记述此事。这次修桥，提议的是彰德知府李稹，先后襄助的是彰德府同僚石湛、赵东鲁、张应登，始终主持修渠的是安阳知县刘元霖。于是，乡郡中的前任翰林郭朴听取了百姓的议论，作记刻于碑石，等待后来人进行验证。

崔文敏公传

崔铣，字子钟，一字钟凫，参政升之子也。资禀颖敏，诵览绝人，弱冠举乡试，入太学，与四方诸名士秦伟、马理、吕柟、寇天叙、马卿、张士隆相友，约明经修行，毋慕高虚，毋溺训诂，其志毅然，以洙泗为师。弘治十八年，举进士，改庶吉士，授编修，校修《敬皇实录》。同考会试，宰执托私其子，铣拒之。逆瑾窃政，铣见瑾不屈，瑾怒，欲加以罪，其党张彩曰："北方赖此人倡古作，挫抑之不可。"实录成，瑾矫旨以练达政务为名，出翰林诸臣于外。铣调南京稽勋主事，益约名流，讲评经史。瑾诛，召还职。时辅臣以文艺笼络缙绅，渐成风致，铣上疏劝以即时悟主、救民、荐贤、理财、强兵，毋事琐末，恳恳千余言，时论韪之。经筵进讲，以择相、辅德、纳诲、去谗顽、戒逸豫为劝，时权幸钱、廖辈在侧，大衔之。九年考绩，升侍读，以疾告归，作后渠书屋，董耕授徒，意泊如也。世宗即位，起修《武庙实录》，仍充经筵讲官，擢南京国子监祭酒。铣开诚心，崇正义，阐经学，正文体，奖俊彦，惩游惰，日衣冠坐讲堂，诸生朝夕问难，响答不倦，且周贫恤老，问疾赙丧，士林大悦。甲申，议大礼，有欲引铣为助者，铣耻于党附，拒绝之，乃抗疏劝上勤圣学、辨忠邪，以回天变，自分必得罪，已报，致仕归。闲居读书洹上，析衷群言，远近从学者众。铣教以研经饬行，曰："道在五伦，学在治心，功在慎独。"论学曰："古之好异者以明志，今之好异者以昧心。夫正物之谓格，至理之谓物，今之异言也。

圣贤之道，如日月五星，点缀求异，而不求其所循与否，祇以抗名哗世而已，非昧其心与。孟子曰：'良知良能，心之用也。'爱敬，性之实也。本诸天，故曰良。今取以证其异，删良能而不挈，非霸儒与？"论读书曰："读经见诸行事，因事验其经旨。日诵六经，不力行则得其字耳。"家居十六年，杜门著书，日坐不二轩，非圣人之志不存，非翼经之文不阅。朝臣多引荐者，愈自晦约。或劝通问当道，曰："有义命。"己亥，皇太子立，慎选宫僚，起补少詹事兼侍读学士。铣未至也，众想望风采。比至，咨政讲学无虚日，寻转南礼部右侍郎。都御使王暐言句容朱家巷为帝祖乡，宜表扬。铣当覆实，乃执议曰："皇明兴王之基，失实为罔，坟址荒唐，莫可凭据。"事乃寝。明年秋，入贺圣节。冬，过家，疾作，遂请致仕，欲续《士翼》，解《春秋》，注《孟子》，删定宋元史，病剧不克，卒，年六十四，赠礼部尚书，谥文敏。铣端严伉爽，言动有矩，无世俗依阿态，乡人拟之程伊川。平居手不释卷，对客谈古今事，评议经史，驳正前人陂见，咸有确论。初年，陋萎文之习，抗志古昔，自唐以后弗屑也。翰林职专闻望奕起，其文流传海内，称我宗工。壮岁，志在行圣人之道，以济天下，闲居日久，则思著书明道，以传来世。所著有《松窗寱语》、《中庸凡》、《大学全文》、《政议》、《士翼》、《读易余言》、《郡志》、《洹词》，及删定《二程遗书》、《中说考》、《晦庵文抄》、《文苑春秋》诸书行于世，学者尊为后渠先生云。

译文：

　　崔铣，字子钟，一字钟凫，参政崔升的儿子。他的天资禀赋聪慧，阅读书籍超过所有人。二十岁的时候，参加乡试考中举人，进入国子监读书，与天下的名士秦伟、马理、吕柟、寇天叙、马卿、张士隆等人进行交游，约定以通晓经学，品德端正为目标，不追求名利高位，不追求对古文字的解释，志向坚定，学习孔子及儒家学问。弘治十八年（1505年），考中进士，进入翰林院为庶吉士，授翰林编修，参与《敬皇实录》的编纂工作。担任会试同考官的时候，一个内阁大臣向他请托为儿子徇私，被崔铣拒绝。宦官刘瑾把持朝政，崔铣见到刘瑾不行跪礼，刘瑾大怒，想给崔铣治罪，他的同党吏部尚书张彩说："北方的士人把他看成文坛领袖，无辜加罪恐怕不好。"实录完成后，刘瑾矫诏，以熟悉政务为名将翰林院诸臣一起调出京城。崔铣调到南京吏部负责稽勋的部门做主事，从此更加交往当地名流，讲述评论经史，讽谏时事。刘瑾被诛杀后，崔铣被召回翰林院，复任原职。当时，内阁首辅李东阳以文学宗师自居，经常与一帮文人诗酒唱和，成为一种风气。崔铣上疏劝李东阳要履行首辅职责，使皇上醒悟、救民于水火、推荐人才、为国理财、训练军队等，言语恳切，有一千多句，受到当时舆论的称赞。在经筵为明武宗讲课的时候，劝谏皇上慎重选择宰相、加强道德修养、采纳谏言诤言、远离谗言小人、戒除安逸游乐等，当时，深受皇帝宠幸的钱宁、廖鹏在一旁侍奉，听到崔铣的话后，对他恨之入骨。不久，崔铣入翰林院九年考核期满，晋升为翰林侍读，因病辞官。崔铣回乡后，建后渠书屋，耕田授徒，淡泊自如。明世宗即位，崔铣被召回翰林院参与编纂《武庙实录》，仍然担任经筵讲官，不久擢升为南京国子监祭酒。崔铣诚心待人，崇尚正义，阐述经学，矫正文风，奖励俊彦，惩戒游乐，每天在讲堂正襟危坐，朝夕与诸生解答疑难问题，不知疲倦，并且帮助穷人和老人，周济病人和丧事，受到士林一直称颂。嘉靖三年（1524年），朝廷发生大礼之争，有人想得到崔铣的支持，但崔铣耻于同他们为伍，严词拒绝，于是上疏谏言，劝明世宗尊崇儒学、明辨忠奸，来回应天灾。崔铣考虑到自己一定会因此得罪他人，于是上疏请求致仕。回乡后，他在后渠书屋闲居读书，评点诸家著述，远近从学的人很多。崔铣主张研读儒家经典，修身履行，说："道在君臣、父子、兄弟、夫妇、朋友五种人伦关系的日常生活中，学的目的是修养自身的思想品德，成效在闲居独处无人监督之时，能谨慎从事，自觉遵守各种道德准则。"他论学时说："古代的人标新立异是为了表明心志，现在的人标新立异却都是违背自己的本意。探究万物谓格，规律与真理谓物，这就是现在标新立异的话。圣贤之道，就像日月，由金木水火土五星围绕。标新立异的人却不求是否遵循圣贤之道，只是哗众取宠而已，难道不是违背本意吗？孟子强调良知良能，是就心的作用而言的。爱亲人，敬长者，是人性的真实表达，虽然来自所谓良知的人之本性。但终归是良能。现在，为了标新立异，竟然删去良能而过分强调良知，这不正是强横有势的儒者所谓霸儒吗？"论读书时说："研读经书看他们如何做事，用所做的事情来验证。如果不身体力行，每天阅读的经书，只是学到文字而已。"崔铣家居十六年，闭门著书，一整天不动地方，不是圣人的书不读，不是经典不读。朝中大臣一再引荐，他一再隐居不出。有人劝他多与朝中大臣交往，他拒绝说："自有天命。"嘉靖十八年（1539 年），册立皇太子，甄选太子府的辅佐官员，崔铣起复担任詹事府少詹事兼侍读学士。他还没有到京师，已经引起轰动，争相瞻望风采。崔铣到任后，更是每天讲学咨政。不久，转任南京礼部侍郎。都御使王暐上疏：句容朱家巷是帝祖朱元璋的故乡，应该予以旌表宣扬。崔铣负责审查核实，于是坚持说："南京确实是兴王之地，但具体到句容县朱家巷，如果没有事实依据就不能认定，坟址早已经荒废，不能够作为依据。"这件事情才算结束。第二年秋天，入京贺皇上生日。冬天，回南京路过安阳，病重，于是请求致仕，希望在家续写《士翼》，注解《春秋》，注释《孟子》，删定宋元史，由于病情越来越严重，终于无法完成。死的时候，才六十四岁，朝廷赠礼部尚书，谥号文敏。崔铣端庄严谨，刚直豪爽，说话做事中规中矩，一生绝无趋炎附势，家乡的人把他比作宋代大儒程颐。他平日手不释卷，与客人谈论古今大事，评论历史，纠正前人的偏见，都有正确恰当的见解。年轻的时候，就看不起时文的陋习，崇尚古文，对唐代之后的文章不屑一顾。自从任翰林之后声名鹊起，文章流传天下，称为宗师。中年时，更是履行圣人之道，兼济天下，尤其回乡闲居，著书立说，流传后世。著作有《松窗寤语》《中庸凡》《大学全文》《政议》《士翼》《读易余言》《郡志》《洹词》，及删定《二程遗书》《中说考》《晦庵文抄》《文苑春秋》诸书行于世，学者尊为后渠先生云。

马柳泉传

　　马卿，字敬臣，林县人，知州图之子也。少而颖敏，摛文清峻，年十七举乡试，入太学，会海内诸名士绩业。弘治十八年，举进士，改庶吉士，授给事中，再迁左给事中。同考会试，时主考靳学士奴泄试题于外，卿请究之，竟坐奴罪，靳大愧恨，吏部出卿为大名知府。时蓟盗为乱，卿严备有方略，贼不敢近。正德七年，河决，众谓宜请大臣董役，卿恐烦民，自塞之，疏请留运米救荒，得报，遂散无余。赈济侍郎王某入境，见道树不伐，民皆安业，始怒而卒称之。金都御使宁杲者，已除名，厚赂阉永求复官擒贼，永讽言官荐之，时卿在工科，同官有及之者，卿奋袂曰："世果无人，宁用弩如卿者，畿内可复令渠坏之邪？"已而，传旨复杲官，巡抚真定，讨群盗。杲欲中以危法，至郡威胁语侵，卿不为动，亦无从得间，乃令供军需二千金。卿谓必得印移乃可，卒如请。御史张存仁者按治，屡示意索赂，卿不纳，张屡冈事以动之，未久，二子俱败。他郡守以下皆坐罢，卿由是益著名，迁浙江副使，兵备温、处诸郡。寻调山西提学，发挥理学，敦考行谊，梓《文章正宗》，以振时文之陋。迁右参政，妖民张钺欲乘晋府发丧，入城为乱，卿先知有备，钺不得发。迁浙江右布政使，中官造币于杭，自擅权利，久不讫工，卿及御史欧珠协心裁抑色料，招商平价，悉委杭守查仲道，公私称便。中官奏卿及查守抗命，逮锦衣卫狱治，争自引罪，欧史疏救之，有旨俱降秩。卿降鹤庆知府，远郡事少，民朴，卿才忧于治，土俗为之一变。土官凤朝文、安铨据境叛，杀官攻城，且逼会省。或指间道可逸，卿厉色曰："丈夫不死国，而死家耶？"丽江土官木公，朝文姐夫也，兵力甚强，二酋阴籍为助。卿约木公会兵境上，且谕以利害。木感泣，出兵往援，省城二凶失助瓦解。迁云南参政，再迁按察使、福建右布政使，擢右副都御使，总督漕运，巡抚凤翔诸郡，事烦剧，造船，筑堤，开月河，速岁运，谨盗防，漕政一新。运渠塞，卿与都御使刘天河协力疏导，未几漕利，上赐白金彩币。又请余盐并钞关余银济，报可。寻以政务劳瘁得疾，遂不起，年五十八。卿体干丰厚，性度弘博，接人和易，中有畛域，处事安详，平安内严，绳墨为学，以古人自期，志于用世。在鹤庆，尝为文示诸生，言举业之弊、诗文之弊、道学之弊，谓皆非古，切中时病。弟豫贡入太学，博学有高识，一门父子兄弟自可师友。卿所著诗文，有《马氏家藏集》行于世。

译文：

马卿，字敬臣，林县人，沁州知州马图的儿子。他小的时候就聪明伶俐，写的文章简约严明，十七岁乡试中举人，进入国子监学习，与天下名士交游。弘治十八年（1505年）进士及第，成为翰林院庶吉士，授官给事中，再晋升为左给事中。朝廷举行会试时担任同考官，当时主考官翰林学士靳贵的家奴泄露了考题，马卿请求严查，自己却因此受到牵连，靳贵虽然非常惭愧，但马卿还是被吏部贬官调任为大名知府。此时，河北蓟州盗贼为乱，马卿严密戒备而且有谋略，贼人不敢骚扰。正德七年（1512年），黄河在大名段决口，众人说应该上报朝廷派大臣来堵塞决口，马卿担心给百姓造成更大的困境，于是亲自带人堵塞决口，并上疏请求留下漕运稻米救灾，朝廷同意后，将粮食全部分发赈济百姓。朝廷派侍郎王公前来赈济，听说马卿专断发粮后非常生气，等进入大名地界，看见道树不伐、百姓安居没有人逃荒，才改口称赞其才能。佥都御史宁杲曾被除名，通过厚赂宦官张永，请求复官去擒贼，张永让谏官推荐他，当时马卿还任工科给事中，他的同僚想举荐宁杲，马卿把袖子一甩说："世上没有人才，宁可我去，难道让他去坏事？"不久，朝廷传旨恢复宁杲的职务，前去巡抚真定并讨伐群盗。宁杲见马卿在大名府任职，就想徇私报复，专门到大名威胁谩骂马卿。马卿不为所动。他没有得逞，就命令马卿供应军需两千金。马卿坚持让他出具印信方可，最后不得已同意马卿的要求。御史张存仁巡按大名，屡次示意索要贿赂，马卿不同意，张存仁就借此陷害报复。不久宁杲、张存仁两人先后事情败露，牵连出很多官员，马卿因此更为出名。再晋升为浙江按察司副使，负责整饬温州、处州的兵备事宜。不久，调任山西提学掌管州县学政，他弘扬理学，敦行道义，编印《文章正宗》，来扭转应试文章的陋习。升任山西布政司右参政，妖民张钺想乘晋府发丧，混进城中作乱，被马卿预先得知，有所防备，张钺没有得逞。再次升任浙江右布政使，宦官张志聪、吴勋在杭州造币，自擅倒卖行头色料从中牟利，拖延十年而不讫工。马卿到任，在御史欧珠协助下，裁抑色料，平抑物价，全部交给杭州知府查仲道办理，官府与百姓认为方便而称赞。宦官回京后，奏报马卿及查仲道抗命，下诏由锦衣卫逮问二人，入狱治罪，待到被问讯时，二人揽为己罪，御史欧珠等众人疏论相救，皇帝下诏将两人降官处分。马卿降为云南鹤庆知府，由于地处偏远州事疏简，民风淳朴。马卿有治才，当地的习俗为之一变。当地土司的属官凤朝文、安铨据守村寨叛乱，杀死官员进攻城池，逼近鹤庆城。属下有人指着小路劝说马卿逃跑，马卿大怒道："大丈夫不为国而死，难道死到家里？"丽江的土司木公，是凤朝文的姐夫，其所属士兵悍勇善战，两人叛乱就是他在暗中支持。马卿与木公约定在州城交兵以决胜负，并对他晓谕利害。木公感动得流下眼泪，于是出兵往援州城，两名叛贼失助瞬间瓦解。之后，晋升为云南参政、按察使、福建右部政使、擢升右副都御史，总督漕运，巡抚凤阳诸郡，事务繁重至极，造船舶，筑堤防，开月河，督漕运，防盗贼，漕政焕然一新。运河堵塞，马卿与都运使刘天河协力疏导，很快漕运通畅，皇上嘉奖，赐予白金彩币。马卿又奏请将自己分管两淮运司余盐和钞关余银用来赈济百姓，得到许可。不久，因为政务劳累，一病不起，年五十八岁。马卿身材高大，性情宽厚，待人平和，心有原则，处事安详，严于律己，是非分明，常以古代圣贤为榜样，立志建功立业。在鹤庆任职时，曾经写文章给州学生员，说到科举八股文的流弊、当代诗文的流弊和理学的流弊，认为都不是古代的体制，切中当时的弊病。他的弟弟马豫被选为贡生进入国子监读书，博学有见识，一门父子兄弟可以自成师友。马卿所著的诗文，有《马氏家藏集》流传于世。

张仲修传

张士隆，字仲修，安阳人。警敏过人，书再经目不忘，古人奇文奥旨览即通解，有口辩，论事亹亹不倦。居职以直言敢谏为忠，而志切持法击奸，兴功立事，期树不朽之业。弘治十八年，举进士，授广平推官，莅政严明，民畏惮之。擢监察御史，时朝臣多党附，大臣交为权利，士隆深恶之。光禄卿李良者，諂事刘少师，得右职，又以女字少师孙。少师去位，良诈言女死绝婚。士隆劾，罢良。按河东盐法运使，刘瑜贪，恃奥援，已迁参政，士隆劾罢之。抑豪右，均支给，岁课倍入，暇建正学书院，选士授经。凿青石槽，开茅津，皆为大衢。内宫灾，上疏切谏时弊，不报。再按凤阳织造，中官史宣酗酒作威，大括财贿，行荷二挺，曰赐杖，挞拒令者，自都御使以下，不敢禁。士隆劾其贪横，还理道事。有张顺者，京大滑也，随中官镇云南，殴门子死，潜回匿京师。云南守臣移文逮之，急乃出，以二隶押送至桃源，重货二隶，窃取病丐毙之，二隶告顺死，勘实给文归。已三年，士隆阅案，疑之，密侦得顺，坐杀二人罪。时钱宁大有宠，廖鹏附之，自师、保、元、臣相与接席交欢。士隆率同僚疏其罪，鹏、宁大恨，罢职。御史薛凤鸣杀人，为巨盗被逮，又夜自杀，二婢置朝门外怀牒诉冤。凤鸣素凶愎，且当按者即逊去，累年不决。都御使彭以狱付士隆及御史许完，掠治取服。凤鸣知事急重，货钱宁上其愍，下士隆暨完狱，俱谪外任。士隆判晋州，教民耕丧，如齐民要术法，果倍入。漳水决，为数县灾，台檄士隆塞之，绩成，晋人纪焉。世宗即位，复士隆御史，寻升副使，兵备汉中。其地居终南、太白间，长广数千里，有良田美隩，宜牧，多竹木之利。民淘沙得金，逋逃者擅为业，岁于官军交通，则吞并弱小，藏大盗，伺便出掠，报警杀人，官不敢捕。士隆初莅任，首按军官，击贪选良，旧习变革。巨寇王大、闫仲良辈通四夷为患，所在皆立亲识，号贼主。士隆召主谕令擒贼，吾赏汝功，否则率军焚山。众叩头曰："愿效力。"居数日，各献贼。又取贼主怙恶者十余家破灭之，境遂大安。乃堰响水溉田千亩，立堤防溢。又修云雾水，未成而卒，年五十一。

译文：

张士隆，字仲修，安阳人。机敏过人，读书过目不忘，对于古人奇妙的文章和深奥的要旨读后就能通解，有口才，谈论时滔滔不绝、不知疲倦。担任官职后以直言敢谏为忠，立志执法除奸，建功立业，期望建立不朽的功绩。弘治十八年（1505年），举进士及第，授官广平推官，政事严明，百姓都畏惧他。升任监察御史，当时，朝臣大多党附内阁大臣，结交以求争权牟利，张士隆非常厌恶。光禄卿李良巴结少师、内阁首辅刘健，得到美迁，又以女儿许给他的孙子。后来，少师刘健被宦官刘瑾所逐，李良诈言女死悔婚。张士隆劾奏李良，使他罢职。张士隆出巡河东，发现盐运使刘瑜贪贿，因为朝中有靠山，已经晋升为参政，于是弹劾将其罢官。他在河东抑制豪强、均衡收支，赋税成倍增加。政务闲暇时建正学书院，选择人才讲授经书。在山西安邑县青石槽开凿盐道，开通平陆县茅津渡口，使之成为通衢。皇宫发生火灾，张士隆上疏谏言时弊，没有答复。巡按凤阳织造，宦官史宣经常酗酒后作威作福，大肆收受贿赂，出行的时候带着两根木棒，名之赐杖，有拒令的人就杖责杀之，自都御使以下官员不敢制止他，张士隆弹劾他贪贿霸道，恢复了理政之道。张顺是京城的大奸之人，跟随宫中宦官出镇云南，将官府的门客打死，偷偷潜回京师。云南守臣发公文逮捕他。张顺急忙自首，由两个公差押送到湖南桃源县，买通公差，暗中将一个病重的乞丐杀死，公差谎报张顺已经死亡，经官府勘验后带着公文回去结案。三年后，张士隆复审案件，发现可疑之处，秘密侦查抓住张顺，将他定为杀死两人的罪行。当时，钱宁深受皇上恩宠，廖鹏依附他，朝中太师、少保和元老、重臣争相与他们结交。张士隆与同僚上疏弹劾，两人恨之入骨，寻机罢免了张士隆的御史官职。御史薛凤鸣杀人，出逃为盗被逮捕，他夜里佯为自杀，却指使两个女婢到朝门外怀揣状子诉冤。薛凤鸣平常蛮横固执，连审理案件的官员都退避，以致案件多年未结。都御使彭泽将这起案件交给当时的御史张士隆和许完，收治薛凤鸣进行审理。薛凤鸣知道事情严重，贿赂钱宁，上诉其冤屈。钱宁借机将张士隆和许完下狱，最终贬官外任。张士隆降为晋州判官，他教给百姓种桑，按照《齐民要术》的方法，收入成倍增加。滹沱河大水决口，周边数县受灾，朝廷下诏让张士隆堵塞决口，完成后，晋州百姓因此感恩纪念他。明世宗即位，张士隆复官监察御史，不久升任汉中守备副使。汉中地处终南山与太白山之间，方圆数千里，有良田和水泉，适宜放牧养殖，草木茂盛。百姓在河中淘沙取金，聚集了很多避罪的人以此为业，他们长年与官军勾结，吞并弱小，渐成巨盗，时时伺机抢劫，杀人报警，官府不敢捕人。张士隆刚到任，首先查处军官，打击贪官选择良将，变革旧习。巨寇王大、闫仲良等人勾结夷人为患，将亲近的人立为贼主。张士隆召见这些贼主责令擒贼，赏给他们功劳，否则就率领军队焚毁他们占领的山头。众人叩头说："愿意效力。"数日后，各自献给擒获的盗贼。张士隆选择那些坚持作

恶的贼主十余家予以剿灭，境内于是安定下来。在响水河上筑堰
修渠，灌溉耕地千余亩，筑堤坝防洪水。又修云雾河，没有完成
就去世了，卒年五十一岁。